LES
MINÉRAUX

LES MINÉRAUX

Utilisez les informations de ce livre pour faire de votre alimentation une source de santé.

par Sharon Faelten et les rédacteurs
du Magazine Prévention

QUÉBEC
AGENDA
200, avenue Lambert
Beauceville, Qué.
G0M 1A0

NOTE

Ce livre est uniquement destiné à servir de référence, et non de manuel médical ou de guide pour l'auto-traitement. Si vous pensez avoir un problème d'ordre médical, nous vous suggérons vivement de vous procurer les secours d'une personne compétente. N'oubliez pas que les besoins nutritionnels varient avec l'âge, le sexe, l'état de santé général et l'ensemble de l'alimentation. Les informations contenues dans ce livre ont pour but de vous aider à choisir vos aliments en connaissance de cause, et non de se substituer à un traitement que votre médecin aurait pu vous prescrire.

Rédacteurs: Mark Bricklin
                Emrika Padus

Contributions de: Carol Baldwin
                Dominick Bosco
                John Feltman
                William Gottlieb
                Carol Keough
                Laurie Lucas
                Eileen Mazer
                Kerry Pechter
                Linda Shaw
                Carl Sherman
                Larry Stains
                Jonathan Uhlaner
                John Yates

Responsable des recherches: Carol Baldwin

Assistante au responsable des recherches: Carol Matthews

Associes aux recherches: Martha Capwell
                Holly Clemson
                Takla Gardey
                Sue Ann Gursky
                Christy Kohler
                Carol Munson
                Susan Nastasee
                Susan Rosenkrantz
                Joann Williams

Responsable de la publication
Expérimentation des recettes: Anita Hirsch

Personnel des cuisines: JoAnn Benedick
                Rhonda Diehl
                Janice Kay
                Irene Nicholson
                Gretel Rupert

Secrétariat: Carol Petrakovich
                Barbara Hill
                Brenda Peluso

TABLE DES TABLEAUX

REMERCIEMENTS

Je désire remercier tout particulièrement les nombreux médecins et chercheurs qui ont bien voulu partager avec nous leurs réflexions et leurs expériences et nous éclairer sur les dernières avances dans le domaine qui est le leur: celui de la valeur nutritive des minéraux. Parmi ceux qui ont été particulièrement coopératifs, j'aimerais citer: Anthony Albanese, du Burke Rehabilitation Center, de White Plains, (New York); Joseph Boone, du Centers for Disease Control, à Atlanta, (Géorgie); Richard Jacobs, de la Food and Drug Administration; Sheldon V. Pollack, du Centre Médical de Duke University, à Durham (Caroline du Nord); Leslie M. Klevay, du Human Nutrition Laboratory du Ministère de l'Agriculture à Grand Forks, (Dakota du Nord); Pekko Koivistoinen, de l'Université d'Helsinki en Finlande; Gehrand N. Schrauzer, de l'Université de Californie à La Jolla.

Mes remerciements vont également à Anne C. Marsh, du Consumer Nutrition Center, du Ministère de l'Agriculture à Washington DC, qui a bien voulu répondre à un nombre incalculable de questions et fournir un trésor de renseignements sur les teneurs en nutriments des aliments; et à Carol Matthews pour ses précieux conseils et recommandations pour la préparation de la section "Recettes" de ce livre.

Enfin, j'aimerais offrir mes remerciements personnels à Emrika et Mark pour leur aide et leur confiance et à mon mari John pour les encouragements qu'il m'a prodigués pendant mon travail.

IX

PREFACE

La plupart d'entre nous entendent parler de vitamines depuis qu'ils sont au monde. Pourtant toutes les vitamines du monde peuvent peu de choses pour nous sans les minéraux. En réalité, non seulement les minéraux sont aussi importants que les vitamines, mais dans certains cas, ils le sont sans doute *davantage*. Depuis la première édition de ce livre, une vague de nouvelles recherches sur les minéraux a fait progresser la médecine dans pratiquement tous les secteurs de la santé. Voyez plutôt:

● Il y a 20 ou 30 ans, l'idée qu'une denrée aussi traditionnelle que le sel – du chlorure de sodium – puisse être tenue responsable d'une maladie insidieuse et fatale n'était pas prise très au sérieux. Aujourd'hui, la plupart des médecins encouragent les patients ayant de l'hypertension à limiter leur consommation de sel, épargnant sans doute ainsi des crises cardiaques ou des troubles rénaux à des millions de gens.

● Au cours des quinze dernières années, la notion suivant laquelle l'insuline est le seul moyen de stabiliser les niveaux de sucre dans le sang des diabétiques a subi une grande évolution. La recherche indique maintenant que le chrome, un des minéraux présent seulement en traces, aide l'organisme à employer l'insuline plus efficacement, contribuant ainsi à sauver des diabétiques des effets à long terme et parfois fatals de la maladie.

● Il y a 10 ans, on nous rabâchait que réduire le niveau de cholestérol était le facteur unique le plus important pour échapper à la crise cardiaque. Les régimes pauvres en acides gras étaient en vedette. Aujourd'hui, un bataillon de minéraux s'avère constituer une excellente défense de notre cœur et de nos artères.

• Au cours de ces dernières années, les chercheurs et médecins ont commencé à attacher une sérieuse importance à la nutrition comme moyen possible de lutter contre le cancer. Le sélénium, un des plus récemment découverts des minéraux en traces, commence à se révéler prometteur non seulement comme une aide efficace contre le cancer, mais comme un moyen de prévention.

Mais le progrès ne se limite pas à remédier aux maladies qui peuvent être fatales. Les os poreux et fragiles de l'ostéoporose, triste sort de millions de femmes chaque année, semblent être le résultat d'un détournement de longue durée du calcium des os. Les régimes amaigrissants, les grossesses, l'allaitement, le manque d'exercice, la tension émotionnelle et les changements hormonaux entraînent tous des pertes de calcium. Et pourtant, la fragilité des os n'est pas une fatalité accompagnant les cheveux gris et les rides comme un sous-produit inévitable de l'âge. Une alimentation riche en calcium peut non seulement faire échec à ces facteurs, mais aussi dans certains cas, renverser cette tendance à perdre de la matière osseuse. Il n'y a aucune raison pour que nous n'ayons pas tous les os solides que nous avions à 25 ans.

En plus des percées importantes permettant d'espérer une maîtrise des plus graves problèmes de santé, d'autres recherches soulignent que les minéraux peuvent nous permettre d'être chaque jour au meilleur de notre forme.

• La fatigue chronique conduit plus de gens chez le médecin que tout autre problème de santé. Une mauvaise alimentation en est souvent la cause. Certains minéraux – le magnésium, le potassium et le fer – sont particulièrement importants. Ces minéraux ont été employés dans des études portant sur des personnes fatiguées en permanence depuis plus de deux ans, qui se sentirent néanmoins en pleine forme après que des minéraux eussent été ajoutés à leur alimentation.

• La diminution de la vigueur sexuelle chez les hommes – et parfois même l'impuissance totale – peuvent être améliorées grâce au zinc. Les suppléments de zinc ont résolu de façon spectaculaire l'impuissance des patients sous dialyse au cours d'une étude. Les mêmes résultats pourraient être obtenus pour les hommes souffrant d'une impuissance "ordinaire", disent les chercheurs.

• Si vous devez vous trouver alité à la suite d'un accident ou d'une opération, le zinc peut vous permettre d'être sur pieds à nouveau en un temps record. Que vous vous fassiez une coupure en marchant pieds nus ou qu'on vous débarasse de la moitié de votre vésicule biliaire par la chirurgie, la guérison est accélérée par le zinc. Les docteurs ont constaté que les taux de zinc avant et après l'opération sont un excellent baromètre du rétablissement des patients après la chirurgie. Sans zinc en quantité suffisante, les incisions refusent de cicatriser et l'infection s'installe. La cicatrisation devient une histoire sans fin, pénible et fatigante. Mais avec beaucoup de zinc, les cicatrices se ferment bien, vite et proprement.

Ce sont là simplement quelques exemples parmi bien d'autres découvertes similaires. Jusqu'ici, 28 problèmes différents, allant des mauvaises odeurs corporelles aux migraines et à l'arthrite, sans oublier les maladies de la prostate, semblent avoir un rapport avec un déséquilibre des minéraux dans l'organisme. En réalité, nous savons maintenant qu'un minimum de 21 minéraux jouent des rôles clefs dans notre santé.

Lorsque vous y songez, il est logique que les minéraux soient importants. Après tout, les roches sont des matériaux parents du sol, source nutritive principale des plantes, des animaux et de nous-mêmes en fin de chaîne. Alors que la carence très grave et caractérisée d'un seul minéral est rare, que se passe-t-il si nous absorbons trop peu de minéraux d'une façon constante et soutenue? Les effets sont souvent subtils. De plus, l'assimilation de minéraux comme le fer et le chrome se fait moins efficacement avec l'âge. La tension émotionnelle, l'exposition aux pollutions de l'environnement augmentent nos besoins en calcium, en zinc, en fer et autres minéraux.

Et il y a aussi les problèmes soulevés par les minéraux nocifs, principalement le plomb, le cadmium et le mercure, produits de la pollution industrielle. Même les éléments acceptés sans méfiance naguère sont aujourd'hui soumis à l'examen.

Il est clair qu'on ne peut plus ignorer les minéraux. Cette nouvelle version "LE GRAND LIVRE COMPLET DES MINERAUX POUR LA SANTE", complètement remaniée du début à la fin, vous informe des tout derniers progrès de la recherche et vous montre également comment vous pouvez utiliser ces informations pour faire de votre alimentation une source de santé.

Mark Briklin
Rédacteur en chef du magazine
"Prevention".

TABLE DES MATIERES.

Troisième partie : L'emporter sur les dangers cachés

XIX

Cinquième partie : Protégez votre santé

XXI

NOTE DE LA TRADUCTRICE

Dans les tableaux et les textes, le lecteur trouvera parfois, à côté des unités métriques habituelles, des mesures inusitées en France. Nous les avons également mentionnées à l'intention de nos lecteurs canadiens. Elles sont récapitulées ci-dessous.

Les "verres" mentionnés dans les recettes ou tableaux correspondent à nos verres ordinaires ("à moutarde"), c'est-à-dire à approximativement un dixième de litre.

once (ou ounce, ou oz) = *28,35 grammes*
livre (ou pound) = *454 grammes*

tasse (ou cup) = *0,2365 litre - soit approximativement*
2 de nos verres ordinaires

pinte (ou pint) = *2 "tasses"*
quart = *2 pintes ou 4 tasses, soit*
0,9463 litre.

PARTIE
I

INTRODUCTION

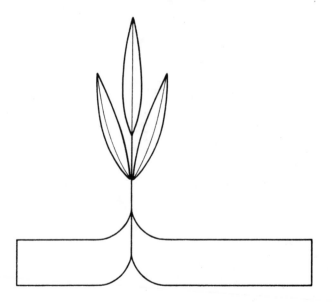

CHAPITRE 1

Les maillons de la vie

Les minéraux sont notre lien avec l'univers.

Sans minéraux, l'univers tel que nous le connaissons n'existerait pas: ce ne serait que d'informes volutes de gaz raréfiés dans le vide noir et infini de l'espace.

L'or qui a attiré les pionniers vers la Californie, le fer dont on a forgé les réseaux de chemins de fer qui couvrent les continents, et ce cuivre qui a donné naissance à des empires sud-américains proviennent tous d'une gigantesque explosion dont certains savants pensent qu'elle a donné naissance à l'univers à l'origine des temps. Du calcium de nos dents au chrome de nos automobiles, tous les minéraux remontent dans la nuit des temps et de l'espace plus loin que l'esprit ne peut concevoir. Et cela est vrai pour les minéraux du sol, de notre nourriture et aussi de nos os, de notre sang et de notre peau.

La terre entière et nous – ses habitants – nous sommes tous développés à partir de quelques douzaines d'éléments de base dont les minéraux font partie. Notre corps est constitué à 96% de 4 (oxygène, hydrogène, carbone, azote) des quelque 100 éléments qui se trouvent dans la nature. Les 4% qui restent sont constitués de minéraux et la carence de l'un d'eux peut rendre la vie impossible.

Notre corps et les minéraux qu'il contient font partie d'un fantastique engrenage enclenché il y a quelques billions d'années. En général, les savants pensent que ce "big bang", gigantesque explosion spontanée d'énergie, est à l'origine de l'univers. L'énorme boule d'intense et brillante lumière, d'une densité supérieure à celle de la matière, continua à se dilater, se refroidissant au cours des temps en laissant finalement un résidu de matière. Les éléments du jeu de construction de la matière sont de minuscules unités appelées ato-

1

mes, eux-mêmes constitués d'éléments encore plus minuscules appelés protons, neutrons et électrons. Ces unités se sont combinées de multiples façons, formant les 105 éléments – dont les minéraux – que l'on trouve sur la Terre aujourd'hui. Aussi incroyable que cela puisse paraître, ce qui confère à chaque élément son caractère unique – qui rend l'oxygène différente de l'hydrogène, le calcium différent du magnésium, le zinc différent du cuivre – est le nombre de protons et d'atomes qu'il contient. Les premiers éléments qui se sont formés ont probablement été les gaz hydrogène et hélium, les deux éléments les plus légers.

Finalement, la gravité attira les tourbillons de gaz vers les étoiles, ce qui donna naissance aux minéraux, puis vers les planètes, y compris vers notre Terre. Au fur et à mesure que la terre se refroidit, la vapeur d'eau dans l'atmosphère se condensa, et les eaux de pluie s'accumulèrent dans les creux pour former les anciens océans.

Entre autres choses, la vague similarité existant entre l'eau de mer et notre sang donne à penser aux savants que la vie a commencé dans ces anciens océans, il y a peut-être environ trois billions et demi d'années. On peut seulement faire des conjectures sur la façon dont s'est opéré le passage de l'inerte au vivant. Que cela se soit produit d'une manière ou d'une autre, il est probable que ce fut un véritable miracle.

Non seulement les minéraux ont précédé la vie, mais ils l'ont rendue possible. La première bactérie monocellulaire et la première algue nageaient dans une soupe farcie de minéraux. Lorsque, des millions d'années plus tard, les plantes et les animaux ayant évolué migrèrent vers la terre, ils étaient porteurs de ce besoin fondamental de tout un assortiment de minéraux. Sur terre, cependant, les minéraux sont prisonniers de l'écorce terrestre. En tant qu'habitants de la terre, le principal maillon qui nous relie aux minéraux est une alimentation à base de plantes (et d'autres animaux mangeant eux-mêmes des plantes) qui sont en mesure d'extraire les minéraux du sol sur lequel elles poussent.

Notre corps a besoin d'une grande quantité de certains minéraux, d'une simple trace de certains autres et n'a aucun besoin de quelques uns. Pour chacun de ces minéraux, la quantité dont nous avons besoin et la quantité présente dans notre organisme ne sont pas nécessairement proportionnées à leur importance pour notre santé. Quelques milligrammes de zinc, par exemple, sont tout aussi nécessaires que plusieurs centaines de milligrammes de calcium.

TABLEAU 1   **LES MINERAUX DANS LE CORPS HUMAIN**

	Minéral	Pourcentage par rapport au poids
INDISPENSABLES A NOTRE SANTE		
Minéraux principaux	calcium	1,5 à 2,2
	phosphore	0,8 à 1,2
	potassium	0,35
	soufre	0,25
	sodium	0,15
	chlore	0,15
	magnésium	0,05
Minéraux en traces	fer	
	zinc	
	sélénium	
	manganèse	
	cuivre	
	iode	
	molybdène	
	cobalt	
	chrome	
	fluor	
	silicium	
	vanadium	
	nickel	
	étain	
Participent aux réactions biologiques sans qu'on ait prouvé qu'ils soient indispensables	baryum	moins de 0,01
	arsenic	pour chacun
	brome	
	strontium	
	cadmium	
N'ont pas été prouvés indispensables; Fonctions biologiques inconnues.	or	
	argent	
	aluminium	
	mercure	
	bismuth	
	gallium	
	plomb	
	antimoine	
	boron	
	lithium	
	plus 20 autres	

Source: adapté de « Introductory Nutrition, 4ème édition, d'Helen Andrews Guthrie (St. Louis, C.V. Mosby, 1979).

Les minéraux dont notre organisme a un besoin impératif en assez grande quantité sont fréquemment appelés "macrominéraux". Ils comprennent le calcium, le phosphore, le potassium, le soufre, le sodium, le chlore et le magnésium (Tableau 1).

Par ailleurs, les "traces" minérales présentes dans le corps correspondent à des quantités infimes: chacune d'elles représente moins d'un centième d'un centième du poids du corps. Certains minéraux, dans l'état de nos connaissances, semblent ne servir à rien; certains peuvent même être nocifs s'ils se trouvent dans l'organisme en trop grande quantité. Beaucoup cependant ont une influence aussi capitale sur notre santé que celle des macrominéraux et sont indispensables en quantités infimes mais cruciales – parfois quelques microgrammes seulement. (Un microgramme est un millième du gramme). Les minéraux "en traces" principaux sont le fer, le zinc, le fluor, le vanadium, le nickel et l'étain.

Qu'est-ce que des minéraux comme le calcium, le cuivre, le fer des pierres de l'écorce terrestre peuvent bien faire dans notre organisme, notre respiration et notre vie? Beaucoup. Voici quelques exemples:

- Le sodium et le potassium équilibrent nos réserves en eau. Sans eux, nous enflerions ou nous dessècherions jusqu'à la mort.
- Le fer est un des éléments de l'hémoglobine qui transporte l'oxygène indispensable à la vie de nos cellules.
- Le soufre se combine à l'azote, au carbone, à l'hydrogène et l'oxygène pour produire les protéines, matière des muscles, des organes et de la peau.
- Le calcium est aussi un constructeur. Il confère aux os et aux dents leur rigidité et leur force et contribue également au fonctionnement des nerfs.
- Le cuivre, le zinc et le cobalt, entre autres, sont indispensables aux activités des enzymes, telles que la digestion par exemple.

Beaucoup de minéraux contribuent à divers effets, ou bien leurs effets se chevauchent. Nous pourrions donner des douzaines d'autres exemples de l'importance de ces minéraux et la liste ira probablement en s'allongeant. On croyait par exemple, jusqu'à une époque récente, que le chrome ne jouait pas un rôle essentiel. Il a maintenant été établi que le chrome semble agir comme régulateur des fluctuations du niveau de sucre dans le sang dans les diabètes et l'hypoglycémie.

Le carbone est l'élément le plus versatile et le plus répandu dans le monde, se combinant aussi bien avec lui-même qu'avec les autres éléments, y compris les minéraux, pour former un nombre prodigieux de substances. Le carbone, de maintes façons, comble le fossé existant entre les minéraux et les autres substances, les reliant pour ordonner ce système appelé "la vie". En combinaison avec diverses proportions d'oxygène, d'hydrogène, d'azote et d'autres éléments, le carbone forme les nutriments essentiels à la vie: protéines, hydrates de carbone, lipides et vitamines. La protéine de la viande, de nos muscles, de nos organes et de notre peau est constituée de carbone combiné avec de l'oxygène, de l'hydrogène, de l'azote et parfois du soufre de plus de 20 façons différentes donnant les acides aminés. Les pommes de terre, les haricots et certains autres légumes sont essentiellement constitués d'hydrates de carbone, c'est-à-dire de carbone, d'oxygène et d'hydrogène. Les lipides sont également constitués de carbone, d'hydrogène et d'oxygène combinés d'une façon légèrement différente. De même chaque vitamine est une combinaison unique et particulière de carbone, d'oxygène, d'hydrogène et parfois d'azote, souvent avec l'adjonction d'un minéral.

Vous vous rappelez que votre corps est composé de 96% de carbone et de ses éléments-frères, l'hydrogène, l'oxygène et l'azote. Ces combinaisons du carbone et de ses composés sont tellement essentielles qu'on les baptisées collectivement *organiques*, d'un mot grec signifiant "instrument". Des pommes de terre aux êtres humains, toutes les substances contenant ces composés sont aussi appelées organiques.

MINERAUX ET VITAMINES, OU UNE UNION BENIE DES DIEUX.

Par leur structure et leur fonction, les minéraux sont très différents des vitamines, mais ces deux derniers entretiennent d'excellentes relations de travail. Les minéraux créent de bonnes conditions dans lesquelles le corps, utilisant vitamines, protéines, hydrates de carbone et lipides, peut se développer, fonctionner et se guérir. Par exemple, certaines vitamines B ne sont actives et assimilables que lorsqu'elles se combinent avec des composés du phosphore. Le zinc facilite la fabrication par le foie de la vitamine A. Certaines vitamines contiennent même des minéraux: la vitamine B1 (la thiamine) essentielle pour le fonctionnement des nerfs et du cœur, contient du soufre. La vitamine B12 (cyanocobalamine) contient du cobalt.

En revanche, certaines vitamines viennent au secours des minéraux. La vitamine C peut faire tripler l'assimilation du fer et celle du calcium est impossible sans vitamine D. Les rapports vitamines-minéraux sont explorés plus avant au chapitre 28 "Les vitamines et les minéraux travaillent de concert".

On peut décomposer une vitamine en ses éléments de base (ex: carbone, oxygène et hydrogène) mais on ne peut le faire pour les minéraux, qui *sont* des éléments. Et tandis que les animaux et les plantes peuvent effectuer la synthèse de certaines vitamines, il ne peuvent réaliser celle des minéraux. Par exemple, notre corps peut fabriquer des vitamines A, B12 et K à partir des substances dans nos aliments. Mais les minéraux doivent être fournis en totalité par notre environnement. De plus, les minéraux existent en quantités limitées: on ne peut pas "fabriquer" du calcium supplémentaire. Il en va de même pour le nickel, le chrome, l'or, etc.

L'AGRO-ALIMENTAIRE EPUISE
LES RESSOURCES DE MINERAUX.

L'apparition des civilisations et les technologies qui en ont découlé ont amené des changements drastiques dans notre environnement naturel. Aux outils qui ont révolutionné l'agriculture ont succédé des méthodes de culture et de transformation des aliments qui modifient considérablement les ressources minérales des sols et de la nourriture qui en provient.

Pour pousser et se reproduire, les récoltes utilisent l'eau et les minéraux des sols, comme cela se fait depuis des millions d'années. Mais le sol n'est pas constitué exclusivement de minéraux. Il s'y mélange de l'humus, riche amalgame de bactéries, fungus, moisissures, ferments, algues, vers insectes et autres minuscules organismes – assez semblable à l'environnement varié qui s'était élaboré sur terre dans la nuit des temps. Les sols riches en humus fournissent un mélange parfaitement équilibré de minéraux essentiels aux plantes qui y poussent: mousses, herbes, buissons, blé et riz, légumes, arbres fruitiers, cèdres, etc. La santé et la survie de toutes les plantes, domestiques ou sauvages, dépendent de la santé des sols et de leur capacité à fournir en permanence les minéraux dont elles ont besoin.

Comme tous les animaux, les êtres humains ne se développent pas et ne vivent pas enracinés comme des arbres en un point précis. C'est donc par l'intermédiaire de notre alimentation que nous sommes reliés aux minéraux du sol. Beaucoup de choses peuvent se produire et interrompre la progression des minéraux le long de la chaîne alimentaire allant des roches aux humains, en passant par le sol puis les plantes. Plus les technologies agro-alimentaires évoluent, plus les chances de disparition des minéraux en cours de route se multiplient.

Le premier pas vers les technologies alimentaires a été effectué il y a environ 10.000 ans, quand l'homme a commencé à domestiquer les animaux et les plantes. Dépendre de l'agriculture et du bétail pour vivre plutôt que de la chasse et de la cueillette signifiait qu'il devenait possible de prévoir et de faire des provisions. L'apparition de l'agriculture signifiait aussi que les familles n'étaient plus obligées de se déplacer à la recherche de nouvelles sources de nourriture sauvage. Les "demeures" devenaient plus permanentes.

Au début, les familles se suffisaient à elle-mêmes, produisant pour leurs besoins, y compris ceux de la culture et des réserves. Ne dépendant plus exclusivement de l'habileté – et de la chance – nécessaire à la chasse, moins de gens moururent de faim et les populations augmentèrent. Les communautés se développant, elles devinrent aussi plus efficaces. Quelques-uns suffisaient à faire pousser assez de nourriture pour tous, en échange d'objets utiles ou de services offerts par les autres. Certains individus écrasaient le grain, quelques autres faisaient le pain, par exemple, en échange de vêtements, d'outils ou autre. La spécialisation entraîna l'économie de "marché" et le commerce et le transport prirent leur essor. C'est ainsi que le contrôle des ressources alimentaires rendit possible le développement des civilisations.

Mais tandis que ce contrôle augmentait au cours de milliers d'années, la nature était de plus en plus modifiée et dominée par les humains, au point que la plupart des nourritures d'aujourd'hui ne ressemblent plus, même de façon lointaine, aux nourritures anciennes. Pouvez-vous vous représenter une famille d'hommes préhistoriques dégustant des flocons d'avoine enrobés de sucre au petit déjeûner? ou n'importe lequel de ces produits que la publicité télévisée nous propose bruyamment? Essayez d'imaginer un de ces hommes interrompant sa chasse pour une pause-café-instantané agrémenté de lait en poudre?

En fait, notre alimentation à base de produits transformés est très éloignée de ce que nos ancêtres cueillaient ou plumaient, passaient ou mijotaient pour leurs repas. Non seulement nos produits ne ressemblent aux leurs ni par leur apparence ni par leur goût, mais ils contiennent aussi beaucoup moins de minéraux.

L'AGRICULTURE CHIMIQUE PRIVE
LA NOURRITURE DE SES MINERAUX

Des changements moins évidents mais plus lourds de conséquences sur les minéraux ont pris place à la suite de l'usage intensif du sol pour l'agriculture. La teneur en minéraux des plantes a été radicalement modifiée dans le sol et les champs mêmes où elles ont poussé. Les fermiers avaient découvert il y a longtemps, qu'ils enrichissaient leurs sols en ajoutant du compost – des plantes et des déchets animaux en décomposition – et que ces derniers restaient fertiles et productifs. Ils ne se doutaient pas qu'ils reconstituaient le stock de bactéries (naturellement présentes dans les terres enrichies par l'humus) et de minéraux qui seraient absorbés par les plantes. Cette façon de fertiliser, en harmonie avec les cycles naturels de coexistence animale et végétale, ne causait aucun problème. Et il en fut ainsi pendant des milliers d'années.

Les engrais chimiques furent alors développés par extraction ou fabrication de formes concentrées d'azote, de phosphore et de potassium au lieu d'employer les composés qui existent dans la nature. L'adjonction aux terres de ces engrais artificiels – nitrates, phosphates et potasses – améliora beaucoup le rendement des récoltes. Mais ce qui apparut d'abord comme une bénédiction s'avéra petit à petit être une couronne d'épines. Les engrais manufacturés détruisent l'équilibre délicat entre les organismes et les minéraux dans les sols riches en humus, en tuant les bactéries bénéfiques et en faisant barrière aux minéraux naturels qui sont moins disponibles pour les plantes. Les engrais chimiques peuvent également saturer les racines par un excès d'une substance qui empêche la plante d'en absorber une autre, qui lui est pourtant tout aussi nécessaire.

Des études ont confirmé que la culture chimique réduit la teneur en minéraux des aliments. D'après une enquête, le blé poussant sur certains sols avec une grande quantité d'engrais chimiques est déficient en zinc. Aux Etats-Unis par exemple, des études ont prouvé que dans une trentaine d'états, la teneur en zinc des terres a été sérieusement diminuée par l'agriculture chimique au cours des récentes décades. D'autres ont démontré que la teneur du grain en fer, cuivre et manganèse a baissé dans onze états du centre sur une période de cinq ans.

Dans une expérience comparative de culture des épinards avec des engrais naturels d'une part (fumier provenant de nourriture traditionnelle) et des engrais chimiques d'autre part, les épinards des sols enrichis naturellement étaient plus riches en fer que les autres. Les expérimentateurs, Peavy et Griz concluaient dans le Journal de l'"American Society of Horticural Science" en 1972 que leurs "résultats provenaient sans doute de la décomposition des fertilisants organiques se transformant en acides organiques qui permettent au fer d'adopter une forme plus assimilable par les plantes". Une autre étude montre que la teneur en calcium et phosphore des feuilles de crucifères (choux, rutabagas, etc.) augmente lorsque la quantité de matières organiques augmente dans le sol.

On n'a pas encore établi que le même phénomène existe pour les vitamines. Les méthodes de culture organique recevant de plus en plus d'attention en Europe et aux Etats Unis, les chercheurs découvriront peut-être que la teneur en vitamines est aussi plus élevée dans les plantes cultivées naturellement. Une étude portant sur 12 ans, effectuée par l'Institut Fédéral de recherche pour la qualité des plantes de l'Allemagne de l'Ouest, a établi que les légumes cultivés par des méthodes biologiques (organiques) ont une teneur nettement plus élévée en vitamine C ainsi qu'en potassium, calcium, phosphore et fer que les légumes cultivés avec des engrais chimiques. "Que ces produits offrent une valeur biologique nettement plus bénéfique pour le consommateur ne fait aucun doute" conclut Werner Schupan, directeur de cet Institut dans "Progressive", en décembre 1978.

LA MALADIE SE REPAND PENDANT QUE LES MINERAUX DISPARAISSENT.

Ces changements majeurs dans notre manière de cultiver et de transformer nos aliments ont modifié la quantité et la disponibilité de ces minéraux si essentiels à la vie depuis ses origines. En tant que consommateurs de ces produits, comment avons-nous survécu à ces changements?

Pas tellement bien semble-t-il. Les résultats de ces modifications profondes de nos aliments se manifestent, d'après les chercheurs se consacrant aux minéraux, sous forme de problèmes généralisés. Parlant de l'importance des minéraux en trace lors d'un congrès international sur la nutrition en 1975, le Docteur Eric J. Underwood déclarait: "La recherche en matière de 'traces' montre que des déficiences légères ou exceptionnelles se produisent dans les populations, particulièrement dans celles dont l'alimentation comporte une large proportion de produits raffinés et transformés". (Xème Congrès International sur la nutrition, Août 1975; compte-rendu publié par Victory-Sha Press, Kyoto, Japan, 1976).

S'ajoute à l'embrouillamini des aliments transformés, des terres enrichies artificiellement et de la diminution des minéraux dans notre régime alimentaire, la boulimie de ces autres produits artificiellement fabriqués et ingurgités par les Occidentaux: médicaments et drogues. Un des effets secondaires de beaucoup de médicaments, lourd de conséquences mais dont il est rarement fait état, est qu'ils se combinent avec un ou plusieurs minéraux, les rendant impossibles à assimiler par l'organisme.

"Beaucoup de médicaments courants sont des agents chélateurs" dit le Docteur Henry A. Schroeder dans une intervention lors d'un séminaire sur la recherche en matière de "traces" à Princeton en janvier 1973. La pénicilline, fait remarquer le Dr Schroeder, est un de ces accapareurs de minéraux, au même titre que plusieurs autres antibiotiques. D'autres médicaments affectent les minéraux de façon différente. Les diurétiques font éliminer le potassium de l'organisme et épuisent le magnésium. Les antiacides, vendus sans ordonnance, dérèglent le métabolisme calcium-phosphore. Les sédatifs peuvent abaisser les niveaux de calcium et de magnésium dans le sang. D'autres exemples sont discutés plus en détail au chapitre 27 "L'alcool, les médicaments et les aliments qui interfèrent avec les minéraux".

Cela ne signifie pas que les médicaments devraient être totalement abandonnés, mais que les médecins devraient être plus instruits des effets à longue échéance avant de les prescrire. On pourrait éviter les déficiences nutritionnelles consécutives à l'emploi de certains d'entre eux. Les carences peuvent être compensées par la prescription de doses de minéraux suffisamment importantes. Mais les médecins ne peuvent empêcher les déficiences s'ils ne savent pas qu'elles peuvent se produire.

LA POLLUTION IMBIBE NOTRE ORGANISME
DE MINERAUX NOCIFS.

Tout ce qu'on absorbe en quantités excessives peut être nocif. Il en va de même pour les minéraux. Paradoxalement, même les minéraux indispensables à une bonne santé peuvent devenir dangereux si nous absorbons trop de l'un d'eux. La raison en est qu'un excès d'un minéral donné, si important qu'il soit pour l'organisme, peut détruire l'équilibre avec les autres minéraux et vitamines du corps, et perturber leurs fonctions. Par exemple, si l'on prenait en une seule dose concentrée tout le potassium dont le corps a besoin pour 24 heures, il pourrait en résulter de sérieux troubles. Mais cela se produit rarement. Pour les minéraux essentiels, pas assez est plus fréquent que trop. Excepté dans les cas de troubles du métabolisme comme dans l'hémochromatose, par exemple, (imprégnation de l'organisme par des composés ferrugineux formés aux dépens de l'hémoglobine), le corps humain élimine généralement les minéraux dont il ne peut faire usage. Mais il ne peut suppléer ce qu'il reçoit en quantité insuffisante. Les minéraux ne sont pas tous bénéfiques. Quelques uns sont tout à fait dangereux. Le plomb, le cadmium et le mercure sont les polluants les plus répandus. A travers les âges, il s'en est infiltré si peu dans notre alimentation et nos eaux de consommation que la vie suivit son cours sans effets fâcheux. Les quantités infimes des poisons insidieux cités plus hauts sont éliminées par des quantités adéquates de "bons" minéraux tels que le zinc, le cuivre, le manganèse et le calcium. Le zinc, par exemple, renforce le système immunisateur et diminue les concentrations de plomb et de cadmium dans l'organisme. Il semble que la nature ait prévu un jeu de contrôles et d'équilibrages pour nous aider à survivre.

Ce système fonctionne très bien lorsque le corps est infiltré de quantités limitées de minéraux toxiques. Cependant, la pollution à grande échelle de l'environnement – par les gaz d'échappement et les déchets industriels par exemple – affecte tous les maillons de la chaine alimentaire. Les minéraux toxiques continuant à être extraits de la terre pour se répandre dans notre nourriture, nos eaux, dans l'air que nous respirons, nos corps peuvent se trouver incapables de s'accomoder de ces quantités inhabituellement importantes de poisons. L'exposition permanente à des quantités importantes de plomb affecte le cerveau, les nerfs, le sang et le système digestif. L'empoisonnement par le cadmium entraîne la pneumonie et parfois, des dégâts pulmonaires définitifs. L'empoisonnement par le mercure cause des saignements de gencives, la perte des dents, des tremblements et un manque de coordination. Les effets à long terme et peut-être cancérigènes de la pollution par ces minéraux toxiques ainsi que par certaines formes de nickel font l'objet d'études en cours. (Voir chapitre 25: "Neutraliser le plomb et les autres substances toxiques").

LES MINERAUX DANS LA LUTTE CONTRE LA MALADIE.

L'essentiel de tout cela est que nous avons de moins en moins des minéraux dont nous avons besoin et de plus en plus de ceux qui ne nous conviennent pas. La science des minéraux et comment, bons ou mauvais, ils se sont développés et travaillent dans notre corps est maintenant appliquée à maîtriser beaucoup de maladies.

Il y a longtemps que les savants ont identifié les maladies très visibles dues à de graves carences d'un minéral donné – l'iode dans les goitres, le fer dans l'anémie – et les déficiences évidentes dûes à la malnutrition. Les savants ont maintenant la conviction que ces déficiences manifestes ne sont en réalité qu'un aspect des rapports plus complexes entre les minéraux et la santé. La clef de la santé "totale" se trouve peut-être en des déficiences plus subtiles - des petits déficits de plusieurs minéraux souvent ignorés ou négligés. Les infections par exemple, sont surtout traitées par des antibiotiques et continueront à l'être jusqu'à ce que nous comprenions mieux le rôle des minéraux dans un système d'immunisation puissant. L'immunité à beaucoup de maladies pourrait dépendre des minéraux pour une bonne partie de sa force, puisque les quantités de magnésium, de fer, cuivre, zinc et phosphore dans le sang sont notablement modifiées pendant les attaques de virus et de bactéries nocives.

Les maladies chroniques – ostéoporose, ostéorthrite, artériosclérose, maladies cardiaques, diabète et cancer – qui se manifestent à l'échelle épidémique dans les pays développés sont les plus problématiques. Comment elles se développent et comment on pourrait en organiser la prévention est très complexe. La recherche médicale accorde de plus en plus d'attention à la nutrition, secteur où l'on se concentrait surtout sur les vitamines. Les minéraux et les vitamines agissant de concert, il se peut que les solutions à ces maladies se trouvent dans la façon dont les minéraux travaillent dans notre organisme. Nos corps sont conçus pour utiliser vitamines et minéraux pour se guérir. Privez un corps des minéraux indispensables ou abreuvez-le de minéraux toxiques et les conditions ne sont plus celles de la guérison, mais celles de l'auto-destruction.

LE MEILLEUR EST ENCORE A VENIR.

Tout d'abord, les vétérinaires furent les seuls médecins à s'intéresser aux minéraux en traces dans l'alimentation. Les éleveurs ont rapidement constaté que le bétail et les moutons dont l'alimentation manquait de zinc, de cuivre, de sélénium et d'autres nutriments avaient moins de chance de grandir en force et santé. Cela menaçait leurs profits. On ajouta donc rapidement à l'alimentation les nutriments nécessaires.

Plus récemment, les chercheurs se sont penchés sur ces mêmes minéraux chez les êtres humains. Les résultats en puissance sont tout aussi exaltants. Le Docteur Kirchgessner de l'Institut de physiologie de la nutrition de l'Université de Munich explique: "Il y a une augmentation spectaculaire du nombre de travaux remarquables sur les problèmes médicaux et nutritionnels relatifs aux traces (de minéraux) chez l'homme. Depuis 1973, environ 2.000 rapports scientifiques sur les traces ont été publiés. Ce qui signifie que le nombre annuel de publications sur les traces est environ 2 fois plus élevé qu'il y a 10 ans et presque 3 fois plus élévé qu'il y a 20 ans".

Le Dr Kirchgessner a fait cette remarque à la IIIème Rencontre Internationale sur le métabolisme des traces chez l'homme et les animaux, en 1977. Deux ans plus tard, dans un journal scientifique de grande diffusion, un article disait: "il est probable que les "traces", dont on ne sait pas encore si elles sont nécessaires à la santé des hommes, viendront s'ajouter à la liste des "essentiels" dans l'avenir, au fur et à mesure que les techniques expérimentales se perfectionnent." (Dans "Chemistry, Mars 1979).

L'ironie du sort semble indiquer que cette même technologie

avancée qui nous a valu l'agriculture chimique, les aliments artificiels et la pollution industrielle permettra l'étude approfondie des problèmes de santé qu'elle a contribué à créer.

Non seulement les récentes années ont vu une véritable explosion de recherche – et d'intérêt – pour les minéraux et la santé, mais cette tendance ira sans doute en s'accentuant. Et il devrait en être ainsi. Car on n'a jamais vu de cas aussi flagrant d'arbre cachant la forêt que dans le peu de récognition du rôle des minéraux qui, non seulement existaient avant la vie, mais l'ont rendue possible pour commencer. Un éminent chercheur anglais de Birmingham commentait laconiquement l'approche parfois étroite des scientifiques par rapport aux origines et aux mécanismes de la maladie: "Il est impensable que l'être humain, qui s'intéresse tant à la nature du monde dans lequel il vit et au contenu de l'espace qui l'entoure, ne s'intéresse même pas au moins autant, sinon plus, à son propre corps et aux maladies qui l'affectent." (Dans Lancet, décembre 1979).

Les conséquences de la restauration de l'équilibre des minéraux dans l'écosystème délicat du corps humain vont au-delà de la santé physique pour atteindre l'ensemble de l'équilibre émotionnel et intellectuel.

Le but de ce livre n'est pas seulement d'exposer comment nous sommes affectés par les changements dans la répartition des minéraux dans le monde, mais aussi d'explorer les mesures que nous pouvons prendre pour compenser ces effets. Il est peu probable que nous retournions aux temps des chevaux de labour et des tombereaux attelés, ou que les gens soient prêts à abandonner les supermarchés pour cultiver leur jardin. Mais il existe beaucoup de moyens de contrôler les minéraux dans votre environnement.

Ce livre vous aidera à avoir une meilleure idée de ce que vous mangez et de vos besoins personnels en minéraux. Vous voudrez probablement savoir si votre alimentation vous apporte suffisamment de minéraux. Vous vous demanderez sans doute si vous devez prendre des suppléments minéraux et si oui, lesquels et en quelle quantité. La plupart des diététiciens et des spécialistes en matière de minéraux à qui nous avons parlé au cours de la rédaction de ce livre pensent que la meilleure façon d'être sûr que vous et votre famille absorbez assez de minéraux est de combiner une alimentation qui en contiennent beaucoup avec des suppléments. D'un chapitre à l'autre, nous étudierons les quantités nécessaires moyennes individuelles. Nous parlerons aussi des aliments qui sont de bonnes sources de minéraux et proposerons des recettes de plats en comportant d'amples quantités. D'autres chapitres seront consacrés à ces troubles qui, soit dénoncent une carence d'un ou plusieurs minéraux, soit semblent ralentis ou soulagés par l'absorption de doses supplémentaires de minéraux.

Si vous prenez déja des vitamines mais que, jusqu'à maintenant, l'importance des minéraux n'était pas claire dans votre esprit, vous êtes sur le point de compléter votre culture générale relative à l'alimentation.

PARTIE
II

LES MINERAUX QUI
STRUCTURENT NOTRE SANTE

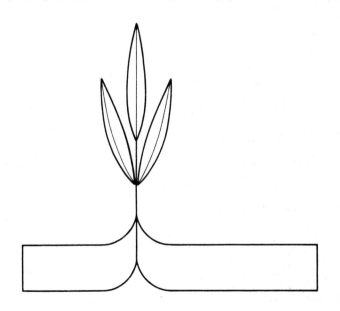

CHAPITRE 2

Le calcium

LA DIFFERENCE ENTRE LES GENS ET LES MEDUSES.

Sans calcium, vos os seraient tellement mous qu'on pourrait en faire des noeuds comme avec des lanières de pâte à modeler. Tels qu'ils sont, nos os sont à peu près aussi solides que l'acier, mais beaucoup plus légers. Et ils sont assez flexibles pour absorber l'impact subit d'un coup sans éclater ou d'une chute sans se casser.

Une partie de leur robustesse est également due à un admirable travail de construction. Notre squelette est bâti sur certains des mêmes principes que les architectes emploient pour élever des structures qui devront résister aux forces du vent, du temps et aux secousses sismiques de la terre pendant des centaines d'année. Cela signifie que nos échafaudages internes constituent un tour de force technique aussi impressionnant que les voûtes des cathédrales gothiques et les carcasses des gratte-ciels modernes.

Notre merveilleux squelette est adapté à presque tous nos besoins pratiques. Il y a cependant des cas d'urgence. Un os PEUT se casser s'il subit suffisamment de pression. Et parce que les os sont des tissus vivants, ils peuvent être attaqués par la maladie. Les maladies de notre foie, de nos reins, nerfs, glandes, de notre sang, peuvent aussi affecter nos os. Ces derniers doivent donc pouvoir s'autoguérir. Les os étant constitués en majeure partie de calcium et de phosphore, une alimentation pauvre en ces minéraux rendra la croissance et la bonne santé impossibles. Certains autres nutriments, protéines et vitamines A, C et D, sont également importants. Mais les os ne sont pas plus en mesure de faire leur travail sans calcium et phosphore qu'un haut-fourneau ne peut produire d'acier sans les matériaux de base que sont le fer et la chaux.

Nous accordons généralement peu d'attention à notre squelette. Sans cette structure sur mesures, nous ne pourrions ni marcher, ni rester debout, nous asseoir, courir, nous tenir droit, ou danser. En réalité, nous ne pourrions pas faire grand'chose. Sans cette admirable carcasse pleine de calcium, nos corps seraient nous comme des chiffes et aussi désarticulés qu'un poulet désossé prêt pour la casserole. Il y a pourtant des animaux qui se débrouillent très bien sans l'aide d'un squelette. Il existe des méduses aussi grandes que les humains; mais comme elles vivent dans la mer, où la gravité se trouve neutralisée, les méduses se déplacent très bien sans aucun os. En général, cependant, même dans la flottabilité du milieu marin, la plupart des animaux ont besoin d'un squelette quelconque – pour leur soutien, leur protection et leur mobilité.

Le squelette n'est pas toujours à l'intérieur du corps. Examinez une huître la prochaine fois que vous en trouverez à la plage, ou une coquille d'escargot dans votre jardin, ou un de ces coquillages décoratifs qu'on pose sur la cheminée. Ce que vous tenez dans votre main est une version rudimentaire de votre propre squelette. D'accord: la coquille de l'huître ne comprend que deux parties, alors que votre squelette en comporte 206 (nombre approximatif de vos os). Mais les deux sont tout de même un squelette. La simple charnière qui ouvre et ferme la coquille de l'huître est très similaire à l'articulation qui vous permet de plier le coude. Et les squelettes de tous les animaux – de l'huître à l'homme – doivent leur solidité à un minéral particulier: le calcium.

LE SABLE ET LE CIMENT DES OS: CALCIUM ET COLLAGENE.

N'importe quel architecte vous dira que n'importe quelle structure, si merveilleusement bien élaborée soit-elle, s'écroule si elle est bâtie avec des matériaux de mauvaise qualité. Il en va de même pour votre squelette. Comme tous les tissus vivants, l'os contient de l'eau. En dehors de cela, l'os doit sa dureté à un mélange moitié minéral (calcium et phoshore, dans la proportion de 2 pour un) et moitié collagène, une protéine de consistance cartilagineuse. Les cristaux du mélange de calcium "tartinés" entre des couches et des fibres raides de collagène constituent un appareil assez fort et cependant, assez flexible, pour absorber les ondes dues aux chocs répétés de la course ou des chutes. Notre mode de vie trépidant nous fournit toutes sortes de nouvelles occasions de chocs dont ne bénéficiaient pas nos ancêtres: automobiles, patins à roulettes, skis, planches à voile, talons hauts et parquets vernis, pour n'en citer que quelques unes. Sans cette union intime du sable et du ciment dans nos os, nous ne pourrions même pas taper à la machine sans nous casser un doigt, ou donner une claque amicale sur l'épaule d'un copain sans nous écraser la main. La prochaine fois que quelqu'un vous donnera une poignée de main qui vous prendra dans un étau, vous pourrez remercier calcium et collagène de garantir l'intégrité de vos doigts.

Vous savez qu'il faut quelques bons coups de roc pour casser une coquille de palourde, par exemple. Cette solidité explique que les coquilles aient servi d'outils et de moyen d'échanges ainsi que d'ornements chez les peuples primitifs. De même, le squelette humain et les dents sont ce qui demeure après la mort et la détérioration du corps. Les détectives et les médecins légistes se basent sur les os et les dents pour identifier les corps de personnes mortes des mois, parfois des année plus tôt. Les archéologues emploient les mêmes indices pour étudier les restes des occupants des pyramides ou nos ancêtres troglodytes.

Une radiographie d'un être vivant, effectuée pour contrôler son état de santé, peut permettre de déterminer l'âge et le sexe de la personne.

Le poids de la coquille de palourde est très supérieur à celui de son corps. Elle est, pour cette raison, limitée à la vie sous-marine, où la possibilité de flotter l'aide à se déplacer. Par comparaison, notre squelette est extrêmement léger – il représente environ un cinquième de notre poids total. Cela est important, car n'ayant pas le milieu marin pour nous permettre de flotter, marcher sur terre serait une impossible corvée avec une structure trop lourde. La vie humaine serait limitée à la proximité des lacs et océans, ou il nous faudrait consommer beaucoup plus de nourriture pour produire suffisamment d'énergie pour nous transporter d'un point à un autre. La terre pourrait donc faire vivre infiniment moins de gens s'il nous fallait manger trois fois plus pour survivre. Vraisemblablement, la démographie serait très différente si nos os étaient beaucoup plus lourds.

Pourquoi notre squelette est-il si léger? Et comment une structure si légère peut-elle supporter le choc des pavés lors du trot matinal, les chutes lorsqu'on trébuche contre la table basse ou qu'on a mal calculé son coup en descendant du trottoir, sans entorse ni fracture?

La réponse se trouve dans deux excellents principes de construction que l'on trouve dans tous les os. Il y a bien longtemps que les architectes et les constructeurs ont découvert que l'entrecroisement de poutres à angle droit à là manière d'un treillis permet de faire supporter à une structure élevée un poids énorme. Le fémur est l'os le plus long et sa fonction est de soutenir le corps. Chacune de ses extrémités est construite à la façon d'un treillis. Vers le centre, le fémur est creux. Ceci est conforme au principe suivant lequel une colonne n'a pas besoin d'être pleine pour être solide. Un os creux fait l'affaire sans poids inutile. Les os creux forment une structure efficace, car s'ils étaient pleins, le squelette serait beaucoup plus lourd. Le vide intérieur est aussi utilisé efficacement comme incubateur de globules rouges, qui transportent l'oxygène de la vie à toutes les parties du corps.

LES OS, ENTREPOT DE CALCIUM IDEAL.

De même que les immeubles ne sont pas tous construits avec des poutres d'acier, les squelettes ne sont pas tous fabriqués avec des os comme les nôtres. Nous avons vu qu'il y a loin de la coquille de la palourde à notre squelette. Pourquoi la palourde a-t-elle évolué d'une façon et nous de l'autre? Voyons un peu.

Il est évident que la vie de la palourde est déterminée par la forme de son squelette. Un seul pied, fort au demeurant, lui confère une certaine mobilité. Enfin, disons qu'elle est à peu près aussi agile qu'un adulte sur un tricycle d'enfant. Une palourde ne dépasse pas le stade de l'essai si elle décide de s'offrir à manger quelque chose de plus rapide que les petites plantes qu'elle ingurgite en même temps que l'eau. Et elle se limite absolument à la défensive lorsqu'elle est dérangée par des turbulences ou des ennemis. Elle peut soit s'enfoncer dans le sable, soit faire face dans son petit tank miniature. Au fur et à mesure qu'elle pousse, sa coquille grandit, accumulant de plus en plus de calcium avec l'âge. Une existence vraiment abritée.

Heureusement, il n'y a pas qu'une façon de fabriquer un squelette. A un moment donné, la conception s'est orientée dans une autre direction – celle des pièces multiples et articulées, ou de segments assemblés, comme chez certains animaux. Et voilà! la vaste catégorie du royaume animal appelée ARTHROPODA (les arthropodes) était née. "Arthro" signifie "articulation", comme vous le savez grâce à des mots tels qu'arthrite, désignant l'inflammation des articulations.

Les insectes, tels que les guêpes et les fourmis, et les crustacés, tels que les crabes et les langoustes, sont des exemples de quelques arthropodes familiers. Ils sont à peu près à mi-chemin entre les animaux sans squelette et ceux qui ont une structure osseuse interne comme la nôtre. Comme les palourdes, les arthropodes vivent à l'intérieur de leur coquille. Cette coquille fragmentée comporte une épaisse peau élastique appelée cuticule, consistant principalement en une couche intérieure de chitine, épaisse, poreuse et, chez diverses espèces, durcie par une accumulation de calcium. En somme, très semblable à nos os. Et le squelette des arthropodes est relativement léger.

Les arthropodes se déplacent beaucoup plus facilement que les palourdes. Tellement mieux, en fait, que beaucoup ont pu migrer vers la terre ou les cieux au cours de l'évolution. Les fourmis qui charroient les miettes de votre table et les moustiques qui vous attaquent quand vous êtes en "pique-nique" sont des parents de la langouste que vous commandez au restaurant.

En dépit de tous ses avantages, cependant, le squelette extérieure de l'arthropode présente tout de même de sérieux inconvénients. Comme les cottes de maille des chevaliers du Moyen-Age, ces costumes sont gauches et malpratiques. De plus, les arhropodes ne peuvent accumuler le calcium au fur et à mesure de leur croissance comme font les palourdes. Ils sont obligés de tout remplacer en bloc. Ce processus rend le crabe, par exemple, très vulnérable entre le moment où il perd son ancienne "armure" et celui où la nouvelle est prête.

La nécéssité de remplacer leur squelette périodiquement limite la croissance des anthropodes. La science fiction nous fait frissonner avec ses histoires de monstres géants tirant leurs énormes corps cornés de marais fangeux pour terroriser les environs avec leurs antennes gigantesques et leurs pinces mortelles. C'est de l'imagination, évidemment. Comparés aux humains, la plupart des arthropodes sont plutôt petits – des moustiques pour ainsi dire. Les crabes-araignées, dont le corps peut atteindre environ 7 kilos et l'envergure des pinces 4 mètres, sont sans doute les plus grands et leurs proportions sont ce qui se rapproche le plus du monstre pour un arthropode.

Le développement d'un squelette intérieur fut une phase majeure de l'évolution, car il entraîna rapidement l'apparition d'organes plus évolués: cerveau, cœur, foie, reins, etc.

La première version de notre squelette fit son apparition dans ce qui était probablement un des premiers poissons. La liberté de mouvement était merveilleusement améliorée. Le poisson pouvait se projeter dans toutes les directions, explorer de nouveaux secteurs, élargir son horizon en quelque sorte. Certains poissons, qui avaient de petites écailles protectrices autour de la bouche, se mirent à manger mieux que leurs voisins. Apparemment, ces "dents cutanées" les aidaient à attraper et avaler leur nourriture. Dans la dure bataille pour survivre de la sélection naturelle, cela représentait un net avantage. Les dents passèrent, avec de légères modifications, aux générations suivantes, pour finalement s'installer à l'intérieur du corps, comme le squelette. Ces deux caractéristiques furent transmises aux reptiles et aux mammifères.

Les dents se forment à partir d'un tissu riche en calcium appelé dentine, qui ressemble à l'os, sans en être véritablement, car l'os n'est pas assez solide pour résister à la friction occasionnée par le fait de mordre et d'écraser. Pour augmenter leur durabilité, les dents sont formées de dentine, mais couvertes d'une couche protectrice d'émail, qui est la substance la plus dure du corps.

Les dents des premiers poissons n'étaient pas les seuls équipements à être mis au goût du jour. Les formes rudimentaires de nouveaux organes – cerveau, cœur, foie et reins – furent transmises, avec maintes et maintes modifications, des poissons aux amphibies, (grenouilles et salamandres), puis aux reptiles (serpents, dinosaures, par exemple), puis aux oiseaux, aux premiers mammifères et, finalement, à l'homme.

LE CALCIUM PERMET AU CORPS DE FONCTIONNER NORMALEMENT.

Le calcium était – et est toujours – essentiel pour le fonctionnement de ces nouveaux organes plus sophistiqués. Nous nous représentons toujours le calcium d'une seule façon: comme le constructeur des dents et des os. Bien qu'il soit exact que 99% du calcium du corps se trouve dans les os et les dents, la vie serait impossible sans le 1% qui reste. Chacune de vos inspirations, chaque muscle que vous déplacez, chaque pensée qui vous traverse l'esprit est dépendante du calcium stocké dans votre squelette, qui est redistribué par le flot sanguin au reste de votre corps. Les cellules nerveuses qui commandent la respiration, les muscles et le cerveau ont besoin et exigent l'apport constant du calcium pour remplir leurs fonctions.

Vu sous un autre angle, le développement du squelette humain, avec la croissance des os qui commence peu après la conception, est un parallèle frappant du développement de la coquille de chitine des arthropodes et de la structure osseuse des poissons et mammifères. Le squelette d'un embryon au cours de son développement est presque entièrement composé de cartilages, une substance fibreuse résistante à base de collagène. Au moment de la naissance, une grande partie du cartilage est déjà transformée en os. A l'âge adulte, il reste peu de cartilage: les oreilles et le bout du nez constituent les seuls vestiges du squelette embryonnaire.

Un squelette interne comme le nôtre facilite bien des choses – et en complique certaines autres. Pendant que le squelette est constamment en train de libérer du calcium, les os en même temps sont constamment en train d'en accumuler. Cela rend inutile l'échange des os pour de plus grands au cours de la croissance. Les os tiennent en réserve un supplément de calcium pour les cas de disette, de fractures ou de maladies.

Plusieurs glandes – thyroïde, parathyroïde, hypophyse, les glandes surrénales et sexuelles – contrôlent cette réserve et régularisent la croissance. Entre autres fonctions, les hormones secrétées par les glandes thyroïde et parathyroïde contrôlent la quantité de calcium dirigée vers vos os. Les hormones sexuelles, à leur tour, influencent ce contrôle. Le calcium de votre alimentation est absorbé par le gros intestin, juste sous l'estomac, et distribué aux os et aux autres organes par le sang. En même temps, le sang emporte une certaine quantité de calcium qui est éliminée dans la sueur, l'urine, les selles et les larmes. Tant que la croissance osseuse compense la perte de calcium, ce qui est généralement le cas pendant les quelques premières décades de la vie, les os restent durs et forts. Si l'on perd plus de calcium qu'on en remplace, les os s'affaiblissent et se cassent à la moindre occasion, telle qu'une glissade sur le verglas. Une modification des sécrétions hormonales peut être une cause. Les femmes après la ménopause, par exemple, ne produisent plus de grandes quantités d'œstrogène. Cela les prédispose à la dégénérescence osseuse appelée ostéoporose (bien que les hommes n'en soient pas tout à fait à l'abri).

Des bizarreries dans le fonctionnement de certaines glandes et de leurs hormones peuvent occasionner des troubles plus rares. Un mauvais fonctionnement de la parathyroïde peut limiter l'absorption du calcium par les os. Il arrive que du mauvais fonctionnement d'une glande résulte un nain ou un géant.

L'EXERCICE AIDE LE CALCIUM
A PRESERVER LA FORCE DES OS.

Peut-être parce que nous marchons sur deux jambes au lieu de quatre, nous n'avons ni la force ni la rapidité d'animaux comme la cheetah ou l'éléphant. Nous pouvons tout de même marcher, courir, danser avec une certaine agilité. Notre merveilleux squelette et notre système musculaire, qui nous permettent de nous tenir debout, libèrent aussi nos bras pour l'exécution de gestes plus délicats, comme jouer du violon ou fabriquer une maquette d'avion.

Mais si nous laissons ces activités plus délicates remplacer totalement les formes d'exercice plus actives, telles que marcher, courir, sauter un peu peut-être, donner des coups de pieds, balancer les bras, nos os commencent à se dissoudre. Cela se produit chez les personnes grabataires aussi bien que chez les astronautes qui vivent dans un milieu sans gravité pendant plusieurs jours. L'effort de l'exercice, semble-t-il, stimule le flot du calcium et des autres nutriments vers les os. S'ils ne travaillent pas, les os perdent rapidement du calcium et s'affaiblissent. Nous ne comptons pas tous faire des voyages interplanétaires, mais le même type de perte de calcium se produit, par exemple, chez les gens qui abandonnent soudain une activité manuelle ou la participation à un sport ou un cours de danse pour un travail sédentaire et des activités moins fatigantes. Les os perdent de petites quantités de calcium chaque nuit pendant votre sommeil. Cela représente déjà 1/3 de votre vie. Ajoutez à cela des heures passées devant un bureau ou assis à regarder la télévision, et cela fait beaucoup de calcium qui s'échappe petit à petit à cause de votre inactivité. Des millions d'années ont programmé nos os pour qu'ils accumulent du calcium pour la mobilité et la protection qui nous étaient indispensables. Par conséquent, l'immobilité est interprétée par notre corps comme un signe qu'il n'a pas besoin de calcium.

L'exercice semble être bénéfique pour les personnes de tout âge, et ce n'est pas une excuse de dire que c'est "trop tard". Un groupe de femmes ménopausées a été partagé en deux: 9 d'une part ont fait des exercices variés une heure, trois fois par semaine; les neuf autres n'ont fait aucun exercice. Au bout d'un an, le niveau de calcium avait augmenté chez les femmes qui faisaient les exercices. Mais il avait diminué chez toutes celles qui n'en faisaient pas. Les chercheurs ont découvert qu'une ossature fragile et vieillissante n'est pas nécessairement le lot que nous sommes obligés d'accepter. Même les femmes après la ménopause peuvent continuer à fortifier leurs os, au lieu de les laisser s'affaiblir, en faisant régulièrement des exercices. (Annales de médecine interne, septembre 1978).

Mais les hommes ne perdent pas le calcium de leurs os à cause de la ménopause. Que leur arrive-t-il donc qui affaiblisse les leurs?

PRENEZ SOIN DE VOS BESOINS EN CALCIUM.

Les facteurs de la nutrition jouent un rôle important. Trop peu de vitamine D (par manque de soleil) peut causer une faiblesse des os et une ostéomalacie (rachitisme adulte). Le manque de vitamine A peut entraîner une croissance anormale.

Mais dans l'ensemble, le manque de calcium est la cause la plus probable. L'absorption du calcium diminue avec l'âge. C'est également vrai pour les hommes et les femmes. Des suppléments de calcium doivent donc compenser cette diminution afin de prévenir la détérioration de l'os. Les chercheurs de la Clinique Mayo de Rochester dans le Minnesota, ainsi que tous ceux qui se consacrent à l'étude de l'effet de l'âge sur l'absorption du calcium, préconisent ce supplément de calcium pour pallier la déperdition due à une mauvaise assimilation. La plupart des personnes âgées ne prennent pas assez de calcium, ce qui accélère la perte de matière osseuse. Chez les patients atteints d'ostéoporose, les besoins sont encore plus élevés (Journal d'Investigation Clinique, Septembre 1979).

Si vous n'êtes pas âgé – pas encore – et même si vous faites beaucoup d'exercice, votre corps a besoin de bonnes doses de calcium pour constituer de bonnes réserves. Si votre alimentation ne comporte pas assez de calcium, cela signifie que pour faire face aux besoins journaliers découlant de la perte automatique de calcium par la sueur, les urines, les selles et les larmes, votre corps est dans l'obligation de prélever le calcium dont il a besoin sur vos os.

L'inflammation des gencives (maladie périodontique) semble plus fréquente chez les personnes dont l'alimentation est déficiente en calcium. A cela s'ajoute la détérioration du maxillaire. N'étant soutenu ni par de bonnes gencives, ni par une bonne mâchoire, les dents se déchaussent et finissent par tomber. Et les dentiers ne tiennent pas bien.

Le manque de calcium peut aussi aggraver l'arthrite, la sclérose en plaques et les crampes musculaires. Ce qui n'est guère surprenant, considérant les rapports étroits entre les articulations, les muscles et les nerfs et le fait que toutes les cellules des muscles et des nerfs ont besoin de calcium. Certains docteurs ayant traité des patients atteints d'ostéoporose témoignent que certains, qui souffraient également d'arthrite, avaient l'impression que les deux problèmes s'amélioraient progressivement sur une période de plusieurs années avec la consommation de calcium supplémentaire.

La meilleure source de calcium est votre alimentation. Les produits laitiers – le lait et les fromages – sont les meilleures sources. Certaines plantes également, telles que les légumes à feuilles vertes. La vache laitière adulte, qui ne consomme pas de produits laitiers elle-même, reçoit tout le calcium dont elle a besoin des plantes qu'elle consomme. Les palourdes ne dînent pas avec du lait et du fromage, et cependant, elles se construisent une coquille presque toute en calcium.

Le fait que l'ostéoporose – dont certains pensent qu'elle n'est que la conséquence de déficiences en calcium – ait pris la proportion d'une épidémie dans les pays industrialisés provoque certaines questions concernant notre alimentation.

● Consommons-nous moins de calcium que nos ancêtres, en dépit de l'abondance des produits laitiers?

● A quoi correspond la dose recommandée aujourd'hui de 800 mg de calcium par jour par rapport à la consommation de nos ancêtres il y a des centaines et même des milliers d'années?

● Comment les hommes primitifs, sans lait ni produits laitiers, consommaient-ils suffisamment de calcium pour ne pas souffrir d'ostéoporose et survivre génération après génération?

Voilà des questions qui tourmentaient les docteurs de la Faculté de médecine de Creighton, à Omaha, au cours de leurs recherches sur les rapports entre l'ostéoporose et l'absorption du calcium. Les docteurs Robert P. Heaney, Robert R. Recker et Paul D. Saville sont convaincus que la dose journalière recommandée aujourd'hui est "grossièrement inadéquate" pour les femmes à partir de la quarantaine en particulier, et probablement trop basse pour la plupart des adultes. Bien des choses indiquent, disent-ils, que 1.200 mg par jour serait une dose plus réaliste.

L'ALIMENTATION DE NOS ANCETRES FOURNISSAIT PLUS DE CALCIUM.

Cette conclusion s'appuie sur les recherches cliniques des Drs Heaney, Recker et Saville et de beaucoup d'autres. D'autre part, elle est confirmée par ce que nous savons des besoins en calcium des autres mammifères et de l'histoire des habitudes alimentaires de l'homme. Les besoins en calcium de plusieurs mammifères, chiffrés par le National Research Council (Conseil national de recherche) qui fixe par ailleurs les besoins humains, montrent que, par rapport à la dimension des corps, les besoins humains établis par ce conseil ne représentent qu'un cinquième de ce qu'ils seraient si l'on employait les mêmes principes de calcul que pour les animaux.

Cette bizarre incohérence entre les critères employés pour les humains et les autres mammifères n'est pas la seule chose qui troublait les chercheurs. Ce que nous savons de l'alimentation des premiers hommes donne à penser qu'ils absorbaient beaucoup plus de calcium que nous ne le faisons aujourd'hui. La plupart des gens s'imaginent peut-être que sans lait ni réfrigérateur, nos ancêtres n'avaient guère de calcium. Beaucoup d'autres diront que puisque les adultes ont souvent du mal à digérer le lait, c'est sans doute que leurs besoins en calcium sont bas. Ces deux suppositions sont fausses, disent le Dr Hearney et ses collègues de Creighton. "Bien qu'il soit exact que les produits laitiers sont la principale source de calcium pour l'homme civilisé occidental, il est évident que ce n'est pas le cas dans toutes les autres sociétés. La disponibilité généralisée du lait frais est une conséquence de technologies avancées – et de la réfrigération. Dans les sociétés moins avancées sur le plan technologique, le lait est conservé sous forme de fromage, dans lequel la lactose est prédigérée". (American Journal of Clinical Nutrition, octobre 1977).

Mais même si les adultes qui ne digèrent pas la lactose ne pouvaient se rabattre sur les fromages pour leur dose de calcium, il existe des quantités de nourritures qui en fournissaient des doses non négligeables aux hommes primitifs, y compris les os, les racines, les tubercules (pommes de terre, par exemple), les graines et, particulièrement, les fanes et feuilles de légumes à racines tels que la carotte, le navet, ainsi que d'autres légumes (voir tableau n° 2). Les chercheurs ajoutent: "Même en nous basant sur l'alimentation contemporaine, des calculs simples prouvent qu'un régime végétarien suffisamment copieux pour fournir les protéines nécessaires, fournirait également du calcium en abondance, en net excès des quantités préconisées aujourd'hui par le Conseil National de Recherche. De plus, lorsque s'ajoutent à ces sources végétales, des noix, noisettes, graines et des sources animales telles que sauterelles, termites, vers et chenilles, qui font tous partie du régime des populations primitives du vingtième siècle, la consommation de calcium atteint un niveau tout à fait respectable. Si vous ajoutez quelques petits oiseaux, rongeurs et poissons, dont on consomme souvent les os, il devient clair que les besoins en calcium de la race humaine n'ont pas été remplis en majorité par les produits laitiers".

Les fricassées d'oiseaux, de poissons et de gibier, cuits avec leurs os contiennent des quantités non négligeables de calcium; même lorsque les os sont enlevés avant de manger. Les chercheurs ont analysé des fricassées à base de carcasses de poulet et de dinde et y ont découvert d'appréciables quantités de calcium, jusqu'à 124 milligrammes par portion. Cela correspond à la quantité de calcium dans les 2/3 d'une tasse de fromage blanc. Le Dr Heaney et ses collègues ont également remarqué qu'en Inde, aujourd'hui, certains plats sont traditionnellement servis avec les os, qu'on mâchonne après le dîner (bien que les os ne soient pas servis aux invités occidentaux).

En tenant compte de l'alimentation de nos ancêtres, par conséquent, une dose de 1.200 mg par jour ou plus se rapprocherait beaucoup plus de ce que les hommes ingéraient que les 800 mg conseillés aujourd'hui par le National Council, disent les chercheurs.

Admettons même, pour le plaisir de la discussion, que nos ancêtres NE MANGEAIENT PAS beaucoup de calcium. Est-ce que l'ostéoporose ne les aurait pas éliminés? Pas forcément, nous dit-on. On peut raisonnablement penser que même si l'ostéoporose résultant de carences en calcium n'est pas quelque chose de nouveau, et que d'une façon ou d'une autre, le manque de calcium a constitué un problème sérieux et très répandu chez les adultes depuis des milliers d'années, il n'aurait pas obligatoirement remis en cause la survivance de l'espèce. Le Dr Heaney et ses collègues pensent qu'il est possible que les carences en calcium nous aient été transmises de génération en génération. Alors qu'une grave carence de nutriments aussi indispensables que les protéines ou la vitamine B, par exemple, aurait conduit à une disparition certaine de la race humaine, il n'en va pas de même pour le manque de calcium, car l'ostéoporose met des années à se manifester. La durée de vie de nos ancêtres étant plus courte que la nôtre, ils seraient probablement morts d'autres causes avant que l'ostéoporose se soit tout à fait développée. De plus, l'ostéoporose ne se déclarant chez les femmes qu'après la ménopause, la maladie n'aurait donc pas affecté la reproduction.

CE QUE LE "TAUX RECOMMANDE" (TR) REPRESENTE POUR VOUS.

Il est probablement évident dès maintenant qu'une insuffisance de calcium dans l'alimentation peut avoir de fâcheuses conséquences à long-terme sur la santé. C'est une bonne chose que de prendre quelques minutes pour réfléchir à ses propres besoins journaliers en calcium. Vous vous demandez peut-être comment ce TR (taux recommandé) établi par un organisme officiel américain s'applique à votre cas, et quelles sont les meilleures sources de calcium. Vous devriez peut-être prendre des suppléments. Auquel cas, vous voulez sans doute savoir ce qui vous convient.

A la lumière des comparaisons entre les régimes alimentaires de nos lointains ancêtres et ceux d'aujourd'hui, il semble plus que probable que le TR de calcium déterminé par le National Research Council de Washington mérite d'être examiné de près. (Voyez le chapitre 60 sur les TR). Tout d'abord, ces TR ne sont que des estimations, basées sur l'étude de cas où le calcium de l'alimentation – très variable – est comparé à la quantité de calcium éliminé dans les selles et les urines. Il s'agit donc d'un cas simple de ce-qui-en-tre-remplace-ce-qui-sort. Mais ce n'est pas si simple à évaluer. Pour commencer, la ration de calcium ingérée prend rarement en compte ce qui peut provenir de l'eau de boisson, qui peut être important dans les régions où l'eau est très calcaire. De plus, une quantité appréciable de calcium peut disparaître par la sueur, et, en moindre quantité, par les larmes, ce qui n'est pas analysé par simple absence de moyens technologiques. Vous pensez peut-être que cela n'a pas une importance capitale, mais on estime cependant qu'une personne effectuant de durs travaux à haute température peut éliminer jusqu'à 1.000 mg de calcium par jour, ce qui est plus que le TR! De sorte qu'une personne qui boit de l'eau adoucie (eau où on a supprimé le calcium pour le remplacer par du sel) et travaille dans une cuisine surchauffée, ou un fermier qui travaille au soleil auront donc besoin de beaucoup plus de calcium dans leur alimentation qu'une personne qui boit de l'eau "dure" et travaille dans un bureau climatisé.

Les choses sont encore compliquées par le fait que, pour chaque individu, la façon dont son organisme gère le calcium est différente. Sans entrer en détail dans tous les facteurs du métabolisme, les choses se passent ainsi: nous naissons chacun avec des tendances différentes dans la façon d'absorber et de rejeter le calcium. Certains s'adaptent à un apport insuffisant de calcium année après année en l'économisant soit par un taux d'assimilation supérieur du gros intestin, soit par un taux inférieur en calcium dans les excréments, soit encore par des modifications dans la digestion. Une personne accoutumée à un apport de 500 mg par jour pourrait sans doute aussi s'accomoder de 400 mg pendant un certain temps. Mais une personne habituée à 1.000 mg par jour – provenant de son alimentation, de l'eau ou de sa façon propre de gérer son calcium – aura sans doute du mal à s'accomoder de 400 milligrammes.

Le délai nécessaire à une adaptation à un moindre apport varie considérablement. Supposons que vous déménagiez pour une région où l'eau n'est pas calcaire, que vous preniez moins de produits laitiers, ou que vous effectuiez d'autres changements. Certaines personnes s'adapteront en deux mois, d'autres prendront plus de temps; d'autres ne s'adapteront jamais. Ceux qui s'adaptent lentement – ou pas du tout – sont peut-être justement ces personnes souffrant facilement d'os fragiles, de gencives douloureuses, de crampes musculaires et d'autres troubles dus aux carences en calcium.

La tension émotionnelle peut occasionnellement entraîner une élimination accélérée du calcium. Si vous attendez pendant 10 semaines que votre emprunt soit accepté pour acheter la maison de vos rêves, il est possible que votre taux de calcium baisse au fur et à mesure que vos espoirs montent.

En dépit de ces réserves, le TR de calcium constitue une indication de base. Les diététiciens de la vieille école discutent sans fin pour savoir si l'apport insuffisant de calcium est ou non important. Certains prétendent qu'il n'existe aucun état clinique qui puisse être catégoriquement classé comme déficience en calcium à proprement parler; que toute apparence de cette carence est en réalité imputable à une carence en vitamine D. Il est cependant plus qu'évident, aujourd'hui, que tout le monde ne peut s'accomoder d'un apport moyen et que certaines personnes, en réalité, peuvent en souffrir gravement. Laissons donc les polémiques: l'apport EST important, d'après un grand nombre de recherches.

Combien vous faut-il de calcium? Vous devrez baser votre propre jugement sur votre histoire personnelle: fractures, douleurs osseuses, inflammation des gencives, crampes musculaires et certaines choses, peut-être, que votre docteur peut avoir découvertes lors d'un contrôle médical. Si vous êtes une femme, il y a de fortes chances pour que 800 mg ne suffisent pas à prévenir l'ostéoporose. Homme ou femme, si vous avez ralenti votre activité à cause d'un bras ou d'une jambe cassée, vos besoins sont probablement plus élevés. Beaucoup de personnes souffrant des gencives ou portant des dentiers ont également besoin d'un apport supérieur à celui d'une alimentation moyenne.

EVALUEZ LE CALCIUM DANS VOTRE ALIMENTATION.

Combien d'entre nous absorbent seulement le TR? Pas autant que vous le croyez sans doute. Dans une étude sur le taux de calcium, effectuée en 1970 dans dix Etats américains différents, on a constaté que l'apport journalier de calcium de beaucoup d'Américains tombe très en-dessous du TR. Si vous désirez prévenir des problèmes osseux, musculaires, nerveux ou de gencives, vous souhaiterez peut-être évaluer votre propre consommation de calcium par rapport au TR, en fonction de votre âge et votre sexe (tableau du chapitre 60).

En principe, pour savoir exactement combien de calcium vous procure votre nourriture, il faudrait calculer à une bouchée près tout ce que vous mangez. Pour ce faire, vous devriez consulter un volume entier détaillant les centaines d'aliments différents de la nourriture habituelle contemporaine. Pour vous éviter cette difficulté, nous vous proposons une liste des aliments qui sont les meilleures sources de calcium. Notez bien que nous disons les MEILLEURES, non pas les seules. Les nourritures de l'agroalimentaire, c'est-à-dire les aliments tranformés et raffinés, (et pratiques), qui contiennent beaucoup de calcium à cause des produits laitiers qu'ils comportent, contiennent aussi, en général, beaucoup de sucres, de lipides (gras) et des additifs chimiques. La patisserie est un exemple de nourriture riche en calcium mais mauvaise source. Il en va de même pour les glaces industrielles.

On trouve du calcium en quantité appréciable seulement dans certains groupes d'aliments, alors qu'il est totalement absent de certains autres. Nous savons tous que le lait et le fromage constituent les principales sources. La viande en est pratiquement dépourvue une fois qu'elle est désossée, ce qui est fréquemment le cas. Certains légumes et noix en contiennent une quantité appréciable.

Les fruits, les grains et les huiles en comportent très peu.

Une façon sûre de se garantir une quantité nécessaire de calcium serait de boire du lait et de manger du fromage tous les jours. Mais cela peut causer des problèmes. Beaucoup de gens ne peuvent boire du lait, par intolérance de la lactose, qu'ils ne peuvent digérer. Il en résulte des gaz, des crampes abdominales, des ballonnements ou de la diarrhée. Les produits laitiers sont également riches en graisses et calories. Les personnes qui surveillent leur poids ou souffrent de problèmes cardio-vasculaires doivent en limiter la consommation. Bien que le fromage soit une excellente source de calcium, il présente cependant des inconvénients. Les matières grasses dans le fromage atteignent 50%. La plupart des fromages contiennent une quantité non négligeable de cholestérol et doivent être consommés en quantité limitée par les personnes dont le niveau de cholestérol est trop élevé. Certains régimes interdisent la consommation de lait entier et ne permettent que la consommation de fromages maigres.

En explorant nos ressources en calcium, nous avons eu quelques surprises concernant le fromage. Parce qu'il est une source si fondamentale, nous assumons toujours que tous les fromages sont également riches de ce minéral. Ce n'est pas le cas. Le Bleu, le Roquefort, le Camembert en contiennent moins que le gruyère.

Le petit-lait et les yaourts maigres sont raisonnablement riches en calcium mais pauvres en cholestérol. La mozarella, faite avec du lait demi-écrémé contient moins de cholestérol que la plupart des autres fromages. Une cuillerée à soupe de Parmesan râpé ajoute une ration

TABLEAU 2   **TENEUR EN CALCIUM DES ALIMENTS**

Aliments	Milligrammes de calcium pour 100 g comestibles
Parmesan	1350
Emmenthal	1080
Comté	900
Contal	776
St. Paulin	650
Livarot	714
Pont l'Evêque	564
Munster	335
Coulommiers	205
Brie	184
Camembert	154
Amandes	254
Noix	80
Noisettes	200
Haricots secs	137
Farine de blé complète	40
Germe de blé	90
Oignons (jeune, vert)	135
Bettes	118
Broccolis	100
Avocats	16
Fruits frais (moyenne)	30
Fruits secs (moyenne)	120
Viandes (moyenne)	10
Poissons: Colin	64
Grondin	98
Limande & sole	120
Conserves: sardines entières	380
saumon	66
Moules	100
Lait	125
Petit Lait	105
Yaourt (industriel, moyenne)	140
Beurre	12
Oeuf	55
Pain complet	50
Pain blanc	20
Mélasse de canne à sucre	250

NOTE: d'après « Table de composition des aliments » de Lucie Randouin, P. Le Gallic, Y. Dupuis, A. Bernardin, Ed. Jacques Lanore. Avec le concours du CNRS.

TABLEAU 2 **TENEUR EN CALCIUM DES ALIMENTS**

Aliments	Portion	Calcium en milligrammes
NOTE: UNE ONCE = 28,35 grammes.	UNE TASSE =	2 verres ordinaires, soit approximativement 1/4 litre
Sardines de l'Atlantique, égouttées	4 onces	494
Saumon, égoutté	4 onces	365
Lait écrémé	1 tasse	296
Buttermilk (petit lait)	1 tasse	296
Yaourt maigre	1 tasse	294
Gruyère	1 once	262
Provolone (fromage)	1 once	212
Cheddar (fromage)	1 once	213
Brick cheese (fromage)	1 once	207
Muenster (fromage)	1 once	201
American cheese (fromage)	1 once	198
Colby cheese (fromage)	1 once	192
Mozarella (fromage)	1 once	181
Limburger (fromage)	1 once	167
Pissenlits cuits	1/2 tasse	147
Tofu (soja fermenté)	4 onces	145
Pizza au fromage	1/8 pizza 35 cm	144
Mélasse épaisse	1 cuillère soupe	137
Farine de soja	1/2 tasse	132
Bettes cuites	1/2 tasse	110
Feuilles de moutarde cuites	1/2 tasse	97
Chou frisé cuit	1/2 tasse	103
Cresson haché fin	1/2 tasse	95
Fromage blanc écrémé	1/2 tasse	90
Amandes	1/4 tasse	83
Pois chiches secs	1/4 tasse	75
Broccolis cuits	1/2 tasse	68
Grains de soja	1/2 tasse	66
Parmesan	1 cuillère soupe	61
Artichauts	1 moyen	61
Noisettes	1/4 tasse	60
Oeufs	2 gros	54

SOURCE: Adapté de Nutritive Value of American Foods in Common Units, Agriculture Handbook n° 456 de Catherine F. Adams (Washington DC: Agricultural Research Service, US Departement of Agriculture, 1975).

utile de calcium à votre soupe, votre salade ou votre ragoût tout en n'apportant que quelque 4 milligrammes de cholestérol, une extrêmement petite quantité.

Les personnes qui ont une forte tension artérielle doivent éviter le fromage à cause de son contenu élevé en sel.

DU CALCIUM SANS LAIT NI FROMAGE

N'allez pas vous imaginer que sans lait ni fromage vous êtes voués aux fractures et à l'hôpital.

La banque du calcium: les os.

Le saumon est une merveilleuse source de calcium, à condition que vous en mangiez les petits os. Sans ces derniers, il est dejà beaucoup moins fructueux. De sorte qu'une tranche de saumon frais, sans os, a moins de valeur qu'une boîte comprenant les petits os bien cuits.

Les os sont pourtant la source de calcium la plus négligée, bien que ce soit certainement aussi naturel pour l'homme de manger des os que des fibres végétales. La plupart des primitifs du monde entier consomme des os d'une façon habituelle. Les Esquimaux, qui sont remarquablement robustes, mangent des oiseaux quand ils peuvent en attraper, y compris les os. En Amérique du Sud, les Vilcabamba, également légendaires par leur force et la résistance de leurs os, mangent des soupes de légumes dans lesquelles ils font cuire pendant une journée entière des os de bœuf qui libèrent une grande quantité de calcium. (Le vinaigre et les légumes "acides" aident à extraire le calcium des os). Les habitants de l'Inde ont également l'habitude de mâcher, sucer ou même manger les petits os dans les plats au curry.

Les peuples soi-disant primitifs ne sont pas les seuls – et de loin – à consommer des os. Bien que cette habitude semble s'être récemment perdue, beaucoup de gens se souviennent qu'étant enfants, ils étaient encouragés à mâcher les os tendres, à les casser et à en manger la moëlle. Un des plats favoris à l'époque de Grand'mère était la soupe dans laquelle les os avaient cuit et recuit. Dans les deux cas, on extrayait les précieux minéraux. Nos parents et grands-parents appréciaient sans doute la valeur des os parce qu'ils avaient hérité ce savoir de leurs parents. Il est donc vraisemblable que les hommes aient toujours tiré parti du calcium des os.

C'est-à-dire, jusqu'à une période récente. Aujourd'hui, la plupart de la viande que nous achetons est détachée de l'os. De plus, la plupart des gens prennent un repas sur trois en dehors de chez eux, et mâcher les os en public ne fait pas vraiment partie des bonnes manières...

Pour tirer à nouveau parti des os, faites votre propre soupe en utilisant vos restes de poulet ou de dinde, au lieu d'acheter des soupes en sachets ou en boîte. Conservez les os, cassez-les et faites vos bouillons et fonds de sauces à congeler pour en avoir toujours à votre disposition. Ou bien demandez à votre boucher de vous garder des os. Pendant qu'ils mijotent dans votre faitout, ajoutez-y des oignons hachés, des feuilles de céleri, des carottes, une gousse d'ail pour donner du goût, plus une ou deux cuillerées de vinaigre ou de jus de citron, ou du tamari (à base de soja fermenté) pour faciliter l'extraction du calcium. Si la plupart des légumes, y compris les betteraves, les haricots, le céleri, les courgettes, les carottes, sont légèrement acides, le jus de tomate l'est bien davantage et augmente la quantité extraite. Une tasse de jus de tomate ou quelques tomates fraîches ajouteront beaucoup de calcium au contenu de votre marmite. On pense au "borscht" russe, un bon plat familial qui est une excellente source de calcium. Des recettes de ce type vous sont proposées au chapitre 31: Comment tout concilier.

L'introduction d'aliments comme le tofu, les yaourts et le fromage dans les soupes à base d'os augmente votre absorption de calcium. Employez du bouillon à base d'os pour faire votre soupe à l'oignon et saupoudrez la de parmesan avant de faire dorer. Ou bien ajoutez une bonne cuillerée de yaourt dans votre borscht ou vos soupes d'os et légumes. Vous trouverez d'autres recettes riches en calcium dans le chapitre qui leur est consacré.

Le Tofu, une nouvelle source de calcium pour les Occidentaux.

Qu'est-ce que le tofu?

C'est un aliment sans cholestérol, riche en protéines, à base de grains de soja, originaire de l'Orient. Le tofu ressemble à une crème, bien que la texture en soit parfois moins fine. Son taux de calcium est très élevé. Une demi-tasse en contient 145 milligrammes, c'est-à-dire presque autant qu'une demi-tasse de yaourt.

Il est fait par extraction du "lait de soja" avec de l'eau chaude. Comme on emploie la présure pour faire cailler le lait animal pour fabriquer des fromages, certains sels sont employés pour obtenir le même résultat pour faire le tofu. Lorsque le sulfate ou le chlorure de calcium sont employés pour la solidification, le tofu devient une source exceptionnellement riche en calcium. Tout aussi important, le tofu constitue une source de protéines remplaçant avantageusement la viande, la volaille, et les fromages.

Il fut un temps où l'on ne trouvait le tofu que dans les magasins orientaux. Il commence à faire son apparition dans les maisons de régime, de produits naturels. Comme il existe plusieurs procédés de fabrication, essayez de choisir le tofu fabriqué à l'aide de chlorure ou sulfate de calcium. Le chlorure de magnésium, par exemple, est aussi un bon solidifiant, mais il donne un tofu dont le taux de calcium est légérement inférieur. Evitez celui auquel des conservateurs ont été ajoutés pour lui permettre de rester plus longtemps en magasin. Si vous n'êtes pas sûr des composants, insistez pour être renseigné par le fabricant.

Il est utile de savoir à quoi le tofu ressemble afin de le repérer à la première occasion. Il a une texture crémeuse, une couleur blanchâtre et se présente sous forme de petits blocs dans l'eau. Certaines marques s'émiettent plus facilement. Commencez par en acheter à peine une livre – cela représente un peu moins de deux tasses.

Occupez-vous en dès que vous arrivez chez vous. Sortez-le du sac et placez-le dans un récipient prévu pour le congélateur ou dans un bocal. Ajoutez assez d'eau pour le couvrir. Si vous l'achetez pré-emballé, vous n'avez pas besoin de le transférer dans autre chose si vous n'avez pas ouvert l'emballage.

Le tofu frais se conserve environ une semaine dans un récipient clos au réfrigérateur. Changez l'eau tous les deux jours pour lui conserver sa fraîcheur. La saveur du tofu se corse au fur et à mesure que vous le conservez. Ce qui n'est d'ailleurs pas un problème. Employez-le frais pour les recettes où son goût peut ressortir; mélangez-le à des aliments à saveur plus prononcée quand il est plus vieux, comme les ragoûts, les fricassées, etc.

Vous ne devriez jamais être obligé d'en jeter, ce qui le rend très économique. Si vous en avez acheté plus qu'il ne vous en faut dans l'immédiat, vous pouvez le congeler, en l'égouttant d'abord et en le plaçant dans un sac en plastique. Faites sortir tout l'air avant de fermer le sac et placez au freezer sans délai.

En général, les deux premières réactions au tofu sont les suivantes: "Je n'aime pas beaucoup l'allure que ça a" et "Ça n'a pas de goût". (En troisième position à une courte tête vient: "Ma famille ne voudra jamais en manger"). Je ne vais pas essayer de vous faire croire que le tofu est assez bon pour être mangé tel quel quand vous le sortez du sac. Ce n'est tout simplement pas le cas. Le tofu n'a aucune saveur particulière, mais il revêt facilement celle des mets qu'il accompagne, ce qui le rend d'un emploi facile et riche comme source de calcium.

Non seulement le tofu est un excellent aliment relativement bon marché, mais c'est une bénédiction pour les personnes qui ne tolèrent pas le lait ou les produits laitiers. Et même ceux qui les tolèrent pourraient supprimer certaines des graisses animales de leur alimentation en remplaçant une partie de leur fromage, des œufs et des sauces par le tofu. Il peut être coupé pour remplacer le vermicelle dans les soupes. Et à l'inverse du fromage et de la crème, il peut être mangé en grande quantité sans fournir beaucoup de calories. Vous trouverez des recettes au chapitre 31.

Taux faibles ou élevés dans les légumes verts.

Les légumes à feuilles vertes contiennent d'importantes quantités de calcium, ainsi que des quantités variables d'acide oxalique, une substance qui, au cours de la digestion, se combine avec le calcium pour former un composé indissoluble, l'oxalate de calcium. Le calcium lié à l'acide oxalique est évacué par l'organisme sans avoir été assimilé.

Certains légumes verts contiennent beaucoup plus d'acide oxalique que d'autres, ce qui signifie que certains sont de bonnes sources de calcium et d'autres pas, ou moins. Les épinards et les feuilles de cardes contiennent jusqu'à huit fois plus d'acide oxalique que de calcium. La presque totalité du calcium de ces légumes est éliminée sans être assimilée, ce qui en fait de mauvaises sources de calcium. La consommation de ces légumes ne pose pas de réel problème dans l'alimentation moyenne des Français. Le Dr Philip Washko, de l'Université du Michigan, pense que "bien que l'acide oxalique diminue considérablement l'apport de calcium de ces légumes, ils n'en comportent cependant pas suffisamment pour accaparer le calcium provenant des autres aliments. Cela ne pourrait donc être un problème que pour une personne qui consommerait une quantité phénoménale de cardes ou d'épinards, sans autres sources suffisantes de calcium – mais cela n'est pas très vraisemblable".

D'autres légumes comme le navet, le chou frisé, les feuilles et les boutons de choux de Bruxelles ne posent aucun problème de cet ordre. Dans ces derniers, la proportion de calcium excède celle d'acide oxalique par 42 à un, ce qui en fait d'excellentes sources de calcium.

Ne négligez pas les haricots et les céréales.

L'acide phytique contenu dans le tégument des haricots et des grains a un effet similaire sur le calcium et certains autres minéraux. Bien que son effet exact ne soit pas parfaitement compris, il est probable qu'il n'interfère pas gravement avec l'assimilation des sels minéraux si les haricots et les grains de l'alimentation sont complétés par un assortiment équilibré d'autres nutriments.

Les diététiciens savent que nous manquons de phytase, une enzyme capable de digérer l'acide phytique des grains et des haricots. Dans notre système digestif, l'acide phytique se combine avec le calcium, le zinc, le magnésium et le fer pour former des composés insolubles appelés phytates, rendant ainsi ces minéraux non disponibles à l'organisme.

Cela pourrait créer un problème dans une alimentation où les aliments principaux seraient les grains et les légumineuses (haricots, pois, lentilles, etc.). Mais un régime combinant ces derniers avec une variété de nourritures sources de minéraux divers – autres légumes, produits laitiers, viandes et poissons – ne doit créer aucune déficience en calcium, si l'on s'en rapporte à un spécialiste du métabolisme des fibres et minéraux que nous avons consulté.

"Il y a des centaines d'années que les gens mangent des grains et des légumineuses, dit le Dr Pericles Markakis, de l'Université du Michigan. Et il est évident que ces aliments ne causent pas de déficience en sels minéraux".

La fermentation et la germination neutralisent les effets de l'acide phytique. L'addition de grains germés aux soupes, aux salades et aux légumes sautés nous permet de fournir à notre organisme des minéraux qu'il peut assimiler. Faire tremper les pois et haricots avant la cuisson permet aussi d'éliminer une partie de l'acide phytique, ce qui n'est pas le cas pour la cuisson elle-même.

L'EQUILIBRE CALCIUM/PHOSPHORE.

De temps à autre, les chercheurs soulignent qu'un excès de phosphore dans l'alimentation empêche l'assimilation du calcium. Il est possible que cela soit inexact. Le Docteur Herta Spencer, chef du département "Métabolisme" de l'Hôpital des Vétérans de Hines, dans l'Illinois, nous a bien confirmé que le phosphore était pour quelque chose dans l'assimilation du calcium, mais que les habitudes alimentaires normales étalent l'apport de phosphore sur plusieurs heures par jour et plusieurs jours par semaine. Et nous ne pensons pas que des repas comportant une variété de nutriments naturels puissent fournir la dose massive de phosphore nécessaire pour gêner l'assimilation du calcium. (Voyez le chapitre 4, sur le phosphore).

Une ration suffisante de calcium grâce aux suppléments.

Récapitulez vos consommations quotidiennes de calcium et additionnez sur une période d'au moins une semaine. Choisissez une semaine typique, et non une semaine au cours de laquelle vous avez mangé d'une façon inhabituelle, parce que vous étiez en déplacement ou en visite dans la famille. Comparez votre consommation journalière moyenne avec le taux recommandé, en tenant compte de votre âge et de votre sexe (Voir chapitre 60, tableau des TR).

Si votre consommation tombe en-dessous de ce dernier, vous n'êtes pas le seul. Lors d'un test effectué à l'Université de l'Orégon sur 90 personnes, les chercheurs ont constaté que 37,7% des hommes et 84,4% des femmes consomment moins de calcium que le TR. (Nutrition Reports International, Juin 1978). Et une étude du Ministère de l'Agriculture américain, portant sur 5.500 femmes de plus de 45 ans a montré que leur consommation quotidienne de calcium était en moyenne de 450 milligrammes, c'est-à-dire la moitié de ce qu'il leur faudrait pour prévenir l'ostéoporose.

Comment pouvez-vous être sûr que vous ne vous privez pas de calcium?

Il est possible que vous ne fassiez pas très attention à ce que vous mangez.

Une consommation suffisante des aliments du haut du tableau n° 2 devrait aider. Essayer quelques recettes combinant deux ou plus de ces aliments améliorera encore votre ration de calcium journalière. Calculez à nouveau votre consommation après une semaine de suppléments introduits dans votre alimentation grâce aux yaourts, tofu et rations plus importantes de légumes verts (les "feuillus" verts foncés sont remarquablement peu caloriques).

Il est possible que, dans certains cas, les sources provenant de l'alimentation ne suffisent pas. N'oubliez pas que vous visez un MINIMUM de 800 milligrammes par jour. Une étude précise que les femmes devraient consommer un litre de lait, entier ou écrémé, par jour – ou l'équivalent en produits laitiers – pour atteindre les 800 à 1000 milligrammes nécessaires pour entretenir des os sains après la ménopause. Les chercheurs concluent que la solution est de prendre un supplément quotidien. Cette étude a été effectuée par les Docteurs Antony Albanese et Edward Lorenze Jr et Evelyn Wein au

Centre de Réhabilitation de White Plains, dans l'état de New York.

Un des dentistes que nous avons consultés et qui étudie les problèmes de dentition et de calcium est convaincu que les patients atteints de troubles péridontiques et les personnes portant des dentiers devraient prendre des suppléments de calcium.

A la suite de toutes les études portant sur ces problèmes, plusieurs experts internationaux en nutrition et santé ont souligné que le TR de 800 milligrammes met beaucoup de gens – et particulièrement les femmes – en danger de voir se développer des problèmes tels que l'ostéoporose. Ils ont aussi souligné qu'un TR vraiment préventif devrait être 50 à 75% plus élevé, soit jusqu'à 1400 milligrammes par jour. Obtenir cette quantité de calcium de notre alimentation habituelle n'étant pas si facile, vous pouvez prendre des suppléments d'un type ou d'un autre.

Les suppléments de calcium, fondamentalement, sont des composés comestibles de calcium combiné à une autre substance, comme dans le gluconate, le carbonate, le lactate ou le phosphate de calcium.

La poudre d'os est faite à partir des os longs de bétail. Elle contient du calcium, naturellement; mais elle fait mieux: la poudre d'os contient des quantités infimes de phosphore, cet important minéral, dans la proportion même qu'on trouve dans les os humains, c'est à dire 2 à 1. Les minéraux dans la poudre d'os se présentant sous une forme naturelle à l'organisme, il en tire le meilleur parti.

Cela ne signifie pas que les suppléments de calcium pur soient contre-indiqués. Loin de là. Mais il est possible, pour prévenir les fractures, soulager les crampes musculaires, éviter les problèmes de gencives, que le calcium de la poudre d'os soit plus efficace.

La poudre d'os se présente sous forme de comprimés. On peut aussi l'acheter en poudre. Un chercheur a constaté qu'on peut ajouter jusqu'à 1.800 milligrammes de poudre d'os à une part de soupe ou de boeuf mode sans en modifier le goût. Vous pouvez aussi en ajouter aux boulettes de viande, restituant ainsi ce que la nature avait prévu pour commencer.

La dolomite, une roche calcaire commune, est une source parfaitement équilibrée de calcium et d'un autre minéral important, le magnésium, que vous découvrirez dans le chapitre suivant. Elle constitue une source parfaitement comestible et naturelle de calcium supplémentaire.

Pourquoi certaines personnes combinent-elles la dolomite et la poudre d'os? Tout simplement parce que chacune d'elle comporte un élément que l'autre n'a pas. La poudre d'os est une combinaison naturelle de calcium et de phosphore; la dolomite fournit du magnésium que la première n'apporte pas.

CHAPITRE 3

Le magnésium

LA DOLOMITE: EN DIRECT DE LA PREHISTOIRE.

La dolomite est une roche très spéciale. Non seulement elle contient du calcium et du magnésium exactement dans les proportions qui conviennent à notre santé, mais les carrières de dolomite sont une riche source d'informations sur notre passé. Les gisements de dolomite contiennent tellement de fossiles de la préhistoire, allant des aigues microscopiques aux vers sous-marins, aux éponges et aux mollusques et crustacés qu'ils constituent une véritable chronique pétrifiée de l'évolution et de l'histoire de la terre. Et d'une certaine façon, le rôle de la dolomite dans l'histoire de la terre est lié à son rôle dans notre santé.

La dolomite est une sorte de calcaire presque entièrement composé de plantes et d'animaux microscopiques. Algues, coraux, mollusques et autres crustacés constituent leurs squelettes de carbonate de calcium, qui tombent au fond des lacs et des océans quand ils meurent. Dans les endroits peu profonds, les squelettes de corail forment parfois des anneaux et des monticules, donnant lieu aux récifs de corail. Certaines algues contribuent des couches calcaires, constituées, comme le squelette et les coquilles, principalement de carbonate de calcium. Les squelettes, les coquilles et les sécrétions calcaires se superposent, au fond des océans, en une sorte de mille-feuille géologique pour ainsi dire.

Les squelettes, coquilles et particules calcaires empilés par tonnes comportent peu de magnésium. Les squelettes marins n'en comportent guère que 4 à 8% au plus. Cependant, la dolomite en contient baucoup plus, à peu près à moitié autant que de calcium. Comment le calcaire dolomitique a-t-il acquis tout ce magnésium?

Les géologues pensent que la nature l'a ajouté au cours de millions d'années. Une partie viendrait de l'eau de mer. Le magnésium est le cinquième plus abondant minéral dans l'eau de mer, atteignant une moyenne d'environ 1.600.000 tonnes par kilomètre cube. En général, dans les eaux plus fraîches des grand fonds, les animaux accumulent beaucoup moins de magnésium que dans les eaux peu profondes et plus chaudes. Apparemment la dolomitisation – ou accumulation de magnésium par les calcaires – se fait à un rythme beaucoup plus rapide dans l'eau chaude que dans l'eau froide.

Le magnésium de la dolomite ne vient pas en totalité de l'eau de mer, cependant. Une partie vient de la terre. Il semblerait qu'au cours de plusieurs épisodes de depôt méthodique, épaisseur par épaisseur, de couches de calcaire et d'autres sédiments sur les fonds marins, des secousses sismiques aient soulevé des portions entières de ces dépôts sous-marins au-dessus du niveau de la mer, les transformant en portions terrestres.

Les eaux de puits et de sources ruisselant à travers ces couches s'infiltrent à travers les sols et diverses espèces de roches, recueillant du magnésium au passage, qui s'ajoute à celui des sédiments. En même temps, à la surface de la terre, les vents et les pluies dissolvent les pierres calcaires au cours des années ainsi que d'autres éléments, dont une partie retourne éventuellement à la mer par les rivières, les lacs et les fleuves.

Au fur et à mesure que du magnésium fut déposé, la roche calcaire en absorba jusqu'à ce que la proportion calcium/magnésium atteinge 1.65 à 1. Il est remarquable que ce soit presque exactement la proportion dont notre corps semble avoir besoin pour sa santé. La dolomite en poudre est parfaitement comestible, et naturelle, et on dirait presque que sa raison d'être sur terre est de nous permettre de disposer d'un supplément minéral parfaitement équilibré en calcium et magnésium.

Il semble que très peu de dolomite soit en cours de formation sur terre ajourd'hui, sauf en quelques endroits spécifiques au fond des océans, où les températures assez basses donnent une dolomite moins riche en magnésium que les roches plus anciennes. Personne ne sait exactement pourquoi. Et là où la dolomite est en formation, le processus est tellement lent qu'il est imperceptible. Heureusement, le passé turbulent de la terre nous a laissé des réserves presque inépuisables de dolomite, roche répandue dans le monde entier.

LA PITTORESQUE HISTOIRE DU MAGNESIUM, PROTECTEUR DE LA SANTE.

Au cours de ces dernières années, les chercheurs ont découvert que là où les populations absorbent le magnésium par l'intermédiaire d'eaux filtrant à travers des roches dolomitiqı es, les maladies cardiaques semblent moins répandues. Nous savions déjà que le magnésium était un minéral essentiel, mais nous ne savions pas exactement ce qu'il faisait pour la bonne santé de notre coeur, de nos muscles et pour toutes sortes d'autre facteurs de santé.

Aux environs de 1600, le magnésium acquiert une réputation de panacée, bien que les gens n'aient aucune idée que c'était le magnésium qu'ils applaudissaient. Ils l'appelaient alors "Epsom salts" (sels d'Epsom). Ces derniers, un composé de sulfate de magnésium, sont connus aujourd'hui comme un puissant laxatif. Or, pendant des centaines d'années, on croyait généralement que des selles régulières permettaient d'éviter pratiquement toutes les maladies. De sorte que lorsqu'une eau riche en sulfate de magnésium commença à ruisseler d'une source dans le petit village d'Epsom, à environ 25 kilomètres de Londres, les habitants commencèrent à la consommer en quantité, espèrant remédier à tous leurs problèmes de santé, bien qu'ils n'aient aucune idée de ce qu'était cette eau. Il aurait mieux valu pour eux qu'ils aillent à la selle régulièrement grâce à une alimentation riche en fibres végétales et à de l'exercice, façon naturelle et saine d'avoir des selles régulières. Dans les sels d'Epsom, le magnésium agit uniquement comme un produit chimique, provoquant des contractions successives des intestins qui entraînent l'évacuation des déchets. Le magnésium des sels d'Epsom n'est donc pas absorbé dans le flot sanguin, où il aurait, il est vrai, un remarquable effet sur la santé.

LA SURPRENANTE DECOUVERTE DU DOCTEUR DE LA MISSION.

La scène se passe dans l'hôpital d'une ville située au milieu des savanes et des forêts de l'Afrique orientale. Les médecins et les infirmières soignent des enfants souffrant de malnutrition prononcée avec des régimes riches en protéines et minéraux. Les résultats sont néanmoins décevants. En dépit de la nourriture et des soins attentifs, 40%

des enfants ne réagissent pas du tout aux soins. Ceux qui se remettent ont de rapides rechutes dès qu'ils rentrent dans leurs familles dans les villages proches. Les médecins sont déconcertés.

A l'hôpital, une pédiatre partage d'abord l'incrédulité de ses collègues. Puis elle commence à suspecter qu'un élément crucial a été négligé -- le magnésium. Se fiant à son intuition, elle incorpore du magnésium au régime alimentaire de certains des enfants malades; les autres continuent à suivre les mêmes traitements. En un délai de 4 à 10 jours, les enfants prenant du magnésium se remettent miraculeusement. Les autres enfants continuent à aller très mal.

Notre histoire ressemble plus à un scénario sentimental qu'à un rapport médical, mais ce n'est pas de la fiction. De plus, cette histoire ne vous vient pas du Moyen-Age, mais date de 1965. Le pédiatre est une doctoresse américaine appelée Joan L. Caddell, qui, à cette époque, travaillait en Ouganda sous les auspices de la Fondation Rockfeller. Sa découverte du fait que le magnésium joua un rôle crucial dans le rétablissement des enfants mal nourris a mis ceci en évidence: une alimentation riche de pratiquement tous les autres nutriments – protéines, hydrates de carbone, vitamines et minéraux – est sans valeur si elle est dépourvue de magnésium.

L'ingéniosité qui a conduit le Dr Caddell à cette découverte constitue plus et mieux qu'une bonne histoire de détective. Les indices sur lesquels elle s'est appuyée pour résoudre le mystère de cette maladie rebelle mettent en lumière les nombreuses besognes accomplies par le magnésium.

La cause de la maladie était aussi évidente que son traitement en était introuvable, et se trouve bien résumée dans son nom "kwashiorkor", qui signifie "la maladie de l'enfant qu'on abandonne quand le suivant vient au monde". Le bébé kwashiorkor type est un enfant qui est sevré quand le bébé suivant naît. L'enfant est alors alimenté avec de l'eau et du sucre, ou un mince régime composé principalement de céréales et de sirop, de farine de maïs et de racines broyées. Privé des éléments nutritifs du lait maternel, l'enfant manque de protéines, de vitamines et de minéraux, absorbant tout juste de quoi survivre d'un jour à l'autre, certainement pas de quoi grandir et se fortifier. Les légumes, les haricots et les graines sont généralement absents de la nourriture, alors qu'ils sont les sources les plus abondantes de magnésium. Jusqu'aux trois-quarts des enfants des régions tropicales et sub-tropicales comme le Nigéria et le Ghana risquent de souffrir de cette forme dévastatrice de malnutrition à un degré ou un autre. Le kwashiorkor est une maladie qui s'entretient elle-même, car lorsque les enfants en sont atteints, le magnésium qu'ils pourraient extraire de leur alimentation est immédiatement éliminé par la diarrhée et les vomissements. La déshydratation est courante et la mort peut s'ensuivre.

Comment le Dr Caddell a-t-elle identifié le magnésium comme le nutriment faisant défaut? Comme tout bon détective ou chercheur, elle commença par une observation rigoureuse. En dehors des nausées, des diarrhées et du manque d'appétit, les enfants étaient apathiques et mornes, ne se plaignant même pas et ne pleurant pas non plus. Leur pouls était faible et instable. Certains étaient pris de tremblements ou de convulsions musculaires. Leur tension artérielle était à peine discernable dans la plupart des cas. Plusieurs enfants étaient anémiques. Les plaies ne se refermaient pas. La peau devenait rose et montrait des traces d'inflammation, au lieu du noir égal des peaux indigènes.

Les visages et les chevilles enflaient, et la peau était tendue à craquer. Les ventres étaient gonflés et les enfants ne grandissaient pas normalement et ne prenaient pas de poids. La stéatose héphatique sévissait: tout ce qui pouvait aller de travers allait de travers.

Ce qui frappa le Dr Caddell dans cet assortiment catastrophique de symptômes fut la similitude entre eux et ceux associés à la carence en magnésium.

Le premier symptôme qui aiguillonna la curiosité du Dr Caddell fut le rythme cardiaque faible et irrégulier des enfants. Elle savait que les tissus du cœur sont très sensibles aux chutes de magnésium. Elle savait également que le magnésium sert à entretenir un rythme cardiaque normal en équilibrant l'effet stimulant du calcium sur le cœur.

D'une façon assez semblable, il régularise la contraction et la relaxation musculaire. Le manque de magnésium pouvait expliquer les convulsions. Un taux réduit de magnésium est de nature à causer des tremblements convulsifs incontrôlables.

Mais comme certains autres problèmes nerveux, les convulsions résultent souvent d'un manque de vitamine B6 (la pyridoxine). Et les plaies cutanées dues au kwashiorkor sont semblables à celles qu'entraîne la carence en vitamines B2 (riboflavine) et B6. On avait négligé l'importance du fait que, sans magnésium, ces vitamines ne peuvent agir efficacement. Et l'organisme a aussi un besoin impératif de magnésium pour utiliser la vitamine B1 (thiamine). Or les enfants atteints de kwashiorkor ont généralement un taux très bas de vitamines B. Sans magnésium, un supplément de vitamine B ne leur sert à rien.

Un des éléments les plus surprenants du problème était que l'alimentation employée pour ces enfants malnourris, à base de lait et autres aliments riches en protéines, calcium, phosphore et potassium, semblait prolonger la maladie plutôt que la guérir. L'intuition médicale du Dr Caddell lui souffla que tandis que ces mêmes aliments entretenaient la santé chez les enfants absorbant les doses nécessaires de magnésium, des doses élevées de ces nutriments posaient des problèmes particuliers pour les enfants atteints de kwashiorkor. Le calcium et le magnésium se font CONCURRENCE pour être absorbés par les intestins en des points précis. Lorsque seules de minuscules quantités du second parviennent en ces points, ce qui semble être le cas pour ces enfants, elles sont facilement repoussées par les quantités plus importantes de calcium et n'atteignent jamais le reste du corps où elles sont indispensables.

Le phosphore et les protéines augmentent les besoins en magnésium. De sorte qu'un régime riche en protéines et en phosphore – comme le régime à base de lait donné à ces enfants – exige une plus grande quantité de magnésium, créant, en fait, un déficit supplémentaire à partir de cet apport marginal.

Avec le sodium, le magnésium régularise aussi le niveau de potassium qui contrôle la proportion des fluides dans l'organisme. Le manque de magnésium pouvait donc aussi expliquer le gonflement des visages et des chevilles. En bref, la conséquence de cette avalanche de protéines, calcium, phosphore et potassium dans ces cas de kwashiorkor était un besoin désespéré d'un supplément de magnésium. Ce qui explique la confondante indétectabilité de la maladie.

Le foie des enfants atteints de stéatose (une dégénérescence graisseuse du foie) ressemblait presque à celui des alcooliques chroniques, qui vivent d'apports caloriques d'où le magnésium est absent – principalement d'alcool – pendant des mois ou des années. Et une mauvaise croissance des os est caractéristique des graves déficiences en magnésium.

Toutes les pièces du jeu de patience s'emboîtent maintenant. Le Dr Caddell a soigneusement et méthodiquement suivi et enregistré le rétablissement des enfants à partir de l'administration de magnesium. Les symptômes s'invertirent spectaculairement. La peau commença à guérir. Le rythme cardiaque redevint normal. L'appétit s'améliora. La diarrhée disparut, les tremblements également. Les enfants prirent du poids, et surtout, aucun d'eux ne mourut. (Journal de pédiatrie, février 1965).

Le Dr Caddel approfondit son étude et d'autres confirmèrent ses conclusions. Les rapports précédents avaient proposé des conclusions radicalement opposées, à savoir qu'il n'y avait aucun rapport entre le kwashiorkor et le magnésium. Peut-être parce que le niveau de magnésium dans le sang peut sembler normal même quand il est insuffisant dans le reste de l'organisme. Bien que cela nous semble aujourd'hui surprenant, les médecins ne savaient alors pas *pourquoi* le magnésium est essentiel. Nous savons maintenant que le magnésium active des centaines de réactions enzymatiques responsables de tout un éventail d'activités biologiques qui maintiennent nos corps en état de fonctionnement. Le magnésium est aussi responsable en grande partie de la régularisation du rythme cardiaque et des contractions musculaires, ainsi que d'une aide à la transmission des influx nerveux. Il aide aussi à maintenir le niveau d'eau dans notre organisme, nous évitant gonflement ou déshydratation. Sans magnésium, nos divers systèmes ne fonctionnent pas correctement – ou ne fonctionnent pas du tout. Et le corps en souffre de maintes et maintes façons, comme c'est le cas dans le kwashiorkor des enfants.

DU MAGNESIUM POUR LE DIRECTEUR METABOLIQUE DE CHAQUE CELLULE.

Bien que parmi nous, peu de gens courent le risque de connaître le kwashiorkor, un examen plus approfondi de ce que fait le magnésium nous renseignera mieux sur nos besoins de ce minéral.

Notre corps est fait, plus ou moins, de 100.000.000.000.000 de cellules et les activités de chacune d'elles nécessitent du magnésium. En fait, après le potassium, le magnésium est le minéral le plus abondant dans chaque cellule. Chez les plantes comme chez les animaux, les cellules sont constamment en train de se débarrasser et de remplacer certains éléments. Cette destruction concommitante à l'élaboration de nouvelles cellules, appelée collectivement "métabolisme", est contrôlée par des centaines de substances protéiques, les enzymes. Faisant fonction de "directeurs" du métabolisme, les enzymes coordonnent adroitement toutes les réactions différentes se produisant dans notre corps en dirigeant les ingrédients nécessaires au bon endroit, au bon moment, tout comme un bon directeur coordonne l'action des diverses personnes compétentes pour la réalisation de tel ou tel objectif. Les enzymes des animaux et des plantes ont besoin de l'énergie dégagée par le magnésium pour effectuer leur tâche. Le magnésium libère cette énergie en activant sa production d'une substance spéciale appelée adénosine triphosphate (ATP), qui elle-même tire l'énergie de la nourriture que nous absorbons et la transmet à chacune de ces billions de cellules, qu'il s'agisse du cœur, des poumons, des muscles, des reins, du cerveau, du sang ou des os.

Il y a des centaines d'autres tâches à remplir au même moment. Les vieux tissus doivent être remplacés, les dégâts réparés aussi vite que possible. Le cœur, le cerveau et les autres organes ne se reposent jamais, même lorsque nous dormons. Les muscles qui pompent l'oxygène et rejettent le gaz carbonique travaillent 24 heures par jour. Notre cœur ne peut pas se mettre en vacances pendant plus de 5 ou 6 minutes à la fois si l'on doit survivre. Au total, le magnésium est un catalyseur – un activateur – de nombreuses activités physiologiques. Avec une quantité insuffisante de magnésium, la distribution de l'énergie dont nos corps dépendent pour maintenir le fonctionnement du métabolisme s'arrêterait net ou serait gravement perturbée, entraînant maladie ou malaises.

CALCIUM ET MAGNESIUM,
LES PARTENAIRES FIDELES DES MUSCLES SOLIDES.

Le magnésium et le calcium entretiennent des rapports privilégiés. Pour comparer avec deux hommes en train de scier un arbre, le magnésium tire pendant que le calcium pousse. Le calcium stimule les fibres musculaires qui se contractent. Le magnésium, présent dans le fluide dans lequel baignent les cellules nerveuses, réagit en encourageant les fibres musculaires à se détendre et à se relâcher. C'est l'enchaînement régulier *contraction, détente, contraction, détente* qui nous permet de prendre un crayon, de saisir le téléphone, de marcher, de nager, de monter à cheval etc.

Lorsque nous manquons un peu de calcium, notre corps peut en emprunter aux amples réserves que constituent nos os. Ces derniers contiennent aussi du magnésium, environ la moitié de tout le magnésium du corps. Mais nos os ne relâchent pas autant de magnésium que de calcium, ce qui oblige notre organisme à en prélever de notre seconde meilleure réserve, nos muscles, et ce dans les moments où nous en manquons.

Lorsque la quantité de magnésium dans les muscles n'est pas suffisante pour contrebalancer l'action stimulatrice du calcium, ils se raidissent et se contractent sans contrôle. D'où, crampes, irritabilité, petites palpitations et mêmes tremblements.

Ce déséquilibre calcium-magnésium affecte le bétail depuis des années. En Australie, en Nouvelle Zélande, en Angleterre et en Hollande, les vaches souffrent parfois de "vertiges". Les symptômes comprennent une démarche malassurée, des palpitations musculaires et des mouvements incontrôlables de la queue. Toutes les vaches ayant des "vertiges" presentent un taux très bas de magnésium dans le sang, qu'on attribue à une perturbation du métabolisme calcium/magnésium. L'adjonction de magnésium aux rations alimentaires guérit et prévient la réapparition de ce trouble.

Les vaches ne sont pas les seules à avoir besoin de calcium et magnésium pour éviter des crampes douloureuses. Les gens en ont également besoin. Les lecteurs du magazine Prévention qui avaient participé en 1977 à une enquête pour une recherche sur le calcium avaient remarqué que la dolomite, un supplément combinant 2 parts de calcium pour une de magnésium, calmait souvent leurs crampes et spasmes musculaires. Le calcium et le magnésium travaillent de concert pour maintenir l'enchaînement *contraction, détente, contraction, détente* de nos muscles.

UN BON CŒUR GRACE AU MAGNESIUM.

Notre cœur étant un muscle, il est affecté de la même manière qu'eux par le rapport calcium/magnésium. Naturellement, les battements de cœur sont une succession de contractions et de détente de cet organe. Longtemps avant que le Dr Caddell ait pressenti l'effet d'une carence en magnésium sur les tissus du cœur chez les enfants ateints de kwashiorkor, les médecins d'Afrique du Sud avaient commencé à traiter avec succès diverses affections cardiaques par injections de suppléments de magnésium. Ces traitements étaient prophétiques car dans les années qui ont suivi, les épidémiologistes (qui étudient la répartition des maladies parmi les populations) commencèrent à découvrir des rapports fascinants entre les sols, les eaux et les régimes alimentaires riches en magnésium et les taux inférieurs de mortalité due aux affections cardiaques.

Des chercheurs finlandais, par exemple, ont accumulé des informations passionnantes concernant les carences en magnesium dans leur pays. La fréquence des maladies coronariennes est plus élevée dans l'Est que dans l'Ouest du pays. En moyenne, le sol Finlandais contient peu de magnesium, particulièrement dans l'Est du pays. Dans ces régions, l'alimentation et l'eau potable contiennent aussi moins de magnésium. Les chercheurs examinant les eaux potables ont observé un rapport direct entre la "dureté" de l'eau (quantité de magnésium et d'autres minéraux) et la fréquence des morts par affections cardiaques. Elles sont moins nombreuses dans les régions à eau potable dure que dans les régions à eau "douce". Cette dernière est dépourvue des minéraux de l'eau dure qui prélève du calcium et du magnésium en traversant les sols et les couches de roches dolomitiques de l'écorce terrestre. (Advanced cardiology, volume 25 1978).

D'autres recherches effectuées en Angleterre, au Pays de Galles, en Suède, en Irlande, au Canada et aux Etats Unis ont confirmé plus avant que la fréquence des maladies cardiaques est moins élevée dans les régions à eau potable dure. Beaucoup sont convaincus que le magnésium est un facteur décisif, bien qu'il y ait encore une controverse quant au rôle du cholestérol dans les affections cardiaques.

Le minéral de l'avenir.

Comme le cholestérol dans les maladies de cœur, le sodium et le potassium ont reçu beaucoup de publicité quant à leur rôle dans un problème connexe, la tension artérielle, qui conduit aux crises cardiaques, aux attaques et aux problèmes rénaux. Il est vrai que le sodium et le potassium sont importants, mais la faculté du magnésium d'aider au contrôle de la pression sanguine, bien que connue depuis longtemps, n'était pas prise en compte.

L'action hypotensive (faisant baisser la tension artérielle) du magnésium résulte de l'une de deux actions possibles. Soit le magnésium neutralise l'effet stimulateur du calcium dans les artères et les vaisseaux sanguins, ralentissant les contractions, soit il agit sur les nerfs pour détendre les muscles. De toute façon, le résultat est qu'avec du magnésium, le cœur devient plus efficace, pompant le sang plus facilement.

De la même manière, lorsque le magnésium est en petite quantité dans les vaisseaux du cœur, un spasme d'un vaisseau peut provoquer une crise cardiaque. (Au chapitre 26, sur les eaux dures et douces, et au chapitre 33, sur les maladies du cœur, vous trouverez d'autres informations sur le magnésium).

Le magnésium ne protège pas seulement le cœur. Les découvertes de ces dernières années en corroborent de plus anciennes suivant lesquelles il contribue à prévenir l'apparition de calculs des reins. Des recherches en cours donnent à penser qu'il joue un rôle dans bien d'autres mystères, tels que le cancer.

Le sang rouge et les plantes vertes.

Les plantes, comme le monde animal, ont adopté le magnésium comme saint patron. La couleur verte des plantes est due à la chlorophylle, une substance semblable à l'hème de notre sang. Les deux pigments, en fait, sont fabriqués de la même façon, à partir des mêmes substances de base. Mais notre sang n'est pas vert, il y a donc évidemment une différence quelque part. Dans les plantes, ces substances de base (glycine et acide succinique) se combinent avec le magnésium des roches, du sol et de l'eau pour former la chlorophylle, qui effectue la photosynthèse, principal processus énergétique de la plante. La chlorophylle utilise l'énergie solaire, indispensable pour transformer l'oxyde de carbone de l'air et l'eau du sol en hydrates de carbone que les plantes mettent en réserve ou utilisent plus tard comme nourriture pour leur croissance.

La fuite du magnésium.

L'agriculture chimique crée une "dette" de magnésium. Les plantes tirent le magnésium du sol par leurs racines et le distribuent à l'ensemble de la plante. Lorsqu'elles poussent et meurent à l'état sauvage, elles se décomposent en laissant sur place des matières qui restituent au sol le magnésium qu'elles lui ont "emprunté" pour leur croissance. Dans l'agriculture traditionnelle, l'adjonction de compost organique, fait de plantes en décomposition et de déchets animaux reconstitue ce cycle naturel. Au contraire, l'agriculture chimique ne restitue que l'azote, le potassium et le phosphore, négligeant de remplacer le magnésium. Malheureusement, les engrais chimiques sont devenus les plus couramment utilisés. Les aliments poussant sur les sols fertilisés chimiquement, ce qui est le cas de la plupart aujourd'hui, contiennent 10 à 12% moins de magnésium que ceux qui poussaient avec les fertilisations traditionnelles. De sorte que les tables de composition des aliments surestiment probablement souvent le taux réel de magnésium, à peu près dans ces mêmes pourcentages.

La transformation des aliments aggrave la fuite du magnésium.

Le magnésium est un des minéraux qui, perdus dans la transformation des aliments, ne sont pas remplacés par "enrichissement" à l'usine. Les fruits et légumes et les produits dérivés des grains naturels contiennent beaucoup plus de magnésium que leurs équivalents traités et transformés. Par exemple:

- Le pain complet peut avoir jusqu'à 3 fois plus de magnésium que le pain de farine blanche ou le pain "de mie" industriel.
- La farine complète contient environ 4 fois et demie plus de magnésium que la farine blanche, la farine de seigle 3 fois plus que la farine blanche.
- Le riz complet contient 3 fois plus de magnésium que le riz blanc.
- Les pommes de terre "en robe des champs" contiennent 1 fois et demie plus de magnésium que les pommes de terre pelées.

Votre choix entre le pain blanc et le pain complet, le riz complet ou le riz blanc fera donc une nette différence dans votre absorption de magnésium.

Même la simple cuisine de la maison supprime une partie du magnésium des aliments. Jusqu'à 40% peut disparaître au cours de la cuisson. Les petits pois, par exemple, perdent jusqu'à 33% de leur magnésium quand ils sont congelés et 42% quand ils sont en conserve.

NOUS SOMMES NOMBREUX A MANQUER DE MAGNESIUM.

Pour satisfaire à l'exigence des talents multiples du magnésium, nos organismes ont besoin de 300 milligrammes par jour pour les femmes, et 350 pour les hommes si l'on s'en rapporte au Taux Recommandé (TR) du National Research Council. Cependant, certains chercheurs pensent que 400 et 450 milligrammes serait plus réaliste. Le Dr Mildred S. Seelig, du Medical Center de l'Université de New York est convaincu que nous sommes en état de carence en-dessous de 420 milligrammes par jour et que les déficiences en magnésium sont plus fréquentes que les diététiciens ne veulent le croire. En-dessous de 420 mg par jour, dit le Dr Seelig, nous excrétons plus de magnésium que nous n'en assimilons, en perdant ainsi une petite quantité chaque jour. Elle a amassé une grande quantité d'informations pour étayer sa thèse et les partisans de sa théorie pensent que non seulement le magnésium est indispensable à une santé optimum, mais qu'un supplément de magnésium peut procurer de nets avantages. Ils font état du grand nombre de fonctions très différentes dans lesquelles le magnésium joue un rôle et particulièrement de son rapport avec un taux inférieur de problèmes cardiaques, avec le contrôle de la tension artérielle et la prévention des calculs des reins.

On pourrait croire qu'avec la grande disponibilité du magnésium grâce à la dolomite, aux plantes et à l'eau potable, il est pratiquement impossible d'en manquer, même avec les basses exigences du TR. C'est ce que les diététiciens ont cru jusqu'à une époque récente.

Eh bien, ils se trompaient. Bien que le magnésium soit abondant dans les légumes feuillus, les noix et noisettes, les haricots, les céréales complètes, les grains de soja etc., l'alimentation occidentale moderne ne contient pas assez de ces aliments pour nous procurer même ce TR trop bas. Notre histoire sur les enfants malnourris d'un pays du tiers-monde peut vous donner à penser que l'apport insuffisant de magnésium dans nos pays est seulement le fait des classes défavorisées. Mais c'est faux. S'il est vrai qu'une enquête a pu trouver des taux aussi bas que 200 mg par jour dans des familles défavorisées, la même étude a trouvé, parmi des personnes "aisées", des niveaux de 245 et 288 mg – tout à fait inadéquats (La nourriture et la santé de l'homme occidental, de John Wiley, publié en 1975).

D'après une publication spécialisée, "on estime que le régime américain type en comporte 120 mg pour 1.000 calories, une proportion qui procure à peine le TR minimum" (Introduction à la nutrition, de C.V. Mosby, 1979). Diverses autres études montrent que la nourriture occidentale moderne, comprenant beaucoup de viande et de céréales raffinées comme la farine blanche, et peu de noix, de légumineuses et de légumes frais, donnent à peu près 200 à 260 milligrammes par jour de magnésium, c'est-à-dire à peu près la moitié de ce dont nous avons besoin.

"MANGE TES LEGUMES" COMME DIT MAMAN.

Informés de ces résultats, les diététiciens de l'Université de Montréal, au Canada, ont eu la curiosité de faire une étude sur le taux de magnésium des aliments servis à la cafétéria de l'université. L'équipe de Srivastava, Nadeau et Gueneau se rendit dans la salle de restaurant et analysa le choix d'aliments des étudiants pour les trois principaux repas de la journée. Les petits déjeûners librement choisis par les étudiants comportaient, combinés différemment selon les individus, des jus de fruits, du pain (industriel) grillé, des œufs, du jambon, du bacon, des flocons d'avoine, des cornflakes, du lait, du sucre et du café. Les déjeûners et dîners comportaient l'un ou plusieurs des mets suivants: viande, lasagne, jus, soupe, dessert, thé et café. Dans l'ensemble, la sélection était typique des habitudes alimentaires nord-américaines.

L'étude démontra que les étudiants masculins prenaient une quantité moyenne de 247 milligrammes environ de magnésium par jour, et les étudiantes environ 224 milligrammes, non seulement moins que le TR, mais très en-dessous des 400 et 450 milligrammes considérés comme souhaitables par certains diététiciens. Ils recommandèrent "d'augmenter le contenu en magnésium des trois repas par l'introduction d'aliments qui en sont riches: céréales, épinards, maïs, betteraves, fruits et légumes" (Nutrition Reports International, Août 1978).

Inspirez-vous de votre chat. Si votre chat se met à machouiller vos plantes décoratives, ce n'est pas nécessairement pour faire des bêtises. Les chats, comme les gens, ont besoin de la chlorophylle des plantes pour leur magnésium et se rabattent sur vos plantes s'ils ne trouvent pas ce dont ils ont besoin par ailleurs.

En dehors des légumes à feuilles vertes, les meilleures sources de magnésium sont les noix et les grains, les légumes, les pommes de terre et les fruits. Voyez le tableau 3 indiquant les taux de magnésium.

Cela me paraît beaucoup! Est-ce que je ne vais pas grossir? me demanderez-vous?

Non, probablement pas. Les nourritures végétales, qui sont les plus riches en magnésium, sont pauvres en calories. MM. Greger, Marhefka et Geissler, des spécialistes de la nutrition qui ont effectué une étude portant sur 150 produits courants dans les supermarchés en 1978, ont calculé le rapport entre le magnésium et les calories pour les groupes d'aliments de base. "Le rapport était généralement plus élevé pour les légumes que pour la viande, le lait et les céréales transformées", dit leur compte-rendu. Un hamburger d'environ 100 grammes vous donnera environ 28 milligrammes de magnésium pour environ 324 calories, alors qu'une pomme de terre cuite au four, de taille moyenne vous en procure le double pour seulement 111 calories.

TABLEAU 3   **TENEUR EN MAGNESIUM DES ALIMENTS**

Aliments	Milligrammes de magnésium pour 100 g. comestibles
Farine de soja	280
Grains de soja secs	240
Amandes (sèches)	254
Escargots	250
Noix du Brésil	225
Beurre de cacahuètes	178
Haricots de lima	176
Cacahuètes	167
Farine de cacahuètes	150
Flocons d'avoine	150
Haricots ordinaires	150
Farine de blè complète	140
Noix	132
Farine de seigle complète	130
Bettes	113
Oignon (jeune vert)	110
Riz complet	106
Mélasse de canne à sucre	80
Epinards	50
Oseille	46
Petits pois crus	42
Avocats	41
Bananes	35
Pommes de terre (stockées 3 mois)	30
Persil cru	30
Saumon (conserves)	30
Choux de Bruxelles	30
Haricots verts	25
Céleri feuilles	25
Broccolis	24
Carottes crues	15
Endives	13
Céleri rave	12
Lait (frais entier)	11
Tomates	10
Champignons de couche	5
Sucre	0
Germe de blé	400

NOTE: d'après « Table de composition des aliments » de Lucie Randouin, P. Le Gallic, Y. Dupuis, A. Bernardin. Ed Jacques Lanore. Avec le concours du CNRS.

TABLEAU 3	TENEUR EN MAGNESIUM DES ALIMENTS	
Aliments	Portion	Milligrammes de magnesium
Farine de soja	1/2 tasse	155
Grains de soja secs	1/2 tasse	138
Tofu (soja fermenté)	4 ounces	126
Farine de sarrasin légère	1/2 tasse	112
Haricots noirs secs	1/4 tasse	98
Germe de blé cru	1/4 tasse	97
Amandes	1/4 tasse	96
Noix de cajou (Cashews)	1/4 tasse	94
Haricots de Lima secs & crus (gros)	1/4 tasse	81
Noix du Brésil	1/4 tasse	79
Noix de pecan (moitiés)	1/4 tasse	77
Haricots rouges secs	1/4 tasse	75
Farine de blé complète	1/2 tasse	68
Cacahuètes grillées broyées	1/4 tasse	63
Noix broyées	1/4 tasse	60
Bettes crues, hachées	1 tasse	58
Banane	1 moyenne	58
Avocat	1/2	56
Farine de cacahuètes	1/4 tasse	54
Mélasse épaisse de canne à sucre	1 cuillère soupe	52
Pomme de terre	1 moyenne	51
Oatmeal (flocons d'avoine)	1 tasse	50
Epinards crus hachés	1 tasse	48
Saumon en boîte égoutté	4 ounces	43
Farine de seigle	1/2 tasse	37
Cardes crues et hachées	1 tasse	36
Lait écrémé	1 tasse	34
Chataîgnes	1/2 tasse	33
Riz brun complet	1/2 tasse	28
Boeuf haché maigre	4 ounces	28
Beurre de cacahuètes	1 cuillère soupe	28

SOURCE: Adapté de:
« Composition of foods », Agriculture handbook n° 8, révisé par Bernice K. Watts et A. L. Merril (Washington DC: Agricultural Research Service US Department of Agriculture, 1975).

Un examen plus approfondi de cette étude montre qu'une alimentation riche en céréales et légumes fournit environ 40% de plus de magnésium qu'une basée sur la viande, les œufs et les produits laitiers (Journal of Food Science, sept/octobre 1978). Un végétarien qui se gave de céréales et de légumes a de fortes chances d'absorber plus de magnésium que son commensal amateur de bifteck, en particulier si ce commensal saute le riz complet et les légumes au profit d'un ou deux petits pains et d'une bonne glace. Il est bon de se rappeler que les enfants atteints de kwashiorkor, qui mangeaient beaucoup de féculents et peu ou pas de légumes, ne guérissaient pas avec leur régime riche en protéines, jusqu'à ce que le magnésium y soit introduit.

LES SUPPLEMENTS POUR ETRE SÛR.

Vous pouvez vous procurer des suppléments de magnésium dans lesquels le minéral est généralement combiné avec une autre substance. L'oxyde et le gluconate de magnésium en sont deux exemples courants. Mais rappelez-vous que le magnésium est le plus efficace quand il est accompagné de deux fois son taux de calcium. Respectez cette proportion en prenant un supplément de calcium ou de la poudre d'os en même temps que le magnésium, en vous en tenant à 2 fois plus de calcium que de magnésium.

La dolomite est plus simple. Elle fournit le magnésium et le calcium dans les bonnes proportions, vous évitant tout calcul.

Un autre supplément de magnésium peut provenir de votre robinet d'eau, si vous avez la chance d'habiter une région à eau "dure" et pouvez échapper à l'utilisation des adoucissants qui non seulement suppriment le magnésium et le calcium, mais ajoutent du sodium (sel) à l'eau, contribuant ainsi à faire monter la tension artérielle. Bien que vous ne puissiez pas faire grand'chose si vous vous vivez dans une région à eau douce, le choix d'aliments riches en magnésium et l'emploi de dolomite vous permettront d'être sûr d'absorber chaque jour une quantité suffisante de magnésium.

CHAPITRE 4

Le phosphore

LE PHOSPHORE ET LE MARATHON QUOTIDIEN.

La majeure partie, mais pas la totalité, des quelque deux livres de phosphore de notre corps se combine au calcium pour donner force et rigidité à nos os et nos dents. Presque tout le reste est réparti dans toutes nos cellules et liquides en tant que constituant de cette substance particulière, l'adénosine triphosphate (ATP) qui contrôle la libération de l'énergie. Dans notre corps, le phosphore de l'ATP entre en scène quand le magnésium en sort: le magnésium fait jaillir l'énergie et le phosphore la contrôle. Une fois que les protéines, les hydrates de carbone et les lipides ont été oxydés, les composés du phosphore relâchent l'énergie accumulée, petit à petit et régulièrement, comme une valve de contrôle.

Cela est important, car avec une quantité insuffisante de phosphore, nous serions obligés de manger sans arrêt pour entretenir les fonctions métaboliques de base. Manger en jouant du violoncelle n'est pas facile, pour ne pas dire impossible. Manger en faisant un discours est impoli, sans parler du fait que cela peut être dangereux. Quant à manger en dormant, c'est tout simplement infaisable. Cependant, s'il n'y avait pas le phosphore, nous n'aurions pas le choix. Car pendant que nous parlons, mangeons et dormons, nos corps ne cessent de participer à un marathon interne et silencieux, pour lequel nous avons besoin d'énergie. Tout comme les coureurs de fond savent à quel point il est important de ménager ses ressources, notre corps le sait. Démarrer en trombe avec une dépense incontrôlée d'énergie signifie que le coureur de marathon sera épuisé longtemps avant d'avoir atteint la ligne d'arrivée. Il a une certaine somme d'énergie à dépenser dans cette course. Il doit la répartir judicieusement, en réserver pour la ligne droite, sans parler des creux et des bosses le long du chemin.

De la même manière, si notre corps employait toute l'énergie dérivée des protéines, lipides et hydrates de carbone immédiatement après les repas, nous en serions rapidément à court pour nourrir notre cerveau, notre cœur, nos poumons et tous nos organes pendant le reste de l'après-midi ou jusqu'au lendemain matin. Il est facile de voir l'intérêt d'avoir un directeur interne de l'énergie, qui la met en réserve pour une utilisation ultérieure, la distribuant a un rythme approprié afin que nous n'ayons à faire le plein que toutes les quelques heures. Le phosphore remplit cette fonction de direction.

Notre organisme ne peut employer les protéines, les lipides et les hydrates de carbone bruts, tels qu'il les reçoit de notre assiette. Notre sang ne permet pas de les transporter à l'état de nature. Les enzymes décomposent directement les protéines. Les graisses et les hydrates de carbone, en revanche, sont d'abord "phosphorylatés" pendant la digestion. Autrement dit, au cours du processus dispensateur d'énergie, le phosphore s'accroche à chaque molécule, la transformant en éléments utilisables par l'organisme. Les graisses (lipides) deviennent des "phospholipides", petites gouttes huileuses qui peuvent s'introduire dans le sang pour être transportées dans le reste du corps, là où il en a besoin.

Certains phospholipides dégagent de la choline, une substance semblable aux vitamines. Beaucoup de vitamines B ont adopté le phosphore et ne sont actives que sous forme de phosphates. Le phosphore combiné à la thiamine (vitamine B1), appelé pyrophosphate, est capital pour la bonne santé des nerfs. Combiné à l'acide nicotinique (vitamine B 3), il est peut-être difficile à prononcer – dinucléotide adénine nicotinique – mais très important pour une bonne digestion et un bon équilibre émotionnel. Avec la pyridoxine (vitamine B6), il devient phosphate pyridoxal, bénéfique pour l'immunité, pour des nerfs solides et un bon équilibre de l'eau dans l'organisme. La riboflavine (vitamine B2) fonctionne principalement combinée à un autre composé du phosphore, l'acide phosphorique, et elle est capitale pour la croissance.

UN COUP D'ŒIL REALISTE A L'EQUILIBRE CALCIUM/PHOSPHORE.

Le détail critique dans l'apport du phosphore est l'équilibre – plus précisément l'équilibre avec le calcium. Certains spécialistes conseillent la proportion de 1 à 1. Ils se basent sur des études portant sur des animaux indiquant qu'un excès de phosphore a tendance à entraîner le pillage du calcium des os et, à favoriser ainsi, l'apparition de l'ostéoporose à l'âge avancé. En conséquence, le Taux Recommandé (TR) en phosphore est assorti à celui de calcium – soit 800 milligrammes par jour.

En examinant le rapport calcium/phosphore dans notre alimentation, néanmoins, nous constatons que dans la plupart des cas, la proportion de phosphore est plus élevée que celle du calcium.

La panification industrielle emploie couramment les phosphates de calcium et de sodium. Ces composés font lever la pâte par une réaction chimique qui dégage des centaines de minuscules bulles de dioxyde de carbone. (Dans la levure de boulanger, ce sont les enzymes qui produisent le même effet.).

Le phosphate de calcium ne menace pas véritablement l'équilibre du calcium. Cependant, il agit plus rapidement que le phosphate de sodium; les fabricants emploient donc le phosphate de sodium seul ou combiné au phosphate de calcium parce que son action est plus durable et se prolonge très longtemps après la préparation des détrempes, pour les mélanges à l'usage des restaurants ou les pâtes surgelées. La combinaison des deux phosphates, naturellement, a l'avantage de tirer parti des effets différents, rapide pour l'un, plus lent pour l'autre, des deux produits. Mais le composé de sodium ajoute du phosphate sans aucune contrepartie de calcium.

Ces bulles sont aussi ce qui donne la gazéification des sodas. Certains fabricants ajoutent de petites quantités d'un autre composé du phosphore, l'acide phosphorique, parce qu'il préserve les bulles de dioxyde de carbone, gardant les sodas intacts plus longtemps. Certains chercheurs rendent l'excès de phosphore non compensé par un apport de calcium responsable de l'ostéoporose des femmes ménopausées, qui serait due à une consommation trop élevée de sodas au lieu de lait riche en calcium. Cette théorie (canadienne) est basée sur une étude faite sur des rats adultes ayant reçu des rations journalières de phosphore doubles de leurs rations de calcium. (Journal de l'Association de diététique canadienne, avril 1977).

En faisant un examen plus approfondi du niveau de phosphore dans les sodas, nous avons constaté que même le plus élevé n'excède pas celui de la plupart des aliments transformés. (Voir tableau 4). Une bouteille entière peut contenir la même quantité de phosphore qu'une tasse de lait. Il faudrait que vous buviez un litre de Coca Cola pour absorber à peu près la même quantité de phosphore qu'avec la tasse de lait. Le problème, disent les chercheurs, est que les sodas ne contiennent pas le calcium qui devrait équilibrer le phosphore. Et l'on a tendance à boire les sodas facilement, plusieurs fois par jour, tous les jours, à la place de lait ou d'autres sources de calcium. Des études à longue échéance n'ont pas encore été effectuées sur ces sujet.

Cependant, rendre les sodas responsables de l'ostéoporose paraît un peu trop simple. Après tout, il y a environ 6 millions d'Américains qui sont atteints d'ostéoporose. Sont-ils vraiment TOUS des buveurs invétérés de sodas? Probablement pas. De plus, il faudrait une bouteille et demie de Coca Cola pour arriver à la quantité de phosphore qui se trouve dans environ 115 g de morue, ou une bouteille d'une autre marque pour les mêmes 110 à 120 grammes de bœuf, tous aliments contenant très peu de calcium. Pourtant, personne ne nous décourage d'en manger. Il est vrai que les sodas ont de sérieux inconvénients par ailleurs – sucre, sodium, parfois caféine – mais en ce qui concerne la déperdition de matière osseuse, c'est l'alimentation toute entière qui est en cause.

TABLEAU 4	TENEUR EN PHOSPHORE DES ALIMENTS
Aliments	Milligrammes de phosphore pour 100 g. comestibles
Levure de bière	1900
Germe de blé	1100
Sardines (conserves)	620
Noix	400
Haricots ordinaires	400
Foie de boeuf	360
Farine blé complet, riz complet	300
Huitres, maquereau, moules, foie de veau	250
Oeuf entier, pain complet, poulet	200
Viande boeuf, veau	200
Cabillaud, colin	185
Lait entier	90
Persil cru	84
Pommes de terre stockées 3 mois	60
Choux de Bruxelles, céleri rave	60
Epinards	55
Haricots verts	44
Carottes crues	37
Tomates	27
Sucre	0

NOTE: d'après « Table de composition des aliments » de Lucie Rahdouin, P. Le Gallic, Y. Dupuis, A. Bernardin. Ed. Jacques Lanore. Avec le concours du CNRS.

TABLEAU 4   **TENEUR EN PHOSPHORE DES ALIMENTS**

Aliments	Portion	Milligrammes de phosphore
Cabillaud	4 ounces	312
Boeuf	4 onces	290
Lait	1 tasse	227
Yaourt	1 tasse	213
Poulet (haché)	2 1/2 ounces	158
Levure de bière	1 cuillère à soupe	140
Cottage cheese (fromage blanc)	1/2 tasse	127
Riz brun complet	1/2 tasse	71
Pepsi Cola	12 ounces	61
Pain complet (blé)	1 tranche	57
Coca Cola	12 Ounces	53
Jus d'orange	1 tasse	42
Dr Pepper (soda)	12 ounces	41

SOURCE: adapté de:
« Nutritive value of American foods in common units », Agriculture Handbook n°
456 de Catherine F. Adams (Washington DC: Agricultural Research Service, US Dpt
Agriculture 1975). Research News, US Dpt of Agriculture, Science & Education Administration, 10 juin 1980.

Les additifs phosphatés sont tout aussi populaires dans la transformation des viandes que dans la boulangerie-patisserie industrielle. Les phosphates sont ajoutés à beaucoup de produits pour éviter qu'ils s'avarient trop vite et pour leur donner cette "belle" couleur rose, néanmoins artificielle. Ces composés augmentent le taux de phosphore des produits du bœuf et du porc tels que le jambon, le bacon, les saucisses, la charcuterie, etc.

De plus, beaucoup de sauces préparées, de fromages et de casse-croûtes rapides (les chips de pommes de terre, par exemple) contiennent des phosphates ajoutés comme conservateurs.

CONTROLEZ LE PHOSPHORE EN MANGEANT NATUREL.

Quelques aliments contiennent plus de calcium que de phosphore – certains agrumes et légumes verts feuillus. Les autres légumes et produits laitiers ont à peu près la même quantité de l'un et l'autre. La plupart du reste des aliments (voir tableau 5) contiennent plus de phosphore que de calcium. Les grains, les noix, légumineuses, les pommes de terre blanches et certains poissons ont un rapport cal-

TABLEAU 5

RAPPORT CALCIUM/PHOSPHORE
DANS LES ALIMENTS

Aliments	Parts Calcium	Parts Phosphore
Mélasse	5	1
Bettes	2,87	1
Persil cru	2,38	1
Livarot	2,38	1
Yaourt	1,75	1
Epinards, haricots verts	1,47	1
Lait entier, coulommiers	1,39	1
Parmesan	1,36	1
Emmenthal	1,33	1
Broccoli	1,31	1
Fruits frais (moyenne)	1,20	1
Fruits secs (moyenne)	1,20	1
Petit lait	1,08	1
Carottes, céléri rave, oseille	1	1
Beurre	1	1,25
Noisettes	1	1,5
Sardines (conserves)	1	1,63
Grondin	1	1,83
Amandes	1	1,85
Tomates	1	2,45
Colin	1	2,81
Avocats	1	2,87
Oeuf entier	1	3,63
Pain complet	1	4
Champignons, petits pois	1	5
Viande poulet	1	10
Germe de blé	1	12,22
Viande de veau	1	18
Viande de boeuf	1	20
Foie de veau	1	25
Foie de boeuf	1	36

NOTE: d'après « Table de composition des aliments » de Lucie Randouin, P. Le Gallic. Y. Dupuis, A. Bernardin. Ed Jacques Lanore. Avec le concours du CNRS.

cium/phosphore allant de 1 pour 2 à 1 pour 10. Le rapport pour la volaille et les autres poissons est moins élevé – environ de 1 pour 10 à un pour 12. Le foie de bœuf a un des rapports les plus bas: une part de calcium pour 45 de phosphore. En fait, l'alimentation de la plupart des gens comprend plus de phosphore que de calcium. Et apparemment, si l'on éliminait tous les aliments contenant beaucoup de phosphore, cela éliminerait complétement de notre alimentation des

TABLEAU 5   **RAPPORT CALCIUM/PHOSPHORE DE ALIMENTS**

Aliments	Rapport calcium/phosphore
Navets (verts)	5/1
Feuilles de moutarde	4/1
Cresson	3/1
Cheddar (fromage)	2/1
Yaourt	1/1
Lait	1/1
Tofu (soja fermenté)	1/1
Pommes	1/1
Broccolis	1/1
Grains de soja	1/2
Cottage cheese, (fromage blanc), lait coillé	1/2
Jus d'orange	1/2
Tomates	1/2
Amandes	1/2
Noisettes	1/2
Pain complet (blé)	1/2
Bananes	1/3
Cacahuètes	1/6
Flocons d'avoine (oatmeal)	1/6
Haddock (flétan)	1/6
Levure de bière	1/8
Agneau	1/18
Boeuf	1/20
Porc	1/23

SOURCE: Adapté de:
« Nutritive value of American foods in common units » Agriculture Handbook n° 456 de C.F. Adams (Washington DC.: Agricultural Research Service, US Dpt of Agriculture, 1975).

aliments par ailleurs très nourrissants. Le foie, par exemple, contient sans doute beaucoup de phosphore, mais c'est aussi une source exceptionnelle de protéines, de zinc, de cuivre et de fer.

On peut donc envisager de maintenir un rapport de 1 (calcium) pour 2 (phosphore) en évitant les viandes transformées et charcuteries et la boulangerie-patisserie industrielle ainsi que les sodas. Bien que la polémique se prolonge sur les effets d'un petit déséquilibre calcium/phosphore, la plupart des diététiciens sont d'accord pour penser qu'une alimentation entraînant un excès important de phosphore est à éviter.

Au cours d'une étude sur les effets physiologiques du phosphore effectuée par les chercheurs du département des Sciences de la Nutrition de l'Université de l'Illinois, ils ont évalué combien de phosphore on pouvait éviter en mangeant une alimentation sans additifs. Les docteurs Raines Bell et H.H. Draper et trois de leurs associés ont comparé deux régimes différents avec huit personnes pendant deux périodes de quatre semaines. Pendant la première période, le groupe mangea des aliments sans additifs. Pendant la seconde période, le fromage naturel fut remplacé par du fromage industriel, les jus de fruits par des sodas, le pain de boulangerie au levain par du pain industriel et les viandes naturelles par des viandes traitées et charcuteries. Le premier régime comportait environ 1.000 milligrammes de phosphore par jour, le deuxième en comptait 2.100, plus de deux fois plus. Par ailleurs, l'apport quotidien de calcium augmentait peu. Le rapport calcium/phosphore, de ce fait, passait de 1 pour 1,4 avec le premier régime à 1 pour 3 avec le second. Le niveau du phosphore dans le sang et les urines augmentait et celui du calcium diminuait. (Journal of nutrition, janvier 1977).

Les docteur Bell et Draper pensent qu'un régime riche en phosphore comme celui de la deuxième période, ajouté au fait que les personnes âgées assimilent moins bien le calcium, peut contribuer à une perte de la matière osseuse pour ces dernières. Une partie de ce supplément de phosphore peut être contrebalancée par des suppléments de calcium. Il est évident qu'il est plus simple d'éviter les produits alimentaires transformés industriellement pour maintenir un niveau inférieur de phosphore. Lisez les étiquettes des produits emballés et voyez s'ils contiennent des phosphates ou non. Les jus de fruits n'en contiennent pratiquement jamais et désaltèrent mieux que les sodas.

En dehors du souci de l'équilibre calcium/phoshore, votre confort personnel n'est pas à négliger et constitue une raison supplémentaire d'éviter les additifs phosphatés. Au cours de l'étude de l'Université de l'Illinois, tous les participants signalèrent des selles molles ou une légère diarrhée ainsi que des malaises abdominaux lorsqu'ils commencèrent à manger les additifs phosphatés. Les symptomes s'allégèrent chez certains mais persistèrent chez les autres.

LA POUDRE D'OS, SUPPLEMENT ASSORTI A NOS OS.

Faite à partir des os longs de bétail, on la prend surtout pour completer l'apport de calcium, mais elle contient aussi du phosphore dans une proportion assortie à celle de ces minéraux dans notre corps. Il est donc possible que le calcium soit plus efficace quand il vient de la poudre d'os. Quoi qu'il en soit, la poudre d'os est un mélange utile et parfaitement équilibré de ces deux minéraux.

CHAPITRE 5

Le sodium

Le sel est le conservateur de nourriture le plus ancien du monde. Il a été adopté en raison de sa capacité d'extraire l'eau des aliments, éliminant ainsi l'humidité dont les bactéries nuisibles ont besoin pour vivre, grandir et se reproduire. Avant la réfrigération, le sel était le seul moyen pratique d'empêcher la viande et le poisson de s'avarier. L'habitude moderne d'assaisonner les aliments avec du sel à table et au cours de la cuisson a probablement suivi la découverte que non seulement le sel préserve la nourriture, mais dissimule les mauvais goûts lorsqu'elle a commencé à s'abîmer.

On discute beaucoup pour savoir si notre besoin de sel est naturel ou acquis. Il semble probable que l'habitude de saler la nourriture ne se soit développée qu'après la découverte des qualités de conservateur du sel. Bien que le sodium soit indispensable à notre santé, surtout pour l'équilibre de l'eau dans l'organisme, il est rare que du sel supplémentaire soit nécessaire. Le sodium est si largement réparti dans nos aliments et nos eaux potables qu'en dehors des cas de famine ou de maladies graves, nos besoins journaliers minimum – d'environ 200 milligrammes – sont généralement satisfaits. La plupart des Occidentaux aujourd'hui absorbent de 10 à 35 fois cette quantité, la majeure partie provenant du sel ajouté à table, à l'usine ou pendant la cuisson. (Un gramme de sel contient environ 400 milligrammes de sodium).

Le sel était inconnu en Amérique centrale jusqu'à la conquête espagnole et dans beaucoup de pays africains jusqu'à l'exploration des Européens. La consommation en était même interdite dans l'ancienne Egypte. Dans l'ancienne Chine, seuls les riches pouvaient se permettre d'en user, et les Grecs ne commencèrent à l'employer qu'à une époque relativement récente. Il est évident que les hommes ont survécu pendant des milliers d'années sans saler leur nourriture. Tout le sodium dont ils avaient besoin leur venait du contenu naturel de leurs aliments. Lorsque les qualités conservatrices du sel furent découvertes en Europe et en Chine, des économies s'élaborèrent qui reposaient entièrement sur l'extraction et le commerce du sel. Les soldats romains étaient payés avec du sel et notre mot "salaire" vient du latin "salarium", signifiant solde pour acheter du sel. Aux XVII et XVIIIèmes siècles, le sel était devenu une source considérable de revenus pour l'Angleterre et la Bavière.

Aujourd'hui encore, nous payons le sel très cher, non pas en francs, mais en santé. Pour des raisons qui nous échappent encore, une haute consommation de sel entraîne chez certaines personnes une haute tension artérielle – ou hypertension. Ce qui signifie que les artères transportant le sang dans toutes les parties du corps sont dans un état de tension qui rend difficile pour le cœur de pomper le sang à travers notre système. L'hypertension accélère l'artériosclérose, ou durcissement des artères, conduisant souvent aux crises cardiaques. Elle a également tendance à endommager les parois des artères qui conduisent le sang aux reins, entraînant ainsi des dégâts à ces organes, ce qui peut être fatal, les toxines habituellement filtrées par ces derniers se trouvant refoulées dans notre organisme. De toute façon, l'espérance de vie est plus courte chez les personnes ayant une hypertension chronique. Et plus une personne est jeune lorsque l'hypertension se manifeste, plus sa vie risque d'être courte.

Le sel n'est pas la cause de l'hypertension. Personne n'est sûr de la connaître. Mais les gens qui mangent le plus de sel – comme les Japonais – sont ceux qui se trouvent avoir le plus souvent une tension élevée. Ceux qui en mangent peu – comme les aborigènes de l'Australie, les Esquimaux du Groënland et les Indiens de Panama – ont rarement de l'hypertension. C'est ainsi dans le monde entier, sans aucune exception.

Nos ancêtres lointains absorbaient environ 240 milligrammes de sodium par jour qui leur venaient de leur consommation de légumes, et un peu plus lorsque la chasse avait été bonne, puisque la viande contient plus de sodium que les fruits et les légumes. Pendant des centaines de milliers d'années, nos reins ont parfaitement fonctionné avec 1.200 à 1.600 milligrammes de sodium par jour au maximum.

Aujourd'hui, nous en consommons 10 à 30 fois plus. Environ un quart de cette quantité provient toujours du sodium naturellement contenu dans nos aliments. Une grande partie vient du sel ajouté à table ou durant la cuisson. Une seule cuillerée à café de sel contient plus de 2.000 milligrammes de sodium. Une quantité encore plus importante est ajoutée dans les usines, pour son goût d'abord, et non comme conservateur. On estime que les Américains transportent en moyenne 5 kilos de sel par an chez eux en rentrant du supermarché, sous forme de sel de table ou d'additifs. Cela revient à une moyenne journalière de plus de 13.000 milligrammes par personne.

L'HYPERTENSION, OU TEMPETE SUR NOTRE MER INTERIEURE.

Le sodium jouant un rôle important dans la régularisation de notre niveau de fluides, il est logique d'admettre qu'il a une influence sur la pression sanguine. Certains refusent de blâmer le sel, prétendant que la nature ne nous aurait pas donné ce besoin de sel s'il nous était nuisible. Mais cela peut être faux. L'hypertension peut résulter du fait que nous nous sommes mis à consommer trop de sel trop vite, sans que la nature ait eu le temps suffisant pour s'adapter. Pendant des milliers d'années, nos reins étaient "programmés" pour traiter 3 ou 4 grammes de sel par jour. Lorsque cette quantité a augmenté soudainement dans d'importantes proportions, les reins peuvent avoir travaillé moins efficacement. Le résultat apparent est l'hypertension, particulièrement chez les gens dont les ancêtres n'utilisaient pas de sel supplémentaire. Les noirs, par exemple, sont plus sujets que les blancs à l'hypertension, ce qui reflète peut-être le fait que leurs ancêtres ne consommaient pas de sel jusqu'à l'arrivée des Européens. De la même manière, les personnes venant de pays où le sel est peu ou pas employé et immigrant dans une nation occidentale ont des chances de devenir hypertendues si elles adoptent notre mode d'alimentation.

Bien que "sodium" et "sel" soient souvent employés indifféremment, les deux sont en réalité différents. Lorsqu'on parle de sel, il s'agit généralement du chlorure de sodium, ou sel de table, le composé du sodium le plus répandu, que l'on trouve abondamment dans le monde entier. Les plantes, les animaux, ainsi que nos os, notre sang et les fluides physiologiques contiennent tous du chlorure de sodium. Le chlore est important, mais le sodium est l'élément le plus actif dans le sel.

Les blocs de sel tels qu'ils sont extraits des gisements souterrains sont employés à l'état quasiment brut pour éliminer la neige et le verglas sur les routes par exemple. Le sodium réagit rapidement au contact de l'eau, dégageant de la chaleur qui fait fondre la glace. Le sel de table est une forme raffinée de ce sel.

La mer est la source originelle de tout le sel. Lorsque que nous nous baignons et qu'en nous sèchant au soleil, nous remarquons un résidu sur notre peau, c'est de sel qu'il s'agit. Les gisements de sel sur la terre se sont formés par un procédé d'évaporation similaire dans les régions de fonds peu profonds.

30 MILLIONS D'ANNEES D'EXPERIMENTATION RENALE.

Notre sang, notre sueur et nos larmes sont salés, comme l'eau de mer, héritage de cette mer où tout a commencé. Lorsque les animaux marins ont migré vers l'eau douce d'abord, puis vers la terre ensuite, ils ont conservé cette mer salée intérieure. Comme tous les animaux, il nous faut une certaine quantité d'eau et de sel pour survivre. Si nous avons trop peu de l'un et de l'autre, nous dépérissons et mourons. Avec trop de l'un et l'autre, nous enflerions et nous noierions dans nos propres fluides. Pour équilibrer constamment cette mer intérieure, nous disposons d'une paire de reins très évolués.

Les reins nous empêchent également de nous empoisonner nous-mêmes avec les déchets nocifs des processus de la digestion et du métabolisme. Tout être vivant, animal ou végétal, du plus petit microbe au plus grand mammifère, doit éliminer ses déchets et la plupart d'entre eux utilisent l'eau pour les expulser.

Dans la mer où la vie commença, avoir assez d'eau ne posait pas de problème. Le premier poisson qui remonta un courant pour atteindre une rivière ou étang d'eau douce gonfla probablement et mourut par suite d'un phénomène appelé osmose, entre l'eau salée du sang et des cellules et l'eau douce qui envahit son corps. Pour résumer schématiquement, "l'eau va au sel". A travers une membrane, l'eau a tendance à être attirée vers une plus haute concentration de sel, de façon a en égaliser la quantité de part et d'autre de cette membrane. Cela se produit dans l'organisme entier parce que c'est ce qui se produit avec chaque cellule individuelle.

Petit à petit, les poissons ont élaboré des organes spécialisés dans l'excrétion du sel avec l'eau et les déchets, pour ne conserver que la quantité nécessaire pour survivre. Ces organes étaient les précurseurs de nos reins.

Avec davantage d'expérimentation, la nature réussit à permettre aux animaux de survivre à la sécheresse relative de la terre en modifiant ces prototypes de reins pour économiser l'eau en vue de l'élimination des déchets. La plupart des reptiles, des oiseaux et des mammifères, y compris les hommes, s'en remettent presque en totalité aux reins pour l'équilibre eau/sel de leur organisme.

Nos reins ont la forme d'un haricot et à peu près la taille d'un poing. Sans l'efficacité de nos reins qui nettoient et recyclent l'eau de notre organisme, il faudrait que nous buvions près de 40 litres d'eau par jour pour assurer à notre corps une provision adéquate d'eau pure, non polluée par nos propres déchets, les traces de médicaments et autres toxines indésiderables qui pénètrent dans notre flot sanguin. Nos corps contiennent environ 40 litres d'eau salée, répartie dans notre sang, le fluide intracellulaire (l'eau à l'intérieur de chaque cellule) et le fluide extracellulaire, dans lequel baignent nos cellules. Nos niveaux d'eau et de sel fluctuent normalement, avec une excrétion accrue après les repas et moindre pendant le sommeil. Si nous buvons beaucoup, nous excrétons davantage des deux. Si nous transpirons beaucoup en raison d'une chaleur intense ou d'une fièvre, nous éliminons davantage de sel par la sueur. Si nous buvons beaucoup à cause de la chaleur, après un exercice ou à cause d'une fièvre, l'eau et le sel sont équilibrés dans notre organisme par l'action de nos reins.

Les reins filtrent environ un litre de sang par minute, de 55 à 60 à l'heure, de 1.300 à 1.400 litres par jour, en comptant sur le cœur pour pomper le sang dans des filtres appelés néphrons par l'intermédiaire des larges artères rénales et de petits capillaires. 24 heures par jour, le sang amène aux reins les eaux utilisées, les déchets de la digestion et les toxines à éliminer et en même temps, récupère l'eau purifiée, les minéraux et la quantité adéquate de sodium pour les redistribuer aux cellules. Le sel excédentaire est stocké dans la vessie avec les eaux polluées qui seront rejetées par l'urine. Une certaine quantité d'eau – environ un litre – est éliminée par la sueur, les selles et l'air expiré, en même temps que quelques déchets et un peu de sel, mais la majeure partie est évacuée du corps par les deux litres environ d'urine quotidienne.

LE SODIUM, NECESSAIRE EN PETITE QUANTITE, DANGEREUX EN EXCES.

Les carences en sodium n'existent pratiquement pas, bien que dans des cas extrêmes, un apport complémentaire puisse être indispensable.

On perd beaucoup de sodium lorsqu'on vomit pendant longtemps,

TABLEAU 6	TENEUR EN SODIUM DES ALIMENTS
Aliments	Milligrammes de sodium pour 100 g comestibles
Sel blanc raffiné	40.000
Fromages	500 à 1200
Pain complet (variable)	650
Saumon en conserve	538
Moules	290
Huitres	200
Levure de bière	180
Oeuf entier	130
Viandes; agneau	90
boeuf	70
porc	60
veau	35
Poissons; maquereau	150
cabillaud/colin	75/89
brochet/truite	70/67
Bettes	135
Olives	128
Céleri feuilles et rave, épinards	100
Cresson	75
Carottes erues	50
Haricots ordinaires	40
Persil	30
Chou fleur	24
Champignons	20
Concombre	12
Broccoli	10
Lentilles	3
Haricots verts	2
Lait	40
Mélasse de canne à sucre	40
Fruits secs	10 à 26
Fruits frais	5

NOTE: d'après « Table de composition des aliments » de Lucie Randouin, P. Le Gallic, Y. Dupuis, A. Bernardin. Ed. Jacques Lanore. Avec le concours du CNRS.

TABLEAU 6

TENEUR EN SODIUM DES ALIMENTS

Aliments	Portion	Milligrammes de sodium
Buttermilk (petit lait)	1 tasse	319
Haddock (flétan)	4 ounces	200
Lait	1 tasse	122
Yaourt au lait entier	1 tasse	115
"Swiss cheese" (gruyère)	1 ounce	74
Poulet	4 ounces	72
Rôti de boeuf	4 ounces	65
Oeuf	1 moyen	54
Céleri cru	1 tige	50
Cantaloup (melon)	1/4 melon	16
Poivron vert cuit (en dés)	1/2 tasse	12
Endives hachées	1 tasse	7
Pomme de terre au four	1 grosse	6
Laitue émincée	1 tasse	5
Riz brun complet	1/2 tasse	4
Radis	5 movens	4
Tomate	1 moyenne	4
Oignon cru émincé	1/4 tasse	4
Compote de pommes	1/2 tasse	2
Pommes	1 moyenne	2
Prunes	5	1
Abricots frais	3	1
Pamplemousse	1/2	1
Orange	1 moyenne	1
Fraises	1/2 tasse	trace
Germe de blé grillé	1/4 tasse	trace

SOURCE: Adapté de:
« Nutritive value of american foods in common units », Agriculture Handbook n° 456, de C.F Adams, Washington DC: Agricultural Research Service, US Dpt of Agriculture, 1975).

qu'on souffre de diarrhée ou qu'on transpire à cause d'une fièvre, d'un excercice violent. Dans ces cas, une telle quantité d'eau est expulsée du corps que les reins ne parviennent plus à retenir le sodium. Il faut donc qu'il soit remplacé. Par ailleurs, au cours de la grossesse, la rétention d'eau – ou oedème – est fréquente. Il fut un temps où l'on conseillait aux femes enceintes de réduire leur consommation de sel, mais les obstétriciens se sont rendus compte qu'au contraire, les besoins sont augmentés, car le corps retient l'eau dans un effort pour préserver le sodium. Mais ce sont les seules circonstances où il soit nécessaire d'ajouter du sel à l'alimentation.

Comme c'est le cas pour le phosphore, l'excès de sodium est plus fréquent que la carence. Un Américain sur cinq est hypertendu ou le sera. La prudence semblerait conseiller de limiter l'absorption du sel, mais on fait rarement assez attention à son alimentation pour toutes sortes de raisons.

Les médecins ne recommandent par toujours un régime sans sel aux personnes qui sont nettement hypertendues. En revanche, ils traitent souvent l'hypertension avec des médicaments, y compris des diurétiques, qui forcent les reins à rejeter davantage de sel et d'eau dans les urines, ce qui fait baisser la pression du sang comme le ferait une consommation réduite de sel. Les docteurs G.R. Meneely, et H.D. Barttabee commentent cette approche ainsi: "Bien qu'il soit évident que les régimes sans sel soient efficaces pour les hypertendus, il semble que la plupart des médecins préfèrent prescrire des médicaments plutôt que de conseiller un régime". (Present knowledge in nutrition, Nutrition Foundation, 1976).

Comme nous le verrons au chapitre suivant, le potassium est parfois aussi important pour équilibrer l'eau. Les travaux du Dr Meneely et d'autres chercheurs tendent à monter que le manque de potassium combiné à l'excès de sel peut contribuer à une tension artérielle élevée. (Voyez l'examen plus approfondi du rôle des minéraux dans l'hypertension au chapitre 34).

Le condiments sournois.

Les pommes de terre chips sont tellement salées que le sel se répand sur vos genoux au fur et à mesure que vous les grignotez. Il y a cependant peu d'aliments où le sel soit aussi évidemment excessif. De sorte que la plupart des gens ne savent pas quelles sont les nourritures qui contiennent ou non beaucoup de sodium. Nous avons examiné soigneusement les aliments du chariot que nous remplissons au magasin et avons découvert les teneurs que vous pouvez voir aux tableaux de ce chapitre.

Les aliments non transformés contiennent généralement moins de sodium que les produits de l'agro-alimentaire. La plupart des légumes et presque tous les fruits et les grains en contiennent assez peu. Le lait et la viande en contiennent davantage. Nous absorbons environ 3 grammes de sodium par les aliments de base – viandes, poissons, fruits, légumes, riz, haricots, pommes de terre, etc. Cela correspond à peu près à la consommation de nos lointains ancêtres.

A ces trois grammes de sel présents dans les aliments naturels, s'ajoutent 4 à 6 grammes fournis par l'agro-alimentaire. Le sel est le conservateur le plus fréquemment employé. Une certaine quantité est ajoutée à la nourriture pour son goût. Cependant, une partie est ajoutée comme conservateur, souvent lorsque la congélation ou la mise en conserve (sans sel) rendrait le même service.

Les viandes salées.

Les saucisses, le saucisson, le jambon, le bacon et tous les autres produits du même type sont des réservoirs de sel supplémentaire. Il existe des douzaines de produits sur le marché qui ont passé la majeure partie de leur vie à l'usine à tremper dans de la saumure semblable aux eaux marines qui ont formé les gisements de sel de la terre. La saumure décompose les protéines des muscles et les lie dans ce mélange carctéristique de viande, de gelée et de graisse qui fait qu'un saucisson est un saucisson. A propos, les mots "saucisse" et "salami" sont tous deux, comme "salaire", dérivés du mot latin "sal", le sel.

Le sel et les autres composés du sodium donnent ce goût particulier et cette couleur rose typique des viandes transformées. Les viandes salées retiennent l'eau, ce qui les empêche de perdre du volume. Le sel aide aussi à les empêcher de rancir et retarde le développement du dangereux bacille botullique pendant que les produits attendent au supermarché. Le tableau 7 vous montre que vous pouvez li-

TABLEAU 7	TENEUR EN SODIUM DES VIANDES TRANSFORMEES/VIANDES FRAICHES	
Viande	Portion	Milligrammes de Sodium
TRANSFORMEES		
Corned beef	113 g	1069
Jambon	113 g	848
Hot dog	1	627
Bacon (canadien)	1 tranche	537
Saucisse	1 moyenne	500
Bacon	3 tranches moyennes	229
FRAICHES		
Foie de boeuf	113 g	208
Poulet (blanc)	113 g	72
Agneau	113 g	70
Rôti de boeuf	113 g	65
Porc	113 g	64

SOURCE: voir tableau n° 6.

TABLEAU 8   **TENEUR EN SODIUM DU POISSON**

Poisson	Milligrammes de sodium pour 113,4 g (4 ounces) sauf indication contraire
Morue (sèche, salée)	5806
Saumon fumé	2132
Oeufs de saumon salés	1633
Pâte d'anchois	1540 (par cuillerée à soupe)
Merlan fumé	1474
Hareng mariné	1168
Anchois	1140 pour 5 anchois
Crabe (« king » en conserve, égoutté)	1137
Sardines en boîte, égouttées	932
Caviar	550 pour 25g (624 - 1 once)
Thon en boîte, égoutté	384
Coquilles St Jacques fraîches	301
Flet	268
Homard	238
Huîtres	232
Langoustines	212
Haddock (églefin fumé)	200
Perche	172
Grand flétan	152
Saumon (frais)	132
Esturgeon	124
Cabillaud	124
Bluefish	116
Maquereau	113
Alose	88
Truite	78

SOURCE: Adapté de « Nutritive value of american foods in common units », Agriculture Handbook n° 456 de Catherine F. Adams (Washington DC: Agricultural Research Service, US Department of Agriculture, 1975).

miter votre consomation de sel en choisissant les viandes fraîches de préférence à la charcuterie. Le sodium des rôtis, viandes à ragoût et fricassées peut être partiellement éliminé par une cuisson "braisée", à condition de jeter le liquide de cuisson qui a extrait le sodium de la viande.

Les poissons salés.

Certains poissons traités contiennent proportionnellement plus de sel que l'eau de mer dont ils proviennent. Les harengs saurs, le saumon fumé, le caviar, les anchois et la morue sont considérés comme trop salés pour être sains, en dépit de leur contenu pauvre en graisses et riche en minéraux précieux. Contentez-vous des poissons moins exotiques mais plus sains tels que le flet, le flétan, l'aiglefin, le cabillaud ou la morue fraîche, la perche et le saumon grillés, tous riches de bonnes choses et pauvres en sodium.

Les poissons en conserves, comme les légumes en conserve, sont salés. Cent grammes de saumon en boîte peuvent contenir jusqu'à 500 milligrammes de sodium alors que la même quantité de saumon frais n'en contient qu'environ 60, ce qui en fait évidemment un meilleur choix pour vos repas. De la même manière, le thon en conserve comprend une quantité de sel hors de proportion avec le même poisson acheté au marché.

Les fromages.

Comme la viande, les fromages contiennent du sel ajouté, principalement pour repousser les bactéries indésirables, mais aussi pour d'autres raisons. Ajouté dans des quantités précises au lait caillé, le sodium contribue à donner à chaque fromage sa texture et son goût particuliers. Trop peu et le fromage est fade; davantage, il sera plus sec et plus friable. Il est donc évident que certains fromages contiennent plus de sel que d'autres, suivant qu'ils sont plus ou moins doux, plus ou moins secs et suivant leur goût spécifique. Dans la fabrication du Roquefort et des bleus, le caillé est fortement salé pour interdire la prolifération de certaines bactéries, tout en autorisant le développement d'une moisissure (Penicillium roqueforti) qui tolère le sel. Des bactéries sont introduites pour les fromages moins salés, comme le gruyère par exemple, leur conférant les trous et la saveur qui leur sont particuliers. De ce fait, le bleu et le roquefort peuvent contenir, à quantité égale, respectivement 5 et 7 fois plus de sel que le gruyère, la plupart des autres fromages se situant entre ces deux extrêmes.

Une personnne à qui le médecin conseille un régime hyposodé (sans ou avec peu de sel) devrait éliminer les fromages complètement. Cependant, la plupart d'entres nous peuvent s'en tenir à un choix de fromages parmi ceux qui contiennent moins de sodium. Il est évident que le fromage blanc frais contiendra moins de sel qu'une tranche de roquefort. D'autre part, un fromage comme le parmesan, qui a une saveur très prononcée, peut être employé en très petite quantité, ce qui compense sa richesse en sodium.

TABLEAU 9

LE SODIUM DANS LES FROMAGES
(commercialisés aux Etats Unis & Canada)

Fromages	Milligrammes de sodium par ounce (113,4 grammes)
Parmeasan râpé	528
Roquefort	513
« Swiss » cheese food, pasteurisé	440
American, pasteurisé	406
Bleu	396
« Swiss » pasteurisé	388
Romano	340
Feta	316
American cheese food	274
Edam	274
Provolone	248
Camembert	239
Gouda	232
Limburger	227
Cheshire	198
Brie	178
Munster	178
Cheddar	176
Colby	171
Brick	159
Monterey	152
Mozarella, semi-écrémée	132
Cottage (fromage blanc) 2% matières grasses	115
Cottage (fromage blanc) 1% matières grasses	115
Mozarella	106
Gruyère	95
Cream (type petit gervais)	84
« Swiss » non traité	74
Fromage blanc nature sans sel, égoutté	4

SOURCE: adapté de « Composition of foods: Dairy and Eggs products » Agriculture Handbook n° 8-1, édité par Consumer & Food Economics Institue, (Washington DC, Agricultural Research - Service, US Dpt of Agricult. 1976).

NDT: D'après la « TABLE DE COMPOSITION DES ALIMENTS » de Lucie Randouin, Pierre Le Gallic, Yvonne Dupuis, André Bernardin, éditée par Jacques Lanore et publiée avec le concours du Centre National de la Recherche Scientifique, les fromages français divisés en:

Fromages fermentés à pâte molle: brie, camembert, coulommiers, livarot, munster, etc.

Fromages fermentés à pâte durcie

       pressés non cuits: St. Paulin, Hollande, Cantal, etc.;

       pressés et cuits: Comté, Gruyère, Parmesan, etc.

Fromages à moisissures internes: bleus, Roquefort, etc.

comportent de 500 à 1200 milligrammes de sodium pour 100 g. comestibles.

Les légumes en conserves.

Bien que la chaleur employée pour la mise en conserves des légumes détruise les bactéries nuisibles, du sel y est généralement ajouté, évidemment pour son goût. Les légumes et autres aliments souvent inclus dans les régimes hyposodés mentionnent sur l'emballage la quantité de sel. Les autres aliments sont souvent dépourvus de l'indication, au moins quantifiée. Il y a plus de chance pour que les surgelés soient sans sel. Il arrive cependant que les petits pois et les haricots verts soient salés avant congélation pour leur garder leur "belle" couleur verte. (Voyez le tableau sur les légumes).

Les fruits.

Les fruits échappent en général à la salaison industrielle. Ils sont, comme les légumes, de bonnes sources de potassium, ce qui est important pour contrebalancer les excès de sodium dans l'alimentation.

Les aliments fermentés.

Les aliments fermentés, comme les cornichons, la choucroute, sont soit fermentés par l'action du sel ou contiennent du sel pour leur donner du goût – ou les deux. Le sel contribue à transformer en choucroute les lanières du chou blanc cru en en extrayant l'eau et en fournissant le milieu bactériel spécifique nécessaire à la fermentation, tout en interdisant le développement des bactéries indésirables. Une tasse pleine de chou contient tout juste 7 milligrammes de sodium, alors que la même quantité, sous sa forme fermentée de choucroute, en contient 877 milligrammes. De la même façon, le contenu en sodium d'un concombre passe de 18 lorsqu'il est cueilli frais à 928 quand on le sort du bocal où il est gardé en conserve.

De la soupe ou de la saumure?

Vous installer devant une bonne assiettée de saumure bien chaude est une excellente façon de faire monter votre tension. Cela vous paraît peu probable? Les soupes préparées sont une des plus riches sources de sel indésirable dans notre alimentaion. Une cube de bouillon instantané contient presque un gramme entier – 1.000 milligrammes – de sodium. Les soupes en conserves et en sachets ne valent pas mieux. Nous avons même eu l'occasion d'examiner un sachet de soupe de poulet (aux Etats Unis) qui contenait plus de sel que de poulet!

TABLEAU 10 **TENEUR EN SODIUM DES LEGUMES FRAIS
ET TRAITES (Etats Unis)**

Legumes	Milligrammes de sodium par verre		
	Frais	Surgelés	Conserves
Asperges	1	1	288
Betteraves	36,5	ND	200
Broccolis	8	14	ND
Choux de Bruxelles	8	11	ND
Carottes	25,5	ND	183
Choux fleur	5,5	9	ND
Mais	trace	1	248
Haricots de Lima	1	86	292
Feuilles de moutarde	12,5	7,5	ND
Petits pois	0,5	50	115
Epinards	45	53,5	274
Citrouille	1	1	ND
Patates douces	13	ND	61
Pommes de terre	5	ND	156

SOURCES: adapté de « Nutritive value of American food in common units », Agriculture Handbook n° 456, de Catherine F. Adams, (Washington DC: Agricultural Research Service, US Departement of Agriculture 1975). « Sodium & Potassium » de George R. Meneely & Harold D Battarbee, Nutrition Reviews, août 1976.
NOTE: ND: Information non disponible.

Les gens qui ont l'habitude de faire eux-mêmes leur soupe sont souvent surpris lorsqu'ils emploient, exceptionnellement, une soupe preparée, de constater à quel point elle est salée. Faites donc votre soupe vous-même, supprimant ainsi une des sources de sodium excédentaire.

Le pain et la boulangerie industrielle.

Le pain a rarement un goût distinct de sel, et pourtant il ajoute à notre apport quotidien de sel à l'organisme. Rares sont les personnes qui n'en consomment pas au moins 50 à 100 grammes par jour. Bien que le taux de sodium soit extrêmement bas dans la farine blanche, la boulangerie et la biscuiterie industrielles en contiennent, auquel s'ajoutent le sel et diverses poudres levantes.

Les biscottes, les gâteaux secs, par exemple, contiennent non seulement du sel mais du bicarbonate de sodium et du pyrophosphate acide de sodium. Ces poudres levantes réagissent pour libérer des bulles de dioxyde de carbone, qui donnent aux produits de la boulangerie-biscuiterie industrielle leur texture et leur légéreté.

Les pains au levain lèvent grâce à des enzymes qui produisent ces même effets, mais ces pains contiennent également du sel ajouté pour son goût.

Le pain est probablement l'aliment qu l'on consomme le plus facilement. Même les gens qui aiment faire leur propre pain n'ont pas toujours le temps de le préparer eux-mêmes. La plupart des boulangers traditionnels et certains fabricants font du pain sans sel. Mais faire votre pain peut vous permettre d'éviter une source de sodium excédentaire et de contrôler la quantité qu'en contient votre alimentantion (Voyez les recettes du chapitre 31: Comment tout concilier).

Les aliments coupe-faim et les extras.

Tout ce qu'on grignote, comme les cacahuètes grillées, les pommes de terre chips, les gâteaux apéritifs, etc., sont les cachettes les moins

TABLEAU 11	**TENEUR EN SODIUM DES SOUPES PREPAREES AMERICAINES**

Soupe (préparée suivant mode d'emploi)	Milligrammes de sodium pour 2 verres
En boîte: oignon	1051
bouillon de boeuf et légumes	1064
bouillon de poulet et légumes	1034
minestrone	995
poulet vermicelle	979
tomate	970
crème de céleri	955
crème de champignons	955
crème de poissons	938
poulet au riz	917
légumes	838
consommé de poulet	722
En sachet: tomate & legumes vermicelle	1025
bouillon (cube)	960
pois cassés	796
oignon	689
poulet au riz	622
poulet vermicelle	578
bouillon	480
boeuf & pâtes	420

SOURCE: adapté de « Nutritive value of American foods in common units » ci-dessus. NDT: informations pour équivalents français non disponibles.

TABLEAU 12 **SODIUM DANS LES « SNACKS » AMERICAINS**

Produit	Portion	Milligrammes de sodium
Bretzelsc fins (petites torsades)	10	1008
Gaufrette de seigle (rye wafers)	10	573
Biscuits apéritifs au fromage	10	325
Biscuits nature salés (saltines)	10	312
Chips (pommes de terre, salées)	10	env. 200
Cacahuètes grillées salées	1/4 tasse	150
Glaces (à la machine)	1/2 tasse	54
Glaces	1/2 tasse	42
Graines de potiron	1/4 tasse	17
Graines de tournesol	1/4 tasse	11
Noix de cajou	1/4 tasse	5
Cacahuètes grillées, non salées	1/2 tasse	3
Popcorn non salé	1 tasse	trace
Noix en cerneaux	1/4 tasse	trace

SOURCE: adapté de « Nutritive value of American foods in common units », Agriculture Handbook n° 456 de Cath. F. Adams (Washington DC: Agricultural Research Service, US Dept of Agriculture, 1975).

NOTE: 1 tasse = 0,23 litre, soit approximativement 2 verres ordinaires (moutarde); 1 cs: 1 cuillère à soupe; 1 cc: 1 cuillère à café.

TABLEAU 13 **SODIUM DANS LES CONDIMENTS AMERICAINS**

Condiment	Portion	Milligrammes de sodium
Sel	1 cc	2132
Bicarbonate de soude	1 cc	1123
Sauce au soja	1 cc	440
Levure chimique	1 cc	349
Steak sauce (pour biftecks)	1 cs	273
« French » salad dressing (sauce salade)	1 cs	219
Sauce Worcestershire	1 cs	206
Moutarde	1 cs	189
Ketchup	1 cs	156
« Pickle relish (mélange pour hot-dogs)	1 cs	107
Poudre de varech	1 cc	100
Mayonnaise (industrielle)	1 cs	84

SOURCE: Adapté de Nutritive value of american foods in common units, ci-dessus.

discrètes du sel dont vous n'avez pas besoin. Si vous devez grignoter, choisissez du popcorn sans sel, ou des graines naturelles qui font d'excellents amuse-gueules. Et si vous ne pouvez pas résister aux cacahuètes et mélanges assortis, achetez-les non salés.

Les condiments.

Ils constituent un apport de sel inattendu. La moutarde, le ketchup, la mayonnaise, la sauce Worcestershire, etc, contiennent des quantités non négligeables de sel. Fabriquez vos propres condiments et sauces, vous en contrôlerez la teneur en sel. Des recettes sans sel sont également comprises dans notre chapitre 31.

LE SEL CACHE DANS LES ETIQUETTES.

Vous n'avez pas besoin de sortir de Polytechnique pour voir au premier coup d'œil que tel ou tel aliment transformé peut facilement ajouter une pleine cuillerée de sel à votre nourriture quotidienne. (Une cuillerée à café = 1600 à 2400 milligrammes de sodium). Cependant, les gens ne se rendent pas toujours compte du sel qui est ajouté par les fabricants.

Le Dr Jane Wyatt, de l'Université de l'Orégon, a interrogé 40 personnes que leur médecin avait mises au régime hyposodé. La plupart étaient conscientes du fait que des aliments comme les chips, le jambon industriel, la choucroute contiennent beaucoup de sel. En revanche, beaucoup ne réalisaient pas que bien d'autres aliments, tels que le potage de poulet en sachet, le ketchup, la moutarde, les sauces préparées, et même certains desserts contiennent beaucoup de sodium. Et cependant, elles affirmaient lire les étiquettes des produits.

Une partie du problème vient sans doute des formes diverses que le sodium peut prendre en tant qu'additif, pense le Dr Wyatt. En dehors du sel à proprement parler, les additifs les plus répandus contenant du sodium sont: le citrate, le nitrate et le benzoate de sodium; le monosodium glutamate, l'ascorbate et la caséinate de sodium, le métabisulfate disodium, le sodium EDTA. Les additifs collectivement appelés "stabilisants", et "conservateurs" risquent de contenir également du sodium. (Journal of food science, Mars/avril 1980).

On pourrait penser que le sodium étant aussi clairement impliqué dans l'hypertension, une affection plus répandue que le cancer et tout aussi fatale, les étiquettes des produits alimentaires porteraient la teneur en sodium clairement indiquée. Il n'en est rien. Seuls les aliments destinés aux régimes hyposodés ou sans sel ordonnés par les

TABLEAU 14

TENEUR EN SODIUM DES PRODUITS TRANSFORMES AMERICAINS

Produit	Portion	Milligrammes de sodium
En boîtes:		
Haricots et saucisses de Francfort	1 tasse	1374
« Chili con carne » avec haricots	1 tasse	1354
Spaghettis	1 tasse	1220
Chow mein crevettes (soupe orientale)	1 tasse	951
Chow mein au poulet	1 tasse	924
Macaronis au fromage	1 tasse	730
Plateaux repas surgelés:		
Poulet frit	11 ounces	1865
Enchilada au fromage	12 ounces	1856
Filets de poisson	12 ounces	1822
Steak Salisbury	15 ounces	1810
Veau parmesan (veal parmigiana)	11 ounces	1450
Terrine de viande (meatloaf)	11 ounces	1380
Haricots et saucisses de Francfort	11 1/4 ounces	1370
Boeuf Strogonoff	9 3/4 ounces	1300
Pizza	7 1/2 ounces	1285
Tranche de boeuf	14 ounces	1220
Lasagne	10 1/2 ounces	1200
Enchilada au boeuf	12 1/2 ounces	1200
Spaghetti et boulettes viande	12 1/2 ounces	1150
Jambon	10 1/4	1105
Dinde	11 1/2	1060
Linguini	10 1/2	1010
Viandes en croûte surgelées:		
Tarte au thon	8 ounces	1120
Tarte à la dinde	8 ounces	1115
Tarte au poulet	8 ounces	1070
Tarte au boeuf	8 ounces	1040

SOURCE: Informations fournies par les compagnies. Et valeurs adaptées de « Nutritive value of American foods in common units », cf tableau 12.

NOTE: 1 tasse = 2 verres ordinaire (à moutarde); 1 ounce = 28,35 grammes.

médecins ont un taux réduit de sodium et vous le font savoir. Pour le reste, il s'agit de deviner. Les produits non ou peu salés sont non seulement moins faciles à trouver, mais ils coûtent plus cher, ce qui entretient la notion que les régimes sans sel sont fades et destinés uniquement aux faibles et aux malades.

Lire les étiquettes aide jusqu'à un certain point. Eviter les aliments préparés, autant que cela vous est possible, est encore mieux.

Examinez le tableau de la teneur en sodium des aliments préparés et vous verrez combien vous pouvez vous éviter de sel en choisissant des aliments frais et naturels.

LE BEURRE QUI A DU GOÛT.

L'adjonction de sel ne s'arrête pas à l'usine. Un tiers de notre consommation vient de la cuisinière ou des invités...

La réaction des mordus du sel face à une limitation de leur ration – volontaire ou prescrite par le médecin – est toujours: "Mais tout est tellement fade sans sel!". Pas forcément. Ce n'est pas la nourriture qui est fade, c'est nous qui le sommes. Evidemment, après avoir tout

TABLEAU 15 **TENEURS COMPAREES EN SODIUM DE DEUX REPAS ALIMENTS NATURELS/ALIMENTS TRANSFORMES**

	Portion	Milligrammes de sodium
REPAS 1		
Corned beef	4 ounces	1069
Hachis de pommes de terre surgelé	6 ounces	463
Haricots verts (conserves)	1/2 tasse	159
Pain blanc (industriel)	1 tranche	142
Beurre (demi-sel)	1 cs	140
Tarte aux pêches	1 part	316
Lait entier	1 tasse	122
TOTAL		2411
REPAS 2		
Rôti de boeuf	4 ounces	65
Pomme de terre cuite au four	1 moyenne	3
Haricots verts frais	1/2 tasse	2
Pain complet (industriel)	1 tranche	132
Beurre non salé	1 cs	1
Pêches fraîches en tranches	1/2 tasse	1
Lait entier	1 tasse	122
TOTAL		326

SOURCE: adapté de « Nutritive value of American foods in common units » cf tableau 12
NOTE: 1 ounce = 28,35 milligrammes; 1 tasse = 2 verres ordinaires (à moutarde); 1 cs: 1 cuillerée à soupe.

salé, de la soupe au dessert pendant 40 ans, on remarque la différence. Ce qui s'est probablement produit, est que nous n'avons jamais appris à reconnaître le goût intrinsèque des aliments puisque la suprématie du sel l'a toujours repoussé à l'arrière plan. Supprimez le sel, et le goût naturel des aliments – qui a toujours été là – commencera à se manifester à notre appréciation.

Mais tout le monde ne réussit pas à supprimer le sel du but en blanc. Commencez par réfréner votre envie de mettre du sel dans la cuisine et par goûter votre nourriture avant d'y ajouter encore du sel.

Quand vous prenez la salière, allez-y doucement. Rappelez-vous qu'il s'agit d'une assiette et pas d'un trottoir verglacé. En quelques semaines seulement, la plupart des gens s'aperçoivent qu'ils n'éprouvent plus de besoin de saler et qu'ils apprécient leur nourriture. Au bout d'environ trois mois, il est probable que le sel ne vous manquera plus du tout, si l'on en croit un chercheur qui a étudié l'alimentation comparativement pauvre en sel des Esquimaux, il y a quelques années.

Vous voudrez peut-être ajouter sur votre table un troisième flacon près du sel et du poivre, contenant un assortiment d'herbes. Vous trouverez un exemple de mélange dans nos recettes du chapitre 31.

LES "FAST-FOODS" AGGRAVENT LE DELUGE.

Entrez dans n'importe quel restaurant de "restauration rapide" (soi-disant pour téléphoner) et regardez autour de vous. Ce que vous prenez pour une soudaine averse de grêle derrière le comptoir est seulement une employée en train de saler les frites. Derrière, dans la cuisine, ni les hamburgers, ni les chaussons aux pommes n'échappent à la frénésie du sel. Même les laits frappés en ont plus que leur part. Vous ferez peut-être bien d'y songer la prochaine fois que, partant en vacances, vous envisagez de manger "en route". Et si votre horaire professionnel ne vous accorde pas assez de temps pour aller ailleurs, mieux vaudrait, dans les deux cas, emporter un casse-croûte avec vous.

La restauration rapide n'est pas la seule à avoir la main lourde avec le sel. Les cuisiniers des restaurants ont tendance à employer le sel assez généreusement. Plus nous avons d'occasions de manger en

TABLEAU 16   **LE SODIUM DANS LES « FAST FOODS »**

	Milligrammes de sodium par part
ARTHUR TEACHER'S FISH & CHIPS	
Fish sandwich (sandwich poisson)	836
Chowder (soupe de poisson)	835
Chips	393
Cole slaw (chou cru en salade)	266
GINO'S	
Cheese Hero sandwich (géant avec fromage)	739
Cheese Sirloiner (steak & fromage)	618
Milkshake vanille	283
Chocolat chaud	158
GINO'S KENTUCKY FRIED CHICKEN	
Cuisses de poulet (2)	792
Salade de pommes de terre	599
Frites	134
Dinner roll (petit pain)	72
JACK IN THE BOX	
Bonus Jack Hamburger	1171
Petit déjeûner avec French toast	1130
Omelette Ranchero	1098
Super Taco	968
Chausson au citron (lemon turnover)	404
Onion rings (anneaux d'oignon frits)	318
Milk shake à la fraise	268
RESTAURANTS MCDONALD	
Hamburger géant au fromage	1209
Gâteaux chauds au beurre et sirop	1071
Egg McMuffin (oeufs)	914
Saucisse de porc	464
Tarte au cerises	456
Milk shake au chocolat	329

SOURCE: informations fournies par les compagnies.

dehors de chez nous, plus nous absorbons de sel "par inadvertance". Mais nous pouvons peut-être mieux contrôler notre consommation de sel dans un restaurant traditionnel que dans la restauration rapide. Lorsque vous commandez, précisez "sans sel, s'il vous plaît". Ou prévenez à l'avance. Certains restaurants en tiendront facilement compte, d'autres pas. Et un repas sans sel peut signifier une attente un peu plus longue, certaines préparations étant faites à l'avance. Dans certains restaurants, les portions sont prêtes et simplement chauffées en dernière minute, au fur et à mesure des commandes.

DU SODIUM DANS NOTRE EAU POTABLE.

A une tonne de sel ajoutée à notre nourriture correspondent deux tonnes de sel employées pour adoucir les eaux (et aux Etats Unis, dix tonnes pour dé-verglacer les rues et routes). D'après le Journal of the American Medical Association, de décembre 1979, "Le sodium de l'eau potable peut représenter un pourcentage important de la consommation totale en sodium des américains".

Dans les régions de fortes chutes de neige, le sel répandu sur les routes aboutit en partie dans les eaux et ajoute indirectement à la consommation de sodium. Les adoucissants, eux, sont ajoutés délibérément pour accaparer les minéraux "durs", calcium et magnésium, afin de rendre l'eau plus efficace pour le nettoyage et de réduire l'accumulation des minéraux dans les tuyauteries. Il est hors de doute qu'aux Etats Unis par exemple, les adoucissants ajoutent une quantité non négligeable de sodium à l'alimentation. Une tasse d'adoucissant contient en moyenne 100 milligrammes de sodium. Une tasse d'eau dure, avec sa teneur naturelle en minéraux, contient à peu près 5 milligrammes de sodium. La teneur de l'eau que vous employez dépend d'abord de sa teneur naturelle, puis de la quantité de sodium ajoutée comme adoucissant.

Si vous pensez qu'un adoucissant est absolument nécessaire pour limiter les dégâts à votre plomberie et vous donner un meilleur lavage, le mieux est d'adoucir seulement les eaux de lavage et de protéger l'intégrité de votre eau potable. Si vous avez un puits ou si vous désirez savoir comment tester la teneur en sodium de votre eau potable, vous trouverez des renseignements au chapitre 26, sur les eaux dures et douces.

LE SEL EN LIBERTE SURVEILLEE?

En 1977, une commission sénatoriale sur les besoins nutritifs a conclu qu'étant donné que le sodium s'avère un agent évident d'hypertension, la consommation devrait en être limitée à un niveau prudent de 3 grammes par jour (une cuillerée à café) au lieu des 10 ou 12 plus couramment consommés. La recommandation du comité était depuis longtemps attendue par les diététiciens américains.

En réaction, un groupe de 14 savants du Conseil des Sciences et Technologies Agricoles (CAST), représentant l'industrie alimentaire et les groupes de distribution déclarèrent que 3 grammes par jour était beaucoup trop peu et ne laisserait au public que quelques fades aliments à consommer.

La commission sénatoriale les apaisa en accordant 5 grammes par jour. Le Sénateur George McGovern, président de cette commission, adressa par la suite une lettre au président de l'Institut du sel précisant que ces 3 ou 5 grammes s'appliquaient à la quantité de sel ajoutée à l'usine ou à la cuisine, en plus de ce que la nature a prévu par elle-même. Cette limite de 5 grammes pour le sel ajouté nous conduit au total de 8 grammes par jour, qui n'est pas si loin de 10 et 12 dont nous parlions plus haut. Le resultat de cette nouvelle limitation a été de démolir le travail de la commission McGovern.

En dépit de cette jonglerie avec les chiffres, il reste le fait que l'excès de sodium peut entraîner une hypertension des sujets vulnérables. Il dépend de nous d'en tenir compte. Lisez les étiquettes et réfléchissez avant d'attraper la salière.

CHAPITRE 6

Le potassium

L'excès de sel n'est pas le seul facteur d'hypertension. Le manque de potassium est également un facteur d'hypertension.

Nos reins sont étudiés pour éliminer le potassium de notre organisme parce que, au moins dans la nature, la plupart des aliments en contiennent beaucoup. Par ailleurs, nos corps ont l'habitude de mettre l'embargo sur le sodium parce que les aliments naturels en contiennent si peu. Mais malheureusement, l'alimentation moderne va en sens inverse de la façon dont nos reins sont censés gérer le sodium et le potassium. Une alimentation riche en aliments transformés et pauvre en fruits et légumes frais – les meilleures sources de potassium – nous fournit un excédent de sodium dont nous n'avons pas besoin et nous prive du potassium – dont il nous faudrait des réserves. Cela se traduit par une fréquence accrue de l'hypertension chez les habitants des pays industrialisés.

LE POTASSIUM, PREVENTION NATURELLE DE L'HYPERTENSION.

Le sodium et le potassium sont appelés "électrolytes" parce qu'ils conduisent de petites charges électriques dans l'eau. Et une eau chargée d'électricité est la clef de la fusion des cellules.

Les cellules contiennent et sont entourées d'eau – deux milieux aqueux séparés par une membrane mince qui, comme un écran percé de milliers de petits trous infinitésimaux, laisse passer eau, minéraux et déchets. Le potassium est le principal électrolyte à l'intérieur des cellules, alors que le sodium se trouve surtout dans le liquide intracellulaire. Les petites charges électriques du potassium à l'intérieur des cellules, et du sodium à l'extérieur, forment à travers la membrane une pompe électrique générant l'énergie qui active les cellules.

Dans les cellules nerveuses, par exemple, la charge électrique entre le potassium et le sodium déclenche une réaction en chaîne d'impulsions transmettant les messages au cerveau, puis du cerveau aux cellules. Cette action stimule les contractions musculaires qui nous permettent de marcher, de parler et – avant tout – de maintenir l'activité cardiaque. Dans les glandes, les décharges électriques déclenchent les sécrétions hormonales telles que l'oestrogene des ovaires, l'adrénaline des glandes surrénales etc. Et la pompe électrique constituée par le sodium et le potassium est le générateur des activités de chaque cellule et organe.

La pompe sodium-potassium fonctionne dans les artères comme dans les muscles, les nerfs et les glandes. Il y a une certaine résistance nécessaire ou "tension artérielle" entre le sang et les artères, dont on pense qu'elle est influencée par la quantité de potassium et sodium présente dans le sang, les artères et les muscles, qui resserrent puis dilatent les artères au fur et à mesure que le cœur pompe le sang qui les irrigue. Trop de sodium semble augmenter cette pression chez beaucoup de gens, obligeant le cœur à travailler davantage pour faire circuler le sang. La tension élevée en est le résultat.

Cependant, le potassium semble agir comme un préventif naturel contre la tension en allégeant la pression infligée aux artères par l'excès de sodium. Dans certains cas, une réduction de la consommation de sel suffit pour faire baisser la tension artérielle, mais un supplément de potassium peut l'abaisser davantage. Il arrive parfois que ce supplément de potassium suffise à faire baisser la tension, sans même de restriction du sel consommé. Le rapport entre la pression sanguine et le sodium et le potassium, est apparemment plus étroit que le seul lien entre une consommation importante de sodium et l'hypertension.

On ne sait pas exactement par quel procédé le potassium nous protège d'une tension trop élevée. Un des spécialistes de l'hypertension, le docteur Lewis Dahl, a écrit dans l'une de ses nombreuses études: "Parmi toutes les possibilités, celle qui nous paraît la plus acceptable est que le supplément de potassium améliore la régularité de l'activité musculaire dans les petites artères, celles où se trouve la plus grande résistance" (Journal of experimental medecine, vol. 136, 1972).

Une autre hypothèse est que le potassium accélère l'élimination du sodium en agissant comme un diurétique naturel qui aide les reins à évacuer les excédents de sel. Le docteur Herbert Langford, de l'Université du Mississipi à Jackson pense que la quantité de potassium que nous absorbons détermine, jusqu'à un certain point, la quantité de sel dont nous pouvons nous débarrasser.

BEAUCOUP DE POTASSIUM DANS LES VEGETAUX.

Le potassium étant un nutriment important pour les plantes, beaucoup de légumes constituent une bonne source de ce minéral. Et les fruits également. Le potassium est extrait du sol par les racines des plantes et accumulé dans les tiges, les boutons, les graines et les fruits. En tant qu'aliment des plantes, il contribue à la formation de tiges solides et il est essentiel pour leur croissance. Par-dessus tout, il réalise l'équilibre entre l'azote et le phosphore, deux autres nutriments d'importance. C'est l'alimentation équilibrée qui permet aux plantes de résister au froid, aux maladies et aux insectes.

Le compost (à base de plantes en décomposition et de déchets animaux) et les rocs (granit par exemple) contiennent du potassium sous deux formes de chlorure appelées potasse et employées comme engrais pour restituer le potassium du sol. Les cendres de bois – principale source de potasse pour les plantes – restituent le potassium au sol rapidement, le foin, la paille, les écorces et feuilles d'arbre moins rapidement, et le granit, réduit en fine poudre, très lentement. Tous sont facilement absorbés par les plantes. Le mélange de potasses provenant de roches et de plantes combine l'effet rapide des unes avec celui plus prolongé des autres.

Une plante qui reçoit beaucoup de potassium est non seulement en bonne santé, mais elle a meilleur goût. Les arbres fruitiers, en particulier les pommiers, en ont besoin en grande quantité. Lorsqu'un fruit est fade et manque de douceur, il y a de fortes chances pour que l'arbre ait manqué de potassium. D'ailleurs, le potassium absorbé par les plantes peut être rendu au sol au fur et à mesure qu'elles se décomposent. Les peaux de bananes, d'oranges, de melons et les cosses de petits pois font de merveilleux engrais, encore qu'elles ne risquent pas d'être disponibles sur place en quantité suffisantes comme les cendres de bois ou la poudre de granit.

Un professeur pense que l'alimentation riche en fruits et potassium explique la bonne santé des peuples vivant de chasse et de cueillette. Dans une étude de la valeur nutritive des fruits sauvages mangés par les primitifs, le docteur John R.K. Robson de la Faculté de médecine de Caroline du Sud, dit que lorsque les hommes sont passés de la chasse et de la cueillette à l'agriculture, la grande variété de nourritures à laquelle ils étaient habitués s'est trouvée très diminuée. La consommation de fruits et de baies a souvent été réduite de moitié. Le Dr Robson conclut "On peut considérer que l'abandon des nourritures sauvages en tant que partie de l'alimentation est responsable de certains problèmes de l'homme moderne" (Journal of Human Nutrition, février 1978).

Les fruits et légumes étant les meilleures sources de potassium, la part qu'ils occupent dans l'alimentation des végétariens explique sans doute qu'ils tendent à avoir une tension artérielle basse. Des études portant sur des groupes de végétariens et non-végétariens prouvent de façon constante que les premiers ont une tension artérielle inférieure à celle des personnes qui mangent de la viande. Le docteur Bruce Armstrong et quelques autres chercheurs de l'Université d'Australie Occidentale concluent une étude de ce type par ces mots: "Le potassium pourrait être la variable qui explique bien des choses". (American Journal of Clinical Nutrition, Décembre 1979).

D'autres sont moins hésitants en matière de régime primitif et d'hypertension. Un médecin anglais célèbre souligne, dans une lettre au journal médical "Lancet" que l'hypertension est pratiquement inexistante dans les sociétés reposant sur la chasse et la cueillette, où les gens mangent une nourriture riche en potassium et pauvre en sodium. Le docteur Hugh Trowell a protesté au journal qui avait publié un éditorial sur le sel et l'hypertendion en négligeant de mentionner l'action protectrice du potassium.

La transformation des aliments est particulièrement nuisible au potassium, remarque le Dr Trowell. "La préparation des aliments aujourd'hui comprend non seulement l'addition de sel, mais la réduction du potassium des légumes par déperdition dans l'eau de cuisson et par les procédés de fabrication des farines et produits dérivés des céréales. Les céréales complètes, tous les fruits et la plupart des légumes contiennent 10 à 100 fois plus de potassium que de sodium, et la viande et le poisson contiennent 2 à 10 fois plus de potassium que de sodium. Mais en revanche, l'alimentation moderne comprend plus de sodium que de potassium." (Lancet, 22 juillet 1978).

A l'appui de la déclaration du Dr Trowell, vous trouverez ci-dessous un petit tableau comparatif de 7 aliments avec leurs teneurs respectives en sodium et potassium. Le résultat de la transformation est que le rapport sodium/potassium est trop élevé: environ 3 pour 1 ou 4 pour 1. (Tableau 17).

TABLEAU 17   **SODIUM ET POTASSIUM DANS LES ALIMENTS NATURELS ET LES ALIMENTS TRANSFORMES**

Aliments (100 grammes)	Milligrammes de	
	sodium	potassium
NATURELS		
Farine complète	3	360
Porc, cru	65	270
Boeuf, cru	55	280
Haddock (églefin)	120	300
Chou cru	7	390
Petits pois crus	1	340
Poires crues	2	130
TRANSFORMES		
Pain blanc (industriel)	540	100
Bacon cru	1400	250
Corned beef	950	140
Haddock fumé	790	190
Chou bouilli	4	160
Petits pois en conserves	230	130
Poires en conserves	1	90

SOURCE: adapté de McCance & Widdowson's The Composition of Foods; 4 ème édition, AA Paul et DAT Southgate (New York: Elsevier/North-Holland Biomedical, 1978)

NOTE: 100 grammes = approximativement 3 1/2 ounces; 1 ounce = 28,35 grammes.

Les nourritures naturelles nous procurent un rapport sodium/potassium parfaitement adapté à notre organisme. "Dans la nature, il y a relativement peu de sodium dans quelque alimentation que ce soit... et il y a beaucoup plus de potassium que de sodium dans tous les régimes naturels" dit le Dr Georges Meneely dans une de ses études qui font autorité sur l'effet protecteur du potassium sur la tension artérielle (American Journal of Cardiology, Octobre 1961). Le docteur Meneely, professeur de médecine, physiologie et biophysique à la faculté de médecine de l'Université de Louisiane, étudie ce sujet, parmi d'autres, depuis 1950.

"L'homme primitif mangeait une nourriture riche en potassium et... pas plus d'un gramme de sel par jour ou à peu près" dit le Dr Meneely. Nous faisons exactement le contraire.

Rien ne semble prouver que nos corps sont en train de s'adapter à cette modification. Nos reins retiennent le sodium parce qu'historiquement, nous en absorbions peu. Le potassium est gaspillé parce que nos organismes sont étudiés pour en recevoir une plus grande quantité. La nature change lentement. Il faudrait des centaines de milliers d'années de changements subtils et progressifs pour élaborer un système rénal qui traite le sodium et le potassium en sens inverse. La tension artérielle se manifestant de plus en plus tôt (chez les enfants et les jeunes adultes) et de plus en plus souvent, nous ne pouvons pas nous permettre d'attendre. Nous ne pouvons pas changer nos reins, mais nous pouvons facilement changer notre alimentation.

Le Dr Meneely est parfaitement clair sur ce point. "Devons-nous être condamnés définitivement à ce système de beaucoup-de-sodium-peu-de-potassium? ne pourrions-nous mettre sur pied une stratégie qui permettre d'en sortir? Cela semble tout à fait déraisonnable de prolonger indéfiniment un mélange nutritif de sodium et potassium qui est toxique pour nombre d'entre nous" (Nutrition Reviews août 1976).

REINTRODUISEZ LE POTASSIUM DANS VOTRE ALIMENTATION.

Nos habitudes modernes sont très loin de reproduire la grande variété de fruits et légumes frais qui constituaient l'alimentation de base de nos lointains ancêtres. Les chariots sortant des supermarchés sont des cornes d'abondance de sodas, de conserves, de plats préparés, de pâtes surgelées, de biscuiterie, de charcuterie et autres aliments transformés. Les fruits sont souvent achetés sous forme de confitures, de patisserie et de boissons "aux fruits" artificielles.

Il semble que nous ayons tout à fait perdu les arts évolués de la chasse et de la cueillette. Il y a encore quelques années, le jour du marché était un évènement capital, les familles entières se rendant en ville, allant de banc en banc pour choisir les plus beaux fruits, les légumes les plus frais, les pois les plus verts. Aujourd'hui, l'expédition au magasin dure en moyenne 30 minutes. On ne cesse de nous rabâcher de "faire une liste et de s'y tenir" – une façon de procéder totalement opposée à notre instinct inné de chasser et de rassembler pour voir, sentir et toucher une variété d'aliments frais et choisir ceux qui nous paraissent les meilleurs. Très souvent, les fruit frais comme les pommes, les oranges et les citrons sont choisis pour nous et emballés sous cellophane. Les photos de fruits et légumes sur les boîtes de conserves sont notre seul moyen d'identifier le contenu.

Le premier pas vers une augmentation de votre consommation de potassium qui, en même temps, diminuera celle de sodium, est tout simplement de refuser ces produits industriels et de rechercher les frais. Une simple comparaison sur les petits pois montre ce qui se produit quand ceux-ci passent de la cosse à notre table par le chemin de l'usine: le sodium monte et le potassium descend.

TABLEAU 18 **SODIUM ET POTASSIUM DANS LES PETITS POIS**
(Etats Unis)

Petit pois (1/4 litre)	Sodium (milligrammes)	Potassium (milligrammes)
Frais	0,9	380
Surgelés	100	160
Conserves (égouttés)	230	180

SOURCE: « Sodium and Potassium » de George R. Meneely et Harold D Battarbee, d.ns Nutrition Reviews, août 1976.

De nombreuses boissons au goût de fruit et sodas contiennent peu ou pas de jus de fruits naturels – et peu ou pas de potassium. Au contraire, les jus de fruits naturels ne contiennent que des traces de sodium mais beaucoup de potassium. Le jus de fruit naturel est un meilleur choix. Ne vous laissez pas abuser par les étiquettes indiquant un petit pourcentage de jus naturel. Si la boisson contient – mettons 10% de jus naturel, il faudra que vous en buviez 10 verres pour absorber la quantité de potassium que vous trouveriez dans un verre de jus naturel.

Ramenez chez vous des bananes... et des oranges, des tomates, du chou, du céleri, des carottes, des pamplemousses, des pommes et des haricots. Tout cela est plein de potassium. La mélasse, résidu de la fabrication du sucre, constitue pratiquement un supplément de potassium, avec 585 milligrammes par cuillerée à soupe. Les pommes de terre, les courges, le poisson, la viande maigre et la levure de bière sont également de bonnes sources. Voyez le tableau 19 pour une liste des aliments riches en potassium.

Le National Research Council de Washington, qui a établi beaucoup de TR (taux recommandés) adoptés aussi en Europe, n'en a pas établi officiellement pour le potassium. Mais il suggère que la plupart des adultes ont besoin d'au moins 1875 milligrammes par jour. Cependant, les besoins s'accroissent au fur et à mesure que l'absorption de sodium augmente. De sorte que beaucoup de gens ont besoin de beaucoup plus que le TR, particulièrement s'ils font de l'hypertension artérielle. Les athlètes et les travailleurs manuels qui transpirent beaucoup peuvent avoir besoin de 6 grammes au moins par jour. Les personnes qui prennent des diurétiques éliminant le sodium ET le potassium de l'organisme, devraient demander à leur médecin si le médicament qu'il leur prescrit épargne ou non le potassium; et sinon, elles devraient s'assurer que leur alimentation comporte suffisamment de fruits riches en potassium. Les bananes et le jus d'orange sont les aliments classiques recommandés avec les diurétiques parce qu'ils sont tous deux exceptionnellement riches en potassium, mais de bonnes portions de n'importe quelle autre source de potassium feront aussi bien l'affaire.

Certains légumes rivalisent avec les bananes et les oranges commes vedettes du potassium. Une pomme de terre cuite au four peut ajouter jusqu'à 782 milligrammes de potassium à un repas. Les courges et potirons en sont également très riches. Les haricots aussi ont beaucoup de potassium à vous offrir. Une demi-tasse (1/8 de litre) de grains de soja cuits en contient environ 480 milligrammes et certains haricots jusqu'à 400 milligrammes.

Nous n'avons pas besoin de la totalité de notre ration de potassium en un seul repas. C'est au contraire une bonne idée d'étaler les sources qui en sont riches au cours de la journée. Le tableau 19 est organisé par groupes d'aliments pour vous aider dans la préparation des repas. Tant d'aliments sont de bonnes sources de ce minéral qu'en trouver n'est pas comme chercher une aiguille dans une meule de foin. C'est facile. Souvenez-vous que l'alimentation de nos ancêtres était basée sur les baies et les fruits.

MANGEZ MIEUX, PAS DAVANTAGE.

Bien des gens s'inquiètent de ce que l'utilisation de nutriments comme les pommes de terre, les haricots, les bananes, les raisins leur fera

TABLEAU 19 **TENEUR EN POTASSIUM DES ALIMENTS**

Groupe d'aliments	500 milligrammes ou plus	
PRODUITS LAITIERS (1 tasse sauf mention contraire)		
VIANDES, POISSONS, VOLAILLES. 4 ounces (113,40 g)	Sardines en conserves égouttées Flet Saumon, filet frais et cuits	668 664 504
LEGUMES ET NOIX DIVERSES 1/2 tasse sauf mention contraire	Pomme de terre, 1	782
Groupe d'aliments	500 milligrammes ou plus	
FRUITS	Avocat (1/2) Raisins secs 1/2 tasse	680 553
GRAINS		
AUTRES ALIMENTS	Mélasse épaisse 1 cuillère à soupe	585

SOURCE: Adapté de "Nutritive value of American foods in common units", cf tableau 12.

TABLEAU 19

TENEUR EN POTASSIUM DES ALIMENTS

300 à 499 milligrammes		100 à 299 milligrammes	
Lait écrémé	355	Fromage blanc maigre	
Lait entier	351	(cottage cheese 2%	
Petit lait (buttermilk)	343	matières grasses) 1/2 tasse	109
Poulet	466		
Cabillaud	460		
Foie de boeuf	431		
Dinde	416		
Bifteck maigre	398		
Haddock (églefin)	396		
Porc, maigre	377		
Gigot, maigre	365		
Perche	324		
Thon (conserves,			
égoutté)	300		
Courge	473	Epinards cuits	292
Tomate crue, 1	444	Carottes crues, 1	246
Haricots	374	Amandes effilées, 1/4 tasse	222
Patate douce, 1	342	Choux Bruxelles	212
		Broccolis cuits	207
		Betteraves	177
		Asperges	165
		Noix de cajou, 1/4 tasse	163
		Petits pois frais cuits	157
		Champignons crus	145
		Céleri, 1 tige	136
		Noix broyées, 1/4 tasse	135
		Radis, 5 gros	131
		Chou fleur cuit	129
		Beurre de cacahuétes, 1 cuil. Soupe	100
300 à 499 milligrammes		100 à 299 milligrammes	
Jus d'orange,		1 orange moyenne	263
1 tasse	496	1 poire	219
Banane 1 moyenne	440	1 pomme moyenne	167
Abricots secs,		1/2 pamplemousse	132
1/4 tasse	318	10 cerises douces	129
Pêche, 1 moyenne	308	1/2 tasse de fraises	122
Abricots frais, 3	301	1/2 tasse d'ananas	113
		Prune	112
		1 mandarine moyenne	108
		Riz complet, 1 tasse	137
		Levure de biére,	
		1 cuillere à soupe	152

NOTE: 1 tasse = 0,23 litre, soit approximativement 2 verres ordinaires (à moutarde).

prendre du poids. Ce ne sera pourtant pas le cas, parce que nous n'avons pas besoin d'ajouter PLUS de nourriture à notre alimentation, mais de MEILLEURES nourritures; c'est à dire des aliments faisant le poids en valeur nutritive. Pensez "plantes":

- Une poignée de raisins secs sur vos céréales au lieu de miel ou de sucre ajoutera 350 milligrammes de potassium.
- Buvez une tasse de jus de tomates pendant votre pause au lieu d'une tasse de café: plus 413 milligrammes.
- Essayez donc une banane au lieu d'un beignet – soit 440 milligrammes – ou une pêche à la place d'un gâteau: plus 300 milligrammes.
- Un demi-melon cantaloup avec une cuillerée de fromage blanc ajoutera à peu prés 730 bons milligrammes à votre consommation journalière.
- Pendant l'été, offrez-vous un grand verre frais de jus de pamplemousse au lieu d'un thé glacé ou d'un soda, et vous absorberez environ 400 milligrammes de potassium par la même occasion.
- Mangez une pomme au lieu d'une tarte aux pommes à la fin de votre repas, ce qui vous donnera 150 milligrammes comme dessert.

Non seulement ces choix ajoutent à votre consommation de potassium, mais ils réduisent celle de sodium en éliminant les aliments transformés. Préparez des repas combinant des viandes saines et non salées, des légumes, salades et pommes de terre et vous rétablirez en même temps le rapport sodium/potassium tel que la nature l'avait tout d'abord instauré. Mangez du poulet au lieu d'une saucisse de Strasbourg quand vous faites un barbecue en famille (et attention à toutes ces sauces en bouteille!). Choisissez des viandes maigres et des poissons grillés plutôt que du jambon et du corned-beef, et servez-les avec des pommes de terre au four, du chou-fleur et des broccolis; et supprimez les soupes en boîtes et sachets et leur excès de sodium en préparant les vôtres avec des légumes riches en potassium. Vous en trouverez de bonnes recettes chapitre 31.

CHAPITRE 7

Le zinc

Chaque été, dans tous les camps de vacances, des milliers d'enfants et d'adolescents souffrent de pîqures de moustiques et d'orties. La pommade que le pharmacien local leur recommande pour chasser les irritations et les démangeaisons a de fortes chances de contenir, comme les baumes des anciens Egyptiens, un ingrédient actif: le zinc. Depuis des siècles, on en a fait des pommades de toutes sortes pour remédier à toutes sortes de problèmes cutanés. Nous savons maintenant que des problèmes internes, aussi, peuvent être soulagés ou évités grâce au zinc.

PETIT MAIS PUISSANT.

Nous transportons tous avec nous tout juste 2 grammes et demi de zinc – à peu près une demi-cuillère à café. On peut remplir un rayon de libraire uniquement avec les rapports sur les vertus merveilleusement diverses du zinc, qui ont été découvertes au cours des dernières années. Non seulement il est capital pour la prévention de maladies rares comme l'acrodermatite entéropathique et la maladie de Crohn, mais aussi pour une croissance normale, pour la cicatrisation, la résistance aux infections, un bon fonctionnement de la prostate, une bonne vue, un sens aigu du goût et un bon adorat. Il semble aussi réduire les inflammations, les mauvaises odeurs corporelles et lutter contre l'acné. Il est probable que la liste ira en s'allongeant. On publie plus de travaux sur le zinc que sur tout autre minéral ou trace de minéral. Cependant, il y a une vingtaine d'années, peu de gens même parmi les médecins et les spécialistes de la nutrition étaient conscients du zinc et de son rôle dans notre santé.

Toutes les parties de notre corps contiennent du zinc, la majeure partie étant divisée entre les muscles et les os. Le reste est concentré dans les yeux, les organes sexuels mâles, le sang, le foie, les reins et le pancréas. Et 90 des centaines d'enzymes qui régularisent notre métabolisme ont besoin du zinc pour fonctionner.

Les carences en zinc sont le plus souvent signalées par la perte de poids, d'appétit, par l'apathie et une peau rugueuse et écaillée. Une mauvaise vue de nuit, un sens du goût émoussé, des taches blanches sur les ongles peuvent aussi indiquer un taux peu élevé de zinc. Trop peu de zinc et les plaies se referment plus lentement. Une consommation à la limite du nécessaire ne suffit pas: une blessure accidentelle, une brûlure, une opération chirurgicale ou une maladie s'ajoutant à une consommation de zinc tout juste suffisante, signifient convalescence prolongée et rétablissement difficile.

Bien qu'on ne comprenne pas encore clairement pourquoi la carence en zinc entraîne ces conséquences, le rôle particulier du zinc dans la fabrication des protéines semble expliquer en partie la diversité de son pouvoir. Des fonctions aussi dissemblables que la vision de nuit, la cicatrisation, la croissance, l'immunité, le goût et les fonctions de la prostate dépendent toutes du zinc. Les chercheurs pensent en trouver d'autres, en raison même de sa versatilité.

LE ZINC CONTRIBUE A LA CROISSANCE ET A LA MATURITE SEXUELLE.

Non seulement on trouve du zinc dans notre corps tout entier, mais aussi dans toute autre forme de vie – dans tous les autres animaux et les plantes, jusqu'aux plus petits micro-organismes. En fait, c'est la découverte de la présence du zinc dans des moisissures, en 1869, qui a donné à la science le premier indice de l'importance de ce métal dans la croissance. Par la suite, des études portant sur les cochons, les poulets, les agneaux, les dindes et les chiens ont prouvé que, privés de zinc, les animaux perdaient leur appétit et ne grandissaient pas normalement. La croissance reprenait normalement dès qu'on leur en faisait absorber.

Le zinc n'est pas seulement essentiel à la croissance des poulets et des porcs, mais à celle des humains également. Une des nombreuses enzymes dépendantes du zinc participe à l'activité de l'ADN, substance nécessaire à la fabrication des cellules nouvelles. Sans zinc, la croissance s'interrompt. Les études les plus connues – et de loin – relatives à l'effet des carences en zinc sur la croissance des humains ont été effectuées au début des années soixante en Iran et en Egypte, par le docteur Amanda S. Rasad et ses collègues. De jeunes hommes de ces pays avaient grandi avec une alimentation qui consistait presque exclusivement en pain non levé, c'est à dire très pauvre en zinc, protéines et autres nutriments. Ils mangeaient également de l'argile – une habitude surprenante, appelée géophagie – qui ajoutait à leurs problèmes de nutrition. Ces jeunes hommes grandirent un peu, puis s'arrêtèrent. Non seulement ils étaient exceptionnellement petits pour leur âge mais leurs organes sexuels ne s'étaient pas non plus complètement développés. Un régime normal et des suppléments de zinc déclanchèrent une croissance normale et provoquèrent la maturité sexuelle en l'espace de quelques mois. (Les éléments en trace dans la santé et la maladie humaines, volume 1, Academic Press, 1976).

Les problèmes de croissance aux Etats-Unis commencèrent à se manifester peu après la réalisation de ces deux études au Moyen-Orient. Non qu'ils n'aient existé auparavant, mais une carence en zinc assez grave pour empêcher la croissance semblait impossible dans ce pays, jusqu'à ce que des enquêteurs commencent à se renseigner. Ils découvrirent, à leur grande surprise, que des enfants de familles de revenus moyens qui semblaient traîner en queue de classes, à Denver, étaient aussi en queue de liste dans le taux de zinc. (Le fer et les minéraux en trace dans le métabolisme humain, Plenum 1978).

Au fur et à mesure que les os grandissent, la peau et les muscles doivent suivre. Autrement, ils perceraient notre enveloppe comme un papillon sort de son cocon. Le zinc est essentiel aux enzymes qui réalisent la synthèse des nouvelles protéines à partir desquelles la peau et les muscles, de même que le foie, les reins, le pancréas et les autres organes sont faits. Les vergetures de la peau des adolescents qui grandissent ou des femmes enceintes seraient, d'après un médecin, les stigmates d'un étirement de la peau sans l'apport de zinc nécessaire. Ces stries sont fréquentes non seulement après des "accès" de croissance pendant l'adolescence et l'expansion abdominale de la grossesse, mais aussi après des pertes de poids consécutives à la pratique intensive des poids et haltères ou à un régime amaigrissant. Le docteur Carl C. Pfeiffer écrit: "Nous pensons que cela constitue un signe de déficience en zinc. Autrement dit, ces personnes ont augmenté la taille de leurs muscles, leur tour de hanches, à un moment où elles manquaient de zinc. Ceci est intéressant car toutes les femmes enceintes n'ont pas de vergetures, seulement certaines." (Applications cliniques du métabolisme du zinc, Charles C. Thomas, 1974).

D'autres docteurs disent qu'ils ne voient pas de rapport entre le zinc et les vergetures. Seulement, ils n'ont pas cherché. Les pouvoirs connus du zinc dans la fabrication des protéines, ajoutés au fait que les femmes enceintes, les adolescents et les personnes au régime ont des besoins en zinc supérieurs à la normale, prêchent beaucoup en faveur de l'association que le Dr Pfeiffer fait entre les vergetures et le manque de zinc.

LE ZINC AU SECOURS DES BLESSURES ET DES MALADIES.

Les blessures sont plus graves que les marques et vergetures. Le zinc est capital dans la formation de nouvelles protéines autour d'une plaie – qu'elle vienne d'une blessure, d'une brûlure, d'un ulcère ou d'une opération chirurgicale – comme il l'est dans la croissance d'un enfant. Les tissus conjonctifs de la peau et les tissus sous-cutanés du corps entier sont faits d'une fibre résistante et fibreuse appelée collagène. Lorsque ces tissus sont endommagés, le collagène doit être réparé rapidement. En l'espace de quelques heures, le zinc se précipite vers le site de la blessure et entreprend la reconstruction du collagène. Il est également nécessaire à la libération de la vitamine A, un autre nutriment capital dans la guérison.

Le zinc qui s'accumule sur le site d'une plaie est prélevé sur le reste du corps, ce qui crée une tension dans tous nos systèmes. Notre corps ne contient jamais beaucoup de zinc à la fois et les relativement petites quantités qui se trouvent dans notre sang, nos os, nos muscles et autres organes ne sont pas toutes totalement disponibles pour cette mobilisation. La fatigue de la cicatrisation épuise rapidement nos réserves à moins que ces dernières soient constamment réapprovisionnées grâce à notre alimentation. Les incisions chirurgicales se referment plus vite et plus nettement lorsque le zinc est disponible en quantité. Les escarres, les plaies, les ulcères chroniques des jambes réagissent bien au traitement par le zinc. Le corps entier en profite car les autres organes ne sont pas obligés de sacrifier leurs précieuses réserves pour réparer les tissus endommagés. En revanche, si notre corps a peu de zinc, la guérison est ralentie et le rétablissement retardé.

Le zinc rend un double service dans la cicatrisation car il lutte aussi contre l'infection. Les tissus endommagés de blessures en train de guérir sont particulièrement vulnérables aux attaques de bactéries, de virus et autres organismes générateurs de maladie, à moins que le précieux métal ne soit présent pour les mettre en déroute. En maintenant au meilleur de leur forme les cellules   clefs du système immunitaire de notre sang, il augmente notre résistance à l'infection, que nous soyons ou non blessés.

Un démêlé avec des orties ou un bain de soleil un peu prolongé provoque un autre type de réaction de notre système immunitaire: l'inflammation. La sensation de chaleur, la rougeur, l'enflure et la douleur caractéristiques de l'inflammation se produisent lorsque les vaisseaux sanguins se dilatent pour apporter des protéines et du fluide supplémentaires pour guérir les tissus irrités. Les coups de soleil et les orties sont seulement deux de nombreux agents inflammatoires. Les autres sont la maladie, les bactéries, les blessures et les allergies.

L'inflammation est un processus de guérison, qui n'a rien d'agréable. Le zinc peut accélérer la guérison, diminuant de ce fait la nécessité de l'inflammation. En applications externes, les lotions à base de zinc calment les sensations de brûlure et guérissent la peau irritée. Beaucoup de lotions pour calmer les coups de soleil contiennent aussi du zinc pour réparer la peau selon le même principe qui guérit les blessures.

Le zinc semble également soulager certains cas d'acné purulent et d'arthrite, sans doute par son effet anti-inflammatoire sur les membranes irritées autour des tissus atteints.

La faculté qu'a le zinc de calmer ces poussées inflammatoires pourrait, d'une façon similaire, limiter l'inflammation des gencives, dans les cas de maladie periodontique. Un rapport original, dû à des chercheurs suédois, indique que le taux inférieur de zinc pourrait être un facteur important, non seulement dans l'inflammation des gencives mais dans la détérioration de la mâchoire qui conduit au déchaussement, puis à la perte des dents. La plaque dentaire qui se constitue entre les dents, irrite apparemment les gencives, causant l'inflammation. Celle-ci détériore le collagène (ce matériau résistant mentionné plus haut) des gencives. Le zinc favorisant la guérison par la reconstitution du collagène et calmant l'inflammation partout ailleurs dans l'organisme, les chercheurs ont de bonnes raisons de penser que le manque de zinc contribue à cette maladie des gencives. Leurs observations sont basées sont l'étude de 51 patients à l'Ecole Dentaire de l'Institut Karolinska de Stockholm (Acta Medica Scandinavica, vol. 207, n° 1, 1980).

Le zinc renforce l'immunité par d'autres moyens plus discrets. En empêchant le corps d'absorber du plomb, composant nocif des gaz d'échappement automobiles, le zinc nous protège contre la pollution. Des indices donnent à penser que le zinc peut lutter contre certains cancers. En combinant son action avec celle d'autres nutriments pour rendre les animaux moins vulnérables à des produits chimiques cancérigènes attaquant la gorge et les poumons, le zinc peut empêcher l'implantation du cancer.

LE ZINC AIGUISE NOS SENS
(LA VUE, LE GOUT ET L'ODORAT).

La nourriture est une partie tellement intégrante de notre vie qu'il est dommage de perdre le sens du goût. Nos journées sont divisées régulièrement par les repas. Au cours de notre vie, chacun de nous aura probablement l'occasion de prendre plus de 80.000 repas ou casse-croûtes. Pour faire face, nous sommes largement équipés d'environ 10.000 papilles gustatives. Mais sans une provision adéquate de zinc, nous pourrions tout aussi bien ne pas en avoir du tout. Les aliments passeraient directement de notre bouche à notre estomac sans que nous ayons seulement soupçonné leur saveur.

Les papilles gustatives sont de minces cellules faites d'une protéine très spécialisée, distribuées généreusement sur notre langue, notre gorge et notre palais. Elle nous permettent de différencier le sucré du salé, le doux de l'amer et les milliers de combinaisons subtiles de ces saveurs. Le vieillissement tend à faire perdre à certains leur sens du goût. Mais souvent, ils ne s'en aperçoivent pas. Peut-être pensent-ils qu'ils vieillissent et ne peuvent apprécier leur nourriture comme lorsqu'ils étaient plus jeunes.

Cela me paraît difficile à avaler – pour ainsi dire – car bien que quelques-unes de nos papilles meurent en effet "de vieillesse", une provision de 10.000 doit suffire pour une vie entière. Le véritable problème semble être une déficience en zinc. Bien que le mécanisme du goût soit complexe, le zinc semble être capital pour la protéine des papilles comme pour celle qui fait cicatriser les plaies. Au fur et à mesure que les personnes âgées mangent moins de nourriture riche en zinc – viande, noix et graines, haricots – et plus d'aliments transformés qui en contiennent peu, leur sens du goût s'affaiblit.

Nombre de personnes, jeunes ou vieilles, remontent à l'origine de leur perte d'appétit – et parfois d'une diminution de leur odorat – qui s'avère être une grippe, un mauvais rhume, une grossesse ou un séjour à l'hôpital. Combattre les microbes de la grippe ou d'un rhume entame nos réserves de zinc. Les changements hormonaux au cours de la grossesse augmentent les besoins en zinc. Certains médicaments se combinent avec le zinc et le rendent inéfficace, détruisant notre sens du goût, parfois pendant des mois après l'abandon de ces médicaments. Les changements de niveau de zinc consécutifs à ces événements – ceci est prouvé – effacent le sens du goût pendant des mois ou le dénaturent au point que les repas cessent d'être agréables. La nourriture peut sembler désespérément fade ou les saveurs simplement "bizarres". Le manque de zinc peut affecter de la même manière la perception des odeurs et modifier pareillement l'odorat. Une tomate fraîche, par exemple, sentira le pourri.

Privé d'un goût discriminatoire pour l'une de ces raisons, vous pouvez simplement "attendre"... Eventuellement, votre sens du goût et de l'odorat finiront par renaître. La meilleure solution serait de reconstituer votre stock de zinc par une nourriture appropriée ou en prenant des suppléments.

En dehors du goût et de l'odorat, notre vue aussi dépend du zinc. Il y a peut-être une certaine vérité dans l'ancienne croyance de l'Egypte suivant laquelle la consommation de foie de bœuf remédiait à la mauvaise vue de nuit. Le foie, comme les carottes, est une excellente source de vitamine A, qui améliore la vue de nuit. Mais le foie est également une excellente source de zinc, qui facilite la production de vitamine A par notre foie. On a guéri des cas de cécité de nuit en les traitant avec du zinc.

Le zinc, enfin, a la capacité d'améliorer notre odeur corporelle. Ce qui donne au zinc ses qualités de déodorisant est toujours un mystère, mais beaucoup de personnes pour qui la transpiration était un problème important sont reconnaissantes au zinc de l'avoir résolu pour elles.

PENSEZ AU ZINC EN PREPARANT VOS REPAS.

C'est seulement récemment que les spécialistes de la nutrition ont commencé à accorder au zinc l'importance qu'il a véritablement dans notre santé. Lorsque la commission pour la nutrition du National Research Council a élaboré sa version révisée des TR (taux recommandés) pour les principales vitamines et minéraux en 1974, on y a inclus le zinc pour la première fois. Le TR est 15 milligrammes par jour. Le double de cette quantité est nécessaire pour guérir les plaies dans les meilleures conditions, lutter contre l'infection et l'inflammation, corriger la mauvaise vue de nuit et restituer le sens du goût lorsqu'il a disparu.

On a longtemps cru que l'alimentation fournissait suffisamment de zinc dans les pays occidentaux, mais il semble maintenant s'y trouver en quantité trop faible. Grâce en majeure partie à l'emploi des fertilisants chimiques, les sols des fermes de 30 Etats américains, par exemple, se sont avérés déficients en zinc ainsi que, par conséquent, les plantes qui y poussent, déclare le Ministère de l'Agriculture des Etats-Unis. Les fermiers répandent l'azote et les phosphates. Les plantes absorbent ces nutriments en grande quantité et manquent de zinc. La déficience des sols en zinc est de loin la plus répandue à travers le monde.

Les procédés de raffinage des grains éliminent encore le zinc. "Plus blanc, plus doux, plus tendre, plus souple". Cela fait une bonne réclame mais de terribles aliments. Le pain, les croissants, les céréales, les pâtes et les patisseries faites avec de la farine blanche sont outrageusement pauvres en zinc, et cependant, constituent la nourriture de base de bien des alimentations.

De bonnes tranches de pain complet représentaient la baguette et le croissant de la plupart des gens il n'y a pas si longtemps. Jusqu'au XIXème siècle, les moulins pulvérisaient le grain de blé complet en farine. Le grain entier, y compris le tégument – qui donne le son et le bran – la partie farineuse et le germe huileux du centre entraient dans la composition de la farine, avec le zinc et les autres précieux minéraux et vitamines. Puis les pierres à broyer le grain furent remplacées par des rouleaux de fer qui écrasèrent les grains en faisant sortir l'endosperme du tégument. Le germe et le tégument fibreux, riches en zinc, furent mis de côté. Sans le germe huileux, la farine, qui n'était plus légèrement brune mais totalement blanche, pouvait être conservée plus longtemps sans s'abîmer. Et les nouveaux rouleaux faisaient le travail plus vite... La farine blanche plaisait aux meuniers, aux boulangers, aux épiciers tout en escroquant les pauvres pour qui le pain était la nourriture de base et qui se trouvèrent privés de zinc ainsi que d'autres nutriments.

Chaque année, des millions de tonnes de blé sont transformées en farine. 25 à 30%, composés du bran et du germe, c'est à dire de la partie la plus nutritive, sont donnés aux porcs. Nous avons le reste, dans notre pain bien blanc, à moins que nous achetions du pain complet.

Le riz a subi le même raffinage, qui affecte aussi sa teneur en zinc. Comme le blé en Occident, le riz est la nourriture de base en Orient. On en mange au petit déjeûner, à midi et au dîner. Tout d'abord en Orient vers la fin du XIXème siècle, on commença à éliminer son tégument grisâtre, semblable à celui du blé. Au cours du processus, une bonne partie du zinc disparaissait. Ce riz "poli" devenant de plus en plus populaire, de sérieuses carences commencèrent à se manifester dans les populations pour lesquelles le riz constituaient l'aliment de base.

Les Japonais eurent une occasion de renverser ce courant au cours de la Seconde Guerre mondiale, quand le rationnement les obligea à employer le riz complet ou partiellement raffiné. Mais beaucoup préféraient tellement le riz blanc qu'ils fabriquèrent des moulins rudimentaires pour éliminer les derniers vestiges de valeur de leurs rations de guerre. Le tableau 20 montre ce que traitement, à la maison ou à l'usine, fait à la teneur en zinc du riz.

Le zinc ne fait pas partie de la poignée de minéraux et vitamines qu'on recase dans le pain ou le riz par "enrichissement" à l'usine. De sorte que les proclamations des fabricants suivant lesquelles les grains raffinés sont aussi nutritifs que les produits naturels sonnent le creux. Les personnes qui préfèrent le pain et le riz blancs aux pain et riz complets se privent de leur ration de zinc.

TABLEAU 20 **TENEUR EN ZINC DU RIZ**

Une demi-tasse (environ 1 verre ordinaire de riz, *cuit*)	ZINC (milligrammes)
Complet	0,6
Blanc	0,4
Précuit (blanc)	0,2

Source: « Provisional Tables on the Zinc Content of Foods » d'Elizabeth W. Murphy, Barbara Welles Willis et Bernice K. Watt, Journal of American Dietetic Association, avril 1975.

Cela inquiète les spécialistes de la nutrition. Le docteur Leslie M. Klevay et ses collègues de la recherche à l'Université du Dakota du Nord ont examiné l'alimentation de 20 hôpitaux ainsi que celle du public aux Etats Unis et ont constaté que le niveau de zinc se situait en moyenne 35% en-dessous du TR de 15 miligrammes par jour. Les chercheurs sont convaincus que la consommation moyenne, dans les hôpitaux ou en dehors, est probablement trop faible non seulement en zinc, mais également en cuivre, autre minéral important (Journal of American Medical Association, 4 mai 1979). Le zinc disparaît de l'alimentation dans les pays industrialisés avec l'adoption du pain blanc, des céréales raffinées, des patisseries sucrées, le plus souvent au détriment des farines complètes, des graines et autres nourritures naturelles.

Une consommation insuffisante de zinc peut aussi bloquer l'assimilation de l'acide folique, une vitamine B importante. Des chercheurs de l'Université de Berkeley en Californie ont constaté, à la suite d'une expérience sur un groupe de six hommes par ailleurs en bonne santé, que la réduction du taux de zinc réduit l'assimilation de l'acide folique en moyenne de 53%. (Federation Proceedings, Mars 1978).

La conception contemporaine suivant laquelle "blanc" sur le plan nutritif est l'équivalent de "sain" est non seulement fausse mais peut conduire à de sérieux ennuis. Deux tribus d'aborigènes australiens qui avaient abandonné leur alimentation traditionnelle basée sur la viande, les légumes, les fruits et les produits laitiers ainsi que les dérivés de grains complets au profit d'une alimentation riche en pain blanc, en céréales et sucres raffinés eurent bientôt de graves problèmes de santé, très probablement à cause d'une faible consommation de zinc, déclarent les médecins de la recherche de l'Hôpital Royal pour Enfants d'Australie, qui ont étudié les effets de ce changement de régime. Leur taux de zinc était encore plus menacé par des températures dépassant souvent 38 à 40 degrés centigrades pendant plusieurs jours de suite; car dans les climats chauds, une partie du zinc disparaît par transpiration, en plus de ce qui est perdu dans les selles et les urines sous tous les climats. De plus, le sol de ces régions d'Australie se trouve être pauvre en zinc, ce qui contribue à la faible teneur des aliments qui y poussent. En bref, toutes les conditions étaient réunies pour créer une carence généralisée de ce métal.

La conséquence de cette déficience en zinc fut que près d'un tiers des enfants nouveaux-nés moururent avant leur deuxième anniversaire. Ceux qui survécurent ne grandirent pas comme ils auraient normalement dû. L'immunité aux maladies tomba drastiquement parmi toute ces populations; les adultes comme les enfants étaient vulnérables à toutes les infections, les virus et parasites intestinaux (American journal of clinical nutrition, janvier 1960).

MANGEZ MIEUX, PENSEZ AU ZINC.

Les chercheurs de l'Hôpital Royal pour enfants gardent le silence sur les solutions qui devraient être appliquées pour résoudre le problème des aborigènes. Nous savons pourtant que bien que les carences en zinc puissent causer de graves problèmes, ils peuvent être facilement résolus par une alimentation adaptée ou des suppléments de zinc – ou les deux. La cause principale de la carence étant l'absence de nourritures riches en zinc, il est recommandé d'inclure du foie, de la viande maigre, de la volaille, des noix et graines et des céréales complètes dans l'alimentation (voir tableau 21 pour les sources de zinc).

Bien que la viande soit une riche source de zinc, elle a aussi tendance à être riche en cholestérol et graisses, tenus pour responsables de beaucoup de maladies cardiaques. De plus, les viandes grasses sont catégoriquement déconseillées aux personnes surveillant leur poids. Apprenez à choisir la viande. Elle n'a pas besoin d'être toujours une énorme côte ou un bifteck avec sa graisse. Un pot au feu sans gras ou un bifteck haché maigre contiennent autant de zinc mais moins de graisse. Le bacon, les saucisses sont également trop gras pour être considérés comme des aliments sains, que ce soit pour les protéines ou le zinc. Même parmi nos ancêtres mangeurs de viande, les viandes grasses ne faisaient pas toujours partie de la nourriture. Le gibier, comme le chevreuil ou les antilopes, constitue une viande plus maigre que celle du bœuf ou du porc. Quand il était introuvable, les chasseurs se contentaient de ramener du petit gibier, lapins, pigeons, dindes sauvages. Le poulet et la dinde sont les équivalents contemporains de ces animaux à chair maigre, excellentes sources de zinc.

Le foie est peut-être la viande rouge par excellence qui devrait faire partie de notre alimentation. Il est non seulement une excellente source de zinc, mais aussi de fer, de cuivre et de potassium, ce qui en fait une nourriture idéale contre la tension du monde moderne et un agent fortifiant et guérisseur. Il n'est pas indispensable qu'il se présente sous forme de morceau filandreux et résistant comme ceux qui nous tenaient tête quand nous étions enfants. Vous trouverez des recettes au chapitre 31 pour le préparer agréablement.

TABLEAU 21   **TENEUR EN ZINC DES ALIMENTS**

Aliments	Portion	Milligrammes de zinc
Boeuf maigre	4 ounces = 113,40 g	7,0
Foie de veau	4 ounces = 113,40 g	6,9
Foie de boeuf	4 ounces = 113,40 g	5,8
Agneau maigre	4 ounces = 113,40 g	5,7
Coeur de poulet	4 ounces = 113,40 g	5,4
Dinde (viande brune)	4 ounces = 113,40 g	5,0
Boeuf haché maigre	4 ounces = 113,40 g	5,0
Foies de poulet	4 ounces = 113,40 g	3,6
Grains de soja	1/2 tasse = 1 verre	3,2
Graines de potiron	1/4 tasse = 1/2 verre	2,6
Dinde, viande blanche	4 ounces = 13,40 g	2,4
Poulet, viande brune	4 ounces = 13,40 g	2,2
Graines de tournesol	1/4 tasse = 1/2 verre	2,0
Noix du Brésil	1/4 tasse = 1/2 verre	1,8
Noix de Cajou	1/4 tasse = 1/2 verre	1,5
Haricots noirs	1/2 tasse = 1 verre	1,5
Thon en boîte, égoutté	4 ounces = 113,40 g	1,2
Cacahuètes grillées	1/4 tasse = 1/2 verre	1,2
Poisson (espèces blanches)	4 ounces = 113,40 g	1,1
« Swiss » cheese (gruyère américain)	1 ounce = 28,35 g	1,1
Cheddar	1 ounce = 28,35 g	1,1
Pois cassés cuits	1/2 tasse = 1 verre	1,1
Blanc de poulet	4 ounces = 113,40 g	1,0
Pois chiches	1/2 tasse = 1 verre	1,0
Lentilles	1/2 tasse = 1 verre	1,0
Noisettes	1/4 tasse = 1/2 verre	1,0
haricots de Lima secs, cuits	1/2 tasse = 1 verre	0,9
Germe de blé grillé	1 cs = 1 cuill. soupe	0,9
Mozarella semi-écrémée	1 ounce = 28,35 g	0,8
Noix	1/4 tasse = 1/2 verre	0,8
Munster	1 ounce = 28,35 g	0,8

SOURCES: Adapté de: « Zinc content of selected foods » de Jeanne H. Freeland & Robert Cousins, Journal of American Dietetic Association, juin 1976.
« Provisional tables on the zinc content of foods » de Elizabeth W. Murphy, Barbara Wells Willis & Bernice K. Watt. Journal of the American Dietetic Association, avril 1975.
« Zinc & copper content of seeds & nuts » de Kenneth G.D. Allen, Leslie M. Klevay & Hugh L. Springer, Nutrition Reports International, septembre 1977.

Les autres sources de protéines contribuent à augmenter notre consommation de zinc. Les huîtres en sont une source exceptionnellement riches, mais nous vous recommandons de les acheter à un professionnel consciencieux, car les huîtres doivent être saines et fraîches. Le poisson et le fromage sont de bonnes sources de zinc, bien qu'ils en procurent moins que la viande et la volaille. Il y en a aussi un peu dans les légumes et végétaux. Le germe de blé que vous ajoutez à votre soupe, à votre yaourt ou à vos plats cuisinés en fournit quelques milligrammes. Vous pouvez en faire la vedette de votre petit déjeûner: mélangez un demi-tasse de germe grillé avec des pétales de céréales, des fruits et du lait: vous commencerez votre journée avec 10 milligrammes de zinc. Cela fait aussi un bon coupe-faim le soir après la télévision.

QUI A BESOIN DE ZINC?

Pratiquement tout le monde. "Il y a beaucoup de gens qui auraient intérêt à augmenter leur consommation de zinc" écrit un spécialiste de la recherche sur les minéraux en traces, Walter Merts (Clinical application of zinc metabolism, Charles. Thomas, 1974). Certaines personnes devraient y faire particulièrement attention. Ce sont des cas où l'apport de la nourriture peut être insuffisant pour faire face aux besoins de l'organisme et où l'on devrait recourir aux suppléments.

- Il y a de fortes chances pour que les personnes âgées, pauvres ou hospitalisées aient un faible niveau de zinc, d'après des études faites dans tous les Etats Unis. L'assimilation et l'utilisation du zinc décroissent considérablement après 50 ans. Une alimentation pauvre en protéines et riche en produits raffinés aggrave la carence en zinc.
- Les femmes enceintes partagent une bonne partie de leur ration de zinc avec leur bébé à naître et ont besoin d'au moins 20 milligrammes par jour pendant leur grossesse. Les mamans qui allaitent ont besoin de 25 milligrammes par jour.
- Le zinc est indispensable à la bonne croissance des enfants et adolescents. Une tendance à casser la croûte avec des produits sans valeur nutritive et des sodas, ainsi que la manie des régimes amaigrissants font courir des risques aux adolescents, particulièrement aux jeunes filles.

- Les femmes qui prennent des pilules contraceptives ont sans doute besoin d'un supplément de zinc en raison des changements hormonaux, semblables à ceux de la grossesse, qui augmentent leurs besoins.

- Les candidats aux opérations chirurgicales seraient bien avisés de prendre un supplément pendant la période précédant leur opération. Ils en auront besoin pour se remettre plus rapidement, pour accélérer la cicatrisation et se mettre à l'arbri d'infections. Cela s'applique à toute personne blessée, par accident, brûlure, etc.

- Les personnes suivant un régime qui élimine la viande, le pain, les noix et graines pour supprimer des calories. Les végétariens peuvent aussi, parfois, ne pas consommer la totalité du TR sans l'aide de la viande.

- Les coureurs qui consomment de grandes quantités d'hydrates de carbone au détriment de la viande peuvent courir des risques par le fait qu'ils perdent beaucoup de zinc par la transpiration.

- Les grands buveurs perdent beaucoup de zinc. L'alcool l'élimine immédiatement de leur organisme. Ils devraient boire moins d'alcool et augmenter leur consommation de zinc pour renverser ces pertes.

- Les personnes qui augmentent leur consommation de calcium pour lutter contre l'ostéoporose ou d'autres problèmes ont besoin d'une quantité adéquate de zinc. L'augmentation du calcium entraîne l'augmentation des besoins en zinc.

Les suppléments pour être sûr.

Les protéines et le zinc allant de pair dans les aliments, une bonne ration de protéines vous aide déjà à vous procurer une bonne part de zinc. Mais ce n'est pas une garantie. C'est ce que les nutritionnistes du Ministère de l'agriculture américain ont constaté en étudiant l'alimentation de 22 personnes choisissant elles-mêmes leurs repas pendant des périodes de deux semaines. Bien que la part des protéines – viandes, lait, fromage – aient été en général plus qu'adéquate, celles du zinc et du cuivre étaient plutôt minces. 68% des personnes étudiées absorbaient moins de 2/3 du TR de 15 milligrammes pour le zinc. (Les déficiences en zinc et cuivre apparaissent souvent de concert, comme nous l'avons vu plus haut dans l'étude du Dr Klevay. Nous parlerons dans le chapitre suivant de la carence en cuivre). Joanne M. Holde, et les Drs Wayne R. Woolf et Walter Mertz concluent: "Les résultats de cette étude suggèrent que les régimes contenant suffisamment de protéines ne procurent pas toujours les quantités suffisantes de zinc et de cuivre. Nous devons faire très attention à la valeur nutritive (y compris à la présence du zinc) des aliments choisis". (Journal of the American Dietetic Association, juillet 1979).

Même avec une bonne alimentation saine, on peut avoir du mal à atteindre le taux nécessaire de zinc, particulièrement dans les états et conditions exigeant un apport suplémentaire. Il faut peu de temps pour remédier à une carence, le zinc étant assimilé très rapidement après une période de manque.

Beaucoup de comprimés de multivitamines et de fortifiants contiennent également du zinc. En tant que supplément en soi, le zinc est souvent prescrit par les médecins sous forme de sulfate ou d'acétate de zinc, mais la plupart des gens leur préfèrent le gluconate de zinc, qui ne cause pas de maux d'estomac, comme c'est le cas pour les deux autres formes.

CHAPITRE 8

Le cuivre

Sans cuivre, nos nerfs se déferaient comme de vieilles ficelles. Le cuivre participe à la constitution de la gaine protectrice de myéline de chacune des millions de fibres nerveuses de notre corps. Des nerfs calmes et une pensée claire en dépendent. Le cuivre fait également partie des protéines qui donnent aux parois des vaisseaux sanguins la force et la souplesse nécessaires pour accueillir le flot puissant qui parcourt nos veines et nos artères. Le cuivre active un certain nombre d'enzymes importantes pour le catabolisme. Et il semble partager certains des pouvoirs anti-inflammatoires du zinc, en augmentant les facultés reconstituantes. La perception du goût est sans doute aussi partiellement influencée par le cuivre.

Après le fer et le zinc, en fait, le cuivre est le minéral en traces le plus étudié (parmi ceux dont il ne nous faut qu'une très petite quantité). Et si nous ignorons encore beaucoup de choses, ce que nous en savons est passionnant.

LE CUIVRE ENTRETIENT LA SOUPLESSE
DES ARTERES CORONAIRES.

Le cœur et ses artères sont les premières cibles du cuivre. Le cuivre est le minéral-clef d'une enzyme spéciale qui tresse ensemble les fibres élastiques et résistantes de collagène et d'élastine, deux des principales protéines des tissus conjonctifs du corps humain. Le mélange collagène-élastine est particulièrement utile dans les tissus des tendons et des vaisseaux sanguins qui doivent combiner la force et la souplesse. Dans l'aorte et les autres artères coronaires principales, le collagène soutient les parois des vaisseaux alors que l'élastine, comme son nom l'indique, leur confère l'élasticité.

L'oxydase (l'enzyme mentionnée plus haut) tisse complaisamment les fibres de collagène et d'élastine en les entrecroisant, ce qui ajoute à leur force et leur résistance. Les parois des vaisseaux se distendent lorsque le sang passe et se contractent, en fonction du changement de volume du sang. Sans le cuivre, l'enzyme devient paresseuse et cesse de fabriquer l'entrecroisement de fribres collagène/élastine, et celles-ci se dissolvent et sont éliminées. Des points faibles se créent dans les parois, et si le vaisseau se détériore trop, les points faibles s'élargissent et finalement, viennent à se rompre, le sang s'échappant comme d'un tuyau d'arrosage percé.

Une alimentation tout à fait dépourvue de cuivre pourrait causer une hémorragie assez grave pour entraîner la mort. Mais cela est peu probable. La question qui se pose est la suivante: les artères principales – et particulièrement l'aorte – peuvent-elles survivre à de courtes périodes de déficit en cuivre sans trop de dommages? Les points faibles se raccommodent-ils? Le docteur Edward d. Harris, de l'Université A & M du Texas pense que les déficiences subies dans les premiers stages de la croissance peuvent laisser des traces, rendant la personne plus susceptible d'avoir des vaisseaux fragiles par la suite. Lors de la 30ème conférence annuelle sur la nutrition au Texas, le Dr Harris déclarait, en 1975, "On peut raisonnablement assumer que l'enzyme oxydase doit fonctionner d'une façon soutenue au cours du développement de l'aorte. Une brève interruption de son activité pourrait entraîner une structure de la protéine comportant une faiblesse intrinsèque, semblable à celle d'un mur dans lequel un maçon aurait, en certains endroits, omis de placer une brique, laissant des trous dans le mur". Ces points faibles ajoute le Dr Harris, peuvent cèder facilement et ces ruptures, plus avant dans la vie, risquent de provoquer des troubles cardiaques.

Un faible taux de cuivre peut compliquer les choses en élevant dans le sang le niveau du cholestérol, une substance grasse et cireuse qui augmente les risques de problèmes coronariens. Le docteur Leslie M. Klevay, qui travaille au Laboratoire de Nutrition installé par le Ministère de l'Agriculture américain à Grand Forks dans le Dakota du Nord, pour étudier les effets des traces sur la santé dit: "L'alimentation des adultes et des enfants insuffisante en cuivre peut élever le niveau du cholestérol dans le sang et contribuer à l'artériosclérose".

Le docteur Klevay pense que le problème vient du déséquilibre zinc/cuivre (trop peu de cuivre dit-il) dont la responsabilité incombe à un mauvais choix des aliments. "L'alimentation de beaucoup de personnes aux Etats Unis et sans doute dans tous les pays industrialisés contient nettement moins des 2 milligrammes (de cuivre) considérés comme le minimum quotidien nécessaire pour les adultes" écrit le Dr Klevay (Lancet, 4 juin 1977). Une grande consommation de produits transformés, en particulier de pain et farine blanche, et une faible consommation de foie, graines, légumes verts et autres (bonnes sources de cuivre) sont choses courantes dans les pays industrialisés, où les maladies de cœur sont la principale cause de décès: beaucoup de lipides et de sucres, peu de fibres, des eaux douces débarrassées de leurs minéraux, ajoutés au tabac, à l'hypertension et l'absence d'exercice sont les autres facteurs principaux de risques de maladies de cœur (Nutrition reports International, mars 1975 et American journal of clinical nutrition, juillet 1975) avec lesquels la théorie du Dr Klevay s'accorde parfaitement. Elle est d'ailleurs reconnue comme de tout premier ordre dans pratiquement tous les travaux importants sur le cuivre, mais elle reste cependant une théorie, même très vraisemblable, jusqu'à ce que de plus amples recherches ne viennent la confirmer.

LES PARTICULARITES DU CUIVRE.

Une des raisons de la carence d'informations concernant le cuivre est que les chercheurs ne peuvent pas se permettre d'en priver les gens juste pour voir l'effet produit sur les artères coronaires au bout de quelques années. On a donc étudié les poulets, les porcs et autres animaux dont le système circulatoire ressemble le plus au nôtre. Chez eux, le manque de cuivre cause des anomalies non seulement des artères, mais aussi des os; de l'anémie; une dégénérescence du cerveau, de la moelle épinière et des muscles du cœur. Nos seuls indices quant à la carence de cuivre chez les humains viennent de personnes souffrant d'un manque à la suite d'une autre maladie – enfants ayant souffert de sévère malnutrition, patients sous perfusion de très longue durée, ou souffrant du syndrome de Menke, une incapacité innée et fatale d'assimiler le cuivre.

Comme c'est le cas pour les autres minéraux, la déficience en cuivre se produit rarement seule. Ce qui est désormais parfaitement clair est que le cuivre agit conjointement avec d'autres nutriments, souvent de façon très complexe. La compréhension de cette interaction aide à comprendre ce qui fait qu'une alimentation est bonne – ou moins bonne.

L'effet le plus connu de la carence en cuivre est son incidence sur l'assimilation du fer. Que la faiblesse du taux de cuivre soit due à une mauvaise nutrition ou à une assimilation défectueuse, elle interfère avec l'assimilation du fer, nécessaire à la fabrication de l'hémoglobine, partie de nos globules rouges qui transporte l'oxygène. Sans le cuivre et le fer, l'anémie caractéristique du manque de fer se manifeste. Et elle ne disparaît que lorsque le niveau de cuivre est restauré, quelle que soit la quantité de fer qu'on ait pu injecter dans le système.

De grosses doses de vitamine C améliorent l'absorption du fer et procurent d'autres avantages, mais en même temps, elles peuvent interférer avec l'absorption de cuivre. Pour optimiser ses avantages tout en minimisant son effet sur le cuivre, la ration journalière de vitamine C devrait être divisée en petites doses prises en plusieurs fois. Naturellement, il est également important que l'alimentation apporte une quantité suffisante de cuivre. Mais le docteur Harris pense que les personnes prenant des suppléments de vitamine C pour quelque raison que ce soit doivent faire très attention aux sources de cuivre de leur nourriture.

COMMENT AVOIR VOTRE RATION DE CUIVRE.

Le zinc a besoin du cuivre pour une sorte d'alliage pour le corps humain. Alors que beaucoup de zinc est évacué par la sueur, seules des quantités infimes de cuivre quittent notre corps. C'est une des raisons pour lesquelles il nous faut plus de zinc que de cuivre – 15 milligrammes pour 2 ou 3 de cuivre. Mais les deux minéraux se disputent les même points d'assimilation dans l'intestin. Si le taux de l'un est très élevé, il écarte l'autre. C'est chez les patients sous perfusion pendant plusieurs semaines que l'on a le mieux observé cet antagonisme. Lorsque le niveau de zinc augmente, le cuivre semble s'effacer. Ramener le cuivre au niveau normal de 2 ou 3 milligrammes par jour suffit à compenser de très larges doses de zinc – jusqu'à 100 milligrammes chez ces patients. Il est évident, dit le Dr Philip A. Walravens, du Centre des Sciences de la Santé de l'Université du colorado, que l'apport de cuivre n'a pas besoin d'être augmenté dans les mêmes proportions que le zinc, puisque l'organisme possède des moyens de régulariser cet équilibre. Les personnes qui prennent du zinc en supplément pour accélérer la guérison d'une blessure ou d'une opération (ou pour d'autres raisons) se contenteront donc d'une alimentation leur procurant 2 milligrammes de cuivre par jour, nous déclare le Dr Warravens. Ce qui est facile, beaucoup d'aliments riches en zinc étant également riches en cuivre, le foie par exemple, ainsi que les raisons secs, les noix, les haricots, les petits pois (voyez le tableau 20).

Suivant que notre eau potable est douce ou dure, plus ou moins de cuivre s'ajoute à notre consommation. Grâce à celui qui est naturellement présent dans l'eau, à celui des tuyaux arraché par des eaux un peu plus corrosives, ou aux deux, les eaux douces peuvent ajouter jusqu'à 0,7 milligramme quotidien à notre consommation de cuivre, à condition toutefois que nous buvions un litre de cette eau par jour. Par ailleurs, l'eau dure apporte d'autres minéraux nécessaires mais seulement 0,05 milligrammes ou moins de cuivre. Si vous désirez savoir combien votre eau potable vous fournit de cuivre, vous pouvez faire analyser sa teneur en minéraux. Voyez les suggestions du chapitre 25: Purifiez votre eau potable.

Il n'est pas impossible, en choisissant mal vos aliments, que vous vous priviez d'une partie de votre TR de cuivre, en particulier si vous habitez une zone d'eau dure. L'attitude qui a prévalu pendant des années et suivant laquelle tout le monde absorbait assez de cuivre s'est modifiée. Le National Research Council qui fait autorité en matière de recommandations dit "Le cuivre est largement répandu parmi nos aliments; mais les chiffres anciens indiquant un apport journalier de 2 ou 3 milligrammes dans la plupart des alimentations sont révisés et remis en question. Des études récentes de divers régimes indiquent une consommation beaucoup plus basse, parfois nettement inférieure à 1 milligramme par jour". (National Academy of Sciences, 1980).

Une de ces études a été effectuée par le Dr Klevay et ses collègues dans le cadre de leurs travaux pour le Service de recherche de l'agriculture. Les chercheurs se sont penchés sur 20 régimes types de patients hospitalisés et de personnes non hospitalisées et ont constaté que la plupart avaient une très faible teneur en cuivre. La moyenne journalière était de 0,76 milligrammes, très en-dessous des 2 milligrammes nécessaires à la plupart des adultes. Ce n'est pas une surprise que le taux de zinc ait été également très bas, bien que d'une façon moins grave que pour le cuivre. Il n'a pas été tenu compte de la consommation d'eau (Journal of American Medical Association, 4 mai 1979).

"La possibilité que l'alimentation des Américains contienne trop peu de cuivre semble avoir échappé à tout un chacun" dit le docteur Klevay au Troisième symposium international sur le métabolisme des minéraux en traces chez l'homme et l'animal, en Allemagne en 1977.

Que s'est-il produit? Nos arrière-arrière-grand'mères ne se posaient pas de questions sur le déséquilibre zinc/cuivre pendant qu'elles surveillaient les pot-au-feu et ragoûts de mouton dans leurs cocottes en fonte ou en préparant leurs miches de pain complet. Ce n'était pas la peine. Après tout, elles ne préparaient pas les repas en ouvrant un paquet de surgelés ou en dégelant le pain ni en fabriquant un dessert avec le contenu d'un sachet.

Les aliments naturels sont riches en cuivre, les transformés en sont pauvres. Et c'est ce qui rend pauvres les nations soit-disant riches. "La teneur en cuivre des aliments préparés des pays industrialisés est très au-dessous des TR" dit le Dr M. Abdulla de l'hôpital universitaire de Lund en Suède (Lancet, 17 mars 1979).

La farine blanche en est l'une des raisons. Les pains, les pâtes, la biscuiterie et les diverses céréales, nourritures de base dans les pays industrialisés, sont d'une façon générale fabriqués avec de la farine raffinée, qui ne contient que 2/5 du cuivre présent dans la farine de blé complète.

Le foie est au cuivre ce que le jus d'orange est à la vitamine C. Cependant, on en mange peu. Plusieurs espèces de poisson sont riches en cuivre, de même que les noix et graines, les pois et haricots, les champignons, les avocats et les légumes verts. Dans les régimes étudiés par le Dr Klevay néanmoins, ces aliments étaient pratiquement inexistants. Voici ce que les personnes étudiées mangeaient: steak, saucisses, veau, volaille; œufs et lait; pain blanc, biscuiterie, pâtes et céréales de déjeûner; pommes de terre, autres légumes et fruits; vinaigrettes; soupes en boîtes et sauces; desserts à base de gélatine, margarine et beurre; tartes et gâteaux; café, sucre.

Bref, des menus typiques comportant des aliments que tout le monde mange tous les jours aux Etats Unis et dans les pays industrialisés. Certainement pas l'alimentation "grossièrement anormale" que des textes sur la nutrition très conservateurs considèrent comme seule capable d'engendrer une carence en cuivre. Cependant, les aliments choisis, procurent très peu de cuivre.

TABLEAU 22   **TENEUR EN CUIVRE DES ALIMENTS**

Aliments pour 100 g. de partie comestible:	cuivre en milligrammes
Foie de boeuf, cru	3,50
Poulet	0,35
Flétan	0,23
Champignons crus (de couche)	0,64
Haricots secs (ordinaires)	0,90
Amandes	1,00
Noix	1,00
Noisettes	0,90
Chataigne	0,60
Banane	0,60
Pruneaux	0,25
Abricots secs	0,62
Orge	0,60
Pain (de blé) complet	0,40
Pain blanc	0,12
Germe de blé	1,30

Sources: « Zinc and copper contents of seeds and nuts » de Kenneth G. D. Alen, Leslie M. Klevay & Hugh L. Springer, Nutrition Reports International, septembre 1977.
« Copper content of foods » de Jean T. Pennington & Doris Calloway, Research, août 1973.
« Table de composition des aliments » de Lucie Randoin, Pierre Le Gallic, Yvonne Dupuis & André Bernardin. Avec le CNRS.

Le Dr Noël W. Solomons, professeur-assistant en nutrition à l'Institut de Technologie du Massachussets (MIT) exprime cela en des termes plus savants: "Les états de déficence en zinc et cuivre constituent probablement une partie sous-estimée des problèmes de nutrition humaine au niveau expérimental et au sein de la population" (American Journal of Clinical Nutrition, avril 1979).

Si vous pensez que la carence en cuivre est un problème qui n'arrive qu'aux autres, comparez votre alimentation avec l'énumération précédente. Examinez alors la liste des aliments riches en cuivre du tableau 22. Si vous constatez que la première contient plus de vos aliments habituels que la seconde, (particulièrement dans le domaine des dérivés de la farine blanche, des produits laitiers et des desserts) il est possible que vous jouiez un jeu dangereux avec votre ration de cuivre.

Le petit déjeûner est un bon moment pour introduire le cuivre dans votre alimentation. Dites au revoir aux petits pains et au café au lait – et même aux œufs sur le plat. Essayez à la place les pétales

TABLEAU 22 **TENEUR EN CUIVRE DES ALIMENTS**

Aliments	Portion	Milligrammes de cuivre
Foie de boeuf	4 ounces	3267
Noix de cajou	1/4 tasse	760
Graines de tournesol	1/4 tasse	708
Champignons crus	1/2 tasse	627
Haricots secs	1/4 tasse	480
Farine de blé complète	1/2 tasse	470
Poulet, viande brune	4 ounces	467
Amandes	1/4 tasse	436
Orge crue	1/4 tasse	410
Noix Pecan	1/4 tasse	367
Banane	1 moyenne	350
Noix	1/4 tasse	300
Blanc de poulet	4 ounces	307
Flétan (halibut)	4 ounces	257
Cacahuètes	1/4 tasse	223
Germe de blé grillé	1 cuillère soupe	143
Pruneaux	1/4 tasse	130
Graines de sésame écossées	1 cuillère soupe	127
Abricots secs	1/4 tasse	114
Raisins secs	1/4 tasse	80

SOURCES: adapté de: « Zinc and copper content of seeds and nuts » de Kenneth G.D. Allen, Leslie M. Klevay et Hugh L. Springer, Nutrition Reports International septembre 1977.
« Copper content of foods » de Jean T. Pennington & Doris Calloway, esearch, août 1973.

d'avoine avec des cerneaux de noix et des raisins secs.

Pour votre déjeûner, vous pouvez penser au beurre de cacahuètes sur une tranche de pain complet – du beurre de cacahuètes naturel, sans huile hydrogénée, ni sel, sucre ou sirop de maïs.

Crues et non salées, toutes les noix et noisettes sont une merveilleuse nourriture pour l'apport de cuivre. Mais comme elles fournissent aussi beaucoup de calories, elles devraient être consommées en quantité limitée. Ajoutez-en en guise de farce dans vos plats de résistance. Mettez-en dans les salades et les desserts, pensez-y pour les pâtés de viande et même les soupes.

Les haricots et les pois sont également très bons et donnent moins de calories. Régalez-vous avec une soupe aux lentilles ou aux pois cassés, au lieu des sachets du supermarché .

Si le foie ne vous attire pas beaucoup, essayez notre recette polynésienne ou un pâté à base de foie que vous trouverez au chapitre des recettes (31).

La meilleure façon de nous assurer notre ration de cuivre est, de loin, par l'intermédiaire de notre alimentation. Le foie déshydraté, un supplément riche en fer et en zinc, est également une assez bonne source de cuivre. Des suppléments existent, mais on ne devrait pas les employer à tout propos comme le fer et le zinc. Lorsque l'apport journalier de cuivre dépasse 15 milligrammes, il peut causer des problèmes: nausées, vomissements, diarrhée, crampes intestinales. Il n'y a pas d'avantage supplémentaire à attendre d'une dose dépassant 5 milligrammes par jour; cependant, le biochimiste et le médecin que nous avons consultés pensent tous deux que les aliments riches en cuivre, comme le foie, sont bien préférables aux suppléments, même lorsqu'on prend des suppléments de zinc.

"Rappelez-vous que le TR de cuivre – 2 ou 3 milligrammes par jour – est censé être étalé sur une période de 24 heures et non déversé dans l'organisme en bloc" rappelle le Dr Harris, de l'Université A & M du Texas. "De sorte que l'alimentation est un moyen plus naturel".

On craint parfois que le cuivre qui s'infiltre dans les eaux potables par les canalisations pousse la consommation de cuivre à l'autre extrême: trop de cuivre en plus de ce que notre nourriture nous procure. La meilleure façon est de faire analyser votre eau potable pour savoir ce que vous absorbez, bien que l'empoisonnement par le cuivre soit vraiment très rare. Les liquides acides (vinaigre, jus de citron ou agrumes, sodas) conservés dans des récipients de cuivre – ce qui est très improbable – pourraient sans doute surcharger l'organisme de cuivre indésirable, beaucoup plus que ce qu'on peut trouver dans l'eau. Et les casseroles devraient n'être en cuivre qu'à l'extérieur.

CHAPITRE 9

Le fer

Vous vous souvenez de ce qui arrivait à Superman à chaque fois qu'il s'approchait d'un bloc de kryptonite? Il devenait tout pâle. Ses jambes commençaient à flageoler et, surtout, il se sentait très fatigué. *Vraiment* fatigué – absolument épuisé par le moindre effort. Pas du tout comme un homme d'acier devrait se sentir.

Nous savons tous ce qui causait les ennuis de Superman. C'était la kryptonite. Mais il nous arrive de nous sentir aussi mal en point sans savoir pourquoi. En dehors de la pâleur et la fatigue, on peut aussi

> être irritable
> avoir mal au cœur
> se sentir étourdi
> avoir des maux de tête
> manquer d'appétit
> avoir des palpitations
> avoir une langue chargée
> avoir des démangeaisons partout
> être constipé ou avoir des gaz
> avoir de la diarrhée
> perdre ses cheveux
> avoir des nausées.

Autrement dit, on n'a pas tellement envie de sauter par-dessus des gratte-ciels.

Si vous reconnaissez là certains de vos problèmes, il est possible que vous soyez une victime, non pas de la kryptonite, mais d'une carence en fer. Pour vous sentir comme un Homme d'acier, il vous faut du fer. Et la Femme d'acier en a encore plus besoin.

LE FER REQUINQUE LE SANG FATIGUE.

Comment le manque d'un seul minéral peut-il affaiblir notre dynamisme et créer autant d'ennuis? La réponse se trouve dans le fonctionnement de nos globules rouges. L'hémoglobine, composante essentielle de nos globules rouges, est une substance pigmentée, une protéine ("globine") embellie par un certain type de fer ("heme"). C'est l'hémoglobine qui colore nos globules rouges. Mais surtout, c'est ce qui assure le transport de l'oxygène vitale du point A dans nos poumons à tous les points de B à Z de chaque cellule de tous les tissus de notre corps. A chacune de nos inspirations, les molécules d'oxygène sont aspirées, à travers la membrane qui constitue la paroi des poumons, par les microscopiques poches d'hémoglobine et entraînées par le flot sanguin pour nourrir toutes nos cellules.

Cependant, sans fer, il n'y aurait pas d'hémoglobine, pas de moyen de distribuer l'oxygène et nos cellules mourraient. Un apport insuffisant met tous les systèmes et organes de notre corps dans un état de besoin d'oxygène. Nos organismes se sentent lésés et réagissent des différentes façons citées ci-dessus. Les symptômes ressemblent à ce qu'on pourrait lire dans le journal intime d'un hypocondriaque, mais ils reflètent une réalité: l'anémie due à la carence de fer.

Les carences légères ne sont pas aussi débilitantes. Cependant il peut en résulter une sensation de "ça-ne-va-pas", des petits malaises gênants, une difficulté à se concentrer, même lorsqu'il s'agit d'un manque infime. Par ailleurs, un surcroît de fer dans votre alimentation peut augmenter votre énergie, même si vous ne présentez aucun signe de déficience. Et même si votre analyse de sang prouve que votre taux de fer est normal. Car il est possible qu'en plus de livrer l'oxygène aux tissus, le fer travaille aussi dans une enzyme à l'intérieur des muscles. Des recherches ont prouvé qu'indépendemment des cas d'anémie, le fer améliore le fonctionnement des muscles (British Journal of Hematology, vol. 40, n° 179, 1978).

Dans une étude peu connue mais importante, effectuée en Suède il y a quelques années, des chercheurs ont étudié l'effet des suppléments de fer sur la capacité de travail d'hommes et de femmes non-anémiques, en bonne santé, entre les âges de 58 et 71 ans. La moitié prirent des suppléments de fer 2 fois par jour pendant 3 mois, et l'autre moitié prirent un placebo (un substitut inactif). Leur capacité de travail fut mesurée durant les 3 mois avec une bicyclette d'exercice et les performances des deux groupes furent comparées. La performance moyenne s'améliora dans les deux groupes en raison de l'entraînement, mais cette amélioration se révéla 4 fois plus élevée dans le groupe prenant du fer. Ceci en soi est extrêmement important, parce que tous les participants semblaient en excellente santé avant de prendre le fer. Mieux encore. Le chercheur Per Ericsson rapporte qu'"en dépit d'une augmentation appréciable de la capacité physique de travail dans le groupe prenant des suppléments, on ne décela aucune corrélation entre cette augmentation de la capacité et le taux initial ou les changements dans les autres mesures de leur taux de fer". (Acta Medica Scandinavica, vol. 188, 1970).

Autrement dit, en dépit du remarquable progrès de l'endurance constaté dans ce groupe, les analyses de sang ne montrèrent aucune augmentation des niveaux d'hémoglobine. Il est possible que le fer supplémentaire consommé par ces personnes d'un certain âge n'ait pas laissé de trace dans les analyses de sang parce qu'il était employé pour produire l'énergie des muscles.

POURQUOI EVE A PLUS BESOIN DE FER QU'ADAM.

Combien de fer nous faut-il pour entretenir notre hémoglobine? et pour avoir un dynamisme maximum?

Pour constituer de bonnes réserves et remplacer la perte quotidienne, les hommes ont besoin d'environ 10 milligrammes et les femmes 18 milligrammes, d'après les taux recommandés par le National Research Council. Chez tous les êtres humains, hommes et femmes, les vieux globules rouges transporteurs de fer sont éliminés du corps. La peau, qui contient un peu de fer, se renouvelle. Les pertes par l'intermédiaire de la peau, de l'urine et des excréments sont minces – environ 1 milligramme par jour.

Pour la plupart des hommes, l'alimentation peut facilement remplacer cette perte minime. Mais si vous êtes une femme, vous êtes vraiment à la limite. Tout d'abord, les femmes perdent davantage de fer par les règles mensuelles. Et elles mangent généralement moins, absorbant par conséquent moins de fer. C'est-à-dire qu'elles ont un double problème pour commencer. Et cela ne tient pas compte de circonstances particulières – des règles excessives et prolongées, par exemple, causées par des problèmes physiologiques ou par l'emploi de contraceptifs intra-utérins.

La grossesse puise également dans les réserves de fer. La plupart des femmes n'en ont pas assez en réserve et n'en consomment pas assez pour traverser sans dommage la grossesse et l'accouchement.

Pendant la deuxième moitié de la grossesse, le fœtus commence à drainer des quantités de fer de plus en plus importantes chaque jour. Pendant les tout derniers mois, un total de 500 à 700 milligrammes est transféré au bébé par l'intermédiaire du placenta. Cependant, la plupart des femmes n'ont que 400 milligrammes de réserve dans la mœlle des os et autres tissus. De sorte que dans la majeure partie des cas, la future maman commence à manquer de fer au cours de sa grossesse.

Pendant l'accouchement, le besoin de fer est intensifié. Non seulement beaucoup de sang est perdu au cours de l'enfantement, mais l'effort physique exige un sucroît d'oxygène – et de fer. Un médecin généraliste anglais de Holt, Norfolk, commente en ces termes: "On n'attendrait d'aucun athlète qu'il maintienne sa performance optimum pendant plus de 12 minutes – ne parlons pas de 12 heures – sans un niveau maximum d'hémoglobine. Avons-nous le droit de ne pas accorder à une femme en labeur la même efficacité dans le transport de l'oxygène?" Le docteur Jolliffe ajoute qu'il s'assure du taux de fer de ses patientes enceintes vers la huitième semaine, ce qui entraîne généralement la prise de suppléments de fer pour préparer le tour de force d'endurance en perspective (British medical journal, 2 décembre 1978).

Une note à l'intention des femmes enceintes, dans les Taux Recommandés, les encourage à prendre un supplément de 30 à 60 milligrammes par jour. Mais n'arrêtez pas lorsque le bébé est né: il faut au moins deux ou trois mois pour reconstituer les réserves.

Cependant, enceintes ou non, les femmes ne prennent généralement pas assez de fer. Les premiers résultats d'une étude devant porter sur l'ensemble des Etats Unis, effectuée par le Ministère de la Santé en 1974, révélaient que 95% des femmes américaines de 18 à 44 ans – les années fertiles – prennent tout juste la moitié du TR de fer par jour (Ob. Gyn. News, 15 avril 1974).

Une des raisons peut être une tentative de régime amaigrissant ici ou là. A un moment ou à un autre, nous avons toutes décidé de nous mettre au régime, de devenir plus sveltes, plus élégantes, sinon pour toujours, du moins pour une occasion spéciale: un fiancé qui rentre, une fille qui se marie, ou la perspective des vacances à la plage. Et invariablement, nous commençons de la même façon: en mangeant moins. Cela signifie généralement moins de viande, et plus de yaourts, de fromage blanc et de lait écrémé. La viande est cependant une des meilleures sources de fer, mais pas les produits laitiers. Et sans elle, la personne au régime perd son précieux fer en même temps que ses kilos.

Il y a d'autres états qui exigent un surplus de fer. Le sang perdu au cours des opérations chirurgicales – même une extraction de dent – peut affaiblir la réserve de fer, chez l'homme ou la femme. L'emploi habituel de l'aspirine qui a tendance à irriter et faire saigner la paroi de l'estomac, peut également faire passer les besoins en fer au-dessus du TR. Il en va de même pour un certain nombre de conditions très répandues, hernie hiatale, ulcère de l'estomac, diverticulose, colite ou hémorroïdes. Les anti acides, que l'on prend souvent pour les ulcères, les indigestions ou les maux d'estomac, empêchent l'assimilation du fer.

Les enfants ont besoin de fer pour grandir. A l'autre extrémité de la vie, l'assimilation du fer peut diminuer avec l'âge, faisant courir des risques aux personnes âgées. Des savants anglais ont découvert que la surface de l'intestin grêle disponible pour l'absorption de la nourriture est très réduite par le vieillissement – facteur qui peut, disent-ils "devenir très important du point de vue nutritif lorsqu'il s'agit de l'absorption d'un nutriment marginal" (Lancet, 14 octobre 1978).

Le syndrome "thé-biscottes", si fréquent parmi les personnes âgées vivant seules, a le même effet sur leur taux de fer que la manie du régime chez les plus jeunes membres de la famille, mais pour des raisons différentes. Les aliments riches en fer, tels que la viande et les légumes verts, sont relativement chers, un facteur qui peut empêcher les personnes âgées dont les ressources sont modestes d'en consommer suffisamment. Même si l'argent ne pose pas de problème, la solitude et l'impossibilité de se déplacer beaucoup empêchent souvent les personnes âgées de manger ce qui leur conviendrait. Thé-et-biscottes est une solution de facilité, qui laisse les vieillards sans fer – et sans énergie – ce qui les décourage plus encore de s'approvisionner correctement et de faire la cuisine. C'est un cercle vicieux.

Le thé en lui-même est coupable. Une façon d'augmenter votre taux de fer est de limiter votre consommation de thé. Une étude effectuée par Lena Rossander et deux autres professeurs de médecine à l'Université de Göteborg en Suède illustre clairement l'effet inhibiteur de l'acide tannique du thé sur l'absorption du fer. Les analyses de sang ont prouvé chez 129 personnes prenant un petit déjeûner de type anglais, que le thé réduit de moitié l'assimilation du fer alors que le jus d'orange l'augmente 2 fois et demie. Pourtant la teneur en fer des petits déjeûners était sensiblement la même (American Journal of Clinical Nutrition, décembre 1979). Nous parlerons plus loin de l'effet spécifique de la vitamine C sur le fer.

Diminuer votre consommation de produits transformés peut réapprovisionner votre stock de fer. Les phosphates employés comme additifs alimentaires dans les sodas, glaces, patisseries industrielles, bière et autres produits diminuent véritablement la quantité de fer que nous absorbons.

Le raffinage élimine beaucoup de fer, ce qui appauvrit les aliments transformés, en particulier le pain et les dérivés des céréales. Inquiet de cette famine du fer, le gouvernement des Etats-Unis a demandé aux industries alimentaires de réintroduire le fer dans les aliments. Et les industriels ont obéi. Mais ils ont employé la mauvaise espèce de fer. Le type bivalent, que l'on trouve dans les suppléments comme le sulfate ferreux ressemble le plus à celui des aliments et est bien absorbé par l'organisme; mais l'industrie alimentaire n'a pas employé ce type bivalent. Elle préfère le type trivalent, qui ressemble au fer qu'on trouve dans la rouille et qui est mal absorbé par nos organismes.

Même si l'industrie alimentaire pouvait ajouter assez de ce fer à nos petits pains pour les transformer en aimants, cela ne nous servirait pas à grand'chose. Nos corps ne se laissent pas abuser. Et quand les médecins ou les diététiciens nous disent que le pain blanc est aussi bon que le pain complet parce qu'il est enrichi, nous avons de bonnes raisons d'être sceptiques.

Ce n'est pas que les fabricants de l'industrie alimentaire ne soient pas au courant. Ils reculent devant les formes plus assimilables de fer parce que, disent-ils elles racourcissent la vie du produit sur les rayons des magasins, lui donnent une teinte grisâtre et sabotent la performance de la farine "enrichie".

LA VIANDE ET LA VITAMINE C TIRENT LE MEILLEUR PARTI DU FER DE VOS ALIMENTS.

Heureusement beaucoup d'autres aliments nous fournissent du fer, comme vous pouvez voir au tableau 23. Vous vous rappelez que votre mère vous disait: "mange tes épinards" quand vous étiez petit? Eh bien si vous croyez que les épinards contiennent beaucoup de fer, voyez plutôt le foie de bœuf. Ou la viande de bœuf, le poulet ou le poisson. Ou les abricots. Les pruneaux, les raisins secs, les haricots et les broccolis. Et par-dessus tout, ce super-fournisseur de fer, la mélasse de canne à sucre. Une cuillère à soupe de cet or noir vous procure 3,2 milligrammes de fer.

Avec cette profusion de fer autour de nous, cela peut paraître bizarre que de toutes les carences nutritionnelles en minéraux et vitamines, la carence en fer soit la plus répandue. L'assimilation du fer par l'organisme représente une large partie du problème. Dans les aliments, le fer se trouve sous deux formes différentes. Une forme "ferreuse", facilement assimilable, comme le fer des globules rouges; et une forme "ferrique" que l'organisme n'absorbe pas facilement. Environ un tiers du fer de la viande est facilement assimilable. Le reste, de même que tout le fer des légumes verts, des noix et graines, des pruneaux et raisins secs n'est PAS du type facilement assimilable.

A l'inverse de la forme "ferreuse" facilement assimilable, le fer "ferrique" a besoin d'un coup de pouce pour entrer dans notre sang. Deux choses l'y poussent: un "facteur viande" qu'on trouve dans le bœuf, la volaille et le poisson (mais pas dans les œufs ni les produits laitiers) et la vitamine C. Pour qu'elles rendent au maximum, une de ces deux choses devrait être incluse dans CHAQUE repas. Autrement dit, le jus d'orange riche en vitamine C bu par les Suédois de l'étude mentionnée plus haut augmentait l'absorption du fer de leur petit déjeûner, mais ne faisait plus rien pour les épinards du dîner.

Popeye aurait bien dû prendre un coup de jus d'orange avec ses épinards avant d'en découdre avec Bluto, son ennemi intime. Les études scientifiques le prouvent. Dans l'une d'elles, l'addition de 60 milligrammes de vitamine C – le contenu d'une demi-tasse de jus d'orange – à un plat de riz a plus que triplé l'absorption du fer. Dans une autre, l'addition de papaya, également riche en vitamine C, à un plat de maïs a augmenté l'assimilation du fer de 500%!

Vous n'avez pas besoin d'un ordinateur pour vous faire de savants calculs et obtenir ces mêmes résultats. Pour tirer le meilleur parti du fer non assimilable de vos repas, contentez-vous d'inclure un de ces trois éléments dans chacun de vos repas:
- environ 100 grammes de viande (bœuf) de poulet ou de poisson

ou

- 75 milligrammes de vitamine C

ou

- environ 50 grammes de bœuf, volaille ou poisson PLUS 25 à 75 milligrammes de vitamine C

Le tableau 24 vous donne les aliments riches en vitamine C qui amélioreront votre assimilation de fer si vous en prenez avec chacun de vos repas. Cela comprend une bonne part de salade de tomate avec votre viande, ou de broccoli avec le poulet, qui peut quadrupler la quantité de fer que vous absorberez avec ces viandes.

D'une façon plus subtile, une quantité adéquate de cuivre dans l'organisme permet l'absorption du fer. Il existe des cas de carence de fer qui ne réagissent pas aux traitements par suppléments à moins que le taux de cuivre soit également élevé à un niveau normal. Le foie étant une bonne source de fer et de cuivre, la présence du foie avec les autres aliments riches en fer améliore aussi l'assimilation du fer (voir chapitre 8, Le cuivre). Une véritable carence de cuivre en soi est cependant rare, d'une part parce que le cuivre est très répandu dans nos aliments, d'autre part à cause de sa présence dans l'eau circulant dans une plomberie en cuivre.

Ne craignez pas, en absorbant davantage de fer, de dépasser la dose acceptable pour votre organisme. Le pourcentage de fer que

TABLEAU 23   **TENEUR EN FER DES ALIMENTS**

Aliments	Portion (verres ordinaires)	Milligrammes de fer
Foie de boeuf	4 ounces = 113,40 g	10,0
Rôti de boeuf	4 ounces = 113,40 g	4,1
Boeuf haché maigre	4 ounces = 113,40 g	4,0
Mélasse (épaisse) de canne à sucre	1 cs = cuil. soupe	3,2
Haricots secs de lima cuits	1/2 tasse = 1 verre	2,9
Graines de tournesol	1/4 tasse = 1/2 verre	2,6
Dinde, viande brune	4 ounces = 113,40 g	2,6
Grains de soja	1/2 tasse = 1 verre	2,5
Haricots rouges secs	1/2 tasse = 1 verre	2,2
Abricots secs	1/4 tasse = 1/2 verre	1,8
Broccolis crus	1 tige	1,7
Epinards hachés crus	1 tasse = 2 verres	1,7
Amandes effilées	1/4 tasse = 1/2 verre	1,6
Blanc de poulet	4 ounces = 113,40 g	1,5
petits pois frais cuits	1/2 tasse = 1 verre	1,5
Levure de bière	1 cs = 1 cuill. soupe	1,4
Bettes cuites	1/2 tasse = 1 verre	1,4
Blanc de dinde	4 ounces = 113,40 g	1,3
Raisins secs	1/4 tasse = 1/2 verre	1,3
Haddock (églefin fumé)	4 ounces = 113,40 g	1,2
Cabillaud	4 ounces = 113,40 g	1,2
Pruneaux	1/4 tasse = 1/2 verre	1,1
Endives ou scarole	1 tasse = 2 verres	1,0

TABLEAU 24   **ALIMENTS SOURCES DE VITAMINE C**

ALIMENTS FOURNISSANT 75 MILLIGRAMMES OU + PAR PART.	Cantaloup, 1/2 melon Jus d'orange, 1 tasse (2 verres ordinaires) Poivron vert en dés. 1/2 tasse (1 verre) Fraises, 1 tasse (2 verres) Jus de pamplemousse, 1 tasse (2 verres)
ALIMENTS FOURNISSANT 25 À 75 MILLIGRAMMES PAR PART	Chou cuit, 1/2 tasse (1 verre) 1 grosse tomate Jus de tomate, 1 tasse (2 verres) Patate douce (1 cuite au four) Pomme de terre (1 cuite au four) Broccolis hachés cuits, 1/2 tasse (1 verre) Choux de Bruxelles, 1/2 tasse (1 verre) Chou fleur cuit, 1/2 tasse (1 verre) Feuilles de moutarde cuites, 1/2 tasse (1 v.) Epinards cuits, 1/2 tasse (1 verre)

SOURCE TABLEAUX 23 & 24: Adaptés de:
« Nutritive value of American foods in common units », cf. tableau 12.

nous absorbons grâce à notre nourriture est régularisé par la quantité de fer que nous avons en réserve dans notre corps. Si nos réserves sont pauvres, nous absorbons davantage. Si nous disposons déjà d'un bon stock, nous en absorbons moins. Nos corps savent ce qu'il leur faut pour fonctionner au mieux. Mais il dépend de nous de fournir amplement le minéral – et comme nous l'avons vu, cela dépend non seulement de la quantité de fer dans notre alimentation, mais également du type de fer que nous absorbons et de quels aliments ces sources de fer sont accompagnées. Voyez dans l'encadré les facteurs qui influencent l'assimilation du fer.

Lorsque cette dernière augmente, le taux d'hémoglobine augmente généralement aussi. Il est difficile de mesurer si notre énergie aussi se trouve augmentée, si notre sensation d'être en bonne forme augmente également, ou si nous tombons moins facilement malades. Mais tant d'études après études ont prouvé que la déficience de fer est la carence nutrionnelle la plus répandue, particulièrement chez les enfants, les femmes et les personnes âgées, qu'il est très vraisemblable qu'un surcroît de fer signifie une meilleure forme et plus de dynamisme, à condition bien sûr que le sujet ne soit pas atteint d'une maladie chronique par ailleurs.

Manger du foie une fois par semaine est un pas dans la bonne direction pour se constituer les réserves nécessaires. Si vous voulez être absolument sûr d'éviter la fatigue et l'abattement propres à la carence de fer, la meilleure solution est de prendre des suppléments. Examinez l'emballage pour y trouver le mot clef "ferreux". Les composés "ferreux" contiennent nettement plus de fer assimilable que les composés "ferriques". Deux comprimés de certains suppléments peuvent vous procurer 25 milligrammes de fer assimilable. Cela représente plus de fer que vous n'en absorberiez avec 14 biftecks!

FACTEURS AFFECTANT L'ASSIMILATION DU FER

La meilleure façon de tirer le maximum de fer de votre alimentation est de profiter de tout ce qui en favorise l'assimilation et d'éviter tout ce qui l'entrave.

FACTEURS FAVORISANT L'ASSIMILATION	*FACTEURS ENTRAVANT L'ASSIMILATION*
Vitamine C prise au cours des repas.	Thé
Fer contenu dans la viande, la volaille et le poulet	Additifs phosphatés employés comme conservateurs alimentaires.
Consommation adéquate de cuivre dans les aliments.	Anti acides (contre les maux d'estomac), surtout pris en grande quantité.
	Approche de la vieillesse.
	Carence de cuivre.

CHAPITRE **10**

Le sélénium

"Un catalyseur par excellence".

C'est la définition qu'un savant a donné de ce minéral. Parce que tout un assortiment d'enzymes dépend du sélénium pour:

- maintenir la bonne santé des muscles
- protéger nos cellules d'une oxydation néfaste – un peu à la manière d'une couche d'anti-rouille sur nos voitures.
- stimuler la fabrication d'anticorps, notre défense naturelle contre l'infection.
- garantir le fonctionnement du cœur
- effectuer la synthèse des protéines dans le foie et les globules rouges
- activer l'ADN et l'ARN – substances porteuses du "code génétique" dans nos cellules
- lier l'oxygène et l'hydrogène – éléments clefs de beaucoup de constituants physiologiques.

Démystifier le cancer.

Il est difficile de croire qu'avec tous ces talents, le sélénium a longtemps eu la réputation non pas de favoriser la santé, mais d'être nocif. Il fut injustement soupçonné d'être cancérigène il y a une vingtaine d'années – sur la seule base d'une poignée d'études insuffisantes et inexactes – et il a fallu des montagnes de recherches pour enterrer ce mythe. Mieux encore, le sélénium est non seulement un nutriment nécessaire, mais il semble qu'il pourrait *prévenir* le cancer.

Peut-être plus encore que tout autre minéral, le sélénium doit son nouveau statut de minéral bienfaisant à la médecine animale. Les vétérinaires des Etats Unis et d'ailleurs savent depuis plus de 20 ans que le bétail et les moutons paissant sur des prairies à sol pauvre en sélénium sont victimes de boiteries et de faiblesse musculaire, de problèmes cutanés et de stérilité. Les jeunes animaux ne se développent pas normalement. De sorte que les suppléments de sélénium font partie de la panoplie habituelle du vétérinaire de campagne.

POURQUOI NOUS AVONS BESOIN DE SELENIUM.

L'idée qu'une alimentation pauvre en sélénium puisse être une source de problèmes pour les humains commence seulement à faire son chemin, longtemps écartée par ces premières études incorrectes. Les diététiciens qui suivent les recherches en cours sur les vitamines et les minéraux font tout ce qu'ils peuvent pour dissiper ce malentendu historique à propos du sélénium. Cela constitue souvent une bataille à contre-courant, en raison d'un problème important: la toxicité potentielle, à haute dose, chez les animaux. Certains plantes sont de véritables accumulateurs de sélénium; c'est à dire qu'elles tirent du sol des quantités exceptionnellement élevées. En général, les "accumulateurs" sont dispersés au milieu de plantes "consommant" le sélénium en quantité normale, de sorte qu'il n'y a pas de gros problèmes. Mais il arrive que des animaux soient mis à paître sur des prés presque exclusivement couverts de plantes "accumulatrices" de sélénium et en absorbent trop. De plus, ces plantes sont également riches en alcaloïdes, qui sont aussi nocifs.

Quoi qu'il en soit, ce problème est rare et les niveaux de sélénium qui le causent se situent entre 2 et 10 parts par million, ou ppm (unité de mesure commune à toutes les substances présentes en très petites quantités). D'après la National Academy of Sciences, certains chercheurs estiment que ces niveaux correspondraient chez l'homme à 2.400 à 3.000 microgrammes par jour. Le taux courant pour les humains est estimé à 50 à 200 microgrammes par jour, avec des doses un peu plus importantes dans des expériences pour vaincre le cancer, sans que ces doses semblent avoir eu des effets secondaires fâcheux. En tout cas, ni les taux recommandés par les diététiciens pour la consommation journalière, ni les doses thérapeutiques pour les animaux ou pour les humains n'approchent le niveau toxique. D'après la National Academy of Sciences, il n'existe pas de témoignages confirmant la toxicité du sélénium des aliments ou des suppléments pour l'homme ou les animaux.

Nous ne pouvons pas nous passer de sélénium – aucun doute sur ce point. Son rôle capital dans la nutrition est devenu particulièrement clair en Nouvelle Zélande. Les habitants de ce pays ont le second plus bas niveau de sélénium du monde, après les Finlandais, conséquence directe du fait qu'ils vivent sur des sols parmi les moins riches en sélénium du monde.

L'absorption moyenne en est donc très basse en Nouvelle Zélande, environ 28 microgrammes par jour. Et pendant des années, les Néo-Zélandais ont été affligés de douleurs musculaires semblables à celles dont souffrent leurs troupeaux manquant de sélénium. Le simple bon sens leur suggéra que ce qui était bon pour les vaches était sans doute bon aussi pour leurs propriétaires. Leurs problèmes disparurent avec les suppléments de sélénium.

Tout cela fut en partie écarté comme relevant de l'anecdote par la communauté scientifique – jusqu'à ce que les docteurs commencent à remarquer les mêmes symptomes chez les patients hospitalisés nourris par perfusion d'une solution de protéines, eau et calories (TPN) après opération chirurgicale. Non seulement cette dernière épuise les réserves de sélénium, déjà très minces chez les Néo-Nélandais, mais la solution donnée par perfusion manque totalement de sélénium. Les taux de sélénium dans le sang de ces patients baissèrent désastreusement et ils souffraient de douleurs musculaires très pénibles.

Le cas d'une femme illustre particulièrement bien le problème. Elle "vivait (dans une région de la Nouvelle Zélande) d'où l'on rapportait beaucoup d'anecdotes sur la guérison des douleurs musculaires des résidents grâce à un remède qu'ils fabriquaient eux-mêmes (avec du sélénium)" raconte le docteur Marion F. Robinson, une autorité mondialement reconnue sur les effets des alimentations pauvres en sélénium. Après une opération chirurgicale suivie d'alimentation par perfusion, le taux de sélénium de cette femme baissa drastiquement. Elle commença à souffrir, à ressentir des douleurs musculaires, à avoir les cuisses endolories et marcher lui était tellement pénible qu'elle se retrouva pratiquement immobilisée.

Au courant de ces rumeurs officieuses sur la capacité du sélénium de soulager les douleurs musculaires, le Dr Robinson et son équipe complétèrent l'alimentation intraveineuse de la patiente par 100 microgrammes de sélénium par jour. En une semaine, elle marchait à nouveau, et sans douleur.

S'il s'était agi d'un cas isolé, le Dr Robinson aurait été sceptique. Mais elle relate que dans une autre expérience entreprise séparément, 7 personnes sur 12 qui reçurent 100 microgrammes de sélénium par jour furent également soulagées de ces symptomes dans les mêmes circonstances.

"Ceci pourrait être le premier rapport d'étude clinique prouvant le rôle capital du sélénium dans la nutrition humaine" écrivent les chercheurs. Ils font remarquer d'autre part que les gens vivant sur des sols pauvres en sélénium qui subissent une opération chirurgicale ou sont nourris par perfusion – ou les deux – risquent tout particulièrement de connaître une carence de sélénium assez grave pour causer des douleurs. Le choc d'une blessure, d'une infection, la perte de sang et le vieillissement peuvent aussi constituer des facteurs de diminution du niveau de sélénium. (American Journal of Clinical Nutrition, octobre 1979).

Dans une étude plus récente, le Dr Robinson dit: "Il est peu probable que le sélénium ait le même effet spectaculaire sur les gens que dans la nutrition animale et nous ne pensons pas qu'il puisse exister de très graves carences. Mais il se peut que des déficiences marginales aient, à long terme, des effets difficiles à détecter et mesurer, et qui pourraient s'aggraver dans des circonstances particulières chez des sujets déjà vulnérables". (American Journal of Clinical Nutrition, février 1980).

La lutte contre les maladies principales de notre temps.

Ces effets à long terme pourraient inclure des types communs de cancer et de maladies cardiaques. Au-delà de la nécessité absolue du sélénium, on découvre que les traces de ces mineraux pourraient contribuer beaucoup dans la lutte contre les deux principaux ennemis de notre santé – le cancer et les maladies de cœur.

L'INCIDENCE DU SELENIUM SUR LA SANTE DU CŒUR.

C'est en Finlande qu'on trouve les taux les plus bas de sélénium dans l'eau, les sols et les récoltes. C'est également en Finlande qu'on trouve le taux le plus élevé de maladies cardiaques. Au centre et à l'est du pays, où le taux de maladie est le plus élevé, les taux de sélénium dans le sang sont les plus bas. En examinant de plus près, on constate que ce sont les familles d'agriculteurs qui presentent le taux de sélénium le plus bas et le taux de maladies cardiaques le plus élevé. La consommation de sélénium dans l'ensemble de la Finlande est d'environ 20 à 30 microgrammes – très en-dessous des 50 à 200 microgrammes par jour nécessaires à une bonne santé.

Aux Etats Unis, c'est en Géorgie, dans les plaines côtières du sud-est qu'on trouve le taux le plus élevé de crises cardiaques. Et cela se trouve être une région pauvre en sélénium, en contraste frappant avec le nord-ouest de la Géorgie, où le niveau de sélénium du sang est plus élevé et le taux de maladie plus bas.

Il y a évidemment beaucoup d'autres facteurs qui entrent en ligne de compte dans la santé du cœur, mais le sélénium semble jouer un rôle clef.

Dans certaines régions de la Chine, à un sol pauvre en sélénium correspondent une faible teneur dans l'alimentation, un faible taux dans le sang – et un pourcentage élevé de cas de la maladie de Keshan, une forme peu répandue de maladie du muscle cardiaque, dont on ignore les causes. Cette maladie frappe au cours de l'enfance. Dans les régions pauvres en sélénium, elle est très répandue. Là où le sélénium est présent, aucune trace de la maladie. Les suppléments de sélénium introduits dans l'alimentation ont pratiquement enrayé la maladie dans les régions où elle sévissait.

Si – et quand – des études à grande échelle étaient faites dans les régions finlandaises pauvres en sélénium, ce dernier serait peut-être reconnu officiellement comme un élément de prévention des maladies cardiaques dans tous les pays du monde.

UN ROLE PREVENTIF IMPORTANT DANS LE CANCER.

Tout ce qui concerne le problème du cancer – chez les hommes ou les animaux – est extrêmement complexe. Le cancer se développe par étapes, à un rythme variable. Il y a beaucoup de types de cancers et beaucoup de causes, comme il y a beaucoup de routes qui mènent à Rome. Il semble évident que le sélénium soit en mesure de bloquer certaines de ces routes.

"Les preuves que le sélénium est anticancérigène s'accumulent" dit le docteur John A. Milner, professeur de sciences de l'alimentation à l'Université de l'Illinois. Les données recueillies dans le monde entier indiquent qu'une consommation élevée de sélénium et une faible proportion de cancer vont de pair . Au Deuxième Symposium International sur le sélénium dans la biologie et la médecine (Université Technique du Texas, mai 1980), le docteur Milner a déclaré à ses collègues: "Epidémiologiquement, il existe une association entre l'absorption de sélénium et une réduction de l'apparition des tumeurs et des décès".

"Et apparemment, le sélénium lutte contre un certain nombre de tumeurs" ajouta le docteur Milner. "Dans les expériences sur les animaux, nous assistons à une inhibition caractérisée du développement des tumeurs transplantées ou déclenchées par des procédés chimiques". Les tumeurs disparaissent ou se réduisent de façon appréciable lorsqu'on injecte du sélénium aux animaux, dit le Dr Milner.

Qu'est-ce que cela représente pour les cancers humains?

"Le sélénium joue certainement un rôle assez important pour être considéré comme un agent thérapeutique. Et ce travail indique qu'il peut avoir un rôle préventif en modifiant la vulnérabilité aux tumeurs pour commencer" a déclaré le Dr Milner aux participants de la réunion. Autrement dit, le sélénium joue un rôle dans le traitement et dans la prévention du cancer.

L'effet anticancérigène du sélénium dépend sans doute en partie de notre système immunologique. Nous savons que le sélénium et la vitamine E stimulent indépendamment la formation des anticorps, protéines spécialisées prenant en charge la défense de l'organisme. Lors de l'invasion de bactéries, virus ou cellules cancérigènes – collectivement appelées antigènes – les anticorps chargent comme un détachement de police aux trousses d'une bande de voleurs. Mais les anticorps ne gagnent que s'ils sont suffisamment approvisionnés en sélénium et vitamine E.

OBJECTIF SELENIUM.

En ce qui concerne notre alimentation, certains prétendent qu'elle nous donne suffisamment de sélénium; d'autres qu'elle ne nous en apporte pas assez. Les savants et chercheurs en biochimie, alimentation, nourriture, sciences animales et autres disciplines qui assistaient au Symposium sur le sélénium l'étudient depuis des années. Ils s'interrogent sur les effets possibles à long terme sur notre santé, de carences marginales et donc non détectées, dues à une absorption à la limite du nécessaire.

"Est-ce que notre alimentation contient bien assez de sélénium pour nous garantir une santé optimum ou pour minimiser certaines maladies, est une question qui reste très débattue" dit le docteur Ingrid Lombeck de l'Hôpital pour Enfants de l'Université de Düsseldorf, en Allemagne de l'Ouest.

Gehrard N. Schrauzer, un des pionniers de la recherche sur le sélénium, est encore plus perplexe en ce qui concerne la quantité de sélénium que les Américains ingèrent avec leur nourriture. "Nous entendons toujours que du moment où nous mangeons d'une façon équilibrée, nous avons tout le sélénium dont nous avons besoin, si ce n'est plus. C'est la thèse officielle".

"En réalité, lorsqu'on compare la consommation moyenne de 27 pays étudiés, en se basant sur les données de la consommation alimentaire, les Etats Unis se placent vers la fin de la liste" (Bioinorganic chemistry, avril 1978).

Les personnes âgées sont sans doute les premières à en manquer. "Ce n'est pas exceptionnel pour les personnes âgées de consommer moins que les TR de beaucoup de nutriments, soit à cause d'une mauvaise sélection des aliments, soit par suite d'une consommation réduite. Ces habitudes peuvent conduire à un taux trop faible de sélénium dans le sang" avertissait Victoria J.K. Liu, docteur du département de la nutrition à l'Université Perdue, dans un rapport présenté au symposium sur le sélénium de 1980.

La teneur exacte des aliments en sélénium est difficile à établir étant donné qu'elle varie avec les méthodes d'analyse et le lieu d'origine de l'aliment. Mais en général, on sait que certains groupes d'aliments en contiennent toujours beaucoup tandis que certains autres en contiennent régulièrement peu.

AUGMENTEZ VOTRE CONSOMMATION DE SELENIUM AVEC LE POISSON ET LES GRAINS COMPLETS.

Si vous adorez le poisson, vous prenez sans doute votre part bien comptée de sélénium, car il en est la plus riche de toutes les sources. Une étude a montré que les personnes mangeant du poisson 2 ou 3 fois par semaine avaient le taux de sélénium le plus élevé. Et celles qui mangent du poisson une fois par mois ou moins le taux le plus bas. Si vous avez négligé le poisson dans votre régime, c'est le moment de le mettre tout en haut de votre liste d'achats.

La viande suit le poisson de près, particulièrement les abats – tels que le foie et les rognons. A l'exception de la charcuterie et des produits laitiers, les aliments riches en protéines semblent fournir du sélénium. Lors d'une analyse, on en a trouvé de fortes quantités dans le thon, le saumon et les foies de poulet. Les noix du Brésil, qui poussent en Amérique du Sud sur des sols riches en sélénium, en contiennent beaucoup. Les fruits et les légumes en sont pauvres.

Le pain complet et les céréales complètes (de blé) sont également excellents – ils retiennent beaucoup plus de sélénium que les versions "raffinées". "Du point de vue sélénium, la suppression du germe du grain de blé est regrettable" dit le Dr Duane E. Ullman, qui a parlé des produits de l'agro-alimentaire au symposium sur le sélénium. Dans une autre étude, les personnes ayant le taux le plus bas de sélénium dans le sang mangeaient très peu de poisson et de produits dérivés de céréales complètes.

Les céréales transformées et enrobées de sucre sont aussi dépourvues de sélénium. Celles des déjeûners pré-sucrés en contiennent 40 à 65% de moins que le grain naturel.

BEAUCOUP DE GRAISSES = TRES PEU DE SELENIUM

Les aliments très gras ont tendance à contenir peu de sélénium. En fait, à bien des égards, l'alimentation riche en sélénium – plus de poisson, de grains complets, moins de graisses – correspond aux fameux "buts diététiques" recommandés par les Etats Unis en 1977.

"Il est interessant de constater que l'alimentation riche en sélénium se rapproche plus des "buts diététiques" qu'une alimentation pauvre en sélénium, surtout en ce qui concerne la consommation des graisses" dit le docteur Orville Levander, chimiste au Centre de Recherche sur la nutrition humaine de Beltsville, au Maryland". Il semble donc que si vous essayez d'atteindre ces buts en matière de protéines (particulièrement de poissons), d'hydrates de carbone plus complexes et de réduction des lipides, vous améliorerez en même temps votre absorption de sélénium".

Des suppléments de sélénium existent pour mettre fin au jeu de devinettes. A peu près la moitié des chercheurs présents au symposium ont indiqué en levant la main qu'ils prenaient des suppléments de sélénium.

"Ce qu'il y a de merveilleux dans le sélénium" dit le docteur James E. Oldfield, ancien président du comité du sélénium de la National Academy of Sciences, "est qu'une faible quantité suffise. Je ne prends pas de supplément parce que je me nourris bien et mange beaucoup de poisson; mais je sais que nombre de mes collègues en prennent".

A plusieurs reprises, le Dr Schrauzer a suggéré que la meilleure façon d'ajouter du sélénium à l'alimentation est de combiner des suppléments avec des aliments qui en sont riches". Il recommande un supplément de 150 à 200 microgrammes par jour. "Ce supplément doit être de la meilleure qualité" ajoute-t-il. C'est le cas de la levure de sélénium.

CHAPITRE 11

Le chrome

Le glucose est un combustible-à-tout-faire qui fournit l'énergie à notre corps. Une partie de tout ce que nous mangeons, que ce soit du pain, du riz ou des haricots, se transforme en ce sucre simple. Pour entretenir dans le sang le niveau de saturation dont les cellules ont besoin, l'insuline (une hormone) régularise le rythme auquel le glucose est employé par l'organisme. Mais l'insuline ne peut faire son travail sans l'aide du chrome.

Voici ce qui se produit: une fois que nous avons mangé, l'insuline est lâchée pour diriger le trafic du sucre et des hydrates de carbone. Décomposés en ce sucre simple – le glucose – les hydrates de carbone sont soit expédiés pour fournir de l'énergie sur le champ; soit mis de côté dans une cellule-entrepôt en attendant de recevoir des ordres. Cette faculté de notre organisme de contrôler l'utilisation du glucose est appelée tolérance du glucose".

Malheureusement, si nous ne produisons pas assez d'insuline, ou si cette dernière n'est pas assez efficace – ce qui est le cas dans le diabète gras qui se déclenche chez les adultes – nous nous trouvons avec une force de police insuffisante pour mettre ces molécules de sucre supplémentaires à l'écart du système en attendant leur tour. Résultat, toutes les molécules prennent la route en même temps, causant dans notre flot sanguin l'équivalent des fameux bouchons des départs en vacances.

L'opposé peut aussi se produire: *trop d'insuline* et toutes les molécules de sucre sont mises à l'écart du système. Cela s'appelle l'*hypoglycémie*, c'est-à-dire "faible taux de sucre" dans le sang. Le diabète et l'hypoglycémie sont tous deux une inaptitude de l'organisme à contrôler le taux de sucre déchargé dans le flot sanguin.

LE CHROME LUTTE CONTRE LES PROBLEMES DU SUCRE DANS LE SANG ET LES MALADIES CARDIAQUES.

Ce sont les domaines où le chrome travaille pour nous. Il peut aider les hypoglycémiques, qui n'ont pas assez de sucre dans le sang et les diabétiques qui en ont trop, à contrôler convenablement leur glucose avec moins d'insuline. En fait, il se peut que le chrome agisse en "normalisateur" de certains problèmes de glycémie.

Le chrome – non pas celui qui fait grimper le prix de votre voiture, mais le type organique contenu dans les aliments – est l'élément actif d'une substance appelée "facteur de tolérance du glucose" (FTG). Le FTG est une combinaison spécifique de chrome, de diacine et d'acides aminés. Mais au niveau pratique, le FTG, c'est le chrome.

Le chrome travaille de pair avec l'insuline pour maintenir notre taux de glucose bien équilibré, non pas en augmentant la production d'insuline, mais en "s'accrochant" à elle pour la rendre plus efficace.

Sans une quantité suffisante de chrome, les niveaux de sucre montent et descendent comme les montagnes russes. Pour les diabétiques, les conséquences à long terme sont plus que simplement gênantes: problèmes de reins, crises cardiaques, gangrène, cécité.

Les perturbations du métabolisme des hydrates de carbone sont caractéristiques d'autres troubles. Une prime est attachée à l'action du chrome du FTG: il diminue le niveau trop élevé du cholestérol et des triglycérides dans le sang, ces matières grasses qui s'accumulent dans les artères et conduisent souvent aux crises cardiaques. D'après une étude présentée par Kalevi Pyörälä, un chercheur finlandais, à l'American College of Cardiology, on devrait considérer les niveaux élevés d'insuline dans le sang comme des facteurs de risques de crises cardiaques. Dans un groupe de 1.040 hommes âgés de 35 à 64 ans, les niveaux élevés de cette hormone étaient associés à une proportion deux à trois fois supérieure de maladies cardiaques (Family Practice News, 1er juin 1979).

Le lien entre le chrome, l'insuline et les maladies cardiaques explique que la principale cause de décès chez les diabétiques soit la crise cardiaque. Ce rapport est résumé par le Dr Walter Mertz, Président du Centre de Recherche pour la nutrition humaine de Beltsville au Maryland, qui découvrit le chrome en 1955. "L'effet le plus constant des légères carences en chrome est une augmentation de la production d'insuline; et le premier effet de l'administration de supplément de chrome est la restauration d'une production normale. Il semble... que si nous améliorons la tolérance du glucose, rétablissons un niveau normal d'insuline et en même temps abaissons le niveau de cholestérol, – particulièrement du néfaste cholestérol LDL – nous pourrons peut-être réduire les risques cardio-vasculaires".

LES BESOINS EN CHROME AUGMENTENT AVEC L'AGE.

La possibilité que le chrome soit le chaînon manquant dans la prévention du diabète des adultes et des maladies du cœur chez les diabétiques n'est pas tirée par les cheveux. Tout d'abord, on sait que le taux de chrome décline avec l'âge. Ce qui rendrait une personne plus vulnérable vers la quarantaine ou plus tard – ce qui arrive dans les cas de diabète des adultes. De plus, on a observé que les diabétiques traités par l'insuline éliminent dans leurs urines des quantités anormalement importantes de chrome.

Les personnes d'un certain âge ne sont pas les seules à courir des risques. Richard J. Doisy, professeur de biochimie au Centre Médical de l'Université de l'Etat de New York, a testé, pour une étude, l'effet du chrome sur les personnes de 20 à 25 ans. Chose intéressante, il a découvert que lorsque ces jeunes sujets en bonne santé prenaient tous les jours un supplément de levure de bière, leurs organismes n'avaient pas besoin de produire autant d'insuline pour contrôler efficacement leur glycémie.

"On pourrait en conclure, dit le Dr Doisy, que même chez les sujets 'normaux' la consommation habituelle de chrome ou FTG est insuffisante. Je suis persuadé qu'environ 25 à 50% des habitants de ce pays (Etats Unis) manquent de chrome. Nous venons au monde avec un niveau de chrome dans les tissus relativement élevé – et à partir de là, c'est la dégringolade. Le résultat pour des millions d'Américains est l'apparition du diabète à l'âge adulte. Et pour des millions d'autres, les problèmes cardio-vasculaires".

Le docteur Doisy nous a également déclaré que les femmes enceintes courent un gros risque de tomber dans la carence de chrome. "Le fœtus accapare le chrome de la maman" explique le Dr Doisy. "C'est pourquoi l'enfant naît avec ce que je considère comme un taux relativement élevé de chrome. Et il est bien connu que le nombre d'enfants auxquels une femme donne naissance la prédispose proportionnellement à devenir diabétique. Je crois que cela n'est rien d'autre qu'un diabète provoqué par des grossesses répétées".

UN PLAN DE PROTECTION.

Parce qu'un apport insuffisant de chrome peut être à l'origine de gros problèmes de santé, Le National Research Council admet que le chrome devrait avoir sa place dans les tables de TR. Les consommations considérées comme suffisantes et sans danger ont été établies en 1977 et on estime que pour maintenir une santé raisonnablement satisfaisante, nous devrions consommer 50 à 200 microgrammes (millièmes de milligrammes) par jour.

Bien qu'il soit difficile de déterminer la teneur en chrome des aliments (les résultats varient avec le type d'analyse employé) des lignes générales ont néanmoins été dégagées. L'alimentation américaine type – et donc dans une large mesure, l'alimentation moderne en général – ne fournit pas suffisamment de chrome, en partie parce que beaucoup d'aliments en sont débarrassés, comme le sucre et la farine, par l'industrie alimentaire. Le pain blanc contient 1/10 du chrome contenu dans le pain complet et le sucre blanc moins d'1/10 du chrome contenu dans la mélasse de canne à sucre.

Ce ne serait pas si grave si nous ne mangions pas autant de dérivés des farines et sucres raffinés. Une grande consommation d'hydrates de carbone raffinés vous vole littéralement le chrome du corps. "Une grande consommation d'hydrates de carbone raffinés nécessite une plus grande production d'insuline" dit le Dr Doisy. Apparemment, une fois libérée, l'insuline réagit avec le FTG, qui est transporté dans le sang pour être employé par les muscles et les tissus graisseux, puis éliminé".

"On a tendance à augmenter son élimination de chrome lorsqu'on consomme trop d'hydrates de carbone" dit le Dr Doisy. "Et si l'alimentation n'en fournit pas suffisamment, on finit par être en déficit".

Pour beaucoup d'Américains, la journée commence avec des "French toasts" (du pain perdu fait avec des tranches de pain industriel) ou avec des "English muffins", sorte de petit pain rond, et une tasse de café brésilien accompagné de sucre et d'un doigt de lait. Le déjeûner est déjà plus sérieux: un sandwich au jambon et un ou deux cakes ou gâteaux sous cellophane. Et au dîner, rien moins qu'un bon rôti de porc bien gras, avec des frites et peut-être une part de tarte au citron meringuée.

Cela vous paraît dangereusement riche en sucre et graisse?

Le pire est que le chrome en est *absent*. L'addition des lipides (graisses) et des glucides (sucres) dans notre alimentation augmente nos risques vis à vis du chrome. Les Américains, avec leur fringale de "Big Macs", de "Mars" et de crèmes glacées, pourraient se retrouver avec un gros déficit côté chrome.

Pour juger si la consommation véritable satisfait aux exigences du TR – de 50 à 200 microgrammes par jour – le Dr Mertz et trois de ses collègues ont examiné les menus de 28 journées, divisés en deux groupes, pauvre et riche en graisses. Les repas avaient été élaborés de manière à comporter tous les nutriments et calories nécessaires. Le régime riche de 2.800 calories et 43% de graisses comportait des aliments tels que des spaghettis, du pain "français", des haricots de Lima, de la pâtisserie industrielle, un dessert à base de gélatine (Jell-0) avec de la crème Chantilly, de la dinde rôtie, un pâté de viande, un œuf à la coque, un "muffin" (sorte de petit pain rond) de farine de maïs et du lait entier. Dans l'autre régime, 25% seulement des calories provenaient de graisses.

Le régime riche-en-graisse type s'avéra contenir moins de chrome que celui qui en était plus pauvre. Dans le groupe "riche", 8 menus journaliers sur 14 étaient en-dessous des plus basses exigences des TR. Dans le groupe "pauvre", seulement 3 sur 14 étaient en-dessous de ce niveau.

Si ces menus types firent de si piètres performances, imaginez ce que peuvent faire aux taux de chrome les festins de sandwiches au salami, chips et soda. "Ils s'aggravent encore" dit le Dr Mertz qui conseille de réduire la consommation de graisses et sucres et de manger davantage d'hydrates de carbone complexes. Autrement dit, beaucoup de grains complets, de haricots, de fruits et légumes frais à la place des produits transformés de l'agro-alimentaire (tableau 23).

Pour être sûr de ne pas faire partie de ceux qui ont une légère carence non décelée de chrome, voici ce qui vous reste à faire.

• Evitez toute forme de sucre raffiné, quel qu'il soit. Jetez tous vos sodas, gâteaux secs, bonbons, confitures et gelées, refuges du "voleur en blanc". On ajoute du sucre pratiquement dans tous les produits transformés. Lisez donc les étiquettes et évitez tous les produits qui en contiennent.

• Evitez la farine blanche et tout ce qui en dérive. Employez du pain

TABLEAU 25   ALIMENTS CONTENANT DU CHROME

EXCELLENTE **SOURCE**	Levure de bière Foie	
BONNE **SOURCE**	Pommes de terre avec leur peau Cuisses Poulet Légumes frais	Fromage Pain complet Boeuf
SOURCE **MEDIOCRE**	Poitrine de poulet - Poissons et crustacés Fruits frais	
SOURCE **PAUVRE**	Spaghettis (blancs) Corn Flakes (pétales de blé) Lait écrémé	Beurre Margarine Sucre

SOURCE: Adapté de « Mineral Elements: New Perspectives », de Walter Mertz, Journal of American Dietetic Association, septembre 1980.

complet, du germe de blé et tous les dérivés de la farine de blé complet. C'est dans le tégument, l'enveloppe des grains, qu'on trouve les plus grandes quantités de chrome. Le pain blanc, par exemple en offre 14 microgrammes pour 100 grammes (environ 3 tranches de pain) alors que le pain complet en procure 49, presque les 50 microgrammes quotidiens jugés indispensables pour la plupart d'entre nous.

● Mangez les aliments dans leur intégrité – fruits, légumes, haricots, riz, pommes de terre, maïs. Rebecca Riales, une diététicienne de Virginie Occidentale, recommande "une alimentation naturelle, comportant des aliments variés, particulièrement ceux qui sont riches en fibres alimentaires et en hydrates de carbone".

● Ajoutez des aliments riches en chrome à vos menus. Remplissez vos chariots avec des fromages, des épices (particulièrement des poivrons rouges), des champignons et des foies, tous riches en chrome.

● Utilisez la levure de bière intelligemment. C'est une source riche et facilement disponible. Avec un peu d'imagination, vous en agrémenterez non seulement vos soupes et ragoûts, mais vous dynamiserez votre petit déjeûner.

"Tout le monde devrait complèter son petit déjeûner par de la levure" dit le Dr Doisy. Il pense que 10 grammes de levure de bière devraient suffire pour faire face au taux quotidien recommandé. Cela fait à peu près une cuillerée à soupe.

153

Certains fabricants ajoutent du chrome à la levure pour élever son taux. Dans ce cas, c'est généralement indiqué sur l'emballage. D'après Richard Anderson, spécialiste du chrome au Ministère de l'Agriculture des Etats Unis, qui a fait une analyse approfondie de la levure de bière, le type de chrome ajouté est une forme non organique, mais bien assimilée par la plupart d'entre nous qui sommes généralement capables de convertir ce chrome non organique en FTG, forme organique du chrome.

CHAPITRE 12

Le silicium

Pourquoi les personnes vivant dans les régions à eau dure risquent-elles moins d'avoir des crises cardiaques que celles habitant des régions à eau "douce"? Et pourquoi certaines fibres végétales comme l'alfalfa réduisent-elles le niveau du cholestérol dans le sang, pendant que d'autres (la cellulose) n'en font rien?

Les deux réponses ont dans doute quelque chose à voir avec le silicium, le minéral le plus répandu sur terre.

L'importance du silicium au sein de notre arsenal de minéraux protecteurs n'est pas tellement surprenante si nous considérons qu'il est présent dans les tissus conjonctifs tels que le cartilage, les tendons, les vaisseaux sanguins (y compris l'aorte), et autres structures semblables de notre corps. Les chercheurs pensent que le silicium pourrait jouer un rôle essentiel dans la résilience de ces tissus.

Tout d'abord, les os ont probablement besoin du silicium comme compagnon du calcium pour leur croissance. La croissance de l'os comporte deux aspects: l'accumulation du calcium pour la dureté; et l'accumulation du collagène, tissu conjonctif résistant qui cimente le tout et donne aux os leur flexibilité. Le silicium aide les deux processus. Le professeur adjoint Edith M. Carlisle, chercheuse à l'Ecole de la Santé Publique de l'Université de Californie à Los Angelès a étudié la croissance des os et le métabolisme d'os de poulets élevés avec et sans silicium. Elle a constaté que les os ayant bénéficié du supplément de silicium contiennent 100% de plus de collagène que les os n'en ayant pas bénéficié. Les premiers virent également une lente mais constante augmentation de leur teneur en calcium, ce qui ne fut pas le cas pour les seconds. En résumé, les os croissent plus vite et davantage en présence du silicium.

CAPITAL POUR LE CŒUR.

Le Dr Carlisle pense que le rôle du silicium n'est pas seulement important pour comprendre l'ostéoporose, mais peut aussi compter dans la calcification des tissus qui accompagne les maladies cardiaques.

Des études de la peau humaine et de l'aorte, la principale artère du cœur, montrent qu'au fur et à mesure que les tissus conjonctifs de ces organes se détériorent avec l'âge, le silicium disparaît. Mieux encore, on a constaté que la présence du silicium dans les parois artérielles diminue avec le développement de l'artério-sclérose (accumulation de dépôts cireux dans les artères).

Puisque le silicium disparaît au fur et à mesure que l'artério-sclérose s'installe, il semble logique de se demander si le problème ne serait pas une trop faible consommation de ce minéral. L'eau potable et les plantes fibreuses étant les deux principales sources de silicium, les études se sont concentrées sur ces deux éléments.

C'est le docteur Klaus Schwartz, au département de bio chimie de l'Université Californie à Los Angeles pendant des années, qui a probablement le plus fait pour mettre en lumière le rapport entre le silicium et les maladies cardiaques. Dans une étude, le Dr Schwartz mentionnait les résultats d'une enquête bien connue effectuée en Finlande sur les décès par suite de ces maladies dans ce pays. Entre 1959 et 1974, deux fois plus d'hommes sont morts de maladies coronariennes dans l'est de la Finlande que dans l'ouest du pays. Les facteurs de risque habituels, tels que le tabac ou l'obésité, ne suffisent pas à expliquer la différence.

Lorsqu'une équipe de chercheurs sous la direction du Dr Schwarz analysa l'eau des deux régions, ils firent une importante découverte: dans le secteur où le risque de maladies cardiaques était le plus élevé, le niveau du silicium dans l'eau était extrêmement bas. Dans l'ouest de la Finlande, où le taux de mortalité était plus bas, le niveau du silicium des eaux était nettement supérieur.

Remarquant que beaucoup d'autres études ont prouvé que les eaux dures – qui sont riches en sels minéraux – protègent contre les maladies cardiaques (et que personne n'est en mesure d'expliquer pourquoi), le Dr Schwartz suggère que le "facteur eau" (c'est-à-dire l'élément de l'eau dure qui semble aider à la prévention des maladies du cœur) "pourrait avoir un rapport avec la quantité de silicium four-

nie par les eaux dans des environnements géologiques différents"
(Lancet, 5 mars 1977).

L'hypothèse suivant laquelle le silicium aide à prévenir les maladies du cœur s'accorde bien avec la constatation que dans les régions à eau dure, moins de gens meurent de maladies cardiaques. Alors que d'autres minéraux – le calcium, le magnésium, le cuivre et le chrome – semblent avoir leur part dans cette protection, il paraît possible que le silicium, aussi, entre en ligne de compte .

L'ELEMENT SALVATEUR DANS LES FIBRES.

Les recherches du Dr Schwarz ne s'arrêtèrent pas à l'eau dure. Lorsqu'il se pencha sur les aliments à fibres, il y trouva aussi le silicium, en quantités qui varient considérablement.

Beaucoup d'études ont suggéré que la consommation élevée de fibres végétales pourrait rabaisser le niveau du cholestérol dans le sang et réduire,par conséquent,les risques de crises cardiaques. En particulier, une enquête anglaise portant sur un groupe de 337 hommes pendant 10 ans a prouvé que ceux qui consommaient le plus de fibres végétales souffraient beaucoup moins de problèmes coronariens que ceux qui en consommaient moins: 5 cas de maladies cardiaques dans le premier groupe contre 25 dans le second (British Medical Journal, 19 novembre 1977).

Dans les pays en voie de développement en Asie, en Afrique et dans certaines régions de l'Europe où la viande est plus rare que dans les pays industrialisés, les gens mangent les parties des animaux que nous jetons, telles que le cartilage, les parties craquantes et la peau. Et ils consomment de grandes quantités de plantes fibreuses. Tous ces aliments sont riches en silicium et les personnes qui les consomment, d'une façon générale, souffrent moins souvent d'athérosclérose (la maladie pavant la route pour toutes les crises cardiaques) que nous ne le faisons.

Mais le lien entre les fibres et les maladies du cœur n'est pas simple. Certaines fibres, comme la cellulose, ne font pas baisser le niveau du cholestérol et n'empêchent pas les crises cardiaques. Et les tests avec le bran s'avèrent contradictoires: certaines études indiquent qu'il fait baisser le cholestérol; d'autres suggèrent le contraire.

Lorsque le Dr Schwarz analysa la teneur en silicium de diverses

TABLEAU 26 **ALIMENTS RICHES EN FIBRES ALIMENTAIRES**

Aliments	Portion	Milligrammes de fibres
Pruneaux	5 moyens	8.2
Patate douce	1 moyenne	7.2
Pomme	1 moyenne	6.8
Epinards cuits	1/2 tasse = 1 verre	5.7
Pommes de terre	1 moyenne	5.3
Amandes	1/4 tasse = 1/2 verre	5.1
Prunes	4 moyennes	4.6
Haricots rouges	1/2 tasse = 1 verre	4.5
Haricots blancs	1/2 tasse = 1 verre	4.2
Maïs	1/2 tasse = 1 verre	3.9
Petits pois frais	1/2 tasse = 1 verre	3.8
Mûres	1/2 tasse = 1 verre	3.7
Lentilles	1/2 tasse = 1 verre	3.7
Poires	1 moyenne	3.5
Bananes	1 moyenne	3.2
Cacahuètes broyées	1/4 tasse = 1/2 verre	3.0
Orange	1 moyenne	2.9
Noix de coco émincée	1/4 tasse = 1/2 verre	2.7
Pain complet (blé)	1 tranche	2.7
Abricots	4 moyens	2.6
Broccolis	1/2 tasse = 1 verre	2.6
Raisins secs	1/4 tasse = 1/2 verre	2.5
Courgettes	1/2 tasse = 1 verre	2.5
Céleri	2 tiges	2.4
Carottes	1/2 tasse = 1 verre	2.2
Orge	1/2 tasse = 1 verre	2.2
Courge	1/2 tasse = 1 verre	2.2
Chou de Bruxelles	1/2 tasse = 1 verre	1.8
Mandarines	1 moyenne	1.8
Haricots verts	1/2 tasse = 1 verre	1.7
Oignons cuits	1/2 tasse = 1 verre	1.6
Fraises	1/2 tasse = 1 verre	1.6
Noix broyées	1/4 tasse = 1/2 verre	1.6
Betteraves	1/2 tasse = 1 verre	1.5
Haricots Lima cuits	1/2 tasse = 1 verre	1.4
Tomate	1 moyenne	1.4
Riz complet	1/2 tasse = 1 verre	1.3
Asperges coupées	1/2 tasse = 1 verre	1.2
Chou cru émincé	1/2 tasse = 1 verre	1.1
Concombre émincé	1/2 tasse = 1 verre	1.1
Pêche	1 moyenne	1.0

SOURCES: adapté de
« Composition of foods commonly used for persons with diabetes » de James W. Anderson et al/Diabetes Care, Sept/Oct. 1978.
« McCance and Widdowson's The composition of foods » 4ème éd., A.A. Paul et D.A.T. Southgate (New York Elsevier/North Holland Biomedical, 1978).

fibres. une constante se manifesta. Les sources de fibres qui avaient fait leurs preuves dans la prévention de l'athérosclérose – comme l'alfalfa, le bran du riz, la pectine, les grains de soja – étaient riches en silicium. La cellulose, qui n'a pas de faculté protectrice, en était pauvre. Quant au bran du blé, dont les effets étaient inégaux, il y découvrit des quantités variables de silicium: 3 taux différents pour 3 échantillons différents.

"Puisqu'un taux élevé de silicium est caractéristique des produits actifs, le silicium-silicate pourrait être l'ingrédient clef de ces matériaux" conclut le Dr Schwarz (Lancet, 26 février 1977).

Mais le silicium est-il vraiment assimilé par les organismes des personnes qui consomment des fibres? Sans aucun doute. Lorsque le Dr Thomas Bassler, de l'Hôpital Centinela, à Englewood en Californie, fit analyser des cheveux dans le cadre d'un plan de rééducation pour les patients ayant eu des troubles cardiaques, il trouva des taux de silicium bien majorés chez ceux qui avaient une alimentation riche en fibres. "Le silicium donne la mesure de la consommation de fibres" nous dit-il, "et c'est une mesure de sa *qualité*". Le Dr Bassler conseille maintenant à *tous* ses patients de consommer des fibres végétales en grande quantité, nous a-t-il dit.

Dispose-t-on d'éléments suffisamment probants pour que nous soyez fondés à introduire plus de silicium dans votre vie? Il se trouve que les avantages qu'on peut sans nul doute en tirer fournissent simplement une raison supplémentaire de nous nourrir avec des aliments naturels, non transformés. Beaucoup de plantes contiennent naturellement un taux élevé de silicium, en particulier dans les parties les plus fibreuses. Quand les aliments sont transformés, les fibres sont toujours les premières à être éliminées – et avec elles disparaît le silicium. Quand la farine de blé est "raffinée", par exemple, le produit final – farine, pain, pâtes, etc. – peut contenir moins d'un dixième du silicium contenu dans le bran dont on l'a débarrassé. De sorte qu'une alimentation largement basée sur des aliments complets, des fruits et légumes frais et des grains complets sera automatiquement riche en silicium (tableau 26).

CHAPITRE 13

Le manganèse

Le manganèse ressemble beaucoup au magicien qui tire un lapin de son chapeau. Personne n'arrive vraiment à comprendre comment il s'y prend. Pour le manganèse, nous savons ce qu'il fait – mais nous ne sommes pas sûrs de savoir comment il le fait. La croissance, la formation des os, la reproduction, la coordination musculaire et le métabolisme des graisses et hydrates de carbone souffrent tous du manque de manganèse; mais seuls quelques indices nous dévoilent pourquoi il est nécessaire.

LES NERFS, LES MUSCLES ET LES ENZYMES ONT TOUS BESOIN DU MANGANESE.

Certaines des fonctions mentionnées plus haut semblent s'appuyer sur la présence du manganèse dans des enzymes qui réalisent la synthèse de substances appelées mucopolysaccharides. Ces dernières sont simplement des formes intermédiaires des protéines qui constituent les tissus conjonctifs et de soutien du corps – muscles, tendons, peau, cartilages et os. Si l'on manque de manganèse, les os fléchissent. Le cartilage se développe mal. La coordination musculaire se fait mal. Les muscles ne peuvent faire que ce que les nerfs leur ordonnent de faire. Pour recevoir ces ordres, chaque muscle contient des faisceaux de nerfs minuscules qui reçoivent les messages arrivant tous les millièmes de secondes par des courriers spéciaux appelés neuropulsions. Sans que nous ayons conscience de leur action, ces neuropulsions nous permettent de parler, de taper à la machine, d'attacher nos chaussures, de monter à bicyclette, de jouer au tennis ou de réparer une fenêtre – toutes choses qui demandent une coordination précise du cerveau et du corps. Les neuropulsions nous permettent aussi de conserver notre équilibre de manière à ne pas nous écrouler au milieu du super-marché ou en changeant une ampoule électrique.

La partie du cerveau qui supervise toutes ces fonctions contient normalement une riche provision de manganèse. L'insuffisance entraîne l'anormalité des mouvements musculaires. Sans instructions précises en provenance du cerveau et des nerfs, les muscles agissent à tort et à travers. Ou le système squeletto-musculaire fléchit sans prévenir, ou il nous refuse la stabilité nécessaire pour rouler à bicyclette. C'est la coordination entre l'esprit et le corps qui a disparu.

LE MANGANESE: UN ESPOIR POUR LES EPILEPTIQUES.

L'aptitude particulière du manganèse à moduler les neuropulsions constitue un espoir de dominer certains troubles neuro-musculaires.

L'insuffisance en manganèse pourrait déclencher l'épilepsie, d'après le docteur Yukio Tanaka de l'Hôpital St Mary de Montréal et le docteur Claire Du-Pont, du département de Biochimie de l'Hôpital pour Enfants de Montréal au Québec, Canada. L'épilepsie se caractérise par des périodes de convulsions musculaires incontrôlables, des défaillances mentales ou les deux. La communication nerf-muscle ne se fait pas tout à fait normalement. Le manque de choline – une vitamine B – et de manganèse semble avoir une incidence sur la stabilité de la membrane de la cellule nerveuse et pourrait être à l'origine des crises chez certains sujets. Elever le taux de manganèse du sang à la normale pourrait permettre de dominer les crises, suggèrent les Drs Tanaka et Du Pont. Leurs travaux sur l'épilepsie chez les humains ont leur origine dans la constatation que les carences en manganèse entraînent une perte de contrôle musculaire chez les animaux et des crises d'épilepsie chez les rats nés de mère déficiente en manganèse.

Une autre maladie neuromusculaire, la dyskinésie tardive, est souvent causée par des tranquillisants qui élèvent le taux nécessaire de manganèse, ainsi que de choline et de niacine, une autre vitamine B. Les médecins pensent que les contractions incontrôlables de la langue, des lèvres et des mâchoires caractéristiques de la dyskinésie sont causées par un déséquilibre des constituants chimiques du cer-

161

TABLEAU 27 **TENEUR EN MANGANESE DES ALIMENTS**

Aliments	Portion	Manganese microgrammes
Une tasse = 0,2365 litre, soit approximativement 2 verres ordinaires (10/12 cl).		
Flocons d'avoine (oatmeal)	1 tasse	11868
Seigle complet (rye)	1/2 tasse	2607
Farine de blé complète	1/2 tasse	2580
Pois cassés, cuits	1/2 tasse	1990
Riz complet, cru	1/4 tasse	1850
Banane	1 moyenne	1120
Epinards, cuits	1/2 tasse	745
Haricots secs	1/2 tasse	694
Laitue	1 tasse	682
Patate douce	1 moyenne	594
Maïs	1/2	561
Betterave (en dés)	1/2	489
Foie	110 g.	443
Pruneaux	5 moyens	164

Sources: adapté de
« Human Nutrition » de B.T. Burton (New York, McGraw Hill 1976). « Nutritive value of American Foods in Common Units », Agricultural Handbook, n° 456, de C.F. Adams, (Washington D.C. U.S. Department of Agriculture, 1975).

veau. Rétablir le niveau de manganèse et de vitamine B pourrait rétablir aussi cet équilibre et réduire les symptomes.

Le manganèse est nécessaire à la production de prothrombine, une protéine qui fait coaguler le sang quand besoin est, nous empêchant de saigner au point d'en mourir lorsque nous nous sommes coupés ou blessés. La vitamine K est le facteur essentiel dans la formation de la prothrombine et la coagulation. Il semble maintenant que le manganèse y ait également sa part.

Les plantes sont des stocks de manganèse.

Il n'a pas été établi de taux recommandé pour le manganèse mais on considère que 2,5 à 5 milligrammes par jour sont adéquats.

Les noix et les grains complets sont un véritable silo pour le manganèse. La farine blanche et tous ses dérivés en sont très pauvres. Une étude a prouvé que le germe et le bran de blé – habituellement suprimés par la meunerie industrielle – en contiennent respectivement une généreuse concentration de 160 et 119 part par million (ppm). La farine blanche débarrassée du germe et du bran en contient tout juste 5 ppm. Les flocons d'avoine (oatmeal), le riz, les haricots et le maïs sont excellents, ainsi que les racines et tubercules tels que les patates douces, les légumes verts (épinards, laitue, choux par exemple). Les fruits frais et autres légumes contiennent une certaine quantité de manganèse. A l'exception du foie qui en contient beaucoup (tableau 27) la viande, la volaille, le poisson et les produits laitiers en contiennent peu.

Notre provision de manganèse dépend de ce que nous mangeons. La plupart des évaluations présument que l'alimentation américaine et moderne fournit entre 2,5 et 7 milligrammes par personne et par jour. Une étude portant sur les personnels militaires mangeant librement les aliments offerts par les cafétérias révéla qu'environ 70% des individus consommaient moins de 2,5 milligrammes par jour. On trouva les taux les plus élevés chez ceux qui mangeaient des aliments riches en manganèse: céréales et dérivés (particulièrement riz et pain complets) haricots et autres légumes.

CHAPITRE 14

L'iode

On a presque totalement oublié l'iode jusqu'à une époque récente. Dans les années vingt, on ajoutait l'iode au sel pour prévenir l'apparition des goitres – hypertrophies de la glande thyroïde. Et on n'entendit pas grand'chose d'autre sur l'iode et les goitres jusqu'en 1972.

Puis deux éléments surprenants firent surface. Il y a à nouveau une recrudescence de goitres dans certaines régions des Etats Unis.

Ce qui rend perplexe est qu'il ne s'agit pas de déficience en iode – longtemps considéré comme la principale responsable des goitres.

Cette discordance fait croire aux chercheurs que d'autres facteurs, non identifiés à ce jour, contrarient l'action de l'iode et réveillent les goitres.

De plus, le sel iodé semble ne plus devoir être utile dans la prévention des goitres. Bien que la consommation d'iode soit encore considérée comme la principale parade contre le goitre, il est possible qu'en réalité, nous soyons dans l'iode jusqu'au cou, même sans l'aide du sel iodé. Les médicaments et les additifs alimentaires en contiennent souvent. Les équipements de l'industrie laitière sont nettoyés avec des solutions contenant de l'iode. La biscuiterie industrielle et la boulangerie emploient souvent des produits qui en contiennent. Les combustibles organiques – charbon et pétrole – brûlent en dégageant de l'iode et nous en absorbons une partie. Et des tonnes d'iode sont vaporisées dans les airs et sur les sols, les eaux et les récoltes lorsque les nuages sont truffés d'un composé iode-argent pour provoquer la pluie. Nous vivons dans un monde qui est différent de celui dans lequel la carence en iode produisait les goitres il y a 75 ans.

UNE GLANDE THYROÏDE EN BONNE SANTE GRACE A L'IODE.

La presque totalité de l'iode que nous ingérons va à la glande thyroïde pour la fabrication de la thyroxine, une hormone vitale pour la croissance et le métabolisme. Il participe aussi à la transformation de la carotène des aliments en vitamine A, aide à la synthèse des protéines et l'absorption des hydrates de carbone nécessaires à notre énergie.

Situés de part et d'autre de la trachée-artère, les deux lobes de la glande thyroïde captent l'iode du sang qui la traverse. La majeure partie, alliée à des protéines, constitue la thyroxine; le reste est éliminé.

La glande libère la thyroxine dans le flot sanguin en fonction des besoins du métabolisme. C'est un ingrédient puissant. Une seule décharge de la thyroïde dans le système en maintient le fonctionnement adéquat jusqu'à six jours, à condition toutefois qu'elle dispose d'une quantité suffisante du matériau brut. La thyroxine est constituée d'iode à 65%.

Notre corps fonctionne à un rythme relativement constant – un peu plus vite après les repas et en cas d'exercice, un peu plus lentement quand nous dormons ou nous reposons. Mais en principe, il n'y a pas beaucoup de variations. Trop peu d'iode fourni à la glande, et la thyroïde devient paresseuse, la production de thyroxine ralentit et le métabolisme aussi. C'est l'hypothyroïdie. La glande gonfle, formant un goitre (le cou est enflé) au fur et à mesure que les cellules se multiplient en nombre et en taille dans un travail d'équipe visant à compenser le manque d'iode.

Ce gonflement est indolore mais déplaisant et peut bloquer la trachée, rendant la respiration difficile. Dans les cas graves, le blocage du métabolisme entraîne un ralentissement général de l'organisme. Le sujet prend du poids. La peau épaissit. La pensée et les mouvements deviennent léthargiques. Les cheveux tombent. Les femmes, et surtout les adolescentes et les jeunes adultes, sont particulièrement susceptibles de manquer d'iode, pour des raisons inconnues. Si une femme enceinte manque d'iode, son enfant peut naître atteint de crétinisme, une forme de déficience mentale due à l'hypothyroïdie.

Un goitre simple peut être enlevé par une opération chirurgicale ou traité par des médicaments et des suppléments d'iode. L'adjonction de ces derniers à l'alimentation arrête le développement de la maladie mais ne la guérit pas. Les médicaments ne sont que partiellement efficaces. L'opération chirurgicale est délicate à cause de la présence d'une autre glande, la parathyroïde, qui régit le métabolisme du calcium et se trouve située à cheval sur la glande thyroïde.

Au début du siècle, dans les régions éloignées de la mer (source principale d'iode), le goitre était le type même de maladie due à une carence. Là où les cours d'eau, les lacs et les récoltes étaient balayés par des vents humides, riches en iode provenant de l'océan, les goitres étaient absents. Dans les contrées plus éloignées ou abritées des vents marins, le goître était courant, affectant jusqu'à 70% des enfants – et très évidemment en raison du manque d'iode.

L'adjonction d'iode à l'alimentation pour combattre les goitres devint une mesure prioritaire de santé publique. Le sel fut choisi comme supplément parce qu'il était bon marché et universellement employé. Tout le sel n'est pas iodé, cependant. Sous forme d'iodure de potassium on ne l'emploie que volontairement. Les fabricants sont censés faire état de l'iodisation du sel sur l'emballage.

On accorde au sel iodé d'avoir réduit les goitres à moins de 5% entre cette époque et les années cinquante. Se basant sur ce rôle apparemment préventif, le National Research Council à établi un TR de 150 microgrammes par jour pour les adolescents et les adultes. Les femmes enceintes ont des besoins légèrement supérieurs – 175 microgrammes par jour pour prévenir le crétinisme. Les femmes qui allaitent leur bébé devraient en prendre 200 microgrammes par jour.

TOUT L'IODE NECESSAIRE SANS SEL.

Le sel iodé ne mérite plus de couronne de lauriers. Nos aliments viennent du monde entier, où une grande partie des sols est riche en iode. De sorte que nos besoins en iode sont couverts d'une façon plus régulière et efficace qu'il y a 75 ans, quel que soit l'endroit où nous vivons. Maintenant que nous savons que le sel fait monter la tension artérielle chez beaucoup de sujets, les prédisposant aux crises cardiaques, nous ne pouvons plus le considérer comme le meilleur moyen de nous procurer l'iode nécessaire.

D'autres aliments, principalement les poissons de mer, contiennent de l'iode. Les poissons de mer ont une tendance extrêmement caractérisée à concentrer dans leurs tissus l'iode du milieu marin qui les entoure et qui en est si riche, ce qui fait de la morue, du cabillaud, de l'aiglefin, du bar et autres, d'excellentes sources d'iode. Une part d'environ 170 grammes de poisson de mer fournit à elle seule jusqu'à 500 microgrammes d'iode, ce qui fait plus que dans une cuillerée à café de sel iodé, sans les inévitables 2000 milligrammes de l'indésirable sodium. Cela fait du poisson une source idéale pour les personnes astreintes à un régime sans ou avec peu de sel, ou pour celles qui désirent faire obstacle à la tension artérielle.

Les œufs, le lait et les produits laitiers peuvent contenir des quantités appréciables d'iode – jusqu'à 450 microgrammes environ dans un litre de lait. Cela varie suivant que l'animal a été nourri ou non avec une alimentation comportant des suppléments d'iode, qu'on a donné aux vaches des sels iodés ou des médicaments contenant de l'iode, et suivant que les équipements sont ou non lavés avec des désinfectants contenant de l'iode. Toutes choses qui n'existaient pas au temps de nos grands parents, quand les goitres étaient choses courantes.

Le pain contient parfois de l'iode à cause des produits introduits dans la pâte, ce qui ajoute jusqu'à 250 microgrammes par tranche à votre consommation. Les légumes surgelés sont parfois préparés dans une eau salée additionnée d'iode. Une étude a prouvé que les produits de la restauration rapide ("fast foods") contiennent parfois jusqu'à 30 fois le TR. Des voisins de palier, vivant dans le même environnement riche ou pauvre en iode, peuvent en consommer des quantités très différentes suivant le type d'achats qu'ils font pour leur nourriture ou les restaurants qu'ils fréquentent.

Le tableau 28 vous donne les teneurs moyennes de certains aliments – surtout les poissons de mer, qui constituent la meilleure source d'iode.

La poudre de varech (une algue) est riche en iode en vertu du fait que, comme le poisson, les algues viennent de l'océan. Elle contient aussi diverses quantités d'autres minéraux et vitamines et on l'emploie souvent comme un condiment. Une cuillerée à café de poudre de varech ne contient que 91 milligrammes de sodium, comparés au record des 2000 milligrammes du sel. Cependant, elle n'est pas absolument sans sel, ce qui devrait être pris en considération par les personnes suivant un régime sans sel.

Pour la plupart des gens, la poudre de varech est une façon nutritive d'assaisonner les plats. Il faut cependant faire attention avant de prendre du varech en poudre ou en comprimés comme supplément. Une cuillerée à café contient 3400 microgrammes d'iode, plus que

TABLEAU 28   **TENEURS EN IODE DES ALIMENTS**

ALIMENT (env. 113 g = 4 ounces)	IODE (en microgrammes)
Poudre de varech (1 cuiller à café)	3400
Aiglefin (113 g.)	454
Morue	209
Crevettes	186
Perche de mer	106
Flétan	74
hareng	74
Maquereau	53
Sardines	40
Bluefish	37
Bar	35

SOURCES: Adapté de
« Nutritive Value of American Foods in Common Units Agriculture Handbook n° 456, de Cath. F. Adams, US Department of Agriculture, 1975.

n'en contient un bon kilo de poisson et plus de 10 fois notre TR quotidien. La plupart des gens peuvent s'accomoder d'un excès d'iode. Cependant, son emploi répété, ajouté aux autres sources d'iode, pourrait poser des problèmes aux personnes qui y seraient sensibles. Environ 1 à 3% des personnes peuvent réagir à des doses élevées pendant une certaine période. Des dermatologues ont signalé des cas d'acné, d'eczema et autres problèmes cutanés occasionnés ou aggravés par un excès d'iode. Certains en voient l'origine dans la poudre de varech, d'autres dans un abus des "fast foods" (restauration rapide). L'élimination de l'un ou l'autre suffit généralement à résoudre les problèmes.

Un abus de la poudre de varech pourrait aussi suractiver la glande thyroïde chez certaines personnes. La majeure partie des cas d'hyperthyroïdisme viennent d'irrégularités de naissance du métabolisme. Mais les cas modérés peuvent se trouver aggravés par un excès d'iode. Lorsque la glande thyroïde travaille trop, le système est envahi par un excès de thyroxine et le métabolisme s'emballe comme une locomotive sans mécanicien.

Bien que l'excès d'activité de la thyroïde soit rarement causé par un excès d'iode, les personnes qui ont des raisons de penser qu'elles ont une glande légèrement sensible devraient probablement s'abstenir de consommer des concentrés d'iode tels que la poudre de varech.

CHAPITRE 15

Le cobalt

LE MINERAL VITAMINE B12

Le cobalt est un minéral qui se prend pour une vitamine – et à juste titre. Il fait partie intégrante de la vitamine B12, à tel point, en fait, que le nom habituel de cette vitamine est la cobalamine: *cobalt + vitamine.*

La cobalamine est essentielle à toutes les cellules, mais elle a un effet particulièrement prononcé sur la saine croissance des globules rouges, parce qu'ils se développent au rythme d'au moins 200 millions par minute. Dans la mœlle de nos os, qui est un incubateur d'érythroblastes (globules rouges n'ayant pas atteint leur maturité), la cobalamine nourrit les jeunes cellules et les transforme en érythrocytes normaux et matures. Sans cobalamine, les globules rouges grandissent anormalement, tout en restant incomplètement développés et pas assez nombreux, ce qui crée un état appelé "anémie pernicieuse". Les symptômes plus légers sont la fatigue, la pâleur, la diarrhée, les palpitations cardiaques et un engourdissement des extrémités. Non traitée, l'anémie pernicieuse peut être fatale.

Jusqu'en 1926, l'anémie pernicieuse était *toujours* fatale, sa cause était inconnue et il n'existait aucun traitement. La découverte d'une thérapie nous fournit quelques enseignements sur les sources de cobalamine dans nos aliments et sur son rôle essentiel pour la santé du sang et des nerfs.

Les chercheurs découvrirent que l'anémie pernicieuse pouvait être guérie si le patient mangeait environ 350 grammes de foie cru par jour, un remède à peu près aussi agréable que la maladie elle-même. Une certaine substance dans le foie (appelée extrinsèque ou facteur de protéine animale) semblait se combiner avec quelque chose de tout aussi particulier dans le suc gastrique de l'estomac (appelé facteur intrinsèque) pour rétablir une croissance normale des globules rouges et guérir la maladie. On finit par découvrir, après 20 années supplémentaires de recherche, que la première substance était la cobalamine. La seconde était une partie normale du suc gastrique qui favorise l'assimilation de la cobalamine et qui est absente dans l'anémie pernicieuse. La raison qui rendait le foie efficace est qu'absorbée en assez grande quantité (1000 fois la quantité normalement nécessaire), assez de cobalamine réussit à filtrer pour compenser l'absence du facteur intrinsèque.

On croyait auparavant que le cobalt était indispensable aux troupeaux mais pas aux humains. Les plantes contiennent une certaine quantité de cobalt, mais n'en ont pas besoin sous forme de vitamine et ne fabriquent pas de cobalamine. Les animaux ont besoin de la cobalamine pour survivre et grandir, mais ils ne peuvent la fabriquer eux-mêmes. A la place, les estomacs des animaux en bonne santé servent de cuves de fermentation dans lesquelles des bactéries transforment en cobalamine le cobalt qu'ils ont tiré des plantes et restituent la vitamine à l'animal qui les hébergent. A partir de l'estomac, la cobalamine est assimilée et atteint tous les organes, muscles, lait (et parfois les œufs) de l'animal.

Dans le système digestif des humains, des bactéries transforment aussi le cobalt en cobalamine. Par une bizarrerie de la nature, cependant, la transformation se fait si loin dans le côlon (dernière partie de l'intestin) qu'on croit généralement que la cobalamine est éliminée sans avoir été assimilée.

De sorte que les protéines animales – foie, abats, viandes et produits laitiers – constituent la source la plus sûre dans notre alimentation.

Sous l'influence des sucs gastriques de notre estomac, la cobalamine est préparée pour ses fonctions par beaucoup de nutriments, y compris la niacine, la riboflavine (2 vitamine B) et le manganèse, autre minéral. Au fur et à mesure que la nourriture traverse le système digestif, les sucs gastriques libèrent la cobalamine de ses liens avec les protéines des aliments et la dirigent vers les sites d'absorption de l'intestin. (A propos, cette action est favorisée par le calcium).

Toute défaillance au cours de ce processus peut rendre la meilleure source de cobalamine inopérante. Une déficence très grave est plus probablement le résultat d'une mauvaise absorption que d'une mauvaise alimentation. L'absence du facteur intrinsèque de l'acide gastrique empêche complètement de profiter du nutriment, comme dans l'anémie pernicieuse. L'absorption devient aussi moins efficace avec l'âge et lorsque l'apport quotidien de vitamine B 6 ou de fer est trop faible.

Une fois assimilée par le flot sanguin, la cobalamine circule dans tous les tissus. Nous avons déjà vu ce qui arrive aux globules rouges lorsqu'elle vient à leur manquer. Les fourmis et l'engourdissement des extrémités de l'anémie pernicieuse reflètent aussi le rôle de la cobalamine dans un système nerveux en bon état. Ce minéral transformé en vitamine entretient l'activité biologique du glutathion, partie essentielle de diverses enzymes impliquées dans le métabolisme des hydrates de carbone. Le système nerveux fonctionnant presque exclusivement avec les hydrates de carbone pour source d'énergie, tout ce qui perturbe ce métabolisme supprime ou limite l'énergie au cerveau, à la mœlle épinière et aux nerfs. Lorsque la cobalamine est en quantité insuffisante ou mal assimilée, les nerfs sont privés d'énergie et il en résulte un mauvais fonctionnement du système moteur. La peau fourmille; la marche est chancelante. L'esprit perd son acuité. Si la situation se prolonge pendant des mois, ou des années, les dégâts causés au cerveau sont irréversibles.

La cobalamine peut aider le métabolisme des protéines et des graisses indispensables au bon état des fibres nerveuses. La myéline, gaine protectrice à base de protéines et de lipides des fibres nerveuses, s'use et s'amincit lors des carences en cobalamine.

La cobalamine est également nécessaire au métabolisme de l'acide folique, autre vitamine B, qui fait équipe avec elle dans la prévention de l'anémie pernicieuse.

LES VEGETARIENS A SANG ROUGE
ONT BESOIN DE COBALT.

Le corps ayant tendance à stocker la cobalamine, il faut longtemps, parfois des années avant que se développe une déficience. Le corps garde jalousement la précieuse cobalamine qu'il a assimilée, la réservant pour les temps difficiles où le gibier est hors de portée de la lance, de la carabine ou du porte-monnaie. En dehors de ce qui est utilisé pour les besoins immédiats des nerfs et globules rouges, le surplus est stocké dans le foie. L'accumulation de la cobalamine par le foie est facilitée par la vitamine C. La quantité moyenne amassée est de 2 milligrammes (2000 microgrammes) – assez pour durer environ 6 ans.

Nous avons besoin d'une très petite quantité de cobalamine – 3 microgrammes par jour – pour entretenir la stabilité de nos nerfs et la santé de nos globules rouges. La plupart des personnes qui mangent de la viande ou des produits laitiers en ingèrent de 7 à 30 microgrammes par jour. Le foie en est la source la plus riche, reflétant le fait que chez les animaux comme chez les hommes, cet organe est le principal entrepôt de ce nutriment. Les rognons, la viande de bœuf maigre, l'agneau, le veau, la volaille, le poisson de mer, le lait, le fromage et les œufs sont également de bonnes sources de cobalamine (voir tableau 27).

Certains aliments végétaux ayant subi l'action de bactéries ou de champignons semblent contenir de la cobalamine, résultat d'un processus de fermentation semblable à celui qui prend place dans l'estomac des animaux. Bien qu'on ait quelques doutes sur la fiabilité de ces sources, la fermentation explique sans doute que l'anémie pernicieuse soit moins fréquente qu'on aurait pu s'y attendre chez les végétariens ne consommant aucuns produits animaux. Le tempeh, un aliment à base de grains de soja fermentés, originaire de l'Indonésie, est consommé par certains végétariens et autres personnes, en Amérique du Nord. La sauce de soja peut aussi fournir un peu de cobalamine. Les suppléments contenant de la cobalamine (vitamine B 12)

TABLEAU 29   **TENEUR EN COBALAMINE (VITAMINE B 12)**

Aliments	Portion environ	Cobalamine en microgammes
Foie de boeuf	110 g. = 4 ounces	124,7
Agneau	110 g. = 4 ounces	3,4
Boeuf (maigre)	110 g. = 4 ounces	2,6
Thon (en boîte, égoutté)	110 g. = 4 ounces	2,4
Aiglefin	110 g. = 4 ounces	1,8
Oeuf	1 gros	1,1
Gruyère (swiss cheese)	60 g. = 2 ounces	1,0
Lait entier	1/4 l. = 1 tasse	0,9
Fromage blanc	10 à 15 cl = 1/2 tasse	0,7
Poulet (blanc de)	110 g. = 4 ounces	0,5
Fromage Cheddar	60 g. = 2 ounces	0,4
Yaourt (1)	10 à 15 cl = 1/2 tasse	0,1

SOURCE: adapté de « Pantothenic acid and Vitamin B 6 & B 12 in Foods, in Home Economics Research Report n° 36, de Martha Louise Orr, US Dpt of Agriculture, 1969.

semblent néanmoins les moyens les plus sûrs d'en introduire dans les régimes strictement végétariens.

Les végétariens absolus peuvent-ils vraiment se passer de nourritures d'origine animale et échapper à l'anémie pernicieuse, est une question qui reste ouverte.

Leur argument est que dans les pays où les gens sont de stricts végétariens, en général pour des raisons religieuses, des populations entières se sont passées d'aliments d'origine animale depuis des générations apparemment sans souffrir de graves carences nutritionnelles. Parmi les populations largement végétariennes de l'Inde, l'anémie pernicieuse est rare. Une des raisons, cependant, est que l'eau est légèrement contaminée par des déchets animaux contenant de la vitamine B 12, qui fournit la cobalamine à leur alimentation. Dans ce pays, beaucoup de végétariens prennent des suppléments de vitamine B 12 pour plus de sûreté.

La question est compliquée par le fait que certains mangeurs de viande sont atteints d'anémie pernicieuse tandis que beaucoup de végétariens stricts ne le sont pas. Il n'en est pas moins vrai qu'aux Etats Unis les enfants, nés de mères végétariennes qui n'ont pas été assez sélectives dans leur alimentation et qui ne nourrissent leurs enfants qu'au lait maternel, sont souvent atteints d'anémie pernicieuse. Les enfants sont particulièrement vulnérables, sans doute parce qu'ils n'ont pas eu la possibilité d'accumuler de réserves de cobalamine comme les adultes qui passent d'une alimentation contenant de la viande à une alimentation n'en contenant pas. Le résultat peut être des dommages irréversibles au cerveau, une mauvaise croissance et un développement mental insuffisant. Ceci étant établi, les végétariens – et particulièrement les mères de jeunes enfants – devraient inclure dans leur alimentation journalière soit une levure riche en vitamine B 12, soit un composé de vitamine B comme supplément.

CHAPITRE **16**

Le fluor

En 1902, un dentiste de Colorado Springs remarqua que beaucoup de ses patients qui n'avaient aucune carie avaient les mêmes traces brunes sur les dents. La cause de ces traces brunes – et peut-être de l'absence de carie – s'avéra être un excès de fluor dans l'eau potable. Les villes dont l'eau n'en contenait pas assez envisagèrent d'en ajouter pour prévenir les caries dentaires. Le reste, comme on dit, appartient à l'histoire.

LE FLUOR ET NOS DENTS.

Pour comprendre la controverse actuelle à propos de la fluoration des eaux aux Etats Unis, nous devons d'abord voir ce que le fluor fait pour le bien de nos dents et de nos os. Nos dents sont composées en majeure partie d'une fine maçonnerie composée de cristaux de calcium appelée hydroxyapatite. Là où le fluor est disponible, il se substitue à une partie du calcium, formant des cristaux plus grands et plus parfaits de fluoroapatite. Ces cristaux riches en fluor sont plus résistants aux acides puissants de la salive qui, en plus de nous aider à digérer nos aliments, rongent nos dents et forment des caries. Même de petites différences de pH (coëfficient d'acidité) dans la bouche influencent la façon dont l'émail des dents se dissout. Il faut très peu de fluor pour limiter les caries.

Le fluor de la salive est absorbé directement par les dents, augmentant leur force et leur dureté. De plus, il semble que le fluor attire le phosphate de calcium de la salive et stimule le processus de renouvellement de la structure de la dent une fois que la carie a commencé. Le fluor agit donc comme un préventif et un réparateur.

Sur une plus grande échelle, le fluor ajoute à la dureté et la solidité conférées aux os par le calcium. En prime, le fluor semble lutter contre les effets de la carence en magnésium.

L'apport en fluor de notre alimentation va de 1,3 à 1,8 milligrammes par jour. Le tableau 29 montre la teneur en fluor de certains aliments. Le thé en est une source exceptionnellement riche, mais, comme le café, c'est un excitant et pour cette raison, ce n'est pas une source acceptable, en particulier pour les enfants. Le poisson, par ailleurs, constitue une excellente source.

Aux Etats-Unis, la fluoration de l'eau potable ajoute 0,4 à 1,1 milligramme à la consommation quotidienne des enfants, et de 1,0 à 1,5 milligramme à celle des adultes, en plus de ce que nous apporte notre nourriture. L'eau contient toujours une certaine quantité de fluor naturellement; mais cette quantité varie d'une région à l'autre. On avait évalué la proportion de caries dans différentes villes après les révélations de Colorado Springs. Dans les régions où l'eau contenait une part par million (ppm) ou plus de fluor, les enfants avaient 50 à 60% moins de caries que les enfants des régions où l'eau était plus pauvre en fluor. Depuis, par mesure de santé publique, beaucoup d'Etats ont demandé aux villes de 20000 habitants ou plus des régions pauvres en fluor d'atteindre le niveau de 1 ppm en ajoutant du fluor (un composé) à l'eau potable.

Si le taux de fluor devait atteindre par accident 2,5 ppm, les vilaines traces brunes sur les dents remarquées à Colorado Springs feraient leur apparition à la suite de cet excès. De 8 à 20 ppm, l'ostéosclérose peut se déclarer (accumulation excessive de fluor dans les dents et les os, avec un durcissement anormal des tissus). Le dos risque d'être affecté, avec une "soudure" des vertèbres rendant la marche difficile. Les taux élevés de fluor contrarient la formation du collagène, tissu conjonctif du corps humain. A 50 ppm, la croissance est affectée et à la concentration très improbable de 2500 ppm, l'empoisonnement serait fatal.

Mais même au taux de 1 ppm, il peut y avoir des problèmes. George L. Waldbott, un praticien de Warren dans le Michigan, rapporte les faits suivants:

Une femme de 40 ans souffrait de selles spastiques, de nausées, de vomissements, de ballonnements, d'urination fréquente et de maux de tête. Bizarrement, elle allait mieux dès qu'elle quittait la ville et les symptomes reprenaient quand elle rentrait chez elle. Elle ne savait pas que du fluor était ajouté à son eau de consommation.

TABLEAU 30

TENEUR EN FLUOR DES ALIMENTS

Aliments	Portion	Fluor en microgammes
Maquereau	4 ounces = 113,40 g	3062
Sardines en boîte	4 ounces = 113,40 g	828 - 1814
Maquereaux en boîte	4 ounces = 113,40 g	1361
Saumon en boîte	4 ounces = 113,40 g	510 - 1021
Pomme de terre	1 moyenne	11 - 960
Cabillaud	4 ounces = 113,40 g	794
Crevettes en boîte	4 ounces = 113,40 g	454
Crabe en boîte	4 ounces = 113,40 g	227
Boeuf	4 ounces = 113,40 g	33 - 227
Pommes	1 moyenne	8 - 195
Epinards cuits	1/2 tasse = 1 verre	18 - 162
Poulet	4 ounces = 113,40 g	159
Bifteck	4 ounces = 113,40	147
Lait entier	1 tasse = 2 verres	25 - 134
Grains de soja	1/2 tasse = 1 verre	117
Foie de boeuf	4 ounces = 113,40 g	112
Germe de blé grillé	1/4 tasse = 1/2 verre	21 - 96
Oeuf	1 gros	68
Pamplemousse	1/2	66
Flocons d'avoine (oatmeal)	1 tasse = 2 verres	60
Riz complet	1/4 tasse = 1/2 verre	55
Maïs	1/2 tasse = 1 verre	51

SOURCES: Adapté de
« Nutritive value of American food in common units » cf. tab. 12.
« Human Nutrition » de Benjamin T. Burton (NY McGraw Hill, 1976).

Une femme de 35 ans souffrit de symptomes plus graves, au point qu'elle devenait incohérente, somnolente et qu'elle oubliait tout. Une analyse d'urine révéla un taux élevé de fluor. Deux jours après avoir cessé de faire usage de l'eau fluorée, raconte l'auteur, les symptomes commencèrent à disparaître. Elle se remit complètement en évitant l'eau fluorée pour boire et pour la cuisine.

On suspectait une fillette de 13 ans souffrant de maux d'estomac et d'une diminution de son acuité mentale d'avoir une tumeur. Cependant, les symtômes ne se manifestaient que les lundis et jeudis, quand elle buvait un grand verre d'eau après sa classe de gymnastique. Les symptômes disparurent après qu'elle se mît à boire exclusivement de l'eau distillée.

A Saginaw, dans le Michigan, trente personnes furent victimes d'une étrange maladie. Neuf cas ressemblaient à celui de la femme de

35 ans mentionné plus haut. Les autres avaient des maux d'estomac et des problèmes de vessie. A l'époque, la plupart ne savaient pas qu'ils buvaient de l'eau fluorée. Leurs symptômes disparurent lorsque la fluoration de l'eau fut interrompue.

Ces cas illustrent l'expérience du Dr Waldbott sur les effets chroniques, autres que sur le squelette, de l'eau fluorée artificiellement – et l'ont conduit à poser quelques questions importantes.

"Au cours des récentes décades, l'emploi du fluor s'est largement généralisé, particulièrement dans le raffinage, le verre, le pétrole et toutes sortes d'autres procédés industriels. Parallèlement, il a augmenté dans notre alimentation, dans nos eaux potables, dans l'air que nous respirons. Ne serait-il pas souhaitable, par conséquent, d'étudier dans quelle mesure cet ion hautement réactif présent dans le sang de tout un chacun contribue, dans une population donnée, au développement de certains types d'arthrite, de gastrite, de colite, de problèmes urinaires, de maux de tête chroniques et autres symptômes neurologiques qui, jusqu'à maintenant, ont défié toute explication satisfaisante?" (Southern Medical Journal, 1980).

Les risques possibles que fait courir la fluoration soulèvent des questions quant à son utilité. Par suite, certaines villes en ont rejeté le principe. Les partisans de la fluoration affirment que les risques sont minces comparés aux avantages, et que nos reins sont capables d'éliminer l'excès de fluor avant qu'il ait eu des effets nocifs. Les détracteurs en sont moins sûrs. En dehors des risques de santé, la fluoration soulève une question éthique par le fait qu'elle constitue une médication forcée, surtout quand d'autres possibilités sont offertes – possibilités qui laissent à chaque famille le choix sur la façon de se garantir un taux adéquat de fluor.

Il existe des comprimés de composés du fluor pour les personnes vivant dans des villes dont l'eau n'est pas fluorée. Ne pourraient-ils être utilisés dans les régions pauvres en fluor par les personnes qui le désirent? La prévention de la carie dentaire est importante chez les enfants et de nombreuses vitamines qui leur sont destinées comportent du fluor. (Dans les régions des Etats Unis où l'eau est fluorée, elles ne sont en vente que sur ordonnance médicale). Les parents ne pourraient-ils pas prendre la responsabilité de s'assurer que leurs enfants reçoivent assez de fluor, par le biais de l'eau ou des comprimés, dans le cadre de la famille? Les critiques disent que les parents ne suivent pas toujours la chose de près et que les personnes aux revenus modestes ne vont pas chez le dentiste régulièrement. Et les comprimés font courir le risque de surdose, ajoutent-ils, d'ou possibilité de problèmes graves.

On a envisagé de passer du mode de fluoration de l'eau à une autre denrée principale, par exemple le pain. La valeur des dentifrices fluorés est une possibilité, mais nécessite de plus amples évaluations.

Quoi qu'il en soit, la fluoration de l'eau est une réponse – mais certainement pas *la seule* réponse – pour la prévention des caries dentaires.

CHAPITRE 17

Le chlore

LE CHLORE ET LA BONNE DIGESTION.

La mission originelle du chlore sur la terre n'était pas de désinfecter les piscines, mais de nous aider à digérer nos aliments.

En tant que partie de l'acide chlorhydrique, le chlore rallie les sucs digestifs de l'estomac. Une combinaison d'acide chlorhydrique et de puissantes enzymes engloutit les particules de nourriture, les réduisant en une pulpe semi-liquide appelée chyme, qui est alors projetée dans la partie supérieure de l'intestin pour la phase finale de la digestion.

L'acide chlorhydrique est un des plus corrosifs. En dehors du corps humain, il corrode le métal et doit être stocké dans des récipients de verre ou de céramique dans les laboratoires. Des couches protectrices de graisse l'empêchent de ronger notre paroi stomacale quand il a fini de transformer notre dîner en pâtée. La secrétion d'un excès d'acide, déclenchée par une hormone, la gastrine, est responsable des ulcères d'estomac. Un manque d'acide peut handicaper la digestion des aliments et l'assimilation des minéraux et même causer l'anémie. L'indigestion causée par un manque d'acide chlorhydrique peut être soulagée par des comprimés qui reprennent le travail là où la nature l'a abandonné.

On trouve aussi du chlore, sous forme de chlorure, dans le liquide cérébrospinal protectif dans lequel baignent cerveau et moelle épinière. Et le chlore travaille avec d'autres minéraux, le potassium et le sodium, pour maintenir l'équilibre de l'eau dans notre corps et les proportions nécessaires de minéraux à l'intérieur et à l'extérieur des cellules.

179

Nous connaissons surtout le chlore sous forme alimentaire par l'intermédiaire du sel de table, le chlorure de sodium. Cependant, presque tous les aliments contiennent du chlore sous une forme ou une autre, suivant le sol sur lequel ils ont poussé ou grandi. Les aliments d'origine animale sont les plus riches en chlore. En plus de ceux qui s'y trouvent naturellement, des composés du chlore sont souvent ajoutés par les industries agro-alimentaires à la viande, la volaille, le pain et les légumes. De sorte que les personnes au régime sans sel n'ont pas besoin de s'inquiéter de manquer de chlore sous prétexte qu'elles ne mettent plus de sel dans leurs aliments.

LES PROBLEMES EVENTUELS DUS A LA PRESENCE DE CHLORE DANS L'EAU.

Le chlore dans l'eau n'a rien à voir avec le chlore dans l'alimentation. Le chlore employé pour désinfecter les piscines et lutter contre les maladies se répandant dans l'eau comme le choléra et la fièvre thyphoïde, est une forme activée de chlorure sans valeur nutritive. En fait, l'adjonction de chlore peut causer de sérieux problèmes de santé. (Pour plus de détails sur les problèmes associés à la présence du chlore dans l'eau, et comment l'éliminer de l'eau que vous consommez, voyez le chapitre 25: "Eliminer le plomb et les autres substances nocives").

CHAPITRE 18

Le soufre

Le feu et le soufre.

Nous savons tous ce qu'est le feu. Quant au soufre, c'est, dans notre alimentation, un élément sans prix.

Trois vitamines au moins contiennent du soufre: l'acide pantothénique (B5), la thiamine (B1), la biotine (H).

MATERIAU DE CONSTRUCTION DE LA PROTEINE.

Le soufre – c'est son rôle le plus important – est un ingrédient essentiel des protéines, matériaux de construction et d'entretien de nos corps. Les hydrates de carbone et les graisses nous fournissent notre fuel, tout comme l'essence fournit l'énergie d'une voiture. Mais lorsqu'il est question de remplacer une bougie, de réparer un engrenage ou de refaire l'embrayage, la source d'énergie ne sert à rien. Quand il faut entretenir et réparer, seules les protéines font l'affaire – et il en va de même pour la croissance de notre corps.

Les protéines de notre nourriture – viande, poulet, poisson, lait, œufs, haricots, noix, grains – sont décomposées en leurs constituants élémentaires, appelés acides aminés, dans l'estomac (et juste en-dessous, dans le duodénum, partie de l'intestin). Les acides aminés passent dans le sang et sont absorbés par les cellules et les tissus de tout le corps, où ils sont reconstruits en centaines de nouvelles structures protéiques. Les muscles, les tendons, les cartilages, les cheveux, les ongles, les yeux, le cerveau et les autres organes contiennent tous des protéines.

Les protéines contenant du soufre travaillent aussi en coulisse en tant qu'ingrédient principal de nombreuses substances vitales.
- L'hémoglobine, qui transporte l'oxygène du sang, contient des protéines – et du soufre.

- De nombreuses hormones – les substances secrétées par les glandes pour régulariser les fonctions vitales – contiennent des protéines. L'insuline, hormone qui régularise le métabolisme des hydrates de carbone, est essentiellement protéinique. De même que l'adrénaline et la thyroxine. Le soufre leur est indispensable.
- L'unité de base de toutes les enzymes est une protéine, souvent couplée avec une vitamine ou un minéral. Le foie contient à lui seul environ 1000 enzymes, dont beaucoup sont des protéines contenant du soufre.
- Les anticorps qui luttent contre la maladie et la repoussent sont des protéines contenant du soufre.

Les protéines contenant du soufre font également fonction de "videurs" de toxines, contribuant ainsi à nous protéger des agents de contamination nocifs en s'associant à eux pour les escorter hors de l'organisme. Quand on est à court de protéines, la tolérance aux effets des produits chimiques est réduite, nous laissant moins résistants aux poisons et aux effets secondaires des médicaments.

Les aliments riches en protéines sont la voie par laquelle le soufre s'introduit dans notre organisme. Certains fruits et légumes en conserves sont artificiellement sulfurisés par les industries alimentaires pour leur conserver leur couleur et leur goût pendant le stockage, mais ce soufre n'a aucune valeur nutritive. Pas plus que celui qui est diffusé dans l'air par les industries lourdes.

Une alimentation fournissant 100 grammes de protéines par jour fournit de 0,6 à 1,6 grammes de soufre, suivant les protéines choisies. La qualité des protéines est aussi importante pour notre santé que la quantité. Tandis que les protéines animales – viande, poisson, œufs, fromage et lait – contiennent tous les acides aminés essentiels à la croissance et aux "réparations", les protéines végétales sont moins complètes, contenant relativement peu des acides aminés essentiels. Il se trouve que ceux qui manquent dans un groupe de plantes, comme certains légumes (pois et haricots) sont fournis par l'un des autres groupes: les grains (blé, riz, orge, maïs) ou les noix (amandes, noix, noisettes, etc). En combinant deux ou trois types de végétaux par repas, on peut atteindre un équilibre de protéines aussi complet que celui qu'on obtient avec les protéines animales. L'addition d'une petite quantité de protéines animales aux proteines végétales donne le même résultat. C'est ainsi que les associations traditionnelles de riz et poivrons, macaroni et fromage, haricots et viandes, céréales et lait fournissent de bonnes combinaisons de protéines assimilables.

CHAPITRE 19

Le molybdene

UN INCONNU QUI TRAVAILLE DUR.

De petites quantités de molybdène se cachent dans chaque cellule et tissu de notre corps. Pour des raisons qui avaient jusqu'ici échappé à l'attention, le molybdène apparaît maintenant comme un nutriment essentiel, aussi important pour notre santé que certains plus illustres.

Le molybdène travaille en tant qu'élément d'une enzyme spéciale (oxydase xanthique) qui accomplit deux tâches élémentaires mais très importantes. Tout d'abord, elle libère le fer du foie où est stockée la majeure partie de ce minéral. Tout le fer du monde ne nous servirait à rien s'il restait bloqué dans notre foie, à l'écart du flot sanguin. L'oxydase qui contient du molybdène libère le fer pour qu'il aide le sang à faire circuler l'oxygène de la vie dans les cellules et tissus.

Dans une autre partie du corps, l'oxydase xanthique rassemble les traces d'azote laissées par le processus de décomposition des protéines de la nourriture lors de la digestion et les transforme en acide urique. En même temps que l'urée, autre déchet important, l'acide urique est alors éliminé dans l'urine par les reins. Ceci est important, les déchets azotés étant extrêmement toxiques. Même de simples traces d'acide urique laissées dans notre sang nous empoisonneraient.

L'émail des dents est riche en molybdène. Des recherches indiquent qu'il accentue l'action du fluor dans la prévention contre la carie, peut-être en en favorisant la rétention.

Principalement en raison de son rôle dans l'oxydase xanthique, le molybdène est reconnu comme un minéral en traces essentiel. Les adultes ont besoin d'une quantité infime – 150 à 500 microgrammes par jour (cela fait 0,15 à 0,5 milligrammes) d'après les recommandations du National Research Council. Le molybdène est rapidement et facilement assimilé par l'organisme, peut-être pour compenser l'insignifiance des quantités que nous absorbons.

Les plus riches sources de molybdène sont les viandes, les grains, les légumes (pois et haricots) et les feuillus verts (épinards). La teneur des plantes, variant considérablement en fonction de la teneur des sols, n'est pas donnée dans les tables de composition des aliments.

Le raffinage, comme pour les autres minéraux, prélève sa part de molybdène sur les aliments. Dans une étude sur le contenu minéral des blés et farines en Amérique du Nord, le blé contenait deux fois plus de molybdène que la farine faite à partir de ce blé. Bien qu'elles se produisent chez les animaux, aucune carence en molybdène n'ayant fait l'objet de rapport, les auteurs de livres sur la nutrition estiment traditionnellement que même une alimentation hors du commun nous fournit le molybdène nécessaire. Aux Etats Unis, l'apport journalier est évalué à 100 à 350 microgrammes. Une mauvaise sélection des aliments, notamment une consommation excessive de sucres et grains raffinés, pourrait ramener l'apport quotidien au plus bas niveau. "La carence est théoriquement possible parce que le sucre et les grains raffinés retiennent très peu de leur molybdène original" déclare R.A. Shakman, docteur en médecine (Archives of Environmental Health, février 1974).

Les suppléments de molybdène ne sont pas recommandés. Un excès – très au-delà de ce qu'on trouve normalement dans la nourriture – peut déclencher une carence en cuivre, à cause de l'antagonisme entre les deux minéraux. La meilleure façon ·de s'assurer une consommation suffisante est de préférer les produits naturels aux aliments transformés.

CHAPITRE 20

Le vanadium

L'entrée du mot "vanadium" dans le vocabulaire de la nutrition est relativement récente. Des années de travaux laborieux avec les animaux ont fini par montrer, au début des années 70, que le vanadium est nécessaire en quantité presque trop infimes pour être mesurables et qu'il influence plusieurs processus physiologiques. Ce besoin fondamental de vanadium, nous a-t-on dit, existe probablement aussi chez l'être humain.

En laboratoire, nos contreparties du monde animal accusent une diminution de globules rouges avec une alimentation pauvre en vanadium. Les os, le cartilages et les dents ont besoin d'une minuscule quantité pour se développer normalement. Il semble possible qu'un échange se fasse entre le vanadium et le phosphore dans les cristaux de l'émail dentaire, contribuant ainsi à la résistance aux caries.

LE VANADIUM TRAVAILLE DANS NOS ARTERES.

Cependant, le plus fascinant est l'effet du vanadium sur les substances grasses telles que le cholestérol et les triglycérides dans notre sang. Les animaux recevant une nourriture pauvre en vanadium témoignent de changements dans les substances grasses du sang. Des expériences sur les poulets ont établi que des taux plus élevés de vanadium peuvent faire baisser le niveau du cholestérol dans les tissus, probablement par l'action d'une ou deux anzymes. Les implications pour une protection du même type chez les humains sont exaltantes. En assumant que nous soyons en meilleure santé avec un niveau inférieur de lipides (matières grasses) dans le sang, le vanadium pourrait s'avérer être un minéral de plus favorisant la bonne santé de notre cœur et de nos artères, évitant l'accumulation des plaques grasses qui entraînent l'artériosclérose et bloquent le flot sanguin.

Nos besoins en vanadium ont été évalués à 100 à 300 microgrammes par jour. Il agit rapidement, dès qu'il est absorbé. La majeure partie est assimilée dans notre système dans les 24 heures qui suivent. Le corps en stocke très peu – dans les os et le foie. Après quoi, la mobilisation se fait lentement.

On n'a pas fait beaucoup à ce jour pour mesurer la teneur des aliments en vanadium. Le docteur Duane Myron et ses collègues du Laboratoire de Nutrition Humaine à Grand Forks dans le Dakota du Nord ont constaté que les grains complets, les fruits de mer et les viandes telles que le foie en sont de bonnes sources. Chose surprenante, les aliments préparés en contenaient davantage. (Journal of Agricultural and Food Chemistry, mars/avril 1977). Cependant, le vanadium présent dans les aliments préparés peut provenir des équipements en acier et ne pas être de grande utilité pour les humains.

"Je m'interroge sur la valeur pour les humains du vanadium hérité au cours de la transformation des aliments" dit le Dr Leon Hopkins, spécialiste de la recherche sur les minéraux en traces et président du département de la nutrition à l'Université Technique du Texas.

Mieux vaut donc manger les aliments qui comportent naturellement des quantités adéquates de vanadium.

CHAPITRE 21

L'étain

Immédiatement après la naissance, une grande explosion se produit dans la synthèse des protéines. Il est possible que l'étain soit un des messagers qui déclenchent ce processus et stimule la croissance.

Avant que le rôle de l'étain dans la croissance soit découvert, sa présence dans le corps humain était considérée comme un résidu du monde qui nous entoure, sans importance particulière dans la nutrition. On pense maintenant qu'il fait partie de la liste sans cesse grandissante des minéraux en traces essentiels.

On en est encore réduit à deviner comment il fonctionne. "La biochimie de l'étain est encore un territoire vierge" dit en 1974 le Dr Klaus Schwarz, un spécialiste de la recherche sur les minéraux en traces. Et cela reste vrai aujourd'hui (Trace element metabolism in animals, University Park Press 1974).

Par conséquent, peu d'informations sont disponibles sur la teneur en étain des aliments. Les techniques modernes de revêtement ont considérablement diminué la quantité d'étain qui s'infiltre dans notre alimentation par l'intermédiaire des récipients en métal. De sorte qu'on a cessé de connaître les problèmes dus à une trop grande absorption d'étain. On estime que notre consommation journalière se situe entre 3 et 17 milligrammes et que nos besoins sont à peu près de 3,6 milligrammes par jour. A ce jour, la carence en étain est inconnue chez l'homme ou les animaux.

CHAPITRE 22

Le nickel

Avec le nickel, il faut considérer les deux côtés de la médaille. En tant que nutriment dans nos aliments, il y a de fortes chances pour qu'il soit essentiel à notre santé. Inhalé en grande quantité dans les émanations gazeuses de l'industrie, du fuel qui nous réchauffe, de la fumée de cigarettes et dans les gaz d'échappement des voitures, le nickel est un poison dangereux. Pour plus de simplicité, nous parlerons du rôle du nickel en tant qu'élément de nos aliments dans ce chapitre, et des risques qu'il nous fait courir dans la troisième partie, au chapitre 25.

Nombre de nos aliments et beaucoup·de tissus de notre corps contiennent des traces de nickel. Tout d'abord, comme pour l'étain, on croyait que le nickel n'était qu'un résidu sans valeur nutritive. Des expériences sur les animaux ont montré que le nickel est nécessaire dans divers processus physiologiques, ce qui lui confère le statut d'un minéral essentiel pour les humains aussi.

Le nickel associé à la vitamine B6, provoque une réaction qui déclanche des changements importants dans les protéines. Il active certaines enzymes, dont quelques unes pourraient participer à la décomposition et l'utilisation du glucose, source d'énergie de la vie.

On ne sait pas s'il existe de véritables carences en nickel. Une transpiration excessive peut en augmenter nos besoins. Les sujets souffrant de maladies qui compromettent l'absorption intestinale ou qui sont dans un état de perturbation physiologique grave (chaleur ou froid prolongés, traumatisme post-chirurgical, infection) peuvent épuiser leur stock de nickel. Une urémie non traitée, la cirrhose du foie peuvent aussi en épuiser les réserves. Les symptômes de la carence en fer peuvent être aggravés par un taux trop faible de nickel.

Suivant notre alimentation, l'apport quotidien peut aller de quelques microgrammes à plusieurs centaines. Tous les lipides et produits animaux sont en général pauvres en nickel, puisqu'il ne s'accumule pas dans les organismes des animaux (en général). Les fruits de mer font exception. Les céréales, grains, graines, et certains haricots et légumes sont aussi de bonnes sources de nickel alimentaire. (Tableau 31).

Les évaluations ne sont pas précises, la teneur des aliments variant avec la teneur en nickel des sols. En plus du nickel naturellement présent dans la nourriture, de petites quantités s'infiltrent dans notre alimentation, provenant de quelques autres origines. Certains produits vaporisés sur les récoltes contiennent du nickel. Les équipements en acier de l'industrie alimentaire (y compris les casseroles) ajoutent un peu de nickel, particulièrement si les aliments sont acides. Ces petites adjonctions ne sont pas considérées comme un problème d'après la National Academy of Sciences.

Nous consommons à peu près 500 microgrammes de nickel par jour avec notre nourriture. Certains un peu moins, ou un peu plus. Le Dr Henry A. Schroeder et ses collègues ont calculé qu'un menu journalier comportant de la viande, du lait, un fruit, du pain blanc (raffiné), une céréale de petit déjeûner à base de blé (Wheatena) du beurre, de l'huile de maïs fournirait 3 à 10 milligrammes de nickel par jour. Une alimentation fournissant le même nombre de calories, de protéines, d'hydrates de carbone et de lipides, avec de la viande, du lait, des huîtres, des flocons d'avoine, du pain complet de blé ou de seigle, quelques légumes et pommes de terre, avec peu de matières grasses peut contenir 700 à 900 microgrammes (Nickel, National Academy of Sciences, 1975).

Seule une très petite partie du nickel que nous absorbons est assimilée. L'intestin semble limiter strictement la quantité qui passe dans notre système, peut-être en raison de sa nocivité potentielle. La plus grande partie passe dans les urines et les selles. Afin que nous ayons le strict nécessaire, les reins exercent une surveillance. Si nous n'en ingérons que peu (comme dans le premier menu), nos reins en éliminent moins, pour conserver une réserve adéquate. Si nous en ingérons de plus grandes quantités (comme dans le second menu), les reins l'évacuent plus libéralement. Ce système d'équilibrage – appelé mécanisme homéostatique – permet de garantir un niveau de nutrition relativement constant.

TABLEAU 31 **TENEUR EN NICKEL DES ALIMENTS**

Aliments	Portion	Nickel en microgrammes
Bettes cuites	1/2 tasse = 1 verre	141
Cidre	1 tasse = 2 verres	136
Haricots rouges secs	1/4 tasse = 1/2 verre	120
Pois cassés	1/4 tasse = 1/2 verre	83
Haricots secs ordinaires	1/4 tasse = 1/2 verre	82
Lentilles	1/4 tasse = 1/2 verre	76
Palourdes crues	4 ounces = 113,40 g	66
Banane	1 moyenne	60
Cardes cuites	1/2 tasse = 1 verre	52
Chicorée	1 tasse = 2 verres	50
Haricots cuits	1/2 tasse = 1 verre	41
Poires	1 moyenne	37
Laitue	1/2 tasse = 1 verre	31
Broccolis	1/2 tasse = 1 verre	26
Abricots secs	1/4 tasse = 1/2 verre	25
Petits pois	1/2 tasse = 1 verre	24
Sardines (boîte) égouttées	4 ounces = 113,40 g	24
Céleri haché	1/2 tasse = 1 verre	22
Pain complet (farine blé)	1 tranche	21
Epinard crus	1 tasse = 2 verres	19
Scarole	1 tasse = 2 verres	14
Pain blanc (industriel)	1 tranche	14
Jus de tomate	1 tasse = 2 verre	12
Tomate	1 moyenne	4
Crabe en boîte	4 ounces = 113,40 g	3
Oeuf	1 moyen	2

SOURCE: Adapté de
« Nickel » du Comittee on medical & biologic effects of environmental pollutants, (Washington DC: National Academy of Sciences, 1975).
« Nutritive value of american foods in common units » cf. tab. 12.

CHAPITRE 23

Le strontium

Les savants ajouteront peut-être, dans le futur, un autre élément à la liste des minéraux en traces rares mais essentiels – le strontium.

C'est l'opinion du Dr Stanley Skoryma, directeur de la recherche à l'Hôpital St Mary de Montréal. Le Dr Skoryna, qui a effectué plus de recherches sur le strontium que tout autre spécialiste, nous a parlé récemment de ce minéral.

UNE AIDE POUR LES DENTS ET LES OS.

Le strontium, nous a expliqué le Dr Skoryna, est chimiquement semblable au calcium et peut remplir certaines de ses fonctions dans la structure des os. Les chercheurs des Etats Unis, par exemple, ont découvert que dans les régions où le taux de strontium est élevé dans les eaux, la proportion de caries dentaires est basse. Et une étude laisse supposer que ce minéral pourrait être utile dans le traitement de l'ostéoporose, la perte de matière osseuse qui accompagne le vieillissement.

Les recherches les plus récentes du Dr Skoryna se concentrent sur le rôle du strontium dans le métabolisme des cellules. "Le strontium pourrait efficacement protéger les mitocondries, minuscules structures à l'intérieur des cellules, très importantes dans la production d'énergie" dit-il.

"Divers dommages causés au cellules, tels que ceux causés par les toxines, peuvent également endommager les mitocondries".

Une des raisons pour lesquelles la recherche sur le strontium a été négligée, dit le Dr Skoryna, est la panique à propos du strontium 90 il y a quelques années. Le strontium 90, isotope radioactif du strontium, est produit par les réactions nucléaires et peut être absorbé par le squelette, causant des dommages durables. Le Dr Skoryna souligne que le strontium stable, tel qu'il se présente dans la nature, n'est pas radio-actif. En réalité, le strontium est un des minéraux en traces les moins toxiques – beaucoup moins toxique, par exemple, que le fluor. Ce qui signifie, dit-il, que des suppléments de strontium dépassant l'apport habituel peuvent être donnés sans crainte d'effets secondaires.

Le Dr Skoryna nous a déclaré que la consommation de strontium de l'Américain moyen est certainement bien en-dessous du niveau optimal. Etant donné sa faible toxicité et son évidente valeur médicale, le strontium devrait faire partie des suppléments alimentaires du futur, pense le Dr Skoryna. "Le strontium ne fait aucun mal. Il peut être utile dans des conditions particulières où il devrait être administré en plus grande quantité. Et je crois qu'il peut avoir un effet général bénéfique comme supplément alimentaire".

CHAPITRE 24

Allongeons la liste des artisans de la santé du futur

Faire un rapport sur l'état de la recherche sur les minéraux est comme tirer sur une cible mouvante. L'étude des minéraux est une science en marche. Il est plus que probable que d'autres minéraux viendront grossir la liste des nutriments essentiels à notre santé au fur et à mesure que des techniques plus évoluées pour étudier les tissus du corps humain et les constituants des aliments se développeront.

Une vingtaine de minéraux en trace font actuellement l'objet de recherches. Et qui sait si certains d'entre eux ne s'avèreront pas essentiels pour notre santé? Ces candidats partagent certaines propriétés avec les nutriments reconnus: ils sont présents dans les tissus et cellules sains, sont disponibles dans notre alimentation et circulent dans notre sang à un niveau constant. Ces minéraux comprennent:

le baryum	le béryllium
le brome	le cæsium
l'or	le germanium
l'aluminium	le rubidium
l'antimoine	le titane
le bore	le tungsten
le lithium	

PARTIE
III

L'EMPORTER SUR LES DANGERS CACHES

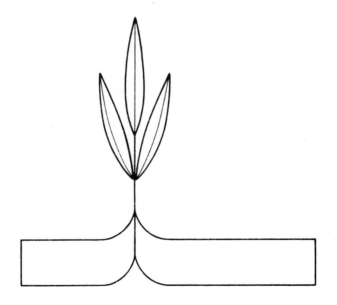

CHAPITRE 25

Eliminer le plomb et autres substances nocives

Les minéraux ne sont pas toujours bons pour nous. Quelques uns, comme le plomb et le cadmium, peuvent causer de sérieux problèmes de santé dès qu'ils dépassent les plus bas niveaux. D'autres, le cuivre et le nickel, par exemple, sont bénéfiques aux niveaux auxquels ils se présentent naturellement dans la nourriture, mais se transforment en poisons à des niveaux plus élevés comme les polluants industriels. Et de même que certains autres comme le chrome et le strontium, ils sont bénéfiques sous une forme chimique et néfastes sous une autre.

Les métaux dits lourds – plomb, cadmium, nickel etc. – sont voués à être néfastes à cause de deux propriétés. Tout d'abord, ils ressemblent beaucoup à ces invités non conviés à la fête qui néanmoins n'en finissent pas de s'en aller. Une fois que le cadmium et le plomb ont réussi à s'introduire dans l'os ou les cellules nerveuses, ils rechignent à les quitter, s'en allant lentement, s'ils s'en vont. Et ce qui rend ces minéraux lourds encore plus ennuyeux est leur très forte attirance pour les tissus biologiques.

De petites quantités de plomb et de cadmium, comme de tous les autres minéraux en traces, existent depuis toujours. Nos corps sont étudiés pour s'accommoder au moins de ces petites quantités. Mais au-delà de certains niveaux, l'imprégnation permanente entraîne une variété d'effets graves sur la santé. Des études montrent que les pollutions atmosphériques peuvent élever notre tension artérielle et diminuer notre défense immunologique contre l'infection. Elles peuvent dégrader les facultés intellectuelles des enfants. Elles peuvent aussi être à l'origine de cancers et compliquer les maladies cardiaques.

Cependant, l'avenir n'est pas si sombre. Toute accumulation de minéraux lourds dans l'atmosphère est créée par l'homme et, par conséquent, peut être rectifiée.

Les employés de certaines industries, telles que le raffinage des minéraux bruts, sont exposés en permanence à des éléments nocifs. Les toxicologues n'ont aucun problème pour identifier les changements qui prennent place à la suite de cette exposition à des doses massives et quotidiennes. Les risques courus par le public vis à vis de pollutions multiples sont plus complexes. Non seulement le degré d'exposition au danger est souvent trop faible pour produire des symptômes directs, mais le temps qui s'écoule avant que de véritables symptômes se manifestent peut aller jusqu'à 30 ou 40 ans – et le diagnostic peut alors être bien délicat. De sorte que les implications pour la santé de millions de gens exposés à des faibles taux de produits toxiques 24 heures par jour, 7 jours par semaine pendant des années sont moins clairement comprises et par conséquent, une plus grande source de préoccupation.

LE PLOMB

On a plus écrit sur le plomb que sur tout autre minéral, bénéfique ou nocif. Sans aucun doute, le plomb est le plus tristement célèbre des minéraux nuisibles à notre santé. La contamination entraîne des dommages aux systèmes nerveux et reproductif. Il perturbe le métabolisme du cuivre et du fer, interrompant la production normale d'hémoglobine. Des taux très faibles peuvent saper notre aptitude à repousser les infections et les effets d'autres substances nocives.

Il y a des centaines de milliers d'années, le plomb ne posait aucun problème. L'érosion progressive des roches en faisait pénétrer de petites quantités dans les sols. Des quantités encore plus infimes se propageaient dans l'air. Les squelettes retrouvés au Pérou et en Egypte, datant de civilisations pré-industrielles, prouvent que les gens absorbaient alors très peu de plomb – 0,002 parts par million – par l'intermédiaire des eaux, de l'air et de leur alimentation.

Nous suivons aujourd'hui un autre rythme – celui du pétrole. Nous absorbons jusqu'à 500 fois plus de plomb, principalement à cause des gaz d'échappement des voitures et du fuel de chauffage. Les industries de raffinage y ont leur part aussi. Des couches de neige accumulées depuis des centaines d'années au Groënland ont été analysées par tranches et ont prouvé que la concentration de plomb est maintenant 400 fois ce qu'elle était à l'état naturel. Nous respirons du plomb – il est absorbé par nos poumons ou avalé. Le plomb en suspension dans l'atmosphère se dépose sur les feuilles des plantes, sur la fourrure des animaux. Il s'accumule dans l'humus du sol – cette partie organique, acide et riche de la terre. Absorbé par les plantes, il est transmis aux consommateurs humains et animaux.

Nous absorbons environ 300 microgrammes de plomb par jour avec notre nourriture, notre eau et l'air que nous respirons. Ce n'est pas très loin de la limite de 429 microgrammes fixée par l'OMS (Organisation Mondiale de la Santé), qui assume que nous ne pouvons en éviter l'ingestion et sommes capables de faire face à une certaine quantité de plomb sans dommages. Environ 10% seulement de celui que nous absorbons avec notre nourriture est assimilé, un peu plus quand nous sommes à jeun. Ce pourcentage est d'abord dissout dans l'estomac par les sucs gastriques puis absorbé par l'intestin grêle. Le plomb que nous respirons est plus aggressif, car il est rapidement absorbé par les poumons.

Le plomb, en si petite quantité soit-il, n'est jamais tout à fait sans danger. Ses effets se cumulent; il s'accumule petit à petit et reste dans l'organisme indéfiniment. C'est un peut comme manger trop de bonbons et grossir progressivement. La majeure partie va vers nos os longs, où elle reste tranquillement à moins qu'elle soit réveillée par un apport insuffisant de calcium, la guérison de fractures ou l'alcoolisme chronique. Le reste travaille sournoisement dans notre cerveau, nos cellules nerveuses et notre sang, créant l'anémie, les difficultés pour apprendre et autres troubles.

"Les problèmes causés par la contamination par de faibles taux de plomb sont courants" dit le Dr Herbert Needleman, professeur assistant de psychiatrie à Harvard Medical School et spécialiste écouté en matière d'empoisonnement par le plomb. "Les symptômes de la contamination par faible taux de plomb sont très généraux. Elle peut produire fatigue, maux de tête, irritabilité et dépression. Dans bien des cas, les médecins ne pensent pas au plomb comme responsable".

Ceux qui courent le plus de risques – les personnes âgées, les femmes enceintes et les enfants – le respirent, le boivent et en mangent chaque jour. Il en va de même pour le reste des populations. Nous transportons dans notre corps à peu près 500 fois plus de plomb que ne le faisaient nos ancêtres des époques pré-industrielles. Jusqu'au milieu des années 70, les gaz d'échappement des voitures qui fonctionnent avec de l'essence contenant du plomb étaient responsables de 90% du plomb que nous respirons. Les rues très encombrées, où circulaient chaque jour au moins une centaine de voitures, étaient les plus empoisonnées. On élimine maintenant une partie du plomb de l'essence afin de limiter les émissions de plombs provenant des voitures, camions et autobus.

Mais vous n'avez pas besoin de travailler au péage d'une autoroute pour être exposé à la contamination.La pluie, le vent, la neige ratissent le plomb de l'atmosphère et le déposent dans le sol et dans l'eau. L'eau potable en contient en moyenne 13 microgrammes par litre. La moyenne peut être nettement supérieure dans les vieux immeubles où existent encore des tuyauteries de plomb et où l'eau est douce. Cette dernière est plus acide, donc plus corrosive· et par conséquent, dissout le plomb des conduites d'eau.

La simple poussière de la rue et de la maison agit comme un récepteur pour toutes les particules en suspension et fait maintenant l'objet de sérieux examens, comme importante source de contamination. Le papier journal en couleur, le papier cadeau contiennent non seulement du plomb mais d'autres colorants toxiques qui se dégagent dans l'air lorsqu'ils sont brûlés. Les boîtes de conserves ajoute du plomb à notre nourriture. La moitié de celui que nous absorbons avec notre nourriture – 50 à 250 microgrammes par jour – provient de la soudure des boîtes de conserves. "Si la soudure au plomb des boîtes de conserves était interdite, la consommation journalière moyenne de plomb des Américains serait réduite de moitié" disent des chercheurs comme Dorothy M. Settle et Clai C. Patterson, de la division des Sciences géologiques et planétaires de l'Institut de Technologie de Californie (Science, Mars 14, 1980).

Les enfants sont particulièrement vulnérables.

Tout d'abord, les enfants absorbent 5 fois plus de plomb que les adultes parce que leur métabolisme est infiniment plus actif en raison de la croissance. Jusqu'à environ 5 ans, les enfants ont tendance, comme des chiots, à se mettre n'importe quoi dans la bouche – les mains, les pieds, les chaussures, la terre, le papier, le plâtre, les jouets, des éclats de la peinture de leur chambre. Ils sucent tout ce qui se trouve là – meubles, bord de la fenêtre, de la barrière du jardin – très souvent des objets qui constituent un risque en puissance.

La peinture à base de plomb est de loin la cause la plus fréquente de cas d'empoisonnement par haute dose de plomb chez les enfants. La peinture, au fur et à mesure qu'elle sèche et vieillit, se détache en éclats qui tentent les enfants. Elle se désintègre également, répandant une poudre de plomb dans la poussière qui se dépose sur les sols et les meubles, poussière qui finit dans la bouche des enfants. Là où il y a de la peinture qui s'écaille, il y a souvent aussi du linoléum qui se casse et du mastic qui se déssèche – deux autres sources de plomb. L'habitude de tout porter à la bouche des jeunes enfants fournit des occasions permanantes au plomb de prendre le chemin de leurs estomacs.

Le cerveau est la cible de prédilection du plomb. Les taux élevés entraînent des symptômes graves : maladresse, mauvaise coordination, faiblesse, douleurs abdominales, vomissements répétés, constipation, et parfois évanouissement et dommages au cerveau. Les symptômes moins caractérisés sont souvent vagues: fatigue, teint cireux, méforme, perte d'appétit, irritabilité, mauvais sommeil et sautes d'humeur. Sans traitement, l'enfant affecté peut avoir des problèmes scolaires et émotionnels.

En étudiant des rats contaminés par l'eau qu'on leur donnait à boire, un savant a pu montrer comment le plomb affecte probablement la conduite et les capacités des enfants. Le Dr Ellen Silbergeld du National Institutes for Health de Bethesda dans le Maryland a donné aux rats de faibles quantités de plomb dans l'eau pendant les 30 premiers jours de leur vie – soit l'équivalent des 5 premières années pour les enfants. La conduite et les capacités d'apprentissage des rats en ont été atteintes. Le plomb pénètre les cellules nerveuses et s'y accroche avec tenacité, affectant tout d'abord le métabolisme à l'origine de l'énergie des cellules, mais plus important, perturbant l'émission des neuropulsions, messagers chimiques entre les cellules nerveuses (Chemical & Engineering news, 23 juin 1980).

Avant 1975, la peinture contenait 1 à 10% de plomb. La Commission de sécurité des consommateurs a interdit l'usage de toute peinture contenant plus de 0,06% de plomb dans les maisons. Cela comprend les murs, les boiseries, les mobiliers de jardin, les meubles et les jouets. Cela ne représente qu'une disposition parmi les huit décrétées aux Etats Unis par six organismes officiels différents dans le but de contrôler les risques encourus par les enfants à cause de la peinture à base de plomb. Les veilles écoles, les garderies et centres d'accueil dont les murs sont recouverts d'une vieille peinture écaillée, sont encore un danger, fréquemment rencontré dans les immeubles en mauvais état des quartiers pauvres des grands centres urbains. Le Service de la Santé Publique des Etats-Unis estime que chaque année, 400000 enfants absorbent une trop grande quantité de plomb et que 16000 nécessitent un traitement pour empoisonnement par le plomb caractérisé. Les effets sur la conduite et les aptitudes des enfants des milieux pauvres, déjà défavorisés par des revenus et une éducation médiocres sont inquiétants. De plus, les enfants pauvres risquent davantage les carences nutritionnelles en protéines, fer, zinc, calcium et vitamine C qui aggravent encore la toxicité du plomb, de même que la chaleur et la déshydratation. Le problème est d'autant plus complexe que les enfants sont doublement exposés: d'une part ils "mangent" du plomb, et d'autre part ils respirent de l'air chargé de plomb et consomment des aliments en conserves, tout comme les adultes.

Les enfants et parents des milieux plus aisés ne sont pas à l'abri. Les CDC (Centres de contrôle de la maladie) d'Atlanta en Géorgie, nous signalent que les jeunes couples qui achètent et rénovent les vieilles maisons sont, comme leurs enfants, exposés aux dangers cités plus haut. John Gallagher, de l'Office of Environmental Health des CDC nous dit qu'il est arrivé que des adultes soient victimes d'empoisonnement après un week-end laborieux passé à gratter la vieille peinture. Les enfants à quatre pattes dans les débris sont exposés aux mêmes risques. Nous vous donnerons quelques recettes pour éviter l'empoisonnement un peu plus loin.

Un adulte ou enfant suspecté d'empoisonnement par le plomb, qui vit ou se rend fréquemment dans un endroit où la peinture à base de plomb pose un problème, devrait être conduit chez un docteur et subir une analyse de sang. Il est intéressant de savoir que le moindre signe d'empoisonnement par le plomb du chien de la famille indique que les enfants risquent fort d'être contaminés. Bien que l'analyse de sang ne reflète pas l'accumulation totale du plomb dans le corps, elle donne une idée de la durée de l'exposition au poison et de la quantité accumulée. Si le mal est identifié et traité rapidement, l'empoisonnement peut être traité par des antidotes qui éliminent le plomb des tissus, mais pas des os. Naturellement, la contamination doit être interrompue.

Que fait-on au sujet de cette contamination à faible dose et à grande échelle? Le Dr Clair C. Patterson, spécialisé dans ce domaine de la recherche et particulièrement inquiété par ce problème en parle sans ambiguïté. Dans un rapport au National Research Council, en 1979, le Dr Patterson critique les instances en place pour leur lenteur vis à vis de ce problème. Il espère que la pression du public finira par stopper l'extraction et la pulvérisation du plomb. Il souligne que d'autres possibilités *existent*. "Des mesures importantes ont déjà été prises pour limiter les quantités de plomb ingérées. La soudure au plomb des boîtes de conserves a largement été remplacée par les boîtes en aluminium, en acier et par des scellages de plastique. Le plastique et l'aluminium remplacent aussi l'emballage sur les bouchons du vin et les peintures et mastics sans plomb sont disponibles partout. Les vernis des faïences n'en comportent plus. Dans bien des cas, la production de ces articles sans plomb revient moins cher que celle des mêmes articles qui en contiennent".

LE CADMIUM.

Un second polluant présent dans l'air, le cadmium, était, tout comme le plomb, autrefois rarissime. Parce que l'industrie l'a extrait et employé extensivement, le cadmium à rejoint le plomb sur la liste des additions indésirables à notre alimentation, notre eau et à l'air que nous respirons. Il est associé au plomb dans la peinture, les soudures et les gaz d'échappement. La fumée de cigarettes aggresse le sang et les poumons par le cadmium qu'elle contient. Une fois dans le corps humain, il rechigne à en partir. Dix à vingt ans d'accumulation peuvent se concrétiser par une soudaine mauvaise santé: tension artérielle élevée, problèmes rénaux, emphysème, et anémie due à une carence en fer. On pense qu'aux Etats Unis, l'Américain moyen ingère environ 70 microgrammes de cadmium par jour (Medical Hypotheses, décembre 1979).

LE MERCURE

Le mercure n'est pas seulement ce liquide lourd et argenté qui se scinde en petites billes insaisissables quand on casse le thermomètre. Dans la nature, la pluie râcle le mercure de l'écorce terrestre, le libérant dans les cours d'eau, les lacs et les océans en infimes quantités. La fabrication des peintures et plastiques, l'emploi des fongicides et la combustion des fuels ajoutent encore tous des quantités de mercure dans les eaux et les airs.

Les grands poissons à l'extrémité de la chaîne de nutrition aquatique, tels que le thon, le flétan ou l'espadon accumulent davantage de mercure que les autres plantes et animaux. Ils l'éliminent aussi très lentement. De temps à autre depuis 1940, au Japon, aux Etats-Unis et ailleurs, on a pu remonter à l'origine d'"épidémies" d'empoisonnement au mercure du à des niveaux exceptionnellement élevés de méthyl-mercure – sa forme la plus toxique – dans les poissons des eaux industriellement polluées.

Le plus frappant des effets néfastes du mercure est l'atteinte au système nerveux: tremblements et mauvaise coordination et dans les cas les plus graves, dommages au cerveau. La contamination par faible taux pendant une longue période peut perturber les fonctions du foie, endommager les reins, le pancréas et la moelle des os et aggraver l'hypertension et le diabète.

En 1972, l'OMS a arrêté le chiffre de 0,3 milligrammes (300 microgrammes) comme seuil tolérable pour l'absorption de mercure pendant une semaine. La tolérance véritable varie avec la sensibilité individuelle; beaucoup de gens peuvent être capables de tolérer un peu plus. Un poisson prédateur habitant des zones très polluées peut contenir jusqu'à 4 milligrammes de mercure pour une portion d'environ 170 grammes. La même quantité de poisson en provenance d'eaux non polluées en contient seulement 67 microgrammes. Les quantité varient avec les espèces, la taille, l'endroit et divers autres facteurs. La Food & Drug Administration (organisme officiel américain contrôlant la qualité des produits alimentaires vendus aux Etats-Unis) a imposé la limite d'1 microgramme de mercure par gramme de poisson vendu aux Etats-Unis. Seule une fraction de ce total d'un microgramme est du méthyl-mercure. De sorte que manger du poisson deux fois par semaine ne pose pas de problème particulier. Les personnes qui pêchent sans le savoir dans des eaux très polluées et mangent le produit de leur pêche courent de sérieux risques, d'après le National Research Council (An Assessment of Mercury in the Environment, National Academy of Sciences, 1978).

Pour anticiper sur les problèmes potentiels, les régions de pêche commerciale et sportive aux Etats-Unis et au Canada sont fermées de temps à autre à cause des taux inacceptables de pollution par le mercure; ou le public est informé des risques dans les régions de pêche sportive. Dans la majeure partie des pays industrialisés, la qualité des eaux est surveillée et les renseignements la concernant sont à la disposition du public. En France, si vous voulez vous assurer qu'une région de pêche est saine, vous pouvez vous renseigner auprès du "Secrétariat d'Etat chargé de l'environnement et du cadre de vie", ou au "Secrétariat d'Etat chargé de la Santé".

Des fossiles de poissons préhistoriques indiquent que les produits de la mer ont toujours été relativement riches en mercure, même avant que les industries commencent à le répandre dans leur environnement. Et certaines étendues d'eau en ont une concentration élevée sans que l'homme ait constribué à leur contamination. Il est possible qu'un mécanisme naturel de désintoxication nous protège des effets néfastes du mercure puisque les humains ont toujours profité du poisson comme d'une source abondante de nourriture. Le poisson contient aussi du sélénium et l'expérimentation montre qu'il bloque certains des effets du mercure, peut-être en l'immobilisant avant qu'il atteigne les organes vitaux. Le soufre s'allie également au mercure et ajoute peut-être une protection supplémentaire.

L'eau potable ne semble pas constituer une source importante de mercure. Pour plus de sûreté, des normes sont généralement fixées dans les pays industrialisés. Aux Etats-Unis, la présence du mercure est limitée à 2 microgrammes par litre.

LE CHLORE

Employé pendant 70 ans pour lutter contre les maladies propagées par les eaux, le chlore – moyen "idéal" de purifier l'eau – est maintenant soumis à la critique.

Le cœur du problème, c'est que le chlore se combine avec nombre d'éléments pour former de nouveaux composés, y compris le chloroforme, connu pour être cancérigène. Le Council on Environment Quality des Etats Unis étudie maintenant en profondeur les données qui semblent établir un lien véritable entre le cancer et l'eau additionnée de chlore bue par les sujets atteints.

Tout d'abord, une équipe de recherche de l'école de santé publique de Columbia University a commencé à examiner les causes de décès de femmes au foyer de 7 comtés de l'Etat de New-York. L'équipe, dirigée par le Dr Michael Alavanja, examina chaque cas de décès de femme par cancer des voies gastro-intestinales ou urinaires de 1968 à 1970. Les chercheurs décidèrent d'étudier des cas féminins parce que le suspect principal était le chlore contenu dans l'eau potable. 85% étaient des femmes à la maison qui, probablement, buvaient la même eau tous les jours. La population de ces comtés étant très stable, la majeure partie des femmes avaient passé leur vie dans la même communauté, buvant la même eau, année après année.

Les chercheurs découvrirent que parmi les femmes de leur étude, les sujets buvant l'eau additionnée de chlore avaient *44% PLUS DE CHANCES* de mourir d'un cancer des voies gastro-intestinales ou urinaires que les femmes qui buvaient de l'eau sans chlore. (Report of Case Control of Cancer Deaths in Four Selected New York Counties in relations to drinking water chlorination, Columbia University School of public health, décembre 1976).

"Autant que nous sachions, c'est la première fois qu'un véritable rapport statistique a été établi entre la mort par cancers des voies gastro-intestinales et urinaires et l'eau additionnée de chlore", nous a dit le Dr Alavanja. Il vient d'achever une deuxième étude sur des hommes, qui confirme dans l'ensemble la corrélation statistique entre le cancer et l'eau javellisée.

Par la suite, une étude portant sur des milliers de cas de décès par cancers en Caroline du Nord, Illinois, Wisconsin et Louisane, fit apparaître une proportion vraiment plus élevée de victimes de cancers des voies gastro-intestinales et urinaires parmi les personnes buvant de l'eau chlorée. Ces études apportent un puissant soutien aux tentatives actuelles de l'Agence de Protection de l'Environnement américaine pour limiter le niveau de chloroforme et de toutes autres substances cancérigènes dans les eaux potables.

Par ailleurs, le chlore est également lié à l'hypertension et l'anémie. Des études effectuées en Russie ont montré que des hommes buvant de l'eau additionnée d'1,4 milligramme de chlore par litre ont une tension artérielle plus élevée que ceux qui boivent une eau additionnée à 0,3 ou 0,4 seulement par litre (Chemical Abstracts, vol.77, 1972, n° 29875).

Aux Etats Unis, le docteur John Eaton, professeur de médecine à l'Université du Minnesota, a découvert qu'un composé du chlore a un effet délétère sur les globules rouges. Il fit cette découverte en 1973 en étudiant le cas de patients qui étaient devenus gravement anémiques au cours d'un traitement dans deux centres de dialyse à Minneapolis. Ces deux centres employaient de l'eau additionnée de chlore dans leurs appareils de dialyse. Le Dr Eaton découvrit dans son laboratoire que les globules rouges de ces patients avaient été gravement attaqués par l'eau javellisée. Ses conclusions se trouvèrent confirmées par un troisième centre du même type à Minneapolis, qui employait de l'eau sans addition de chlore et dont les patients ne présentaient aucun cas d'anémie. (Science, 3 Août 1973). Une réglementation fédérale interdit maintenant dans beaucoup d'états que les patients sous dialyse soient soumis à plus de 0,1 part par million de chlore dans l'eau des appareils.

De récentes études indiquent que les composés chimiques formés par synthèse au cours de la javellisation sont beaucoup plus dangereux que le chlore lui-même. Appelés trihalométhanes (THM), ils constituent le plus grand groupe de composés chimiques synthétiques dans l'eau potable. "On les trouve pratiquement dans toutes les eaux javellisées et il n'est pas inhabituel de les trouver à des concentrations de plusieurs centaines de parts par billion" d'après l'Environment Protection Agency (Federal Register, 9 février 1978).

Une solution pourrait être d'employer des désinfectants qui ne formeront pas de chloroforme ou d'autres composés nocifs. C'est ce qui se produit en Europe où l'on emploie depuis 25 ans le dioxyde de chlore. Il existe aussi des composés comme le chlorure de brome ou l'ozone. Mais ces produits peuvent aussi avoir des effets secondaires sur la santé.

LE NICKEL

Parce que le nickel est éparpillé dans toutes les eaux naturelles, les sols et les nourritures, nous en absorbons inévitablement de petites quantités chaque jour. Cela n'est pas un problème. Il est éliminé par les selles. Sous ses formes et concentrations naturelles, le nickel ne constitue pas une menace. Il est peut être même utile.

Le nickel qu'on respire est une autre histoire. Quand nous brûlons du pétrole et du charbon, raffinons le minerai de nickel, incorporons le nickel aux plastiques et produits en caoutchouc, quand nous l'employons pour plaquer des milliers d'objets, les émanations se propagent dans l'atmosphère. Les gaz d'échappement des voitures et la fumée du tabac s'y ajoutent. Le seul phénomène naturel qui répande du nickel dans l'atmosphère est l'éruption volcanique, relativement rare qui ne peut être comparée aux doses massives résultant du tabac et de l'industrie.

Respirer les poussières et vapeurs de composés toxiques du nickel

est dangereux. Stable dans l'air qui nous entoure, dans celui que nous respirons et dans les fluides physiologiques, le nickel toxique s'installe à demeure dans notre organisme, ne se dissociant en composés moins virulents que très lentement. Dans le monde entier, les ouvriers de l'industrie du nickel ont un taux très élevé de cancer des poumons et des voies respiratoires par suite d'exposition directe et forte au nickel. La présence du nickel dans les fibres d'amiante contribue peut-être à l'association entre le cancer et l'inhalation d'amiante. Des expériences faites sur des animaux donnent à penser que le nickel amenuise les défenses naturelles des cellules, permettant aux virus générateurs de tumeurs de proliférer, et par conséquent, favorisant le développement des cancers.

Quelques-uns seulement d'entre nous travaillent dans des raffineries de nickel ou des usines de plaquage des métaux. Cependant, nous sommes exposés à une partie des mêmes risques. Les gaz d'échappement et la fumée de tabac – de cigares, cigarettes ou pipes – contiennent des formes volatiles de nickel. Chaque cigarette, par exemple, contient de 2 à 6,2 microgrammes de nickel par aspiration, dont 10 à 20% est inhalé. Avec 2 paquets par jour, un fumeur a aspiré jusqu'à 5 milligrammes par an – détail qui est omis dans les publicités pour les cigarettes.

Tout ce qu'on a établi d'une façon certaine jusqu'à maintenant est que les travailleurs du nickel qui fument beaucoup sont particulièrement vulnérables aux cancers des voies respiratoires. Et les fumeurs dans les villes industrielles? Il n'y a pas encore de quoi s'alarmer déclare la National Academy of Sciences. Mais dans un rapport détaillé sur le nickel et la santé, ce même organisme de recherche exprime sa préoccupation concernant les effets possibles d'une contamination prolongée – contamination qui semble s'aggraver plutôt que diminuer – et recommande une stricte surveillance de ce métal (Nickel, National Academy of Sciences 1975). Il n'y aurait rien d'étonnant à ce qu'on en arrive avec le nickel au même type de réglementation qu'avec le plomb.

LE CHROME.

Le chrome trivalent qu'on trouve dans nos aliments n'est pas dangereux. En fait, il est essentiel pour notre santé. Sous une autre forme

– hexavalente – le chrome n'est plus si bienfaisant. Il provoque au contraire des hémorragies gastro-intestinales et peut causer le cancer des poumons et de l'oesophage, ainsi que des ulcères de la peau.

La pollution par des taux élevés de chrome hexavalent existe dans les régions de très dense industrialisation. Les eaux peuvent également être contaminées. Le tabac à l'état de plante absorbe le chrome d'une façon sélective, faisant de la fumée de cigarettes un riche vecteur de pollution.

La vitamine C convertit ce chrome hexavalent en sa forme inoffensive trivalente.

LE STRONTIUM 90

Cette substance est radio-active et dangereuse, par opposition à sa forme stable, le strontium, non radio-active et bénéfique. Le strontium 90 est le produit de réactions nucléaires. Au fur et à mesure que les usines à énergie nucléaire deviennent de plus en plus nombreuses, les risques de strontium 90 relâché accidentellement dans l'atmosphère se multiplient.

Les deux formes de strontium peuvent se faire passer pour du calcium dans nos os – les deux sont chimiquement semblables. Le problème est que le strontium 90 dégage sa radio-activité à l'intérieur de notre corps. Il compromet la transformation de la vitamine D qui favorise l'assimilation du calcium. Ce qui entraîne une faiblesse des os.

Un apport suffisant de calcium, matériel essentiel de l'os, permet de faire échec à l'action du strontium 90. Si l'apport de calcium est élevé, le strontium est éliminé. Les reins s'interposent et le rejettent, réduisant la quantité retenue par l'organisme. Mais si le calcium n'est pas disponible en quantité suffisante, le strontium sera libre de s'installer en tant que substitut indésirable.

LE CUIVRE

Le cuivre ne produit pas d'émanations aussi facilement que le plomb, le cadmium ou le nickel, de sorte que ses effets néfastes dans l'industrie semblent peu importants. Tel qu'il se présente en traces dans l'eau et les aliments, il est indispensable aux fonctions physiologiques. Mais le cuivre qu'on trouve naturellement dans l'eau est souvent complété par du cuivre provenant de déchets industriels et de plomberie corrodée. Cette corrosion est encore aggravée par l'eau javellisée, douce ou acide. Certaines compagnies distribuant l'eau introduisent du cuivre dans les réservoirs afin de limiter la croissance des algues. A un taux assez élevé, cela peut devenir dangereux et causer des irritations de l'appareil digestif et, à l'occasion, des troubles mentaux.

Des traces verdâtres au-dessous de votre robinet signifient que l'eau contient un excès de cuivre. Vous trouverez plus loin des détails sur la façon de tester votre eau.

LE MOLYBDENE

On en trouve de faibles concentrations dans les eaux de surface ou souterraines, car il est fréquemment employé dans l'industrie et entre dans la fabrication de nombre d'engrais chimiques. Bien que le molybdène aide le corps à produire l'acide urique, un taux excessif a été associé au développement de la goutte et des maladies osseuses.

LE BERYLIUM

Employé généralement dans la fabrication des alliages, le béryllium est inoffensif en petites quantités. Mais les chercheurs ont établi un lien entre le béryllium et le cancer, par suite d'expériences effectuées en laboratoire sur des animaux. L'Agence pour la Protection de l'Environnement américaine n'a pas établi de limite pour la présence du béryllium dans l'eau.

L'ARGENT

Utilisé parfois dans les réservoirs d'eau municipaux américains comme désinfectant, l'argent est également employé dans certains types de filtres à eau au carbone radioactif pour empêcher ou ralentir la croissance des bactéries. On nous affirme que cela ne doit poser aucun problème. Il n'en pose probablement aucun à l'état de traces. Mais de larges doses peuvent provoquer l'anémie et même la mort. Le personnel médical ou spécialisé exposé en permanence à l'argent est atteint d'une décoloration d'un gris cendré de la peau, des organes internes et des membranes doublant l'intérieur des paupières.

TACTIQUE INDIVIDUELLE POUR LUTTER CONTRE LES MINERAUX DANGEREUX.

A moins d'aller camper au sommet des Andes ou de s'exiler sur une île déserte, il semble impossible à la majorité d'entre nous d'échapper totalement à la contamination par au moins quelques minéraux. Bien sûr, la concentration et le type de minéraux varient d'un endroit à l'autre. Par exemple, dans les régions de fortes pluies et de puissante érosion, la concentration des minéraux en traces dans l'eau a tendance à être plus élevée. L'extraction et la fabrication industrielle tendent aussi à augmenter la concentration des minéraux là où elles ont lieu. Si vous vivez par exemple près d'une aciérie ou d'une mine de zinc, il est possible que votre eau de consommation renferme une concentration de cuivre, de zinc, d'aluminium, supérieure à la moyenne, sans parler d'une dose potentiellement mortelle de cadmium, de mercure ou de plomb due aux déchets de ces industries.

Les minéraux indésirables provenant des décharges publiques s'infiltrent dans les eaux et les sols. Les combustibles de chauffage des maisons, restaurants et bureaux libèrent des particules dans l'air. Les pesticides disséminent les minéraux dans l'air, la nourriture et l'eau. Tout cela se combine avec les gaz d'échappement des voitures, autobus et camions. Même au-dessus des Montagnes Rocheuses, le ciel bleu est terni par la pollution californienne.

Nous ne pouvons retourner à une société médiévale où le ciel était plus pur, mais le style de vie nettement moins somptueux. Le mieux serait d'établir et de maintenir des niveaux inoffensifs de minéraux dangereux dans notre environnement.

Mais que veut dire "inoffensif"? Et qui décide? Les recommandations viennent d'organismes comme l'Agence de Protection de l'environnement (Environmental Protection Agency – EPA) ou le National

Institute for Occupational Safety and Health (NIOSH – ou Institut national pour la santé et la sécurité du travail), créés pour étudier et faire respecter des règlementations pour l'environnement aux Etats Unis. Une loi comme celle concernant la pollution atmosphérique (Clean Air amendments, 1970) ou la qualité des eaux potables (Safe Drinking Water Act, 1974) essaie de limiter à un minimum réaliste notre exposition à des risques connus. Chimistes et ingénieurs coopèrent pour essayer de limiter la pollution industrielle en élaborant des mesures de contrôle avant la construction des usines. C'est généralement plus simple et moins coûteux pour les entreprises, et finalement pour les consommateurs, que de modifier les usines déjà existantes.

Il existe cependant des problèmes. Il est pratiquement impossible de définir des taux "sans danger" pour les produits cancérigènes. Et la présence de substances toxiques – peut-être cancérigènes – dans les produits commerciaux reste parfois un secret de fabrication.

Nombre d'entre-nous aimeraient avoir plus de contrôle sur ce que nous mangeons, buvons et respirons. Nous pouvons nous manifester auprès de nos élus et exprimer notre préoccupation; mais la législation et la recherche nous semblent de peu de secours lorsque nous sommes pris au milieu d'un embouteillage et sur le point de vomir grâce aux gaz d'échappement. Ou lorsque nous buvons de l'eau dans un lieu inconnu ou une ville éloignée. Ou lorsque nous emménageons dans un appartement en contrebas d'une usine de produits chimiques. Assaillis par toute cette pollution indésirable, nous accueillons volontiers toute protection supplémentaire. Un blocus côté alimentation, combiné à quelques moyens simples de contourner les sources principales de pollution constituent la meilleure ligne de défense. Voici quelques suggestions qui pourront vous aider.

CONSTRUIRE UN BLOCUS ALIMENTAIRE CONTRE LA POLLUTION.

1. *MANGEZ REGULIEREMENT.* La nourriture neutralise certains effets toxiques du plomb; les repas fréquents sont donc la façon la plus simple d'en réduire la toxicité. Une partie relativement petite du plomb ingéré avec les repas – 6 à 14% – est assimilée, alors que 70% de celui qu'on respire entre directement dans le flot sanguin. Lorsque nous restons sans manger, l'organisme fait appel aux graisses

pour fournir les calories et les minéraux des os sont libérés pour maintenir le niveau de calcium dans le sang. Les os et la graisse étant les deux principaux sites d'accumulation du plomb, il se trouve lui aussi relâché dans notre système.

2. *LIMITEZ VOTRE CONSOMMATION DE GRAISSES.* Les graisses absorbent le plomb comme une éponge l'eau. Dans une étude faite par les chercheurs du Centers for Disease Control (Environmental Health Perspectives, avril 1979) l'augmentation de la consommation de graisses favorisait l'absorption du plomb chez les animaux. Le beurre, l'huile, les viandes grasses, la crème, les desserts et les casses-croûtes de l'industrie alimentaire sont les sources les plus fréquentes de graisses. Beaucoup peuvent être éliminées en faveur d'aliments moins gras et de condiments.

3. *SOYEZ SÛR D'ABSORBER ASSEZ DE CALCIUM.* Le calcium, ainsi que le fer, le phosphore et la vitamine D, intercepte le plomb entrant dans l'organisme et l'élimine des os et tissus graisseux avant qu'il puisse filtrer dans les organes tels que le foie ou les reins, où il pourrait perturber le métabolisme. Des études portant sur des bébés montrent que l'absorption du plomb augmente lorsque celle du calcium diminue – *même lorsque l'apport de calcium semble adéquat par rapport aux standards en vigueur* (Environmental Health Perspectives, avril 1979).

Si la consommation de calcium est faible, le corps commence à emprunter des minéraux aux os pour compenser l'apport insuffisant – comme cela se produit dans bien des cas d'ostéoporose – et le taux de plomb dans les reins et le sang augmente drastiquement.

Le calcium protège également du strontium 90, l'empêchant dans une certaine mesure, de jouer son rôle négatif sur les os. Lorsque le calcium est présent, le strontium est déjoué.

Il est possible que le calcium prévienne les effets toxiques du cadmium. Un groupe de rats a'été nourri avec une alimentation contenant du cadmium et un faible taux de calcium. Un autre groupe reçut la même alimentation mais avec un taux élevé de calcium. Par comparaison avec le premier, le deuxième groupe assimila nettement moins de cadmium. (Third International Symposium on trace element metabolism in man and animals, juillet 1977).

4. *FORCEZ SUR LA VITAMINE C* – 5. *PENSEZ AU ZINC.* Une étude entreprise par des chercheurs du Brain Bio Center à Princeton dans le New Jersey, montre que la vitamine C et le zinc protè-

gent contre l'empoisonnement par le plomb. Sous la direction de la biochimiste Rhoda Papaioannou, l'équipe de chercheurs étudia 22 ouvriers d'une usine dont l'atmosphère regorgeait de plomb – à tel point que beaucoup donnaient des signes d'empoisonnement. Pour l'étude, les ouvriers prirent 2 grammes (2000 milligrammes) de vitamine C et 60 milligrammes de zinc par jour. Avant d'entreprendre l'étude, et 6, 12 et 24 semaines après son début, les chercheurs mesurèrent le niveau de plomb dans le sang des ouvriers et tout ce qui était de nature à indiquer une éventuelle diminution du plomb dans le sang.

Après 24 semaines, le taux moyen de plomb dans le sang avait baissé de 26%. Certaines des autres analyses confirmèrent la diminution.

"Ces changement furent spectaculaires dans la mesure où les ouvriers ont continué leur travail au cours de l'expérience et restèrent constamment exposés à des taux élevés de plomb" disent les chercheurs (Journal of Orthomolecular Psychiatry, juillet 1978).

Comment la vitamine C et le zinc travaillent-ils à arrêter l'empoisonnement par le plomb? Les chercheurs assument qu'ils empêchent le système digestif de l'absorber.

Mais ces deux nutriments ne se contentent pas d'empêcher l'absorption du plomb; il est possible, disent les chercheurs, qu'ils "protègent du plomb déjà absorbé" – l'éliminant hors du système. "La vitamine C et le zinc pourraient aussi prévenir les symptômes de l'empoisonnement par faible taux de plomb" déclare Mademoiselle Papioannou. "En augmentant l'apport de vitamine C et de zinc, tout le monde pourrait bénéficier d'une meilleure protection contre les inévitables intoxications dûes au plomb dans la vie moderne" ajoute-t-elle: "Ce serait beaucoup mieux d'assainir notre environnement mais en attendant, nous pouvons au moins protéger nos organismes".

La vitamine C protège également contre les autres métaux lourds, y compris le cadmium, le mercure, l'excès de fluor et l'intoxication par exposition au chrome, au cobalt et au cuivre dans l'industrie.

Le zinc, lui aussi, combat le cadmium. Dans une expérience, des chercheurs ont donné à une jeune caille des aliments contenant du cadmium. Dès que le zinc fut ajouté à l'alimentation, le niveau de cadmium dans les tissus diminua. "Le zinc est un élément important pour empêcher l'accumulation de faibles taux de cadmium, semblables à ceux qu'on trouve dans l'alimentation humaine" ont écrit les chercheurs (Federation proceedings, mars 1977, n° 4656).

6. *ENTRETENEZ VOS RESERVES DE FER*. Des menus bien pourvus en fer aident à résister aux effets du plomb. Une carence en fer augmente la vulnérabilité à la toxicité du plomb chez les rats. Un apport suffisant de fer tend à reduire la quantité de plomb absorbée par l'intestin.

En fait, les personnes manquant de fer absorbent sans doute 24% du plomb compris dans l'alimentation au lieu des 10% habituels, disent des chercheurs écossais qui ont comparé l'absorption de fer et de plomb dans des régimes expérimentaux suivis par 10 personnes. (Lancet, 2 août 1980).

Le fer peut également constituer une protection efficace contre le cadmium. "Des taux de fer dans l'alimentation dépassant les quantités normalement recommandées offrent une protection presque totale contre la toxicité du cadmium chez les rats en pleine croissance" écrit Orville Levander (Federation Proceedings, avril 1977).

Le fer reçoit peut-être de l'aide de la vitamine C. Des chercheurs ont donné à deux groupes de rats des aliments contenant du cadmium. Après quelques semaines, on supprima le cadmium et un des groupes reçut du fer et de la vitamine C. Le "rétablissement" des mauvais effets du cadmium fut beaucoup plus rapide que dans le groupe qui n'en reçut pas (Nutrition Reports International, décembre 1977).

7. *LE SELENIUM JOUE UN RÔLE PREVENTIF DANS LA LUTTE* contre les assants de la pollution, en contrecarrant le cadmium et le mercure.

Le sélénium et le cadmium se disputent les sites d'assimilation dans notre corps. Si le sélénium occupe la place le premier, le cadmium est écarté.

Le sélénium réduit la toxicité du mercure et diminue son effet sur les reins, bien que le rapport entre les deux ne soit pas élucidé. "Il est clair que les organismes nourris avec une alimentation naturellement riche ou enrichie en sélénium atteignent un degré élevé de protection contre l'empoisonnement par le methyl-mercure" conclut la commission d'études sur l'environnement (Environment Studies Board of the National Research Council: An assessment of mercury in the environment, National Academy of Sciences, 1978).

Le poisson et les fruits de mer sont naturellement riches en sélénium. Et la levure riche en sélénium est l'une des inventions de l'homme qui ne sert qu'à de bonnes fins: nous aider à maintenir notre équilibre nutritionnel pour combattre les toxines des métaux lourds.

8. *LA VITAMINE E S'ALLIE AUSSI* au zinc et à la vitamine C, dans la lutte contre le plomb. Une équipe de chercheurs a donné à des animaux de laboratoire des doses importantes de plomb et des quantités variables de vitamine E. Les animaux ayant reçu les quantités les plus faibles de vitamine E furent ceux qui présentèrent les niveaux de plomb les plus élevés dans leurs tissus, montrant ainsi que cette vitamine peut aussi aider à la prévention de la contamination par le plomb (Federation proceedings, 1 mars 1977, n° 4742).

A eux deux, le sélénium et la vitamine E font équipe pour neutraliser les minéraux toxiques que la vitamine E ne pourrait contrer seule: le cadmium, le mercure et l'argent.

9. *LA POUDRE DE VARECH CONTRE LES RETOMBEES RADIOACTIVES.* Le varech est une algue. Plusieurs études rapportent qu'une substance extraite du varech a la remarquable propriété d'inhiber véritablement l'absorption par notre corps de certains poisons. Parmi eux se trouve le strontium 90.

Yukio Tanaka, docteur à l'Hôpital St Mary de Montréal nous a parlé de recherches faites avec deux extraits de varech brun du Pacifique: l'alginate et la fucoïdine. Dans des expériences réalisées sur des mammifères, l'alginate a fait obstacle à l'absorption de strontium et de cadmium radioactifs. La fucoïdine a empêché l'absorption de plomb. Le docteur Tanaka cite aussi les travaux d'un autre chercheur, Jerry Stara, dont les expériences avec les animaux montrent que l'alginate peut également éliminer le strontium 90 qui a déjà été absorbé. Et une étude britannique relatée dans Nature (décembre 1965) démontre que l'alginate ramène à 1/8 de ce qu'elle serait sans elle l'absorption de strontium 90 chez les humains.

APPROVISIONNEZ-VOUS SANS DANGER.

10. *CHOISISSEZ DES BOITES DE CONSERVE SANS SOUDURE* quand vous voulez stocker des provisions. Les conserves en boîtes soudées – c'est à dire fermées par du métal fondu – ajoutent au taux de plomb de votre alimentation. Les boîtes soudées sont faciles à reconnaître. Cherchez la "couture" verticale qui va du haut en bas de la boîte. Cette couture est souvent faite en versant du plomb chaud fondu sur l'extérieur de la boîte et en l'écrasant dans la couture pendant qu'il refroidit et se solidifie. La soudure forme une ligne

en relief d'un gris métalisé, une couleur et une texture différentes de la surface lisse et brillante de la boîte. La soudure rend la boîte hermétique, mais elle est en contact avec la nourriture à l'intérieur. Bien que chaque boîte représente une dose infime, toute personne qui désire réduire son absorption globale de plomb par l'alimentation, l'eau et l'air peut désirer choisir ses conserves avec précaution.

D'après le Dr Patterson et Dorothy Settle du California Institute of Technology, si les deux côtés de la boîte sont délimités par une ligne nette et lisse, sans tartinage ni modification de couleur ou de texture, il y a de fortes chances pour que la boîte ne soit pas soudée, . Si la "couture" est dissimulée sous le papier de l'étiquette, il suffit d'en décoller quelques centimètres pour faire une petite inspection. Les boîtes en acier et en aluminium sont sans "couture" et ne sont pas soudées.

11. *MANGEZ DU PAIN ET DU RIZ COMPLETS.* Du cadmium est contenu dans l'endosperme des grains de blé et de riz. Le zinc, le sélénium, le calcium et la vitamine E sont concentrés dans le germe et le bran. Ces facteurs de protection sont éliminés lorsque les grains sont moulus en farine blanche, riz blanc et dérivés raffinés.

12. *LAVEZ LES FRUITS ET LEGUMES FRAIS AVANT DE LES SERVIR.* Les dépôts superficiels de métaux lourds sont supprimés ou dilués par le lavage du produit. Les peler est une précaution supplémentaire, bien qu'elle vous fasse perdre une partie des fibres et vitamines.

13. *FAITES CUIRE LES LEGUMES RAPIDEMENT SANS EAU - OU DANS TRES PEU D'EAU.* Faites cuire à la vapeur le plus souvent possible. Des expériences effectuées au Gardiner Institute of Medecine et à l'Université de St Andrews en Ecosse, ont montré que les carottes, les choux et les petits pois (représentatifs des légumes à racines, à feuilles et à graines) interceptaient une partie non négligeable du plomb de l'eau de cuisson. Plus les légumes cuisent longtemps, plus ils en absorbent. Les chercheurs ajoutent que la viande cuite à l'eau absorbe également le plomb et les autres minéraux toxiques tels le cadmium. (International archives of occupational and environmental health, vol. 44, n° 2, 1979). Vous voudrez peut-être faire vérifier la teneur en minéraux de votre eau. Si vous habitez une maison où la plomberie comporte encore des tuyaux de plomb ou si vous vivez dans une région d'eau douce, vous préfèrerez peut-

être faire la cuisine avec de l'eau en bouteilles, surtout pour les pâtes, le riz, les haricots ou légumes demandant une longue cuisson.

TACTIQUE CONTRE LA POLLUTION.

14. *EXERCICE.* L'antidote n° 14 est tout simplement: Eliminez le plomb en transpirant. Les sédentaires absorbent apparemment plus de plomb dans leur nourriture. Une fois installé dans l'organisme, le plomb y reste. Par ailleurs, les coureurs qui inspirent davantage de plomb quand ils courent, semblent pourtant en retenir beaucoup moins. La théorie du Dr Patterson, de la division des sciences géologiques et planétaires de l'Institut de Technologie de Californie, est que, bien que les coureurs soient exposés à des quantités supérieures de plomb, ils s'en tirent probablement mieux que les sédentaires des banlieues industrielles, leurs organismes entraînés semblant en mesure de mettre en route un mécanisme de défense empêchant l'assimilation du plomb ingéré, peut-être à cause d'un métabolisme du calcium plus sain et efficace.

15. *ARRETEZ DE FUMER.* Si vous fumez, c'est le moment de vous arrêter. Le tabac réduit le taux de vitamine C de 40% en moyenne. Non seulement fumer enlève à votre corps son aptitude à lutter contre la pollution, mais le tabac contient des quantités appréciables de cadmium, de nickel et de chrome, tous toxiques, ajoutant ainsi à l'étendue du désastre.

Si vous pensez ne pouvoir vous arrêter qu'en diminuant votre ration de cigarettes, augmentez votre ration de vitamine C. Cela vaut aussi pour les personnes souvent obligées de supporter ceux qui ont plaisir à s'entourer de leur écran de fumée personnel.

Si nous ne fumez pas, accordez-vous une décoration. Vous pratiquez déjà la lutte contre la pollution.

NETTOYEZ VOTRE EAU POTABLE.

16. *FAITES ANALYSER VOTRE EAU.* Connaître la teneur en minéraux de votre eau potable pourrait vous permettre de prendre

TABLEAU 32

ETUDE DE L'EAU COURANTE PORTANT SUR 2595 ECHANTILLONS PROVENANT DE 969 SYSTEMES DE DISTRIBUTION PUBLICS DIFFERENTS AUX ETATS-UNIS

MINERAL	Taux limite permis milligrammes par litre	Concentration maximum milligrammes par litre	Pourcentage en excédent
Cadmium	0,01	0,11	0,2
Chrome	0,05	0,08	0,2
Cuivre	1,00	8,35	1,6
Fer	0,30	26,00	8,6
Plomb	0,05	0,64	1,4
Manganèse	0,05	1,32	8,1
Argent	0,05	0,026	0,0
Zinc	5,00	13,00	0,3

SOURCE: « Survey of Community Water Supply Systems » de L. J. McCabe, Journal of American Water Works Association, novembre 1970.

des décisions importantes concernant votre santé, comme par exemple envisager de changer la plomberie ou chercher une autre source d'approvisionnement si votre eau présente des concentrations de minéraux incompatibles avec une bonne santé.

Une étude sur l'eau courante effectuée en 1970 a évalué l'état de l'eau entre la station d'épuration et les maisons (tableau 32). Elle a permis de constater que 30% des échantillons prélevés aux robinets contenaient des concentrations dépassant les chiffres admis à l'époque. Dans un cas, par exemple, la teneur en cadmium était 11 fois plus élevée que la dose permise. Dans d'autres échantillons, la teneur en fer était 90 fois supérieure au taux acceptable; celle en manganèse 26 fois, et la teneur en plomb 13 fois plus élevée que le taux en vigueur (Journal of American Water Works Association, novembre 1970).

Les personnes utilisant leur propre réserve d'eau – puits, citerne, etc. – ne sont pas à l'abri des problèmes, le cuivre ou le plomb de la plomberie de la maison étant souvent un des facteurs principaux de la pollution.

Si vous vivez dans une région d'eau dure (et ne faites pas adoucir votre eau), vous échappez peut-être à ces doses supplémentaires de minéraux. Le calcium et le magnésium – de bons minéraux – ont tendance à s'accumuler à l'intérieur des conduites d'eau, formant ainsi une sorte de doublure naturelle protégeant la plomberie d'une corrosion excessive. Mais si votre eau est naturellement douce, vous avez sans doute deux atouts contre vous. Premièrement, votre plomberie ne bénéficie pas de cette doublure protective. Deuxièmement, étant naturellement açide, l'eau est plus corrosive. A Boston, par exemple, où l'eau est à la fois douce et acide, la moitié des échantillons d'eau prélevés dans le quartier de Beacon Hill dépassaient les limites permises pour la teneur en plomb.

Vous pouvez vous procurer (dans les pharmacies) un papier Ph gradué qui permet de tester le Ph de l'eau. Faites-le et comparez avec les chiffres du tableau 33. Comme vous pouvez le constater, plus le taux de Ph est élevé (ou moins votre eau est acide), moins elle semble contenir de minéraux. La corrosion due au cadmium, au plomb et au zinc semble légèrement supérieure à la normale pour un Ph de 7 à 7,4 environ. Mais, pour certains minéraux, elle est plus importante pour un Ph moins élevé. La quantité de cuivre, par exemple, augmente particulièrement quand le Ph de l'eau est inférieur (ou égal) à 6,9. Si les conduites d'eau à votre domicile sont en cuivre et le Ph de votre eau s'avère peu élevé, il y a de fortes chances pour que vous ayez des traces de cuivre dans votre eau.

Dans ce cas, par mesure de sécurité, laissez couler l'eau du robinet le matin avant d'en boire. Ayant séjourné toute la nuit dans les tuyaux, elle risque d'être chargée d'une forte concentration de minéraux. En la laissant couler, vous videz les tuyaux de cette eau trop minéralisée.

Le matin est le meilleur moment pour prélever un échantillon à faire analyser, les concentrations de minéraux étant les plus fortes à ce moment de la journée. Après tout, si votre eau s'imprègne de minéraux dangereux comme le cadmium et le plomb ou de quantités excessives de cuivre hérité de la plomberie, il vaut mieux que vous le sachiez. De plus, l'eau est censée être vérifiée avant de quitter les stations d'épuration, mais généralement pas quand elle sort de votre robinet. Et c'est celle-là que vous buvez. Si vous employez votre provision d'eau – source ou puits – il est encore plus important de tester sa qualité, puisqu'elle n'a probablement pas été analysée du tout avant que vous la buviez.

Des organismes publics effectuent des analyses, généralement pour un nombre limité de minéraux. En principe, il est plus simple de vous renseigner à la mairie de votre ville ou du chef-lieu de votre département. De nombreux laboratoires d'analyses font également celles des eaux. Les prix varient suivant le nombre de tests demandés – et suivant leur nature.

TABLEAU 33 **TENEUR EN MINERAUX D'ECHANTILLONS D'EAUX COURANTES DE RESEAUX DE DISTRIBUTION COMMUNALE VARIES (AUX ETATS-UNIS)**

COLONNE A: Pourcentage de dépassement de la limite
COLONNE B: Moyenne en milligrammes par litre

Nombre d'échantillons	Ph de 0 à 6,9 425		Ph de 7 à 7,4 556		Ph de 7,5 à 7,9 550		Ph de 8 ou + 595	
	A	B	A	B	A	B	A	B
Cadmium	0,0	0,001	0,5	0,008	0,2	0,001	0,0	0,000
Chrome	0,0	0,000	0,7	0,002	0,0	0,001	0,0	0,003
Cuivre	5,4	0,295	1,1	0,119	0,2	0,067	0,5	0,050
Fer	10,8	0,184	11,7	0,331	7,5	0,116	3,9	0,081
Plomb	1,6	0,013	2,3	0,016	0,5	0,012	0,3	0,009
Manganèse	9,9	0,026	11,7	0,033	6,8	0,019	4,0	0,012
Argent	0,0	0,000	0,0	0,000	0,0	0,000	0,0	0,001
Zinc	0,7	0,225	0,5	0,321	0,0	0,180	0,0	0,056

SOURCE: « Problems of Trace Minerals in Water Supplies: An overview » de L.J. McCabe, Proceedings of the 16th Water Quality Conference, University of Illinois, février 12/13, 1974.

Aux Etats Unis, une organisation à but non lucratif appelée Soil and Health Society, s'intéressant principalement aux problèmes de l'environnement, effectue les tests à des tarifs modérés. Soulignant bien l'importance de faire analyser votre eau par vos propres moyens, cette orgaisation fait remarquer que 50% des eaux courantes de consommation qu'elle a eu l'occasion d'analyser avaient des teneurs en minéraux supérieures aux taux recommandés en vigueur (voir Tableau 34 pour les teneurs maximum en minéraux dans l'eau potable aux Etats Unis).

17. *TRIOMPHEZ DU CHLORE DANS VOTRE EAU:* Mettez un peu d'eau dans votre mixer et faites tourner pendant environ 15 minutes. Ou laissez la reposer toute la nuit au refrigerateur. Le chlore est un gaz volatile et il s'échappera dans l'air.

18. *DEBARRASSEZ-VOUS DU CHLORE AVEC DE LA VITAMINE C:* ajoutez une pincée de vitamine C en poudre à votre verre d'eau javellisée immédiatement avant de la boire. Le goût et l'odeur disparaîtront. Cette méthode marche parce que la vitamine C est un acide (acide ascorbique) et que le chlore est une base. La combinaison acide-base produit un sel, qui rend le chlore inoffensif.

19. *DISTILLEZ VOTRE EAU.* Si votre eau est très polluée par les

composés chimiques (chloroforme par exemple) ou les minéraux, vous pourriez envisager d'utiliser un distillateur. Bien que la distillation élimine les minéraux bénéfiques en même temps que les mauvais, c'est encore la meilleure solution pour les eaux très contaminées.

Jusqu'à une époque récente, les distillateurs n'étaient pas très efficaces. Il en existe maintenant qui éliminent la totalité du chloroforme présent dans l'eau. Le processus appelé distillation fractionnelle consiste à éliminer les composés organiques par évaporation avant de distiller l'eau.

L'inconvénient principal réside dans le fait que les minéraux sont *tous* éliminés, y compris les minéraux bénéfiques comme le calcium et le magnésium. Mais la nourriture et les suppléments peuvent aisément compenser l'absence de minéraux dans l'eau.

PROTEGEZ VOTRE FOYER.

20. *SI VOUS VOULEZ FAIRE ANALYSER VOTRE PEINTURE.*
En 1975, la Consumer Product Safety Commission (Commission pour la sécurité des produits de consommation) établi une règle suivant laquelle on ne pouvait vendre aucune peinture contenant plus de 0,06% de plomb pour l'usage de la maison. Depuis 1978, cette règle s'applique aussi aux jouets et mobilier de jardin – à tout ce qui peut faire partie du foyer. Toute peinture achetée depuis 1978, ou tout domicile repeint depuis cette date, peut être considéré comme sans danger.

Si votre peinture date d'avant 1977 ou recouvre des couches de peinture ancienne, il est encore possible que vous soyez à l'abri. Si la peinture est intacte, si elle ne pèle pas, ne s'écaille pas ou ne s'époudre pas, il est préférable de la laisser, dit John Gallagher, du CDC (Centers for Disease Control) d'Atlanta. L'enlever peut être une source de problèmes parce que cela libère le plomb en poussières dans l'atmosphère de votre maison.

Cependant, les surfaces accessibles comme les rebords de fenêtres, les rampes d'escaliers, tous les parapets et barrières sont les outils favoris des jeunes enfants pour se faire les dents. Leurs parents peuvent s'en préoccuper, même si la peinture n'a pas encore commencé à s'écailler. Si vous avez des doutes, faites analyser la peinture

TABLEAU 34

TENEUR LIMITES EN MINERAUX
DANS L'EAU POTABLE

Minéraux	Limite recomandée en milligrammes par litre
Argent	0,05
Arsenic	0,05
Baryum	1,00
Beryllium	pas de limite recommandée
Cadmium	0,01 (a)
Chrome	0,05
Cobalt	pas de limite recommandée
Cuivre	1,00 (a)
Etain (Tin)	pas de limite recommandée
Manganèse	0,05 (a)
Mercure	0,002
Molybdène	pas de limite recommandée
Plomb	0,05
Vanadium	pas de limite recommandée

SOURCE: « Water fit to drink », de Carol Keougn, (Rodale Press, 1980)
Note:. la plupart des valeurs sont basées sur les standards de l'EPA (Environment Protection Agency) pour l'eau potable données dans National Interim Primary Drinking Water Regulations.
(a) empruntée à USPHS Drinking Water Standards (1962). La réglementation de l'EPA prévaut sur celle de l'USPHS, mais ne donne pas de limite pour ce minéral.

de votre intérieur. Renseignez-vous au service d'hygiène de la mairie de votre ville ou du chef-lieu de votre département.

Si votre peinture pêle ou s'écaille, prélevez-en un éclat et téléphonez au service d'hygiène. On vous dira s'il est équipé pour examiner votre échantillon ou vous donnera l'adresse d'un laboratoire compétent. Un éclat de certaines vieilles peintures peut contenir jusqu'à 100 milligrammes de plomb – assez pour provoquer une urgence médicale. Une ingestion moindre mais répétée pendant plusieurs jours de suite peut être également grave.

Le plus simple et le moins coûteux est de dissimuler la peinture sous un nouveau revêtement: panneaux du commerce, frisette, papier peint ou papier adhésif. Si vous décidez d'enlever les vieilles couches de peinture, soyez prudents. Pendant que vous grattez et poncez consciencieusement ces murs pour leur redonner leur aspect original, les particules de plomb imprègnent l'atmosphère pour se déposer sur les meubles et le sol en une couche *plus dangereuse* que ne l'était la peinture sur les murs.

Le vieux mastic et les linoléums qui se cassent contiennent aussi du plomb. Les petits enfants à quatre pattes dans les déchets ont de grandes chances d'ingérer et de la poussière, et des morceaux de peinture.

Les adultes aussi sont vulnérables. N'oubliez pas de laver vos mains avant de vous servir à boire. Ne posez pas le sandwich que vous êtes en train de manger là où il sera recouvert par les poussières. Et fermez la porte de la pièce que vous avez attaquée pour éviter que les poussières se répandent dans tout le reste de la maison. Recouvrez votre sol pour éviter que la poussière de plomb s'incruste dans le parquet ou la moquette.

Envoyez vos enfants chez les voisins ou amis pendant la majeure partie de vos travaux. Et enfants ou pas, éliminez les détritus au fur et à mesure pour éviter l'accumulation de ces résidus chargés de plomb.

NOTE: En France, seules les gouaches et les peintures pour jouets font l'objet d'une réglementation à ce sujet. (On ne doit pas peindre de jouets avec une peinture dont la teneur en plomb dépasse 100 mg par Kg).

21. *ELIMINEZ LA POUSSIERE DANS VOTRE INTERIEUR*. A propos de nettoyage, de bonnes habitudes ménagères peuvent limiter votre exposition journalière au plomb, particulièrement si vous vivez dans un rue où la circulation est intense ou dans un quartier industriel. Les tapis, les moquettes, les rideaux sont des pièges à poussière de plomb qui s'infiltre par les fenêtres et sur vos chaussures et vêtements. Si vous pouvez, passez vos sols au chiffon humide ainsi que vos meubles.

"Moins de poussière signifie moins de plomb" dit le Dr Herbert Needleman, psychiatre de Boston spécialisé dans le domaine du plomb.

Lorsque nous lui avons demandé quelle est l'importance de la poussière dans la maison en tant que source de plomb et quelle différence le ménage peut vraiment faire, un autre savant nous a répondu: "Chaque fois que vous réduisez un tant soit peu votre contact avec le plomb, vous n'en êtes que mieux". Le Dr Eldon Savage, professeur à l'Université de l'Etat du Colorado et président du Commitée on Environmental Toxicology (Comité sur la toxicité dans l'environnement) pour la National Environmental Health Association (Association Nationale pour un Environnement Sain) a ajouté: "Cela ne veut pas dire que si papa et maman ne font pas bien le ménage, ce sera leur faute si leur enfant est contaminé par le plomb. Mais c'est une source supplémentaire qu'on peut supprimer".

22. *PLANTEZ VOS LEGUMES LOIN DE LA RUE.* Ne perdez pas de vue que, tant que les voitures fonctionneront avec de l'essence contenant du plomb, les gaz d'échappement continueront à en répandre dans l'air. C'est un bonne idée d'en tenir compte en plantant votre jardin. L'examen des légumes de 14 jardins situés dans Boston et ses environs a prouvé que plus les légumes poussent près de la rue, plus ils contiennent de plomb. L'étude a été effectuée par le Dr James R. Preer, alors au département des Sciences de la Nutrition et des aliments de l'Université du Massachusetts. "La contamination des légumes par le plomb des gaz d'échappement est généralement limitée à un rayon de 25 à 35 mètres des principales artères de circulation. Beaucoup de jardins urbains sont situés nettement à l'intérieur de ces limites, bien que la circulation y soit parfois inférieure à celle des autoroutes". Le cadmium aussi peut s'accumuler. Les jardiniers devraient prendre en considération la direction des vents dominants et l'importance du traffic avant de choisir l'emplacement de leur jardin, disent les chercheurs (Eleventh annual conference on trace substances in environmental health, 6-9 juin 1977).

Ce serait aussi une bonne idée de faire analyser la teneur en plomb du sol lui-même. En plus des gaz d'échappement, la poussière émanant des vieilles peintures des maisons et le contenu des décharges peuvent apporter du plomb au sol, rapporte le Dr Preer dans des travaux plus récents. Les légumes à feuilles vertes sont les plus gros accumulateurs et les enfants et femmes enceintes sont les individus qui courent le plus de risques. (Environmental pollution, avril-juin 1980). Contactez les services concernés du Ministère de l'Agriculture pour vous renseigner – ou faites faire une analyse du sol de votre secteur. Même si la teneur en plomb est élevée, une nouvelle couche de terre peut remédier au problème.

23. *NE LAISSEZ PAS LES JEUNES ENFANTS MANGER DE LA TERRE.* "Voici une bonne occasion d'en finir avec cette idée qu'un peu de terre n'a jamais fait de mal à un gosse" dit le Dr Needleman, de l'Hôpital pour enfants de Boston. La terre contient du plomb et n'est *PAS* sans danger.

24. *NE BRULEZ PAS LE PAPIER CADEAU.* Cela s'applique également aux magazines imprimées en couleurs et aux réclames. Les impressions en couleur contiennent souvent un assortiment de pro-

duits toxiques, y compris le plomb et le chrome. Les brûler dans la cheminée peut emplir la pièce de particules potentiellement dangereuses. Faites attention aussi aux jeunes enfants qui mâchent le papier. Jetez vos papiers cadeau et vos journaux et magazines en couleurs dans des sacs fermés et laissez le service sanitaire de votre ville en disposer correctement.

CHAPITRE 26

Eau dure et eau douce:
une vue de l'intérieur

Il n'y a pas que de l'eau qui sorte de votre robinet. La présence ou l'absence de certains minéraux dépend de ce que votre eau est douce ou dure. Parce que cette différence a une incidence sur votre santé, elle vaut d'être examinée de plus près.

L'eau dure contient de grandes quantités de minéraux dissous, particulièrement du calcium et du magnésium, prélevés en traversant les couches souterraines de dolomite. Techniquement, on considère l'eau comme dure si elle contient plus de 75 milligrammes de particules minérales par litre. Dans certains pays, la dureté de l'eau est parfois mesurée en "grains" ou grains de minéraux par "gallon". Aux Etats-Unis, l'eau est considérée comme *légèrement dure* quand elle contient de 1 à 3 grains par gallon (voire note); *moyennement dure* quand elle contient de 3 à 6 grains par gallon; *dure* quand elle contient de 6 à 12 grains par gallon; *très dure* quand elle en contient 12 à 30; et *extrêmement dure* quand elle contient 30 grains ou plus.

Autrement dit, l'évaporation par ébullition d'un gallon d'eau moyennement dure laisserait un dépôt de minéraux égal à la valeur d'un cachet d'aspirine (soit 5 grains). Cela semble peu. Mais si vous quittez une région d'eau douce pour une région d'eau dure, vous verrez la différence que ces roches dolomitiques peuvent faire.

Votre baignoire acquiert petit à petit un dépot qu'elle n'est pas près de perdre. Le détergent ne mousse plus dans votre machine à laver. Vos cheveux ne resplendissent plus après le schampoing. Les vêtements en fibres synthétiques deviennent de plus en plus ternes après lavage. Votre bain-marie a l'air d'avoir une maladie de peau. Le fond de votre bouilloire s'écaille dans votre thé et quand vous stérilisez un bocal, il en sort douteux et peu appétissant.

Si vous habitez dans une région à eau dure, vous avez peut-être reçu la visite d'un représentant d'une compagnie locale de déminéra-lisation. Ils offrent parfois de tester votre eau avec un équipement qui a l'air scientifique, gratuitement. Le test gratuit s'accompagne d'un discours gratuit sur les méfaits de l'eau dure. Avec l'évapora-tion, l'eau dure laisse un dépôt granuleux à l'intérieur de votre chauf-fe-eau, des tuyaux, des radiateurs et même de votre verre à dents. Les compagnies de déminéralisation suggèrent que cela coûte moins cher d'installer un adoucisseur d'eau que de remplacer la plomberie.

L'eau douce est évidemment tentante. Elle supprime les accumu-lations de savon et les dépots du détergent sur les vêtements. Il faut moins de produit pour la lessive et le nettoyage. Plus de traces sur vos verres et votre vaisselle. L'eau douce rince les eaux grasses plus vite, sans laisser de résidu. Elle permet des bains moussants plus somptueux et laisse les cheveux propres et brillants après le scham-poing . Les appareils ménagers durent plus longtemps et les équipe-ments coûteux pour la plomberie et le chauffage sont protégés.

NOTE: Aux Etats Unis, 1 gallon (gal US) = 3785 centilitres = 3,785 litres. En Grande Bretagne et au Canada, 1 gallon (galUK- = 4546 millili-tres = 4,546 litres).
En France, la dureté de l'eau est mesurée d'après une échelle divisée en degrés hydrotimétriques. En dessous de 20°, l'eau est considérée comme douce. De 20 à 30° (environ), elle est considérée comme moyennement dure. Au delà de 30°, on considère que l'eau est dure.

L'EAU DURE ET LA SANTE

L'ennui est que même si, du point de vue de la plomberie, l'eau dou-ce semble être la panacée, elle offre peu de bénéfice pour votre san-té. Par définition, elle est dépourvue de calcium et de magnésium – deux minéraux essentiels pour les fonctions physiologiques et la bon-ne santé. Naturellement, l'eau n'est pas notre seule source de ces mi-néraux. Une large partie de notre apport quotidien provient de notre nourriture. Cependant, depuis ces 20 dernières années, des études faites dans plusieurs pays semblent confirmer la théorie selon laquelle les personnes qui boivent de l'eau douce sont plus sujettes aux crises et maladies cardiaques que les personnes vivant dans les régions où l'eau est dure. Ce qui reste à déterminer est l'importance de l'effet: quelle différence y-a-t-il véritablement?

Une des plus récentes études est la "British Regional Heart Study". Entreprise en pleine controverse au sujet de l'eau dure opposée à l'eau douce en tant que facteur de protection, elle compare la dureté de l'eau avec les décès par maladies cardiovasculaires dans 253 villes. Les auteurs estiment à 10 à 15% le supplément de décès par suite de maladies cardio-vasculaires dans les régions d'eau douce comparées aux régions à eau dure. Au-delà de la "dureté moyenne" (170 milligrammes par litre) ils n'ont enregistré aucun bénéfice supplémentaire.

Les chercheurs s'empressent d'ajouter qu'ils ne sont pas en mesure d'expliquer ce lien; et qu'ils ne savent pas pendant combien de temps il faut boire de l'eau dure pour acquérir une protection, ou au bout de combien de temps de consommation d'eau douce on commence à encourir un risque. Et on nous rappelle que le tabac, l'hypertension, un niveau élevé de cholestérol dans le sang et le manque d'exercice ont un effet plus prononcé sur les risques de maladies cardiaques que la seule douceur de l'eau. (British Medical Journal, 24 mai 1980).

Néanmoins, étant donné la complexité de la santé du cœur, il est difficile d'ignorer les études indiquant que les minéraux capables de bloquer les canalisations d'eau peuvent empêcher la mort dûe à des artères bouchées. Ou de penser qu'une chose apparemment aussi innocente que l'eau douce puisse dissimuler des menaces pour notre santé. Aussi bizarre que cela paraisse, les deux sont cependant vrais.

Par exemple, il y a plus d'une raison de croire que le magnésium abondant dans les eaux dures pourrait fortifier le cœur contre les perturbations soudaines du rythme cardiaque.

Premièrement, les muscles cardiaques des personnes vivant dans les régions à eau dure – où les décès par maladies cardiaques sont moins fréquents – ont tendance à contenir plus de magnésium que ceux des personnes vivant dans les régions à eau douce. Terence W. Anderson, du département de médecine préventive de l'Université de Toronto a étudié des échantillons de muscles cardiaques prélevés à l'autopsie dans 83 cas de mort accidentelle, et a analysé leur teneur en minéraux. Il a rapporté que la teneur en magnésium variait considérablement suivant la dureté ou douceur de l'eau. En fait, la concentration de magnésium était inférieure de 7% dans les muscles cardiaques des sujets vivant dans les régions à eau douce de l'Ontario (Canadian Medical Association Journal, 9 août 1975).

De plus, les muscles cardiaques des victimes de maladies de cœur contenaient en moyenne 22% de moins de magnésium que les muscles des personnes saines mortes accidentellement – résultats qui confortent ceux d'une étude encore plus récente faite en Israël (New England Journal of Medecine, 14 avril 1977).

Il a été prouvé maintes et maintes fois que le magnésium joue un rôle important dans la prévention de l'arythmie et des palpitations, dans la mesure où il participe à des réactions essentielles à la contraction du muscle cardiaque. (American Heart Journal, juin 1977).

Mais le rôle du magnésium dans les maladies de cœur ne s'arrête pas là. Un groupe de docteurs de l'Université de Georgetown et de Columbia General Hospital de Washington rapportent que ce minéral important fait indubitablement baisser la tension artérielle – autre facteur de risque de maladies cardiaques (Angiology, octobre 1977).

Selon une autre théorie, les spasmes à l'intérieur des artères peuvent préparer le terrain pour de dangereux caillots de sang et futures crises cardiaques. Et les carences en magnésium seraient à l'origine de ces spasmes. "Les artères peuvent réellement se contracter lorsque le niveau de magnésium devient trop faible – autrement dit avoir des spasmes" dit le Dr Burton M. Altura, professeur de physiologie à l'Université de L'Etat de New York, qui a étudié le magnésium pendant 15 ans.

Qui plus est, la carence en magnésium peut prédisposer une personne à une carence en calcium. Et une carence en calcium peut également être un problème dans les maladies de cœur – c'est pourquoi l'eau dure, avec son ample provision de calcium peut fournir une double protection contre les maladies cardiaques. En fait, il ressort d'une étude faite en Angleterre pour analyser l'eau du foyer dans 61 différentes régions, que le calcium – et non le magnésium – serait le premier dénominateur commun dans le lien entre un faible taux de décès par maladies de cœur et l'eau dure. (British Journal of Preventive and Social Medecine, 1977).

L'eau douce est également dépourvue des autres minéraux – silicium, sélénium et chrome – qui ont tous leur rôle prouvé dans la prévention, à un stade ou un autre, des maladies cardiaques. Il semble donc évident que l'eau douce, privée de ces minéraux essentiels, est un mauvais investissement en vue d'une meilleure santé. Mais si c'était là son seul inconvénient, on pourrait facilement y remédier. Pour compenser les minéraux absents de votre source d'eau, vous feriez un effort pour augmenter votre ration d'aliments contenant des fibres ou bourrés de calcium (grains complets, épinards, haricots, noix et noisettes). Ou vous prendriez des suppléments en comprimés.

D'ailleurs, si vous vous procuriez un flacon de dolomite, vous feriez appel à la même source que celle qui enrichit les eaux.

L'EAU DOUCE FOURNIT DES MINERAUX NEFASTES.

Malheureusement, cela n'est que le début de la triste histoire de l'eau douce. Tout d'abord, l'eau douce a tendance à être plus acide que l'eau dure et l'eau acide corrode plus facilement les tuyaux, introduisant les métaux dangereux comme le cadmium, le plomb et le cuivre dans votre eau de consommation. (Voyez le chapitre 25 sur ce sujet: "nettoyez votre eau potable".) Si l'on considère le lien établi entre l'eau douce et le taux supérieur de décès par maladies cardiaques, il est intéressant de savoir que le cadmium est lié à l'hypertension, facteur de risque majeur dans les problèmes cardiovasculaires. Une étude effectuée à St Louis a montré que les patients ayant une tension artérielle élevée avaient 50 fois plus de cadmium dans leur urine que les personnes ayant une tension normale. (Internal Medecine & Diagnostic News, vol. 5, n° 17, 1972). Et à Kansas City dans le Kansas, où le taux de cadmium dans l'eau potable est trois fois plus élevé qu'à kansas City dans le Missouri, l'hypertension est plus fréquente et la proportion de décès par maladies cardiovasculaires y est supérieure (Medical World News, 11 octobre 1974).

Par ailleurs, il a été prouvé que la présence de calcium dans les eaux dures limite l'absorption de plomb et de cadmium.

TABLEAU 35   **SEL AJOUTE PAR ADOUCISSEMENT DE L'EAU**

Dureté initiale de l'eau grammes par gallon	Sel ajouté par adoucissement milligrammes par quart de gallon (environ 1 litre)
1	7,50
5	37,50
10	75,00
20	150,00
40	300,00

NOTA BENE:
1 gallon = 3,785 litres
1 quart = 0,9463 litre.

SOURCE: Water Conditioning, de James L. Gattis (Fayetteville, ARkansas: Cooperative extension service, 1973).

L'eau "adoucie" – c'est à dire l'eau dure rendue douce par la suppression du calcium et magnésium – n'est pas plus acide qu'elle n'était avant d'être adoucie – mais elle présente un autre inconvénient: le SEL.

Les adoucisseurs d'eau, tels que ceux qu'on installe dans les maisons et appartements, fonctionnent selon une méthode appelée "échange d'ion". C'est un procédé compliqué. Mais ce qu'ils font, tout simplement, c'est échanger des particules de sel électriquement chargées (ions de chlore et de sodium) contre le calcium et le magnésium de l'eau. L'eau est dirigée sur un réservoir empli de perles de plastique chargées de sodium. Lorsqu'un ion de calcium ou de magnésium rencontre une perle, il est attiré comme par un aimant. Une particule de sodium est relâchée dans l'eau tandis que la particule de calcium ou de magnésium prend sa place.

La quantité de sel qui se retrouve dans votre eau potable dépend, naturellement, de la quantité de calcium et magnésium qui s'y trouvait pour commencer. Plus votre eau est dure, plus vous aurez de sel dans votre eau "adoucie".

D'une façon générale, les Américains consomment 5 à 15 fois plus de sel qu'il n'en faut à leur organisme. Le sel étant lié à l'hypertension et à la rétention d'eau, le fardeau supplémentaire que l'eau salée impose au corps peut causer des problèmes de santé. En fait, deux chercheurs de l'Université du Massachussetts ont constaté que le sodium dans l'eau potable semble faire monter la tension artérielle même chez des sujets aussi jeunes que les lycéens (Univ. of Massachusetts News Release, 27 juin 1978). En dehors de cela, l'eau adoucie est également négative pour le sol qui éventuellement la récupère.

Pour toutes ces raisons, on ne devrait pas installer d'adoucisseurs d'eau sans avoir bien réfléchi. La question la plus importante que vous puissiez vous poser est peut-être: "Quelle est la dureté de mon eau?"

Vous pouvez faire le test vous-même. Certaines maisons fournissant les laboratoires vendent les produits nécessaires. C'est un test relativement simple, utilisant une version simplifiée du procédé de titrage employé dans les laboratoires. Ajoutez d'abord l'indicateur de dureté à votre échantillon d'eau, puis, goutte à goutte, ajoutez la solution de titrage. Dès que la solution change de couleur, cessez d'en ajouter. Le nombre de gouttes qui a été nécessaire au changement de couleur correspond à la dureté de votre eau.

La British Regional Heart Study a conclu que 170 milligrammes par litre (environ 9 grains par gallon) correspondait à peu près à une dureté moyenne. Les eaux plus douces augmentent les risques d'accidents cardiaques, tandis que les eaux plus dures n'apportent aucun avantage supplémentaire. Si le test vous indique que votre eau n'est que modérément dure, renoncez à l'adoucisseur. Si vous découvrez que, comme vous le craigniez, la dureté de votre eau est à l'origine de vos factures de plombier, envisagez de faire placer un adoucisseur uniquement pour votre eau chaude. Après tout, ce sont les tuyaux d'eau chaude qui sont les plus voués à être bouchés par les résidus de minéraux laissés par l'évaporation de l'eau. De plus, la lessive, le bain, la vaisselle et le ménage peuvent bénéficier de la suppression des minéraux qui font la dureté de l'eau, pendant que la famille profite de l'eau potable et de cuisine sans sel supplémentaire.

Vous n'avez pas besoin d'eau douce – ni de la dépense supplémentaire d'entretien – pour arroser votre jardin ou votre pelouse, ou pour tirer la chasse d'eau de vos toilettes. Et ceux-ci sont les seuls autres robinets d'eau froide de votre foyer. A la cuisine et dans votre lave-vaisselle, le mélange d'eau dure et d'eau adoucie vous donnera de bons résultats.

CHAPITRE 27

L'alcool, les médicaments et les ingrédients qui empêchent les minéraux de travailler pour votre santé

A l'époque où une grotte à deux pièces avec vue sur le paysage était le comble du luxe, les gens ne faisaient pas usage de l'alcool, du café, de l'aspirine et des anti acides. Au cours de l'élaboration de notre civilisation, cependant, nous avons concocté toutes sortes de stimulants, de décontractants et de calmants. En dehors des autres effets qu'ils peuvent avoir sur le corps humain, beaucoup de ces drogues quotidiennes mettent les minéraux sens dessus dessous.

TOUT CE QUE VOUS DEVEZ SAVOIR SUR L'ALCOOL.

On n'a jamais vu quelqu'un qui a beaucoup bu pouvoir se passer de fréquentes visites aux toilettes. Cela se produit parce que l'alcool ralentit la production de l'hormone qui permet de limiter le besoin d'uriner à quelques fois par jour seulement. Vous devez donc uriner plus souvent après avoir bu beaucoup de vin, de bière ou de whisky qu'après avoir bu beaucoup d'eau. Chacune de ces visites aux toilettes entraîne une déperdition de minéraux. Plus particulièrement, les gros buveurs éliminent des quantités respectables de zinc, de cuivre, de calcium, de magnésium et de potassium de leurs systèmes.

Au contraire de la nourriture qui est digérée dans l'estomac, l'alcool se précipite tout droit vers le foie pour être dissocié d'abord en une substance toxique appelée acétaldéhyde, puis en un acide un peu moins odieux, l'acide acétique. L'acétaldéhyde est tellement détestable qu'une équipe spéciale d'enzymes-casseurs-d'alcool, appelées déshydrogénases, est mise en service par le foie pour réduire le poison.

Le zinc est un élément clef de la déshydrogénase, en faisant le minéral critique du buveur. Mais même armées avec un minéral coriace comme le zinc, les enzymes-déshydrogénases ont besoin de temps pour agir. Il faut environ une heure au foie pour venir à bout d'une bouteille de bière, d'un verre de vin ou d'un whisky-soda. Et il faut plusieurs jours au corps humain pour rassembler toutes ses forces pour l'attaque suivante – plus si les libations ont été particulièrement abondantes. Ce travail est assez difficile pour qu'on n'y ajoute pas un flot constant de boisson alcoolisée. Les buveurs intempérants épuisent tellement de zinc que la carence est fréquente chez eux. Parce que les enzymes déshydrogénases contenant du zinc libèrent aussi de la vitamine A, essentielle à la vue, la mauvaise vue de nuit et les problèmes de vision en général sont également courants chez les buveurs.

Buvez trop, trop souvent et trop longtemps et le foie est atteint – c'est la cirrhose – à force d'essayer de faire face à cet excès. Ces problèmes de foie pourraient aussi être aggravés par les pertes de zinc, nécessaire à toute réparation des tissus, y compris ceux d'un foie endommagé. La cicatrisation – y compris celle consécutive à une opération chirurgicale – est compromise par l'excès de boisson.

Une trop grande absorption d'alcool affecte aussi la robustesse des os en empêchant la transformation de la vitamine D en sa forme active qui assure l'équilibre du calcium. Quand le métabolisme du calcium est compromis, l'assimilation du calcium est entravée et les os s'affaiblissent, augmentant les risques de fractures, d'ostéoporose et d'ostéomalacie (Journal of Chemical Education, vol 56 n° 8, 1979).

La consommation ininterrompue d'alcool met notre système digestif à rude épreuve, le forçant à négliger des nutriments essentiels. Elle entraîne des modifications de l'intestin grêle à la suite desquelles les aliments sont évacués avant que les minéraux aient eu le temps d'être assimilés. (Les minéraux ne sont pas les seuls nutriments volés par l'alcool, les vitamines B, particulièrement la thiamine, l'acide folique et la vitamine B 12 sont mal assimilées ou éliminées du corps en plus grande quantité, de sorte que les besoins augmentent).

D'après le Dr Edmund B. Flink, professeur de médecine à l'Université de la Virginie Occidentale, à Morgantown, l'alcool est une cause fréquemment ignorée mais courante de carence en magnésium chez les buveurs excessifs. Les buveurs sautent souvent des repas, se procurant trop de calories par l'alcool et pas assez par la nourriture. Pour compliquer les choses, les aliments qu'ils mangent sont souvent dépourvus de magnésium. Le Dr Flink cite le sucre, les farineux et les sodas comme les premiers coupables (Modern Medecine, 15 novembre 1979).

Pour ceux qui boivent modérément, et seulement dans les grandes occasions, les aliments adéquats peuvent aider à compenser l'action de l'alcool sur les minéraux. Rappelez-vous la dernière réception à laquelle vous êtes allé. L'hôtesse s'est-elle dirigée vers vous avec un plateau de saucisses de cocktail et des petits toasts bien blancs? Le buffet était-il garni de chips? De crème de fromage sur des crackers? Ces aliments sont notoirement pauvres en minéraux. L'hôtesse qui vous sert un pâté de sa composition fait avec des foies de poulet ne sait peut-être pas qu'elle vous permet de reconstituer le stock de zinc et de cuivre que vous allez écluser avec le champagne ou le whisky. Les noix – cajou, pistaches, amandes, etc. – sont riches en zinc, magnésium et potassium. La salade de fruits frais qu'elle a préparée vous offre aussi du potassium pour remplacer celui qui sera éliminé par votre verre de Bordeaux. Si elle a pensé à des crudités, vous serez d'autant mieux armé pour faire face aux ravages de l'alcool.

Encore une chose que vous devriez savoir. Jusqu'à il y a environ 25 ans, on prétendait qu'un alcoolique pouvait éviter de sévères dégâts au foie en se nourrissant correctement. Un certain nombre d'études ont indiqué que ce n'est tout simplement pas vrai. L'abus de la boisson est un détournement de fonds sur le plan nutritionnel – rien que des retraits, pas de versements, des comptes jamais en équilibre. Quelle que soit la façon dont elle se nourrit, la personne qui boit excessivement finira toujours avec des carences, d'une manière ou d'une autre.

TOUT SUR LES ANTI ACIDES.

Les anti acides calment les estomacs barbouillés et douloureux de beaucoup de personnes, très évidemment en réduisant momentanément l'acidité. Dans la plupart des anti-acides, les ingrédients principaux sont l'aluminium, le magnésium, le calcium et le sodium, ou une combinaison de minéraux (voir tableau 36). Pour une petite gêne occasionnelle, ils sont relativement inoffensifs. Mais absorbés à hautes doses d'une façon régulière, ils peuvent présenter de sérieux inconvénients.

Non seulement des doses élevées d'hydroxyde d'aluminium causent la constipation, mais ce composé se lie dans l'intestin avec le phosphore. Ce dernier, au lieu de passer dans le sang et de s'installer dans les cellules des os et des dents, est éliminé de l'organisme, comme un objet précieux jeté au rebut par accident. Les premiers symptômes peuvent être la perte d'appétit, l'apathie, une sensation de malaise général, l'irritabilité et la faiblesse, cette dernière venant du fait que les muscles sont privés du phosphore que doit contenir l'ATP – adénosine triphosphate – dont nous avons parlé au chapitre 4. Le phosphore affectant le métabolisme du calcium, l'emploi abusif et prolongé pendant des mois et des années d'anti acides peut aboutir à l'affaiblissement des os qu'on rencontre dans l'ostéomalacie (rachitisme des adultes). C'est particulièrement vrai lorsque l'alimentation est pauvre en protéines et en phosphore.

Les personnes les plus vulnérables sont celles qui emploient les anti acides régulièrement contre les maux d'estomac, les ulcères en étant la principale raison. Le régime traditionnel laitages-crème-aliments non épicés (riche en calcium, phosphore et protéines) a cessé d'être le traitement habituel des ulcères de l'estomac. Il a été remplacé par un régime plus souple, ponctué par l'emploi en relativement grande quantité d'anti acides, plusieurs fois par jour. C'est un régime plus agréable et plus pratique, qui semble repousser les attaques aussi bien que le régime fade, si ce n'est mieux.

Ingurgiter ces doses quotidiennes d'anti acide aboutit à de violentes douleurs et à la perte de matière osseuse pour une patiente. Le "Journal of the American Medical Assocaition" (5 décembre 1980) raconte l'histoire d'une dame de 60 ans, fatiguée, déprimée et angoissée, qui fut admise à l'hôpital de Rochester dans l'état de New York, parce qu'elle ne pouvait plus sortir de sa chaise ou marcher à cause de douleurs et de faiblesse dans les jambes. Les radios montrèrent une perte du tissu osseux qui s'effritait et une fracture de l'os de la jambe gauche. Des analyses de sang révélèrent que son niveau de phosphore était au plus bas. Aucun autre nutriment ne semblait affecté.

Ses symptômes et les maux dont elle se plaignait, cependant, correspondent parfaitement à ceux de volontaires en bonne santé examinés après qu'ils aient accepté de suivre un traitement prolongé avec des anti acides contenant de l'aluminium. Il s'avéra que cette dame avait absorbé tous les jours, depuis 6 mois, 360 millilitres ou plus

TABLEAU 36 **LE SODIUM ET LES PRINCIPAUX INGREDIENTS
DES ANTIACIDES**

Produit	Présentation	Sodium	Ingrédients
NOTE: cc: cuillère à café - cp: comprimé - g: gellule - p: poudre mg: milligramme - ss: suspension -			
Alka seltzer	cp effervescent	552 mg/2 cp	Bicarbonate de soude acide citrique, bicarbonate de potassium
AternaGel	suspension à prendre avec un liquide	2 mg/ cc	Hydroxyde d'aluminium
Aludrox	cp suspension	3,2 mg/2 cp 1,1 mg/cc	Hydroxydes d'aluminium et de magnésium
Amphojel	cp ss	2,8 mg/2 cp 7 mg/cc	Hydroxydes d'aluminium
Bicarbonate de soude	p	1123 mg/cc	Bicarbonate de soude
Basaljel	cp ss g	4,1 mg/2 cp 2,4 mg/cc 5,6 mg/2 g	Hydroxyde d'aluminium
Basaljel extra fort	ss	17mg/cc	Hydroxide d'aluminium
Bisodol	cp p	0,072 mg/2 cp 157 mg/cc	Carbonates de calcium et de magnésium; bicarbonate de soude; huile de menthe
Camalox	cp ss	3 mg/2 cp 2,5 mg/cc	Carbonate de calcium hydroxydes d'aluminium et de magnésium
Chooz	chewing gum	82 mg/2 dragées	Carbonate de calcium Trislicate de magnésium
Creamalin	cp	82 mg/2 cp	Hydroxyde d'aluminium et de magnésium
Delcid	ss	15 mg/cc	Hydroxyde d'aluminium et de magnésium
Di-Gel	cp liquide	21,2 mg/2cp 8,3 mg/cc	Hydroxyde d'aluminium et de magnésium; carbonate de magnesium; simethicone

TABLEAU 36 suite **LE SODIUM ET LES PRINCIPAUX INGREDIENTS DES ANTIACIDES**

Produit	Présentation	Sodium	Ingrédients
Eugel	cp ss	0,26 mg/2 cp 3,9 mg/cc	Hydroxyde d'aluminium carbonate de magnésium acide aminoacétique carbonate de calcium
Gelusil	cp ss	3,4 mg/2 cp 0,8 mg/cc	Hydroxide d'aluminium et de magnésium; simethicone
Gelusil-II	cp ss	5,4 mg/2 cp 1,3 mg/cc	Hydroxide d'aluminium et de magnésium; simethicone
Gelusil M	cp ss	5,6 mg/2 cp 1,3 mg/cc	Hydroxyde d'aluminium et de magnésium; siméthicone
Kolantyl	cp gel	30 mg/2 cp de 5 mg/cc	Hydroxyde d'aluminium et de magnésium
Kudrox	cp ss	32 mg/2 cp 15 mg/cc	Hydroxyde d'aluminium et de magnesium: carbonate de magnésium Hydroxydes d'aluminium et de magnésium
Maalox	ss	2,5 mg/cc	Hydroxyde d'aluminium et de magnésium
Maalox ≠ 1	cp	1,7 mg/2 cp	Hydroxyde d'aluminium et de magnésium
Maalox ≠ 2	cp	3,6 mg/2 cp	Hydroxydes d'aluminium et de magnésium
Maalox Plus	cp ss	2,8 mg/2 cp 2,5 mg/cc	Hydroxyde d'aluminium et de magnésium; simethicone
Mylanta	cp ss	trace	Hydroxydes d'aluminium et de magnésium; simethicone
Mylanta II	cp ss	trace	Hydroxyde d'aluminium et de magnésium; simethicone

TABLEAU 36 suite **LE SODIUM ET LES PRINCIPAUX INGREDIENTS
DES ANTIACIDES**

Produit	Présentation	Sodium	Ingrédients
Riopan	cp ss	1,3 mg/2 cp 0,64 mg/cc	Magaldrate
Riopan plus	cp ss	1,3 mg/2 cp 0,64 mg/cc	magaldrate, simethicone
Rolaids	cp	106 mg/2 cp	Dihydroxylaluminium; carbonate de sodium
Titralac	cp ss	0,6 mg/2 cp 11 mg/cc	Carbonate de calcium glycine
Tums	cp	5,4 mg/2 cp	Carbonate de calcium; huile de menthe
WinGel	cp ss	5mg/2 cp 2;5 mg/cc	Hydroxydes d'aluminium et de magnésium

SOURCES: Adapté de:
« Handbook of nonprescription drugs » 6ème ed., edL Luan Corrigan National Professional Society of Phramacists (Washington DC: American Pharmaceutical Association, 1979);
AMA Drug evaluation, 3ème ed. AMA Department of Drugs, (Littleton, Mass.: PSG Publishing, 1977).
NOTE: Pour les besoins des comparaisons, nous avons retenu 2 comprimés et 1 cuillère à café, qui ne constituent pas forcément des doses équivalentes. Reportez-vous aux modes d'emploi des fabricants pour l'utilisation.

d'un liquide anti acide acheté sans ordonnance et contenant un hydroxide d'aliminium, pour remédier à des maux d'estomac. Ces doses étaient 3 fois plus élevées que celles qu'elle avait prises durant les 12 années précédentes. Cet abus prolongé d'anti acide, conclurent les médecins rapportant ce cas, était à l'origine de son problème.

Cette patiente fut renvoyée chez elle avec de strictes instructions d'éviter *TOUS* les anti acides. "Un mois après avoir quitté l'hôpital, la patiente constatait une amélioration spectaculaire" disent les auteurs, du Département de médecine de l'Université de Rochester. Elle pouvait à nouveau quitter sa chaise sans l'aide de personne et marcher. Les douleurs dans les jambes avaient pratiquement disparu. Deux mois plus tard, elle marchait tout à fait normalement, sans aucune douleur. Les rayons X prouvèrent que la fracture s'était réduite et que ses os avaient retrouvé leur solidité. Le niveau de phosphore dans le sang était redevenu normal.

Les auteurs ajoutent que son cas n'est pas si rare. De nombreuses personnes âgées, courant déjà des risques à cause de mauvaises habitudes alimentaires, sont particulièrement exposées à une détérioration de leurs tissus osseux par l'emploi de remèdes achetés sans ordonnance et aussi par des prescriptions routinières d'anti acides. Des témoignages de ce syndrome continuent à paraître, suggérant la nécessité d'une vigilance accrue vis à vis des complications potentielles dues à l'emploi des anti-acides.

Un autre médecin se montre préoccupé: plus l'emploi des anti acides contre les ulcères et les autres malaises se généralise, plus les carences en phosphore risquent de se généraliser elles aussi. Et elles ne prendront pas nécessairement 12 ans à se manifester. Helen Shields, du Département de médecine gastro-intestinale de l'Université de Philadelphie, pense qu'après avoir consommé pendant seulement deux semaines de hautes doses (360 millilitres) d'anti acides contenant de l'hydroxide d'aluminium, les personnes particulièrement vulnérables peuvent déjà souffrir d'un sérieux manque de phosphore, même si elles en absorbent de généreuses rations (Gastroenterology, décembre 1978).

Les composés à base de magnésium causent aussi leur propre problème – la diarrhée. C'est une des raisons pour lesquelles ils sont rarement employés seuls comme anti acides, mais plutôt combinés avec du calcium ou un composé d'aluminium, le dosage ayant pour but de réduire ces effets.

Lorsque les composés de magnésium sont employés spécifiquement pour leurs effets laxatifs, ils peuvent élever le niveau de magnésium abusivement chez les sujets dont les fonctions rénales sont inadéquates.

Les anti acides à base de calcium étaient considérés, à une certaine époque, comme le fin du fin, mais ils risquent de favoriser l'apparition de calculs ou de troubles rénaux chez les personnes hypertendues ou ayant déjà souffert de problèmes de ce type. Ils devraient donc être employés avec précaution.

Le bicarbonate de soude est un remède vieux comme le monde qui n'est ni naturel ni recommandé. Bien qu'il puisse neutraliser l'acidité, il contient plus d'un gramme (1000 milligrammes) de sodium par cuillère à café – autant que quelques bons saupoudrages sur votre nourriture. Le sodium favorise l'hypertension, qui peut créer des dommages rénaux et des risques de crises cardiaques; ce qui élimine le bicarbonate en tant que remède habituel pour les ulcères et remet en question sa place dans la cuisine et le placard à pharmacie, même pour un usage exceptionnel.

Quelques anti acides commerciaux contiennent principalement du bicarbonate de soude. L'Alka-Seltzer est l'un de ceux qui en contiennent le plus.

Par-dessus le marché, tous les anti acides empêchent l'assimilation du fer quand ils sont pris en grande quantité. Ce qui revient à dire qu'il n'existe pas d'anti acide idéal. Certains peuvent être moins nocifs pour telle ou telle personne, mais aucun ne devrait être employé sans précaution. Pour commencer, le simple fait d'éviter les éléments agressifs tels que l'alcool, les cigarettes, le café, le thé et les boissons à base de cola peut déjà supprimer le besoin d'anti acide. La nourriture peut aussi atténuer les effets de l'hyper-acidité; de sorte qu'un petit casse-croûte peut faire aussi bien l'affaire qu'un anti acide.

L'ASPIRINE ELIMINE LE FER DU SANG.

L'aspirine irrite la paroi intérieure de l'estomac et peut causer des saignements. Chaque fois que vous avalez un ou deux cachets d'aspirine, vous êtes sur le point de perdre à peu près une cuillérée à café de sang et, par la même occasion, un ou deux milligrammes de fer.

Bien sûr, l'aspirine est un des moyens les plus rapides et les plus efficaces de faire baisser la fièvre (dont la cause, évidemment, devrait être traitée). Employée quotidiennement pour remédier aux douleurs causées par l'arthrite, l'inflammation des articulations, les courbatures, la tension nerveuse ou les maux de tête, l'aspirine peut cependant aboutir à l'anémie par carence en fer. (A propos, l'aspirine que vous prenez parce que vous avez la gueule de bois fait doublement des dégats dans votre estomac, déjà irrité par l'abus de l'alcool, et particulièrement sensible et vulnérable à cette seconde irritation causée par l'aspirine).

L'aspirine "tamponée" ne fait pas vraiment obstacle à l'irritation; mais l'eau et la nourriture y font obstacle. Si vous devez absolument prendre de l'aspirine, prenez-la avec un casse-croûte, un repas, un verre de lait ou un grand verre d'eau. Des aliments riches en fer, comme le foie, les feuillus verts, la mélasse de sucre de canne, les raisins secs, les grains de soja, les lentilles et le poisson aident aussi à compenser la perte de fer.

LES DIURETIQUES DRAINENT LES MINERAUX.

Les médicaments aussi peuvent appauvrir les réserves de minéraux. Les diurétiques souvent prescrits pour limiter la tension, drainent le potassium, le zinc et le phosphore hors de l'organisme. Les médecins en sont conscients et prescrivent souvent des suppléments de potassium en même temps que le médicament, ou recommandent à leurs patients de manger des oranges, des bananes ou tout autre aliment riche en potassium. Certains diurétiques – les thiazides en particulier – éliminent aussi le magnésium. Les médecins en tiennent rarement compte, bien que des pertes simultanées en magnésium et potassium puissent déclencher l'irrégularité des battements cardiaques, un effet secondaire sérieux, pour ne pas dire inquiétant.

"La carence en magnésium (en cas de thérapie par les diurétiques) est assez courante, mais passe souvent inaperçue" écrit le Dr Edmund Flink dans le rapport où il parle aussi de l'effet diurétique de l'alcool sur le magnésium (Modern Medecine, 15 novembre 1979).

Les diurétiques drainent aussi le phosphore en dehors de l'organisme avant qu'il ait une chance d'être assimilé. Le docteur David Juan, qui a étudié la faiblesse en phosphates chez 100 patients de l'Hôpital St Vincent et du Medical Center de Toledo dans l'Ohio, a conclu que l'alcool et les diurétiques étaient les deux facteurs les plus aptes à engendrer des carences en phosphore (Annals of Internal Medecine, Decembre 1978).

Les diurétiques à base de thiazide augmentent aussi l'excrétion du zinc d'environ 50%. L'usage prolongé de diurétiques peut donc compromettre les facultés de guérison des tissus sans qu'on en soupçonne la cause.

ET LE CAFE?

Malheureusement, tous les effets secondaires des diurétiques ont reçu peu d'attention de la part de la profession médicale, et moins encore au dehors. Et autant que nous sachions, personne n'a étudié les effets diurétiques du café et du thé sur les taux de minéraux chez les individus en bonne santé. Dans la mesure où ces boissons ont tendance à provoquer des mictions plus fréquentes, il est plus que probable qu'elles font aussi éliminer les minéraux.

LES CORTICO-STEROIDES GASPILLENT LES MINERAUX.

Employés dans une multitude de cas allant de l'asthme, du rhume des foins et de l'arthrite à certaines formes de cancers, les médicaments cortico-stéroïdes sont des versions synthétiques des hormones produites par les glandes adrénalines, situées sur chacun de nos reins. La prednisone et la cortisone en sont deux exemples familiers.

Comme tous les médicaments puissants, les cortico-stéroïdes (ou stéroïdes, en abrégé) produisent des effets secondaires qui doivent être surveillés de près. Sans parler des autres conséquences sur le métabolisme, le taux de potassium s'effondre au cours de la thérapie à base de stéroïdes, laissant les muscles affaiblis. Il peut en résulter un arrêt cardiaque si les pertes de potassium ne sont pas compensées par une alimentation riche en potassium ou par des suppléments. Les personnes traitées aux stéroïdes et prenant également des diurétiques devraient absolument éviter le sel et il serait utile aussi qu'elles prennent des suppléments de potassium.

Les cortico-stéroïdes consument la vitamine D et entravent l'assimilation du calcium, contribuant au développement de l'ostéoporose et préparant le terrain aux fractures, à moins que la consommation de calcium soit renforcée. Le calcium et le magnésium sont perdus dans les urines. En conséquence, poignets et chevilles peuvent être sujets à des spasmes.

Les stéroïdes éliminent aussi le zinc, rendant les patients plus vulnérables aux escarres et ulcères de la peau. La guérison des plaies se trouve retardée. En cas de difficulté supplémentaire – maladie, infection des voies respiratoires, chirurgie, par exemple – la thérapie à base de stéroïdes est souvent renforcée pour permettre au patient de surmonter le traumatisme. Dans ces moments, le besoin en potassium, magnésium, calcium et zinc est à son maximum.

En dehors de l'aspirine, des anti acides, des diurétiques et des stéroïdes, il existe une pléthore de médicaments puissants qui, en accomplissant leurs fonctions, entraînent les mêmes effets regrettables.

LES PHOSPHATES, UN BARRAGE
ENTRE LE FER ET VOUS.

Employés comme additifs dans les boissons gazeuses, les glaces, les bonbons, la bière, la boulangerie-patisserie industrielle et autres aliments, les phosphates, se lient au fer et l'empêchent de pénétrer dans le sang.

Dans ce cas, l'étiquette est d'un secours limité. Nous ne pouvons pas vous dire combien de phosphate supplémentaire vous devez boire ou manger avant que vos réserves de fer s'en trouvent affectées. Les recherches dans ce sens n'existent tout simplement pas. Laissez-vous guider par votre bon sens: il est évident que manger trop de patisseries et de friandises industrielles n'est pas dans votre intérêt, à plusieurs égards, particulièrement si elles remplacent des mets plus nutritifs.

THE ET VIN ROUGE:
MAUVAISES INFLUENCES SUR LE FER.

Le tanin, composant naturel du thé et de la plupart des vins rouges, est un frein reconnu à l'absorption du fer.

Des chercheurs suédois ont constaté que l'absorption de fer la plus faible au petit déjeûner se produit lorsque ce dernier comporte du thé. Les résultats de leurs travaux confirment qu'on doit évaluer l'apport en fer par rapport aux repas complets et non par rapport aux aliments individuellement considérés.

Il existe un rapport très clair entre ce que vous mangez au petit déjeûner et la quantité de fer assimilée. Le thé a l'effet le plus négatif et le jus d'orange le plus positif. Il est très important que les gens en soient informés, concluent les chercheurs, particulièrement les personnes dont le taux de fer est à la limite du suffisant; les femmes enceintes, par exemple, ou celles qui ont des pertes menstruelles importantes, les enfants, surtout pendant les périodes de croissance accélérée (American Journal of Clinical Nutrition, décembre 1979).

Si vous aimez boire quelque chose de chaud au petit déjeûner ou au cours de la journée, essayez les tisanes. Elles ne contiennent pas de tanin et par conséquent ne font pas obstacle à l'assimilation du fer.

Et si vous avez l'habitude de boire du vin avec vos repas, rappelez-vous que les vins nouveaux ou jeunes contiennent davantage de tanin que les vins plus âgés. Dans la fabrication du vin, la peau des grains de raisin reste dans le jus pendant la fermentation qui peut durer plusieurs semaines et qui, avec la chaleur, en extrait le tanin et le pigment, avant que les peaux soient éliminées. Dans les vins rouges, le tanin se dépose au fond des bouteilles à mesure qu'ils vieillissent.

De sorte que plus ils sont anciens, moins ils en contiennent. Les vins rosés en contiennent relativement peu, les peaux étant enlevées très rapidement après le début de la fermentation. Les vins blancs n'en contiennent pratiquement pas, les peaux étant enlevées avant la cuvaison.

LE SUCRE ACCENTUE L'EFFET
DU SODIUM SUR LA TENSION.

Une abondance de nourriture sucrée dans l'alimentation déséquilibre les systèmes de régulation complexes de notre organisme. L'un de ces systèmes est notre tension artérielle. Un excès de sodium fait déjà monter la tension. L'addition du sucre peut augmenter cet effet.

Des travaux de recherche sur des rats ont permis à une équipe de spécialistes de l'alimentation et de la nutrition de l'Université du Maryland de constater que le sucrose dans l'alimentation semble ralentir la production de sucrose du corps, ce qui, à son tour, diminue la quantité de sodium éliminée par l'organisme (Journal of Nutrition, avril 1980). Comment, exactement, chacune des étapes de la chaîne entraîne la suivante n'a pas été établi, mais l'hypothèse générale est que plus vous mangez de sucre, plus le corps retient de sel.

Dans des travaux précédents, le docteur Richard A. Ahrens, de l'Université du Maryland avait constaté que le sucre causait des problèmes aux gens aussi bien qu'aux rats (Federation Proceedings, vol 34, 1975, n° 3914). "Nous avons constaté que les personnes dont l'alimentation comportait du sucrose présentaient une augmentation appréciable de leur tension artérielle", nous dit le Dr Ahrens. "L'étude dura 5 semaines. Avec une moyenne de 200 grammes (environ une tasse) de sucrose par jour, la tension artérielle s'élevait d'une moyenne de 5 points. Ceux qui consommaient 200 grammes de sucrose par jour avaient environ 78 contractions diastoliques contre 73 pour ceux qui n'en consommaient pas. Cela faisait un changement de 5 points en 5 semaines.

"Nous avons bien pris la précaution de rester dans les limites d'une consommation journalière de sucrose vraisemblable dans ce pays" (les Etats Unis), a ajouté le Dr Ahrens. "Le maximum que nous ayons donné dans l'alimentation réprésentait 20% du nombre total de calories dans le menu. Nous avons remarqué des changements spectaculaires même au niveau plus bas de 10%".

En bref, cela signifie que si vous êtes sans retenue vis à vis du sucrier, des bâtons de chocolat, des sodas et des desserts, vous précipitez inutilement votre cœur et vos artères vers des moments difficiles.

L'EXCES DE SODIUM ELIMINE LE CALCIUM.

En plus de ses effets désastreux sur la tension, le sodium peut aussi aggraver les pertes de calcium. Cela est probablement du à la suractivité de la glande parathyroïde, qui à son tour accélère le remplacement des sels minéraux osseux, déversant le calcium dans les urines.

Cela peut constituer un sérieux problème pour beaucoup de gens, en particulier ceux qui consomment une quantité insuffisante de calcium, ou qui ne l'assimilent pas bien – et tout particulièrement les personnes âgées vouées aux fractures propres à l'ostéoporose. C'est ce qui ressort des expériences effectuées par Ailsa Goulding, du Département de Médecine de l'Université d'Otago, à Dunedin en Nouvelle-Zélande. Au cours d'une de ces expériences, des rats dont certains avaient un régime suffisamment riche en calcium, et d'autres un régime pauvre en calcium, ont été nourris avec des suppléments de sel. Le supplément de sel augmentait la proportion de calcium dans les urines pour tous les sujets. Plus grave, les rats qui avaient reçu une alimentation pauvre en calcium finirent avec des os plus légers, plus petits, plus pauvres en minéraux que les rats qui, tout en consommant aussi peu de calcium, n'avaient pas reçu de supplément de sel. Le sel aggravant la perte de matière osseuse dûe à une nutrition pauvre en calcium, ce chercheur pense que "la consommation élevée de sel peut jouer un rôle dans le développpement de l'ostéoporose chez certains individus" (Mineral and Electrolyte Metabolism, vol 4, n° 4, 1980).

UN EXCES DE PROTEINES TEND A ELIMINER LE CALCIUM.

Il arrive parfois que l'excès d'un nutriment par ailleurs excellent contrecarre l'aptitude de notre coprs à en utiliser un autre. C'est le cas pour le calcium et les protéines. Lorsque que nous ingérons de grandes quantités de protéines, il est possible que nous éliminions de grandes quantités de calcium.

Voici ce qui se produit. Les cellules de la paroi intestinale ont besoin d'un certaine quantité de protéines pour absorber le calcium. Lorsque nous en ingérons trop – environ deux fois ou plus que ce qu'il nous faut – l'assimilation du calcium est accélérée. Ce qui serait très bien, si ce n'était que nos reins semblent s'emballer devant ce déferlement de calcium et qu'ils s'acharnent à l'expulser dans l'urine avant qu'il puisse atteindre les os et les autres tissus qui en ont besoin.

Cinquante grammes de protéines par jour sont nécessaires à la plupart d'entre nous – un peu moins pour les femmes, un peu plus pour les hommes, et 20 ou 30 grammes supplémentaires pour les femmes enceintes ou les mères allaitant leur bébé. Mais nombre d'entre nous en consomment en fait deux fois plus qu'il ne nous en faut. La majeure partie vient des viandes rouges et des volailles, sources les plus concentrées de protéines.

Des œufs au bacon au petit déjeuner nous fournissent déjà ces 50 grammes. Une cuisse de poulet au déjeûner en ajoute environ 35. Un hamburger pour dîner en représente 25 ou 30. Total? 110 à 115 grammes de protéines, et cela ne tient pas compte du lait, du fromage, des légumes, des yaourts et toute autre nourriture qu'on peut avoir consommée pendant la journée.

Les chercheurs ont comparé le taux de calcium de personnes mangeant des menus recommandés avec de faibles niveaux de protéines puis des menus typiquement américains. Les femmes consommèrent 43 grammes par jour pendant la première partie de l'expérience et 110 grammes de protéines par jour pendant la seconde. Les hommes passèrent de 50 à 113 grammes. Les taux de calcium, magnésium et phosphore restèrent identiques. Il y eut beaucoup plus de calcium éliminé dans l'urine – et il en resta moins dans l'organisme – durant la deuxième partie de l'expérience avec les régimes ultra-riches en protéines que pendant la première comportant les régimes moins riches, disent les chercheurs-nutritionistes de l'Université du Wisconsin (Journal of Nutrition, 1980). Leurs travaux avaient été entrepris à la suite d'études précédentes, révélant des pertes importantes de calcium chez des personnes ayant une consommation encore plus élevée de protéines.

Ces conclusions font réfléchir, lorsqu'on tient compte du fait que l'assimilation du calcium décline avec l'âge. Cette perte de calcium peut être très importante chez les femmes de 50 ans et plus, avec des conséquences graves sur la force des os, le maintien et le tonus musculaire. Les femmes de tout âge suivant un régime riche en protéines se mettent aussi dans une situation difficile. Et des suppléments de calcium ne sont pas nécessairement en mesure de venir à bout du problème – la meilleure solution étant d'éviter l'excès de protéines.

LE FACTEUR ANTI-FER DES ŒUFS.

Tous les livres de diététiques et les tables de composition des aliments du Ministère de l'Agriculture américain indiquent qu'un gros œuf contient 1,2 milligrammes de fer; et que deux œufs au petit déjeûner apportent 2,4 milligrammes de fer, ce qui constitue un apport appréciable. Mais la vérité est – et beaucoup de gens n'en sont pas conscients – qu'il existe un facteur anti-fer dans les œufs – une phosphoprotéine dans le jaune – qui s'associe au minéral et le rend pratiquement indisponible pour l'organisme. Ce facteur pourrait même rendre indisponible le fer *des autres aliments*.

LE LAIT DE VACHE N'EST PAS LA MEILLEURE SOURCE DE MINERAUX.

Les nouveaux-nés absorbent moins bien les minéraux avec le lait de vache qu'avec celui de leur maman. Tout d'abord, le fer contenu dans le lait de vache est moins facilement assimilé que celui contenu dans le lait de la maman, qui de toute façon en contient davantage. L'assimilation du zinc est améliorée par la présence d'une hormone spéciale – la prostaglandine – absente du lait de vache. Le système immunologique de réaction à l'infection et à la maladie dépend d'un taux suffisant de zinc. Le système immunologique se développant chez l'enfant au cours des six premiers mois de la vie, une provision adéquate de zinc est de toute première importance.

Le taux de calcium est aussi affecté. Des études menées sur des nouveaux-nés prouvent que l'alimentation au lait de vache aboutit à une assimilation inférieure de calcium. Les acides gras saturés du lait de vache forment avec le calcium des composés insolubles dans l'intestin et sont éliminés dans des selles malodorantes et grasses avant que le calcium ait été absorbé par l'organisme du bébé. Cette "stéatorrhée" est beaucoup moins problématique chez les enfants nourris au sein.

* * * * *

Il ressort de tout cela qu'un barrage ininterrompu de drogues et produits chimiques déversés dans nos organismes l'un après l'autre n'est pas tout à fait ce qui convient aux minéraux. En encourager la disparition en laissant nos réserves s'échapper à la faveur d'une mauvaise alimentation est véritablement absurde.

PARTIE
IV

TIRER LE MEILLEUR PARTI
DES MINERAUX
DE NOTRE ALIMENTATION

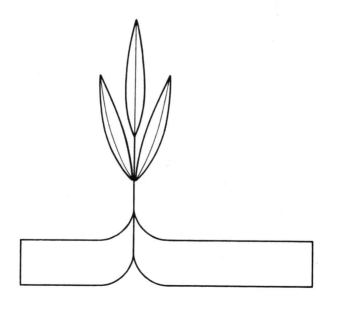

CHAPITRE 28

Les vitamines et minéraux travaillent la main dans la main

Certains minéraux sont de gros travailleurs, mais pour fonctionner au mieux de leurs capacités, ils ont besoin d'une ou deux vitamines qui les mettent en route. Et bien que chaque minéral ait ses dons particuliers pour notre santé, quelques uns s'associent avec certaines vitamines pour s'attaquer aux tâches importantes que les vitamines ne pourraient mener à bien par elles-mêmes. Quelques alliances vitamine-minéral sont bien connues; d'autres vous surprendront peut-être.

LA VITAMINE D, ET LE CALCIUM.

Comme nous l'avons vu, le calcium est sans aucun doute l'élément structurel le plus important de notre corps. Les os et les dents se développent mieux lorsque le calcium est abondant. Les tissus restent nets et fermes. Le calcium permet aussi aux muscles de se contracter quand cela est nécessaire et aux impulsions nerveuses de se propager efficacement. Mais sans la vitamine D, le calcium reste bloqué. Nous pourrions en consommer des tonnes, nous aurions toujours les mêmes problèmes si nous n'avons pas suffisamment de vitamine D.

Les hormones de la thyroïde et de la parathyroïde sont secrétées par ces glandes pour réguler la croissance. Avec leur secours, la vitamine D contrôle le niveau du calcium dans notre organisme ainsi que celui de son aide-de-camp, le phosphore. Elle empêche les taux de calcium et de phosphore de baisser dangereusement. Tout d'abord, la vitamine D stimule l'absorption intestinale du calcium, sans laquelle il traverserait le corps entier sans bénéfice. Et elle stimule également le transport du phosphore à travers notre organisme.

Lorsque l'apport de calcium baisse un peu, les hormones parathyroïdes signalent aux reins de retenir le calcium dont ils se débarasseraient autrement dans les urines. En même temps, la parathyroïde libère de la vitamine D stockée en général dans le foie. Avec ce surplus de vitamine D, davantage de calcium est retenu dans l'ensemble du système – un engrenage très efficace. Si l'apport de calcium baisse *trop*, la vitamine D emprunte le calcium des os pour satisfaire les besoins du sang et des autres tissus. (Une chute dans l'apport du phosphore, bien que moins probable, déclenche un mécanisme similaire de mise en circulation de vitamine D, mais sans l'intervention de la glande parathyroïde).

Emprunter le calcium des os revient à dépenser son capital par manque de revenus. C'est acceptable comme moyen à court terme pour permettre aux nerfs, aux muscles et au cœur d'être alimentés. Employé pendant des mois et des années, il peut mener à une banqueroute de la matière osseuse – l'ostéoporose.

Cependant, sans une provision suffisante de vitamine D, même une quantité adéquate de calcium ne peut atteindre les os. Chez les enfants, cela aboutit au rachitisme – genoux cagneux, jambes faibles aux os poreux qui fléchissent sous le seul poids du corps. Chez les adultes, le rachitisme emprunte la forme de l'ostéomalacie: les os ne fléchissent pas, ils se cassent.

Parce que la vitamine D est essentielle en diverses phases du métabolisme du calcium et des os, elle constitue le principal élément préventif du rachitisme. En aidant à tirer le meilleur parti du calcium absorbé, elle peut aussi aider à repousser l'ostéoporose.

Quelques aliments comportent des traces de vitamine D – le beurre, la crème, les jaunes d'œufs et le foie. Mais il vous faudrait en consommer des quantités phénoménales pour obtenir une ration de vitamine suffisante. Le poisson, particulièrement le hareng, le maquereau, le saumon, les sardines et le thon, en contient bien davantage, de même que les huiles de foie de poisson et le lait enrichi à la vitamine D.

Cependant, la source principale de vitamine D reste le soleil. La vitamine D de la lumière du soleil est absorbée par des cellules de la peau faisant fonction de collecteurs, puis transmise au flot sanguin qui la dirige sur le foie et les reins. (C'est là qu'aboutit également la vitamine D provenant des aliments). Elle y est transformée en des formes plus actives. En fait, la vitamine D prend à ce stade la forme d'une hormone plutôt que d'une vitamine. Sous cette nouvelle entité, elle est soit déployée pour une utilisation immédiate, soit retenue par le foie, soit encore renvoyée vers la peau et les os qui font fonction de stockage auxiliaire.

Une exposition régulière au soleil fournit en général toute la vitamine D dont nous avons besoin pour faire fonctionner notre approvisionnement de calcium. La majeure partie d'entre nous sont suffisamment exposés au soleil au cours de leur vie quotidienne, au moins pendant les mois d'été. Les personnes qui risquent cependant d'en manquer sont:

● ceux qui vivent dans des régions de brouillard et de pollutions;
● ceux qui travaillent la nuit et dorment pendant la journée (acteurs, gardiens de nuit, équipes de nuit d'infirmières ou d'ouvriers d'usines);
● ceux qui sont toujours couverts des pieds à la tête, soit par habitude ou coutumes, soit par nécessité en raison du temps;
● ceux qui sont toujours enfermés soit parce qu'ils sont invalides, soit par goût.

Certaines personnes âgées tombent dans cette dernière catégorie. Quoi qu'il en soit, des suppléments d'huile de foie de poisson (foie de morue) peuvent compenser l'absence d'exposition au soleil dans ces cas particuliers.

Cependant, si vous absorbez *trop* de vitamine D, le système devient trop efficace pour son bien. Des doses énormes pendant de longues périodes peuvent provoquer une sur-calcification des os et des cartilages, entre autres problèmes. Bien que très improbable, c'est une possibilité dont il faut tenir compte.

LA VITAMINE C AU SECOURS DU CALCIUM ET DU FER.

La vitamine C aide aussi à l'assimilation du calcium. Dans une étude faite en Egypte, les chercheurs ont donné oralement à un groupe de rats des doses de phosphate de calcium. Certains animaux reçurent aussi de la vitamine C, d'autres reçurent du jus de poivron ou du jus d'orange (tous deux riches en vitamine C). Puis les chercheurs mesurèrent le niveau de calcium dans le sang des rats. "Les résultats prouvent que l'absorption d'acide ascorbique (vitamine C) avec le calcium en accentue l'assimilation par l'intestin" ont rapporté les chercheurs. Le jus de poivron et d'orange, ont ils ajouté, a également amélioré l'assimilation (Zeitschrift für Ehrnährungszissenschaft, vol 15, n° 4, 1976).

En ce qui concerne le fer, la vitamine C fait mieux que d'en augmenter l'assimilation. D'après les travaux de James D. Cook et E Elaine R. Monsen, l'addition de la vitamine C à un repas peut améliorer spectaculairement la quantité de fer qu'on peut en tirer. Un supplément quotidien de 280 milligrammes de vitamine C peut doubler l'absorption de fer – nous permettre, en d'autres termes de tirer deux fois plus de bénéfice du fer absorbé au cours de notre repas. Si cette dose était divisée et absorbée au cours de chaque repas, ajoutent-ils, le taux d'absorption se trouverait plus que triplé (American Journal of Clinical Nutrition, février 1977).

Parlons de tirer le meilleur parti des sources d'énergie! 75 à 90 milligrammes de vitamine C à chaque repas, grâce aux aliments ou à des suppléments, font l'affaire. Les nourritures riches en vitamine C sont les oranges et autres agrumes et les jus qu'on en extrait; les broccolis, les choux de Bruxelles et les autres légumes à feuilles vertes; les poivrons verts, le chou, les piments, les tomates, les melons et les fraises.

DES VITAMINES B POUR UN SANG RICHE EN FER.

Le fer ne suffit pas à notre sang. Au moins deux des vitamines B que nous connaissons contribuent à entretenir un flot constant de nouvelles cellules du sang en provenance de la moelle de nos os.

Sans l'acide folique, notre corps n'est pas en mesure de fabriquer les éléments de construction moléculaires de l'ADN, qui détient le secret de la division des cellules. Moins d'acide folique signifie moins d'ADN, c'est-à-dire un ralentissement dans la création de nouvelles cellules, y compris celles du sang, *même si la provision de fer est adéquate*.

Des chercheurs des Universités de Miami et de Floride ont été surpris de découvrir le faible taux d'acide folique dans les échantillons de sang de 193 personnes âgées, aux ressources modestes, du quartier de Coconut Grove à Miami, qui se sont portées volontaires pour l'étude. Sachant qu'ils trouveraient dans ce groupe une proportion importante de cas d'anémie dûe à la nutrition (une concentration anormalement faible de globules rouges ou hémoglobine), les chercheurs espéraient isoler la cause de l'anémie. Le maillon manquant n'était pas le fer. C'était l'acide folique.

"Ces constatations soulignent l'erreur largement répandue qui consiste à assumer que l'anémie reflète toujours une carence en fer dans l'alimentation", remarque l'étude. "Il est capital de ré-évaluer la véritable incidence, dans le monde entier, de la carence en fer, afin de démontrer l'étendue de la carence en acide folique" (American Journal of Clinical Nutrition, novembre 1979).

Le foie est la meilleure source d'acide folique (et d'autres vitamines B).

Il se trouve que le foie est également une des meilleures sources de fer, de zinc et de cuivre. On peut aussi trouver de l'acide folique dans les lentilles, dans différents types de haricots, et dans la plupart des légumes. Le pain complet, la viande et les œufs en sont des sources de qualité moyenne.

La vitamine B 12, ou riboflavine, fait aussi des merveilles pour le fer. La riboflavine semble améliorer l'utilisation du fer et la régénération des globules rouges. Une étude a été faite sur des écoliers de 9 à 12 ans manquant de vitamine B 12 pour comparer le métabolisme du fer avant et après consommation de riboflavine. Les niveaux d'hémoglobine grimpèrent distinctement. Et les enfants qui avaient eu le plus faible taux montrèrent la plus nette amélioration.

Les chercheurs ne sont pas tout à fait sûrs du rôle que joue la riboflavine, ni comment elle le joue. On pense que, directement ou indirectement, elle régularise la production des globules rouges. Quoi qu'il en soit, ils remarquent que "l'assimilation et l'utilisation du fer de l'alimentation dépendent d'un certain nombre de facteurs dont ferait partie l'insuffisance de riboflavine dans la nourriture" (International Journal of vitamin and Nutrition Research, vol 49, n° 2, 1979).

Les nourritures qui nous fournissent la riboflavine comprennent les amandes, les asperges, les broccolis, le fromage, le lait, les œufs, les abats, le germe de blé et les dérivés des grains complets.

LA VITAMINE E ET LE SELENIUM AU SECOURS DU SYSTEME IMMUNOLOGIQUE.

On connaît depuis un certain temps le rôle de la vitamine E dans le système immunologique. D'après les recherches en cours, il semble que le sélénium soit intimement lié à la vitamine E.

Il semble évident qu'une enzyme spéciale, la péroxydase glutathion, soit non seulement dépendante du sélenium, mais puisse, grâce à lui, jouer un rôle dans les réactions d'immunité.

Une alimentation pauvre en vitamine E et en sélénium aboutit à une faible activité de cette enzyme. La santé des globules blancs en souffre, diminuant leur aptitude naturelle à lutter contre l'infection et la maladie. Donc en théorie, lorsque la provision de sélénium est adéquate, la péroxydase augmente la résistance naturelle en aidant les globules blancs à éliminer les bactéries, virus et cellules cancéreuses. La vitamine E accentue cet effet.

A des dégrés divers, le sélénium et la vitamine E annulent les effets de la pollution, de l'ozone (dans les régions de brouillard épais) et de certains métaux toxiques – particulièrement du cadmium, du mercure, de l'argent et peut-être du plomb.

Les bonnes sources alimentaires de vitamine E sont les huiles végétales (huiles de sésame, de soja, de tournesol, de maïs, d'olive), les graines de tournesol, le germe de blé, les amandes et les noisettes.

LE ZINC, SAINT PATRON DE LA VITAMINE A.

Tant de vitamines favorisent le travail des minéraux qu'il semble normal que certains minéraux aident les vitamines.

C'est le cas du zinc, qui libère la vitamine A des sites de stockage dans le foie et en assure la transformation. Sous cette nouvelle forme, la vitamine A améliore notre vue dans la pénombre. Dans maintes études, des personnes voyant mal la nuit qui ne réagissaient pas aux traitements par la vitamine A obtinrent des améliorations grâce à l'adjonction du zinc.

Diverses études prouvent aussi que le zinc aide à maintenir la juste quantité de vitamine A dans notre sang (Journal of nutrition, septembre 1978). Cela est important, la vitamine A participant aussi à la reproduction, à l'entretien et à la réparation du squelette et des cellules épithéliales ("doublure" de la peau et des organes). Et comme le zinc, la vitamine A joue un rôle important dans le système immunologique. Tous deux donnent un coup de main au thymus, l'un des principaux agents de notre système de défense.

L'huile de foie de morue et les huiles de foie de poisson sont exceptionnellement riches en vitamine A. Les autres sources alimentaires comprennent les produits animaux (foie, rognons, fromage et lait écrémé). Certains légumes contiennent du carotène, substance que le corps transforme en vitamine A. Choisissez le vert et l'or: les légumes à feuilles vert foncé et les carottes, les patates douces, le potiron et les fruits jaunes – abricots, pêches et melons particulièrement. Plus la couleur de ces aliments est soutenue, et plus ils contiennent de vitamine A.

Le zinc libère aussi de l'acide folique.

Les chercheurs de Berkeley, l'université californienne, ont constaté, lorsque des volontaires en bonne santé ont accepté de suivre un régime qui appauvrissait leurs réserves de zinc, que l'on enregistrait une chute abrupte dans l'assimilation de la vitamine B. Pourquoi? Les aliments comportant des composés contenant de l'acide folique, doivent être dissociés par une enzyme pour que l'acide folique puisse être assimilé. Et ils pensent que cette enzyme a besoin de zinc (Federation Proceedings, 1 mars, 1978, n° 1479).

LES AUTRES PARTENAIRES.

La vitamine B 12 a besoin de quelques minéraux pour fonctionner. Le calcium en facilite l'absorption à travers la paroi intestinale. Le manganèse (avec les vitamines B niacine et riboflavine) convertit la vitamine B 12 en sa forme active. Et, naturellement, le cobalt est une des parties mêmes de la vitamine. Les sources animales semblent être les seules à nous fournir de la vitamine B 12, bien qu'il y ait lieu de penser que certains végétariens absolus soient en mesure de la fabriquer à l'intérieur du système digestif.

Certaines levures de boulanger fournissent aussi de la vitamine B 12.

Les molécules des vitamines B biotine et thiamine, contiennent du soufre. Le soufre étant une partie intégrante des protéines, une alimentation fournissant une quantité adéquate de protéines fournit du soufre en quantité suffisante.

Certains travaux de recherche montrent que le manganèse peut contribuer à remédier à la coagulation difficile due au manque de vitamine K. Cette dernière est fabriquée par des micro-organismes à partir de substances présentes dans une variété d'aliments, notamment les légumes verts feuillus. La vitamine K est indispensable. En garantissant la coagulation du sang des plaies et blessures, qu'il s'agisse d'une égratignure ou d'une blessure grave, la vitamine K nous empêche de saigner indéfiniment.

CHAPITRE 29

Les aliments super-minéraux

UNE ALIMENTATION SUPER-MINERALE EN HUIT ETAPES.

Il n'existe pas d'aliment qui fournisse à lui seul tous les minéraux dont nous avons besoin. Cependant, certains représentent un tel trésor de minéraux – et parfois de vitamines – qu'ils permettent de satisfaire une bonne partie de nos besoins si nous les introduisons régulièrement dans nos menus.

Quand avez-vous mangé du foie pour la dernière fois? Et du poisson? Un yaourt? Quand mangez-vous du pain complet? Des fruits frais? Des légumes verts feuillus?

Nombre d'entre nous mangent probablement l'un de ces aliments chaque jour. Pour d'autres, cela ressemble à une incursion en territoire étranger. La vente d'aliments comme les pommes de terre chips, les plats préparés, les soupes en sachet et autres plats instantanés battant son plein, on peut vraiment se demander si les gens mangent aussi bien qu'ils le croient. Nous avons constaté que même parmi ceux d'entre nous qui pensent honnêtement qu'ils se nourrissent très bien, certains menus supporteraient facilement d'être améliorés. Ou au moins d'être périodiquement complétés.

Au fur et à mesure que vous lisez, réfléchissez honnêtement à ce que vous mangez. Vos menus sont-ils bourrés d'aliments super-minéraux? Le meilleur moyen de vous en assurer est peut-être de prendre quelques dispositions pour évaluer – ou améliorer – votre régime. Concentrez-vous sur une catégorie d'aliments par semaine. Petit à petit, réunissez-les tous. D'ici à la huitième semaine – en moins de temps qu'il ne vous en faut pour améliorer votre service au tennis – vous pourrez être sûr d'avoir fait un grand progrès dans la direction d'une meilleure santé.

Première semaine: essayez le foie.

Parce qu'il fait fonction d'usine de transformation et de réserve pour tant de nutriments, le foie – de bœuf, de veau, de poulet ou autre – accumule un trésor de minéraux:

- il dépasse tous les autres aliments pour la teneur en fer;
- à poids égal, il contient 70 fois plus de cuivre que la meilleure grillade;
- 100 grammes de foie de bœuf fournissent 5 milligrammes de zinc – ce qui est plus que toute autre espèce de viande;
- le foie procure une superbe ration de chrome, le plaçant parmi les meilleures sources de ce minéral.

Non seulement le foie est une réserve de premier ordre de plusieurs minéraux, mais il contient également un bon stock de vitamines A, C et de vitamine B. Tous ces nutriments le poussent à la toute première place parmi les aliments super-minéraux. (Tableau 37).

Il y a plus: "Outre les nutriments connus, il y a des substances dans notre alimentation qui sont probablement nécessaires en plus grande quantité dans les moments de stress" dit le docteur Benjamin Ershoff, un savant de Loma Linda University en Californie. "Le foie est une source puissante de ces nutriments".

Lorsqu'il est bien préparé, le foie n'est pas cette tranche de viande dure, filandreuse et grise que beaucoup d'enfants laissent dans leur assiette. Choisissez-le tendre, en tranches minces et faites les tremper dans du lait à la température ambiante avant de les faire cuire. Pour remédier à toute trace d'amertume, passez les tranches dans de la farine complète assaisonnée d'origan, d'ail et d'oignon. Faites cuire les tranches une minute de chaque côté, dans une poêle très chaude avec un peu d'huile. Du foie une fois par semaine, que ce soit de bœuf, veau, agneau, porc ou poulet, augmentera votre consommation de minéraux comme aucun autre aliment ne peut le faire.

On peut aussi trouver du foie déshydraté. C'est tout simplement du foie desséché. C'est une façon pratique d'ajouter des minéraux dans votre menu lorsque le foie frais n'est pas disponible ou ne cadre pas avec vos plans. La méthode de séchage est originale: les tissus conjonctifs (et la plupart du temps, le gras) sont enlevés du foie de bœuf, qui est séché sous vide à la température de 60° centigrades. Le processus ramène deux kilos à environ une livre de foie déshydraté – avec tous les minéraux et beaucoup moins de volume. Un moyen facile d'ajouter cette merveille alimentaire à vos menus.

TABLEAU 37   **LES ALIMENTS SUPER-MINERAUX**

	Calcium	Magnésium	Phosphore	Potassium	Zinc	Cuivre	Fer	Selenium	Chrome	Manganèse	Iode	Cobalamine	Fluor
Foie				●	★	★	★	★	★	●		★	
Yaourt	★		★	●									
Petit lait (buttermilk)	★		★	●									
Poisson				★		●	●	★	●		★	★	★
Mélasse épaisse	●	●		★			★			●			
Levure de bière	●			●			●		★			★	

LEGENDE: ★ mineraux en quantités appréciables

● autres minéraux importants en plus petites mais appréciables quantités

SOURCE: « Nutritive value of American foods in common units » cf tabl 12.

Deuxième semaine: Faites connaisance avec les yaourts et le petit lait.

Le calcium est le principal minéral dans notre corps. Nous devons en avoir des réserves à tout prix. Bien que les haricots, les noix et noisettes et les légumes verts en fournissent des quantités non négligeables, les produits laitiers sont tout de même la principale source d'apport. Les produits laitiers maigres et fermentés comme le yaourt et le petit lait constituent des remparts de protection contre les fractures – particulièrement pour les femmes après la ménopause.

Le yaourt est fermenté au moyen d'une bactérie. Mais il ne s'agit pas du type de bactéries qui causent les rhumes et les infections. Ce sont des bactéries bénéfiques, les plus souvent *lactobacillus acidophilus* ou *lactobacillus bulgaricus*. En plus du fait qu'il lutte contre certains problèmes de digestion et fait baisser le niveau de cholestérol, une chose fait du yaourt un aliment super-minéralisant: le calcium.

"Le calcium est mieux assimilé quand il est en présence d'acide dans l'intestin, et le yaourt contient à la fois du calcium et de l'acide" dit le Dr Manfred Kroger, professeur-assistant à l'Université de l'Etat de Pennysylvanie.

"Les personnes âgées dont les os sont friables ont besoin de davantage de calcium" nous dit-il. Les yaourts pourraient être exactement le produit qu'elles devraient manger pour renforcer leurs os".

Le Dr Kroger fait remarquer aussi que beaucoup de personnes âgées ne peuvent plus digérer le sucre du lait – le lactose. "Lorsqu'elles boivent du lait, elles ne le dirègent pas ou il leur donne des gaz; elles évitent donc d'en consommer et ne bénéficient pas du calcium dont elles ont tant besoin" dit-il. "Mais lorsque le lait fermente et se transforme en yaourt, les bactéries réduisent de 25% la quantité du lactose. La plupart de gens qui évitent le lait à cause du lactose peuvent consommer des yaourts sans problèmes".

Vous pouvez peut-être essayer les yaourts à la place de la crème chantilly sur les fruits ou dans les boissons frappées. Les yaourts sont également riches en protéines. En été, quand les repas chauds sont moins tentants, faites-en un repas complet avec une salade. Voyez le chapitre des recettes où vous trouverez d'autres idées pour l'employer dans les plats et les boissons ainsi que les directives faciles pour faire vos propres yaourts à la maison.

Le petit lait provient aussi de la fermentation du lait. Comme le yaourt, il présente par rapport au lait l'avantage de contenir moins de lactose et d'être bien toléré par les personnes qui ne peuvent pas digérer le sucre du lait. Et comme tous les produits laitiers, il est riche en calcium.

En dépit de son nom anglais "buttermilk" (lait du beurre), le petit lait non seulement ne contient pas de beurre, mais pratiquement pas de graisses. Pour obtenir du petit lait, certaines laiteries industrielles ajoutent des cultures bactérielles, quelques extraits solides du lait et parfois du sel à du lait écrémé. Le petit lait industriel est également fabriqué par un processus de 10 minutes au cours duquel de l'acide lactique, des stabilisants et aromatisants sont ajoutés au lait chauffé. Ce type de petit lait est connu comme imitation ou petit lait acidulé (aux Etats Unis).

Le petit lait est un excellent ingrédient pour les gateaux et les "pancakes" (sortes de crêpes épaisses) en raison de sa légère acidité et il peut permettre d'attendrir la viande. On peut aussi le servir comme boisson fraîche et désaltérante.

"*Lassi*" signifie petit lait, mais il s'agit de petit lait style indien – fait à partir de yaourt. D'après Harish Johari, l'auteur de *Dhanwantari* (Rams Head, ed. 1974), un livre sur les anciens principes de nutrition de l'Inde, *lassi* est "une des meilleures boissons pour l'été".

"Pour faire du *lassi*" ecrit-il, "battez un yaourt rafraîchi avec un fouet (ou un mixer) jusqu'à ce qu'il soit bien liquéfié; puis ajoutez de l'eau pour lui donner la consistance du lait frais, et du miel à votre goût. C'est une boisson fraîche, désaltérante, qui fournit à l'organisme une saine ration de vitammines".

Troisième semaine: mangez davantage de poisson.

Nous trouvons dans le poisson toute une catégorie d'aliments qui nous fournissent du fer, du cuivre, du potassium et du sélénium. Les poissons cuits (en conserves) comme le saumon et les sardines ont des arrêtes molles et comestibles et peuvent même fournir des quantités utiles de calcium. Et à l'inverse du sel iodé, qui peut faire monter la tension, ils constituent une excellente source d'iode, nécessaire au bon fonctionnement de la glande thyroïde. Et de plus, le poisson est aussi une bonne source de fluor, de cobalt et de vitamines B.

Cependant, ce qui fait du poisson un aliment idéal pour la santé est justement ce qui lui manque: la graisse. Alors que le bétail est élevé dans des espaces surpeuplés et qu'il est sur-nourri pour donner le plus de graisse le plus vite possible, le poisson vit à l'état sauvage. Toujours en mouvement à la recherche de plus petites proies, en quête de micro-organismes pour se nourrir, plongeant plus profond pour arracher des algues riches en minéraux aux fonds de l'océan, les poissons travaillent dur pour leurs repas. Le résultat est que leur chair n'est ni grasse ni pleine de cholestérol. Et le peu de gras qu'ils puissent avoir n'est pas saturé comme celui du bœuf ou du porc. Il semble que les acides gras polyinsaturés tels que ceux qui sont présents dans les poissons fassent baisser le niveau des triglycérides et du cholestérol, acides gras du sang, connus pour avoir un rôle dans les maladies cardiaques. Les poisson nous procure donc des minéraux sans nous encombrer de graisses malsaines.

Certains sont peut-être réticents depuis que, dans les années 1970, on avait beaucoup parlé d'empoisonnement au mercure. La "Food and Drug Administration" avait alors, aux Etats Unis, retiré du commerce près d'un million de boîtes de thon en conserves. Rétrospectivement, on se rend compte que cette panique du mercure-dans-le-poisson avait été très exagérée. Dans le numéro d'octobre 1971 d'American Journal of Clinical Nutrition, le docteur Thomas B. Eyl souligne que "les spécialistes de la biologie marine sont de plus en plus convaincus que le poisson "contaminé" contenait une quantité parfaitement normale de mercure, héritée des niveaux de mercure naturellement présents dans l'eau de mer".

Autrement dit, le poisson a toujours contenu du mercure. Edwin N. Wilmsen, un chercheur qui avait travaillé au Musée d'Antrophologie de l'Université du Michigan, a examiné des échantillons de poissons provenant de sites archéologiques. Il constata que "la concentration de mercure dans les poissons préhistoriques était sensiblement la même que dans les poissons de notre époque" (Ecology of Food and Nutrition, juin 1972).

Les crustacés regorgent également de minéraux. Les huîtres, par exemple, sont notoirement riches en zinc. Les crustacés présentent cependant un inconvénient. Ils fonctionnent comme des filtres. Cela signifie qu'ils pompent des quantités énormes d'eau pour se nourrir. Certaines espèces d'huîtres, par exemple, filtrent jusqu'à 30 à 40 litres d'eau de mer en l'espace de quatre heures. C'est-à-dire qu'elles filtrent aussi les eaux polluées des rivages, accumulant et concentrant les produits toxiques et les métaux lourds. Si excellent que soit cet aliment, nous hésitons donc à le recommander.

En ce qui concerne l'ensemble des autres poissons, ils offrent une telle variété de minéraux que c'est une bonne idée d'en manger au moins deux fois par semaine. Vous pouvez commencer en choisissant deux jours définis comme "jour du poisson", le mardi et le vendredi, par exemple, jusqu'à ce que cela devienne une routine. Et les filets de poisson sont tellement faciles à préparer qu'ils concurrencent les plats instantanés – il ne faut pas plus de 5 à 10 minutes pour faire cuire la majeure partie d'entre eux. Achetez du poisson en rentrant à la maison, ajoutez une pomme de terre et un légume, et votre dîner est prêt en un clin d'œil.

Quatrième semaine: Place aux fruits et aux jus de fruits.

Les fruits sont le dessert de la nature. Pas de complications, peu de travail – et une super-ration de potassium, le minéral anti-sodium. Beaucoup de fruits sont également d'excellentes sources de vitamine C, qui triple l'assimilation du fer. En ce qui concerne les deux problèmes relatifs aux minéraux les plus courants – l'hypertension (aggravée par le sodium) et la carence en fer – les fruits peuvent avoir une influence considérable et faire la différence dans votre état de santé: satisfaisant ou non.

Dans la mesure où les jus de fruits peuvent prendre la place des boissons industrielles, ils présentent un double avantage. Pensez à passer quelques minutez chez le marchand de fruits chaque fois que vous faites vos emplettes. Partez avec des bananes, des pommes, des ananas, du raisin – n'importe: ce qui vous plaira.

Cinquième semaine: convertissez-vous aux grains complets.

Partout dans le monde, les grains sont une nourriture de base – le riz en Asie, le maïs en Amérique du Sud, le millet en Afrique, le blé en Occident. Vous voyez donc que les grains ne servent pas qu'à faire du pain et des croissants. Les gâteaux secs, les pâtes, les biscottes, les tortillas, les crêpes, les gâteaux viennent tous des grains. Et la fantastique collection de "céréales" de petit déjeûner des Américains est fondamentalement un quatuor de blé, de riz, de maïs et d'avoine.

Malheureusement, le raffinage elimine beaucoup de minéraux importants localisés dans le germe et le tégument – fer, magnésium, zinc, cuivre, manganèse et sélénium pour être clair. Ce qui reste est l'endosperme farineux, pauvre en minéraux. S'il est vrai que les minéraux des grains complets sont moins facilement assimilables que ceux de certains autres aliments, parce qu'ils restent partiellement associés à l'acide phytique des fibres alimentaires, ils n'en contribuent pas moins un apport plus important que celui de leurs équivalents raffinés. Maintes et maintes études on prouvé que le choix entre les grains complets ou raffinés est un facteur qui peut faire la différence entre un taux de minéraux satisfaisant ou insuffisant.

La consommation de pains et céréales raffinés peut donc sérieusement appauvrir l'apport général en minéraux. La raison en est que les hydrates de carbone constituent environ la moitié de notre alimentation. Et les grains et dérivés des grains constituent, eux, la plus grosse partie des hydrates de carbone, sous forme de pain, pâtes, pâtisserie, etc. Il est donc important que la teneur en nutriment de ces aliments soit la meilleure possible.

Demandez à votre boulanger du pain complet. Achetez un kilo de riz complet. Ni l'un ni l'autre ne sont difficiles à trouver.

Sixième semaine: procurez-vous de la mélasse de canne à sucre.

Ce liquide collant et sombre qu'on appelle mélasse est un aliment extrêmement sain qui nous vient de la même plante – et des mêmes usines – produisant ce sucre blanc si notoirement malsain. Alors que le sucre blanc ne contient pratiquement aucun minéral, la mélasse en contient un trésor.

269

Une cuillérée à soupe de mélasse contient 3,2 milligrammes de fer – presque deux fois plus que dans une part d'épinards crus, et plus de 50 milligrammes de magnésium, soit un septième du taux recommandé.

Cette même cuillerée contient presque autant de calcium qu'un verre de lait.

La mélasse bat les fruits dans le domaine du potassium. Une cuillère à soupe de cet or noir contient 585 milligrammes de potassium, nettement plus qu'une banane ou deux oranges.

L'alimentation américaine type peut être pitoyablement pauvre en chrome, mais la mélasse en fournit une quantité appréciable, pour ne rien dire des doses non négligeables de vitamines B: thiamine (B 1), riboflavine (B 2) niacine et acide pantothénique.

La mélasse est comme un mouton sous une peau de loup, en raison de ses origines qui remontent à la raffinerie de sucre. Lorsque la canne à sucre est écrasée, moulue, chauffée et refroidie, les cristaux blancs familiers apparaissent. La mélasse est le liquide qui reste, généralement après trois extractions. Chaque fois que le processus se répète, davantage et davantage de sucre blanc est éliminé et la mélasse devient plus épaisse et plus foncée. La mélasse noire, le produit le plus épais et le plus foncé, ne contient plus à peu près que la moitié du sucre qui se trouvait dans le jus de canne original. Mais elle contient aussi toutes les valeurs nutritives que le sucre blanc perd dans le raffinage.

Il est possible que vous ayez déjà goûté à la mélasse de canne à sucre. Aux Etats Unis, on l'emploie fréquemment pour les terrines de haricots cuites au four, le glaçage des rôtis de jambon, sur les patates douces ou dans certains desserts traditionnels. Une tarte typique traditionnelle de Pennsylvanie contient une bonne ration de mélasse.

Le goût de la mélasse est plus que simplement doux – il est plus fort et plus caractérisé que celui du sucre et il faut s'y habituer. Au début, vous pouvez essayer les mélasses moins épaisses, qui sont plus douces et moins fortes que la mélasse noire, mais pratiquement aussi nourrissantes. Assurez-vous, de toute façon, qu'il s'agit de mélasse *non sulfurée* – c'est un produit plus pur.

Substituez la mélasse au sucre pour la patisserie et vous transformerez le négatif en positif. Pour commencer, essayez un mélange moitié miel et moitié mélasse dans les gâteaux secs et la pâtisserie. (Une tasse de ce mélange remplace deux tasses de sucre). Vous devrez peut-être supprimer un peu de liquide pour compenser celui que contient la mélasse.

Si vous faites le composé de céréales "granola", utilisez la mélasse à la place du miel. Pour un double profit nutritionnel, ajoutez une cuillerée ou deux de mélasse à votre yaourt nature. Et si vous voulez une bonne boisson chaude nutritive et sans caféine, mélangez simplement une cuillère à café de ce cousin noir du ucre blanc à une tasse d'eau chaude. Mélangez et buvez! A votre santé!

Septième semaine: Mettez-vous à la levure.

Barbottant dans les cuves des brasseries, une des plus minuscules plantes de la nature transforme l'orge et le houblon en bière par fermentation. Ces micro-organismes de la levure de bière sont riches en minéraux. Il en va de même pour les autres levures cultivées sur la mélasse, les grains, le petit lait des fromages ou autre. Les levures fournissent de bonnes quantités de fer, de calcium et de potassium. Beaucoup sont également de bonnes sources de sélénium et de chrome. De plus, la levure procure de très grosses quantités de plusieurs vitamines B. (Ne confondez cependant pas la levure de bière avec la levure de boulanger, qui n'est *PAS* un supplément sur le plan nutritif).

Comment incorporer des levures nutritives à votre alimentation? Les suppléments constituent une réponse. Mais il faut environ 16 comprimés pour obtenir l'équivalent d'une cuillère à soupe de levure. De sorte qu'elle est plus facile à introduire dans vos aliments sous forme de poudre. Le goût est discret, mais il varie légèrèment suivant le support sur lequel on a cultivé la levure. Comme on peut s'y attendre, la levure de bière est un peu amère avec un léger goût malté, bien qu'on vende certaines levures dont on a supprimé l'amertume. Certaines autres peuvent être un brin aigrelettes ou fruitées. Mais en général, la saveur est assez discrète pour ne pas avoir d'effet sur celle de vos plats. Vous pouvez ajouter de la levure à vos recettes de pain, de crêpes, à vos plats au four, aux omelettes, aux ragoûts, aux potages, aux steaks hâchés. Mélangez-en à vos jus de tomates et légumes. Saupoudrez-en vos salades, vos légumes et votre fromage blanc.

Huitième semaine: renoncez aux "petits extras".

Nous pouvons faire ou défaire notre santé avec ce que nous mangeons. C'est à nous de choisir. Le bon choix comprend les aliments riches en minéraux. Mais tout le riz complet et les yaourts du monde ne serviront à rien si nous continuons à remplir notre chariot de biscuits apéritifs et de pâtisseries poisseuses.

Combien de ces "extras" rapportez-vous à la maison? Font-ils partie de votre alimentation habituelle, ou est-ce simplement une passade de temps en temps? S'il s'agit d'autre chose que d'une exception, vous flirtez avec le désastre, car toute trace de valeur nutritive que ces produits pourraient avoir est habituellement annihilée par le sel, le sucre et les corps gras qu'ils contiennent. En fait, en règle générale, plus la teneur d'un aliment en sucre et en graisses est élevée, moins il contient de minéraux.

Nous n'allons pas vous infliger une longue liste de "défense de". Mais vous pouvez vous contrôler en prenant ici et là le temps de vous poser la question: "Pourquoi est-ce que je mange cela?"

Conciliez tout.

Une dernière chose. Ce plan est adaptable. Si vous préférez démarrer avec les yaourts plutôt qu'avec le foie, allez-y. Ou lancez-vous dans la levure. Ou bien encore, commencez par le pain et les pâtes de farines complètes. Que vous vous y preniez d'une manière ou d'une autre, votre alimentation devrait être bien pourvue en minéraux quand vous en arriverez à la huitième semaine.

Pour vous aider davantage, la quatrième partie se termine par des recettes d'aliments super-minéraux.

CHAPITRE 30

La cuisine qui préserve les minéraux

A l'inverse des vitamines, les minéraux ne sont pas détruits par le cuisson. Mais cela ne signifie pas qu'ils sont invulnérables. Ils peuvent s'échapper et se dissoudre dans les eaux de cuisson et dans les jus gaspillés.

De la même manière, certains ustensiles en métal peuvent libérer des minéraux – bons ou mauvais – dans les aliments. Les méthodes et les ustensiles que nous employons font donc une grande différence quand il s'agit de conserver les bons minéraux dans les aliments et les mauvais en dehors.

LA CUISSON LEGERE PRESERVE LES MINERAUX.

Légumes: Fragile !

De tous les aliments, les légumes sont ceux qui perdent le plus de leurs minéraux, probablement surtout parce qu'on les fait trop cuire. Il existe beaucoup de légumes riches en minéraux. Mais lorsque nous les jetons dans un grand faitout d'eau bouillante et les laissons cuire trop longtemps, ils peuvent en sortir décolorés et nutritivement très affaiblis.

Prenez par exemple le chou-fleur. Frais et cru, il contient presque deux fois plus de magnésium que le même précuit et surgelé. Cependant, la plupart des gens ont tendance à cuire leur chou-fleur jusqu'à ce qu'il tombe en miettes. (Dans le cas des surgelés, ils sont cuits à nouveau). Et pour remplacer leur saveur perdue, on les couvre de beurre ou de sauce au fromage. Mais malheureusement, rien ne peut remplacer les minéraux perdus dans l'eau de cuisson.

La prochaine fois que vous servez du chou-fleur, coupez-le donc en tranches minces et mélangez quelques miettes d'oignons rouges et d'ail hâchés. Faites mariner quelques herbes et un peu d'huile dans du vinaigre. Puis servez le tout rafraîchi. Cela vous fera une salade qui sort de l'ordinaire et vous procurera une bonne dose de magnésium. Faites la même chose pour servir de jeunes courgettes ou broccolis bien tendres.

A vos salades habituelles, essayez d'ajouter quelques petits pois frais, quelques fleurs de broccoli ou quelques lanières de chou cru. Les pissenlits font une salade intéressante et riche en calcium. Voyez notre chapitre de recettes (31) où vous trouverez d'autres suggestions, y compris pour une vinaigrette rapide.

Ne faites jamais tremper vos légumes pour les nettoyer. Cela en extrait les minéraux. Couper les légumes trop longtemps à l'avance détruit les vitamines. Lavez et coupez vos légumes juste avant de servir, dans la mesure du possible.

Le secret qui permet de réduire les pertes de minéraux au minimum est la cuisson rapide dans une petite quantité d'eau. L'eau extrait les minéraux. Et plus vous faites cuire vos légumes, plus vous perdez de minéraux ET de vitamines. Un légume qui arrive sur votre assiette pâle, mou et sans vie n'a probablement pas grand'chose à vous offrir sur le plan nutritif.

Faites donc cuire vos légumes dans juste ce qu'il faut d'eau pour les empêcher d'attacher au fond de la casserole (2 centimètres d'eau environ) et conservez cette eau de cuisson pour l'employer ensuite dans les soupes, les ragoûts ou les sauces. Mieux encore, cuisez vos légumes à la vapeur.

L'ART SALUTAIRE DE LA CUISSON A LA VAPEUR.

Faire faire la cuisson de vos légumes par la vapeur plutôt que par l'eau bouillante est la meilleure méthode pour conserver les minéarux des aliments. Pour une somme très modeste, vous trouverez dans tous les magasins vendant des articles de cuisine, un panier pliant perforé destiné à contenir vos légumes, que vous poserez dans vos faitouts ou casseroles. Il y en a dans les supermarchés, les grandes surfaces, les quincailleries, etc. Si vous êtes d'humeur à dépenser davantage, offrez-vous un autocuiseur fait de récipients superposés. Vous pouvez en improviser un en plaçant une passoire sur une casserole ou un faitout, à condition qu'elle s'adapte bien et que vous puissiez fermer le couvercle.

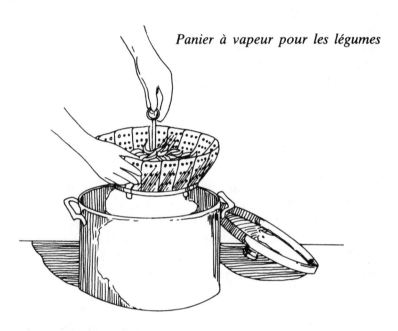

Panier à vapeur pour les légumes

Quelle que soit la méthode que vous choisissez, gardez l'ustensile à portée de la main et employez-le souvent. Que vous fassiez cuire vos légumes entiers, coupés en deux ou en dés, faites des morceaux de dimensions égales afin que tout soit cuit dans le même délai. Et ne les empilez pas trop afin qu'ils cuisent également. Assurez-vous que votre eau bout à gros bouillons avant de placer les légumes dans le cuiseur. Couvrez immédiatement et faites cuire jusqu'à ce que les légumes soient tout juste tendres. Les broccolis, les haricots verts, les petits pois et les légumes verts cuisent en 3 à 5 minutes. Courges et potirons, carottes, pommes de terre et oignons prennent un peu plus de temps – parfois jusqu'à 20 minutes, suivant la dimension des morceaux. Pour des légumes qui doivent cuire plus longtemps, assurez-vous que l'eau ne s'est pas évaporée et remettez-en si besoin est.

Les légumes adorent les bains de vapeur. Ils en sortent en pleine forme, fermes, colorés et savoureux, avec presque tous leurs minéraux intacts. Les vitamines s'en sortent asssez bien aussi.

LA CUISSON "PEU D'EAU" VAUT PRESQUE LA CUISSON "VAPEUR".

C'est aussi une cuisson à la vapeur. Elle se fait dans de lourdes casseroles, bien hermetiques, qui sont étudiées pour utiliser l'eau contenue dans les aliments, et celle qui reste du lavage. Bien que cette méthode soit préférable à la cuisson dans l'eau bouillante, elle ne permet pas une cuisson très rapide, ce qui peut annuler les avantages de ce mode de cuisson. La déperdition des minéraux est sensiblement la même que lorsqu'on fait cuire dans un peu d'eau.

LA METHODE CHINOISE RETIENT LES MINERAUX.

Elle est très simple et consiste à faire rapidement frire dans la poêle. C'est une méthode empruntée à la cuisine chinoise: un assortiment de legumes est débité en petits morceaux qu'on remue dans un peu d'huile assez chaude dans une poêle ouverte (que les chinois appellent "wok"). Utilisez une poêle épaisse. La cuisson prend 3 ou 4 minutes au maximum, ce qui donne bien peu de temps aux minéraux pour s'échapper.

Non seulement les aliments frits de cette façon sont nutritifs, mais c'est délicieux. Les légumes restent tendres et craquants, toutes leurs valeurs nutritives préservées. Commencez avec les légumes les plus durs – les racines comme les carottes, qui sont les plus longues à cuire. Ajoutez ensuite le céleri en tranches, les oignons et l'ail hâché. Les aliments tendres comme les champignons, les pois et les feuilles de choux ou autres légumes verts doivent être ajoutés en dernier. Pour faire un plat complet, ajoutez des noix, des haricots (cuits) et des dés de poulet, de poisson, de bœuf ou de tofu (dérivé fermenté de grains de soja). Servez avec du riz complet.

LA CUISSON SOUS PRESSION POUR CERTAINS ALIMENTS SEULEMENT.

Comme la cuisson à la vapeur, la cuisson sous pression utilise un minimum d'eau, mais elle est beaucoup plus rapide. Mais cette cuisson (à la cocotte-minute) nécessite de la vapeur sous pression et à des températures plus élevées que celles de l'eau bouillante, ce qui peut détruire des vitamines. Cette perte de vitamines est partiellement compensée par la briéveté du temps de cuisson. Le résultat net est comparable à celui qu'on obtient avec la cuisson "peu d'eau".

Le gros avantage de la cuisson sous pression est le gain de temps. Les pommes de terre, les haricots – aliments dont le temps de cuisson est décourageant – sont cuits à la cocotte-minute en moins de temps qu'il n'en faut pour le dire. Cela permet de faire cuire des aliments sains même lorsque le peu de temps dont on dispose pourrait nous faire envisager des nourritures moins saines mais plus pratiques...

La cuisson sous pression n'est pas la meilleure méthode pour les légumes verts délicats comme les épinards, ou ceux qui ont un goût prononcé comme les broccolis le chou-fleur ou le chou. Les saveurs deviennent alors trop prononcées. Pour eux, la cuisson à la vapeur donne les meilleurs résultats sans prendre beaucoup de temps.

Une cocotte-minute est lourde. Et si vous n'y faites pas attention, vos aliments peuvent être rapidement trop cuits. Si vous avez un problème qui vous empêche d'employer des ustensiles trop lourds, ou que vous soyez un peu distraite, évitez la cuisson sous pression.

COMMENT FAIRE CUIRE DES HARICOTS QUI NE VOUS DONNERONT PAS DE FLATULENCES.

Les haricots contiennent beaucoup de calcium, de magnésium et de potassium – et des oligosaccharides, substances qui produisent des gaz dans le gros intestin. Pour éliminer la gêne habituellement associée à l'idée de manger des haricots, essayez la méthode suivante, qui décompose les substances produisant les gaz avant qu'elles atteignent vos intestins.

Faites tremper les haricots pendant 3 à 4 heures, dans une grande quantité d'eau qui leur permette de gonfler. Jetez cette eau de trempage. Faites cuire les haricots à l'eau bouillante pendant 30 minutes, jetez l'eau de cuisson. Terminez-la avec de l'eau fraîche.

Bien qu'en effet, une partie des minéraux soit gaspillée par le trempage et la première cuisson, il en reste suffisamment. Et *c'est* le meilleur moyen de résoudre le problème de flatulences. L'addition d'une cuillère à café de levure de bière pour chaque verre de haricots (secs, avant trempage) peut remplacer les vitamines et minéraux perdus.

Le tableau 38 vous guidera dans la cuisson des haricots.

TABLEAU 38   **TEMPS DE CUISSON ET RENDEMENT DES HARICOTS SECS**

1 tasse ou 2 verres ordinaires	nombre de verres d'eau de cuisson	temps de cuisson en minutes	rendement en verres
Haricots de lima (petits)	8	45/60'	4 1/2
Haricots noirs	8	45/60'	5
Pois cassés	8	30'	5
Pois chiche	8	120'	6 1/2
Haricots rouges	8	90'	5
Lentilles	8	20'	6
Fèves	8	45/60'	5
Haricots blancs	8	45/60'	5
Grains de soja	10	180'	5 1/2

NOTE: les haricots et pois ont trempès pendant 4 heures, puis ont été placés dans une casserole couverte et maintenus en ébullition pendant le temps indiqué.

LA CUISINE SANS SEL.

La cuisine sans sel n'est pas forcément fade. La panoplie d'épices et d'herbes aromatiques est là pour parfumer vos plats. Une touche d'aromates relève votre poisson. Un peu d'origan corse votre terrine de viandes. Un rien de noix de muscade parfume votre omelette. Même si vous ne sacrifiez pas le sel pour des raisons de santé, les épices et les aromates vous sortent de la routine du poivre-et-sel.

Ces parfums gagnent à être employés modérément, car certains peuvent vraiment manquer de discrétion si on en abuse. N'en mélangez pas plusieurs dans le même plat. N'en mettez aucun en trop grande quantité. Ajoutez-les à vos recettes en fin de cuisson pour en préserver le goût sans qu'il soit trop puissant.

Pour introduire habilement les épices et aromates dans vos plats favoris, voyez le tableau 39, qui suggère les meilleures alliances d'aliments et de parfums. La liste est loin d'être complète ou catégorique. Elle vous propose seulement quelques suggestions qui vous aideront à remplacer le sel dans votre cuisine.

COMMENT FAIRE CUIRE LE RIZ COMPLET.

Le riz complet comporte tous les mineraux que le raffinage enlève au riz blanc. Les personnes qui sont habituées au riz instantané (le riz précuit), cependant, seront peut-être mal disposées à l'échanger contre le riz complet plus nutritif mais plus long à cuire. Inutile de vous effrayer, la cuisson du riz complet est tout à fait simple. Uniquement une question de patience.

Faites cuire 2 verres (verres à moutarde ordinaires) de riz complet dans 5 verres d'eau pour obtenir 6 verres de riz cuit. Cela représente 4 à 6 petites parts. Ou faites cuire 1 part de riz pour 2 parts et demie d'eau. Autrement dit, la cuisson triple le volume du riz.

Faites bouillir l'eau – ou le bouillon. Versez votre riz lentement, en le mélangeant dans l'eau. Lorsque l'eau recommence à bouillir, baissez le feu et laissez cuire. Couvrez et attendez que la totalité du liquide soit absorbée (25 à 30 minutes).

Si à ce moment, les grains semblent encore trop durs, rajoutez quelques cuillerées d'eau bouillante et prolongez la cuisson. Pour éviter que le riz soit collant, remuez le moins possible.

Les grains devraient être légers et se séparer facilement les uns des autres lorsque la cuisson est terminée. Aérez à la fourchette avant de servir.

NE FAITES PAS RECHAUFFER VOS LEGUMES.

Essayez de servir vos restes de légumes froids, ou en salade, avec une vinaigrette. Réchauffer les légumes fait fuir les vitamines, laissant seulement des éléments sans valeur nutritive.

LES FOURS A MICRO-ONDES:
RIEN DE PERDU, RIEN DE GAGNE.

Vous vous demandez peut-être si les légumes cuits dans le four à micro-ondes en sortent gagnants par rapport à ceux qui sont cuits conventionnellement. Non. Sur le plan de la nutrition, pas d'avantage ou d'inconvénient par rapport aux autres modes de cuisson.

TABLEAU 39 **LES AROMATES QUI REMPLACENT LE SEL**

Viandes
Ail, sauge, basilic,
marjolaine, estragon.

Poisson
Fenouil, paprika,
estragon, thym, sauge,
jus de citron.

Poulet
Thym, sauge, marjolaine,
estragon, romarin, persil,
graines de sésame.

Fromage
Cayenne, cumin,
graines de carvi.

Œufs
Ciboulette, persil,
estragon.

Riz
Marjolaine, safran.

Haricots (en général)
Moutarde, sarriette,
menthe.

Pois chiches
Cayenne, ail, persil.

Fèves
Sauge, sarriette

Soupes
Feuilles de laurier,
céleri, marjolaine,
basilic, romarin,
cerfeuil.

Haricots verts
Fenouil, jus de citron,
sarriette.

Soja
Fenouil, ail, thym,
persil.

Pommes de terre
Persil, ciboulette, origan,
romarin, paprika,
estragon, sarriette.

Tomates
Basilic, laurier, romarin,
origan, ail, céleri.

TABLEAU 39 **LES AROMATES QUI REMPLACENT LE SEL**

Chou-fleur
Graines de carvi, fenouil, origan, basilic, ail, sarriette, estragon, jus de citron.

Broccolis
Ail, origan, aneth (fenouil).

Betteraves
Clous de girofle, cannelle.

Choux
Fenouil, graines de carvi.

Asperges
Jus de citron, estragon.

Courgettes
Ail, basilic, marjolaine.

Potiron
Cannelle, sarriette, estragon

Chou (blanc)
Graines de carvi, fenouil, moutarde, safran

Salades
Basilic, ail, sarriette, menthe, jus de citron.

Vinaigrette
Estragon, fenouil, basilic, moutarde, ail.

Fruits
Cannelle, gingembre, clous de girofle, cardamone, jus de citron.

VIANDES, VOLAILLES ET POISSONS:
UNE CUISSON ADEQUATE PRESERVE LES MINERAUX.

Une cuisson lente de la viande et la volaille limite la diminution de volume et retient les jus, conservant par conséquent les minéraux comme le zinc et le fer, ainsi que les vitaminez B. Faire revenir la viande rapidement permet de lui conserver son jus, et une cuisson lente est la meilleure pour les viandes de moindre qualité (ou si vous avez des difficultés à mâcher les viandes dures). Nutritionnellement, rôtir à des températures peu élevées (environ 150°) est également très bon.

Ne salez pas votre viande. Le sel fait sortir le jus chargé des minéraux.

En raison de sa teneur élevée en protéines, de son taux de graisses très bas et de sa richesse en minéraux, le poisson est une nourriture de base pour une alimentation saine. La cuisson au grill et au four en protège le goût, les nutriments et les calories. Ne faites cuire que jusqu'à ce que la chair se détache facilement à la fourchette.

CHOISISSEZ BIEN VOS USTENSILES.

Naturellement, il est préférable d'avoir les ustensiles qui ont le moins de chances de laisser des mineraux nocifs s'infiltrer dans vos aliments.

L'aluminium pose des problèmes.

Les casseroles en aluminium sont sans aucun doute les plus controversés des ustensiles de cuisine du point de vue de la sécurité. Un métal robuste, léger et antirouille, l'aluminium est un bon conducteur, permettant une distribution rapide et égale de la chaleur. Et il est moins coûteux que l'acier ou le cuivre. Mais il réagit facilement aux aliments acides comme la tomate ou les fruits, et peut se faufiler dans votre nourriture. Il peut aussi donner un goût légèrement différent que les aliments n'auront pas s'ils sont cuits dans des casseroles en un matériau moins sensible à la corrosion.

Jusqu'à quel point l'aluminium peut poser un risque pour la santé n'a pas été établi. L'American Medical Association déclare qu'il ne présente absolument aucun risque. "L'aluminium qui s'infiltre dans la nourriture en provenance des récipients de cuisine et des boîtes n'est pas suffisant pour contribuer à l'ensemble des inconvenients subis par l'organisme ou pour produire des effets toxiques. L'absorption de l'aluminium par l'intestin est minime et tout aluminium ingéré est rapidement éliminé par des reins fonctionnant normalement" (Journal of American Medical Association, 3 oct 1977).

Le docteur Allen C. Alfrey, du Veterans Administration Hospital de Denver est de cet avis. Bien que ses travaux portent particulièrement sur l'absorption de l'aluminium contenu dans les médicaments, il est en mesure de faire des remarques intéressantes sur les ustensiles en aluminium. "La quantité en provenant serait tellement minime qu'il est douteux que cela puisse poser des problèmes" dit-il. "Cependant, il y a une grande disparité dans la façon dont les individus absorbent l'aluminium (nous ne savons pas pourquoi) et il est possible que certains, extrêmement sensibles, réagissent mal. Mais il ne peut s'agir que de cas vraiment rarissimes".

En cherchant plus avant, nous avons rencontré d'autres doutes. "C'est rare, mais cela peut se produire" déclare le Dr Guy Pfeiffer, à propose des réactions à l'aluminium. Le Dr Pfeiffer est un spécialiste de la médecine relative à l'environnement, de Matoon dans l'Illinois. "Nous ne savons pas ce qui se passe, mais nous savons de source sûre que certaines personnes se sentent mieux quand elles cessent de se servir d'ustensiles en aluminium. Nous n'avons aucune preuve scientifique, mais nous avons nos propres observations cliniques. Certains individus sensibles à l'aluminium peuvent présenter les mêmes symptomes que ceux causés par les produits chimiques dans les aliments. Ils peuvent par exemple avoir des indigestions, des maux de tête, des nausées, la diarrhée, des gaz, des rougeurs ou des fluctuations de la tension artérielle".

Le Docteur Stephen E. Levick, de l'Ecole de Médecine de Yale University, pense que les effets de l'aluminium vont plus loin: au cerveau et au système nerveux. Il est tellement convaincu de la nocivité de l'aluminium qu'il a jeté toutes ses propres casseroles de ce type. Ayant des preuves qu'un fluide pour dialyse contaminé par l'aluminium entraîne une sorte de détérioration mentale des patients, il pense que les casseroles d'aluminium constituent un plus grand risque qu'on ne le croit généralement. Le Dr Levick cite une étude prouvant qu'un groupe important de personnes âgées avec un taux élevé d'aluminium avaient plus de problèmes nerveux et de comportement, y compris une mauvaise mémoire et une mauvaise coordination des muscles occulaires, que les personnes âgées d'un groupe où le taux d'aluminium était moins élevé. Bien que les ustensiles en aluminium n'aient pas été reconnus comme étant la source du taux élevé d'aluminium, le Dr Levick déclare: "Un grand nombre de personnes, dans nos sociétés où l'aluminium est abondamment employé, pourraient être victimes d'un empoisonnement par l'aluminium provenant de diverses sources. Les ustensiles d'aluminium facilement corrodés pourraient être l'une de ces sources non négligeables" (New England Journal of Medecine, 17 juillet, 1980).

La preuve n'ayant pas été faite que l'aluminium est inoffensif, la précaution à prendre est au moins d'éviter de faire cuire et de conserver des aliments acides – comme les tomates, les fruits – dans des récipients en aluminium.

Le cuivre est acceptable lorsqu'il est plaqué.

Les ustensiles de cuivre sont généralement plaqués d'étain, de nickel ou d'acier, les aliments n'étant donc pas en contact direct avec le cuivre. Le cuivre lui-même est inerte et n'est pas un poison. Mais de grandes quantités de sels de cuivre se forment lorsque des aliments ou des boissons acides sont conservés pendant asssez longtemps, dans des récipients en cuivre non plaqué. Assez de cuivre pourrait-il s'infiltrer dans la nourriture cuite dans des ustensiles en cuivre non plaqués pour causer des problèmes de santé est une question qui reste posée. Le cuivre est généralement plaqué, mais pour d'autres raisons. S'il ne l'est pas, il peut non seulement décolorer les aliments mais aussi détruire la vitamine C. Lorsque le plaqué s'use, les casseroles de cuivre peuvent être plaquées a nouveau.

Le verre et la porcelaine pour cuire au four.

Le verre et l'émail porcelaine sont les materiaux les moins sensibles à la corrosion, avec peu ou pas de possibilités d'affecter la salubrité, l'apparence ou le goût des aliments. Le verre est employé pour des plats qui peuvent aller du four à la table et servir de recipients de stockage idéaux. L'émail porcelaine est une substance semblable au verre employée pour recouvrir le fer, l'aluminium ou l'acier. Elle protège le métal de la rouille et des acides, mais peut être écaillée facilement. L'émail porcelaine peut être employé au four et sur la flamme directe.

En ce qui concerne les ustensiles en métal, vous devrez sans doute tenir compte des facteurs importants de résistance à l'usage et à la corrosion.

L'acier inoxydable, sûr et pratique.

Les ustensiles en acier inoxydable sont de ceux qui risquent le moins d'être corrodés et d'affecter le goût et l'apparence des aliments que vous y cuisez. C'est un alliage robuste, résistant, de nickel, de chrome et de fer – tous inoffensifs.

L'acier en lui même n'est pas un très bon conducteur de la chaleur. Les casseroles destinées à l'emploi sur la flamme directe comprennent donc souvent un autre métal, souvent du cuivre ou du carbone, pour favoriser une distribution égale de la chaleur. Certains inoxydables, par exemple, sont faits de 2 épaisseurs d'acier separées par une couche de cuivre ou d'acier au carbone. Certaines casseroles ont un fond recouvert d'aluminium pour une meilleure distribution de la chaleur, alors que tout l'intérieur de la casserole est en acier inoxydable. Les moules à gâteaux en inox sont en général faits d'inox exclusivement.

Pour les cuissons lentes, le fer offre un bonus.

Dans les brocantes et marchés aux puces, on vend beaucoup de ces lourdes cocottes en fonte noire qu'utilisaient nos grands-parents. Ancien ou nouveau, le fer est encore employé aujourd'hui par bien des cuisiniers et cuisinières qui, souvent, ne se rendent pas compte que ces robustes casseroles peuvent être une source de fer dans l'alimentation.

D'après le docteur Charles E. Butterworth Jr, la nourriture cuite dans un récipient en fer contient nettement plus de fer que celle qui a cuit dans un récipient en verre. (Journal of American Medical Association, 24 avril 1972). Beaucoup pensent que les ustensiles de fer peuvent contribuer à nore consommation quotidienne de fer. C'est un sujet controversé, mais nous savons que manger les aliments contenant du fer provenant des casseroles n'est pas dangereux et pourrait même être bénéfique.

Certains apprécient dans le fer son aptitude à la cuisson lente soit pour griller des aliments qui pourraient brûler facilement, comme le germe de blé ou les graines de sésame, soit pour faire des omelettes. D'autres aiment à l'employer pour les ragoûts et les plats mijotés, ainsi que pour les légumes. Mais les casseroles en fer sont très lourdes et si vous êtes arthritique, il vaut sans doute mieux choisir autre chose de plus facile à manier.

Des précautions avec les casseroles au téflon.

Les revêtements qui n'attachent pas, comme le téflon, ont été une merveilleuse invention pour les gens qui veulent réduire leur consommation de graisses, puisqu'ils permettent de faire cuire pratiquement sans matières grasses. Ces revêtements sont obtenus par applications d'une ou plusieurs couches d'un plastique appelé "polytetrafluoréthylène" (ou PTFE), en général sur des ustensiles en aluminium.

Cette surface qui n'attache pas est en principe résistante et durable – à condition de ne pas être maltraitée. Et voilà le problème. Ces couches de revêtement sont tendres et sensibles aux températures élevées et aux égratignures. Pour tourner ou gratter dans ces plats ou casseroles, prenez la précaution de n'utiliser QU'une spatule de bois ou une éponge de plastic; sinon le revêtement se mettra à peler dans votre lave-vaisselle – ou dans vos aliments. Et même en en prenant bien soin, le revêtement finit par s'user au bout d'un certain temps. La Food and Drug Administration et les fabricants affirment que les revêtements sont inoffensifs et faits de substances non toxiques. De toute façon, lorsqu'ils pèlent, ils laissent à nu l'ustensile en aluminium.

CHAPITRE 31

Des recettes pour tout concilier

Ce que je vous propose là n'est pas simplement une liste de bonnes recettes, mais des plats et des boissons sélectionnés spécialement pour leurs aptitudes à améliorer votre santé grâce aux minéraux qu'ils contiennent. Jusqu'à maintenant, je vous ai conseillé de manger du foie une fois par semaine pour vous garantir de bonnes provisions de zinc, de cuivre, de fer, de sélénium et de chrome. Ici vous pourrez choisir entre sept façon différentes – certaines très simples, d'autres plus élaborées – de le préparer. Nous avons aussi suggéré des aliments comme le tofu (produit fermenté du soja) et les yaourts pour augmenter votre apport de calcium. Vous trouverez donc des recettes pour mélanger ces aliments à d'autres également riches en minéraux pour la meilleure alimentation possible. Nous avons vanté le poisson come une des plus importantes sources de sélénium, de potassium et d'iode, pour n'en nommer que quelques uns. Vous trouverez plus d'une douzaine de recettes de poisson. De la même manière, nous avons insisté sur les grains complets, les haricots, les pommes de terre, les fruits et les légumes en raison des minéraux importants qu'ils procurent. Nos recettes intègrent tous ces aliments de façon créative et intéressante. Et elles sont assez variées pour vous permettre de viser une grande quantité de minéraux dès le petit déjeûner, à midi, au dîner et même pour les goûters et extras. Il y a des recettes qui conviennent si votre budget est limité ou si vous avez des invités.

Pour vous aider à insérer ces recettes dans votre plan de bonne alimentation, nous avons inclus la liste des minéraux fournis par chaque recette. Chaque minéral est codé pour vous indiquer l'importance de la ration fournie *par part* et par rapport à vos besoins journaliers:

... *Trois points.* S'applique à quelques recettes seulement dans lesquelles une seule part suffit à vous fournir plus que le taux journalier recommandé du minéral en question.

.. *Deux points.* Une part vous procure une bonne portion de votre taux recommandé de ce minéral.

. *Un point.* Ce plat est une bonne source de ce minéral, mais pour être plus sûr, combinez plusieurs ce ces plats – ou prenez des supplements – pour satisfaire à vos besoin journaliers.

Les autres minéraux présents, mais en plus petite quantité, sont mentionnés egalement.

Non seulement ces recettes devraient vous aider à préparer des repas riches en minéraux, mais vous constaterez qu'elles ne comportent aucun excès de graisses, de sucre ou de sel, substances qui, d'une façon ou d'une autre, sont souvent responsables des kilos en trop, de l'hypertension, du diabète et des maladies de cœur. En réalité, nous vous montrerons même comment fabriquer vos propres condiments sans sel. Des quantités modérées de miel et la merveilleuse mine de minéraux de la mélasse sont les seuls "sucres" que vous touverez ici. Et lorsqu'il vous faut absolument de l'huile pour la cuisson, nous vous recommandons les huiles NON-HYDROGENEES, telles que l'huile de tournesol, de maïs, de soja, de sésame, de germe de blé ou d'olive. Le processus chimique de l'hydrogénation transforme les corps gras insaturés (liquides) en corps gras saturés (solides). Et seules les variétés insaturées fournissent les acides gras essentiels (acides linoléïque et arachidique) qui sont non seulement nécessaires à une bonne santé, mais font aussi baisser le niveau de cholestérol. Pour compléter, les graisses et les huiles hydrogénées ou partiellement hydrogénées, telles que les margarines végétales, risquent fort de contenir des anti-oxydants chimiques. Pour éviter que les huiles non-hydrogénées et sans adjuvants chimiques recommandées plus haut rancissent, placez-les simplement au réfrigérateur après ouverture et ne conservez sous la main que la quantité que vous emploierez dans un bref délai.

L'huile de coton, vendue aux Etats Unis dans certaines grandes surfaces, ajoute plus de corps gras saturés que toute autre huile végétale. Et les champs de coton sont traités avec plus de pesticides par mètre carré que les autres plantes utilisées pour fabriquer de l'huile – maïs ou soja. L'huile contient donc un résidu peu important mais indésirable de ces produits chimiques. Nous vous recommandons donc de vous limiter aux huiles que nous avons suggérées ci-dessus.

PETITS DEJEUNERS DE CHOC

Qu'il s'agisse du petit déjeûner prolongé du dimanche matin ou d'une bouchée rapide avant de partir au travail, le premier repas peut représenter une bonne part des mineraux de toute la journée.

COCKTAIL DU MATIN

Un bon départ riche en minéraux et économe de votre temps.

Pour une personne

	. . Calcium
2 verres de lait	. . Potassium
1 banane moyenne	. . Manganèse
1 à 2 cuillerées à soupe de	. Magnésium
beurre de cacahuètes	. Cuivre
	Chrome
Passez le tout au mixer jusqu'à liquéfaction	Fluor
et buvez !	

MELANGE SUPREME "GRANOLA".

Si vous aimez les céréales froides au petit déjeuner, essayez ce mélange qui sera très supérieur à tous les produits archi-raffinés, archienrobés de sucre blanc que vous pouvez trouver sur les rayonnages des magasins. C'est un démarrage nutritif pour les jours de travail. (Donne environ 5 bols moyens de céréales).

5 verres de germe de blé cru	. . Magnésium
4 verres de flocons d'avoine	. . Cuivre
2 verres de bran	. . Manganèse
2 verres de pétales de blé ou de seigle	Potassium
1 verre de cerneaux de noix	Zinc

1 verre de graines de tournesol	Fer
1 verre noix de coco râpée	Séléniumm
1 verre de lécithine liquide ou	
d'huile de tournesol	
1/2 verre de mélasse	
1/2 verre de miel	

Mélangez tous les ingrédients dans un grand saladier jusqu'à ce que la lécithine ou l'huile, la mélasse et le miel soient également distribués. Mettez dans un plat à gratin au four que vous aurez préalablement chauffé à 175° centigrades (350° F). Laissez environ 15 minutes ou jusqu'à ce que le mélange soit sec et croustillant. Remuez de temps à autre pour qu'il grille d'une façon homogène.

FLOCONS D'AVOINE AUX EPICES.

Chrome et sélénium, assez rares dans nos aliments, sont le bonus de ce petit déjeûner cuit. Ajoutez-y du lait pour obtenir aussi un peu de calcium.

Recette pour 2 personnes.
3 verres d'eau.

3 cuillères à soupe de raisins secs	. . Manganèse
1 bon verre de flocons d'avoine	Magnésium
1/2 cuillère à café de cannelle	Zinc
1 pincée de clous de girofle moulus	Cuivre
1 petite pincée de coriandre	Sélénium
1 cuillère à café de miel	Chromium
lait écrémé (facultatif)	

Faites bouillir l'eau dans une casserole moyenne et incorporez les flocons d'avoine, les raisins et les épices. Réduisez le feu et faites cuire doucement en mélangeant, pendant 3 à 6 minutes, jusqu'à ce que le mélange épaississe et devienne crémeux. Eloignez du feu et couvrez. Laissez reposer 5 minutes si vous désirez une consistance plus épaisse.
Mélangez le miel avant de servir nature ou avec du lait écrémé.

AVOINE, FROMAGE ET FRUITS.

Un mélange unique de grains et de produits laitiers qui procure une bonne provision de minéraux importants. Recette pour trois personnes.

6 verres de flocons d'avoine	. . Magnésium
4 verres de jus de pomme	. . Manganèse
1/2 verre d'amandes	. Calcium
2 yaourts	. Zinc
2 verres de fromage blanc	. Chromium
3 verres de baies (suivant la saison)	Potassium
	Cuivre
	Sélénium

Faites tremper l'avoine dans le jus de pomme pendant 30 minutes. Passez les amandes au mixer jusqu'à ce qu'elles soient hâchées grossièrement. Ajoutez yaourt et fromage blanc et mélangez bien Divisez l'avoine en trois parts, versez dans chacun des 3 bols et couvrez avec le mélange de fromage. Complètez par un verre de baies pour chaque portion. Servez immédiatement.

COMPOSE RAPIDE

Moins complet que le mélange "granola", ce composé au goût noiseté est facile à préparer en quelques secondes. Recette pour une personne.

1 verre de germe de blé	. . Magnésium
1 cuillère à café de graines de sésame	. . Zinc
1 banane en rondelles	. . Cuivre
1 cuillère de miel (ou plus)	. . Manganèse
lait (à votre goût)	. Potassium
	. Sélénium
	. Chrome

Versez le germe de blé dans un bol. Parsemez de graines de sésame. Ajoutez la banane. Ajoutez le miel à votre goût. Servez avec le lait.

OMELETTE AU TOFU ET CHAMPIGNONS.

Les omelettes sont tellement pratiques et faciles à faire que celle-ci, au tofu et aux champignons, deviendra rapidement une de vos favorites pour le petit déjeûner, le déjeûner, le dîner ou même pour un petit souper. La saveur boisée des champignons et la légere acidité du parmesan lui donnent un goût spécial et vous la ferez souvent. Comme pour la recette suivante d'œufs brouillés, le tofu et le yaourt ajoutent une généreuse ration de calcium – sans emploi excessif des œufs chargés de cholestérol. Recette pour une personne.

1 œuf	. . Magnésium
1 cuillère à soupe de yaourt	. Calcium
1/2 verre de tofu écrasé	. Manganese
2 cuillères à café de parmesan râpé	Potassium
1/2 cuillère à café de beurre	Zinc
1/2 cuillère à café d'huile	
2 champignons en lamelles	
1 cuillère à café de ciboulette hâchée.	

Battez ensemble l'œuf, le yaourt, le tofu et le parmesan avec un fouet ou au mixer. Faites chauffer le beurre et l'huile dans une petite poêle. Répartissez-y les champignons et les morceaux de ciboulette et versez le mélange. Couvrez sur un feu doux jusqu'à cuisson presque complète. Avec une spatule, passez autour de la poêle et repliez l'omelette pour finir la cuisson. Elle est cuite lorsque le dessous commence à brunir légèrement. Servez chaud.

ŒUFS BROUILLES AU TOFU.

De simples œufs brouillés sont un bon banc d'essai pour le tofu. Dans cette recette, le tofu et le yaourt remplacent 1 œuf et monte le total de calcium à 141 milligrammes. Des œufs brouillés nature vous en donnent 102, et avec plus de corps gras. Recette pour une personne.

1 œuf	. . Magnésium
1 cuillère à soupe de yaourt	. Manganèse
1/2 verre de tofu écrasé	Calcium
2 cuillères à café de parmesan râpé	Potassium

| 1/2 cuillère à café de beurre | Zinc |
| 1/2 cuillère a café d'huile | |

Mélangez au fouet ou au mixer l'œuf, le yaourt, le tofu et le parmesan. Faites fondre le beurre et l'huile dans une petite poêle. Versez le mélange. Cuisez en remuant jusqu'à ce que le mélange soit presque sec.

PANCAKES ALLEGES.

Idéal pour le déjeûner du dimanche ou des jours de fête, quand la famille se rassemble et que chacun déjeûne à tour de rôle... Ayez cette détrempe prête à l'emploi. Recette pour dix "pancakes" (sorte de crêpe épaisse).

2 œufs	. . Manganèse
3 yaourts	. Magnésium
2 verres de farine complète	. Cuivre
1/2 verre de farine de soja	. Sélénium
2 cuillères à soupe de bran	. Chrome
3 cuillères à soupe de beurre ou d'huile	Calcium
1 cuillère à café de levure	Potassium
1/2 cuillère à café de bicarbonate de soude	Zinc.

Mettez tous les ingrédients dans le mixer et mélangez jusqu'à obtenir une détrempe lisse. Huilez légèrement une poêle bien chaude. Versez un fond de louche par crêpe. Retournez dès que des bulles se forment à la surface et cuisez la deuxième face environ 2 Minutes. Pour varier, vous pouvez ajouter des graines de tournesol ou des pommes coupées en dés. Servez avec de la compote de pommes ou ce que vous préférez.

FOIE ET VIANDES

Le foie est tellement riche en minéraux que vous devez en manger une fois par semaine. La diversité de nos recettes vous en fera prendre l'habitude.

FOIE AUX EPICES.

Le foie revêt un nouvel aspect avec cette combinaison d'épices et poivron. Recette pour deux personnes.

300 à 350 g de foie de veau	. . . Cuivre
1 cuillère à soupe d'huile de soja	. . Zinc
ou de maïs	. . Fer
1/2 poivron rouge hâché	. . Sélénium
4 ou 5 échalottes	. . Chrome
3 cuillères à soupe de raisins	. Potassium
1 cuillère à café de piment	Manganèse
en poudre	Fluorine
1 cuillère à café de cannelle	
1/2 verre d'eau	
1 cuillère à café de tamari	

Demandez à votre boucher des tranches minces, que vous découpez en lamelles. Dans une poêle, mettez l'huile, puis le poivron et les échalottes. Mélangez jusqu'à ce que les légumes soient tendres. Ajoutez les raisins et épices, puis les morceaux de foie, l'eau et le tamari. Couvrez quelques minutes jusqu'à ce que le foie soit cuit tout en étant encore légèrement rose à l'intérieur. Ne faites pas TROP cuire. Servez sur le champ.

FOIE A LA MEXICAINE.

Une recette appréciée – pour 4 personnes.

	. . . Cuivre
2 oignons coupés en tranches fines	. . Zinc
1 poivron vert, en tranches fines	. . Fer
2 tomates hâchées	. . Sélénium
1 livre de foie de bœuf	. . Chrome
1 cuillère à soupe de poudre de piment	. Potassium
1 cuillère à café de poudre de cumin	Manganèse
1/2 cuillère à café de tamari	Fluor

Placer les rondelles d'oignon et les tranches de poivron dans une grande poêle et faites dégorger assez d'eau pour empêcher les oignons de coller au fond jusqu'à ce qu'ils deviennent transparents. Ajoutez les tomates et tournez sur feu moyen jusqu'à ce que les oignons et le poivron soient tendres.

Coupez le foie en minces lamelles et placez-les sur le mélange d'oignons, ajoutez les épices et couvrez. Faites mijoter jusqu'à ce qu'il soit tendre.

Un jus rose devrait rester à l'intérieur des tranches. Ajoutez le tamari en remuant le foie et les légumes pour qu'ils se mélangent et servez avec du riz complet ou des pommes à l'eau.

FOIE POLYNESIEN.

La vitamine C du poivron et de l'ananas augmente l'absorption du fer du foie. Recette pour 4 personnes.

	. . . Cuivre
1 livre de foie de veau	. . Zinc
1 gros poivron vert	. . Iron
1/4 d'ananas en tranches	. . Sélénium
2 verres de bouillon de poulet	. . Chromium
4 verres de riz complet cuit.	. Potassium
	Manganese
	Fluor

Débitez vos tranches de foie en lamelles. Videz le poivron de ses graines et détaillez-le aussi en lamelles. Pelez votre ananas et découpez-le en tranches, puis en petits bâtonnets.

Dans une poêle moyenne, faites attendrir le poivron dans quelques cuillerées de bouillon. Ajoutez le foie et laissez cuire à feu moyen, en remuant. Le foie doit rester rose à l'intérieur et juteux. Continuez à ajouter le bouillon pour que votre mélange n'attache pas. Ajoutez vos bâtonnets d'ananas et faites-les chauffer, le tout avec assez de bouillon pour obtenir une sauce. Servez sur du riz complet.

FOIES DE POULET, NOIX ET CHAMPIGNONS.

Une bonne combinaison d'aliments super-minéraux. Recette pour 4 personnes.

4 verres de champignons émincés	. . . Cuivre
2 gousses d'ail écrasées	. . Zinc
2 cuillères à soupe d'huile de tournesol	. . Fer
1 cuillère à café de tamari	. . Sélénium
1 livre de foies de poulet en petits morceaux	. . Chrome
1/2 verre de cerneaux de noix émiettés	. Potassium
1 cuillère à soupe de persil hâché	Manganèse.
1 cuillère à café de basilic	
1 verre de bouillon de poulet	
4 verres de pâtes de farine complète	

Dans une poêle épaisse, placez les champignons et l'ail avec l'huile et le tamari et tournez jusqu'à ce que l'eau des champignons soit évaporée et qu'ils soient tendres. Mettez de côté.
Mettez les foies dans la même poêle et faites cuire en remuant et en ajoutant quelques cuillerées d'eau si nécessaire pour empêcher d'attacher. Alors que les foies sont encore roses à l'intérieur, ajoutez champignons, noix et autres ingrédients et faites-les chauffer. Servez immédiatement sur les pâtes de farine de blé complet.

BROCHETTES DE FOIES DE POULET.

Un assortiment de légumes ajoute au goût des foies marinés. Pour 2 personnes.

2/3 verre d'eau	. . . Cuivre
3 cuillères à soupe de jus de citron	

1 cuillère à soupe de tamari	. . Zinc
1 gousse d'ail, écrasée	. . Fer
1/2 cuillère à café de zeste de citron	. . Potassium
1/4 cuillère à café de thym	. . Sélénium
1/4 cuillère à café romarin	. . Chrome
350 g de foies de poulet coupés en 2.	Manganèse
1 poivron vert (ou rouge)	
2 verres de têtes de champignons	
petites tomates rondes	

Mélangez l'eau, le jus de citron, le tamari, le zeste et les aromates. Disposez les foies au fond d'un plat et versez la marinade. Laissez reposer plusieurs heures ou pendant la nuit au réfrigérateur, en arrosant de temps à autre avec la marinade.

Ouvrez le poivron et enlevez les graines. Découpez-le en morceaux assez larges (à peu près la taille des champignons). Faites attendrir légèrement les champignons et le poivron. Sur les brochettes, disposez alternativement, tomates, poivrons, champignons et foies. Versez un peu de marinade à la cuillère sur chaque brochette et placez sur un gril bien chaud. Retournez pour cuire de part et d'autre et servez alors que le foie est encore rosé à l'intérieur.

SUPER PIMENTO

Personne ne soupçonnera que ce plat comporte du foie, aliment super-minéral par excellence. Recette pour 8 personnes.

4 verres de haricots rouges secs	. . Potassium
1 livre de bœuf (maigre) hâché	. . Zinc
250 g de foie de veau	. . Cuivre
1 gros oignon coupé en 4	. . Fer
1 poivron vert (ou rouge) haché	. . Chrome
3 gousses d'ail écrasées	. Magnésium
2 ou 4 cuillères à soupe de poudre de piment	. Sélénium
2 cuillères à café de cumin	Manganèse
2 cuillères à café d'origan	Fluor
1 verre 1/3 de concentré de tomate	
3 verres de l'eau de cuisson des haricots	
2 verres de maïs	
4 cuillères à café de tamari	
1 cuillère à soupe de mélasse	

Faites tremper les haricots pendant la nuit. Le lendemain, portez à ébullition dans l'eau fraîche et laissez cuire jusqu'à ce qu'ils soient tendre – environ une heure et demie. Egouttez et gardez le jus de cuisson.

Pour faire le pimento, commencez par faire revenir votre bœuf dans une grand poêle chaude un peu huilée. Mettez le foie avec le quart de l'oignon dans votre mixer jusqu'à obtenir un mélange lisse. Incorporez à la viande en train de revenir. Lorsque la viande est cuite, hachez et ajoutez le reste de l'oignon, le poivron, l'ail, le piment, le cumin et l'origan. Faites mijoter ensemble jusqu'à ce que l'oignon soit transparent. Incorporez le concentré de tomate, les haricots rouges cuits, le bouillon de cuisson, le maïs, le tamari et la mélasse. Faites mijoter jusqu'à ce que les oignons et les poivrons soient tendres. Servez bien chaud.

NOTE: Si vous voulez obtenir un pimento plus épicé, ajoutez du piment de Cayenne ou des piments rouges séchés. Congelez les restes pour un autre repas.

TERRINE DE VIANDES

Un moyen idéal d'introduire le foie dans votre plat de viande. Recette pour 8 personnes.

1 livre de bœuf (maigre) haché	. . Zinc
1/2 livre de foie de bœuf	. . Cuivre
1 carotte râpée	. . Fer
1/2 poivron vert émincé	. . Chrome
1 cuillère à soupe d'oignons émincés	. Sélénium
1 cuillère à soupe de persil haché	. Manganèse
1 œuf	Magnésium
2 verres de miettes de pain complet	Fluor
2 verres de flocons d'avoine	
2 cuillères à café de tamari	
1/2 cuillère à café de thym	
1/2 cuillère à café de marjolaine	
1/2 cuillère à café d'origan	
1/4 cuillère à café de basilic.	

Mettez votre bœuf haché dans un grand saladier. Dans votre mixer, réduisez le foie en purée et ajoutez-le au bœuf. Mélangez-y le reste des ingrédients. Versez le tout dans une terrine d'environ 10 × 20 centimètres. Couvrez bien avec du papier d'aluminium. Mettez au four que vous aurez chauffé à 175° centigrades (350 ° Fahrenheit). Laissez cuire 60 à 80 minutes et enlevez le papier d'aluminium pour les 15 dernières minutes de cuisson afin de laisser dorer.

NOTE: Les restes peuvent être enveloppés après avoir été coupés en tranches et surgelés.

TERRINE AU TOFU

Les pâtés de viande sont tellement faciles et pratiques qu'ils peuvent constituer un aliment de base dans vos menus. En y incorporant le tofu, riche en calcium, vous rétablissez l'équilibre original de la nature que la consommation des os respectait mais que le boucher supprime. Notre terrine au tofu vous donne 59 milligrammes de calcium par part, contre 10 pour une terrine ordinaire. Recette pour 3 personnes.

1 verre 1/3 de tofu (env. 170 g.)	. . Zinc
250 g de boeuf haché (maigre)	. . Cuivre
1 œuf	. Magnésium
2 cuillères à soupe d'oignons finement hachés	. Potassium
2 cuillères à soupe de germe de blé	. Fer
2/3 d'un verre de jus de tomate	. Chrome
1 cuillère à soupe de persil haché	. Manganèse
1 pincée de clous de girofle moulu	Calcium
Sauce tomate (facultative)	Fluor

Réduisez le tofu en morceaux et égouttez-le bien. Séchez-le le plus possible puis émiettez-le.

Dans un saladier, mélangez tous les ingrédients avec une fourchette pour obtenir une mixture homogène.

Tassez le tout dans une petite terrine bien beurrée. Cuisez au four chauffé au préalable à 175 ° centigrades (350 ° Fahrenheit) pendant environ 35 minutes ou jusqu'à ce que le pâté commence à se détacher des bords de la terrine et à brunir sur le dessus.

Vous pouvez servir avec la sauce tomate dont vous trouverez la recette page 355.

LA DINDE ET LE POULET

Fatigué de l'éternel poulet rôti et de la dinde aux marrons? Continuez à lire.

LE POULET AUX POMMES.

Voici un moyen rapide et facile d'ajouter du potassium, du chrome et du fer à votre menu. Pensez-y souvent ! Recette pour 2 personnes.

1 poitrine de poulet	. . Potassium
3 pommes acides	. . Chrome
1 yaourt	. Zinc
1 orange	. Fer
	Calcium
	Cuivre
	Fluor

Enlevez la peau du morceau de poulet et coupez-le en deux. Lavez, évidez et coupez les pommes en dés, sans les peler. Placez les pommes au fond d'une terrine légèrement huilée, versez dessus le yaourt et remuez un peu pour mélanger. Placez les morceaux de poulet sur le mélange. Couvrez avec les rondelles de l'orange non pelée, qui empêcheront le poulet de sécher. Cuire au four pendant 1 heure 1/4, à 175° centigrades (350° Fahrenheit). Enlevez les rondelles d'orange avant de servir.

SALADE POULET-FRUITS

Voici une merveilleuse façon d'accomoder un reste de poulet tout en vous accordant une généreuse ration de potassium, de zinc, de cuivre, de fer et autres minéraux importants. Recette pour 4 personnes.

2/3 verre de mayonnaise	. . Potassium
1/2 cuillère à café de moutarde	. Zinc
jus de 2 citrons	. Cuivre
2 verres de poulet cuit coupé en dés	. Fer
'1 verre de champignons émincés	. Manganèse
2 bananes en rondelles	Magnésium
4 tranches d'ananas coupées en dés	Fluor
feuilles de salade	

Dans un petit saladier, mélangez la mayonnaise, la moutarde et le jus de citron. Dans un grand saladier, mélangez le poulet, les champignons, les bananes, l'ananas, ajoutez la mayonnaise et mélangez le tout. Servez sur des feuilles de salade craquantes et garnissez de noix de coco, d'amandes effilées ou de graines de tournesol. Une recette délicieuse et complète pour les journées chaudes de l'été. Agréable pour un buffet ou un déjeûner en plein air.

POULET AU POTIRON.

Une façon originale d'accomoder la volaille et le potiron. Riche en zinc, en potassium et autres bons nutriments. Recette pour 6 personnes.

1 gros poulet (4 à 5 livres)	. . Zinc
3 verres de purée de potiron (cuit)	. . Potassium
2 verres de pommes non pelées, en dès	. Cuivre
2 verres céleri haché	. Fer
1 1/2 verre raisins secs	. Chrome
1 verre graines de potiron	. Fluor
1 verre graines de tournesol	
1 verre noix broyées	
1/2 verre grains de maïs broyés	
1 cuillère à café graines de céleri	

Mélangez dans un grand saladier tous les ingrédients autres que le poulet,que vous farcirez avec. Placez-le dans un plat allant au four et couvrez-le. Faites cuire au four chauffé à 175° centigrades (350° F) pendant 2 1/2 heures ou jusqu'à ce que le poulet soit tendre et bien doré.

DINDE AUX GERMES DE SOJA

Vous pouvez faire autre chose qu'une soupe avec vos restes de dinde. Un lit de riz complet et des germes de soja en augmentent l'apport minéral.

4 verres de bouillon de dinde	. . Potassium
2/3 verre farine complète	. . Zinc
1/4 verre carottes hachées	. . Manganèse
1/4 verre oignons hachés	. Fer
1/4 verre poivron vert haché	. Cuivre
1/4 verre de céleri haché	. Chrome
4 verres de dinde cuite (en dès)	Magnésium
1/2 -1 cuillerée à café de curry (facultatif)	Sélénium
2 verres germes de soja	
4 verres riz complet cuit	

Faites chauffer le bouillon jusqu'à ébullition, dans une grande casserole. Prélevez-en 2 1/2 verres (environ 30 centilitres) dans votre verre-mesure. Incorporez la farine au reste du bouillon. Ajoutez progressivement le bouillon prélevé en remuant sans arrêt jusqu'à épaississement.

Ajoutez alors tous les légumes, à l'exception des germes de soja et laissez cuire à petit feu une vingtaine de minutes, ou jusqu'à ce que les légumes soient tendres sans être trop cuits. Ajoutez les dés de dinde et, si vous le désirez, le curry et faites mijoter quelques minutes supplémentaires. Ajoutez en tout dernier lieu les germes de soja.

Servez sur un lit de riz complet.

AGNEAU ET POMMES AU CURRY

L'agneau, les fruits et le riz combinés font une recette qui sort de la routine et sont une façon agréable de rassembler des minéraux importants. La poudre de varech ajoute une dose utile d'iode. Recette pour 4 personnes.

1 livre d'agneau sans os	. . Potassium
1 verre d'oignons hachés	. . Zinc
2 cuillères à café de curry	. . Manganèse
1 cuillerée à café de tamari	. . Iode

1/2 cuillère à café de poudre de varech
1 cuillère à café de miel
2 verres d'eau
4 verres de pommes (en dès, et de préférence
   acides)
1/2 verre raisins secs
4 verres de riz complet (cuit)
facultatif: maïzena et eau

Magnésium
Cuivre
Sélénium
Chrome
Fluor

Supprimez le gras de vos morceaux d'agneau. Coupez en cubes de 2 à 3 centimètres de côté. Faites revenir dans une casserole épaisse ou cocotte. Jetez l'excès de gras. Ajoutez les oignons, les aromates, le miel et 2 verres d'eau. Couvrez et cuisez à petit feu pendant une heure ou jusqu'à ce que la viande soit tendre. Ajoutez les pommes et les raisins secs et cuire encore 15 minutes. Si la sauce n'est pas assez épaisse, mélangez un peu de maïzena avec 1/2 verre d'eau et incorporez à votre plat. Mélangez constamment jusqu'à cuisson et épaississement. Servez sur du riz complet.

LE POISSON

Le poisson est une des plus sûres sources de sélénium, un minéral rare dans bien des régimes. Pour ces recettes, employez votre préféré, à moins qu'un poisson particulier soit indiqué.

FILETS DE POISSON EN SAUCE.

Personne ne se plaindra que vous serviez du poisson fade si vous proposez ce plat. Pour 3 personnes.

Ingrédients	Minéraux
	. . Sélénium
	. . Fluor (si vous choisissez le cabillaud
1 livre de filets (cabillaud, merlan, etc.)	
1/2 verre d'eau	. Potassium
2 cuillères à soupe concentré de tomates	. Fer
2 cuillères à soupe oignons hachés fin	Zinc
1 cuillère à soupe vinaigre de cidre	Cuivre
1 cuillère à soupe miel	Chrome
	Iode

Placez vos filets à plat et non superposés dans un plat allant au four. Combinez les autres ingrédients dans une petite casserole, portez à ébullition sur feu moyen. Versez cette sauce sur vos filets et cuire environ 25 minutes au four préalablement chauffé à 175 °C (350° F), ou jusqu'à ce que le poisson soit opaque et cuit à votre goût.

AMANDINE DE POISSON AUX PECHES.

Régalez-vous avec cette combinaison pendant que les pêches sont de saison. Recette pour 4 personnes.

	. . Potassium
2/3 verre amandes effilées	. . Sélénium
3 cuillères de beurre	. Fer
1 livre de filets	Zinc
`3 pêches en tranches	Cuivre
	Chrome
	Iode

Faites revenir les amandes rapidement dans le beurre et retirez-les dès qu'elles sont dorées. Mettez votre poisson dans le beurre chaud. Faites revenir 6 à 8 minutes, suivant l'épaisseur de vos filets. Couvrez pour bien laisser chauffer pendant 3 à 5 minutes et retirez pour placer sur le plat de service. Parsemez avec les amandes dorées et les tranches de pêche.

BROCHETTES DE POISSON AU TOFU

Vous n'avez pas besoin de barbecue et de bœuf pour vous offrir le plaisir de manger des brochettes. Celles-ci sont amusantes et plairont aux enfants et chaque bouchée en est super-nutritive.
Recette pour 4 personnes.

1/2 verre de jus de citron	. . Potassium
2 cuillères à soupe d'huile	. . Fluor (si vous
	employez du
1 cuillère à café de tamari	cabillaud)
1 gousse d'ail écrasée	. Zinc
1/4 de cuillère à café de graines	. Cuivre
d'aneth (écrasées)	Magnésium
2 cuillères à soupe persil haché	Sélénium
1 livre de filets (cabillaud, merlan etc)	Chrome
1/2 livre de tofu	Manganèse
1/2 livre de champignons (moyens)	Iode
2 oignons, coupés en 4 ou 8 suivant	
la grosseur)	
1 poivron vert coupé en grosses	
rondelles	

Dans un grand saladier, combinez le jus de citron, l'huile, le tamari, l'ail, l'aneth et le persil. Coupez le poisson et le tofu en cubes d'environ 4 cm de côté et faites-les mariner dans le mélange de jus de citron pendant à peu près une heure. Puis égouttez-les et enfilez les morceaux de poisson et de tofu sur 4 brochettes en alternant avec les champignons et des morceaux de poivrons, courgettes et oignons. Arrosez les brochettes avec la marinade, placez-les sur un plateau à griller ou à la rotissoire à 8/10 centimètres du feu pendant 5 minutes. Arrosez à nouveau avec la marinade et griller pendant encore 10 minutes.

POISSON FOURRE AUX LEGUMES.

Un plat super-minéral, agrémenté de légumes. Pratique quand on est nombreux à table. Recette pour 6 à 8 personnes.

1 poisson de 4 ou 5 livres (bar, saumon, etc) nettoyé et prêt à farcir	. . Sélénium . . Fluor (si vous employez du saumon)
3 cuillères à soupe de beurre ou huile	. Potassium
1 gousse d'ail, écrasée	. Chrome
3 verres carottes râpées	Magnésium (si
2/3 verre d'oignons hachés	vous employez du saumon)
1/2 verre de céléri haché	Cuivre
1/2 verre de poivron vert haché	Iode
2 cuillères à soupe de poivron rouge haché	
2 cuillères à soupe de ciboulette	
2 cuillères à soupe persil haché	
1/2 cuillère à café poudre d'aneth	
1/4 cuillère à café de thym	
1/4 cuillère à café paprika	
1/4 cuillère à café romarin	
1/8 cuillère à café poivre noir	
2 cuillères à soupe de beurre fondu	

Lavez le poisson et séchez-le. Placez dans un plat huilé et allant au four. Faites fondre 3 cuillerées à soupe de beurre ou d'huile dans la poêle et faites revenir l'ail et les légumes jusqu'à ce qu'ils soient tendres. Eloignez du feu et ajoutez les aromates. Mélangez bien. Remplissez le poisson avec cette farce et refermez-le avec des cure-dents et de la ficelle de cuisine. Passez le poisson au pinceau trempé dans le beurre fondu. Faites cuire au four préalablement chauffé à 190° C (375° F) environ 45 à 50 minutes, jusqu'à ce que le poisson se détache à la fourchette. Arrosez souvent. Servez avec du beurre persillé ou du beurre au citron.

EGLEFIN FUME AU FOUR

1 livre de filets d'églefin fumé (haddock)	. . Sélénium
1 verre d'oignons hachés	. Potassium
1 verre de courgettes émincées	. Fer
1/2 verre de céleri haché	. Chrome
1 cuillère à café d'huile de maïs	Zinc
2 verres de miettes de pain complet frais	Cuivre
1 cuillère à soupe de persil haché	Iode
1/4 cuillère à café d'estragon	
1/8 cuillère à café de romarin	
1 ou 2 grosses tomates en fines tranches	
jus de citron (facultatif)	

Placez les filets d'églefin dans un plat allant au four. Mélangez oignons, courgettes et céleri dans une poêle avec l'huile et faites frire jusqu'à ce qu'ils soient tendres, en ajoutant quelques gouttes d'eau si nécessaire pour empêcher qu'ils attachent. Incorporez les miettes de pain et les aromates. Recouvrez les poissons avec ce mélange sur lequel vous poserez les rondelles de tomate. Faites cuire au four à 190° C (375° F) pendant environ 35 à 40 minutes. Arrosez de jus de citron avant de servir, si vous le désirez.

HADDOCK POLYNESIEN

Une façon exotique de présenter un poisson ordinaire et d'ajouter un trésor de minéraux à votre dîner. Recette pour 4 personnes.

1 livre de filets de haddock (églefin fumé)	. . Potassium
2 cuillères à soupe de jus de citron	. . Sélénium
1/2 verre de court bouillon	. . Manganèse
4 cuillères à soupe d'oignons hachés	. . Iode
1 cuillère à soupe de persil haché	. Fer
1 cuillère à café de tamari	. Chrome
2 verres d'ananas écrasé	Magnésium
3 cuillères à soupe d'amandes effilées	Zinc
4 verres de riz complet (cuit)	Cuivre

Disposez les filets à plat dans un plat allant au four. Arrosez de jus de citron. Dans une casserole moyenne mélangez le bouillon, les oignons, le persil, le tamari et l'ananas. Faites cuire sur feu doux pendant 5 minutes. Répandez sur le poisson. Puis couvrez le tout avec les amandes. Mettez au four préalablement chauffé à 175° C (350° F) pendant 20 à 30 minutes ou jusqu'à ce que le poisson se détache facilement à la fourchette. Servez sur du riz complet bien chaud.

POISSON POCHE A LA SAUCE ESPAGNOLE

Un plat pittoresque et savoureux, facile à préparer. Recette pour deux personnes.

1 oignon finement haché	. . Potassium
2/3 verre de persil haché	. . Sélénium
1 gousse d'ail écrasée	. Fer
2 cuillères à soupe de vinaigre à l'estragon	. Chrome
1/2 cuillère à café de thym	Zinc
3 grosses tomates, hachées	Cuivre
1 livre de filets de haddock (églefin fumé)	Iode

Placez tous les ingrédients dans une casserole ou poêle épaisse, en mettant les filets sur le dessus. Quand le mélange commence à bouillir, couvrez, baissez le feu et laissez mijoter environ 10 minutes. Enlevez délicatement les filets et posez-les sur un plat de service que vous gardez au chaud pendant que vous réduisez votre sauce. Remontez le feu sous les légumes et faites bouillir rapidement jusqu'à ce qu'il ne reste qu'environ la moitié du volume. Versez sur le poisson et servez.

STEAK DE SAUMON AUX HERBES.

Voici une de nos recettes favorites, particulièrement riche en sélénium et potassium. Recette pour 4 personnes.

4 steaks de saumon épais	. . Potassium
3 cuillères à soupe de beurre	. . Sélénium
3 cuillères à soupe de persil haché frais	. . Fluor
3 cuillères à soupe d'échalottes hachées	Magnésium
1 1/2 cuillères à soupe d'ail haché menu	Cuivre
jus de 3 citrons	Chrome
quelques grains de poivre de cayenne	Iode

Lavez et séchez les steaks avec des serviettes en papier. Posez-les sur le plateau du gril où ils reposeront dans la marinade.

Pour faire la marinade, mélangez le beurre, le persil, les échalottes, l'ail et le jus de citron ainsi que les grains de poivre et malaxez légèrement. Etalez la moitié de la marinade et faites griller 7 minutes. Retournez les tranches et étalez le reste de la marinade. Faites griller pendant 7 minutes. Mettez les steaks sur un plat de service chaud et couvrez avec le reste de marinade de la léchefrite. Décorez avec des quartiers de citron et du persil.

SAUMON POCHE

Une recette qui vous changera de l'éternel poisson frit. Recette pour deux personnes.

3/4 livre de filets de saumon (350 à 400 g)	. . Potassium
1 cuillère à café de romarin	. . Fluor
1/4 cuillère à café de poivre blanc	Magnésium
8 verres d'eau	Cuivre
1/2 verre de vinaigre	Sélénium
1 cuillère à soupe de feuilles de	Chrome
céleri sèches (facultatif)	Iode

Pour préparer le poisson, le laver et l'essuyer avec des serviettes en papier. Assaisonnez légèrement avec le romarin et le poivre blanc. Dans une grande poêle, amenez à ebullition le reste des ingrédients.

Ajoutez les filets. Assurez-vous qu'ils soient tout juste couverts par le liquide. Lorsque votre mélange liquide recommence à bouillir, baissez le feu et laissez mijoter doucement en repèrant l'heure. Comptez 10 minutes de cuisson pour environ 2,5 centimètres d'épaisseur. Ne laissez pas le liquide bouillir ni même faire de timides bouillons. Le poisson est cuit dès que la chair se détache facilement à la fourchette.

Retirez immédiatement pour éviter de prolonger la cuisson.

SALADE DE SAUMON

Si vous avez une boîte de saumon dans votre réserve et que vous ne savez pas trop quoi en faire, voilà une salade dont vous pouvez garnir des sandwiches. Combiné avec le yaourt et le concombre, le saumon peut faire un excellent déjeûner rapide. Recette pour deux personnes.

1 boîte d'environ 100/125 g de saumon

1/2 concombre moyen, en dés
5 cuillères à soupe de yaourt
1 cuillère à café de jus de citron
2 cuillères à café d'oignons hachés fin
1 cuillère à café de cibouiette
4 tranches de pain complet
   quelques feuilles de laitue
   (facultatif)

. . Sélénium
. . Manganese
. Calcium
. Potassium
. Cuivre
. Chrome
. Fluor
Magnésium
Iode

Combinez tous les éléments à l'exception du pain et de la laitue dans un saladier. Mettez à rafraîchir. Délicieux entre deux tranches de pain complet grillé garnies de laitue.

QUICHE AU SAUMON

Une quiche au parfum délicat à la fois riche en calcium et pauvre en graisses. Recette pour 6 personnes.

1 verre de fromage blanc maigre
1 verre de ricotta (fromage blanc
   italien)
1/2 verre de lait écrémé
2 ciboules hachées fin
2 œufs, battus
400 à 450 g de saumon en conserves
   avec ses os, égoutté
1 râclure de noix muscade
1 fond de tarte env. 20 cm diamètre

. . Calcium
. . Potassium
. . Sélénium
. . Manganèse
. . Fluorine
. Cuivre
. Chrome
Magnésium

Mettez les fromages blancs et le lait écrémé dans le mixer et mélangez à basse vitesse. Versez dans un grand saladier et ajoutez les ciboules et les œufs. Séparez la chair du saumon en pétales et écrasez les os. Ajoutez au mélange de fromages avec un brin de noix de muscade.

Versez le mélange dans votre fond de tarte et faites cuire au four préalablement chauffé à 200 °C (400 °F) pendant 20 minutes. Baissez alors le thermostat à 175 °C (350 °F) et laissez cuire encore 15 minutes, jusqu'à ce que la quiche soit bien dorée. Servez chaud ou à température ambiante.

NOTE: Vous pouvez remplacer les fromages blancs ci-dessus par la même quantité de fromages blancs de votre choix.

PATE A TARTE A LA FOURCHETTE

Pour faire une tarte de 20 cm de diamètre environ:

1 1/2 verre de farine de blé complète
2 cuillères à soupe de farine de soja
2 cuillères à soupe de germe de blé
1/2 verre d'huile de soja
2 cuillères à soupe de lait écrémé

Mettez les ingrédients directement dans un moule à tarte d'environ 20 centimètres. Mélangez à la fourchette jusqu'à ce que tous les éléments soient bien liés. Puis aplatissez du bout des doigts sur le fond et le pourtour du moule. Remplissez et faites cuire suivant la recette.

SPAGHETTI AU SAUMON

Je sais que cette idée paraît d'abord bizarre; mais ne riez pas. Nous l'avons essayée et trouvée délicieuse. Exécutée selon cette recette extraite du livre "Sortir de la routine du sucre" de Joanie Huggins (HAH publications, Colorado Springs, 1978), c'est un plat que vous aurez plaisir à servir à vos meilleurs amis. Recette pour 4 personnes (comme plat d'accompagnement) ou 2 personnes (comme plat principal).

3 verres de champignons émincés
1/2 verre de ciboule émincée
2 cuillères à soupe de beurre

. . Calcium
: . Potassium
. . Sélénium

Environ 450 g de saumon en boîte	. . Manganèse
ou une livre de saumon frais cuit	. . Fluor
2 yaourts	. Magnésium
1 cuillère à café de farine de blé complet	. Cuivre
1/8 cuillère à café poivre	. Chrome
1 livre de spaghetti de farine complète	Iode

Faites revenir les champignons et la ciboule dans une grande poêle, avec le beurre, à feu doux et jusqu'à ce que les légumes soient juste tendres. Ajoutez le saumon et faites mijoter 3 minutes. Incorporez le yaourt, la farine et le poivre et incorporez au mélange dans la poêle. Faites encore cuire en tournant pendant 3 minutes.

En même temps, faites cuire vos spaghettis comme indiqué sur l'emballage. Egouttez. Servez avec la sauce au saumon et du parmesan râpé. Vous pouvez accompagner d'une salade verte.

MELANGE THON ET YAOURT

Servez chaud comme plat – ou froid à consommer pour un buffet avec des crudités. Donne la valeur de 3 verres.

1 petit oignon haché	. . Sélénium
2 cuillères à soupe d'huile	Calcium
2 verres de champignons émincés	Potassium
poivre fraîchement moulu	Zinc
2 cuillères à soupe de farine de blé complète	Cuivre
2 yaourts	Chrome
170 g de thon égoutté	Iode
2 cuillères à soupe d'eau	

Faites rapidement revenir les oignons dans une poêle huilée. Ajoutez les champignons et le poivron, et faites cuire, couverts, pendant une minute environ. Incorporez la farine et prolongez la cuisson d'une minute. Ajoutez un yaourt et mélangez.

Versez ce mélange dans le mixer avec le thon et l'eau et mixez jusqu'à ce que le tout soit lisse. Remettez dans la poêle et ajoutez l'autre yaourt. Chauffez et servez comme plat principal avec du riz complet ou des toasts de pain complet. Vous pouvez servir froid pour accompagner des crudités. Si vous avez des restes, vous pouvez les congeler et servir à nouveau soit chaud, soit froid.

MANDARINE AU THON

Essayez cette combinaison originale. Recette pour 4 personnes.

2/3 verre de mayonnaise	. . Potassium
1 1/2 cuillerée à soupe de jus de citron	. . Sélénium
1/4 cuillère à café de moutarde sèche	. . Iode
1/8 cuillère à café de paprika	. Chrome
200 g de thon en conserves	. Manganèse
2 branches de céleri, hachées	Zinc
3 mandarines en morceaux	Cuivre

Dans un grand saladier, mélangez la mayonnaise, le jus de citron, la moutarde et le paprika. Ajoutez le thon détaillé en pétales, le céleri et les mandarines. Mélangez et servez sur une salade verte.

TOMATES FARCIES AU THON.

Voilà un très beau plat pour un déjeûner un peu spécial, pour un buffet ou simplement pour faire plaisir à votre famille. Recette pour 4 personnes.

1/2 verre de mayonnaise	. . Potassium
1/2 yaourt	. . Sélénium
2 cuillères à soupe de jus d'ananas	. . Iode
2 cuillères à soupe d'oignons hachés fin	. Chrome
1/4 cuillère à café gingembre moulu	. Manganèse
200 g environ de thon égoutté	Zinc
2 verres d'ananas en dès	Cuivre
1 verre de noix broyées	
4 grosses tomates	
1/2 cuillère à café de poudre de varech et feuilles de laitue.	

Dans un grand saladier, mélangez la mayonnaise, le yaourt, le jus d'ananas, les oignons et le gingembre. Incorporez le thon, les morceaux d'ananas et de noix. Rafraîchissez au réfrigérateur. Coupez chaque tomate en 5 ou 6 morceaux presque jusqu'à la queue et écartez légèrement. Saupoudrez avec la poudre de varech et farcissez avec le mélange de thon. Disposez les feuilles de salade, placez les tomates et décorez si vous désirez avec du persil ou du cresson.

SALADE DE MAQUEREAUX.

Le maquereau est riche d'un acide gras limitant l'effet coagulateur de la plaquette sanguine, qui provoque les caillots de sang. Faites-en beaucoup et servez-la plusieurs fois par semaine, au petit déjeûner, au déjeûner ou au dîner. Recette qui donne l'équivalent de 7 verres.

1 tranche de pain de seigle.	. . Sélénium
3 cuillères à soupe de vinaigre	. Potassium
5 verres de maquereaux cuits, en morceaux	. Fluorine
1 oignon moyen, haché	Cuivre
1 grosse pomme en dés	Chrome
3 œufs durs	Iode
1 pincée de poivre	

Faites tremper le pain dans le vinaigre. Mettez tous les ingrédients dans votre mixer, équipé d'une lame à trancher. Mixez jusqu'à ce que le mélange soit à peine homogène, avec des morceaux encore visibles. Si vous n'avez pas de mixer, hachez les ingrédients dans un saladier en bois. Goûtez et corrigez l'assaisonnement. Si vous préférez un peu plus acide, ajoutez un peu de vinaigre. Servez avec une salade verte mélangée. Cette mixture se conserve bien au réfrigérateur pendant quelques jours et devrait suffire pour 6 ou 8 portions généreuses.

PLATS SANS VIANDE.

Si vous ne servez pas de viande le soir, régalez-vous avec ces plats super-minéraux.

TERRINE DE SOJA

Grâce aux grains de soja, cette terrine végétale fait un très bon score dans le domaine des minéraux. Recette pour 4 personnes.

1 oignon râpé	. . Magnésium
1 verre de champignons	. . Zinc
2 gousses d'ail écrasées	. . Cuivre
2 branches de céleri hachées	. Calcium
3 cuillères à soupe d'huile	. Potassium
4 verres de grains de soja cuits, en purée	. Sélénium
1 1/2 verre de germe de blé	. Manganèse
1 verre de noix de cajou émiettées	Fer
1/2 verre lait en poudre	Chrome
3 œufs	Fluor
3 cuillères à soupe d'huile	
1 cuillère à café de thym frais	
1 cuillère à café de graines d'aneth	
1 cuillère à café sauge fraîche	
1 verre fromage râpé	

Faites revenir les oignons, les champignons, l'ail, le céleri dans l'huile jusqu'à ce qu'ils soient tendres.
Mélangez bien tous les ingrédients dans un grand saladier. Tassez le tout dans une terrine huilée environ 10 × 20 cm. Faites cuire environ 40 minutes dans un four chauffé à 175 °C (350 °F).

LASAGNES AU TOFU

Pratiquement tout le monde aime les lasagnes. On peut facilement remplacer la ricotta par du tofu, mais pour le reste, pas beaucoup de

changement par rapport aux autres recettes. Toute votre famille se régalera avec les carrés de pâtes soudées par la mozarella, baignées dans assez de sauce tomate pour qu'elles restent mœlleuses et couvertes de Parmesan qui ajoute un piquant supplémentaire.
Recette pour cinq personnes.

1/2 livre de lasagnes	. . Calcium
2 verres de tofu écrasé	. . Manganèse
1 verre de Parmesan Râpé	. Magnésium
1 œuf	. Cuivre
1/2 gousse d'ail hachée fin	. Chrome
2 verres de mozarella râpée gros	Potassium
2 verres de champignons émincés fin	Zinc
2 cuillères à soupe persil frais	Sélénium
haché fin	
5 verres de sauce tomate (voir recette plus loin).	

Dans un grand faitout, faites bouillir 4 litres d'eau. Ajoutez une ou deux cuillerées d'huile pour empêcher les pâtes de coller. Faites cuire les lasagnes en maintenant l'ébullition pendant environ 8 minutes, ou jusqu'à ce que les lasagnes soient tendres et prêtes à se défaire. Mélangez de temps à autre avec une longue cuillère en bois. Egouttez les pâtes, aspergez d'eau froide et réservez.

Pendant que les pâtes cuisent, mélangez le tofu, la moitié du parmesan, l'œuf et l'ail. Battez jusqu'à ce que le mélange soit onctueux et léger. Tenez prêts la mozarella, les champignons et le persil.

Répandez 1/2 verre de votre sauce tomate au fond et autour d'un grand plat rectangulaire légèrement huilé. Disposez une couche de pâtes. Etalez le mélange tofu-parmesan. Placez une autre couche de pâtes. Répartissez les champignons et le persil puis ajoutez de la sauce tomate. Placez une autre couche de pâtes puis une couche de mozarelle et de sauce tomate. Disposez une dernière couche de pâtes et couvrez avec le reste de votre sauce tomate. Parsemez de parmesan et faites cuire 45 à 50 minutes au four chauffé à 175° C (350° F). Laissez reposer 5 à 10 minutes avant de servir.

AUBERGINES ET TOFU PARMESAN

Les saveurs mélangées de beaucoup de tofu, de quelques légumes tendres, du persil parfumé et d'une pointe d'ail font de ces aubergines parmesan un merveilleux plat unique à servir avec du pain complet et une salade verte. Cette recette est moins huileuse que la vraie recette italienne. Dans les recettes traditionnelles, chaque tranche d'aubergine est panée et sautée ou frite. Non seulement c'est ennuyeux et prend beaucoup de temps, mais le résultat est un plat très gras en raison de l'énorme capacité de l'aubergine à absorber l'huile. La cuisson au four élimine non seulement beaucoup d'huile, mais aussi beaucoup de travail. Cela rend cette recette intéressante pour les personnes qui aiment la cuisine typique mais n'ont pas toujours le temps nécessaire à y consacrer. Recette pour 4 personnes.

1 petite aubergine, débitée en environ 11 tranches.	. Magnésium . Calcium
2 1/2 verres de tofu écrasé	. Cuivre
1 1/2 verre de parmesan râpé	. Chrome
1 cuillerée à soupe de persil haché	. Manganèse
1/2 gousse d'ail hachée fin	Potassium
1 œuf	Zinc
4 verres de sauce tomate (voir recette plus loin)	Fluor
1 petit oignon émincé très fin	
1 verre de poivron vert en dès	
1 1/3 de champignons émincés fin	
1 verre de chapelure de pain complet	

Disposez vos tranches d'aubergines sur le plateau du gril ou sur une plaque à gâteaux et mettez au four (190 °C ou 375 °F) jusqu'à ce qu'elles soient tendres, c'est-à-dire à peu près 8 minutes de chaque côté, en les retournant avec une fourchette en cours de cuisson.

Mélangez le tofu avec les 2/3 du parmesan et le persil, l'ail et l'œuf. Pour faire votre plat, répandez d'abord une ou deux cuillerées de sauce tomate dans le fond de votre plat à four rectangulaire. Disposez vos tranches d'aubergine sur la sauce tomate. Couvrez avec la moitié du mélange fromage-tofu, et la moitié de chaque légume et des miettes de pain. Puis couvrez avec une mince couche de sauce tomate.

Répétez avec une autre couche de tranches d'aubergines, le reste de votre mélange parmesan-tofu et des légumes, puis de sauce tomate. Saupoudrez avec le reste de parmesan. Remettez au four pendant 45 à 50 minutes. Laissez reposer 5 à 10 minutes avant de servir.

TARTE MEXICAINE

Un composé de haricots et d'épices. Recette pour 4 à 6 personnes.

Fond de tarte:

5 verres d'eau froide
3 verres grains de maïs moulus
2 cuillères à café de cumin moulu
1/2 cuillère à café de cumin moulu
1 cuillère à café de tamari

. Magnésium
. Potassium
. Cuivre
. Manganèse
Fer
Sélenium
Chrome

Mélangez l'eau froide, le maïs moulu, la poudre de piment et de cumin et le tamari dans une casserole épaisse et tournez sur feu moyen jusqu'à ce que le mélange épaississe et bout. Huilez légèrement une terrine ou un moule d'environ 20 cm de côté et versez-y les 2/3 du mélange de maïs. Tapissez-en le fond du récipient et les bords jusqu'à mi-hauteur.
Réservez le reste du mélange de maïs.

Garniture:
2 verres de haricots de Soissons, coco ou noirs
2 verres de grains de soja cuits
1 branche de céleri hachée
1 pouvron vert haché
1 oignon moyen haché
2 gousses d'ail émincées
1 verre de maïs
3 cuillères à soupe d'eau
2 cuillères à soupe de concentré de tomate
2 cuillères à soupe de piment moulu
2 cuillères à café de graines de cumin
1/2 cuillère à soupe de jus de citron
1 cuillère à soupe de jus de citron
1 pincée de poivre de cayenne, germes d'alfalfa

Passez tous les haricots ensemble au mixer ou au moulin à légumes pour obtenir une purée. Dans une grande poêle, mettez le céleri, le poivron et l'oignon avec une goutte d'eau et remuez jusqu'à ce que l'oignon soit transparent. Ajoutez l'ail à la fin de la cuisson, puis les haricots et le reste des ingrédients, à l'exception des germes d'alfalfa, et mélangez sur feu moyen pendant 5 à 8 minutes. Remuez souvent pour que les haricots n'attachent pas.
Versez ce mélange sur votre fond à base de maïs. Etalez le reste du fond de tarte sur les haricots. Cuisez au four chauffé à 175 °C

(350 °F) pendant 30 minutes. Parsemez chaque part de germes frais d'alfalfa en servant.

TOFU SAUTE

Si vous voulez essayer ce "wok" (poelon chinois) qu'on vous a offert à Noël, voici une bonne occasion. Prenez une grande poêle si persone ne vous a offert de "wok", ce qui fera tout aussi bien l'affaire. Le tofu s'accomode particulièrement bien aux légumes sautés à l'orientale, étant oriental lui-même. Recette pour 4 personnes.

2 cuillères à soupe d'huile végétale	. . Magnésium
4 verres de tofu en dès (environ 1 livre)	. . Manganèse
2 gousses d'ail hachées menu	. Cuivre
1/2 cuillère à café de gingembre frais	. Chrome
haché ou	Calcium
1/3 cuillère à café de gingembre moulu	Potassium
1 gros oignon en rondelles	Zinc
1/2 livre de champignons émincés fin	Fer
1 petite courgette coupée en minces batonnets	Fluor
2 verres de "fleurs" de broccoli	
2 cuillères à soupe d'eau	
1 poivron rouge, émincé	
2 verres de bouillon de poulet ou	
de légumes chaud	
2 cuillères à soupe de maïzena	
2 cuillerées à soupe de tamari	
4 verres de riz complet cuit	

Faites chauffer une cuillerée d'huile dans une grande poêle. Ajoutez le tofu et faites-le dorer en remuant doucement les cubes avec une cuillère de bois. Retirez de la poêle et égouttez sur des serviettes en papier.

Ajoutez dans la poêle le reste de l'huile, l'ail, l'oignon, le gingembre, les champignons, la courgette et les broccolis. Arrosez d'eau. Cuisez légèrement. Ajoutez le poivron rouge et 1 verre de bouillon. Couvrez et cuisez 3 à 5 minutes.

Délayez la maïzena avec le tamari et le reste du bouillon. Versez dans la poêle sur le mélange de légumes et cuisez jusqu'à épaississement. Incorporez le tofu égoutté et mélangez rapidement aux autres ingrédients et servez chaud sur du riz complet.

319

QUICHE AU TOFU

Faire une quiche peut sembler compliqué mais en fait, c'est tout à fait simple. C'est un plat principal idéal parce qu'il permet de rassembler des aliments riches en calcium et en protéines. A l'inverse de nombre de recettes exigeant beaucoup d'œufs et de crème, notre version comporte peu de graisses. Recette pour 8 personnes.

FOND:
Vous pouvez utiliser votre propre recette, la recette ci-après ou celle donnée plus loin.

2/3 verre de beurre	. . Calcium
2 2/3 verres de farine complète	. . Manganèse
3 cuillères à soupe d'eau glacée	. Magnésium
	Potassium
	Zinc
	Cuivre
	Sélénium
	Chrome

Laissez le beurre à la température ambiante. Dans un saladier moyen, malaxez le beurre et la farine pour obtenir une consistance granuleuse. Ajoutez progressivement l'eau glacée et pétrissez en une boule. Etalez la pâte jusqu'à épaisseur d'environ 3 millimètres. En vous guidant avec un moule de 25 cm de diamètre, découpez un cercle environ 2 à 3 centimètres plus large que le moule.
Placez cette pâte dans le moule et tapissez le fond et les côtés. Réfrigérez pendant que vous préparez votre garniture.

GARNITURE:
1 verre de lait ou de "lait de soja"
2 cuillères à soupe de farine de blé complète
1 œuf
1 verre fromage blanc nature bien égoutté
1 yaourt
2 verres de tofu
1 verre de fromage "Comté" ou "Cheddar"
1 1/2 verres épinards hachés bien égouttés.

Délayez la farine et le lait au mixer, pour obtenir un mélange lisse. Ajoutez l'œuf, le fromage blanc, le yaourt, le tofu et le comté. Mixez à nouveau jusqu'à ce que le mélange soit lisse.
Incorporez les épinards hachés et cuits. Versez le mélange dans le fond de tarte et cuisez au four chauffé à 175°C (350° F) pendant 45 minutes ou jusqu'à ce qu'une lame de couteau insérée au milieu de la

quiche en ressorte propre. Si la quiche n'a pas doré, placez-la sous le gril quelques instants en faisant attention que les bords ne brûlent pas. Attendez 5 à 10 minutes avant de couper et servir.

NOTE: On emploie parfois le lait de soja pour les enfants allergiques au lait de vache. Vous pouvez le préparer rapidement en mixant la poudre de soja et l'eau dans un mixer électrique ou au fouet.

MACARONIS AU FROMAGE EN SALADE

Une variation sur les classiques pâtes au fromage. Les macaronis de farine complète comportent des minéraux en traces que vous ne trouvez pas dans les macaronis blancs. Recette pour 6 personnes.

4 verres de macaroni de farine complète
1 cuillère à soupe d'huile
1 livre de haricots mange-tout, coupés en morceaux de 2 à 3 cm
4 verres de carottes en dès
1 verre d'échalottes hachées
2 cuillères à soupe de persil frais haché
1/2 cuillère à café d'aneth
1/2 cuillère à café de basilic
1/2 cuillère à café de poivre noir
2 verres de fromage blanc
2 verres de ricotta
2 cuillères à café de moutarde
2 cuillères à soupe de jus de citron.

Faites cuire les macaronis dans une grande quantité d'eau additionnée de l'huile. Egouttez et rincez à l'eau froide. Faites cuire les haricots et les carottes à votre guise. Egouttez-les si nécessaire.

Dans un grand saladier, mélangez les macaronis, les légumes, les échalottes et les aromates. Passez au mixer le fromage blanc et la ricotta et ajoutez-y la moutarde et le jus de citron. Versez sur les macaronis et mélangez parfaitement. Rafraîchissez avant de servir.

CHOU FARCI AU SARRASIN

Le sarrasin nous fournit du magnésium, du sélénium et du cuivre, bienvenus dans notre alimentation quotidienne. Vous pouvez congeler la moitié de ces rouleaux. Recette pour 16 rouleaux.

1 oignon moyen haché
1/2 poivron vert haché fin
3 cuillères à soupe d'huile
8 verres d'eau bouillante
poivre à volonté
1 verre de cacahuètes écrasées crues ou grillées
1/2 verre de graines de tournesol broyées
1 chou

. . Magnésium
Zinc
Cuivre
Chrome

Faites revenir les oignons et le poivron dans l'huile jusqu'à ce qu'ils soient tendres (env. 5 minutes). Ajoutez la semoule et remuez jusqu'à ce qu'elle soit également huilée. Ajoutez l'eau, couvrez et faites mijoter 15 minutes jusqu'à ce que la semoule soit tendre et l'eau absorbée. Assaisonnez et ajoutez les cacahuètes et les graines de tournesol.

Pendant que la semoule cuit, ébouillantez le chou jusqu'à ce que les feuilles soient tendre et "pliables". Détachez-les une à une et placez 2 cuillerées du mélange sur chacune d'elle. Roulez et rentrez sur les côtés.

Placez les rouleaux dans un plat huilé allant au four. Versez l'eau bouillante sur les rouleaux pour qu'elle atteigne les 3/4 de la hauteur du plat. Couvrez et mettez au four à 175° F pendant 1 heure et demie ou jusqu'à ce que le chou soit tendre. Servez avec la sauce tomate dont vous trouverez la recette plus loin.

COURGE EN COCOTTE.

Un plat savoureux et solide, saucé de yaourt, de fromage et de ciboulette. Recette pour 4 personnes.

1 courge (ou une partie seulement,
  suivant la taille)
1 verre d'oignons hachés
1 verre de carottes râpées
1 verre de céléri haché

. . Iode
. Potassium
. Chrome
Calcium
Cuivre

2 cuillères à soupe de beurre   Sélénium
1 1/2 verre de mie de pain complet frais
1/2 cuillère à café de basilic
1/2 cuillère à café de thym
1/2 cuillère à café de poudre de varech
1/4 cuillère à café poivre blanc
1 yaourt
2 cuillères à soupe d'huile
2/3 verre de gruyère râpé
1 œuf battu
2 cuillères à soupe de ciboulette
1/2 verre de graines de sésame grillées

Faites cuire à la vapeur les morceaux de courge pour les attendrir. Faites revenir les oignons, les carottes et le céleri dans le beurre jusqu'à ce qu'ils soient tendres. Placez-les dans un grand saladier et ajoutez la mie de pain, le basilic, le thym, la poudre de varech et le poivre pour faire une farce.

Mettez une couche de morceaux de courge au fond d'une petite cocotte huilée.

Mettez la farce, puis recouvrez avec le reste des morceaux de courge. Pour faire la sauce, mélangez le yaourt, l'huile et le fromage râpé. Cuire à feu doux pour faire fondre le gruyère. Enlevez du feu. Incorporez un peu de la sauce chaude dans l'œuf battu, puis ajoutez ce mélange à la sauce au fromage, doucement pour éviter qu'elle ne caille. Ajoutez enfin la ciboulette.

Versez la sauce au yaourt sur la courge et parsemez de graines de sésame grillées. Mettez au four à 175 °C (350 °F) pendant 30 minutes.

LES SOUPES.

La plupart des soupes ne sont qu'une entrée en matière; mais certaines peuvent constituer un repas complet en elles-mêmes.

NOTRE BORSCHT FAVORI

Servie chaude ou froide, cette soupe vaut d'être faite en grande quantité. Vous pouvez la congeler. Recette pour 8 ou 10 personnes.

2 livres de viande avec os
3 tomates hachées
3 brins de persil
1 brin d'aneth
2 feuilles de laurier sauce
1 1/2 litre d'eau
1 petit chou, râpé
2 oignons hachés gros
2 verres de carottes en dès
  Quelques betteraves, lavées et coupées en dès.
3 pommes de terre moyennes, lavées et coupées en dès.
  yaourts

. . Zinc
. Fer
. Chrome
Calcium
Potassium
Cuivre
Manganèse
Fluor

Mettez la viande, les os, les tomates, le persil, l'aneth et les feuilles de laurier dans un grand faitout. Couvrez avec l'eau. Mettez un couvercle et faites cuire deux heures à petit feu ou jusqu'à ce que la viande soit très tendre.

Enlevez les os, le persil, l'aneth et les feuilles de laurier. Couvrez et laissez refroidir. Enlevez la graisse qui a durçi. Ajoutez le chou, les oignons, les carottes, les betteraves et les pommes de terre. Laissez mijoter 30 à 45 minutes et servez.

Versez le yaourt dans une coupe et servez la soupe sur une cuillerée de yaourt dans chaque assiette.

SOUPE POULET ET TOMATE

En plus des minéraux mentionnés, vous bénéficierez du calcium provenant des os de poulet. Recette pour 8 personnes.

1 poule (4 livres ou plus)	Potassium
2 litres d'eau	Zinc
1 oignon et 2 gousses d'ail hachés	Cuivre
4 ou 5 échalottes	Fer
4 verres de tomates pelées, hachées	Fluor
4 feuilles de laurier & 1 brin de thym	Chrome
2 cuillères à soupe de persil haché	
1/4 cuillère à café de curry	

Mettez la poule à cuire dans un faitout avec l'eau, l'oignon, les échalottes, l'ail et les tomates, et laissez cuire à feu doux pendant deux heures et demie. Passez le bouillon dans un grand saladier. Détachez la viande des os et remettez la viande et le bouillon dans le faitout. Ajoutez le céleri, les feuilles de laurier et le thym. Faites mijoter doucement pendant 45 minutes puis ajoutez le persil et le curry. Mijotez quelques minutes de plus et servez.

SOUPE AU CRESSON

Une façon particulièrement facile d'ajouter du calcium à votre menu. Recette pour 6 personnes.

1 grosse botte de cresson	. . Calcium
1 grosse pomme de terre	. Potassium
1 cuillères à soupe de farine	Magnésium
1 1/4 litre de lait	Fluor
3 cuillère à soupe d'oignons hachés fin	
1 cuillère à café de basilic frais haché	

Lavez le cresson et séchez. Réservez-en 6 brins pour la garniture et hachez le reste. Faites cuire la pomme de terre, écrasez-la et tenez-la en réserve. Délayez la farine avec 1/2 verre de lait dans une grande casserole. Ajoutez lentement le reste du lait, puis les oignons et le basilic. Cuisez en tournant sans arrêt, jusqu'à ébullition. Le mélange devrait épaissir un peu.
Introduisez la pomme de terre écrasée et le cresson. Laissez mijoter 3 minutes au plus. Servez immédiatement. Décorez chaque assiette avec un brin de cresson.

POTAGE AU RIZ ET PIMENT

Les haricots et le riz complet comprennent tous les deux d'excellents nutriments. Les haricots manquent un peu de méthionine, un acide aminé, carence compensée par le riz complet. A eux deux, ils fournissent un équivalent complet de ce que vous fournit la viande. Beaucoup de haricots sont riches en fer, potassium, magnésium et manganèse. Recette pour 8 personnes.

1 livre de haricots rouges
2 litres d'eau
2 gousses d'ail écrasées
1 oignon haché
1 feuille de laurier
1/4 cuillère à café de thym
4/4 cuillère à café marjolaine
4 verres de tomates cuites
3 verres de bouillon (poulet, bœuf ou légumes)
1 verre riz complet
1 cuillère café piment moulu
1/4 cuillère café piment de Cayenne

. Magnésium
. Potassium
. Manganèse
Cuivre
Fer
Chrome

Lavez les haricots et faites tremper pendant une heure. Egouttez et placez dans une grand faitout. Ajoutez l'eau bouillante, l'ail, l'oignon, le thym, les feuilles de laurier et la marjolaine. Couvrez et faites cuire pendant une heure et demie à petit feu. Ne laissez pas les haricots cuire à sec: ajoutez de l'eau bouillante si nécessaire. Ajoutez ensuite les tomates, le bouillon, le riz et l'assaisonnement. Continuez la cuisson pendant une heure. Lorsque les haricots sont bien tendres, réduisez-en la moitié en purée et remettez dans le bouillon. Si vous ne consommez pas tout, mettez de côté dans des récipients correspondant à la quantité nécessaire pour un repas.

BISQUE DE SAUMON

Riche en calcium et en sélénium, voici une recette savoureuse pour 4 personnes.

1 oignon, haché
2 cuillères à soupe d'huile de tournesol
2 cuillères à soupe de farine de blé complète

. . Calcium
. . Potassium
. . Sélénium
. . Fluor

2 verres de lait	Magnésium
1 livre de saumon en boîte, égoutté	Cuivre
2 verres de bouillon de poulet ou légumes	Chrome
1/2 cuillère à café de thym	Iode

Faites revenir les oignons dans une grande poêle huilée. Introduisez la farine et faites cuire à feu moyen pendant 2 ou 3 minutes. Ajoutez lentement le lait en remuant constamment, pour empêcher les grumeaux. Faites mijoter doucement à feu moyen jusqu'à épaississement.

Détaillez les 2/3 du saumon en pétales et mettez de côté. Placez le reste avec les os et le bouillon dans votre mixer. Mixer pour obtenir un mélange lisse, puis versez-le dans la poêle. Ajoutez-y le saumon en morceaux et le thym. Faites chauffer le tout et servez.

SOUPE DE POISSON

Cette soupe constitue un repas en elle-même avec une bonne salade et du pain complet. Recette pour 6 personnes.

1 livre de filets de poisson	. . Sélénium
4 verres de pommes de terre en dés,	. Potassium
propres mais non pelées	. Chrome
4 verres d'eau bouillante	Calcium
1 verre d'oignons hachés	Magnésium
2 cuillères à soupe de beurre	Zinc
2 cuillères à soupe farine blé complète	Cuivre
4 verres de lait	Fer
basilic ou thym à volonté	Iode

Coupez les filets en morceaux de 5 cm. Faites cuire les pommes de terre dans les 4 verres d'eau pendant 5 minutes. Ajoutez le poisson, le poivre. Couvrez et faites mijoter 10 à 12 minutes. Faites dorer les oignons dans le beurre et ajoutez le tout au mélange poisson-pommes de terre. Dans un bol, délayez la farine avec le lait et ajoutez ce mélange à la soupe de poisson. Laissez cuire en tournant jusqu'à épaississement. Ajoutez les herbes pour parfumer à votre goût.

POTAGE AUX HARICOTS

Encore une bonne note pour les haricots. Recette pour 4 personnes.

2 verres de haricots secs	Potassium
6 verres d'eau	Magnésium
4 verres de concentré de tomates	Cuivre
1 panais haché	Manganese
1 oignon	
1 carotte	
1 feuile de laurier	

Faites tremper les haricots pendant plusieurs heures. Puis faites-les cuire pendant une heure. Ajoutez les autres ingrédients et continuez la cuisson pendant encore 30 minutes. Servez bien chaud.

SOUPE AUX CAROTTES ET AUX NOIX DE CAJOU

Les noix et le riz donnent un cachet particulier à cette soupe traditionnelle.
Recette pour 4 personnes

2 oignons moyens en rondelles	. Potassium
4 cuillères à soupe d'huile	. Cuivre
2 Cuillères à soupe de concentré de tomate	. Chrome
4 verres de chou râpé grossièrement	Calcium
4 verres de carottes râpées	Magnésium
2 verres de pommes hachées	Zinc

10 verres de bouillon de bœuf
2/3 verre de riz complet
1 verre de noix de cajou écrasées
   grossièrement
1 verre de raisins secs
2 à 3 yaourts

Dans une cocotte en fonte (ou à fond très épais) faites revenir les oignons dans l'huile, puis ajoutez le chou et faites revenir quelques minutes. Ajoutez les carottes et faites cuire quelques minutes. Introduisez les pommes, le bouillon de bœuf et le concentré de tomate et portez à ébullition. Ajoutez le riz, couvrez et laissez mijoter 35 à 40 minutes, ou jusqu'à ce que les carottes soient tendres et le riz cuit.

Ajoutez les miettes de noix de cajou et les raisins secs et laissez cuire jusqu'à ce que ces derniers aient gonflé. Servez avec une cuillerée de yaourt sur chaque assiettée.

SOUPE AU POTIRON

Riche en nutriments et en saveur, lisse et crémeuse. Recette pour 4 personnes.

1 verre d'oignons en rondelles	. . Potassium
2 cuillères à soupe de beurre	. Chrome
2 verres de potiron cuit	Calcium
2 verres de bouillon de légumes	
4 verres de tomates hachées, égouttées	
2 verres de lait	
1 yaourt	
1/8 cuillère café de poivre blanc	
2 cuillères à soupe graines de sésame grillées	

Dans une casserole moyenne, faites revenir les oignons dans le beurre sans les faire brunir. Ajoutez en mélangeant le potiron, les tomates, le bouillon et le poivre. Portez à ébullition, couvrez et laisser mijoter environ 15 minutes. Versez le mélange dans un mixer et mixez jusqu'à ce qu'il soit lisse. Remettez dans la cocotte et faites chauffer. Ajoutez le lait dès que le potage est chaud. Servez sur une bonne cuillerée de yaourt dans chaque assiette et garnissez avec les graines de sésame.

SOUPE AUX POIS CASSES AU FOUR.

Une bonne recette à employer quand vous avez besoin de votre four pour autre chose. Si vous ne l'employez pas pour 1 1/2 heure ou 2 heures, vous pouvez terminer la cuisson de la soupe sur votre cuisinière. Recette pour 4 personnes.

2 verres de pois cassés	. . Iode
1 carotte en rondelles	. Cuivre

2 oigons hachés	Magnésium
1 gousse d'ail émincée	Potassium
2 tiges de céleri hachées	Zinc
2 grosses tomates hachées	Fer
1 feuille de laurier	Manganèse
1 verre de persil frais haché	
1 cuillère à café de basilic	
1 cuillère à café de thym	
1/2 cuillère à café de poudre de varech	
1/8 cuillère à café de piment rouge moulu	
1/4 cuillère à café graines de céleri et 8 verres d'eau	

Faites tremper les pois cassés de 2 à 4 heures.

Placez les ingrédients dans un plat allant au four et contenant environ 2 litres, dans l'ordre suivant: pois, oignons, branches de céleri, laurier, basilic, thym, poudre de varech, graines de céleri, piment rouge, carottes, persil, ail, tomates et eau. Couvrez, mettez au four chauffé à 175°C (350° F) et remuez une fois au bout d'une heure de cuisson. Laissez cuire encore 1/2 heure à une heure. Retirez du four. Prélevez la valeur de 4 verres que vous passez au mixer avant de mélanger avec le reste de la soupe. Servez bien chaud.

POMMES DE TERRE, RIZ ET AUTRES ACCOMPAGNEMENTS

Plus que de simples accompagnements, ces aliments ordinaires peuvent contribuer à améliorer la teneur en minéraux de vos repas.

POMMES DE TERRE AU FOUR AU TOFU

Ces pommes farcies empliront votre cuisine d'une bonne odeur de fromage pendant leur cuisson. Et elles sont assez légères pour être servies avec n'importe quelle viande et font un accompagnement idéal pour la terrine au tofu. Plutôt que de faire chauffer le four pendant 45 minutes pour seulement une ou deux pommes de terre, vous pouvez les faire cuire en robe de champs dans un peu d'eau sur votre cuisinière. Si vous avez des pommes cuites au four, farcissez-les et passez au four pour les manger chaudes. Préparées à l'avance, des pommes au four peuvent permettre à une cuisinière surchargée de servir un plat fantaisie en un rien de temps, tout en ajoutant du calcium et des minéraux supplémentaires au repas. Recette pour deux personnes.

1 cuillère à soupe d'oignons hachés fin	. . Magnésium
1 cuillère à café de persil frais haché fin	. Calcium
1 grosse pomme de terre cuite au four ou	. Potassium
en robe des champs	. Zinc
1/2 vérre de tofu écrasé	. Chrome
1/2 verre de fromage fort râpé	. Manganèse
2 cuillères à soupe de yaourt	Fluor
Parmesan râpé	

Faites ramollir les oignons avec le persil jusqu'à ce qu'ils.soient transparents. Eliminez l'eau.

Coupez la pomme de terre dans sa longueur. Retirez la chair. Dans votre mixer, mélangez la chair de pomme de terre, les oignons, le persil, le tofu, le fromage râpé et le yaourt pour obtenir un mélange lisse.

Farcissez les pommes de terre avec le mélange. Saupoudrez de parmesan et placez dans un plat en Pyrex au four chauffé à 175°C (350°F) pendant 35 minutes, jusqu'à ce que le dessus soit doré. Servez bien chaud.

GALETTES DE CAROTTES ET POMMES DE TERRE

Essayez ces galettes pour un déjeûner tardif du dimanche. Recette pour 4 personnes.

4 verres de pommes de terre pelées	. Potassium
crues et coupées en dés	. Chrome
2 verre de carottes en rondelles	Magnésium
1 petit oignon haché menu	Fluor
2 œufs légèrement battus	
1/2 verre de farine de blé complète	
1/2 cuillère à café de levure	
1/2 cuillère à café d'oignon moulu	
1 pincée de poivre	
beurre	
yaourt	

Dans une casserole moyenne, sur feu moyen, portez à ébullition les pommes de terre dans 2 à 3 centimètres d'eau; réduisez le feu, couvrez et cuisez 5 minutes. Ajoutez les carottes, les oignons et cuisez encore 15 minutes. Egouttez.

Passez le tout au moulin à légumes. Ajoutez les autres ingrédients à la purée de légumes obtenue, sauf le beurre et le yaourt, et mélangez bien. Laissez reposer 5 minutes.

Dans une poêle moyenne, faire fondre une cuillerée de beurre sur feu moyen. Versez la "purée" par cuillerées en formant de petites galettes de 6 à 8 cm. Faites cuire jusqu'à ce que le dessous soit doré et retournez; faites cuire le deuxième côté. Retirez et gardez au chaud jusqu'à ce que vous ayez utilisé la totalité du mélange. Servez avec le yaourt.

POMMES AU FOUR ET PARFUM DE SESAME

Vous aimerez la saveur noisetée des pommes de terre ainsi préparées. Recette pour deux personnes.

	. . Potassium
2 grosses pommes de terre	. Chrome
2 cuillerées de sauce au sésame	Magnésium
germe de blé	Zinc
	Cuivre
	Sélénium
	Manganèse
	Fluor

Lavez et séchez mais ne pelez pas les pommes de terre. Percez-les avec la pointe d'un couteau. Enduisez de sauce au sésame et roulez dans le germe de blé. Enveloppez chaque pomme de terre dans du papier d'aluminium et mettez au four chauffé à 175°C (350° F) pendant une heure.

SOUFFLE DE PATATES

Une recette délicieuse pour présenter des patates douces, pour 4 personnes.

4 verres de patates douces cuites,	. Magnésium
en purée (environ 3 ou 4 patates)	. Potassium

2 jaunes d'œufs
1 verre de cerneaux de noix
2 verres de lait
2 à 4 cuillères à soupe de miel
3 cuillères à soupe de beurre
1 verre de raisins secs
1/2 cuillère café muscade
2 blancs d'œufs battus en neige.

Chrome
Cuivre
Manganèse

Mélangez tous les ingrédients dans un grand saladier, et introduisez les blancs battus en dernier.

Versez dans une cocotte beurrée et faites cuire au four chauffé à 175°C (350° F) pendant environ 1 heure ou jusqu'à ce que le soufflé soit pris comme une crème.

COCOTTE POMMES ET PATATES

Une de nos recettes favorites qui fait un bon accompagnement pour le poulet aussi bien qu'un bon dessert. Recette pour 4 personnes.

4 patates douces moyennes
1 verre d'eau
3 pommes (fruit)
2 verres de jus de pommes
2 cuillères à soupe de maïzena
3 cuillères à soupe d'eau
2 cuillères à soupe de miel
2 cuillères à soupe de germe de blé

. Magnésium
. Potassium
. Manganèse
Fluor

Mettez les patates douces à cuire avec 1 verre d'eau dans une casserole à couvercle fermant bien, pendant 15 à 20 minutes, jusqu'à ce qu'elles soient tendres. Pelez, coupez en tranches dans le sens de la longueur, d'une épaisseur d'un bon centimètre et étalez-les dans le fond d'une cocotte.

Lavez et évidez les pommes, faites-en des tranches d'un bon centimètre. Empilez les pommes sur les patates douces.

Portez le jus de pomme à ébullition. Délayez la maïzena avec les cuillerées d'eau et ajoutez au jus de pomme, laissant cuire jusqu'à ce que la sauce soit claire et épaissie. Ajoutez le miel.

Versez cette sauce sur les pommes. Couvrez avec le germe de blé.

Cuisez au four chauffé à 175°C (350° F) pendant 30 à 40 minutes ou jusqu'à ce que les pommes soient tendres.

SUPER PILAF

Les abricots, les noix et les raisins secs se combinent avec l'orge pour faire un pilaf qui peut servir de farce pour la volaille ou le poisson. Recette donnant l'équivalent de 8 verres.

2 cuillères à soupe d'huile	Cuivre
1 oignon moyen hachés fin	Potassium
2 verres de champignons émincés fin	Fer
2 verres d'orge	Sélénium
8 verres d'eau bouillante ou de bouillon	Chrome
1 verre d'abricots secs hachés	Manganèse
2/3 amandes broyées	
2/3 verres raisins secs	
1/4 cuillère à café poivre blanc	
1 cuillère à café cannelle	

Dans une grande poêle épaisse ou une cocotte, faites chauffer l'huile et revenir les oignons et les champignons lentement, jusqu'à ce que ces derniers soient tendres et les oignons transparents. Mettez de côté dans un plat couvert. Dans la même poêle, faites rapidement sauter l'orge. Ne laissez ni brunir ni brûler. 3 minutes devraient suffire. Ajoutez l'eau bouillante ou le bouillon puis le mélange champignons-oignons. Ne touillez pas.

Couvrez et laissez mijoter à feu doux jusqu'à absorption de toute l'eau (environ une heure).

Mélangez délicatement, placez une petite serviette sur le dessus de la cocotte avant de replacer le couvercle (pour absorber l'excès d'humidité). Laissez reposer 15 minutes avant de servir. Cette recette utilisée comme pilaf permet de servir 4 à 6 personnes.

PILAF DE BOULGHOUR

Cet assemblage de nutriments de première catégorie fait un excellent plat pour la table et les buffets. Recette pour 4 personnes.

2 carottes moyennes, hachées	. Zinc
2 branches de céleri hachées	. Cuivre
1 petit oignon en dès	. Chrome
1 poivron vert moyen haché	Magnésium
5 verres de champignons émincés	Potassium
1 verre de cacahuètes et cajou broyées	Sélénium

3 cuillères à soupe de beurre   Manganèse
4 ou 5 verres bouillon de poulet ou légumes
   ou eau.
1 cuillère à soupe graines de sésame
1 cuillère à soupe bran
1 cuillère à soupe germe de blé
poudre d'ail, de piment
poivre, thym, persil
2 verres de boulghour

Hachez tous les légumes et broyez les noix grossièrement. Faites re-
venir les 6 premiers ingrédients dans le beurre environ 2 minutes.
Ajoutez le bouillon, les autres ingrédients et les aromates à volonté.
Incorporez le boulghour. Faites cuire à petit feu 15 minutes.
Servez avec du fromage et des tranches de pommes.

LEGUMES ET SALADES

Si les légumes offrent surtout les vitamines dont nous avons besoin, certains n'en fournissent pas moins des quantités appréciables de potassium et de chrome, entre autres minéraux.

LEGUMES SAUTES

Des légumes sautés à la méthode chinoise sont comme une salade chaude avec toutes ses vitamines, avec ses minéraux et jus intacts. Servez sur du riz complet ou avec une pomme de terre cuite au four et un yaourt.
Recette pour 4 personnes.

2 oignons moyens en rondelles	. Chrome
3 gousses d'ail écrasées	Calcium
1/2 cuillère à café de romarin	Potassium
1 cuillère à soupe de graines de sésame	
1 ou 2 cuillères à café huile de sésame ou arachide	
2 grosses carottes en julienne	
2 branches de broccoli	
1/4 d'une tête de chou-fleur en tranches	
une poignée de champignons émincés	
1 poignée de feuilles d'épinards	
1 poivron vert en dès	

Faites sauter très rapidement oignons, ail, romarin et graines de sésame dans l'huile, jusqu'à ce que les oignons roussissent.
Jetez-y les légumes durs (carottes, broccolis, chou-fleur). Couvrez et cuisez jusqu'à ce que les légumes soient à moitié cuits, soit environ 3 minutes. Ajoutez un peu d'eau pour empêcher d'attacher.
Ajoutez les champignons, mélangez et cuisez environ 2 minutes.
Ajoutez les épinards et le poivron vert; dès qu'ils sont juste chauds et légèrement flétris, servez.

BETTERAVES AU YAOURT

Une excellente source de chrome. Régalez-vous! Recette pour 3 ou 4 personnes.

6 betteraves moyennes	Chrome
1 1/2 yaourts	Calcium
2 cuillères à café persil frais haché	Potassium
1 cuillère à café de ciboulette hachée	Manganèse

Grattez les betteraves et coupez à quelques centimètres du haut et des racines. Faites cuire pour qu'elles soient tendres (environ 25 minutes). Pelez, coupez en tranches et mélangez avec le yaourt et les herbes. Mettez un instant sur le feu pour chauffer la sauce ou servez glacé.

CHOUX DE BRUXELLES A LA SAUCE AUX AMANDES

Une façon originale de présenter ce legume souvent négligé. Recette pour 4 personnes.

1 livre de choux de Bruxelles
1 cuillerée à soupe de beurre
1 cuillerée à soupe de farine complète
3 verres de bouillon de poulet
1 verre de raisins secs
2 cuillères à soupe d'amandes effilées.

Faites cuire les choux à la vapeur jusqu'à ce qu'ils soient tendres. Pendant ce temps, préparez la sauce en faisant fondre le beurre dans une poêle moyenne. Ajoutez la farine et faites un roux. Quand il est prêt, ajoutez lentement le bouillon sans cesser de tourner, jusqu'à obtention d'une sauce lisse. Ajoutez les raisins et laissez cuire à petit feu environ 8 m minutes.
Au moment de servir, versez la sauce sur les choux de Bruxelles et parsemez d'amandes effilées.

CHAMPIGNONS FARCIS

Le chapeau du champignon peut servir pour toutes sortes de délicieuses farces. Les grains de sésame ajoutent du croustillant à celles-ci. Recette pour quatre personnes.

12 gros champignons, dont vous réservez
   les queues
 1 cuillère soupe huile ou beurre fondant
 1 verre de germe de blé
 2 cuillères soupe persil frais haché
 1 cuillère soupe oignons émincés
 3 cuillères soupe graines de sésame
poivre frais moulu à volonté
pincée de gingembre

. Cuivre
. Chrome
Potassium
Sélénium

Hachez menu les queues des champignons et placez dans un saladier moyen. Ajoutez le reste des ingrédients sauf les graines de sésame et mélangez bien. Emplissez les chapeaux des champignons et parsemez de graines de sésame. Passez au gril environ 6 minutes (les champignons doivent être tendres).

CHAMPIGNONS CRUS

Employez-les pour garnir vos salades. Recette pour 10 verres.

1 livre de champignons
6 cuillères soupe huile de tournesol
3 cuillères soupe jus de citron
1 cuillère soupe concentré de tomate
1 gousse d'ail écrasée
1 cuillère café thym écrasé

. Cuivre
Potassium
Chrome

Nettoyez vos champignons sans les laisser tremper dans l'eau. Coupez les queues et réservez-les pour un autre usage. Ne coupez pas les petits champignons. Coupez les autres en deux ou quatre suivant leur grosseur.

Mélangez le jus de citron, l'huile, le concentré de tomate, l'ail, le thym dans un grand saladier. Jetez-y les champignons et tournez jusqu'à ce qu'ils soient bien enduits. Mettez à rafraîchir 1 ou 2 heures avant de servir.

SALADE DE CAROTTES ISRAËL

Très bien pour un buffet. Recette pour 6 personnes.

1 1/4 verre jus d'orange
4 ou 5 carottes moyennes
1 1/4 verre de chou coupé en lanières
2/3 verre de raisins secs
2 1/4 cuillères soupe de graines de sésame
1 1/2 orange en quartiers

Chrome
Potassium

Mélangez le jus d'orange, les carottes, le chou, les raisins et les graines dans un saladier. Touillez. Décorez avec les quartiers d'orange.

SALADE D'ETE

Calcium et chrome. Recette pour 4 personnes.

1 concombre en dés
2 ciboules hachées fin
3 radis émincés
1 verre de fromage blanc
1/2 yaourt
1 cuillère soupe ciboulette hachée
poivre à volonté

Chrome
Calcium

Combinez tous les légumes dans un saladier.
Mélangez le fromage blanc, le yaourt et les aromates dans un bol séparé. Versez sur les légumes et mélangez bien. Servez sur de la laitue, accompagné de quartiers de tomates.

339

▄LES FRUITS ET LES SALADES DE FRUITS▄

La vitamine C des fruits accroît l'absorption du fer par l'organisme.

SALADE AMBROSIA

La combinaison de plusieurs sources de potassium est un moyen sûr de consommer la quantité nécessaire de ce minéral important. Recette pour 6 personnes.

Environ 600 g d'ananas écrasé
2 oranges ou mandarines
1 livre de raisin sans pépins
2 verres de fraises en tranches
2 pêches, en tranches
1 verre de noix de coco râpée
1 verre de noix broyées
4 yaourts
quelques fraises entières

. . Potassium
Calcium
Magnésium
Chrome

Egouttez l'ananas et placez dans une grande coupe, en gardant le jus par ailleurs. Pelez et détaillez en quartiers les oranges et mandarines. Gardez-en quelques uns pour décorer. Ajoutez le reste des fruits, la noix de coco et les noix, puis le yaourt et mélangez délicatement. Décorez avec les quartiers d'orange et les fraises entières réservées. Faites cette délicieuse salade à l'avance pour laisser les parfums se mélanger dans le réfrigerateur.

AVOCAT ET PAMPLEMOUSSE

Un seul mot: fantastique! Très riche en minéraux aussi. Pour 4 personnes.

1 pamplemousse pelé et en quartiers	. Potassium
1/4 livre d'épinards lavés et hachés	. Chrome
1/4 livre champignons lavés et émincés	. Manganèse
1/2 avocat, en tranches	Magnésium
2 cuillères à soupe de miel	Cuivre
2 cuillères à soupe de vinaigre	Fluor
1 cuillère à soupe d'huile	
1 cuillère café oignons hachés	
1/8 cuillère à café de paprika	

Coupez les quartiers de pamplemousse par la moitié et mélangez avec les épinards, les champignons et l'avocat dans une grande coupe. Dans un bol, mélangez les ingrédients de la sauce et versez sur la salade. Cette salade est aussi belle à voir que bonne à savourer.

SALADE D'ANANAS ET RAISIN AUX AMANDES

Une salade craquante et sucrée facile à réaliser. Pour deux personnes.

3/4 verre d'ananas haché	. Manganèse
3/4 verre de raisin noir sans pépins	Magnésium
2 cuillères à soupe d'amandes effilées dorées	Potassium
2 cuillères à coupe de yaourt	Fer
feuilles d'épinards.	Chrome
	Fluor

Combinez l'ananas, le raisin et les amandes dans une coupe moyenne et jetez-y le yaourt. Répartissez sur des feuilles d'épinards dressées sur 2 assiettes. Servez rafraîchi.

SALADE DE CONCOMBRES

Une autre idée originale. Recette pour 4 personnes.

1 concombre moyen pelé
1 verre de grains de raisin coupés par la
moitié, sans pépins
1 cuillère à café de vinaigre d'estragon
1 yaourt
2 cuillères à café de menthe fraîche écrasée
1 gousse d'ail émincée
feuilles d'épinards
brin de menthe

. Chrome
. Manganèse
Magnésium
Fluor

Coupez le concombre en dès et mélangez au raisin dans une coupe. Ajoutez le reste des ingrédients. Servez sur des feuilles d'épinards avec un brin de menthe fraîche.

SALADE DE DATTES-ORANGES

Des fruits et du germe de blé font une bonne ration de chrome. Recette pour deux personnes.

2 oranges
1 pomme
2 dattes
2 cuillères à soupe de yaourt
1 cuillère à soupe de germe de blé
une pincée de cannelle

Chrome
Potassium

Pelez les oranges et coupez les quartiers en cubes. Coupez la pomme en dés. Hachez les dattes finement. Mettez les fruits dans une coupe avec le yaourt. Et mélangez. Servez dans deux coupes individuelles et parsemez de germe de blé et d'une touche de cannelle.

PAINS ET PETITS PAINS

La farine complète de blé ou d'autres grains ajoute du précieux sélénium – absent des produits fabriqués avec de la farine blanche.

PAIN AUX FLOCONS D'AVOINE.

Une bonne cuillerée de mélasse fait de ce pain une source remarquable de potassium tout en apportant une quantité non négligeable de fer. Recette pour 2 pains.

2 paquets de levure sèche	. . Potassium
1 verre d'eau chaude	. . Manganèse
3 verres d'eau bouillante	. Magnésium
2 verres de flocons d'avoine	. Cuivre
1 verre de beurre	. Sélénium
2 verres de mélasse	. Chrome
2 œufs battus	Zinc
12 verres de farine de blé complète	Fer

Faites ramollir la levure dans l'eau chaude et gardez de côté. Dans un grand saladier, combinez les flocons d'avoine, l'eau bouillante, le beurre et la mélasse. Laissez tiédir. Ajoutez la levure ramollie et mélangez bien.

Incorporez les œufs, la farine (progressivement, 1 verre à la fois) et mélangez complètement avant d'ajouter autre chose. Ceci est plus mou que la pâte à pétrir. Placez dans un saladier bien huilé, en retournant la pâte pour que le dessus soit huilé, couvrez et placez au réfrigérateur pendant au moins deux heures.

Sur une planche farinée, divisez la pâte en deux morceaux et placez dans 2 moules à cake bien graissés (environ 22 × 12 cm). Couvrez avec une serviette ou un morceau de cellophane et laisser lever dans un endroit chaud jusqu'à ce que les pains aient doublé de taille. Il faut à peu près deux heures.

Placez dans un four chauffé à 175°C (350°F) pendant une heure ou jusqu'à ce que les pains soient cuits. Démoulez et laissez refroidir sur une grille.

PAIN DE SEIGLE A L'ORANGE

La saveur du pain de seigle est ici rehaussée par le zeste d'orange et l'anis. Recette pour deux pains.

2 cuillerées de levure sèche
2 cuillères à soupe de beurre
5 verres d'eau chaude (40 à 46 °C ou
   105 à 115°F)
1/2 verre de miel
1 1/3 verre de lait en poudre (écrémé)
2 cuillères à soupe de zeste fraîchement râpé
2 cuillères à café d'anis
5 verres de farine de seigle
7 ou 8 verres de farine complète de blé

. . Manganèse
. Magnésium
. Cuivre
. Sélénium
. Chrome
Calcium
Zinc

Faites ramollir la levure dans l'eau chaude dans un grand saladier. Ajoutez le beurre, le lait en poudre, le zeste d'orange, les graines d'anis et la farine de seigle. Mélangez à basse vitesse au fouet électrique. Changez les pales et mettez les crochets pour battre la pâte, et ajoutez progressivement la farine de blé, 1 verre à la fois, en battant à basse vitesse jusqu'à ce que le mélange soit homogène. Battez alors 5 minutes supplémentaires plus rapidement. (Evidemment, vous pouvez aussi mélangez avec une cuillère de bois puis pétrir à la main 8 à 10 minutes sur une surface farinée).

Faites une boule et placez-la dans un saladier huilé, retournez la boule une fois pour que le dessus soit huilé également. Couvrez, laissez lever au chaud jusqu'au doublement de volume. Il doit falloir environ 45 à 60 minutes.
Sur une surface farinée, pétrissez alors la pâte pendant 1 ou 2 minutes, puis divisez en deux morceaux.
Placez chacun d'eux sur une plaque huilée, en laissant suffisamment d'espace entre les deux.
Couvrez avec une serviette ou un plastique et laissez lever à nouveau au chaud.

Faites cuire dans un four chauffé à 200°C (400°F) pendant environ 10 minutes puis baissez à 175°C (350°F) et laissez cuire 20 à 25 minutes. Le pain est cuit quand le dessous des miches sonnent creux.

PAIN A L'ORANGE ET L'ANANAS.

Si vous aimez les pains aux fruits, celui-ci vous plaira. Recette pour un pain.

4 verres de farine complète tamisée
1 1/2 cuillères café levure chimique
1/2 cuillère café bicarbonate de soude
2 verres d'ananas écrasé, bien égoutté
1 verre noix écrasées
2 cuillères café zeste d'orange
1 œuf battu
1 verre de miel
1 verre 1/2 de jus d'orange frais
2 cuillères à soupe d'huile

. Magnésium
. Cuivre
. Chrome
Potassium
Zinc
Sélénium
Manganèse

Dans un saladier, tamisez les ingrédients secs. Ajoutez les morceaux d'ananas, de noix et le zeste d'orange. Dans un autre saladier, combinez l'œuf battu, le miel, le jus d'orange et l'huile. Ajoutez le tout aux ingrédients secs en cessant de mélanger dès qu'ils sont humidifiés. Dans un moule à cake huilé, (22 × 12 cm environ), faites cuire au four chauffé à 175°C (350°F) pendant environ 50 minutes. Démoulez et laissez refroidir sur une grille. Ce pain sera meilleur si vous attendez le lendemain pour le consommer.

PETITS PAINS A LA COMPOTE DE POMMES.

Moelleux et savoureux, ils sont pratiques pour les déjeûners à l'école ou les casse-croûtes entre les repas. Recettes pour 12 petits pains.

3 1/2 verres farine de blé complète
2 cuillère café levure chimique
3/4 cuillère café cannelle
1/4 cuillère café gingembre
1 œuf battu
1 1/2 verre compote de pommes
1 verre de lait
2/3 verre huile ou beurre fondu
1/2 verre miel

. Magnésium
. Sélénium
. Chrome
Zinc
Cuivre
Manganèse

Graissez des moules à tartelettes par exemple. (Mélangez une cuillère à café de lécithine et une cuillère à café d'huile et frottez-en les moules, qui n'attacheront pas). Mélangez la farine, les épices et la levure. Melangez les autres ingrédients dans une autre coupe. Ajoutez ce mélange de compote à la farine, jusqu'à ce qu'elle soit tout juste humide. Ne mélangez pas trop. La détrempe est censée être grumeleuse. Emplissez vos moules aux deux tiers. Faites cuire au four chauffé à 250°C (400°F) 20 à 25 minutes, jusqu'à ce que les petits pains soient dorés. Servez chaud ou froid.

PETITS PAINS AU GERME DE BLE

Si vous aimez les petits pains chauds, vous aurez plaisir à faire ceux-ci – et à les manger. Recette pour 12 petits pains.

2 cuillères à café de levure sèche	. . Manganèse
1/2 verre d'eau tiède	. Magnésium
4 verres de farine d'avoine	. Zinc
3 verres de germe de blé	. Cuivre
1 verre de lait en poudre écrémé	. Sélénium
1 verre grains de sésame	. Chrome
1 verre farine de blé complète	
2/3 verre d'huile	
1/2 verre d'eau chaude	
2 œufs battus	

Ramollissez la levure dans l'eau tiède. Laissez reposer 5 minutes. Dans un grand saladier, combinez la farine d'avoine, le germe de blé, le lait en poudre, les graines de sésame et la farine complète. Dans une coupe séparée, melangez l'huile, le miel, l'eau chaude et les œufs; ajoutez ce mélange à la levure ramollie. Puis ajoutez le tout au mélange de farines.

Laissez reposer 10 minutes. Mélangez pendant environ une minute. Emplissez vos moules bien graissés. Laissez reposer encore 10 minutes et mettez au four chauffé à 205°C (400°F) pendant 20 minutes; puis baissez le thermostat à 175°C (350°F) et prolongez la cuisson pendant 5 minutes.

— SAUCES, MELANGES ET COUPE-FAIM. —

Un bon moyen d'introduire des minéraux supplémentaires dans votre alimentation.

SAUCE DE BASE AU YAOURT

Les sauces à base de yaourt permettent d'ajouter du calcium à vos salades et à vos menus. Recette donnant environ 2 1/2 verres.

2 yaourts   Calcium
4 cuillères à soupe de jus de citron
1/4 à 1/2 cuillère à café de moutarde sèche
1 gousse d'ail écrasée
1/2 à 1 cuillère à café de paprika

Combinez tous les éléments et laissez au réfrigérateur avant de servir.

CREME A L'AIL

Une sauce crémeuse et typée. Recette pour 3 verres.

1/2 verre de vinaigre   Calcium
1 cuillère à café de moutarde
1 verre d'huile de tournesol
1 gousse d'ail
2 yaourts

Mélangez le vinaigre et la moutarde à basse vitesse et ajoutez l'huile progressivement.
Ajoutez l'ail puis les yaourts. Conservez au réfrigérateur dans un bocal fermé.

SAUCE AU SESAME

Les graines de sésame donnent un goût noiseté et permettent d'ajouter une dose de cuivre à votre repas. 2 verres et demi.

2 verres graines de sésame
1/2 verre d'eau
2 gousses d'ail émincées
1 citron pelé et coupé en dés
quelques gouttes de vinaigre
2 cuillères à soupe d'huile

Cuivre

Passez les graines au mixer pour les moudre finement. Ajoutez les autres ingrédients et mixez pour obtenir un mélange lisse.

MELANGE AU CELERI

Une façon unique d'ajouter du calcium et autres minéraux à vos salades ou pommes de terre au four, sans produits laitiers. Donne 2 1/2 verres.

1 branche de céleri
170 g de tofu
1 ciboule ou 1/2 petit oignon
2 cuillères à soupe de vinaigre
1 cuillère à café de moutarde

Calcium
Magnésium
Potassium
Zinc
Manganèse

Mettez tous les ingrédients dans votre mixer et mélangez, doucement d'abord, puis à vitesse moyenne, pour obtenir la consistance d'une mayonnaise.

MELANGE AUX HARICOTS

Les haricots font des mélanges crémeux et riches en minéraux. Recette pour 4 à 6.

4 verres de grains de soja ou autres haricots
   cuits
3 gousses d'ail
1 cuillère à soupe d'huile d'olive

. Magnésium
. Zinc
Calcium
Potassium

1 cuillère à café de cumin moulu

Cuivre
Fer
Manganèse
Fluor

Mélangez tous les ingrédients au mixer avec juste assez d'eau ou de bouillon de haricots pour conserver une consistance épaisse au mélange. Servez sur des crackers ou pour y tremper des crudités à l'apéritif ou au buffet.

CREME DE THON AU FROMAGE

Pour 7 verres.

4 verres de fromage blanc
225 g de carrés Gervais
400 g de thon
3 cuillères à soupe de noix broyées fin
2 cuillères à soupe de céleri haché fin
2 cuillères à soupe d'oignons émincés
1 cuillères à soupe de jus de citron (ou plus)
1/2 cuillère à café de paprika
1/2 cuillère à café de persil frais haché
1 pincée de piment de Cayenne

. Sélénium
. Chrome
Calcium
Magnésium
Potassium
Zinc
Iode

Mélangez les fromages dans un grand saladier. Battez jusqu'à ce que le mélange soit homogène. Ajoutez le thon en continuant à battre, puis le reste des ingrédients. Rafraîchissez. Servez pour y tremper des crudités, pour étendre sur des crackers pour l'apéritif ou les buffets. Egalement délicieux sur les tranches de pain de seigle.

CREME DE SARDINES

Une façon pratique de tirer partie de la richesse en minéraux de ce petit poisson. Donne à peu près 2 verres.

1 verre de sardines écrasées
1 œuf dur
1 cuillère à café de jus de citron

. . Fluor
. Calcium
. Potassium

349

1 cuillère à soupe d'oigons hachés   . Sélénium
2 cuillères à soupe de mayonnaise   Iode
1/2 cuillère à café de moutarde

Dans une petite coupe, mélangez bien les sardines et le jaune d'œuf. Ajoutez oignons et jus de citron. Mélangez la mayonnaise et la moutarde et ajoutez aux sardines. Etalez votre crème sur un ravier et décorez avec le blanc d'œuf que vous aurez forcé à travers une fine passoire. A servir avec des crudités ou à étendre sur des crackers ou des tranches de pain complet ou de seigle.

CREME AUX GRAINES DE TOURNESOL

Une façon simple d'augmenter votre consommation de zinc. Recette pour 3 verres.

2 verres de graines de tournesol broyées   . Zinc
2 cuillères à soupe d'huile de tournesol   Magnésium
1/2 verre de beurre de cacahuètes   Potassium
                                               Cuivre
                                               Fer

Melangez les ingrédients dans une coupe jusqu'à ce que le mélange soit homogène. Utilisez-le en sandwiches, avec des branches de céleri ou autres crudités.

GRAINES DE POTIRON AU CURRY

Un autre moyen de vous procurer du zinc et de servir des graines de potiron.
Donne 4 verres.

2 cuillères à soupe de curry   . Zinc
1/2 verre d'eau chaude
1 gousse d'ail émincée fin
2 verres d'eau
4 verres de graines de potiron nature décortiquées.
1 cuillère à soupe de beurre

Dans une casserole, ajoutez doucement le curry et l'ail à l'eau chaude. Mélangez bien puis ajoutez 2 verres d'eau et chauffer pour faire frémir. Ajoutez les graines de potiron et laissez frémir pendant 5 minutes. Etalez les graines sur une plaque et répartissez le beurre. Mettez au four chauffé à 120°C (250° F) pendant environ 25 minutes pour les rendre craquantes.

BOULE DE SAUMON

Très joli au milieu d'un buffet. Conservez le liquide de la boîte de saumon pour faire du bouillon ou mettre dans votre soupe de pommes de terre. Si vous exécutez la recette avec du saumon frais, vous aurez de l'ambroisie sur votre table. Donne l'équivalent de 5 verres.

4 verres de saumon égoutté (en boîte)	. Calcium
(environ 1 livre)	. Potassium
225 g de carrés gervais	. Sélénium
	. Fluor
1 cuillère à soupe de jus de citron	Magnésium
1 cuillère à soupe de raifort	Chrome
2 cuillères à café d'oignons émincés	Iode
1/4 cuillère à café de paprika	
1 verre de noix de cajou broyées	
3 cuillères à soupe persil frais haché	

Dans un saladier moyen, mélangez tous les ingrédients à l'exception des noix de cajou et du persil. Assaisonnez à volonté. Formez une boule en roulant le mélange dans du papier sulfurisé et mettez au réfrigérateur pendant plusieurs heures. Puis roulez dans les noix broyées et le persil mélangés.

Rafraîchissez à nouveau avant de servir. (Vous pouvez aussi congeler ce mélange). Servez avec un plateau de crudités coupées en morceaux (branches de céleri, bâtonnets de carottes etc).

DES CONDIMENTS SANS SEL

En préparant vos propres condiments, vous tournerez la difficulté de faire des plats savoureux tout en essayant d'éviter le sel.

KETCHUP

Pour 5 verres :

4 à 5 livres de tomates coupées en 4
2/3 verre d'oignons hachés
1/2 verre de céléri haché
1 cuillère à café d'ail écrasé
2/3 verre de vinaigre blanc
1 cuillère à soupe de miel
2 cuillères à café de mélasse non sulfurée

Bouquet garni:
1/2 feuille de laurier
1/8 cuillère à café de graines de céleri
1 petit piment rouge sec
3/4 de cuillère à café de graines de moutarde.

Réduisez vos tomates en purée au mixer et réservez dans une grande casserole en inox ou émaillée. Réduisez les oignons, le céléri et l'ail en purée en ajoutant un peu de la purée de tomate comme liquide dans le mixer.
Ajoutez le mélange ail-oignon-céléri à la purée de tomates et portez à ébullition. Ajoutez-y le vinaigre, le miel et la mélasse.
Ajoutez ensuite le bouquet garni et cuisez à feu moyen, en remuant souvent, pendant 30 minutes. Enlevez le bouquet.
Continuez la cuisson jusqu'à ce que le ketchup commence à épaissir. Passez-le au moulin à légumes et versez 1 verre dans votre mixer. Mixez à grande vitesse, un verre à la fois, jusqu'à ce que le mélange soit parfaitement lisse. Conserver dans des bocaux ou bouteilles fermant bien et réfrigérez.

MOUTARDE JAUNE.

Pour un verre:

4 cuillères à soupe de moutarde sèche
4 cuillères à soupe d'eau chaude
3 cuillères à soupe de vinaigre blanc
1/8 cuillère à café de poudre d'ail
une pincée d'estragon
1/4 cuillère à café de mélasse non sulfurée

Dans un petit bol, faites tremper la moutarde dans l'eau chaude et une cuillerée de vinaigre pendant au moins 2 heures. Dans un bol séparé, mélangez le reste du vinaigre, l'ail, l'estragon et laissez reposer 1/2 heure.

Enlever l'estragon du deuxième mélange de vinaigre et versez le liquide dans le mélange moutarde. Ajoutez la mélasse (de consistance moyenne). Mettez au bain-marie, sur de l'eau frémissante. Faites cuire environ 15 minutes, jusqu'à épaississement (la moutarde épaissira un peu plus en refroidissant).

Retirez du feu et versez dans un bocal. Lorsque la moutarde est froide, couvrez et conservez au réfrigérateur.

MAYONNAISE AU MIXER

Pour obtenir les meilleurs résultats, ayez tous les ingrédients à la température ambiante. Recette pour 3 verres.

1 œuf
1 jaune d'œuf légèrement battu
2 cuillères à soupe de jus de citron ou vinaigre
1/2 cuillère à café de moutarde sèche
2 2/3 verres d'huile
2 cuillères à café d'eau bouillante.

Réchauffez le bol de votre mixer (ou votre saladier) avec de l'eau chaude et essuyez parfaitement. Mettez-y l'œuf, le jaune d'œuf, le jus de citron ou le vinaigre et la moutarde et mixer à vitesse moyenne pendant environ 1 minute. Ajoutez l'huile petit à petit, une goutte à la fois, jusqu'à ce que les 2/3 d'un verre aient été incorporés au mélange d'œuf.

A partir de là, vous pouvez ajouter le reste de l'huile une cuillérée à la fois.

Pour éviter que la mayonnaise ne tourne, vous pouvez, à ce moment-là, ajouter 2 cuillères à soupe d'eau bouillante.

Mettez dans un bocal de verre avec couvercle et conservez au réfrigérateur.

MAYONNAISE A LA MAIN.

Pour obtenir les meilleurs résultats, ayez tous les ingrédients à la température de la pièce. Recette pour 3 verres.

2 jaunes d'œufs légèrement battus
2 cuillères à soupe de jus de citron ou vinaigre
1/2 cuillère à café de moutarde sèche
2 2/3 verres d'huile
2 cuillères à café d'eau bouillante

Réchauffer une coupe de verre ou un saladier et votre fouet dans l'eau bien chaude. Essuyez parfaitement.

Mettez les jaunes d'œuf dans la coupe avec 1 cuillerée de vinaigre ou jus de citron et la moutarde. Battez bien.

Continuez à battre en ajoutant l'huile, une goutte à la fois, régulièrement. Assurez-vous que le mélange d'œuf absorbe bien l'huile (vous pouvez avoir à interrompre le filet d'huile une seconde ou deux).

Lorsque vous avez incorporé à peu près 2/3 d'un verre d'huile, vous pouvez ajouter le reste par cuillerées, en incorporant bien l'huile au fur et à mesure.

Quand la mayonnaise est épaisse et ferme, ajoutez le reste du vinaigre ou du jus de citron, en continuant à battre. Puis ajoutez le reste de l'huile toujours en continuant à battre.

Pour empêcher la mayonnaise de tourner, vous pouvez, à ce moment, ajouter 2 cuillerées d'eau bouillante.

Conservez au réfrigérateur dans un pot ou un bocal fermé.

HERBES VARIEES

Délicieux assaisonnement. Donne 2/3 d'un verre.

2 cuillères à soupe de poudre de varech
1 cuillère à soupe de persil sec en miettes
1 1/2 cuillère à café de feuilles de céleri sèchées en miettes
1 cuillère à café de graines de sésame grillées
1/2 cuillère à café de marjolaine
1/2 cuillère à café d'oignon moulu
1/2 cuillère à café de paprika
1/2 cuillère à café de thym
1/2 cuillère à café d'ail moulu
1/8 cuillère à café de piment de cayenne

Mélangez tout au mixer pendant une ou deux minutes. Mettez dans une salière.

CONCENTRE DE TOMATES

Donne environ 3 verres.
5 livres de tomates bien mûres.
Coupez-les en 4 et passez-les au mixer. Faites mijoter à feu doux dans une grande poêle, en remuant fréquemment pour faire évaporer tout le liquide. La quantité obtenue varie avec la fermeté des tomates.

SAUCE TOMATE DE BASE

Donne environ 4 verres.

5 tomates mûres, hachées
2 cuillères à soupe d'huile d'olive
2 gousses d'ail, émincées
2 1/2 verres d'oignons hachés
1 feuille de laurier et 1 cuillère à café de basilic
1/6 cuillère à soupe graines de céleri
1 pincée de thym
3 brins de persil, hachés fin
origan et/ou piment de Cayenne à volonté

Passez les tomates au mixer. Dans une grande casserole, faites chauffer l'huile d'olive et revenir l'ail et les oignons. Ajoutez la purée de tomate, la feuille de laurier, le basilic, les graines de céleri et le thym. Faites cuire à feu doux pendant 45 minutes. (Plus elle cuit, meilleure elle est).

Ajoutez le persil, cuisez deux ou trois minutes de plus. Assaisonnez à votre goût avec l'origan et le piment de cayenne.

Les boissons sont un moyen idéal de combiner deux ou trois aliments riches en minéraux en un "supplément" rafraîchissant.

SHAKE YAOURT ET FRUITS

Les baies et fruits bien mûrs lorsqu'ils sont en saison permettent de faire des shakes lisses, colorés et rafraîchissants, en particulier pour les personnes qui ont besoin de calcium mais n'apprécient pas les milk-shakes habituels. Recette pour une personne.

1 yaourt	Calcium
1 verre d'eau	Potassium
1 verre de fraises, framboises, abricots	Chrome
ananas ou autre fruit mûr	
miel à volonté	

Mélangez tous les ingrédients dans un mixer et mixez jusqu'à obtenir un mélange bien lisse. Servez sur le champ ou mettez au réfrigérateur.

RAFRAICHISSEMENT YAOURT-ORANGE

Essayez ce mélange givré un jour où vous aurez envie de quelque chose de différent. C'est plus relevé et moins épais qu'un milk-shake ordinaire et meilleur pour vous. Vous le ferez en un seconde pour un petit déjeûner rapide, ou vous le mettrez dans votre thermos pour midi. Ou peut-être le garderez-vous au frais pour un petit extra en fin de soirée. Pour une personne.

1 yaourt	. Calcium
1 verre de jus d'orange	. Potassium
miel à volonté	Chrome

Mélangez les ingrédients au mixer jusqu'à ce que le mélange soit lisse. Servez sur le champ ou réfrigérez.

UNE RECETTE FACILE POUR FAIRE VOS PROPRES YAOURTS.

Faire des yaourts ne crée pratiquement pas de travail, la bactérie qui fait fermenter le lait travaillant à votre place.

Portez à ébullition un litre de lait et laissez refroidir à la température de la pièce. Mélangez la poudre déclenchant la fermentation (la bactérie, que vous achèterez dans le commerce) et 2 cuillères à soupe de yaourt. Versez dans les récipients de votre yaourtière et laissez fermenter jusqu'à ce que le mélange soit ferme.

Si vous n'avez pas de yaourtière, il y a une autre façon – un peu plus risquée – de faire vos yaourts. Mettez votre mixture dans un saladier couvert et placez-le dans votre four où vous aurez mis une lampe de 100 watts. Le yaourt devrait être prêt au bout d'environ 8 heures. Cette méthode vous économise l'achat d'une yaourtière, mais le résultat est peut-être moins parfait.

Réfrigérez votre yaourt dès qu'il est prêt. Il sera meilleur si vous le laissez au frais pendant un jour avant de le consommer et se garde une semaine.

BOISSON BANANE ET FRAISE

Si vous employez une levure riche en chrome, vous arriverez au trois étoiles pour ce minéral. Donne une bonne portion.

2 verres de lait écrémé	. . Calcium
1 petite banane	. . Chrome
2 fraises	. Magnésium
1 cuillère à café de levure de bière	. Potassium
1 cuillère à café de mélasse non sulfurée moyennement épaisse	Cuivre
	Manganèse
1 cuillerées à café de beurre de cacahuètes	Fluor
2 glaçons	

Mettez tous les ingrédients dans votre mixer et mélangez à vitesse moyenne jusqu'à ce que le liquide soit lisse. Servez immédiatement.

RAFRAÎCHISSEMENT AU CONCOMBRE

Ajoutez du chrome dans votre vie grâce à ce rafraîchissement original à l'heure du déjeûner. Recette pour 3 ou 4 personnes.

2 concombres pelés et en dés	Chrome
1/2 avocat	Magnésium
jus d'un demi citron	Potassium

Liquéfiez parfaitement en mettant tous les ingrédients dans votre mixer.

JUS D'ANANAS AUX CAROTTES

Une combinaison originale pour une chaude journée d'été. Pour 2 personnes.

1 ananas en dés	Potassium
1 verre de jus d'ananas	Chrome
2 carottes hachées	
1/4 de citron pelé	
1 verre de glaçons	

Mixez l'ananas, le jus, les carottes et le citron pour obtenir un mélange homogène. Ajoutez les glaçons et mixez jusqu'à ce qu'ils soient émiettés. Servez immédiatement.

DESSERTS

Ce n'est pas obligatoire qu'un dessert soit une addition de calories sans valeur. Choisit judicieusement, le dessert peut apporter un supplément de calcium et de minéraux en traces au repas.

GATEAU A LA MELASSE

Si vous aimez la saveur de la mélasse, vous apprécierez ce dessert mœlleux.
Recette pour 8 ou 10 personnes.

5 verres de farine de blé complète	. . Potassium
1 1/2 cuillères à café de bicarbonate	. . Manganèse
1 verre d'huile de maïs	. Magnésium
1 verre de mélasse moyenne non sulfurée	. Sélénium
1 verre d'eau chaude	Zinc
1/2 verre de mélasse épaisse	Cuivre
	Fer
	Chrome

Dans un grand saladier, mélangez la farine et le bicarbonate. Introduisez en tournant l'huile et la mélasse. Prélevez une tasse de ce mélange et mettez de côté.
Dans un bol, mélangez l'eau chaude et la mélasse épaisse. Ajoutez au mélange la farine du grand saladier, et tournez jusqu'à ce que le tout soit homogène'
Placez dans un moule rond (environ 22 cm) légèrement huilé. Parsemez avec la farine que vous avez prélevée.
Mettez au four chauffé à 190° (375 °F) pendant 25 ou 30 minutes, jusqu'à cuisson complète.

GATEAU DE RIZ AU TOFU

Pour 4 personnes.

6 verres de riz complet cuit
170 g de tofu
3 cuillères à soupe de sirop d'érable
1/2 cuillère à café de zeste de citron
1/2 cuillère à café de vanille
1/8 cuillère à café de cardamone
1 verre de raisins secs

. . Manganèse
. Magnésium
. Potassium
Zinc
Cuivre
Fer
Sélénium
Chrome

Mettez le riz dans un saladier. Mélangez au mixer le tofu, le sirop d'érable, le zeste de citron, la vanille et les épices, à basse vitesse pour homogénéiser. Versez sur le riz complet, ajoutez les raisins et mélangez le tout. Rafraîchissez avant de servir. Donne environ 7 verres.

PATE DE PATATES

Pour un pâté:

2 livres de patates douces
1 banane écrasée
1/2 verre de beurre fondu
1 verre de lait en poudre maigre
1/4 cuillère à café de muscade
1/4 cuillère à café de cannelle
3 œufs battus
1/2 verre mélasse moyenne non sulfurée
1 verre d'eau
1/2 cuillère à café de vanille
1/2 verre de raisins secs

. Magnésium
. Potassium
. Chrome
. Manganèse
Calcium

Faites bouillir ou cuire les patates douces à la vapeur jusqu'à ce qu'elles soient tendres. Pelez et réduisez-les en purée. Vous devriez obtenir à peu près 4 1/2 verres.

Mélangez la purée de patates avec la banane, le beurre fondu, le lait en poudre et les épices. Dans un bol séparé, mélangez les œufs le miel, la mélasse, l'eau et la vanille et ajoutez le tout à la purée. Puis ajoutez les raisins.

Mettez le mélange dans un moule huilé de 23 × 13 cm environ. Cuisez dans un four chauffé à 175 °C (350°F) pendant 50 à 60 minutes ou jusqu'à ce que la lame d'un couteau enfoncée au centre du gâteau ressorte propre.

PUDDING DE BANANES

Les occasions d'ajouter du calcium au menu ne disparaissent pas avec le dessert. Essayez ce mélange léger et naturellement doux qui vous fournit un bonus de 77 milligrammes de calcium par part. Recette pour 6 personnes.

1 verre de lait de soja froid	. Magnésium
3 verres de tofu (env. 340 g	. Potassium
3 bananes moyennes, surgelées	. Manganèse
4 cuillères à soupe de poudre de caroube	Calcium
1 cuillère à café de vanille	Zinc
	Cuivre
	Fluor

Mélangez le lait, le tofu, les bananes, le caroube et la vanille au mixer jusqu'à ce que le mélange soit lisse. Versez dans des ramequins. Servez bien frais.

NOTE: la poudre de caroube ressemble beaucoup au chocolat du patissier, mais sans les corps gras, le sucre, la caféine et autres ingrédients indésirables. Vous en trouverez dans la plupart des magasins de produits naturels ou diététiques.

GATEAUX SECS AUX CACAHUETES

Une excellente façon de faire absorber des minéraux supplémentaires aux enfants. Recette pour 5 douzaines de gâteaux.

1 1/2 verres de farine complète (blé)	* Magnésium
1/2 verre de farine de soja	* Zinc
1/2 cuillère à café de bicarbonate	Cuivre
1 verre de beurre de cacahuètes	Sélénium
2/3 verre de beurre ramolli	Chrome
2/3 verre de miel.	Manganèse

1/2 verre de jus d'orange
1 cuillère à café de vanille
6 verres de flocons d'avoine crus
1 verre de cacahuètes écrasées
1 verre de dattes dénoyautées et hachées

Dans une coupe moyenne, mélangez la farine et le bicarbonate. Dans une grande coupe, liez bien le beurre et le beurre de cacahuètes. Incorporez le miel, les œufs, le jus d'orange, l'eau et la vanille et remuez jusqu'à ce que le mélange soit crémeux. Ajoutez la farine, les flocons d'avoine, les cacahuètes et les dattes. Répartissez par cuillerées à café sur une plaque huilée avec un mélange moitié lécithine et moitié huile. Espacez les gâteaux de 4 ou 5 centimètres.
Mettez au four chauffé à 165°C (325° F) pendant 15 à 20 minutes ou jusqu'à ce que les gâteaux soient dorés. Ils doivent être mous. Laissez-les refroidir 5 minutes sur la plaque posée sur une grille. Puis enlevez-les de la plaque et laissez-les refroidir complètement sur une grille.

POIRES AUX AMANDES

Un dessert rapide que vous pouvez mettre au four pendant le dîner. Recette pour 6 personnes.

6 poires mûres et fermes	Calcium
1/2 verre de miel	Magnésium
1 cuillère à café de vanille	Potassium
1 verre d'amandes effilées	Cuivre
2 cuillères à soupe de beurre	Chrome
2 yaourts	

Huilez un moule de 22 cm environ.
Evidez et coupez les poires en tranches. Ne les pelez pas, à moins que vous vouliez un dessert tout à fait raffiné. Disposez les tranches de poires en rangées dans votre moule. Mélangez le miel et la vanille et versez goutte à goutte sur les poires. Couvrez avec les amandes effilées et repartissez le beurre. Couvrez et mettez au four chauffé à 190°C (375° F) pendant 20 minutes ou jusqu'à ce que les poires soient tendres. Arrosez fréquemment en employant le jus accumulé. Servez chaud ou froid, avec du yaourt.

PARTIE
V

PROTEGEZ VOTRE SANTE

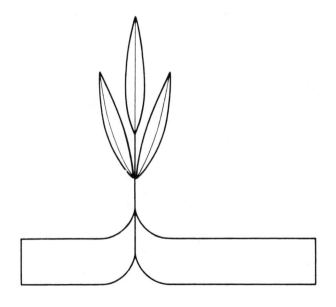

CHAPITRE 32

L'ostéoporose

Elle s'aperçoit qu'elle mesure quelques centimètres de moins qu'avant. Et elle a mal dans le dos. Puis tout d'un coup, elle se casse la hanche. Ou bien elle se cogne dans une chaise et se casse la cuisse.

"ELLE" fait partie des millions de femmes qui souffrent d'ostéoporose, caractérisée par une fragilité des os due à une raréfaction de la matière osseuse, conséquence à longue échéance de la carence en calcium des os. Environ cinq fois moins d'hommes partagent le même sort.

Une fracture peut survenir soudainement à partir de l'âge de 45 ans – ou après la ménopause pour les femmes. Mais le pillage du calcium a commencé 10, 20 ou 30 ans plut tôt. L'âge, ajouté aux changements hormonaux chez les femmes atteignant la ménopause, y est pour beaucoup, en particulier quand la consommation de calcium a toujours été basse pour commencer. Les régimes amaigrissants, les grossesses et l'allaitement y ont leur part également. Le manque d'exercice ou les problèmes émotionnels prolongés aggravent la difficulté en entretenant une déperdition continue du calcium. L'emploi soutenu des corticostéroïdes souvent prescrits contre l'arthrite contribue à évacuer le calcium de l'organisme avant qu'il ait une chance de se fixer sur les os. Il en va de même pour l'excès de corps gras, de sel, de protéines et de phosphore dans l'alimentation.

Cependant, l'ostéoporose ne s'associe pas automatiquement aux cheveux gris et aux rides comme une conséquence systématique de l'âge. Une alimentation riche en calcium repousse les facteurs défavorables au système osseux, de même que l'exercice et la vitamine D. La tendance à la déperdition de matière osseuse peut même être renversée dans bien des cas. Il n'y a pas de raison pour que nous ne puissions pas avoir les mêmes os robustes à 70 ans qu'à 25.

Non seulement des os solides nous mettent à l'arbri des inconvénients des fractures, mais ils peuvent même nous sauver la vie. Une personne sur six souffrant d'une fracture du col du fémur due à l'ostéoporose s'éteint à petit feu sur un lit d'hôpital et y meurt en un délai de trois mois. Quelques autres y restent pendant un peu moins d'un an.

Des os robustes sont aussi un avantage sur le plan psychologique. Les personnes âgées vivent dans la peur de tomber. Entrer dans la baignoire devient un geste risqué. Le premier flocon de neige les oblige à vivre en recluses, par crainte de glisser sur un trottoir.

SAUVEGARDER LES OS QUI S'EFFRITENT.

Les os sont un tissu vivant, qui reste vivant et continue à se transformer tant que nous sommes en vie. Deux forces travaillent à la formation de l'os – une majeure et une mineure. L'hormone parathyroïde prend du calcium aux os et le distribue aux cellules du sang, des nerfs, des muscles et à toutes les autres cellules. L'hormone parathyroïde met également le calcium en circulation en réglementant l'absorption par l'instestin et l'excrétion par les reins. A son tour, le sang livre du nouveau calcium aux os. Pendant ce temps, les hormones sexuelles (l'oestrogène chez les femmes et l'androgène chez les hommes) influent sur l'ensemble des effets de la parathyroïde. On appelle l'ensemble de ce processus simultané d'érosion des os et de remplacement de la matière osseuse la "reconstruction osseuse".
Il est également possible qu'un excès de phosphore puisse conduire la parathyroïde à prélever trop de calcium des os ou à éliminer une trop grande partie du calcium de l'alimentation dans les urines. Trop de protéines – le double de notre taux nécessaire – peut aussi provoquer l'exclusion du calcium hors de l'organisme. Mais d'une façon générale, le système s'équilibre pour que le remplacement de la matière osseuse compense la perte.

Cependant, vers 40 ans, le niveau des sécrétions de la parathyroïde se modifie et l'absorption du calcium s'en trouve considérablement ralentie – dans les deux sexes. En plus, les hormones sexuelles chez les femmes se raréfient pour disparaître lors de la ménopause avec l'arrêt des règles. Ou le flot d'oestrogène peut être interrompu par la suppression des ovaires en cas d'hystérectomie. De toute façon, l'oestrogène n'est plus là pour contribuer à la formation de matière osseu-se chez les femmes. La reconstruction de l'os continue, mais elle ne compense plus la perte d'environ 5% par an. Il est possible que nous ne perdions qu'une vingtaine de grammes d'os par an. Mais en 30 ans, cela n'en représente pas moins une livre, plus d'un tiers de tout le calcium de notre corps. Le résultat donne des os fragiles, poreux, criblés de trous spongieux (figure 1). Ce sont des os qui se cassent facilement ou qui se déforment pour donner ce qu'on appelle "la bosse de la douairière", une cyphose causée par la compression des vertèbres (figure 2).

FIGURE 1: TISSU OSSEUX NORMAL (A) ET OSTÉOPOREUX (B)

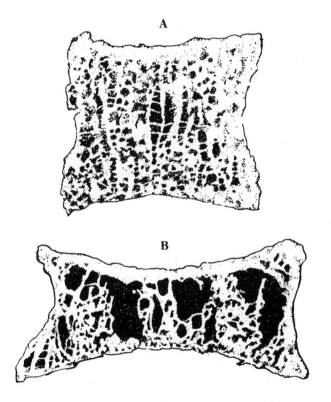

A: os normal d'une femme de 20 ans comparé à B: os ostéoporeux d'une femme de 60 ans.
Source: adapté de Bone Loss: Causes, detection and Therapy de A.A. Albanese, (New York, Alan R. Liss, Inc 1977).
(Ostéoporose: causes, détection et thérapie).

Ces calamités épargnent généralement les hommes, parce que les glandes sexuelles masculines continuent à produire de l'androgène pendant toute leur vie, ce qui leur permet de lutter contre certains effets de l'âge sur la perte de calcium. En conséquence, certains docteurs se tournent vers le remplacement des oestrogènes (l'hormone feminine) chez les femmes souffrant d'ostéoporose, afin de leur accorder la même protection dont les hommes bénéficient.

Il y a cependant un problème. Le cancer. Des études montrent que les femmes suivant des traitements hormonaux prolongés ont

PERTE DE HAUTEUR AVEC LA "BOSSE DE LA DOUAIRIÈRE".

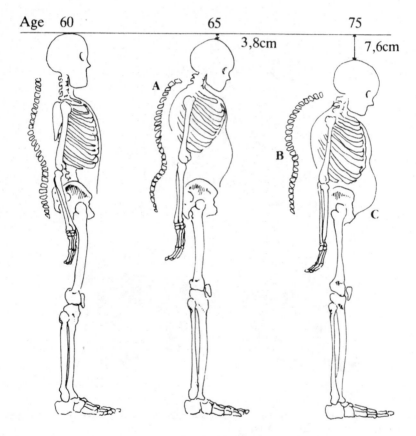

Déformation progressive de la colonne vertébrale dans l'ostéoporose résultant en une perte de hauteur et une "bosse" (A & B) et une protrusion de l'estomac (C).

plus de chances d'avoir un cancer des ovaires, de l'utérus ou des seins que celles qui ne prennent pas d'oestrogènes. Une étude de 908 femmes a montré que le risque de cancer des ovaires est trois fois plus élevé chez les femmes prenant des estrogènes que chez celles qui n'en prennent pas (Lancet, 10 septembre 1977). Le risque de cancer de l'utérus semble, d'après 3 etudes, être de 4 à 8 fois plus élevé (New York State Journal of Medecine, juin 1977). Et dans une autre étude, le risque de cancer du sein était 2 fois plus élevé parmi les utilisatrices d'oestrogène (New England Journal of Medecine, 19 août 1976). D'autres études établissent un lien entre le remplacement des oestrogènes et le cancer, de sorte que cette thérapie ne semble pas être une très bonne idée.

LE CALCIUM FORTIFIE LES OS.

Le calcium est tout aussi efficace, sans effet secondaire cancérigène. Apparemment, le calcium atténue les effets destructifs du déchaînement de l'hormone parathyroïde dû à l'âge et à l'absence d'oestrogène. D'après des études réputées, 1000 à 1500 milligrammes par jour semblent accorder une bonne protection. Dans l'une de ces études, 61 femmes ménopausées ont été divisées en 3 groupes. Un groupe resta sans traitement. Un deuxième groupe reçut 800 milligrammes de calcium par jour. Le troisième groupe reçut des oestrogènes. La taille de leur os fut mesurée au début de l'expérience, puis à nouveau deux ans plus tard. "Le groupe sans traitement a continué à perdre de la matière osseuse au cours des deux années" écrivent les chercheurs, alors que "le groupe ayant reçu des oestrogènes n'en perdit pas du tout". Le groupe recevant du calcium en perdit un peu, mais beaucoup moins que le groupe resté sans traitement (British Medical Journal, 24 sept 1977).

D'autres études prouvent clairement que des quantités suffisantes de calcium permettent aux os de résister:
- Le Dr Herta Spencer et deux collègues du Veterans Administration Hospital de Hines, dans l'Illinois, rapportent qu'un apport journalier de 1200 milligrammes de calcium stoppe la déperdition osseuse (The NIH Record, 7 mai 1974).
- Une étude portant sur deux années publiée dans Annals of Internal Medecine (décembre 1977) prouve que 22 femmes ménopausées ayant pris 1400 milligrammes de calcium n'ont montré aucune perte d'os mesurable.

D'autres études montrent que le calcium a un avantage sur les oestrogènes: non seulement il arrête la déperdition de matière osseuse, mais *renverse* la tendance! Une des études a été effectuée par Anthomy A. Albanese et une équipe de chercheurs du Miriam Osborne Memorial Home à Rye, et du Burke Réhabilitation Center de White Plains, dans l'Etat de New York. Elle montre qu'un supplément de calcium peut rendre une nouvelle densité et une nouvelle solidité aux os vieillissants. Douze personnes âgées, toutes des femmes, résidentes de maisons de retraite, reçurent un total de 1200 milligrammes de calcium par jour, par leur alimentation et par des suppléments, plus de la vitamine D (essentielle à une bonne calcification). Certains éléments ne reçurent aucun supplément afin de servir de référence de contrôle.

Au bout de trois années de consommation de calcium renforcée, les femmes du groupe expérimental avaient des os plus denses. Bien qu'elles fussent plus âgées de trois ans, leurs os étaient, en tout état de cause, véritablement plus jeunes. Par ailleurs, la densité des os des personnes âgées n'ayant reçu aucun supplément s'était affaiblie.

Le Dr Alabanese et ses associés essayèrent alors les suppléments de calcium chez des femmes plus jeunes (avant la ménopause) et des patientes se remettant de fractures. Après avoir pris des supplémentes, les femmes avaient des os plus robustes. (New York State Journal of Medecine, février 1975).

A la lumière de ces expériences, les justifications des traitements aux oestrogènes perdent de leur puissance et l'intérêt pour le calcium s'accroît. Les suppléments compensent ce que la nature a supprimé. Et "mieux vaut renforcer notre consommation de calcium le plus tôt possible" dit Jennifer Jowsey, professeur de recherche et orthopédie à l'Université de Californie de Davis. "La déperdition de matière osseuse commençant vers 25 ans, les suppléments de calcium devraient commencer et continuer à être pris à cette époque. Il a été prouvé que, chez les personnes atteintes d'ostéoporose, ils limitent la perte de matière osseuse; il y a donc tout lieu penser qu'ils sont efficaces comme médecine préventive pour les personnes en bonne santé" écrit le Dr Jowsey (Postgraduate Medecine, août 1976).

Faisant écho à ces déclarations: "La perte de matière osseuse et les risques de fracture peuvent être minimisés ou renversés par un apport quotidien d'environ 1000 milligrammes de calcium, par le moyen de l'alimentation ou des suppléments" (American Family Physician, octobre 1978).

La nécessité des suppléments est évidente. Ils vous faudrait boire plus de 5 verres de lait par jour pour atteindre le niveau de calcium qui constitue une véritable protection. Ou manger 10 yaourts, ou 170 g de gruyère; ou 2 livres de cardes; ou plus d'une livre d'amandes. Nous serions peu à pouvoir suivre cette sorte de régime sans interruption, et nous serions encore moins nombreux à en avoir envie. Consommer des portions raisonnables de ces aliments ainsi que d'autres riches en calcium (broccolis, soja, saumon avec ses os etc.) et compléter par des suppléments (dolomite, poudre d'os, carbonate de calcium, lactate ou gluconate de calcium), est donc la meilleure solution. L'assimilation se fait mieux lorsque la consommation de calcium se fait en petites quantités, réparties au cours de la journée, avec de la vitamine D provenant soit du soleil soit de l'alimentation.

L'EXERCICE ENTRETIENT LA SOLIDITE DES OS.

Les os sont comme les muscles. Ils se fortifient au fur et à mesure des exigences qu'on a vis à vis d'eux. Dans une étude faite à l'Université de l'Etat de l'Oregon, les 90 participants avaient de 20 à 25 ans. Ils furent divisés en groupes de "grande activité", "activité moyenne" et "faible activité", en fonction de leurs modes de vie respectifs. Lors des vérifications, les os dans le groupe de "grande activité" étaient plus denses que dans les deux autres groupes. Les chercheurs constatèrent également que la consommation de calcium influait directement sur la densité des os. Ils en conclurent qu'une consommation renforcée de calcium, combinée à une activité adéquate, donne des os plus robustes.

Une vigoureuse activité physique fut aussi recommandée aux jeunes filles pour faire échec au développement de l'ostéoporose. L'exercice, disent les chercheurs, contribue à entretenir une force et une densité maximum des os chez les jeunes femmes. Il est donc recommandé non seulement à titre préventif mais comme traitement de l'ostéoporose (Nutrition Reports International, juin 1978).

L'exercice est bénéfique à tous les âges, de sorte que dire "il est trop tard" ne peut constituer une excuse. Un groupe de 18 femmes ménopausées a été divisé en deux. Un groupe fit des exercices d'échauffement, d'assouplissement et autres une heure, trois fois par semaine. Les autres neuf personnes ne firent pas d'exercice. Les chercheurs constatèrent qu'au bout d'un an le taux de calcium avait augmenté dans le groupe des femmes faisant des exercices et baissé dans le groupe des femmes qui n'en faisaient pas, et que les os fragiles et vieillissants n'étaient pas une fatalité qu'on est forcé de subir. Même les femmes ayant passé la ménopause peuvent continuer à *reconstruire* leurs os au lieu de les laisser se détériorer, à condition de faire des exercices régulièrement (Annals of Internal Medecine, septembre 1978).

CHAPITRE 33

Les maladies cardiaques

Lorsque nous parlons de maladies cardiaques, nous parlons en réalité du cœur et des vaisseaux sanguins, ou "système cardiovasculaire".

D'une façon générale, ce qui affecte le cœur affecte aussi les vaisseaux sanguins et vice versa. Les crises cardiaques, les infarctus, l'hypertension et les thromboses sont des manifestations différentes d'une même maladie de base: l'artériosclérose. L'artériosclérose est caractérisée par une accumulation de corps gras – principalement de cholestérol – dans les parois des vaisseaux et moyennes artères tels que l'aorte (artère du cœur).

Evidemment, cette histoire d'artériosclérose – cette obturation des artères par les dépôts gras – peut commencer dès l'enfance. L'autopsie de jeunes soldats morts au combat a parfois montré d'épais filets de graisses dans leurs cœur ou artères. La raison pour laquelle nous ne succombons pas tous aux effets des maladies cardiovasculaires plus tôt que nous ne le faisons est que le processus est en général bien plus lent, encore que progressif. De plus, par hérédité, certaines personnes sont portées à succomber aux maladies de cœur, pendant que certaines autres semblent bénéficier d'une sorte de protection naturelle. Entre ces deux extrêmes, il y a toute une variété de facteurs de risques dont le contrôle nous revient. Excès de poids. Tension. Absence d'exercice. Tabac, alcool. Niveaux élevés de cholestérol et de corps gras saturés dans l'alimentation. Ajoutés à un excès de sodium qui peut encourager l'hypertension, facteur de haut risque en elle-même.

DES MINERAUX POUR LA SANTE DE VOTRE CŒUR.

Bien que la plupart des gens ne s'en rendent pas compte, il existe d'évidents et intéressants rapports entre le rôle protecteur des minéraux et les facteurs de risques généralement reconnus. Et tout d'abord, les aliments riches en minéraux étant souvent très bons, une alimentation riche de ces derniers aura tendance à vous éloigner d'autres aliments qui peuvent constituer une véritable menace pour la santé de votre cœur.

Excès de poids.

Une alimentation riche en minéraux ne vous garantira pas une silhouette plus mince. Mais comme il se trouve que beaucoup d'aliments riches en minéraux tels que le poisson, les haricots et les légumes sont en même temps pauvres en calories, ils ont moins de chance de vous faire prendre des kilos que les aliments riches en graisses et en sucres (qui, d'ailleurs, contiennent très peu de minéraux).

Cholestérol et acides gras saturés.

A condition que les produits laitiers soient choisis judicieusement – lait écrémé, fromages et yaourts maigres – un régime riche en minéraux peut aussi être pauvre en corps gras saturés et en cholestérol.

Sodium.

Les aliments naturels et complets contiennent non seulement plus de minéraux que leurs contreparties raffinées, mais ils contiennent aussi beaucoup moins de sodium. De plus, cinq minéraux se détachent comme essentiels dans la prévention des maladies cardiaques: le calcium, le magnésium, le potassium, le chrome et le sélénium. Et les aliments en contenant beaucoup contribuent à la bonne santé du cœur de plusieurs façons.

Fibres alimentaires.

Il existe un rapport direct entre la bonne santé du cœur et l'alimentation riche en fibres alimentaires. Les hydrates de carbone complexes – haricots, pommes de terre, légumes et grains complets – sont non seulement riches en fibres alimentaires, mais également en magnésium, potassium et sélénium.

Yaourt et grains de soja.

Les grains de soja et les yaourts sont de très bonnes sources de calcium et ont également la capacité réelle de faire baisser le niveau de cholestérol.

Le poisson.

Le poisson est non seulement riche en sélénium, un minéral assez rare, mais présente de plus l'avantage de contenir des acides gras spéciaux qui semblent protéger les populations qui en consomment beaucoup des maladies de cœur.

Il ressort de tous ces points qu'une alimentation riche de ces minéraux constitue un pas de géant dans la direction d'un cœur maintenu en bonne santé très avant dans votre vie.

CALCIUM ET MAGNESIUM, PARTENAIRES A VIE.

Le plus ancien rapport établi entre les minéraux et la santé du cœur est, de loin, le fait que moins de gens meurent de maladies de cœur dans les régions à eaux dures. Le docteur Henry A. Schroeder, de l'Ecole de Medecine de Dartmouth dans le New Hampshire, établit, en 1960, que dans les régions des Etats Unis où l'eau contenait une forte proportion de certains minéraux – calcium et magnésium – le taux de maladies de cœur était régulièrement bas.

Bien que le sujet soit encore très controversé, les épidémiologistes (savants comparant les statistiques sanitaires concernant des milliers de personnes dans le monde entier) tombent au moins d'accord sur ceci: les populations vivant dans des régions où le sous-sol est riche en calcium, magnésium et en minéraux en traces semblent avoir nettement *MOINS de* chances d'être atteints de maladies cardio-vasculaires que les populations vivant dans des régions dont le sous-sol est relativement imperméable et formé d'autres minéraux insolubles.

Cependant, que cette théorie soit prouvée ou désapprouvée, il existe des rapports encore plus spécifiques – et probablement plus importants – entre le calcium, le magnésium et les maladies de cœur. La dureté de l'eau ne constitue qu'une des variables. Après tout, seule une portion très faible de notre consommation de minéraux vient de l'eau potable. C'est notre alimentation qui constitue l'apport principal.

LE CALCIUM, ENNEMI SILENCIEUX DU CHOLESTEROL.

Qu'il nous vienne de l'eau ou des aliments, le calcium a tendance à réduire le cholestérol dans le sang, limitant par conséquent la mesure dans laquelle il se dépose sur les parois des vaisseaux sanguins, causant l'artériosclérose. Il y a 15 ans, le docteur Harold Yakowitz, un chercheur de Farleigh Dickinson University, à Madison dans le New Jersey, eut l'intuition qu'il pourrait bien exister un rapport entre l'assimilation du calcium et des corps gras. Il fit donc prendre 3370 milligrammes de calcium (710 venant des aliments, le reste par des suppléments) à 4 hommes ayant des taux de cholesterol normaux (moins de 250 milligrammes). Après seulement 4 jours, le niveau de cholestérol dans leur sang avait baissé de 14 points. Encouragé par ces résultats, le Dr Yakowitz décida d'expérimenter avec un autre groupe de volontaires, en leur donnant beaucoup moins de calcium (un total de 1600 milligrammes par jour) mais pendant une plus longue période – 3 semaines. Il constata que la quantité inférieure de calcium faisait très bien l'affaire non seulement, pour abaisser le niveau du cholestérol, mais également celui des autres corps gras du sang appelés triglycérides. Et plus les niveaux de cholestérol et de triglycérides étaient élevés pour commencer, plus les résultats obtenus furent spectaculaires, les niveaux de cholestérol baissant de jusqu'à 48 points et ceux des triglycérides d'un maximum de 115 points. De plus, la diminution la plus sensible se fit au cours de la première semaine, les taux restant très bas pendant tout le reste du test (British Medical Journal, mai 1965).

Elimination des corps gras.

Comment le calcium réduit-il le taux du cholestérol et des triglycérides? "C'était une question importante à poser" nous dit le Dr Yakowitz, "puisqu'on s'inquiétait" de ce que les lipides (corps gras) fussent déposés dans le foie, les vaisseaux sanguins ou autres tissus. Heureusement, il n'en n'est rien. Le calcium se combine avec les acides gras dans les viscères et il en résulte une excrétion de corps gras saponifiés. Un supplément dans la consommation du calcium se traduit par un supplément dans l'excrétion des acides gras transformés en "savons".

Depuis, d'autres chercheurs ont étudié les rapports entre le calcium et la réduction du cholestérol et des autres lipides.

L'un d'eux en particulier, le Dr A.A. Albanese, du Burke Rehabilitation Center de White Plains dans l'Etat de New York, est réputé pour ses études sur l'ostéoporose chez les femmes après la ménopause. Au cours de ses expériences avec le calcium employé pour combattre cette maladie, il eut la surprise de constater, en même temps que la diminution de la perte de matière osseuse, une diminution du cholestérol dans le sang, "d'une façon frappante et très significative dans les statistiques, parmi les femmes prenant des suppléments de calcium" (Nutrition Reports International, août 1973). Ses expériences ont été conduites avec des femmes normales et en bonne santé, et non avec des patientes atteintes de maladies cardio-vasculaires . La diminution du taux de cholestérol résulta d'un apport de 1025 à 1200 milligrammes de calcium par jour, c'est-à-dire moins encore que les quantités employées par le Dr Yakowitz dans sa deuxième expérimentation.

A peu près à la même époque que celle où le Dr Albanese effectuait son étude, une autre était en cours à l'Hopital St Vincent de Montclair, dans le New Jersey. Cette fois cependant, les 8 hommes et 2 femmes participant à l'expérience étaient connus comme "hyperlipémiques" (ayant un taux élevé de lipides – ou corps gras – dans le sang). La plupart avaient un taux de cholestérol entre 300 et 500 milligrammes au début de l'étude (le taux normal est en-dessous de 250) et ce taux avait été stationnaire pendant les 12 mois précédents. Cependant, après avoir pris 2000 milligrammes de calcium par jour pendant un an, le niveau de cholestérol avait baissé de 25% en moyenne. "Le carbonate de calcium" dit le Dr Marvin L. Bierenbaum, qui dirigea cette étude, "devrait être considéré comme un agent potentiel à employer dans les études à long terme destinées à produire une hypolipémie (taux inférieur de lipides dans le sang) puisqu'il semble être efficace sans déclencher de réels effets secondaires" (Lipids, vol 7, n° 3, 1972).

"Les taux les plus bas furent atteints après les six premiers mois de supplémentation et se maintinrent bas pendant tout le reste de l'étude. Le taux de cholestérol remonterait probablement sans délai si la supplémentation était interrompue" nous a dit le Dr Bierenbaum. "Ceci parce que les personnes en question ont une tendance naturelle à l'hyperlipémie. Elles doivent continuer à prendre le calcium pour maintenir au plus bas leurs taux de cholestérol et autres lipides".

Il est intéressant de remarquer que le cholestérol circulant dans

379

l'organisme n'est pas le seul à être affecté par le calcium. Lorsque le Dr Yakowitz alimenta des lapins avec un régime riche en corps gras et pauvre en calcium, les lapins présentèrent des cas caractérisés d'artériosclérose de l'aorte. Mais deux des trois lapins qui reçurent la même alimentation riche en corps gras mais avec des suppléments de calcium ne montrèrent aucun signe de cette maladie. Et, de plus, le taux de cholestérol baissa considérablement dans les aortes des lapins au régime riche en calcium.

Le Dr Yakowitz écrit: "Ceci illustre encore les effets bénéfiques du calcium dans l'alimentation pour limiter la gravité de l'artériosclérose" (Transactions of the New York Academy of Sciences, vol 33, 1971).

Dans un rapport publié en 1980 par le Ministère de l'Agriculture américain, les chercheurs se concentrent également sur le lien possible entre calcium et cholestérol. Les volontaires dont l'alimentation contenait beaucoup de calcium se révélèrent avoir des taux de cholestérol inférieurs à ceux des autres sujets. Bien que cela n'établisse pas un lien catégorique de cause à effet, "les résultats ont corroboré ceux des autres études faites auparavant" nous a déclaré Leslie M. Klevay, du Laboratoire de Nutrition Humaine du Ministère de l'Agriculture à Grand Forks dans le Dakota du Nord. "Le calcium de l'alimentation a fait baisser les taux de cholestérol, principalement en diminuant les lipoprotéines de faible densité du cholestérol (la partie néfaste)" disent les savants. Les travaux du Dr Klevay ont apporté un élément d'information supplémentaire, cependant, qui n'avait été mentionné dans aucune étude précédente. Alors que la consommation renforcée de calcium était associée à une baisse des taux de cholestérol, les lipoprotéines à haute densité du cholestérol (le "bon" cholestérol) restait inchangé.

"Je prescris 1 gramme (1000 milligrammes) de calcium par jour à mes patients hyperlipémiques, et je le prends moi-même" dit le Dr Bierenbaum.

Et apparemment, il n'est pas le seul. "Les docteurs *commencent* à prescrire du calcium pour faire baisser le taux de cholestérol" nous a dit le Dr Albanese.

LE MAGNESIUM, TENSION EMOTIONNELLE ET MORT SUBITE.

Les médecins définissent en général la crise cardiaque comme un phénomène se produisant lorsqu'un caillot bloque le flot sanguin dans l'artère coronarienne du cœur. Mais ce qui détermine la formation du caillot à tel ou tel moment et point précis a été longtemps un mystère pour les savants.

Cependant, des chercheurs rapportent maintenant que *des spasmes* se produisant dans les artères du cœur pourraient préparer le terrain pour de dangereux caillots sanguins et de futures crises cardiaques. Si l'on devait prouver que les spasmes sont à l'origine des crises cardiaques, les chercheurs n'auraient peut-être pas à chercher loin pour en trouver la cause. En fait, les recherches ont déjà montré au moins une des raisons: la carence en magnésium.

Dans un rapport capital publié par le National Council of Research du Canada, les chercheurs font une liste des causes possible de carence en magnésium et des diverses maladies entraînées par cette carence. Dans une étude, ils mentionnent que les cœurs des victimes de maladies cardiaques contiennent environ 22% moins de magnésium que ceux des victimes dont le décès a une autre origine. Et le manque de magnésium s'avère particulièrment aigu dans les cas où il y a eu infarctus et mort dûe à l'ischémie, ou arrêt de la circulation sanguine (Water Hardness, Human Health and the Importance of Magnésium, National Research Council of Canada, 1979.

Le Dr Bella T. Altura, spécialiste du magnésium du Downstate Medical Center de l'Université de l'Etat de New York, croit également qu'il existe un lien étroit entre les états de tension, le manque de magnésium et les morts subites dues aux crises cardiaques. Des victimes meurent soudainement de crises cardiaques sans avoir eu, auparavant de symptômes de maladies cardiaques. Le Dr Alture a constaté que les états de tension profonde pousse l'organisme indirectement à *excréter* le magnésium, entraînant ainsi une déficience de ce minéral dans le muscle cardiaque (Medical Hypotheses, vol 6, n° 1, 1980).

La théorie proposée par le Dr Altura, son mari le Dr Burton M. Altura et le Dr Prasad Turlapaty, est la suivante: le magnésium est indispensable pour dilater et ouvrir les vaisseaux sanguins des tissus du cœur et le calcium est nécessaire pour les resserrer. Un équilibre particulier entretient un rythme cardiaque régulier. Le manque soudain de magnésium entraîne un déséquilibre en faveur de la constriction des vaisseaux. L'un d'eux peut se contracter soudainement en un spasme, interrompant la circulation vers une partie du cœur et déclencher une crise cardiaque.

LE POTASSIUM COLLABORE AUSSI.

Nous savons que le potassium aide à compenser les effets négatifs du sel sur notre tension artérielle, repoussant donc les risques de crises cardiaques. Mais il pourrait aussi avoir un rapport avec l'état du cœur lui-même dans les moments de grande tension. Au cours d'une étude fascinante, le Dr Carl Johnson et ses collègues de l'University of Colorado School of Medecine ont découvert que la concentration en magnésium et en potassium était inhabituellement basse dans les tissus cardiaques d'hommes morts subitement de crises cardiaques. Evidemment, il est possible qu'à la suite d'une mort soudaine, ces minéraux aient tendance à s'échapper rapidement du cœur; mais des travaux prouvent que cette déficience caractérisée de ces minéraux ne se produit pas chez les hommes morts subitement de causes autres que d'origine cardiaque. De plus, ils ont constaté que les 4 plus basses teneurs en potassium venaient de quatre hommes ayant une histoire médicale marquée par l'angine de poitrine (douleur causée par l'insuffisance d'oxygène fournie au cœur, en rapport parfois avec une demande accrue). Et trois de ces quatre cas avaient également le taux le plus bas de magnésium dans les muscles du cœur. La possibilité qu'il s'agisse là d'une simple coïncidence, soulignent-ils, est extrêmement peu probable (American Journal of Clinical Nutrition, mai 1979).

LE SELENIUM EST UNE BONNE ASSURANCE.

Le sélénium est le suivant sur la liste des minéraux bénéfiques pour le cœur.

Les preuves sont-elles sérieuses? Très, si l'on en croit le Dr Raymond J. Shamberger de la Cleveland Clinical Foundation. Comme le Dr Shamberger et plusieurs de ses associés l'ont mentionné dans des travaux présentés en 1978 à la 12ème conférence annuelle sur les minéraux en traces à l'Université du Missouri, les rats et agneaux recevant une alimentation pauvre en sélénium ont des électrocardiogrammes et des changements de tension artérielle anormaux. Et les humains semblent affectés de la même façon. Lorsque des chercheurs ont comparé la consommation de minéraux et les taux de décès consécutifs à des maladies cardiovasculaires, ils ont constaté qu'un lien évident existait entre la consommation de sélénium et la fréquence de ces dernières: elles sont les plus répandues là où la consommation de sélénium est la plus basse.

Ils découvrirent aussi une autre corrélation fascinante. Les maladies coronariennes ont tendance à être plus fréquentes là où la consommation de cadmium est plus importante. Le cadmium est un métal polluant qui entre en compétition avec le sélénium pour les points d'activité dans l'organisme. Il est fortement soupçonné de contribuer aux maladies cardiaques dans la mesure où il semble faire monter la tension artérielle. Le sélénium pourrait compenser cet effet et protéger contre les maladies et les crises cardiaques, qui vont souvent de pair avec l'hypertension.

Des travaux finlandais établissent un lien évident.

La Finlande a un des taux de maladies cardio-vasculaires les plus élevés du monde. Dans le centre et l'est de la Finlande où les taux sont les plus élevés, la population a le plus faible taux de sélénium dans le sang. Ces deux facteurs semblent coïncider géographiquement.

"Des études complémentaires seront effectuées, mais le rapport est évident" dit le docteur Pekko Koivistoinen, chef du Département de Chimie et Technologie alimentaires de l'Université d'Helsinki. Le docteur Koivistoinen nous a déclaré: "En examinant de plus près, nous avons constaté que les familles d'agriculteurs, qui consomment la nourriture produite localement, ont le taux de sélénium le plus bas de même que le taux de maladies cardiaques le plus élevé".

D'une façon générale, la consommation totale de sélénium est basse en Finlande – 30 microgrammes par jour pour les hommes et 20 à 25 microgrammes par jour pour les femmes, comparés aux 50 à 200 microgrammes considérés comme nécessaires à une bonne santé par la National Academy of Sciences des Etats Unis et acceptés comme adéquats dans les autres pays.

Une combinaison de facteurs explique cette pauvreté de la consommation en Finlande. Le pays comprend très peu de roches sédimentaires riches en sélénium, le climat est humide, le sol acide et les précipitations importantes, facteurs réduisant la disponibilité du sélénium pour les fourrages et les récoltes et faisant de la Finlande un laboratoire idéal pour des travaux sur ce sujet, déclare le Dr Koivistoinen.

"Nous avons peu de sélénium pour commencer. Nous pouvons étudier comment cet état de choses affecte notre santé. De plus, nous avons également peu de chrome. Ce dernier n'est pas seulement lié à la régularisation des sécrétions d'insuline chez les diabétiques, mais à la réduction des lipoprotéines à basse densité du cholestérol du sang. Les Finlandais ont un taux élevé de cholestérol. Les deux facteurs combinés – peu de sélénium et peu de chrome, et taux élevé de cholestérol – pourraient expliquer, dans une certaine mesure, la proportion exceptionnellement élevée de maladies cardiovasculaires dans notre pays".

Beaucoup de Finlandais ont décidé de compenser par eux-mêmes ce déficit en sélénium plutôt que d'attendre l'action des pouvoirs publics. Ils mangent davantage de poisson, qui est la source la plus riche en sélénium, nous a déclaré le Dr Koivistoinen. Et ils prennent des suppléments.

La *"ceinture des crises cardiaques"*.

Aux Etats Unis, le même type de corrélation semble s'établir entre le sélénium et la fréquence des maladies cardiaques. Un taux élevé de ces dernières sévit dans le sud-est des plaines côtières de la Géorgie et des Carolines, si élevé qu'on l'a surnommé la "Ceinture des crises cardiaques". Les diverses maladies cardio-vasculaires y sont fréquentes. Il s'agit de régions pauvres en sélénium. Au contraire, dans le nord-ouest de la Géorgie, les taux de sélénium dans le sang sont plus élevés et les maladies de cœur moins fréquentes.

Un biochimiste spécialiste de la nutrition, qui a prêché les vertus du sélénium pendant des années écrit: "J'ai eu une crise cardiaque en 1970 et je prends maintenant l'assurance sélénium. Est-ce une bonne assurance, je ne sais pas". Il a maintenant 70 ans.

Une autre sorte de maladie cardiaque.

Un des liens les plus remarquables nouvellement découverts entre le sélénium et les maladies cardiaques a été mentionné au Second International Symposium of Selenium in Biology and Medecine à l'Université Technique du Texas en mai 1980. La nouveauté venait de chercheurs de la République de Chine. Dans une étude basée sur 45000 Chinois, – étude effectuée sur la plus grande échelle à ce jour – les suppléments de sélénium ont éliminé une maladie cardiaque qui affectait 40 pour 1000 enfants de certaines régions de la Chine.

La maladie de Keshan est une forme de cardiomyopathie – c'est à dire de dommages causés au muscle cardiaque par des causes inconnues. Les symptômes comprennent une hypertrophie du cœur, un pouls accéléré, des battements de cœur faibles, une tension artérielle très basse, la rétention des fluides et des douleurs abdominales. La moitié des victimes en mouraient.

Le plus remarquable concernant la maladie de Keshan est sa répartition géographique par rapport au sélénium du sous-sol, des aliments et des tissus humains. La où le sélénium est rare, la maladie est présente; là où il est présent en grande quantité, la maladie est totalement absente.

On a tout d'abord remarqué les régions pauvres en sélénium. "Il semblait que la présence du sélénium dans le sol agisse comme une barrière physique contre la maladie" dit le docteur G.Q. Yang, de l'Académie des Sciences Médicales de Pékin. La ligne de démarcation était tellement nette que les chercheurs eurent l'intuition qu'ils tenaient une cure – et peut-être une prévention contre la maladie de keshan. Ils firent des analyses de sang, de cheveux, d'aliments de base, (blé, maïs, riz et soja) provenant de régions affectées et épargnées par la maladie. Le rapport se confirma. Aux régions pauvres en sélénium correspondaient de faibles taux de sélénium dans le corps et les aliments – et une fréquence élevée de la maladie de Keshan. Par ailleurs, aux régions suffisamment pourvues en sélénium, correspondaient des taux adéquats ou élevés dans l'alimentation et le corps et une absence de la maladie de Keshan.

La réponse était évidente. En 1973, un programme de supplémentation en sélénium fut entrepris pour des milliers d'enfants dans les régions touchées, avec un nombre sensiblement égal d'enfants non traités comme moyen de contrôle. La mortalité passa de 50% à 6% parmi les enfants traités, une amélioration spectaculaire. Le nombre de nouveaux cas de maladie passa de 40 à 1 pour 1000 enfants. Le programme fut élargi. En 1977, les effets préventifs du sélénium étaient devenus tellement évidents que tous les enfants des régions concernées reçurent du sélénium. Parmi les 12.000 enfants traités, aucun cas de maladie de Keshan ne se manifesta.

Il est hors de doute que le sélénium est le facteur-clef dans l'étude chinoise. "Cependant, il est peu probable que le sélénium soit *le seul* facteur de la maladie" souligna le Dr Yang aux participants du Symposium. "D'autres aspects de l'alimentation pourraient être importants. Les protéines doivent être étudiées. La vitamine E pourrait jouer un rôle. Ces deux éléments doivent être étudiés plus avant". Il est également possible, a ajouté le Dr Yang, qu'un virus entre en jeu dans un certaine mesure.

Même avant la découverte du Dr Yang, le sélénium faisait partie des cinq minéraux que l'OMS proposait d'étudier en rapport avec les maladies cardiaques.

LE CHROME LUTTE CONTRE LES MALADIES DE CŒUR ET LE DIABETE.

Il est relativement bien établi maintenant que le chrome améliore la tolérance au glucose – c'est-à-dire notre aptitude à employer les hydrates de carbone de notre alimentation – probablement en permettant à notre organisme d'utiliser l'insuline avec un maximum d'efficacité. Cela en fait un minéral quatre-étoiles pour les diabétiques, dont le métabolisme des hydrates de carbone est anormal. Mais il est possible qu'il améliore aussi le métabolisme des acides gras du sang – cholestérol et triglycérides – le rendant bienfaisant pour les individus sujets aux problèmes coronariens. En fait, le diabète et les maladies de cœur ne sont pas si éloignés l'un de l'autre. Les crises cardiaques se trouvent être une des causes principales de décès parmi les diabétiques.

Le lien entre les trois – chrome, insuline et risque de maladie de cœur – est résumé par le Dr Walter Mertz, président du Human Nutrition Research Center du Ministère de l'Agriculture américain à Beltsville, dans le Maryland: "L'effet le plus constant des carences marginales en chrome est l'augmentation de la production d'insuline; et le premier effet des suppléments de chrome est de rétablir une sécrétion normale. Il semble, d'après ces informations, que si nous améliorons la tolérance au glucose, restaurons un taux normal d'insuline et, en même temps, abaissons les taux de cholestérol – particulièrement de certaines fractions – nous devrions pouvoir réduire le risque de maladie cardio-vasculaire".

Le chrome contrôle le taux de cholestérol.

Par "certaines fractions", le Dr Mertz entend les lipoprotéines à basse densité.
"Le cholestérol circule dans notre sang sous différents emballages" dit le docteur William Castelli, directeur des laboratoire du célèbre Framingham Study. "Nous pensions naguère que tout le cholestérol était mauvais. Mais nous découvrons maintenant qu'il en existe un

type excellent – la lipoprotéine à haute densité. Si la plupart des autres types – néfastes – de cholestérol sont en trop grande quantité dans notre sang, ils peuvent se déposer sur les parois des artères. Mais la lipoprotéine à haute densité est plus ingénieuse et expédie le cholestérol directement vers le foie pour qu'il soit éliminé. Le plus gros problème est la lipoprotéine à basse densité (LBD).

"Ce que nous savons sur ce point, continue le Dr Castelli, est que plus le pourcentage de lipoprotéine à haute densité (LHD) est élevé, mieux cela vaut. Et que nous ne pouvons nous représenter clairement les risques de crise cardiaque si nous ne tenons pas compte de la proportion de LHD dans la totalité du cholestérol. Plus le rapport Cholestérol/LHD est bas, meilleur il est. Les végétariens, par exemple, ont un des meilleurs rapports à 2,8. Les coureurs de marathon ont un rapport de 3,4 et les coureurs cyclistes de 3 à 3,4".

Quel rapport avec le chrome?

Le docteur Rebecca Riales, une diététicienne de la Virginie Occidentale, pense que le chrome pourrait jouer un rôle important dans l'augmentation de taux de cholestérol LHD et même faire baisser le taux du "mauvais" cholestérol LBD.

"Je ne disposais pas d'un joli laboratoire avec beaucoup de souris pour satisfaire ma curiosité. Alors j'ai pris un sujet humain – mon mari. Je l'ai persuadé, pour les beaux yeux de sa tenace épouse, de prendre 2 cuillères à café de levure de bière par jour pendant 6 semaines et de faire mesurer les lipides de son sang avant et après cette expérience.

Ma vie a changé depuis que j'ai reçu les résultats de cette analyse. Contrairement à ce que j'attendais, le total du cholestérol n'avait pas baissé, mais à ma surprise, le cholestérol LHD avait fait un tel saut de géant que j'ai cru que la nature m'avait joué un tour. Nous avons répété l'exprérience, et les résultats se sont confirmés".

Rebecca Riales a ensuite étudié 8 hommes, de 35 et 45 ans, médecins ou amis personnels. Au bout de six semaines, tous les résultats d'analyse ont confirmé la première.

En collaboration avec un autre savant, elle rassembla ensuite 23 hommes relativement libres de tout désordre métabolique connu, et les sépara en 2 groupes. L'un des groupes reçut un flacon quotidien de chlorure de chrome sans aucun goût et l'autre groupe, un flacon d'eau deux fois par jour, à boire l'estomac vide, pendant cinq jours. Le cholestérol, les triglycérides et l'insuline furent mesurés et des tests de tolérance au glucose effectués au début de l'expérience, au bout de 6, puis de 12 semaines.

Au moment où ce livre était écrit, seuls les résultats relatifs aux taux de cholestérol LHD avaient été complètement analysés. Le groupe qui avait reçu seulement de l'eau a conservé des taux de LHD constants. Mais le groupe qui avait reçu des suppléments de chrome a montré une augmentation constante du taux de LHD. "Les effets que nous avions observés dans le groupe précédent semblent réels" déclare le Dr Riales. "C'est une constatation très encourageante".

IL N'EST JAMAIS TROP TARD.

Supposons, pour les besoins de la discussion, que tous les habitants du pays, enfants et personnes âgées comprises, adoptent une alimentation pauvre en graisse et riche en minéraux. Il y a de fortes chances pour qu'il y ait moins de crises cardiaques dans l'ensemble. Supposons également que tout le monde cesse de fumer. Et fasse de l'exercice régulièrement. Et apprenne à se détentre. Et à éviter les kilos supplémentaires. On peut parier qu'il y aurait *encore moins* de décès par crises cardiaques.

Cela paraît utopique? Peut-être. Il est difficile de changer des habitudes. Il est donc peu probable que des millions de personnes effectuent ces changements.

Mais *vous* pouvez changer.

CHAPITRE 34

L'hypertension

Un adulte sur cinq est hypertendu. Cela double ses risques de crise cardiaque.

Mais les possibilités de prévention sont encore plus élevées. La lutte contre l'embonpoint, la relaxation et l'exercice peuvent contribuer au maintien d'une tension artérielle confortable. Cependant, le rôle du sodium domine tous ces facteurs. En excès, il compromet un bon équilibre. Limiter sa consommation de sel a une très grosse influence sur la tension et évite des conséquences fâcheuses. Pendant ce temps, le potassium aide à lutter contre les désastreux effets du sodium. Il semble s'avérer aussi que le cadmium – un des plus gros polluants de l'industrie, des pots d'échappement et de la fumée de cigarettes – a une part d'influence.

Mais le coupable numéro un reste le sel.

MAINTENIR UNE BONNE TENSION ARTERIELLE.

A tout moment, une quantité totale d'environ 4 à 5 litres de sang circule de votre cœur vers vos reins, votre cerveau et autres organes avant de revenir au cœur. La tension artérielle – ou plus exactement, la pression, force avec laquelle le sang circule dans les artères – est le résultat d'une combinaison de facteurs: quantité totale de sang, intensité avec laquelle le cœur pompe ce flot et résistance des parois des artères à ce flot sanguin. La résistance naît en partie de l'élasticité de ces parois, et d'autre part de la "charge" transportée.

La pression maximum est atteinte immédiatement après la contraction du cœur. C'est la pression systolique. La plus basse, la pres-

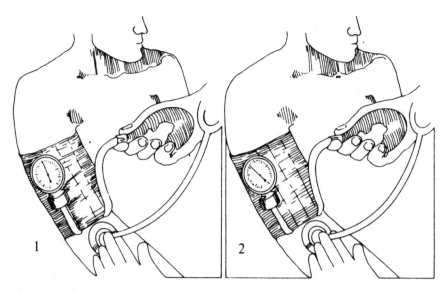

1 . Pression dans le brassard: *140 (lire 14)*
   Aucun son perçu par le stéthoscope.
Pour mesurer la pression sanguine, un brassard est enroulé autour du bras et gonglé avec une poire en caoutchouc. Le sang cesse de circuler un instant et aucun son ne peut être perçu par le stéthoscope appuyé sur l'artère.

2 . Pression dans le brassard: *120 (lire 12)*
   On perçoit des sons par le stéthoscope.
Au fur et à mesure que le brassard se dégonfle, le sang recommence à couler dans l'artère. Des battements – le pouls – sont perçus à travers l'artère. C'est le moment de pression maximum dans l'artère ou pression systolique – dans ce cas 120 comme indiqué sur le manomètre attaché au brassard.

---

sion diastolique, est atteinte lorsque le cœur se repose entre deux battements (voir figure). Normalement, le rapport entre la pression systolique et la pression diastolique est environ 14 sur 9 (écrit 14/9) ou moins. Tout ce qui se situe au-dessus de ces chiffres est considéré comme tension trop élevée – ou hypertension. Cette dernière peut être modérée ou grave:

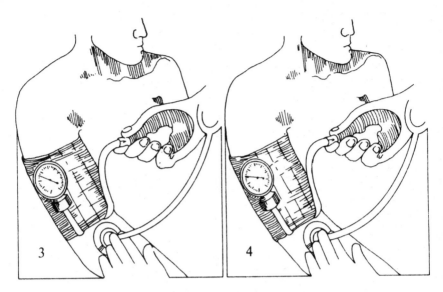

3 . Pression dans le brassard: *100 (lire 10)*
   Sons perçus par le stéthoscope.
Les battements continuent à être perçus tandis que le brassard conti-
nue à se dégonfler.

4 . Pression dans le brassard: *80 (lire 8)*
   Aucun son perçu par le stéthoscope.
Quelques secondes plus tard, les battements s'interrompent quand la
pression dans l'artère atteint son point le plus bas ou pression diastolique – dans ce cas, *80*.

Tension limite ou légère hypertension:

pression systolique: *140 à 160 (lire 14 à 16)*
pression diastolique: *90 à 95 (lire 9 à 9,5)*

Hypertension modérée:

pression systolique: *160 à 180 (lire 16 à 18)*
pression diastolique: *96 à 114 (lire 9,6 à 11,4)*

Grave hypertension:

pression systolique: *au delà de 180 (lire 18,0)*
pression diastolique: *au-delà de 115 (lire 11,5)*

LE SODIUM AUGMENTE LA PRESSION ARTERIELLE.

Le sodium affecte le volume du sang et la pression de deux façons. En conjonction avec les reins, le sodium nous empêche de perdre trop de fluides – littéralement, de nous déshydrater. Mais un excès de sodium fait que nous retenons *trop* de fluide, augmentant ainsi le volume de sang à pomper à travers l'organisme. L'augmentation de volume exige du cœur un travail plus vigoureux et une plus grande pression contre les parois artérielles. La tension monte.

En même temps, le sodium semble encourager les muscles lisses autour des petites artères à se contracter, augmentant ainsi la résistance au flot du sang. Il est aussi possible que le sodium stimule accidentellement l'angio-tensine, une hormone affectant les reins dans les moments de stress, qui fait battre le cœur plus rapidement et se contracter les vaisseaux sanguins.

Que le sel soit l'ennemi numéro un dans la prolifération de cas d'hypertension est prouvé par les études de populations et l'expérimentation animale. Parmi les Primitifs se nourrissant comme à l'Age de Pierre – Esquimaux et populations des îles du Pacifique Sud, par exemple – la consommation de sel est assez basse: 2 à 5 grammes par jour. Ce qui correspond à 800 à 2000 milligrames de sodium, provenant principalement des viandes, légumes et grains. On n'y connaît pas le sel de table. Les aliments transformés (qui contiennent presque automatiquement du sel) sont inconnus. Alors que dans les pays industrialisés comme les Etats Unis ou le Japon, la consommation de sodium passe à 10 ou 12 grammes par jour ou plus, provenant du sel de table et des aliments trasformés. L'hypertension y est généralisée, affectant 35 millions de personnes dans les seuls Etats Unis. De plus, les personnes passant d'un pays non industrialisé où l'hypertension est inexistante, à un pays industrialisé, ont toutes les chances d'en être victimes.

Bien que les preuves s'accumulent contre lui, le sel n'est pas la véritable *cause* de l'hypertension. Il encourage simplement cette condition. Ceci est prouvé par le fait curieux que dans un pays comme les Etats Unis, où la consommation de sel est élevée et l'hypertension très courante, certaines personnes n'ont JAMAIS d'hypertension, quelle que soit la quantité de sel qu'elles consomment. Alors que d'autres seront hypertendues avec une consommation relativement modérée. Pour une raison inconnue, les Noirs sont plus sujets à l'hypertension que d'autres. Les hommes de moins de 45 ans sont plus souvent hypertendus que les femmes de la même catégorie d'âge. (Mais les femmes les rattrapent après 45 ans).

La différence vient du matériel génétique. Cela signifie simplement que certains facteurs inconnus hérités de nos parents semblent rendre certains d'entre nous plus sensibles au sel et d'autres insensibles à son effet sur la pression sanguine. Ceux qui y sont sensibles et consomment beaucoup de sel risquent de voir leur tension artérielle grimper, augmentant ainsi les risques d'avoir une crise cardiaque, une maladie de cœur ou des problèmes rénaux. Ceux qui n'y sont pas sensibles semblent avoir une résistance naturelle.

Le truc est de savoir si vous faites ou non partie des vulnérables de naissance. Mais ce n'est pas toujours possible. Si l'un ou vos deux parents sont victimes de l'hypertension, il y a de fortes chances pour que ce soit votre cas. Ils peuvent l'avoir depuis des années sans le savoir. Il n'y a pas de symptôme de l'hypertension jusqu'au moment où elle devient dangereusement élevée. Beaucoup de gens la découvrent au hasard d'une visite médicale de routine ou à la faveur d'une autre maladie.

Et même si vos parents ne semblent pas en être affectés, l'hypertension pourrait tout de même être votre lot. L'American Heart Association – ainsi que beaucoup de docteurs – recommandent sagement une consommation modérée de sel pour tous, bébés et enfants compris. S'il se peut que l'hypertension ne se manifeste qu'à un âge avancé, elle n'en commence pas moins au berceau. Le lait de vache contient plus de sodium que le lait maternel; les enfants allaités par leur mère ont donc un avantage sur leurs frères et sœurs au biberon. La teneur en sodium des aliments pour enfants a maintenant été réduite par rapport à ce qu'elle était il y a quelques années. Les casse-croûte très salés qu'affectionnent souvent les adolescents mettent en cause leur santé d'adultes et devraient être évités.

Si vous diminuez votre consommation de sel, surveillez votre poids, si vous apprenez à faire face aux difficultés et tensions de la vie, et si vous ne fumez pas, vos risques d'être victime de l'hypertension – avec toutes ses conséquences calamiteuses – sont presque nuls. Il y a aussi quelques autres éléments dont il faut tenir compte.

UNE MAUVAISE COMBINAISON: LE SEL ET LE SUCRE.

Un excès de sucre risque d'aggraver la menace du sel. Les chercheurs de l'Ecole de Medecine de l'Université de la Louisiane ont vérifié la réaction de trois groupes de singes à une consommation élevée de sucre et de sel. Le premier groupe fut alimenté sans sel; le deuxième groupe avec 3% de sel et le troisième avec 3% de sel et 38% de sucre. Ces quantités sont élevées, mais d'après les chercheurs, "sont dans la fourchette de consommation des humains".

Les chercheurs ont constaté que les singes ayant reçu le régime sel + sucre accusaient des symptômes d'hypertension plus prononcés que les deux autres groupes. Et ils ont conclu leur rapport avec cet avertissement prudent mais clair: "l'effet synergiste du sel et du sucre de l'alimentation dans l'induction de l'hypertension chez ces primates a un rapport potentiellement important avec l'hypertension chez les humains" (American Journal of Clinical Nutrition, mars 1980).

LE POTASSIUM AIDE A ELIMINER LE SODIUM.

Il se trouve que l'alimentation des populations ne connaissant pas l'hypertension est non seulement pauvre en sel mais également riche en potassium. Et l'alimentation des populations accablées par l'hypertension – comme nous – est relativement pauvre en potassium. Cela est important, le potassium semblant exercer une puissante protection contre l'hypertension. Autrement dit, le potassium pourrait être l'autre côté de la médaille dans le pile-ou-face de l'hypertension: sodium, vous l'avez; potassium, vous ne l'avez pas.

Le lien entre l'hypertension et le potassium a été établi pour la première fois en 1928, lorsque le Canadiam Medical Association

Journal publia un rapport indiquant que "le sel de potassium fait régulièrement décroître la tension artérielle, alors que le sel de sodium la fait régulièrement augmenter" chez les humains. D'autres travaux au cours des années 30 et 40 montrèrent également que le potassium faisait tomber la tension.

Dans une étude relativement récente effectuée dans trois villes américaines et portant sur 2000 personnes, le Dr George D. Miller, anciennement à John Hopkins School of Hygiene and Public Health, a constaté que les personnes ayant une faible tension avait tendance à manger davantage de potassium et moins de sodium (moins de sel de table, c'est à dire moins de chlorure de sodium) que les personnes ayant une tension élevée. Mais le *rapport* potassium/sodium se révéla un index plus exact de la pression sanguine que le seul sodium. Autrement dit, le rapport entre la tension artérielle et le sodium *et* le potassium est plus net que le rapport entre la tension et le sodium seul. Le docteur Miller a rapporté ses conclusions à la convention annuelle de l'American Heart Association en 1978.

Les sujets pour l'étude du Dr Miller avaient été sélectionnés au hasard en tirant les sonnettes et en demandant un échantillon d'urine. Puis on avait mesuré la tension des volontaires. La consommation de sodium et de potassium est mesurée le plus facilement du monde par l'analyse d'urine, dans laquelle sont éliminés les excès, dit le Dr Lewis Kuller, qui collabora à ces travaux avec le Dr Miller et est maintenant président du département d'épidémiologie à l'University of Pittsburgh School of Public Health. Le Dr Kuller nous a déclaré que les résultats montrent que "les personnes étudiées qui excrètent davantage de potassium par rapport au sodium ont une tension plus faible".

Pourquoi le potassium a-t-il – ou semble-t-il avoir – ces effets "n'est pas encore éclairci" dit le Dr Kuller. Mais en tout cas, ses résultats sont en bonne compagnie. "D'autres travaux ont conduit aux mêmes conclusions" dit-il.

Herbert Langford, docteur de l'University of Mississipi Medical School de Jackson a aussi contribué à la recherche sur ce sujet. Il y a quelques années, le Dr Langford commença, avec le Dr Robert Watson, à mesurer la tension des lycéens de Jackson et sa banlieue. Ils constatèrent que l'hypertension était la plus importante chez les noirs pauvres de la campagne environnante. Dans six études ultérieures portant sur 100 élèves chaque, les Drs Langford et Watson "ne purent prouver de rapport important entre l'élimination de sodium et la tension artérielle" dit le Dr Langford. La quantité de potassium excrétée n'était pas non plus probante par elle-même.

"Mais ce que nous avons trouvé, et de la façon la plus claire, fut la corrélation entre la tension et le rapport potassium/sodium".

Le Dr Langford suggère que le potassium pourrait augmenter l'excrétion du sel en agissant comme un diurétique naturel qui assisterait les reins dans l'élimination des excès de sel. C'est la raison pour laquelle le rapport potassium/sodium est un indice clef. Au moins dans une certaine mesure, il semble que la quantité de potassium permette d'établir de quelle quantité de sel nous sommes capables de nous débarrasser.

Le Dr Langford donne actuellement des régimes riches en potassium à 9 patients affectés d'hypertension qu'il surveille de près. "Il est trop tôt pour se prononcer, mais jusqu'ici, les résultats sont très encourageants" nous a-t-il déclaré.

La recherche animale est terriblement importante pour découvrir des choses que la science n'oserait pas tenter avec des "cobayes humains". Le docteur George R. Meenly, professeur de médecine, de physiologie et de biophysique à l'école de médecine de Louisiana State University de Shreveport, est un des principaux représentants de l'expérimentation animale.

Etudiant ce sujet parmi d'autres depuis 1950, le Dr Meenly a donné à des rats une alimentation comprenant 20, 40 et 60 fois la quantité de sel qui leur est nécessaire. En même temps, un groupe de rats reçoit seulement le sel dont il a besoin, et un groupe reçoit une très grande quantité de sel mais aussi, une grande quantité de potassium. Des années d'expérimentation ont prouvé que le "potassium a un certain effet protecteur sur la pression sanguine. Ce n'est pas énorme, mais cela existe" dit le Dr Meenly. L'effet le plus important a été constaté sur des rats ayant reçu 60 fois la quantité de sel qui leur est nécessaire. De plus, les rats bénéficiant de la protection du potassium, à notre surprise, ont survécu aux rats "sans potassium" et aux "rats de contrôle", c'est-à-dire à ceux qui ne recevaient que la ration dite "idéale" de sel.

Cependant, les résultats les plus intéressants ont été obtenus par des médecins du London Hospital Médical College. Ils ont constaté qu'une alimentation très riche en potassium et moyenne en sel faisait baisser la pression sanguine en cas d'hypertension. Deux groupes participèrent à l'expérience: 16 personnes avec une hypertension modérée, et 8 ayant une tension normale. On donna aux deux groupes un régime hypersodé pendant 12 semaines. La pression sanguine monta chez tous les sujets, mais l'augmentation fut la plus importante chez les sujets ayant de l'hypertension. Les deux groupes suivirent ensuite un régime riche en potassium, mais sans supplément de sel. Chez les sujets hypertendus, la tension artérielle *descendit à un niveau inférieur à celui du début de l'expérience.* Chez les sujets à tension normale, la tension redescendit à un niveau légèrement supérieur à la normale. Auparavant, les chercheurs n'avaient pu obtenir ce résultat qu'en mettant les patients à un régime strict sans sel, difficile à suivre jour après jour pendant des mois et des années. Les chercheurs londoniens pensent donc que le potassium offre de précieuses ressources pour une approche diététique pratique du contrôle à long terme de la tension artérielle (Lancet, 10 janvier 1981).

LE CADMIUM FAIT MONTER LA TENSION ARTERIELLE.

Le lien entre le cadmium et l'hypertension est moins bien établi que pour le sodium et le potassium. Mais on s'inquiète de plus en plus de la tendance confirmée du cadmium à s'accumuler dans les reins, organes-clefs du contrôle de la tension artérielle. Il est possible qu'il affecte aussi le cœur directement.

Le cadmium tend à faire monter la tension des animaux de laboratoire au fur et à mesure qu'il s'accumule dans les reins et le foie. Les carences en zinc, en cuivre et en fer ont tendance à aggraver les mauvais effets du cadmium. En revanche, on peut faire baisser le taux de cadmium dans les reins et le foie en doublant la quantité de zinc donnée aux animaux dans leur alimentation.

La même chose pourrait être vraie pour les humains. Dans une étude portant sur 50 hommes de Birmingham, Angleterre, les taux de cadmium et de plomb dans le sang et l'urine étaient plus élevés chez les sujets atteints de maladie cardiaque ou d'hypertension que chez ceux dont la tension était normale. Le cadmium ingéré par l'intermédiaire de l'alimentation, de l'air pollué et de l'eau est-il la cause des troubles cardiovasculaires; ou ces derniers ralentissent-ils d'une façon ou d'une autre l'excrétion de ces métaux hors de notre organisme n'est pas encore clair, disent les chercheurs. Mais leurs résultats coïncident avec les travaux effectués ailleurs (International Journal of Environmental Studies, vol 14, n° 4, 1980).

Il est possible que le sélénium aide à empêcher la montée de tension due au cadmium. Le sélénium et le cadmium se disputent les sites d'activité du corps humain. Les docteurs Jim Andrews, Curtis G. Hames et James C. Metts Jr du Community Cardiovascular Council de Savannah en Géorgie, ont constaté que parmi les 10000 lycéens examinés dans ce secteur des Etats Unis, 8% avaient une tension artérielle de 14/9 ou plus, qui est considérée comme élevée pour leur âge. Leur taux de cadmium était aussi élevé. Et il s'agit d'une région pauvre en sélénium.

"C'est le moment d'intervenir" nous dit le Dr Metts. "Une fois qu'ils auront quitté l'école, et commencé à travailler dans les usines, nous ne pourrons plus rien pour eux". C'est à dire, jusqu'à ce qu'ils se manifestent vers la quarantaine avec des maladies cardio-vasculaires. Le Dr Metts, un médecin hospitalier, a donné à certains de ses patients un traitement personnalisé de sélénium et a obtenu des résultats encourageants.

Donc si le cadmium s'avère être la menace qu'il semble être, il est sans doute moins menaçant pour ceux donc l'alimentation est riche en zinc, en cuivre, en fer et, particulièrement, en sélénium.

MEDICAMENTS OU REGIME POUR L'HYPERTENSION.

Il faudra peut-être des années pour que nous comprenions comment tous ces facteurs affectent notre tension. Pendant, ce temps, il semblerait prudent de limiter la consommation de sel pour éliminer un des agents principaux du développement de l'hypertension. Et de renforcer notre consommation de potassium pour nous garantir une protection supplémentaire. Pour ceux qui sont déjà atteints d'hypertension, le conseil vaut double.

Mais bizarrement, les médecins n'insistent pas toujours assez sur le régime hyposodé. Et sauf dans les cas très bénins, les médicaments font toujours partie du traitement.

Les médicaments diurétiques accélèrent l'action des reins, éliminant l'excès de sodium, soulageant ainsi le cœur et les artères. Malheureusement, le potassium est éliminé en même temps que le sodium, ainsi que d'autres minéraux importants. Parfois on prescrit des suppléments de potassium ou une alimentation riche en potassium pour compenser les diurétiques; et parfois non. Il est rare qu'on se préoccupe des autres minéraux.

De plus, une très grande consommation de sel peut rendre certains diurétiques inefficaces; de sorte que la modération est recommandée même lorsque ces médicaments sont prescrits.

Les diurétiques sont cependant les moindres d'entre eux. Il existe tout un assortiment de drogues anti-hypertension sur le marché, dont chacune a des effets secondaires. De petites doses de plusieurs médicaments sont souvent combinées pour minimiser ces conséquences. Malheureusement, l'interaction de ces divers médicaments en produit parfois de nouvelles, inattendues.

Cependant, ce qui est intéressant dans tous ces médicaments, est que chacun d'eux fait baisser la tension en imitant la limitation de sel. Parce que ce sont des agents puissants influant directement sur le travail du cœur et des vaisseaux, leurs résultats sont plus rapides que la privation de sel. Ils sont dont appropriés dans un effort concerté pour rétablir d'urgence un organisme menacé par une hypertension dangereuse et durable. Pour les cas modérés, ces médicaments aux regrettables effets secondaires peuvent être, soit évités, soit limités à des doses minimes lorsque la consommation de sel est réduite. (Parlez-en à votre médecin avant de la diminuer de votre propre chef.).

Les études l'ont prouvé maintes et maintes fois. Dans une étude de deux ans portant sur 31 personnes atteintes d'hypertension mises à un régime hyposodé, la pression diastolique a baissé d'une moyenne de 0,73 points, effet similaire à celui qu'on obtient avec les médicaments. Et les sujets n'ont même pas été aussi stricts qu'ils l'auraient dû quant à leur consommation de sel. S'ils avaient mieux suivi leur régime, leur tension aurait sans doute baissé davantage disent les chercheurs. "Pour les personnes dont la pression diastolique se situe entre 9 et 10,5, on devrait essayer le régime hyposodé avant les médicaments" concluent-ils (Lancet 4 février 1978).

En Belgique, le docteur Jan Parjis et ses collègues ont conseillé à leurs patients d'éviter tous les aliments auxquels du sel est ajouté pendant la préparation et d'acheter du pain sans sel. En 245 heures, l'excrétion de sodium (qui reflète le niveau de sodium dans l'organisme) a baissé de 50%. Et surtout, leur pression systolique tomba d'une moyenne de 0,77 point et la pression diastolique de 0,44 point (American Heart Journal, janvier 1973).

Dans un centre de réhabilitation cardio-vasculaire en Californie, 218 patients souffrant d'hypertension ont été traités par l'alimentation et un exercice progressif pendant 26 jours. 186 ont quitté le centre sans médicaments et avec une tension normale (Chest, Heart and Stroke Journal, vol 3 n° 5, 1978).

Dans ces études aussi, les résultats peuvent être comparés favorablement à ceux des traitements médicamenteux. Ce qui rend la privation de sel aussi efficace que les médicaments, excepté pour les cas très graves, et sans avoir à subir d'ennuyeux effets secondaires. Lorsqu'on ajoute l'exercice au régime, les résultats sont encore plus satisfaisants.

Avec ou sans médicaments, les régimes sans sel ou hyposodés font donc très bien l'affaire pour contrôler la tension artérielle. Ils sont encore plus convaincants comme moyen de prévention. Après tout, nous ne pouvons pas toujours savoir à l'avance ce que nos artères nous réservent. Cependant, certains médecins continuent à secouer la tête en disant que la culpabilité du sel n'est pas encore complètement prouvée – bien que ces derniers soient vraiment une minorité.

Une des raisons pour lesquelles certains médecins sont si opposés aux régimes sans sel ou hyposodés est qu'ils les croient si peu délectables que leurs patients ne les suivront pas. Mais cette attitude change aussi, en grande partie parce que les malades ne trouvent pas non plus très agréable de prendre leurs médicaments régulièrement. Une bonne moitié "oublient" leurs cachets ou cessent carrément de les prendre. Les effets secondaires de ces médicaments destinés à réduire la tension peuvent être déplaisants – et les gens s'en passent parfaitement bien. L'enthousiasme du monde médical pour les médicaments – encore à un maximum jusqu'en 1975 – commence donc à reculer au profit des restrictions de sel. Il est même possible que la perte de poids fasse baisser la tension artérielle partiellement parce que généralement moins de nourriture signifie proportionnellement moins de sel consommé. En tout cas, pour le moins, les restrictions de sel autorisent de plus petites doses de médicaments lorsqu'ils sont indispensables.

Dans un éditorial exposant l'évolution des milieux médicaux concernant le sel et l'hypertension, un journal médical réputé souligne que les bienfaits de l'association restriction de sel-perte de poids-exercice-relaxation s'appliquent, au-delà des personnes touchées par l'hypertension, à la population en général, réduisant ainsi probablement le nombre des décès dus aux conséquences de l'hypertension (Lancet, 30 août 1980).

QU'EST-CE QU'UN REGIME HYPOSODE ?

"Pour simplifier, commencez par éviter les ennemis connus tels que pommes de terre chips, cacahuètes salées, cornichons, olives, etc." dit le Dr Norman Kaplan, chef du Service Hypertension au Parkland Memorial Hospital et professeur de médecine interne à l'University of Texas Southwestern Medical School. "Et apprenez à éviter le sodium qui se cache. Le lait et les produits laitiers – glaces et beurre – contiennent du sodium dissimulé. Il en va de même pour les produits agroalimentaires – tout ce qui est déjà préparé quand vous l'achetez. Malheureusement, la transformation et la préparation des aliments signifient habituellement que du sel leur a été ajouté". (Et que leur potassium a disparu).

SODIUM DISSIMULE DANS L'ETIQUETAGE DES PRODUITS ALIMENTAIRES

HARICOTS BLANCS "AU NATUREL":

Ingrédients: *haricots blancs secs, eau, SEL.*

PETIT DEJEUNER CHOCOLATE X:

Ingrédients: *Extrait de malt, sucre, lait partiellement écrémé en poudre, cacao solubilisé fortement dégraissé, miel, SEL.*

GATEAUX SECS X:

Ingrédients: *Farine de froment, sucre, matières grasses, lactosérum en poudre, extrait de malt, poudre à lever (bicarbonate de SODIUM, pyrophosphate acide de SODIUM), SEL, aromes artificiels. antioxydant: tocophérols d'origine naturelle.*

NOTE: Repérez les mots "sel" et "sodium" sur les étiquettes. Les poudres levantes et le lait en poudre écrémé contiennent aussi du sodium, indésirable dans les régimes très hyposodés.

(TABLEAU 40)

Synoptiques du sodium

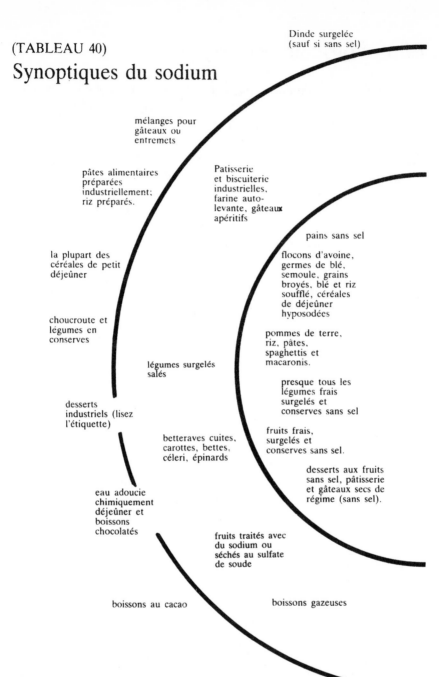

Dinde surgelée
(sauf si sans sel)

mélanges pour
gâteaux ou
entremets

pâtes alimentaires
préparées
industriellement;
riz préparés.

Patisserie
et biscuiterie
industrielles,
farine auto-
levante, gâteaux
apéritifs

pains sans sel

la plupart des
céréales de petit
déjeûner

flocons d'avoine,
germes de blé,
semoule, grains
broyés, blé et riz
soufflé, céréales
de déjeûner
hyposodées

choucroute et
légumes en
conserves

pommes de terre,
riz, pâtes,
spaghettis et
macaronis.

légumes surgelés
salés

presque tous les
légumes frais
surgelés et
conserves sans sel

desserts
industriels (lisez
l'étiquette)

betteraves cuites,
carottes, bettes,
céleri, épinards

fruits frais,
surgelés et
conserves sans sel.

desserts aux fruits
sans sel, pâtisserie
et gâteaux secs de
régime (sans sel).

eau adoucie
chimiquement
déjeûner et
boissons
chocolatés

fruits traités avec
du sodium ou
séchés au sulfate
de soude

boissons au cacao

boissons gazeuses

NOTE:

les aliments au centre du diagramme sont les plus pauvres en sodium et peuvent être consommés à volonté s'ils sont préparés ou mangés sans sel. Les aliments dans l'anneau intermédiaire contiennent une

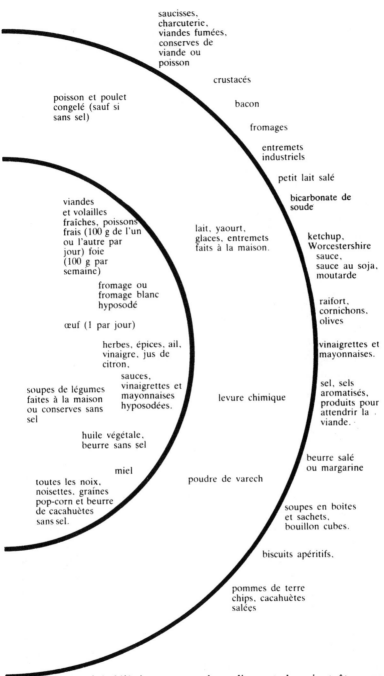

quantité déjà importante de sodium et devraient être consommés moins souvent.
A l'extérieur, ils contiennent beaucoup de sodium et devraient être évités.

"Mangez davantage d'aliments frais. Les viandes fraîches sont bonnes. Les saucisses, le jambon et les viandes fumées ne le sont pas. Le bacon est un des pires aliments au monde" ajoute le Dr Kaplan. "Non seulement il contient trop de sodium, mais trop de gras, de calories, de tout!".

"Et naturellement, ne salez pas en faisant la cuisine ou à table" dit le Dr Kaplan (Voyez chapitre 30 "La cuisine qui préserve les minéraux", les conseils pour assaisonner avec les herbes et aromates).

"En faisant tout cela, vous pouvez diminuer votre consommation de sel de moitié par rapport à celle qui est courante dans les pays industrialisés, passant de 10 à 12 grammes de sel par jour à 5 ou 6. Cela rapprocherait la plupart d'entre nous des 2000 milligrammes par jour des populations qui ne connaissent pratiquement pas l'hypertension".

Au début, les aliments frais, naturels et sans sel peuvent donner l'impression d'être "sans goût" à la plupart des gens qui ont eu l'habitude du sel pendant des années. "Après quelques semaines, cependant, on s'y habitue" fait remarquer le Dr Kaplan, qui a prescrit un régime hyposodé à des centaines de patients.

"Nous ne visons pas le régime SANS SEL" dit le Dr Kaplan. "Les gens ne le suivraient pas et je ne m'attendrais pas à ce qu'ils le suivent. Réduire leur consommation de sel de moitié ne nécessite pas de bouleverser complètement leur alimentation et c'est souvent suffisant".

En ce qui concerne le sodium, il y a à peu près trois grandes catégories d'aliments. Beaucoup en contiennent très peu; certains une quantité moyenne et beaucoup plus en contiennent beaucoup. Le tableau 40 des pages précédentes vous situe approximativement les types d'aliments par rapport au sodium. (Voyez nos recettes de condiments et sauces sans sel au chapitre 31).

Un régime alimentaire adapté devrait dépendre de votre tension artérielle. Si elle est assez élevée, votre docteur décidera peut-être de vous limiter à 500 milligrammes de sodium par jour – provenant probablement des aliments les plus proches du centre du cercle du tableau 40. Si votre tension n'est qu'un peu au-dessus de la normale, il vous conseillera peut-être de vous en tenir à 1000 milligrammes par jour – encore assez près du centre de la cible, mais en ajoutant un peu de lait et de produits laitiers, plus environ 500 milligrammes venant du pain, du beurre, d'un peu de fromage ou d'une pincée de sel (1/4 de cuillère à café seulement) occasionnelle. (Un régime de 250 milligrammes de sodium par jour, employé plus souvent dans des cas de troubles rénaux ou toxémie en cours de grossesse que pour lutter contre l'hypertension, est extrêmement strict, comprenant exclusivement des aliments très pauvres en sodium, du lait hyposodé et une analyse de votre eau potable).

Pour la prévention, plus nous nous en tenons aux aliments du cercle central, avec une consommation limitée des aliments de l'anneau intermédiaire et en évitant ceux à l'extérieur, plus nous aurons de chances d'échapper à l'hypertension. En revanche, plus nous consommons d'aliments de l'anneau intermédiaire ou de l'extérieur, plus nous approchons de 10 à 12 grammes de sodium par jour qui sont la source des ennuis de beaucoup d'entre nous.

CHAPITRE 35

Le diabète

Qui pourrait croire qu'un petit supplément de sucre dans le sang pourrait faire de tels ravages? C'est pourtant exactement ce qui se produit quand l'insuline – hormone libérée par le pancréas – ne parvient plus à régulariser le métabolisme des hydrates de carbone. Le diabète – mot unique désignant diverses conditions caractérisées par un niveau trop élevé de sucre dans le sang – prédispose celui qui en souffre à toutes sortes de problèmes. Pour des raisons qui ne sont pas parfaitement éclaircies, les diabétiques sont vulnérables à toutes sortes de complications. La maladie entraîne des changements dans les petits et gros vaisseaux sanguins, qui peuvent, directement ou indirectement, avoir des conséquences graves. Les vaisseaux sanguins importants atteints augmentent les risques d'artériosclérose et de maladies cardio-vasculaires des diabétiques. Ces mêmes changements dans les petits vaisseaux augmentent leurs chances de sénilité, d'ulcères des jambes difficiles à guérir, de crises cardiaques, de troubles rénaux et même de cécité. La dernière complication, appelée rétinite diabétique, entraîne des hémorragies miniatures de la rétine. Cependant, un contrôle vigilant du métabolisme du sucre permet d'éviter ces complications. Les médicaments ont fait beaucoup pour réduire les effets à long terme du diabète. La nutrition et le régime peuvent faire encore davantage. La recherche scientifique indique que tout le monde – mais les diabétiques particulièrement – devrait éviter certaines erreurs en diététique et faire attention à d'autres facteurs (voyez l'encadré, Conseils pour la prévention et le contrôle du diabète). En résumé, les choses à éviter sont le sucre, les graisses, le sel, l'excès de poids et l'alcool. Les bonnes choses sont l'exercice, les fibres alimentaires, les hydrates de carbone complexes – et le chrome.

CONSEILS POUR LA PREVENTION ET LE CONTRÔLE
ALIMENTAIRE DU DIABETE:

1 . Evitez l'embonpoint
2 . Limitez votre consommation de sucres
3 . Limitez votre consommation de graisses
4 . Réduisez votre consommation de sel
5 . Limitez votre consommation d'alcool
6 . Mangez des hydrates de carbone complexes tels que les haricots,
   les pommes de terre et les grains complets, et autres produits riches en fibres alimentaires
7 . Mangez beaucoup d'aliments riches en chrome tels que le foie, la
   levure de bière, le poulet et les champignons.
8 . Faites de l'exercice régulièrement.
De plus, une alimentation riche en zinc et en magnésium peut être
utile.

LE CHROME EST BENEFIQUE POUR LE METABOLISME DES HYDRATES DE CARBONE.

Pourquoi le chrome?

"Nous ne sommes toujours pas sûrs de la fonction du chrome dans le développement et le traitement du diabète" dit Victoria J.K. Liu, docteur et professeur assistante à Perdue University. "Mais il semble certain qu'il aide l'insuline dans le métabolisme du glucose".

Après son doctorat, et pendant les années passées au Centre de Recherche sur les minéraux en traces de l'Université du Missouri, la jeune chercheuse s'intéressa de plus en plus au mystérieux rapport entre le chrome et le diabète. Les docteurs Richard J. Doisy et Walter Mertz furent deux de ses mentors, tous deux pionniers de la recherche sur les liens susceptibles d'exister entre les problèmes dus à la présence de sucre dans le sang et un apport insuffisant de chrome.

Le Dr Liu se concentre sur le diabète des adultes, qui frappent pour la première fois ses victimes vers la cinquantaine ou la soixantaine. A l'inverse du diabète juvénile, dans lequel le pancréas ne secrète pas suffisamment d'insuline, le diabète des adultes vient d'un excès de secrétion de cette hormone. Cependant, en dépit de ce fait, les adultes atteints de cette forme diabète ne peuvent maintenir les niveaux de sucre adéquats dans leur sang.

La levure de bière est une bonne source de chrome.

C'est le Dr Mertz, parrain de la recherche sur le chrome, qui a jeté les bases qui ont pour la première fois suggéré une association entre le diabète et le chrome. Le docteur Mertz, président du laboratoire de recherche sur la nutrition du Ministère de l'Agriculture américain à Beltsville, dans le Maryland, démontra que la tolérance au glucose insuffisante des rats pouvait être corrigée en ajoutant à leur alimentation un produit riche en chrome – la levure de bière. Il identifia plus tard le composé du chrome qui facilite le métabolisme du sucre et le nomma "facteur de tolérance du glucose".

En fait, le chrome ne devient actif et accessible aux cellules de l'organisme qu'après s'être combiné d'une façon spécifique avec des acides aminés et de la niacine. Malheureusement, tout le chrome de notre alimentation ne présente pas cette caractéristique. Le problème est aggravé par le fait que tous les individus ne sont pas en mesure de convertir assez de chrome en sa forme active pour faire face à tous leurs besoins physiologiques. De plus, on sait que les réserves de chrome s'épuisent avec l'âge, augmentant les risques de carence vers le milieu de l'existence. C'est ce qui se produit dans le cas du diabète des adultes.

Pourvue de ces données, le Dr Liu prépara sa propre expérience il y a quelques années pour étudier les effets des suppléments de chrome sur 27 femmes âgées de 40 à 75 ans. Les sujets prirent un extrait de levure de bière tous les jours pendant 3 mois. Douze des femmes les plus âgées étaient hyperglycémiques (leur sang contenait trop de sucre, ce qui peut conduire au diabète); Les 15 autres n'avaient aucun problème de métabolisme des sucres apparent. Au bout de 90 jours, le taux d'insuline, de glucose et même de cholestérol étaient nettement plus bas dans le groupe des hyperglycémiques. Dans le groupe normal, seuls les taux de cholestérol et le taux global d'insuline étaient réduits.

Le Dr Liu en conclut donc qu'en facilitant l'assimilation par le sang de l'énergie disponible, le chrome pourrait réduire les risques de diabète ou en retarder le développement. En réalité, dit-elle, ceux qui souffrent d'une sécrétion excessive d'insuline – les obèses, les personnes souffrant d'infections, les femmes enceintes, les personnes ayant un taux élevé de sucre dans le sang, et les victimes du diabète maigre, ont sans doute besoin de suppléments de chrome.

Pour explorer plus avant "les rapports intimes entre le taux de chrome et le métabolisme du sucre", le Dr Liu examine actuellement les résultats de tests faits avec des volontaires sur le facteur de tolérance du glucose.

De plus, elle est l'un des rares chercheurs des Etats Unis qui soit en mesure d'étudier des échantillons de sang humain avec un accélérateur de particules et autres instruments sophistiqués. Des échantillons de sang sont examinés toutes les 30 minutes pendant 3 heures et les résultats enregistrés graphiquement pour établir la relation entre la secrétion d'insuline et l'entrée du glucose dans les cellules.

Les chercheurs de St Luke's Hospital et de Columbia University à New York ont obtenu les mêmes résultats avec de la levure de bière riche en chrome chez 24 volontaires dont 8 diabétiques légers non traités par l'insuline. Ces personnes, âgées en moyenne de 78 ans, ont été divisées en 2 groupes. Un groupe reçut pendant 8 semaines de la levure de bière riche en chrome, l'autre ne reçut rien. Les taux d'insuline et de glucose après absorption de 100 grammes de glucose dilué dans l'eau furent mesurés toutes les 30 minutes pendant 2 heures (courbe d'hyerglycémie provoquée) avant et après l'administration des suppléments de levure de bière.

La levure riche en chrome a amélioré le facteur de tolérance du glucose et la sécrétion d'insuline dans ce groupe expérimental. Bénéfice supplémentaire, le taux de cholestérol et de lipides (corps gras dans le sang) est tombé. La conclusion d'Esther G. Offenbacher et Xavier Pi-Sunyer, docteurs à St Luke et Columbia est la suivante: "Ceci confirme la théorie suivant laquelle les personnes âgées ont probablement un taux très bas de chrome, et qu'une bonne source supplétive, telle que la levure de bière, pourrait améliorer la tolérance des hydrates de carbone et le taux de cholestérol" (Clinical Research, avril 1980).

L'HYPOGLYCEMIE, UN PROBLEME CONNEXE.

Puisqu'il semble évident que le chrome aide le corps à utiliser l'insuline plus efficacement, on peut présumer que ce minéral est susceptible d'apporter une aide pour un autre type de problème du niveau de sucre dans le sang: l'hypoglycémie – ou faible taux de sucre dans le sang. Les symptômes vont de la simple fatigue à l'incapacité de se concentrer, aux tremblements, à la transpiration et à l'anxiété. Bien que le problème soit opposé à celui du diabète, la cause fondamentale reste la même: un mauvais contrôle du niveau de sucre dans le sang. L'hypoglycémie peut se développer indépendamment ou comme prélude au diabète.

Avec du chrome œuvrant pour aider à régulariser le niveau de sucre dans le sang, il faut moins d'insuline pour le contrôler. Il y a donc moins de chances de fluctuations extrêmes du niveau de sucre, dans un sens ou dans l'autre.

BEAUCOUP DE SUCRE ET DE GRAISSES = PEU DE CHROME.

Plus vous mangez de sucre, plus il en passe dans votre sang, plus vous sécrétez d'insuline – et plus le chrome des tissus doit être mobilisé pour faire face à ce processus. Les sucres raffinés contenant très peu de chrome, vous allez en perdre plus que vous n'en remplacez.

La littérature scientifique américaine souligne que l'alimentation riche en sucres raffinés typique des américains crée une demande exagérée, là où l'apport de chrome serait normalement suffisant. Lorsque le taux de chrome est trop bas, une consommation exagérée de sucre crée un double risque (voir Le chrome, chapitre 11).

Vous pouvez renforcer votre consommation de chrome en emplissant votre panier à provisions de foie, de fromage, de germe de blé, de pain complet et autres produits dérivés du blé complet, de champignons et de piments. Et n'oubliez pas une des plus riches sources de chrome – la levure de bière. Avec un peu d'imagination, elle peut agrémenter vos soupes et plats mijotés, et fournir ce petit quelquechose en plus qui manque peut-être à votre alimentation.

LE ZINC ET LE MAGNESIUM: UNE AIDE SUPPLEMENTAIRE?

Il est possible qu'en plus de l'influence du chrome sur le contrôle du sucre dans le sang, le zinc et le magnésium jouent chacun un rôle particulier dans le contrôle du diabète.

On a constaté que certains diabétiques perdent plus de zinc que normal dans leur urine. On ne sait pas exactement pourquoi. Il semble que certains perdent du zinc sans que son taux dans le sang s'abaisse visiblement. "Il est possible que l'inaptitude de certains diabétiques à guérir d'ulcères (du pied ou d'ailleurs) ait un rapport avec la carence en zinc" dit Ananda S. Prasad, un docteur éminent dans la recherche sur le zinc de Wayne State University School of Medecine, à Detroit. "On a constaté des guérisons de ce type d'ulcères chez des diabétiques après des traitements à base de zinc".

En plus de ces constatations chez les humains, le Dr Prasad décrit des expériences faites sur les rats montrant que la tolérance au glucose chez les rats qui ont jeûné et sont carencés en zinc, est faible, alors qu'elle est correcte chez les autres. "La raison de cette pauvre tolérance au glucose des animaux manquant de zinc n'est pas claire" dit le Dr Prasad. La sécrétion d'insuline s'abaisse peut-être en cas de carence en zinc. Ou bien l'efficacité de l'hormone est affaiblie par la carence en zinc, bien que son taux véritable dans le sang reste le même. Les deux explications sont plausibles, puisqu'on a constaté que le zinc participe à la synthèse et au stockage de l'insuline dans le pancréas (Zinc in human nutrition, CRC, 1980).

Un faible taux de magnésium dans le sang peut constituer un facteur de risque important dans le développement de la rétinite diabétique, l'une des principales complications du diabète. Lorsqu'une équipe de docteurs danois examina 71 patients traités à l'insuline, qui souffraient de cette maladie depuis au moins 10 ans, ils ont constaté une "nette insuffisance" des taux de magnésium dans le sang par comparaison avec ceux de 194 non-diabétiques. Et ce sont les patients dont le cas était le plus grave qui avaient le taux de magnésium *le plus bas de tous* (Diabète, novembre 1978).

Les chercheurs espèrent que de futures études établiront si les suppléments de magnésium peuvent atténuer des effets aussi néfastes.

CHAPITRE **36**

Le cancer

La plupart des gens s'imaginent sans doute que le remède contre le cancer sera découvert soudain dans un grand moment d'inspiration géniale, dans un laboratoire fonctionnant à coups de millions de dollars. Mais ce n'est pas tout à fait ce qui se produit. La recherche est un effort soutenu, chaque jour apportant une nouvelle pierre à notre compréhension de cette mystérieuse maladie. De plus, le cancer étant non pas une, mais diverses maladies affectant divers organes, de différentes manières, la réponse sera sans doute multiple. Et en matière de traitement comme de prévention, ce que nous voyons n'est pas un brillant éclair mais plutôt une lueur à l'horizon.

Une partie de cette lueur est due à des minéraux comme le sélénium. Des preuves s'accumulent, allant des statistiques de base aux traitements eux-mêmes, indiquant que ce minéral recèle de grandes promesses pour la lutte contre le cancer.

DES CELLULES QUI S'EMBALLENT.

Toutes les cellules vivantes se reproduisent par division. La croissance normale et la "réparation" se font d'une façon ordonnée. Sinon, des tissus anormaux s'accumulent, formant une tumeur. Une tumeur peut être sans danger – ou "bénigne", auquel cas elle reste inerte; ou être dangereuse ("maligne" ou "cancéreuse") – et dans ce cas, elle risque fort de se développer ou de s'étendre à d'autres tissus ou organes.

On appelle "cancérigènes" les substances qui stimulent directement le cancer. Les produits chimiques contenus dans la fumée du ta-

412

bac, les rayons ultraviolets du soleil et les viandes "brûlées" au gril n'en sont que trois exemples. Cependant, il est difficile de déterminer quelle quantité est nécessaire pour produire un cancer. Certaines substances peuvent causer le cancer uniquement si elles se combinent avec d'autres. Et certaines conditions – une trop grande consommation de graisses animales ou trop peu de fibres alimentaires, par exemple – semblent rendre certaines personnes plus vulnérables que d'autres aux substances cancérigènes. Cependant, nous sommes tous exposés à des agents cancérigènes, à un moment ou à un autre. Pourquoi certains d'entre nous attrapent-ils le cancer et d'autres pas?

La réponse semble se trouver en partie dans l'immunité – ce système de défense congénital qui lutte non seulement contre le cancer mais aussi contre les virus et infections. Toutes les activités métaboliques – y compris les réactions immunogènes – étant fondamentalement influencées par notre alimentation, sa qualité joue un rôle critique dans notre lutte contre la maladie. Nous savons déjà que quelques facteurs – dont le fer, le zinc, les protéines et calories – contribuent à l'immunité de base. Il semble maintenant que le sélénium pourrait jouer un rôle particulier dans un certain type de défense.

La fréquence du cancer est élevée dans les régions pauvres en sélénium. En Bulgarie, par exemple, où la consommation quotidienne de sélénium est relativement élevée, (environ 250 microgrammes par personne), le nombre de décès dus au cancer du sein chez les femmes est l'un des plus faibles de tous les pays où il a été étudié. En revanche, aux Etats-Unis où l'apport quotidien de sélénium est estimé assez bas (environ 50 à 100 microgrammes par personne) le nombre de décès dus au cancer du sein est parmi les plus élevés (Illinois Research, Winter, 1980).

Un examen plus approfondi montre que les études établissent que dans les secteurs géographiques riches en sélénium, les habitants ont un taux élevé de sélénium dans le sang, alors que dans les secteurs qui en sont pauvres, le taux de sélénium dans le sang est bas. Apparemment, donc, il semble que le sélénium constitue une certaine protection contre le cancer.

Mais ce n'est pas tout. Plusieurs chercheurs ont constaté, en travaillant avec des animaux différents, que le sélénium est capable de résorber les tumeurs, qu'elles soient spontanées, transplantées après prélèvement sur un autre sujet ou produites chimiquement.

Au Second Symposium sur le Sélénium et la biologie en mai 1980, le docteur Clark Griffith, un biochimiste d'un des plus grands centres de recherche sur le cancer du monde (MT Anderson Hospital and Tumor Institute de Houston au Texas) déclarait: "Plusieurs travaux mentionnent l'effet protecteur du sélénium. Plus d'une douzaine de rapports témoignent de réduction importante de tumeurs dans plusieurs espèces animales grâce à des injections de sélénium. Il empêche les tumeurs de se développer dans plusieurs organes – le côlon, le foie, la peau. La perspective est particulièrment encourageante pour le cancer du sein".

Le Dr Gehrard N. Schrauzer, de l'Université de Californie à San Diego a ajouté du sélénium à l'eau de boisson de souris spécialement élevées qui auraient normalement dû présenter des tumeurs spontanées des mamelles.

Au lieu de la proportion habituelle de 80 à 100%, 10% seulement des souris ont été victimes de tumeurs. Les possibilités pour les humains sont réelles: le fait que le cancer du sein soit un trait familial rapproche, sous cet angle, les femmes à haut-risque des souris spécialement élevées. La plupart des Américains ont une alimentation trop pauvre en sélénium; augmenter l'apport de ce nutriment pourrait réduire considérablement le taux de cancers du sein ainsi que d'autres formes de cancer, dit le Dr Schrauzer. Cependant, dit-il "Le cancer n'est pas une maladie dûe à une carence en sélénium. Si vous n'êtes pas vulnérable au cancer, le sélénium est inutile. Mais si vous l'êtes, il peut vous aider. C'est comme une police d'assurance".

POURQUOI LE SELENIUM EST PRIS AU SERIEUX.

Tenant compte de ces importantes études, le National Cancer Institute entreprit, en septembre 1980, de faire le point de la recherche sur le sélénium et le cancer pour décider de l'orientation des futurs travaux. Les participants constituaient un Gotha de la recherche dans ce domaine. Biochimistes, épidémiologistes, chercheurs se consacrant au cancer, docteurs pratiquant. L'un d'eux, un chimiste réputé du USDA Human Nutrition Research Center de Beltsville dans le Maryland, exposa ce qui lui semblait être la raison d'être du séminaire: "Les gens vont voir leur médecin et demandent des renseignements sur le sélénium. Et les docteurs ne sachant pas, se tournent vers le National Cancer Institute (NCI). Et le NCI se tourne vers nous".

Le séminaire fut ouvert dans le but d'échanger librement les in-

Le selenium fait obstacle au developpement du cancer

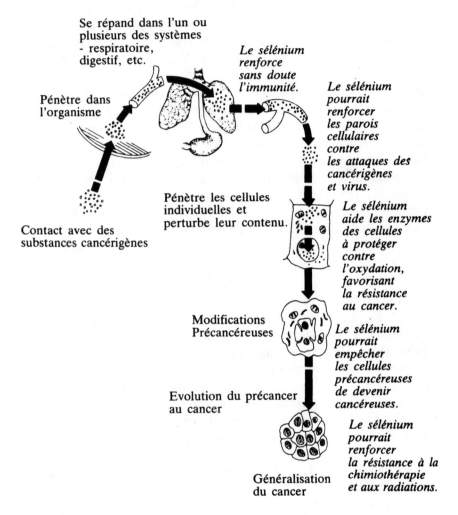

Se répand dans l'un ou plusieurs des systèmes - respiratoire, digestif, etc.

Le sélénium renforce sans doute l'immunité.

Pénètre dans l'organisme

Le sélénium pourrait renforcer les parois cellulaires contre les attaques des cancérigènes et virus.

Contact avec des substances cancérigènes

Pénètre les cellules individuelles et perturbe leur contenu.

Le sélénium aide les enzymes des cellules à protéger contre l'oxydation, favorisant la résistance au cancer.

Modifications Précancéreuses

Le sélénium pourrait empêcher les cellules précancéreuses de devenir cancéreuses.

Evolution du précancer au cancer

Le sélénium pourrait renforcer la résistance à la chimiothérapie et aux radiations.

Généralisation du cancer

Les substances cancérigens (petits ronds) peuvent pénétrer dans l'organisme et s'introduire dans les diverses activités métaboliques, entraînant la possibilité de développement du cancer dans un ou plusieurs organes. Les interruptions dans les flèches indiquent les points où le sélénium pourrait suspendre l'enchaînement de conséquences.

NOTE: Adapté par permission de l'éditeur de "The Laboratory approach to the identification of environmental carcinogens" de Umberto Saffiotti, dans "Proceedings of the ninth Canadian cancer research conference", ed. P.G. Scholefield, University of Toronto Press, 1971.

415

formations. Les participants écoutèrent avec attention les informations concernant cette possible thérapie extérieure au domaine des médicaments, des radiations et de la chirugie. Cela est très important non seulement pour l'avenir de la recherche en matière de nutrition, mais aussi pour les changements qui se font jour dans la médecine traditionnelle concernant la façon de traiter le cancer. Jusqu'ici, on ne traitait que la maladie déclarée. Si l'enchaînement qui mène à la naissance de la tumeur pouvait être bloqué en un ou plusieurs points avant que le cancer ait fait son chemin dans notre organisme, les chances d'en venir à bout et de sauver des vies seraient en réalité assez bonnes. Les thérapies traditionnelles essaient d'exorciser le cancer de trois façons différentes. La chirurgie supprime la tumeur principale. Les radiations ont pour but de détruire des cellules voisines contaminées ou d'empêcher la réapparition de la maladie. Et les médicaments (chimiothérapie) voyagent dans tout l'organisme, atteignant les cellules les plus éloignées et détruisant en cours de route les cellules cancéreuses rencontrées, soit en interférant avec le métabolisme cellulaire, soit en interférant avec la reproduction des cellules.

La chimiothérapie a évolué de tentatives de dernière extrémité à un traitement de première nécessité qui réussit relativement bien dans beaucoup de cas de cancers assez répandus. Mais elle crée des problèmes. Les médicaments ne sont pas sélectifs quant aux cellules qu'ils détruisent – la chimiothérapie n'épargne pas toujours les cellules saines et nécessaires à la vie de l'organisme. Et les effets secondaires en sont déplaisants, c'est le moins qu'on puisse dire: perte des cheveux, nausée, vomissements, et immunité affaiblie au point que beaucoup de victimes du cancer meurent non du cancer lui-même, mais de malnutrition ou d'une simple infection.

Et naturellement, aucun de ces traitements ne peut être employé à titre préventif.

Conscients des limitations de ces traitements, les savants pensent qu'il doit y avoir une meilleure solution. Et le sélénium semble représenter un espoir. Cependant, ils veulent être absolument certains, grâce à des travaux de recherche supplémentaires de savoir *comment* le sélénium agit.

LE SELENIUM STIMULE LE SYSTEME IMMUNITAIRE.

Une partie de l'action anti-cancer du sélénium pourrait venir de la façon dont notre système immunitaire réagit à la maladie. Nous savons que le sélénium et la vitamine E produisent séparément des anticorps, protéines spéciales qui agissent comme défenseurs de l'organisme. Les anticorps s'attaquent aux bactéries, virus, cellules cancéreuses (appelés collectivement des antigènes) et les rendent inoffensifs. Cependant, les anticorps ne sortent vainqueurs de la lutte que lorsqu'ils sont armés de sélénium et de vitamine E.

On connaît depuis un certain temps déjà le rôle de la vitamine E dans la défense de l'organisme; mais on commence seulement à comprendre celui du sélénium. Il est clair qu'une enzyme spéciale, la péroxydase glutathion (GSH-Px) est non seulement subordonnée au sélénium, mais joue aussi un rôle crucial dans la réaction immunitaire rendue possible par la présence du sélénium. Voici comment les choses se passent. L'excès d'oxygène est toxique pour les cellules. Il est certain que l'oxygène, en endommageant les parois des cellules, les désigne au cancer. La péroxydase contenant du sélénium est responsable du bon métabolisme des composés à base d'oxygène dans les cellules, protégeant ainsi les tissus de l'excès d'oxydation – et peut-être du cancer.

Le docteur Julian Spallholz, professeur associé de nutrition à l'Université Technique du Texas, a étudié pendant des années le rapport entre le sélénium et l'immunité; il est arrivé à la conclusion que dans le cours normal du contrôle de l'oxydation, la péroxydase contenant du glutathion doit aider les cellules à résister aux bactéries et virus.

Comme nous l'avons vu dans un chapitre précédent, une alimentation pauvre en sélénium et vitamine E entraîne une faible activité de l'enzyme spéciale (GSF-Px) affectant la santé des globules blancs du sang, en diminuant leur aptitude à lutter contre la maladie. Lorsque le sélénium est présent en quantité suffisante, la péroxydase GSH-Px augmente, en principe, la résistance naturelle de l'organisme en aidant les globules blancs à éliminer les bactéries, les virus – et les cellules cancéreuses. La vitamine E renforce cet effet.

LE SELENIUM FORTIFIE LES CELLULES CONTRE LE CANCER.

Lors du séminaire du National Cancer Institute en septembre 1980, le rôle du sélénium dans l'oxydation et le cancer fut exploré en profondeur. Le docteur Eduardo A. Porta, pathologiste de l'Ecole de Médecine de l'Université d'Hawaii a démontré d'une façon catégorique que les cellules recevant davantage de vitamine E et de sélénium sont beaucoup plus saines et présentent des contours plus nets que les cellules en recevant moins. Le phénomène d'oxydation y est moins important, impliquant que les cellules déficientes sont plus vulnérables au cancer.

Un spécialiste des membranes, de l'Université de Berkeley en Californie, a ajouté qu'une bonne membrane robuste offre une plus grande surface de réception aux anticorps, fournissant un moyen plus efficace d'attaquer et de détruire les cellules cancéreuses ainsi que les autres antigènes.

Tout cela s'accorde parfaitement avec la théorie suivant laquelle le secret de la prévention et du traitement du cancer se trouve dans les substances normalement présentes dans notre organisme et dont nous avons besoin pour survivre. Les autres substances anti-cancer actuellement étudiées sont les vitamines A et C. En modifiant les proportions de ces substances dans notre organisme, nous espérons que le cancer sera dans l'impossibilité de se déclarer, ou étouffé dans ses premières manifestations. Mais apparemment, il faut des doses anormales pour faire face aux cellules anormales. Et cela ouvre de nouvelles perspectives, jusqu'ici inexplorées, à la recherche sur le cancer.

LES SUCCES OBTENUS.

Pour les médecins qui doivent faire face aux hommes et femmes atteints de cancer, l'attente est pénible. Les nouvelles les plus exaltantes au cours du séminaire du NCI furent peut-être celles du docteur qui avait utilisé le sélénium, ainsi que d'autres nutriments, pour soigner des malades dont le cancer avait résisté à la chirurgie, aux radiations et à la chimiothérapie. Les résultats sont encourageants. Mais ces travaux étant encore dans leurs balbutiements et en raison des conséquences délicates, ce docteur a préféré que nous ne mentionnions pas son nom.

Il commença par donner aux patients des taux de sélénium quotidiens correspondant aux taux de l'alimentation – 200 microgrammes par jour, en augmentant progressivement le dosage. Mais il ne sait pas encore quel taux exact de sélénium affecte le cancer, sans devenir toxique pour le patient.

Le docteur John Milner, professeur de sciences de l'alimentation à l'Université de l'Illinois, qui a obtenu des succès du même ordre en employant le sélénium contre des tumeurs chez les animaux, soutient les travaux de son collègue. Il commente: "Notre but principal est de détruire les cellules des tumeurs. Si nous pouvons y parvenir par quelque moyen que ce soit, alors allons-y".

Plus avant dans l'année 1980, à un autre séminaire sur le cancer, un autre chercheur parla de la prévention et du traitement du cancer chez les animaux d'abord, puis chez l'homme. Le docteur Emmanuel Revicci, de l'Institute for Applied Biology de New York, fit part du résultat de ses travaux à ses collègues rassemblés au "Cancer Dialogue '80". Comme c'est souvent le cas, ses premiers travaux mettaient en jeu des souris enclines aux tumeurs. Environ 40% de ces souris en mouraient, c'est-à-dire à peu près deux fois plus que parmi les souris "normales" servant de référence de contrôle. Après un traitement au sélénium (sous forme de sulfate de sélénium) 8% seulement des souris enclines aux tumeurs moururent – moins même que parmi les souris saines. Non seulement le composé de sélénium semble avoir empêché le développement du cancer, mais prolongé le cours normal de leur vie.

Encouragé par ces travaux sur les animaux, le Dr Revicci traita quelques patients cancéreux avec du sélénium, souvent lié à des acides gras. Sa théorie est trop compliquée pour que nous la décrivions ici en détail – elle est en grande partie liée à la nature du cancer et à l'équilibre acide/base de l'individu – mais il semble avoir mis le doigt sur quelque chose.

Parmi les patients qui ont bien réagi à ce traitement, le Dr Revicci mentionne deux cas. Il y a quelques années, un jeune garçon de 11 ans lui avait rendu visite. Les examens montrèrent une tumeur au cerveau. "Nous l'avons traité au sélénium, avec des résultats merveilleux. J'ai récemment retrouvé l'adresse de sa mère et je l'ai appelée. J'aimerais voir votre fils, lui dis-je. Elle me répondit: "Non, s'il vous plaît. Il est marié maintenant et il a deux enfants. Il est menuisier. Il n'avait que onze ans à l'époque de la tumeur. Il a oublié tout cela. Ne le lui rappelez pas". Je lui ai répondu "Très bien" Et je n'ai pas appelé.

Le Dr Revicci a exposé le cas plus récent d'une femme ayant un cancer à l'abdomen. On avait dit à son mari qu'elle ne vivrait pas plus de deux semaines, un mois au grand maximum. Le Dr Revicci commença un traitement à base de sélénium. "En moins d'un mois, elle avait quitté le lit. En trois mois, elle jouait au golf. Elle n'avait plus aucune trace de tumeur" dit le Dr Revicci.

Son mari ne voulait pas qu'elle sache qu'elle avait un cancer. "Cette femme se sentit parfaitement bien et interrompit le traitement. Un an plus tard, elle était à nouveau à l'hôpital. A nouveau, elle se mourait d'un cancer. Nous recommençâmes le traitement au sélénium. Elle commença à aller mieux, puis quitta le lit; et se remit à jouer au golf. Puis elle arrêta à nouveau son traitement" dit le Dr Revicci. Un an plus tard, la même chose se reproduisait. Pour la troisième fois, le cancer réapparut puis disparut avec le traitement. "Elle a vécu douze années supplémentaires – et elle est morte d'une pneumonie".

"Naturellement, j'ai entendu au moins cent fois qu'il s'agissait de 'rémissions spontanées'. Remission spontanée la première fois? Rémission spontanée la deuxième fois? Rémission spontanée *la troisième fois*? Peu probable".

"Nous n'avons pas la prétention de tenir LE traitement du cancer" dit le Dr Revicci. "Mais je crois que nous avons ouvert une porte".

Comment le Dr Revicci pense-t-il que le sélénium fonctionne?

"Chez les animaux sains, le sélénium absorbé est éliminé au bout de deux ou trois jours. Mais si l'animal a une tumeur, la presque totalité se fixe sur la tumeur et s'y maintient longtemps" dit-il. Le Dr Revicci trouve cela très significatif et veut explorer ce phénomène plus avant. Pour l'instant, il pense que le sélénium, avec les acides gras, fonctionne en agent catabolique (décomposant les cellules) des tumeurs, les forçant à se résorber ou à disparaître.

Les résultats des traitements chez les humains ne sont pas toujours identiques – le nombre de traitements chimiothérapiques subis par le patient et autres facteurs semblent avoir une incidence sur les résultats obtenus.

A LA RECHERCHE DE LA DOSE IDEALE.

Dans un exposé au Sélénium Symposium à l'Université Technique du Texas, le Dr Gehrard N. Schrauzer, pionnier de la recherche sur le sélénium déclara: "Cela se résume ainsi: médicaments contre nutriments. Il me semble que si nous voulons vraiment envisager la prévention du cancer par l'alimentation, nous devons introduire le sélénium soit par un changement des habitudes alimentaires, soit par les suppléments, soit par les deux".

Le sélénium est cependant une arme à double tranchant. A doses élevées pendant un certain laps de temps, le sélénium est toxique pour les animaux. Quelle est la quantité excessive pour les humains est une question qui reste posée. Nous savons que les niveaux alimentaires de 50 à 200 microgrammes par jour ne posent aucun problème de toxicité. Mais apparemment, on n'atteint un niveau élevé de sélénium dans le sang – c'est-à-dire assez élevé pour renforcer la résistance des cellules – qu'avec des doses plus élevées, telles que celles que le docteur anonyme du centre des Etats-Unis utilise pour traiter ses patients.

Le symptôme le plus généralement reconnu d'intoxication due au sélénium chez les animaux est l'atteinte du foie. Et cependant, ce docteur a informé le NCI qu'aucun de ses malades traités avec 2000 microgrammes par jour ne présentait de troubles du foie – même après avoir pris des suppléments pendant 1 an. Il est donc assez sûr que ses doses n'atteignent pas le niveau de toxicité pour les adultes humains – quel que puisse être ce niveau.

Une situation identique existe dans le domaine des vitamines. La vitamine A semble avoir une valeur prophylactique contre le cancer, probablement dans la mesure où elle est nécessaire à la fabrication des tissus épithéliaux (protecteurs) qui doublent nos organes. Mais prise à doses très élevées, la vitamine A est toxique. Et la toxicité potentielle des doses thérapeutiques élevées de quelque substance que ce soit soulève des questions.

La première est de définir la dose idéale. "Avant d'imbiber les gens de sélénium, nous devons nous demander si nous ne leur ferons pas plus de mal que de bien" prévient le Dr William G. Hoekstra, un biochimiste, spécialiste de la nutrition à l'Université du Wisconsin, qui a publié toutes sortes de travaux sur le sélénium. Autrement dit, le Dr Hoekstra pense qu'il faut trouver l'équilibre délicat entre la toxicité et l'efficacité thérapeutique.

Une autre question est la publicité qui devrait être faite à ce que les chercheurs eux-mêmes considèrent encore comme des résultats préliminaires. D'un côté, certains disent: "Ne soyons pas trop hâtifs. Ce n'est pas juste de donner espoir aux malades atteints de cancer et à leur famille tant que nous ne sommes sûrs de rien". Par ailleurs, le public pense qu'il a le droit d'être informé des possibilités de traitement, particulièrement si les résultats sont assez encourageants pour obtenir le soutien du National Cancer Institute, organisme principal du gouvernement américain, accordant les plus importantes subventions pour la recherche sur le cancer. Et comme pour toute lueur d'espoir dans ce domaine, se pose le problème de faire face à la multitude d'appels téléphoniques émanant des familles de malades concernés dès qu'un traitement semble devoir être efficace. Et on ne peut guérir par téléphone.

De plus, l'utilisation du sélénium est réglementée par la Food & Drug Administration. Le sélénium étant probablemnt toxique à haute dose, les chercheurs sont très prudents. Beaucoup préfèrent se taire plutôt que d'insinuer que les gens devraient prendre du sélénium pour prévenir ou soigner le cancer: ils craignent que la FDA, redoutant que les gens abusent du sélénium – pour quelque raison que ce soit – ne le retire du marché. Ce qui remettrait en cause des années de progression.

En approfondissant davantage la question, nous devons nous arrêter et réfléchir à deux attitudes médicales également profondes et s'interpénétrant.

Tout d'abord, beaucoup de scientifiques traitent toutes les conclusions avec scepticisme à moins que la recherche n'ait apporté des preuves irréfutables. Ce qui est rarement le cas. A chaque nouvelle découverte, des centaines de questions surgissent. Et, paradoxalement, le monde médical semble encourager la recherche tout en ayant tendance à s'accrocher aux méthodes établies. Il réagit en général aux nouvelles idées en les ridiculisant, ou par l'apathie, jusqu'au moment où il devient impossible de nier l'évidence. Pour l'instant, le monde médical n'est pas très enthousiaste quant au traitement du cancer par l'alimentation.

Certains, bien sûr, pensent que cela est tout à fait logique. Le Dr James C. Metts, Jr, docteur en médecine interne à Savannah en Géorgie nous a dit: "Je peux vous garantir une chose: si j'avais le cancer, je prendrais du sélénium".

Pour vous et moi, une option consiste à attendre, 5, 10 ou 20 ans, jusqu'à ce que les résultats soient officiellement établis. Tout le monde ne peut s'offrir cette sorte de patience. Comme dit le Dr Schrauzer, "Oui, je prends des suppléments. Je regrette de ne pas avoir commencé il y a 15 ans au lieu d'avoir cru les nutritionnistes".

CHAPITRE 37

La cicatrisation

La plupart d'entre nous ne font guère attention à une petite brûlure ou une égratignure. Nous nous coupons en nous rasant, nous nous brûlons en faisant la cuisine; ou nous butons contre une marche d'escalier et nous nous attendons naturellement à ce que les blessures se guérissent en quelques jours. Quelques picotements au début, quelque chose de pas très joli pendant un jour ou deux, puis les dégâts se réparent et la blessure s'efface.

Les blessures plus graves exigent plus d'attention. Nous nous coupons avec un couteau de cuisine; nous nous déchirons un tendon en descendant d'une échelle; un chien perdu nous mord la cheville; le chirurgien nous annonce qu'il va devoir nous enlever la vésicule biliaire: au mieux, nous nous en tirons avec une petite cicatrice. Au pire, nos plaies tardent à ce cicatriser, au point qu'il semble qu'elles ne disparaîtrons pas. Sans compter les risques d'infection. En tout cas, nous serrons les dents et attendons, espèrant que la nature finira par faire ce qu'elle est censée faire.

Combien de temps nous attendons dépend sans doute du zinc. Un examen en profondeur révèle que le processus de cicatrisation est une chaîne dynamique d'événements, directement affectée par le zinc. Des milliers de nouvelles cellules doivent être fabriquées pour remplacer celles qui ont été endommagées, que ce soit par une égratignure, le scalpel du chirurgien ou une entorse. Beaucoup de nutriments importants sont nécessaires à ce processus. Des protéines, des hydrates de carbone, des vitamines (en particulier A & C) et des minéraux. La carence en fer, par exemple, ralentit le processus de guérison des plaies. Cependant, l'un des éléments essentiels de la cicatrisation est le zinc. Sans lui, la cicatrisation est pratiquement impossible.

424

CICATRISEZ PLUS VITE ET
PLUS PROPREMENT GRACE AU ZINC.

La cicatrisation est une forme unique de la croissance. La façon dont les nouvelles cellules sont fabriquées et installées au site d'une blessure est liée à l'ADN (acide désoxyribonucléique), une substance spéciale présente dans le noyau de chacune des cellules de l'organisme. L'ADN programme les cellules pour qu'elles se reproduisent dans toutes les formes de croissance et par conséquent, dirige le processus de cicatrisation. Lorsque nous nous coupons ou nous brûlons sérieusement, une recrudescence d'activité de l'ADN pousse les cellules à se diviser rapidement. Pour faire face à l'urgence, elles se multiplient 6 fois plus vite qu'en temps ordinaire. Et les cellules continuent à se multiplier bien après que la blessure se soit refermée, pour assurer une guérison complète. Or le zinc, entre autres éléments, est essentiel pour la synthèse de l'ADN.

Cette rapide division cellulaire démarre dans les heures qui suivent la blessure. Elle est particulièrement intense autour de celle-ci. Pendant ce temps, un front de cellules anciennes a commencé à émigrer vers le site de la blessure. Au cours de cette phase de la cicatrisation, les cellules anciennes s'en rapprochent et le cernent. Liées les unes aux autres en plaques, elles continuent à investir la surface de la blessure jusqu'à ce qu'elles rencontrent le front de cellules opposé. Les deux fronts s'arrêtent alors sur place. De nouvelles cellules s'infiltrent alors pour compléter leurs rangs. (Pour les brûlures, il y a une légère différence: les cellules se divisent et s'entassent d'abord sur le périmètre de la plaie pendant environ une semaine avant d'aller plus loin).

Ces cellules épithéliales (de surface) une fois installées, le zinc se remet au travail – cette fois pour manufacturer une autre espèce de tissu – le collagène cette protéine fibreuse et résistante des tissus conjonctifs. Les fibres de collagène s'entrecroisent sur la blessure, entrelaçant les nouveaux tissus avec les anciens dès le deuxième jour suivant la blessure. Le tissu des cicatrices est fondamentalement composé de collagène.

Le zinc libère aussi de la vitamine A en provenance du foie. Les vitamines A et C jouent toutes deux un rôle dans la formation du collagène. La vitamine A influence également la vitesse à laquelle les cellules épithéliales se déplacent à la surface de la blessure au cours des premières heures de la guérison.

Le zinc stabilise également les membranes individuelles des cellules, leur conférant force et résilience aux chocs. Et le zinc mobilise les globules blancs pour lutter contre les bactéries, repoussant l'infection – problème toujours possible avec des tissus endommagés.

Le processus de guérison est le même à tous les niveaux de la blessure, les éléments semblables s'assortissant automatiquement. Les cellules de la peau se rattachent à la peau; les cellules nerveuses aux nerfs, celles des muscles aux muscles, etc. Il en va de même dans tous les organes, cœur, poumon, colon, diaphragme, etc.

Une telle performance fait d'une blessure une éponge à zinc, absorbant toutes les réserves de ce minéral. Lorsque vous marchez sur un morceau de verre ou vous faites opérer de l'appendicite, le zinc se précipite sur le site de la blessure. Ceci a été mesuré: le taux de zinc dans le secteur de la blessure augmente; il s'abaisse dans le reste du corps. Au fur et à mesure que la blessure guérit, le corps doit continuer à envoyer ses renforts de zinc, sinon la bataille s'éternise et devient pénible. Si les réserves de l'organisme sont faibles pour commencer, en raison d'une mauvaise alimentation ou d'un mauvais appétit, la cicatrisation peut tirer en longueur.

Les coupures refusent de se fermer par manque de collagène qui en souderait les lèvres, laissant ainsi des plaies ouvertes. La croissance des nouvelles cellules est ralentie, les empêchant d'atteindre le centre de la blessure, et ne fournissant qu'une mince couche de tissu facilement rompue. La moindre irritation retarde la guérison de plusieurs jours. Ou bien l'infection se déclare.

Au contraire, la cicatrisation se fait sans difficulté lorsque les réserves de zinc sont suffisantes. Les blessures cicatrisent nettement, laissant des cicatrices lisses et minces. Les infections risquent moins de compliquer votre guérison. Le taux recommandé de zinc par jour est de 15 milligrammes, mais il en faut au moins le double pour une cicatrisation efficace.

METTRE A PROFIT LE DON DE GUERISSEUR DU ZINC.

Certaines "blessures" – comme la chirurgie – sont prévues, ou au moins anticipées. On ne s'attend pas, en revanche, à une mauvaise cicatrisation. Le chirurgien recoud son incision et quitte la salle d'opération. Mais pour vous, ce n'est que le commencement. Les chercheurs ont constaté que le taux de zinc avant et après l'opération constitue un bon baromètre de la guérison.

AVANT ET APRES LA BLESSURE

Huit patients – jeunes, en bonne santé et bien nourris – subirent des opérations chirurgicales mineures (suppression d'un kyste). Les taux de zinc, évalués par analyse des cheveux des huit personnes, furent comparés au temps de cicatrisation pour chacune d'elles. Les résultats montrèrent une corrélation indéniable entre le taux de zinc et le délai de cicatrisation. *Plus le taux de zinc est élevé, plus le temps de cicatrisation est court.*

Dans une autre étude, un patient qui avait reçu des suppléments de zinc (220 milligrammes de sulfate de zinc, 3 fois par jour) cicatrisa remarquablement vite. Walter J. Pories et William H. Strain, les deux docteurs rendant compte de cette étude, qualifièrent le résultat de "provocant". Ils ajoutèrent "Avec le zinc, la cicatrisation est nettement améliorée, peut-être au maximum". Leurs résultats, cependant, n'ont pu être obtenus par d'autres (Zinc metabolism, Charles C. Thomas, 1966).

L'opération des amygdales a longtemps été l'une des opérations les plus courantes. On a affirmé à des milliers et des milliers d'enfants que "cela ne ferait pas mal du tout" et qu'il suffirait de bonnes lampées de glaces, de toute façon, pour calmer le peu de douleur. Les glaces calment un peu la douleur, mais pour la cicatrisation, il faut du zinc.

Le docteur Frederic W. Pullen, de l'Université de Miami a étudié l'aptitude du zinc à accélérer la cicatrisation après les opérations des amygdales. L'étude du Dr Pallen fut menée en double aveugle; c'est-à-dire que ni les docteurs, ni les patients ne savaient qui recevait le zinc et qui les placebos. Ceux qui recevaient du zinc prenaient un total de 477 milligrammes répartis sur toute la journée.

A l'issue de deux semaines, 21 des 24 patients recevant du zinc avaient complètement cicatrisé. Treize seulement des 22 personnes n'en recevant pas guérirent aussi vite. Le Dr Pullen, qui rapporte ses travaux dans un livre – Clinical Applications of Zinc Metabolism (Charles C. Thomas, 1974) – déclare: "Les résultats sont d'autant plus frappants que les opérations ont été effectuées sur des patients par ailleurs en bonne santé et non sur des victimes de cirrhose du foie ou autre maladie débilitante... il est indéniable que le zinc est nécessaire au processus de cicatrisation".

Et plus tôt les réserves de zinc sont renforcées, mieux cela vaut. Toute blessure, exceptées les plus infimes, cause une certaine détresse dans l'organisme, même si elle est de courte durée. Tout ce qui entraîne une décomposition et un remplacement rapides des cellules – opérations chirurgicales, blessures accidentelles ou fractures – pousse le corps à éliminer de grandes quantités de zinc dans l'urine – parfois 2 à 5 fois plus que la normale, suivant la gravité des dommages. Du magnésium, du potassium, du phosphore et de l'azote sont également perdus.

Les pertes de zinc ne sont pas toujours visibles dans les analyses de sang. Un échantillon de sang, en cas de prélèvement, peut très bien dénoter un taux normal alors qu'il est en fait exrtrêmement faible.

Nous avons parlé à un chirurgien qui prend particulièrement au sérieux le rôle du zinc dans la cicatrisation, le Dr Sheldon V. Pollack, professeur assistant de médecine et chef du service de chimiochirurgie de Duke University Medical Center de Durham en Caroline du Nord. Le Dr Pollack a l'intention d'essayer les suppléments de zinc et de vitamines C sur 100 patients ayant subi des opérations de chirurgie de la peau pendant l'année en cours.

"La blessure chirurgicale moyenne – un trou de 5 à 8 centimètres – cicatrise d'elle-même en l'espace de 4 à 5 semaines, 6 au plus. Avec du zinc et de la vitamine C, il est possible que ce type de blessure cicatrise 25% plus rapidement" spécule le Dr Pollack.

"Si cela s'avère efficace, je recommanderai les suppléments de zinc à tous mes patients après les opérations... et probablement avant aussi" nous dit le Dr Pollack.

Le Dr Pollack pense à une quantité de 55 milligrammes par jour. C'est une quantité arbitraire, dit-il. Il est possible qu'une quantité de 30 milligrammes par jour soit d'abord suffisante pour les sujets sur le point de subir une opération.

Les brûlures guérissent plus vite avec le zinc.

Les docteurs ont constaté que les patients présentant des brûlures ont un très faible taux de zinc – principalement dû à la nature extrêmement destructrice des brûlures. Les suppléments de zinc accélèrent nettement la guérison des peaux brûlées. De plus, les greffes "prennent" mieux après administration de suppléments de zinc. (Clinical applications of zinc metabolism, Charles C. Thomas, 1974).

Les docteurs Pories et Strain tirent les mêmes conclusions de l'examen suivi de 43 brûlés à Case Western Reserve University. L'analyse des cheveux montre que le taux de zinc chute après une grave brûlure, dénotant une carence probable en zinc de tous les patients. Ceci "non seulement soutient l'hypothèse suivant laquelle le zinc est un facteur important de guérison, mais suggère aussi que la thérapie par le zinc est pleine de promesses pour le traitement des brûlures" (Zinc métabolism, Charles C. Thomas, 1966).

Le zinc fait disparaître les escarres.

Les escarres ne sont pas seulement laides et douloureuses, elles peuvent vous retenir à l'hôpital longtemps après la guérison de votre maladie. Une pression prolongée sur les coudes, les fesses et les talons – habituelle chez les personnes alitées pendant des semaines ou des mois – produit une plaie en forme de cratère qu'on appelle "escarre de décubitus". La peau cède simplement sous la pression et la friction permanentes contre les draps. A cause de leur emplacement, les escarres s'auto-entretiennent, résistant à tout traitement. La suppression de la pression contre les plaies, l'application de pommades et l'exposition à l'air peuvent aider à la guérison. Mais certains rapports indiquent aussi que, comme tous les autres problèmes cutanés, les escarres réagissent favorablement au traitement par le zinc.

LES STEROÏDES CONTRIBUENT
A L'ELIMINATION DU ZINC.

Même si votre apport quotidien de zinc est acceptable, d'autres facteurs peuvent entrer en jeu. L'emploi prolongé de médicaments comme la cortisone ou autres stéroïdes (corticoïdes, cortico-stéroïdes) est souvent responsable de l'élimination du zinc hors de l'organisme. Et cela peut retarder une guérison. Les docteurs Arthur Flynn et Orville A Hill, avec les Drs Pories et Strain, de Cave Western Reserve University School of Medecine et Cleveland Metropolitan General Hospital, ont mesuré les taux de zinc de patients traités avec des cortico-stéroïdes depuis longtemps. Leurs taux étaient très faibles. Et ces patients guérissaient beaucoup plus lentement que ceux qui recevaient des suppléments de zinc – 660 milligrammes de sulfate de zinc par jour (Lancet, 14 avril 1973).

D'autres docteurs confirment ces faits. Faisant le bilan du rôle du zinc dans la cicatrisation des plaies, les chercheurs des universités anglaises de Leeds et d'Edimbourg disent: "Chez les patients recevant un traitement prolongé aux corticoïdes, on observera un faible taux de zinc dans le sang et la cicatrisation des plaies sera difficile. Les suppléments de zinc semblent accélérer la cicatrisation chez ces patients". Ils nous rappellent également que d'autres conditions peuvent entraîner une demande accrue de zinc – chirurgie, blessure, cirrhose du foie, et naturellement, la carence en zinc en elle-même. Ils ajoutent encore que les patients ayant un faible taux de zinc risquent fort d'avoir des carences d'autres nutriments qu'il faudrait pallier pour que la guérison puisse prendre place (Surgey, Gynecology and Obstetrics, octobre 1976).

MAUVAISE ALIMENTATION, MAUVAISE CICATRISATION.

Les personnes qui ont le plus grand besoin de zinc ne le reçoivent sans doute pas. Il s'est avéré au cours des dix dernières années que l'alimentation des hôpitaux contient peu des nutriments dont les malades et les blessés ont le plus besoin pour se remettre. Le zinc fait partie des absents les plus remarqués. De plus, les patients des hôpitaux ne sont pas les seuls à en manquer. Il est probable que nous manquons tous de zinc.

Des chercheurs comme le Dr Leslie M. Klevay ont effectué pour le Ministère de l'Agriculture américain et pour l'Université du North Dakota, des études qui ont fait date, en analysant impitoyablement l'alimentation de 20 hôpitaux ainsi que celle du grand public. Le résultat stupéfiant fut que les menus des hôpitaux fournissent en moyenne 9,4 milligrammes de zinc par jour, soit à peu près 35% en dessous des 15 milligrammes recommandés pour les personnes en bonne santé, et environ 70% en-dessous des 30 milligrammes *minimum* nécessaires aux meilleures conditions de cicatrisation! (Les taux de cuivre étaient également bas. Et le cuivre est indispensable à la santé parce qu'il contribue à la solidité des nerfs et stimule l'absorption du fer). (Journal of the American Medical Association, 4 mai 1979).

LES SUPPLEMENTS COMBLENT LE DEFICIT.

Le foie de bœuf est la source de zinc numéro un. Mais il faudrait en manger une livre et demie tous les jours pour atteindre les 30 milligrammes nécessaires à une cicatrisation rapide et définitive.

C'est là que les suppléments interviennent. Ajoutés à une alimentation bien équilibrée et riche en zinc – foie, dinde, poisson, noix, graines et haricots – les suppléments de zinc nous préparent à faire face aux coupures à la cuisine, aux accidents du travail et au morsures des chiens. Il faut parfois plusieurs semaines pour que l'organisme s'adapte à un apport accru de zinc – c'est-à-dire pour qu'il l'utilise efficacement. Des suppléments pris régulièrement peuvent nous permettre de faire face aux blessures imprévues dans les meilleures conditions. Et les personnes prudentes devraient se fortifier avant de subir une "blessure" volontaire telle que la suppression d'un kyste ou autre. Petite ou grosse blessure, plus notre rétablissement est prompt, mieux nous nous sentons.

CHAPITRE 38

Les ulcères variqueux

DU ZINC POUR LES ULCERES REBELLES.

Les ulcères sont un autre exemple de plaies rebelles dont le zinc aide à venir à bout.

Certains ulcères des jambes sont dus à la détérioration d'une peau saine sous l'effet d'une pression, comme c'est le cas dans les escarres. Beaucoup sont dus à une mauvaise circulation du sang ou à un apport insuffisant de sang dans les veines et artères. Cela peut se produire à la suite d'une thrombose grave, de varices ou de diabète. Lorsqu'une quantité insuffisante de sang nourrit les extrémités, la peau se détériore et devient sujette à l'infection.

Le tout premier but, bien sûr, est de rétablir la circulation sanguine – par l'exercice, l'élévation des jambes, les bandages élastiques ou les trois combinés. Et la plaie ne doit être ni heurtée, ni endommagée. Mais elle a aussi besoin de soins particuliers. Elle doit rester humide et à l'abri de toute sorte de microbes pour accélérer la guérison et éviter toute infection.

Cependant, la plupart des ulcères des jambes sont rebelles aux traitements. Et ils affaiblissent l'organisme. Sachant que le zinc a la faculté de guérir les plaies, des chirurgiens de Jewis Hospital et de l'école de médecine de Washington University, à St Louis dans le Missouri, ont élaboré une crème à base de zinc et de deux autres agents cicatrisants. L'argent étant connu comme destructeur de microbes, le nitrate d'argent fut choisi comme agent antimicrobien. L'allantoïne, dérivé de l'acide urique, encourage la croissance et agit comme nécrophage, éliminant les tissus morts pour faire place aux nouveaux. Ce composé de zinc-argent-allantoïne dans une crème à 1% fut appliqué à 400 ulcères rebelles chez 264 patients. Pour certains d'entre eux, les chirurgiens avaient tout essayé, y compris des enveloppements médicinaux et des antibiotiques. Cependant, certains ulcères avaient continué à résister à tous ces traitements.

Après seulement une semaine d'application de la crème au zinc, 99% des bactéries étaient éliminées. Des 400 ulcères, 339 (presque 85%) étaient complètement guéris en une moyenne de 10 semaines (Archives of Surgery, juin 1977).

Le zinc pris oralement pourrait encore accélérer la cicatrisation, d'après les travaux du Dr S. Latafat Husain, dermatologue de la Royal Infirmary de Glasgow, en Ecosse. Lorsque le docteur donna des suppléménts de zinc (220 milligrammes, 3 fois par jour) à la moitié d'un groupe de 104 patients hospitalisés, le zinc diminua de moitié le temps de cicatrisation. Le délai moyen pour ceux qui ne recevaient pas de zinc fut 77 jours, mais les personnes ayant reçu des suppléments guérirent en une moyenne de 32 jours seulement.

(Clinical applications of zinc metabolism, Charles C. Thomas, 1974).

CHAPITRE 39

Herpès et boutons de fièvre

Cet horrible herpès!

C'est facile de le voir venir. Cela commence par une sensation de brulure à la lèvre. Puis apparaît un bouton blanc ou une ampoule rouge. Avant que vous ayez le temps d'y faire quoi que ce soit, cela vous cuit comme il n'est pas permis et vous voilà affublé pour deux semaines de cette rougeur gênante juste sur les lèvres.

Ces boutons, ainsi que tous les autres affectant la bouche – souvent appelés collectivement boutons de fièvre – sont douloureux et gênants, mais pas sans espoir. Une bonne dose de zinc supplémentaire, plus quelques simples précautions pourront vous permettre de les éviter.

LES AMPOULES DUES A UN VIRUS.

Cette éruption cutanée est causée par un virus – *herpès simplex type n° 1* – qui fait partie d'une grande famille de virus du même type. Très proche est l'herpès génital *(herpès simplex n° 2)*, qui provoque des eruptions semblables et une gêne dans et autour de la zône génitale chez les hommes et les femmes. Un autre type d'herpès affecte la cornée et, dans les cas extrêmes, la vue. L'herpès buccal est de loin la forme la plus commune de l'herpès et peut se produire en même temps que l'herpès génital chez la même personne. Les deux sont contagieux.

Les ulcérations buccales sont souvent difficiles à distinguer de l'herpès. Elles sont souvent assimilées à l'herpès dans les discussions. La différence principale est qu'on ne connaît toujours pas l'origine des ulcérations, qui réagissent cependant aux mêmes traitements que l'herpès.

Une fois qu'un virus de l'herpès est entré dans votre organisme – le plus souvent, mais pas toujours, à la suite d'un contact physique direct avec un sujet activement infecté – il peut se manifester de deux façons différentes. Soit il se lance dans une attaque en règle, pour se retirer finalement et vivre tranquille sur des tissus sains pendant le reste de votre vie; soit il revient à la charge de temps en temps. Certaines personnes souffrent de ses manifestations extérieures – des plaies vilaines et douloureuses – deux fois par an ou plus. Cependant, la plupart d'entre-nous semblent immunisés, succombant rarement – ou jamais – au microbe. Il semble qu'on y soit prédisposé de naissance. Si vos deux parents souffrent d'attaques répétées d'herpés, il y a neuf chances sur dix pour que cela vous arrive également. Si un de vos parents est touché, vous avez à peu près 60 chances sur cent d'en souffrir régulièrement. Lorsqu'aucun des deux parents n'est atteint, vos risques sont d'environ un sur quatre.

Le processus est toujours le même. L'herpès commence par un petit bouton tendre (ou un groupe de boutons) sur les lèvres, la langue, le palais, les gencives ou les joues, souvent précédé d'une sensation de démangeaison. Le bouton se rompt rapidement pour laisser place à des ulcérations douloureuses. En l'espace d'une semaine, elles forment une croûte, qui ne guérit complètement qu'en 10 jours à 3 semaines. (Un herpès buccal qui persiste pendant des semaines en devenant plus profond et plus étendu n'est pas de l'espèce à négliger et exige l'examen d'un docteur. Certaines maladies déclenchent ce type de symptômes. Consultez votre médecin pour être sûr).

Après la première infection, le virus de l'herpès se cache dans les racines nerveuses. Et pour la plupart des gens, il ne se manifeste pratiquement plus. Dans certaines circonstances, connues ou non, le virus peut redevenir actif et voyager le long du nerf jusqu'à la surface de la peau où il déclenche une nouvelle éruption.

Bien que la nature réelle des changements biologiques qui réactivent le virus soit encore inconnue, le déclenchement de trois attaques du virus de l'herpès sur quatre peut être attribué à un stress physiologique ou émotionnel. Toutes sortes d'irritations physiques peuvent le pousser à refaire surface: les coups de soleil, des baisers trop enthousiastes, les relations sexuelles, les soins dentaires, se raser, fumer, manger des aliments à bords coupants. (Les pommes de terre chips et les bretzels particulièrement durs sont des coupables reconnus).

L'angoisse et le surmenage peuvent provoquer une crise, de même que la fièvre, les rhumes et maladies respiratoires, d'où le nom commun anglais "cold sore" ("bouton de froid") et l'appellation de "boutons de fièvre" dans les deux langues. Les modifications hormonales du cycle mensuel peuvent provoquer une attaque. Certaines femmes mentionnent une absence totale d'herpès pendant la grossesse, alors qu'il se manifeste régulièrement en temps normal.

Finalement, les herpès et divers "boutons de fièvre" guérissent d'eux-mêmes. Ils durent en moyenne deux semaines, ce qui peut sembler infini à toute personne sujette à cette calamité. Les traitements ont pour but de soulager les symptômes, bien que les pommades antibiotiques soient parfois prescrites pour prévenir des infections secondaires par des bactéries. L'aspirine et les bains de bouche anesthésiques soulagent temporairement l'inflammation de la bouche et réduisent la douleur dûe au simple fait de manger. Le rinçage à l'eau salée et l'application d'alun et de levure chimique sont parfois employés, mais faites bien attention de n'avaler ni l'un ni l'autre. Un dentiste prétend que le jus de choucroute peut aider, pour ceux qui peuvent en supporter le goût.

LE ZINC A LA RESCOUSSE.

Des études indiquent que beaucoup de cas d'herpès, ulcérations buccales et divers boutons de fièvre réagissent favorablement au zinc, peut-être en inhibant la faculté de reproduction du virus ou en renforçant le système immuno-défensif. Dans une clinique australienne, on a donné à 10 personnes victimes de cas rebelles d'herpès génital 220 milligrammes de sulfate de zinc (equivalent d'environ 50 milligrammes de zinc) par jour, ainsi que 50 milligrammes de sulfate de magnésium et 5 milligrammes de chaque vitamine B1 (thiamine) et B2 (riboflavine).

Au cours du mois précédant le traitement, ces personnes avaient subi un total de 22 attaques d'herpès. Pendant le premier mois du traitement, les attaques tombèrent à 19; au cours du deuxième mois, à 12 et à 9 au cours du troisième. Non seulement le nombre véritable des rechutes diminua de moitié, dit le Dr Rodney Jones, mais ceux qui subirent des rechutes en eurent de moins importantes et moins douloureuses que d'ordinaire. Deux patients dirent au Dr Jones qu'ils avaient doublé leur dose de zinc au tout premier signal de démangeaison et de brûlures, évitant ainsi toute attaque.

Le Dr Jones considère ses travaux comme préliminaires mais, dit-il, "montrant un bénéfice apparent du traitement au zinc... avec une amélioration du point de vue objectif et moral". Autrement dit, le virus étant "sous contrôle", les patients se sentaient beaucoup mieux (Medical Journal of Australia, 7 avril 1979).

Quelques semaines plus tard, dans le même journal, le Dr J.C. Fitzherbert rendait compte d'une expérience officieuse de traitement de l'herpès par le zinc s'étant déroulée d'une façon identique. Le Dr Fitzherbert réquisitionna ses sujets affectés d'herpès parmi amis, famille et collègues. Ils commencèrent tous à prendre 100 milligrammes de sulfate de zinc (environ 25 milligrammes de zinc) deux fois par jour pendant 6 semaines, ainsi que 250 milligrammes de vitamine C. Les effets allèrent de l'absence totale de crise chez certains à de violentes éruptions pour d'autres. Entre ces deux extrêmes, quelques personnes mentionnèrent de faibles symptômes comme les légères démangeaisons préludant à l'apparition des boutons, sans que l'éruption ait lieu; ou avec seulement une légère enflure ou une petite ampoule pour un seul jour. Le Dr Fitzherbert remarque que les différences individuelles expliquent la variété des résultats. "Le niveau de concentration du zinc dans les cellules semble crucial. Les facteurs qui peuvent en réduire la disponibilité ou l'absorption, ou en augmenter l'excrétion, peuvent contrarier les résultats. L'alcool, en particulier, qui provoque une plus grande excrétion, nécessite une augmentation de l'apport de zinc". Autrement dit, si vous buvez, prenez du zinc.

Incidemment, le Dr Fitzherbert mentionne que le zinc bloque également la reproduction des virus des "rhumes" (Medical Journal of Australia, 5 mai 1979).

Bien que leur origine soit probablement différente, les ulcérations buccales réagissent également au traitement par suppléments de zinc. Dans une étude sur 17 patients souffrant d'ulcérations buccales, les suppléments de zinc ont entraîné une amélioration pour 12 d'entre eux: ils n'eurent que peu ou pas de boutons, et ces derniers étaient plus petits et moins douloureux et disparurent plus rapidement – des résultats semblables à ceux obtenus dans les deux expériences australiennes. Trois patients complètement guéris cessèrent de prendre le zinc pour voir réapparaître leurs plaies, qui disparurent à nouveau lorsqu'ils recommencèrent à prendre du zinc (Southern Medical Journal, mai 1977).

Ces résultats sont logiques, étant donné l'aptitude connue du zinc à lutter contre l'infection et à remédier aux problèmes cutanés. La dernière théorie concernant les ulcérations buccales est qu'elles résulteraient d'une incompatibilité entre les muqueuses de la bouche et certaines cellules blanches (lymphocytes) du sang, éléments clefs du système immunitaire. Pour une raison inconnue, la muqueuse et les lymphocytes subissent un changement simultané qui déclenche une réaction destructrice dans l'organisme du sujet. Le résultat est la plaie de l'ulcération.

Des applications locales de zinc peuvent également être efficaces pour l'herpès et les ulcérations. Au cours d'une expérience, 18 personnes furent traitées par pansement imprégné d'une solution de 4% de sulfate de zinc, appliqué 4 fois par jour. La douleur, les picotements et les brûlures cessèrent pour toutes en 24 heures. Pour la plupart, des croûtes se formèrent en 2 jours, au lieu des 7 jours habituels. La guérison fut complète en une moyenne de 10 jours, comparée aux 16 jours habituellement nécessaires.

Les auteurs de cette expérience estiment que des études plus approfondies sont nécessaires, mais pensent que "l'usage externe local du zinc peut s'avérer un moyen sans danger, simple et peu coûteux de traiter cette affection" (Acta Dermatovener, vol n° 2, 1980).

L'utilisation locale du zinc peut être aussi efficace pour les ulcérations. Un homme relate sa méthode – peut-être peu scientifique, mais néanmoins satisfaisante:

> J'ai subi pendant 40 ans la gêne des ulcères buccaux et j'ai essayé tous les traitements recommandés par les médecins.
> Le gluconate de zinc me donne satisfaction. Il y a un peu plus d'un an, j'ai décidé de tenter une expérience avec le zinc, puisque c'est un ingrédient contenu dans toutes sortes de préparations pharmaceutiques pour les problèmes cutanés depuis des siècles. Le gluconate de zinc m'a paru un bon choix, puisqu'on le trouve sous une forme acceptable pour l'usage interne. Je pulvérise plusieurs comprimés en me servant d'une cuillère à soupe et une cuillère à café comme d'un mortier. J'applique ensuite cette poudre sur mes ulcères, en me servant d'un coton-tige humecté, toutes les trois ou quatre heures. La guérison est généralement complète en l'espace de deux ou trois jours au lieu d'une semaine ou plus.

LE FER PEUT AIDER AUSSI.

Peut-être à cause du rôle important qu'il joue dans le système immunologique, l'importance des réserves de fer peut avoir une influence sur l'apparition ou l'absence d'ulcérations buccales. Deux études entreprises par le Dr David Wray et quelques autres chercheurs de la Clinique-Ecole dentaire de Glasgow en Ecosse, ont montré que les personnes souffrant d'éruptions répétées d'ulcérations buccales ont de fortes chances d'avoir des carences en fer, acide folique (une vitamine B) et vitamine B12. De ces trois nutriments, le fer est le plus communément manquant.

Trente-neuf personnes souffrant d'ulcérations buccales et présentant des carences en fer, acide folique ou vitamine B 12 (ou les 3) ont toutes réagi favorablement aux suppléments des éléments manquants. Vingt-deux n'eurent plus d'ulcérations pendant au moins 6 mois. Ce qui est une bénédiction pour des personnes qui en étaient ateintes régulièrement depuis des années – depuis 40 ans pour certaines. Onze eurent quelques ulcères occasionnels; cinq ne furent pas soulagées du tout, vraisemblablement en raison d'une maladie non identifiée.

En plus des suppléments à usage interne, certaines personnes emploient des bains de bouche à base de chlorure ou de sulfate de zinc, accélérant d'environ 10% la guérison.

A la suite de ses travaux, le Dr Wray suggère que la tendance aux ulcérations buccales de certaines personnes pourrait être imputable à une maladie non identifiée déclenchant l'éruption lorsqu'elle se combine avec des carences nutritionnelles (Journal of Oral Pathology, décembre 1978).

LA PREVENTION DES ATTAQUES.

Ce qui importune le plus pour les personnes qui en sont victimes n'est pas tant *la durée* que la fréquence des attaques d'ulcères et d'herpès. Si vous avez une éruption de cloques   chaque fois que vous avez un rendez-vous, cela peut sans aucun doute vous gâcher l'existence. Si vous devez parler en public ou chanter à la première rangée du chœur le dimanche de Pâques, vous n'avez évidemment pas envie d'avoir la bouche tapissée de chancres rouges.

L'étude mentionnée plus haut donne à penser qu'on peut prévenir les ulcères de la bouche. En dehors du zinc, il existe d'autres mesures préventives. Si l'exposition au soleil semble déclencher une attaque, employez une crème pour les lèvres et une bonne lotion solaire. Ou essayez d'éviter le soleil sauf pour de courts moments. Si les lames de rasoir semblent réveiller les microbes endormis, usez copieusement de votre mousse à raser pour réduire l'irritation. Ou essayez un rasoir électrique rotatif. Et renoncez aux aliments irritants.

Et naturellement, évitez de faire profiter les autres de vos malheurs. On a besoin de faire partager ses ennuis, mais pas quand il est question d'herpès. Le contact physique direct est le premier moyen de propagation de la maladie. Lorsque vous en êtes victime, gardez vos amis et votre famille à distance.

CHAPITRE 40

L'acné

L'acné n'est pas la fin de tout. Mais pour ceux qui en souffrent, cette affection vient probablement en troisième position – tout de suite après la lèpre.

Mais le zinc peut l'éliminer complètement.

Aux environs de 17 ans, 86,4% des jeunes Américains ont de l'acné. Beaucoup essaient toutes les pommades à tour de rôle pour se débarrasser des pustules et des marques sur le visage, le cou, la poitrine, les épaules et le dos. Ou se lavent si souvent et avec une telle ardeur que par comparaison, Lady Macbeth aurait l'air d'avoir les mains sales.

Ceux qui vont consuter un dermatologue en ressortent souvent avec une ordonnance à vie pour des antibiotiques. Dans les cas extrêmes, certains ont recours à la chirurgie esthétique pour un peeling en règle.

C'est un fait que personne ne meurt de l'acné. C'est peut-être une des raisons pour lesquelles la recherche a fait relativement peu pour résoudre vraiment ce problème. Cependant, ces dernières années, et presque par accident, les docteurs ont constaté que le zinc était probablement la solution.

QU'EST-CE QUE L'ACNE?

En réaction aux hormones sexuelles dont la puberté déclenche la sécrétion, les nombreuses glandes sébacées de la peau secrètent une substance grasse appelée sébum. Ces glandes sont plus grosses et plus nombreuses sur le visage, le cou, la poitrine, les épaules et le dos – lieux d'élection de l'acné. Normalement, le sébum s'échappe par les pores à la surface de la peau. Chez les personnes ayant tendance à l'acné, cependant, le sébum bouche les pores. Si les pores restent bouchés, mais ouvert, le résultat est un "point noir". Pas joli, mais pas dangereux. Si les pores bouchés se referment, emprisonnant les substances grasses, le résultat est un point blanc et c'est là que commencent les ennuis.

Certaines bactéries (Corynebacterium acnes) se développent dans le sébum. Et elles *prolifèrent* littéralement dans les pores bouchés. Les pores infectés peuvent se remplir de pus (les boutons de l'acné) et la peau environnante peut s'enflammer.

Certains boutons peuvent devenir si gros qu'ils laissent des cicatrices comme des cratères s'ils ne sont pas traités. Mais ne les pressez pas. Cet auto-traitement impitoyable des boutons d'acné laisse aussi des cicatrices. C'est là qu'intervient l'abrasion de la peau, un moyen drastique qui permet d'effacer médicalement les traces.

Maintenir la peau aussi propre que possible peut éliminer toute accumulation de graisses favorisant l'acné. Mais la majeure partie du vilain travail des bactéries se fait sous la surface de la peau. Il existe une controverse concernant la consommation de chocolat et d'aliments gras comme les frites. Certains dermatologues jurent qu'ils n'ont aucun effet. D'autres jurent qu'ils en ont un. Certains cas mystérieux d'acné ont surgi non pas à la suite de la consommation d'aliments gras, mais de poudre de varech ou d'additifs contenant de l'iode.

LES MEDICAMENTS.

La tétracycline et d'autres antibiotiques suppriment l'acné chez certains sujets, en luttant contre la bactérie qui en est responsable. Notez bien que nous disons "suppriment" et non "guérissent". Dès qu'on cesse de prendre les antibiotiques, l'acné fait sa réapparition.

Un bon dixième de toute la tétracycline produite aux Etats Unis est utilisé pour lutter contre l'acné. Cependant, elle n'est pas 100% efficace. Le succès serait plutôt de l'ordre de 65%. Ce qui n'est pas si fantastique. Même les placebos (fausses pillules sans ingrédients actif) "marchent" jusqu'à 56 fois sur cent. Pourquoi certaines personnes réagissent favorablement et d'autres pas, personne ne le sait. Et malheureusement, les antibiotiques ont moins de chances d'être efficaces pour les sujets les plus gravement touchés.

Même les personnes pour qui les antibiotiques sont efficaces ne sont sans doute pas débarrassées de leur problème. Bien que les allergies, les réactions toxiques et autres effets secondaires soient assez rares, ils se produisent dans une certaine mesure pour un utilisateur sur dix, et il y a d'autres inconvénients. Les infections vaginales (particulièrement du type Candida Albicans) sont plus fréquentes chez les jeunes femmes traitées aux antibiotiques pendant des mois ou des années. Et si l'antibiotique amène une amélioration chez beaucoup de jeunes au début, la bactérie devient résistante à ce médicament et il faut passer à un autre. De sorte que sortir de l'âge de l'acné est la seule façon de mettre fin à ce cortège d'antibiotiques.

Des applications locales de substances desquamatrices sont souvent conjuguées à des antibiotiques pour venir à bout des points noirs et blancs – mais cela ne se fait jamais sans certaines rougeurs et irritations.

LE ZINC VAINQUEUR DE L'ACNE.

A l'inverse de la thérapeutique basée sur les antibiotiques, le zinc fait mourir les bactéries de mort naturelle. C'est non seulement sans danger, mais apparemment plus efficace que les antibiotiques – 85% de réussite d'après les quelques essais effectués.

Un docteur suédois, qui traitait des patients pour une autre maladie de peau, un trouble rare du métabolisme du zinc appelé acrodermatitis enteropathica, fut le premier à découvrir la thérapie par le zinc.

Lorsque le Dr Gerd Michaelsson et ses collègues de l'hôpital de l'Université d'Uppsala en Suède, donnèrent du zinc à un de leurs malades atteint d'acrodermatitis enteropathica, ils remarquèrent un effet secondaire inattendu et très apprécié: l'acné du patient avait disparu presque complètement.

Ils décidèrent ensuite de donner du zinc à des adolescents et jeunes adultes affectés par l'acné. Les résultats furent encourageants. Au bout de 12 semaines de traitement, les personnes prenant du zinc constatèrent une diminution de leur acné d'environ 85%. "En fait", conclurent-ils, "l'effet du traitement au zinc sur des patients gravement atteints a été remarquable".

"Huit patients du groupe remarquèrent d'eux-mêmes que la peau de leur visage était moins grasse qu'avant le traitement, et même plutôt sèche", rapportent les médecins suédois. De plus, ajoutent-ils, beaucoup de patients avaient aussi de l'acné sur la poitrine et le dos, et la guérison y fut du même ordre que sur le visage".

Après 4 semaines de traitement au zinc, l'amélioration était d'environ 50% pour neuf personnes sur treize qui n'avaient jamais subi de traitement aux antibiotiques.

"Nous ne savons pas encore comment expliquer l'effet du zinc dans le traitement de l'acné" disent le Dr Michaelsson et ses collègues. "Il est possible qu'une totale ou relative carence en zinc s'instaure à la puberté. La carence en zinc semble être plus fréquente qu'on ne le pensait, et un apport journalier inférieur aux 15 à 20 milligrammes recommandés n'est probablement pas inhabituel. Les menus de certains hôpitaux, ainsi que ceux des foyers moyens des Etats-Unis et des pays européens se sont avérés ne contenir souvent que 4 à 7 milligrammes de zinc".

A partir de ce fait, le Dr Michaelsson pense qu'une carence en zinc à l'époque de la puberté pourrait perturber certains rapports hormone-enzyme. Le zinc est indispensable à des douzaines d'enzymes, dont certaines ont un lien avec l'activité des hormones sexuelles (androgène et oestrogène) démarrant à la puberté. Il se trouve que certaines de ces enzymes sont situées dans les glandes sébacées, produisant les substances grasses de la peau, terrain de développement des bactéries de l'acné. En l'absence de zinc, pense le Dr Michaelsson, les enzymes sont perturbées et le résultat visible est l'acné.

Le zinc, agent anti-inflammatoire, peut également aider à résorber l'acné déjà en cours de développement en réduisant l'irritation, effaçant ainsi les rougeurs caractéristiques qui accompagnent souvent les boutons (Archives of Dermatology, janvier 1977).

Un peu plus tard cette année-là, en Suède également, une autre étude donna des résultats similaires. Sur 91 patients souffrant d'acné, on donna 45 milligrammes de zinc (sous forme de sulfate de zinc) à 48 d'entre eux, deux fois par jour pendant 12 semaines. On donna des placebos à 43 personnes. En se basant sur des photos et sur l'opinion des patients eux-mêmes, le Dr Lars Hillstrom et d'autres dermatologues conclurent que, comparé aux placebos, le zinc était vraiment efficace. "Après 12 semaines de traitement au sulfate de zinc, 75% des patients se montrèrent satisfaits des résultats obtenus" disent-ils (British Journal of Dermatology, décembre 1977).

Considérant les travaux suédois et les inconvénients des traitements antibiotiques, l'auteur d'un article paru dans un journal médi-

cal de New South Wales recommande l'approche suivante pour traiter l'acné d'une façon satisfaisante:
"1. Un court traitement à la tétraycline pour interrompre l'infection;
2. Administration de sulfate de zinc (approximativement 100 milligrammes par jour) le soir (jamais avec des céréales ou dérivés qui se lient partiellement avec le zinc), à continuer de temps à autre dans les moments où la demande en zinc se trouve augmentée. Pas de tétracycline au cours de cette phase du traitement...

"Pour un adolescent, 100 milligrammes correspondent approximativement au taux recommandé quotidien" dit le Dr J.C. Fitzherbert et il ajoute: "Cela semble logique de combiner le zinc avec la vitamine C qui joue aussi un rôle dans la fabrication du collagène" (Medical Journal of Australia, 12 novembre 1977).

PLUS D'ACNE.

Les gens qui ont constaté la victoire du zinc sur l'acné se sont débarrassés de toutes leurs crème inutiles et s'en tiennent au zinc. Voici quelques-uns de leurs commentaires publiés dans le courrier des lecteurs du magazine "Prevention".

Depuis quelques temps, je me sens comme une nouvelle personne. J'avais une des plus vilaines peaux du monde, à cause de l'acné. Je répugnais à me mettre toutes ces "saletés" sur la figure, mais j'ai essayé tout ce que le commerce avait à offrir. Puis j'ai lu quelque chose sur le zinc. J'ai commencé à en prendre 50 milligrammes par jour avec des vitamines. Vous voyez les résultats et vous imaginez à quel point je suis heureuse.

J'ai 25 ans et j'ai un problème d'acné depuis 10 ans. Je ne pouvais pas me débarrasser des boutons sur mon menton – c'est à dire, jusqu'à ce que j'essaie le zinc.

J'ai commencé avec 50 milligrammes et je n'en prend plus que 30 par jour. Je prends également des vitamines A, C, D, de la dolomite et je ne manque jamais de prendre 2 cuillères à soupe de levure de bière par jour. Je n'arrive pas à croire à quel point ma peau est belle maintenant. J'avais toujours au moins un bouton sur le menton mais je n'en ai pas un seul depuis deux semaines et j'ai du mal à y croire. Tous les jours je me dis que je vais en voir apparaître un, mais le zinc semble faire son travail.

Récemment je suis tombée sur un article décrivant le zinc comme une aide pour les martyres de l'acné. Cela fait merveille. J'ai commencé à en prendre et ma peau, qui était toujours couverte de boutons n'a jamais été aussi nette. Croyez-le ou non, j'ai eu de l'acné jusqu'à 30 ans passés. Toute l'hygiène et toutes les lotions du monde n'ont jamais pu faire ce que le zinc a réussi en une courte semaine.

Je tiens à faire part de ma découverte à tous les jeunes handicapés par ces horribles boutons!

Une mère enchantée écrit:

Notre fils avait le dos couvert d'acné, avec des cicatrices et de grosses pustules. Trois semaines après qu'il eût commencé à prendre du zinc, nous avons remarqué un début d'amélioration et maintenant, il n'a plus d'acné – seulement un ou deux petits boutons occasionnels.

Et enfin:

J'ai souffert de l'acné pendant 10 ans. Puis j'ai lu un article sur le zinc. J'en prends depuis trois mois, et je n'avais jamais eu d'aussi bons résultats avec tout ce que j'avais essayé. Mon acné est en train de guérir d'une façon très satisfaisante.

CHAPITRE 41

Les démangeaisons

Les démangeaisons ont trop d'origines possibles pour qu'on puisse les mentionner toutes: peau sèche, irritation, allergies à des aliments, des fibres textiles, des animaux domestiques, à des médicaments, des plantes, des maladies latentes.

Si vous pouvez éliminer toutes ces causes mais que cela vous démange toujours, il est possible que vous manquiez de fer.

ENFIN CALMÉE PAR LE FER.

En août il y a quelques années, une dame de 62 ans est entrée dans une clinique de San Angelo au Texas. Depuis 6 mois, et sans raison apparente, elle avait des démangeaisons partout et elle en devenait folle.

Les Docteurs de la clinique lui firent subir un examen et analysèrent sa peau sans trouver quoi que ce soit. Elle prenait de l'oestrogène régulièrement et de l'aspirine de temps en temps. Pendant les mois qui suivirent, les docteurs essayèrent médicament après médicament et rien n'y fit. Ses démangeaisons continuèrent. En décembre de cette année-là, elle renonça aux médicaments. Les docteurs pensèrent d'abord que le problème était psychogénique – c'est-à-dire soit émotionnel, soit "dans sa tête".

Ils firent donc d'autres tests. Les analyses de sang montrèrent que son taux de fer était très bas. De même que les résultats des autres tests témoignant du statut du fer dans l'organisme. La moelle des os – terrain de choix pour la reproduction de globules rouges sains – présentait aussi des anomalies. Apparemment, cette femme était anémique depuis le début.

On lui donna immédiatement 300 milligrammes de sulfate de fer (équivalent de 60 milligrammes de fer) trois fois par jour, c'est-à-dire un total de 180 milligrammes de fer par jour. (Cela se situe dans la fourchette des 150 à 200 milligrammes de fer qui constituent le traitement standard de l'anémie causée par une carence en fer caractérisée).

Cette dame commença à se sentir mieux en l'espace de quelques jours. On arrêta l'aspirine et l'oestrogène, puis on recommença pour voir si l'un de ces deux médicaments avaient un rapport avec les démangeaisons. Ils n'en avaient aucun. Aucune maladie latente n'était responsable non plus. Les démangeaisons disparurent complètement avec les suppléments de fer.

"La carence en fer devrait être considérée comme une cause possible de démangeaisons généralisées" – particulièrement lorsque toute autre maladie est mise hors de cause, dit le Dr E. Michael Lewiecki, un des deux médecins ayant rapporté ces cas.

Le Dr Lewiecki et son collègue, le Dr Fazlur Rahman, un hèmatologue (spécialiste du sang) disent que la carence en fer semble donner naissance à une sorte de défaut des tissus épithéliaux – c'est-à-dire des tissus "doublant" les organes tels que la peau. L'engourdissement et les picotements sont également fréquents, suggérant un légère dysfonctionnement des nerfs. Les Drs Lewiecki et Rahman pensent que ces changements dans la peau et les nerfs lors de carence en fer pourraient être une cause des démangeaisons généralisées, telles celles dont leur patiente avait été victime (Journal of American Medical Association, 15 novembre 1976).

Quelques mois plus tard, ce rapport attira l'attention du Docteur John R. T. Reeves, de l'Université de Californie à San Francisco, qui rapporte: "J'ai examiné le taux de fer chez plusieurs patients affectés d'un inexplicable prurit (démangeaisons) et dans deux cas au moins, les patients manquaient de fer et répondirent favorablement à un traitement par suppléments de fer". (Journal of American Medical Association, 4 avril 1977).

Le Dr Reeves s'était basé sur les travaux d'un autre médecin, le Dr C.F.H. Vickers, un dermatologue anglais qui a sans doute rendu compte de plus de cas de démangeaisons imputables à une carence en fer que tout autre chercheur. La lettre du Dr Reeves poussa le Dr Vickers, de Liverpool Royal Infirmery et de l'université de Liverpool en Grande Bretagne, à mettre les lecteurs au courant de ses résultats. Jusqu'en 1974, le Dr Vickers avait vu un total de 87 cas de démangeaisons imputables à la carence en fer (Journal of American Medical Association, 11 juillet 1977).

LES DEMANGEAISONS DUES A UNE CARENCE EN FER PLUS FREQUENTES QU'ON NE LE CROIT.

Pour finir, un docteur finlandais communiqua d'intéressantes statistiques. Entre 1967 et 1972, plus de 23000 hommes et presque 20000 femmes en Finlande eurent leur hémoglobine examinée. L'hémoglobine, molécule qui transporte l'oxygène du sang, est un bon indicateur de l'état du fer dans le sang. D'après le questionnaire, 13,6% – environ 1 sur 7 – des personnes souffrant de déficience en fer avaient de fréquentes démangeaisons. Ce pourcentage est 2 fois plus élevé que chez les personnes ayant un taux de fer normal.

Le docteur Heikki Takkumen, de l'Hopital Central de l'Université d'Helsinki, pense que la carence en fer peut provoquer des changements dans la peau et les muqueuses et que les démangeaisons ne seraient qu'une manifestation de ces changements (Journal of American Medical Association, 3 avril 1978). Ses explications sont très proches de celles du Dr Lewiecki.

L'important, dit le Dr Reeves, est que les démangeaisons peuvent commencer à se manifester avant que la carence soit devenue catastrophique. Beaucoup de patients dont parle le dermatologue anglais, le Dr Vickers, n'étaient pas véritablement anémiques. Mais néanmoins, leur taux de fer dans le sang était assez bas pour provoquer les démangeaisons (Journal of the American Association, 4 avril 1977).

CHAPITRE 42

L'eczéma

L'eczèma est difficile à définir avec précision. On assume que l'eczèma, inflammation de la peau, est une réaction allergique à toute une série de susbstances potentiellement irritantes – aliments, poussière, soleil, sècheresse de l'air, air froid, savon, cosmétiques, bijoux, et même champignons et levures. Quelle que soit la substance à laquelle vous pouvez penser, il y a toujours quelqu'un qui y est allergique.

Pour faire face à ce dilemme, de nombreux dermatologues définissent l'eczéma simplement comme "tout ce qui ressemble à de l'eczéma". Techniquement, on emploie les termes d'eczèma atopique, de dermatite atopique, ou de dermatite exzémateuse. L'apparence est rouge, faite de plaques de petites pustules qui démangent horriblement. Eventuellement, l'eczéma forme une croûte, puis des "écailles". La peau affectée s'épaissit alors, durçit et brunit. Certaines formes d'eczéma passent par toutes ces étapes; certaines autres par quelques-unes seulement. Cependant, la caractéristique est la présence des minuscules ampoules remplies d'eau. En fait, le mot "eczèma" vient d'un mot grec signifiant déborder.

Une autre caractéristique de l'eczèma est qu'il est encore pire dans les creux des coudes et des genoux. La peau est, par endroits, rouge, rugueuse, craquelée, formant des écailles et parfois, elle peut saigner.

L'eczèma pourrait être une conséquence de la nervosité, de l'angoisse et de la tension. Sinon, et en mettant les choses au mieux, il peut vous rendre irritable. La perspective de l'eczéma n'est pas réjouissante.

Les attaques peuvent être aigües et les rechutes sont habituelles. L'eczéma commence dans la petite enfance et se maintient pendant toute la vie. Il disparaît parfois pendant des mois ou ne se manifeste que légèrement. A d'autres moments, les attaques sont extrêmement graves. Dans trois cas sur quatre, la personne affectée vient d'une famille ayant un long passé d'allergies, et elle a de fortes chances d'être elle-même victime de l'asthme ou du rhume des foins.

Cependant, la réaction allergique de bien des cas d'eczéma pourrait n'être que la manifestation extérieure du problème, qui serait une déficience de base du système immuno-défensif, une incapacité du système de défense de l'organisme à lutter contre certaines substances irritantes.

Le traitement standard de la médecine contre l'eczéma est l'emploi des corticostéroïdes, qui apportent un soulagement spectaculaire. Mais ces médicaments sont trop puissants pour qu'on y ait recours autrement que dans les cas d'attaques particulièrement aigües. Pour les traitements de longue durée, les pommades, crèmes, lotions et gels à base de stéroïdes sont plus appropriés. Ils sont cependant absorbés par la peau et passent dans le flot sanguin, et ne peuvent être employés sans précaution. Parfois ils sont efficaces, et parfois ils ne le sont pas.

En fait, la recherche offre peu de choses en matière de prévention, en dehors du conseil évident d'éviter ce qui semble aggraver la condition. L'eczéma sur les mains peut être causé par les produits d'entretien ménagers ou les produits industriels, les gants ou les bagues. Sur le visage, les cosmétiques pourraient être responsables. Les bijoux pourraient déclencher les crises sur les doigts, le cou, le lobe de l'oreille ou les poignets. L'irritation occasionnée par des vêtements pourrait être responsable de l'eczéma sous les bras et celui des pieds peut parfois être attribué à des matériaux irritants dans les chaussures.

Des causes internes – virus ou autre – sont difficiles à déterminer. C'est là que l'alimentation entre en jeu. Une mauvaise nutrition diminue l'efficacité des défenses: la bonne nutrition les améliore.

LE ZINC

De nombreux nutriments sont indispensables à la santé de la peau. Le zinc est l'un d'eux. Les vitamines A, D et E – solubles dans les corps gras – sont également importantes. Comme le zinc, la vitamine C est indispensable à une bonne cicatrisation, et les eczémateux ont beaucoup de peau à guérir.

Ces nutriments constituent le fond du traitement nutritionnel de l'eczéma adopté par le Dr Jonathan V. Wright, auteur du livre "Dr Wright's Book of nutritional therapy" (Rodale Press, 1979). Avec les patients de son cabinet de Kent, dans l'état de Waghington, le Dr Wright a employé un traitement basé sur le zinc pour venir à bout de 40 cas d'eczéma.

Bien que chaque cas soit particulier, le Dr Wright commence son traitement avec 50 milligrammes de zinc, trois fois par jour, plus 1000 milligrammes de vitamine C deux fois par jour. Il y ajoute une cuillère à soupe d'huile de foie de morue (contenant les vitamines solubles dans les corps gras) au cours des attaques aigües. Puis il en vient à 25 milligrammes de zinc par jour, 1000 milligrammes de vitamine C plus l'huile de foie de morue en hiver. Il faut parfois compenser certains facteurs d'absorption – tels qu'une faible acidité gastrique ou une faible activité des enzymes du pancréas – pour que le zinc puisse agir. Un examen pour déceler les possibles allergies est parfois nécessaire pour faire face aux irritants potentiels.

"Aucuns travaux concernant le traitement de l'eczéma par le zinc n'ayant été publiés à ma connaissance, je préfère être très prudent dans la description des maladies de peau auxquelles le zinc peut remédier" dit le Dr Writht.

"Une des caractéristiques de la maladie est son apparition dans le creux des coudes et des genoux. Bien qu'il puisse se manifester ailleurs (entre les doigts, sur leurs côtés, sur la paume des mains, les poignets, les avant-bras, le long des jambes et derrière les oreilles) les régions du coude et du genou sont habituellement les premières affectées et les dernières à guérir.

Dans les cas moins graves, la peau rougit. Elle paraît rugueuse et l'est au toucher. Quand il s'aggrave, la peau devient plus ou moins écailleuse et elle pèle plus ou moins vite. La rougeur augmente, devenant plus foncée et plus brillante. Dans les cas sérieux, la peau craque et refuse de cicatriser. Dans certains cas graves, du fluide s'échappe des plaies. Il peut arriver que l'éczéma s'infecte, bien qu'il s'agisse là d'une complication et non du problème en lui-même".

"Souvent, l'eczéma atopique (allergique) disparaît pour ré-apparaître à nouveau. Parfois la peau s'éclaircit totalement entre deux attaques. Parfois il y a amélioration et récidive, sans guérison complète. La plupart du temps, c'est un problème de l'enfance, mais il se produit parfois chez les adultes".

"La patience est un élément essentiel du traitement de l'eczéma atopique par le zinc," souligne le Dr Wright. "Il arrive que 3 à 6 semaines passent sans qu'on puisse voir d'amélioration. Souvent le problème est résolu en l'espace de trois à quatre mois, mais j'ai vu certains cas prendre 6 à 8 mois".

"Au cours des deux dernières années, j'ai insisté sur l'utilisation d'acides gras essentiels combinés au zinc et à la vitamine C dans le traitement de l'eczéma atopique. Il semble que l'action soit un peu plus rapide dans ce cas, et qu'il y ait un peu moins de cas d'aggravation. Les acides gras essentiels se trouvent dans les huiles végétales, telles que le tournesol, sésame et autres. Tout récemment, des travaux de recherche ont permis de découvrir le lien zinc-acides essentiels, montrant que le zinc est indispensable à la transformation en leur forme active de certains acides gras essentiels dérivés de l'alimentation" explique le docteur Wright.

L'efficacité du zinc pourrait aussi s'expliquer en partie par une substance des cellules appelée ARN, dit le Dr Wright. "Les Drs Hsu et Anthony de John Hopkins University, rapportent que la carence en zinc empêche la synthèse de l'ARN dans la peau, *mais pas* dans les autres organes (pancréas, foie, reins, testicules) de leurs animaux de laboratoire. L'ARN donne les ordres pour la réparation des tissus protéiniques tels que la peau, mais ne peut le faire en cas de carence en zinc.

"Evidemment, les résultats sur les rats et sur les humains ne sont pas toujours identiques" dit le Dr Wright. "Cependant, étant donné les résultats obtenus avec le zinc, il est possible qu'on est là une bonne partie de la solution".

"Quoi qu'il en soit, il est certain que le zinc "marche", en particulier si on ne néglige pas les facteurs d'assimilation ni d'allergie".

LES ALLEES-VENUES DE L'ECZEMA.

En dehors des expériences cliniques du Dr Wright, nous avons reçu des témoignages favorables de personnes qui ont augmenté leur consommation de zinc pour faire face aux problèmes démoralisants de l'eczéma.

Il y a quelques mois, je suis allé consulter un dermatologue, à cause de la peau de mon visage déssechée, douloureuse et me démangeant sans cesse. Il ne lui fallut pas longtemps pour me signaler que j'avais de l'eczéma, me prescrire une crème et me demander 25 dollars. Mais cela ne me soulagea pas du tout.

Je me suis alors souvenu de ce que j'avais lu sur le zinc et les problèmes cutanés. J'ai essayé immédiatement (50 milligrammes par jour). Je fus bientôt débarrassé de ces petites pustules. J'ai cessé d'employer la crème et ma peau est restée nette. Mais je me suis trouvé sans zinc et l'exzéma réapparut. Dès que je repris le zinc, mon problème disparut à nouveau.

Il y a un an que ma femme souffrait d'un mauvais cas d'eczéma sur les mains. Aucun des remèdes prescrits ne la soulagea.

Elle a pris du zinc et l'eczéma a disparu d'une façon spectaculaire, en un mois. Etonnant.

J'ai eu de l'eczéma sur les mains pendant des années. Mon état s'est beaucoup aggravé pendant que j'allaitais mon premier bébé. Bien que j'aie essayé diverses façons de me soigner les mains, rien n'y faisait vraiment.

J'ai commencé à prendre un chélate de zinc, 50 milligrames trois fois par jour. En un mois, l'état de mes mains s'était remarquablement amélioré. J'ai continué à prendre du zinc. Quand j'en prends moins, l'eczéma revient.

J'ai eu des démangeaisons terribles pendant des années, au point de ne pouvoir dormir. Et pendant des années, j'ai pris de la cortisone, qui m'avait été prescrite par divers dermatologues, ce qui ne m'aida en aucune façon.

Puis j'ai lu un jour que le zinc guérissait la peau. Je suis allé dans un magasin de produits naturels, j'ai acheté des comprimés de zinc. En une semaine, mon eczéma s'était atténué et il a pratiquement disparu maintenant. Je suis enfin débarrassé de ces insupportables démangeaisons qui m'empêchaient de dormir.

Après avoir eu de l'eczéma dans le cou pendant plus d'un an, j'ai essayé les suppléments de zinc, en commençant par 30 milligrammes par jour. En un peu plus d'une semaine, la région touchée fut pratiquement débarrassée!

CHAPITRE 43

Les furoncles

On les appelle parfois des "clous". Les médecins les appelle des furoncles. Que vous les appeliez d'une façon ou d'une autre, un Mont-Blanc miniature apparaissant ici et là sur votre corps toutes les quelques semaines n'a rien de drôle. Heureusement, en maintenant votre taux de zinc à un bon niveau, vous pouvez prévenir ces éruptions.

Un furoncle est un gonflement douloureux causé par une inflammation entre la peau et les tissus sous-cutanés. Les furoncles surviennent souvent sur le cou et les fesses, bien qu'ils puissent éclore partout où il y a friction, irritation, écorchure ou coupure de la peau permettant à la bactérie de s'introduire. La bactérie responsable est le staphylocoque. Les problèmes commencent lorsqu'il réussit à pénétrer sous la surface de l'épiderme par une petite coupure ou rupture.

Une fois dans le derme, l'infection se localise dans un follicule pilo-sébacé et le gonflement commence.

Pour combattre l'infection, une escouade de leucocytes (les globules blancs du sang chargés de la défense) est dépêchée au site du furoncle et attaque la bactérie envahisseuse. A ce point, la guérison peut emprunter deux voies: soit le système de défense de l'organisme se rend immédiatement maître de l'envahisseur et le furoncle se résorbe de lui-même; soit certains leucocytes et bactéries meurent au combat laissant derrière eux du pus et un liquide aqueux. Le pus exerce une pression contre la peau, causant une douleur, jusqu'au moment où le sommet se rompt, le pus s'écoule, et le furoncle guérit.

Il est évident que le furoncle qui guérit vite et de lui-même est la meilleure espèce. Ce n'est pas toujours le cas. Il y a des personnes qui ont furoncle après furoncle. Le traitement standard pour les éruptions répétées est de les percer et d'y appliquer des antibiotiques, auxquels s'ajoutent les antibiotiques que le patient prend oralement. Mais cela n'empêche pas les nouveaux furoncles d'apparaître.

Bien que des personnes par ailleurs en bonne santé puissent avoir des furoncles, ils sont généralement le signe d'une faible résistance, d'une mauvaise alimentation – ou des deux.

LE ZINC EMPECHE LES ERUPTIONS.

Le docteur Isser Brody, dermatologue de l'Hopital Général d'Eskilstuna, en Suède, a constaté que 15 de ses patients souffrant d'éruptions répétées de furoncles avaient un taux très faible de zinc dans le sang. Ils subissaient des attaques une ou plusieurs fois par mois depuis 3 à 10 ans. Les furoncles surgissaient pratiquement partout, sauf sur les bras et jambes: sur les cuisses, l'aine, les fesses, l'abdomen, la poitrine, le visage et le cou.

On divisa les patients en deux groupes. Dans le premier, quatre hommes et trois femmes reçurent les traitements habituels (incision et antibiotiques) mais au cour des trois mois suivants, les furoncles continuèrent à faire leur apparition. C'était une bataille sans fin.

Les huit autres patients (quatre hommes et quatre femmes) prirent du sulfate de zinc (45 milligrammes, 3 fois par jour) et s'en tirèrent beaucoup mieux. Ces patients furent suivis pendant 3 mois, et l'un d'eux pendant 7 mois. Chez les huit personnes, le niveau de zinc dans le sang atteignit la normale au cours du premier mois. Les furoncles existant disparurent et, surtout, aucune nouvelle éruption n'eut lieu (Lancet, 24 et 31 décembre 1977).

En se basant sur la performance du zinc dans la lutte contre l'inflammation et les problèmes cutanés, il n'est pas surprenant de constater que ce minéral augmente la résistance à ce type d'infection.

CHAPITRE 44

Les mauvaises odeurs corporelles

A un moment ou à un autre, il arrive à tout un chacun de ne pas embaumer. On s'habille en vitesse et on oublie son déodorant. Ou bien on essaie une nouvelle marque qui ne donne pas satisfaction. Ou on rentre de sa course à pied et le plombier a démonté la douche. Parfois on ne peut rien contre les odeurs corporelles.

Mais pour certains, elles échappent à tout contrôle. Quelle que soit la fréquence des douches ou la quantité de déodorant, elles ne viennent jamais à bout des odeurs. Le problème est ailleurs qu'en surface.

DU ZINC ET DU MAGNESIUM POUR UN MOI PARFUME.

Les odeurs corporelles sont en rapport avec l'état général et cela comprend la nutrition. Le zinc et le magnésium semblent être les deux éléments clefs qui nous permettent d'être frais à tout moment, à l'exception des circonstances les plus pénibles.

B.F. Hart, un Médecin de Fort Lauderdale en Floride, a constaté que les odeurs corporelles et la mauvaise haleine peuvent véritablement être vaincues par du magnésium, administré avec du zinc et deux vitamines B (B6 et acide para-aminobenzoïque). Ces éléments semblent agir comme des éboueurs éliminant les substances responsables des mauvaises odeurs. Ce nettoyage métabolique prend environ cinq jours, dit le Dr Hart.

Un dermatologue a également constaté les effets déodorants du zinc et relate son expérience dans un journal médical:
"Il y a environ deux ans, j'ai vu un malade à qui on administrait 220

milligrammes de sulfate de zinc oralement (équivalent de 50 milligrammes de zinc pur) trois fois par jour pour traiter un ulcère rebelle à la jambe. Ce patient observateur remarqua que pendant qu'il prenait du zinc, il avait constaté une nette diminution de la transpiration (sous les bras). Ce problème, qui le poursuivait depuis presque toute sa vie adulte, recommença, dans les jours qui suivirent l'arrêt du traitement. Lorsqu'il recommença à prendre du zinc, les odeurs diminuèrent sensiblement à nouveau, ce qui fut confirmé par sa femme.

"Me basant sur cette observation, j'ai donné du sulfate de zinc à cinq autres personnes, avec des résultats uniformément satisfaisants. Des doses aussi faibles que 20 milligrammes de zinc pur suffirent dans la plupart des cas. Ces personnes avaient toutes essayé une variété de produits et déodorants, sans succès. Je relate ces faits dans l'espoir qu'ils profiteront à d'autres souffrant du même handicap social qu'est la transpiration" dit le Dr Morton D. Scribner d'Acadia, en Californie (Archives de Dermatologie, septembre 1977).

Des personnes ayant lu des articles sur la faculté du zinc d'annihiler les odeurs corporelles décidèrent d'essayer également. Voici les résultats de quelques unes de ces personnes, publiés dans le courrier des lecteurs du magazine "Prevention":

> Ayant lu comme le zinc peut faire merveille, j'ai recommandé à mon fils de prendre 30 milligrammes de zinc par jour. Il souffrait depuis des années d'odeurs corporelles persistantes, qui reparaissaient cinq minutes après une douche et l'application d'un déodorant lorsqu'il faisait assez chaud.
>
> Imaginez son soulagement lorsqu'il constata une différence *le premier jour*
>
> Au bout d'une semaine, il pouvait tondre son gazon en plein soleil par plus de 25° sans répandre la moindre odeur! Pour lui, ce fut un véritable miracle.

Une autre personne raconte:

> J'ai acheté du zinc pour voir si cela résoudrait vraiment mon problème. J'avais choisi un des déodorants les plus coûteux du commerce, mais même celui-là n'avait pas marché; et l'idée d'employer des produits chimiques puissants ne me plaisait guère.
>
> Dès le lendemain, je constatais déjà la différence! Le deuxième jour, même après mon jogging, aucune odeur corporelle: c'était fantastique! Le zinc a fait de telles merveiles pour moi que j'ai conseillé à mon frère d'en prendre et lui aussi a résolu son problème.

Les odeurs corporelles résultent parfois de traitements médicaux qui perturbent notre équilibre chimique:

Il y a environ deux ans, j'ai subi une chimiothérapie. En dehors de tous les effets secondaires habituels, j'avais aussi une terrible odeur corporelle. A cause de tous les produits chimiques que j'ingurgitais, j'ai augmenté aussi ma consommation de vitamines et de minéraux. Et après avoir lu des articles sur le zinc, je décidai d'en prendre 10 milligrammes trois fois par jour. Je ne cherchais pas d'effet spécifique, je pensais seulement que le zinc pourrait m'aider à guérir plus vite.

En l'espace d'un mois, cette terrible odeur disparut. Juste pour être sûr que cela venait bien du zinc, je cessai d'en prendre et l'odeur revint en deux semaines.

Le zinc peut aussi aider lorsque le problème vient d'une transpiration excessive:

Il y a maintenant trois semaines que je prends des comprimés de zinc, et je transpire moitié moins. Et je ne souffre plus de mauvaises odeurs sur mes vêtements et moi-même.

Allant un peu plus loin, une mère de famille décida de voir si le zinc pourrait remédier à la mauvaise odeur des cheveux et du cuir chevelu de son fils de 10 ans:

Au cours des quelques dernières années, il s'est mis à avoir cette odeur gênante. J'ai essayé un assortiment de shampoings et de traitements du cuir chevelu, mais ses cheveux sentaient toujours la transpiration et la saleté (même lorsqu'ils étaient encore mouillés du dernier shampoing). Naturellement, il en était très mal à l'aise.

J'ai commencé à lui donner 40 miligrammes de zinc par jour et deux jours plus tard, il ne restait qu'une vague trace de cette mauvaise odeur. A l'issue d'une semaine, je suis heureuse de pouvoir relater que ses cheveux sentent maintenant le propre et frais.

LE MAGNESIUM AUSSI.

Le Dr Jonathan V. Wright, médecin de Kent dans l'Etat de Washington, a obtenu le même type de résultats avec du magnésium. Et l'aptitude à désodoriser du minéral n'est pas limitée aux cas extrêmes.

"J'ai constaté que le magnésium diminue les mauvaises odeurs corporelles pratiquement dans tous les cas. Et il existe une odeur particulière due à la carence en magnésium que je peux identifier. Je me trompe rarement."

La preuve scientifique de tout cela?

Malheureusement, dit le Dr Wright, les chercheurs ne se sont pas penchés sur ce problème. "C'est difficile d'obtenir des fonds pour une recherche sur ce sujet. C'est comme pour les pellicules..."

CHAPITRE 45

L'anémie due à la carence de fer

L'anémie due à la carence en fer est une des maladies les plus répandues dans le monde. Et en même temps, elle est souvent négligée. Cependant, c'est une des plus faciles à corriger – et à prévenir.

L'anémie due à une carence en fer n'est pas véritablement une maladie, mais plutôt un signe que quelque chose ne va pas. Par définition, l'anémie par carence en fer est une chute dans la qualité et le nombre des globules rouges du sang. C'est à dire qu'au fur et à mesure que les globules rouges naissent de la moelle des os, on constate qu'ils sont difformes ou trop grands. Ou bien l'hémoglobine n'est pas présente en assez grande quantité. L'un ou l'autre de ces changements limite sérieusement l'aptitude du sang à absorber l'oxygène et à le transporter aux tissus de l'organisme, asphyxiant littéralement les cellules.

N'importe quel système peut s'en trouver affecté et les symptômes en témoignent. La fatigue est la plainte la plus courante, mais les effets peuvent aller de la sensation de faiblesse et de vertiges aux maux de tête, aux démangeaisons, à une langue douloureuse, aux ongles cassants – pour ne rien dire de tas d'autres problèmes. Maladresse. Difficulté à marcher. Confusion. Apathie. Perte d'appétit.

Une partie de ces inconvénients étant communément acceptés comme inhérents à la vieillesse, ils sont souvent négligés chez les personnes âgées. Les personnes d'un certain âge ignorent leurs ennuis ou hésitent à en parler, se disant que "c'est l'âge". Les femmes qui vont voir un médecin s'entendent souvent dire que "c'est simplement les nerfs". Ce qui est vraiment dommage, car en remédiant au problème, on rend à l'anémique son énergie et son dynamisme.

LE FER SUR LA BALANÇOIRE DE L'EQUILIBRE SANGUIN.

La moëlle des os et l'hémoglobine comptent sur le fer pour la croissance normale des globules rouges et pour transporter l'oxygène aux tissus. Nos corps contiennent chacun à peu près 4 ou 5 grammes de. fer à tout moment. La plupart est utilisée dans une ou l'autre des activités des globules rouges.

L'équilibre entre le fer absorbé et le fer rejeté, est maintenu par une sorte de "tape-cul" métabolique: un apport généreux provenant des aliments riches en fer compense les pertes quotidiennes normales par la peau, l'urine, la sueur et le système digestif. Une petite quantité est aussi mise de côté. Pour essayer de maintenir cet équilibre, le corps a appris à compenser la moindre chute dans l'absorption et/ou la plus petite diminution des réserves en accélérant l'assimilation. L'organisme s'affaire pour empêcher les cellules de suffoquer, jusqu'à un certain point au-delà duquel un apport trop faible, ou des pertes de sang importantes et prolongées compromettent l'équilibre. Si l'un ou l'autre se produit, l'anémie est pratiquement inévitable.

Parfois des troubles de la moëlle osseuse, la destruction de globules rouges, ou un apport réduit – dus à une maladie latente – peuvent causer l'anémie par carence en fer. Mais dans la majorité des cas, le problème vient d'un apport insuffisant.

Bien qu'il s'agisse d'un problème extrêment répandu, il est également très insidieux. Une personne pourrait en souffrir pendant des années sans s'en rendre compte. Les symptômes sont tellement communs et variés qu'ils pourraient aussi bien correspondre à un tas d'autres troubles. Des os fragiles, des chevilles enflées et l'angine pourraient être partiellement dus à un manque de fer – ou dénoter une autre maladie, par exemple une défaillance cardiaque.

Par ailleurs, la fatigue, les maux de tête, la perte d'appétit sont exactement le type de symptômes qu'on hésite souvent à mentionner de crainte qu'ils soient écartés comme des exagérations ne reposant sur rien, ou imputés à l'âge. Ceci est particulièrement vrai pour les femmes et les personnes âgées, les deux groupes qui ont le plus de chances de devenir anémiques.

LE FER DANS LES ANALYSES DE SANG.

Trois tests faciles – faits à partir d'une goutte de sang du bout de votre doigt – peuvent en dire long à votre médecin. Certaines caractéristiques du sang permettent d'éliminer ou de confirmer l'anémie comme source de vos ennuis.

Le sang contient normalement de 60 à 180 milligrammes de fer pour 100 millilitres de sang. On se chamaille un peu sur le niveau à partir duquel on doit considérer les gens comme "officiellement" anémiques. Cela se situe à peu près vers 12 milligrammes par 100 millilitres. Quoi qu'il en soit, le taux de fer varie considérablement au cours de la journée et il est préférable que les prélèvements soient effectués avant le petit déjeûner.

Un autre élément à examiner est la capacité totale de saturation du fer – environ 300 à 360 microgrammes par millilitre. L'analyse peut aussi mesurer la transferrine, une glyco-protéine transportant le fer. Normalement, la transferrine est saturée aux deux tiers. Une saturation inférieure est également un signe de carence en fer.

La quasi totalité de la transferrine saturée de fer est rapidement absorbée par la moëlle osseuse pour la synthèse de l'hémoglobine. Le meilleur indice du fer dans l'organisme est donc la moëlle. Le fer y est stocké sous forme d'une protéine incolore appelée ferritine. Mais les analyses de la moëlle épinière sont moins faciles à faire et réservées aux cas difficiles. Dans les cas moins graves, les analyses de sang suffisent.

FAIBLE TAUX DE FER = MAUVAISE SANTE.

Comme dans la plupart des tests, on interprète les analyses de sang arbitrairement en distinguant le "normal" et "l'anormal". Mais ce que les valeurs "anormales" reflètent est en réalité une variété d'états de carence:

Au début, quand la carence commence à s'instaurer, les analyses de sang peuvent paraître parfaitement normales, bien que les réserves de fer puissent être épuisées. Il faut peut-être simplement un petit effort le matin pour se lever, ou bien on n'a guère d'appétit. On peut très bien ne pas être malade, mais on ne se sent tout de même pas dans la meilleure des formes. Cela peut durer des années.

Au stade suivant, le sang présente des anomalies. Le taux de fer est faible, mais sans qu'il y ait anémie caractérisée. On peut alors se sentir déprimé, ou ne pas avoir les idées claires, sans raison particulière.

Au troisième stade – le seul qu'une analyse de sang puisse dénoter de façon catégorique – la carence en fer est suffisamment grave pour entraîner une anémie caractérisée. Vraisemblablement, la fatigue est indéniable. Dans les cas graves, des changements interviennent dans la langue, les ongles, la bouche et l'estomac. La déglutition peut devenir difficile. Une indigestion – semblable à ce qu'on ressent lorsqu'on a trop mangé – peut résulter d'une inflammation de l'estomac.

Certains de ces effets sont le résultat direct du fait que les tissus sont privés d'oxygène. Mais il y a lieu de penser que la fatigue, la faiblesse et la perte d'appétit si fréquentes dans l'anémie seraient plutôt dues à l'épuisement des enzymes contenant le fer qu'à l'hémoglobine. Des travaux sur les rats ont montré qu'une faible activité des enzymes découlant d'un manque de fer peut entraîner des malformations de certains muscles, d'où une certaine faiblesse. Comme on peut le prévoir, les enzymes qui ne contiennent pas de fer mais en ont besoin pour fonctionner sont également affectées. Effet plus subtil mais néanmoins important, la fabrication de l'ADN (molécule "ordonnant" la division des cellules et leur réparation) peut se trouver perturbée.

L'IMMUNITE EST AFFECTEE

Un effet lourd de conséquences de l'anémie due à une carence en fer pourrait être le relâchement du système immunitaire, laissant le sujet ouvert à l'infection des bactéries, virus et autres maladies. Les chercheurs de l'Institut National de Nutrition de l'Inde ont constaté que les personnes anémiques ont généralement une faible immunité des cellules, et que leurs leucocytes (globules blancs luttant contre les microbes) sont dépouillés d'une certaine partie de leur pouvoir de tuer les bactéries. Les docteurs Bhas Karad, Prasad et Krishnamachari prélevèrent des échantillons de sang sur 13 enfants anémiques, les introduisirent dans des éprouvettes puis ajoutèrent une bactérie particulière. Les leucocytes eurent beaucoup de difficulté à lutter contre les microbes. Chaque enfant reçut alors 180 milligrammes de fer par jour sous forme de sulfate de fer (60 milligrammes 3 fois par jour) pendant deux mois, à l'issue desquels les cellules du sang furent à nouveau prélevées et confrontées à la même bactérie.

Dans un deuxième groupe de 10 enfants anémiques, on testa également les cellules sanguines avant et après injections intramusculaires de 100 milligrammes de fer. (Les injections agissent plus rapidement que les suppléments pris oralement, c'est pourquoi la dose est plus faible). Les enfants de ces deux groupes ne bénéficièrent d'aucun autre traitement, ni d'un régime particulier.

Les deux groupes témoignèrent d'une nette amélioration de l'immunité des cellules et de leur aptitude à lutter contre la bactérie après avoir reçu les suppléments de fer. "Ces résultats soulignent le rôle de la carence en fer dans l'altération du système immunitaire" déclarent les chercheurs (Lancet, 7 mai 1977).

Bien que le fer ne soit sans doute pas le seul facteur d'une puissante immunité, il en est donc un élément important.

DECELER L'ORIGINE DE LA CARENCE.

Le premier pas urgent pour corriger une carence en fer est de découvrir son origine. Un apport insuffisant? Des pertes insoupçonnées? Bien que les maladies latentes ne doivent pas être éliminées à priori, elles ne sont pas la cause principale dans la plupart des cas.

Mauvaise alimentation.

Les régimes amaigrissants radicaux, les repas pris dans les "fast-foods" ("l'alimentation rapide"), ou tout simplement une mauvaise sélection des aliments sont souvent responsables chez les jeunes, en particulier quand ils s'ajoutent aux exigences de la croissance.

Chez les personnes plus âgées, un apport insuffisant peut être le résultat indirect de la maladie elle-même; par une sorte d'effet de boomerrang. La faiblesse, l'apathie et la perte d'appétit peuvent conduire à la négligence et aux mauvaises habitudes alimentaires, aggravant ainsi la faiblesse du taux de fer. C'est un cercle vicieux. A partir de 60 ans, les chances de devenir anémiques doublent, particulièrement parmi les personnes clouées chez elles et vivant seules. De plus, l'assimilation du fer et la production d'hémoglobine tendent à diminuer avec l'âge, rendant les personnes vieillissantes plus vulnérables. Un docteur déclare: "on peut aider à la prévention et à la détection rapide de l'anémie en garantissant aux personnes âgées une alimentation appropriée et une supervision médicale régulière" (Geriatrics, décembre 1977).

Pour les jeunes, une alimentation "adéquate" signifie beaucoup d'aliments riches en fer. Des abricots, de la mélasse épaisse, de la levure de bière. Des légumes verts feuillus et autres. Des noix, des graines, de la viande – particulièrement du foie et autres organes. Du germe de blé et des grains complets. Plus beaucoup de vitamine C – grâce aux fruits, poivrons, légumes verts – pour renforcer l'assimilation du fer.

L'origine peut être ausi la perte de sang. Les femmes en âge d'avoir des enfants n'ont pas besoin de chercher loin. Des règles abondantes, des grossesses répétées ou très rapprochées, ou une perte de sang excessive au cours de l'accouchement épuisent les réserves de fer.

Les règles.

Les médecins ne devraient pas hésiter à envisager l'anémie due à une carence en fer chez les femmes en âge d'avoir des enfants (de l'adolescence à la ménopause). Les analyses peuvent même ne pas être indispensables, ni la recherche d'autres maladies. "La carence en fer est si fréquemment responsable chez ces patientes, que c'est un cas où je commencerais systématiquement un essai thérapeutique par le fer avant toute autre recherche" dit Dorothea Zucker-Franklin, professeur de médecine à l'Ecole de Médecine de New York University. (Consultant, avril 1978).

Même les femmes qui abordent la ménopause peuvent avoir des règles abondantes ou prolongées – suffisantes pour les rendre vulnérables à l'anémie par carence en fer.

"Je crois que les médecins peuvent sans danger accepter les règles et l'alimentation insuffisante comme des sources de carence en fer chez les femmes par ailleurs en bonne santé" dit Joseph R. Morrisey, Docteur, professeur assistant de médecine familiale à l'University of Western Ontario à London, au Canada.

La grossesse.

La grossesse a de grosses exigences vis à vis des réserves de fer. Non seulement une bonne partie du fer est transmise au bébé, particulièrement au cours des derniers mois, mais l'augmentation de la rétention d'eau tend à diluer l'hémoglobine. Le résultat est un faible taux de fer.

Naguère, les obstétriciens tenaient compte de ce fait et prescivaient systématiquement des suppléments de fer aux femmes enceintes. Revenant en arrière, il ne le font plus systématiquement. "Ils préfèrent attendre que l'anémie se déclare et essayer alors d'y remédier" remarque le Dr Morrisey. "Ceci en dépit du fait qu'au cours des derniers mois de la grossesse, il devient difficile d'élever le niveau de l'hémoglobine oralement. Qui plus est, la carence en fer se complique souvent d'une carence en acide folique (une vitamine B)". Le Dr Morrisey pense qu'il est absurde de ne pas prescrire de fer à une femme enceinte. "La femme qui a un faible niveau d'hémoglobine court beaucoup plus de risques sérieux au cas où une hémorrhagie se produirait après l'accouchement... Je continue à prescrire le fer systématiquement" (The female patient, décembre 1979).

Lorsque la mère allaite son enfant, une partie du fer passe dans le lait. La perte de fer de la mère est probablement équivalente à ce qu'elle perdrait avec ses règles. A moins que du fer soit prescrit pour remplacer ce qui est perdu au cours de la grossesse, de l'accouchement et de l'allaitement, la carence en fer s'installe et l'anémie interviendra.

HEMORROIDES, ULCERES ET ASPIRINE: AUTRES CAUSES DE DEPERDITION DE FER.

Chez les hommes, la principale cause de perte de sang – et de fer – est l'hémorroïde. Mais les deux sexes peuvent en être affectés. Les autres causes possibles sont les ulcères de l'estomac, la chirurgie (de l'estomac principalement), l'hernie hiatale, la diverticulose – et même les saignements de nez fréquents, ainsi que les dons de sang volontaires.

L'aspirine peut causer des saignements internes et une lente coagulation, causant ainsi des pertes de sang facilement ignorées chez ceux qui en font un usage extensif. L'aspirine et les autres analgésiques sont souvent pris quotidiennement pour soulager l'inflammation de l'arthrite, auquel cas on devrait penser à la carence en fer. Les autres emplois de l'aspirine sont plus difficiles à justifier et devraient être évités. "L'aspirine qu'on prend pour soulager la gueule de bois, l'insomnie ou l'anxiété a de fortes chances d'amplifier la perte de sang du système digestif, grâce à l'effet corrosif local de l'aspirine et à son effet sur la plaquette sanguine" déclare Robert H. Kough, docteur en médecine, dans un article sur l'anémie due à une carence en fer (Modern Medecine, 15 juillet–15 août 1980).

Si votre médecin ne pose aucune question concernant ces faits dans votre histoire personnelle – chirurgie, règles, éventuellement sang dans vos selles – vous devez lui donner ces informations de vous-même. L'anémie due à une carence en fer est la plus difficile à déceler chez les adultes qui semblent par ailleurs en bonne santé.

UN SANG DE FER.

Une fois établie l'existence de l'anémie due à une carence en fer, les réserves doivent être reconstituées sans délai. Pour les adultes, le traitement standard est de 180 à 200 milligrammes par jour, sous la forme ferreuse, la plus facilement assimilée. Le sulfate et le gluconate ferreux sont les deux formes les plus employées: une tablette de 60 milligrammes, 3 fois par jour entre les repas, les suppléments de fer étant mieux assimilés lorsque l'estomac est vide. Il peut arriver cependant que des doses de cette importance causent la constipation ou d'autres désordres gastro-intestinaux. On peut y remédier en prenant les suppléments avec les repas, ce qui, toutefois, diminue le taux d'absorption. La division des doses en trois prises séparées minimise aussi ces effets. Les suppléments sont bien tolérés par la plupart des gens.

Des suppléments à effets plus lents sont disponibles. Ils sont destinés à éviter les maux d'estomac chez les sujets délicats. On les prend une fois par jour, ce qui peut être plus pratique pour certaines personnes. Mais l'assimilation n'en est pas garantie, car les pillules passent le duodénum (partie inférieure de l'estomac), qui est le site d'assimilation le plus actif.

"Il y a peu de patients qui ne réagissent pas favorablement à la thérapie des suppléments de fer" déclare le Dr Zucker-Franklikn. Le taux de fer du sang est le premier à être restauré, en l'espace d'une ou deux semaines – maximum 2 mois. Il faut plus longtemps pour reconstituer les réserves de fer de la moëlle osseuse. En tout, le traitement prend environ six mois.

Il est évident qu'une alimentation riche en fer joue un rôle important pour éviter les rechutes. Et elle est capitale pour la prévention. La plupart des hommes ont besoin d'au moins 10 milligrammes par jour de fer; la plupart des femmes, de 18 mg ou plus. Pour les hommes, cela correspond à l'équivalent de 110 à 115 g de foie de bœuf par jour; ou à 4 verres (2 tasses) de raisins secs; ou un kilo (2 livres) de haddock ou de cabillaud. *TOUS LES JOURS.* Pour une femme, cela représente l'équivalent de 200 grammes de foie tous les jours. Ou de 7 verres pleins de raisins secs... Ou 1500 grammes de cabillaud ou de haddock (3 1/2 livres). Il paraît clair que les suppléments sont un moyen pratique et sûr de combler le fossé entre les besoins réels et l'apport de l'alimentation.

CHAPITRE 46

La fatigue

Nous nous sentons tous fatigués, à un moment ou à un autre. Après une dure journée au bureau. Après avoir passé la nuit avec un enfant malade. Lorsqu'on a une date limite à respecter et qu'on met les bouchées doubles.

Normalement, nous nous remettons après un jour ou deux de repos. Mais parfois, la fatigue persiste. Nous nous traînons comme si nous avions un boulet à la cheville. Quelle que soit la durée de notre sommeil, nous nous réveillons plus fatigués que lorsque nous nous sommes couchés. Ou bien nous nous écroulons en rentrant du travail alors que nos amis vont faire une partie de tennis. Pendant ce temps-là, la seule pensée de préparer le dîner ou de mettre le linge dans la machine à laver nous fatigue.

C'est plus que simplement décourageant: celà peut être déprimant. La fatigue chronique envoie plus de clients chez les médecins que tout autre problème. Un journaliste médical écrit: "Si je devais choisir le problème le plus fréquemment énoncé par les patients, ce serait "Je suis fatigué". Les gens souffrent de douleurs, toux, nervosité, maux de tête et de toute une collection de sensations désagréables, mais la fatigue vient en tête de liste".

La fatigue est parfois le symptôme d'une maladie. Mais dans 80% des cas, les éternels fatigués "n'ont rien" – en tout cas rien de visible aux rayons X et analyses de laboratoire.

Ou bien est-ce visible?

La maladie n'est qu'une des causes possibles de la fatigue. En dehors du manque d'exercice et des effets secondaires de divers produits chimiques, une alimentation défectueuse peut engendrer la fatigue; de même que les excès de nourritures et les régimes de famine. Et tandis que toute carence nutritionnelle est de nature à vous ralentir, certains minéraux sont particulièrement importants – le magnésium, le potassium et le fer.

ELIMINEZ LA FATIGUE DE VOTRE EMPLOI DU TEMPS.

Une épouse déprimée, larmoyante, irritable pourrait-elle simplement être victime d'un manque de potassium? Oui. Un médecin a baptisé cela le "Syndrome de la femme à la maison". Mais cela peut aussi s'appliquer à des femmes et hommes ayant des emplois en dehors de chez eux. Voila à peu près ce qui se produit:

Dix kilos de linge à laver, mais vous vous n'avez pas un gramme de force. Vous devez prendre les enfants à l'école à 4 heures, avoir le dîner prêt pour 7 heures et aller à une réunion de parents d'élèves à 8 heures. Mais vous rêvez seulement qu'il soit onze heures pour pouvoir aller vous coucher.

Ajoutez à celà un travail à l'extérieur, et votre vie devient une vraie corvée, et une autre corvée, et encore une corvée.

LA PLEINE FORME AVEC DU POTASSIUM
ET DU MAGNESIUM.

Si vous ne pouvez plus tenir, voyez si votre alimentation vous fournit bien assez de potassium – et de magnésium.

La fatigue est difficile à définir. Mais souvent, il s'agit de *muscles* fatigués. Des muscles qui pèsent une tonne et semblent dépourvus de la moindre énergie. Un manque de magnésium, qui aide les muscles à se contracter, peut causer cette fatigue. De même qu'un manque de potassium.

Une doctoresse a choisi 100 de ses patients chroniquement fatigués – 84 femmes et 16 hommes, dont un sur cinq avait un emploi à temps plein ou partiel. Certains voyageaient beaucoup. Elle leur prescrivit des suppléments de potassium et magnésium. Sur les cents patients, 87 se sentirent mieux.

"Le changement fut surprenant" écrit Palma Formica, docteur à Old Bridge dans le New Jersey. "Ils devinrent alertes, gais, animés et pleins d'allant, marchant d'un pas énergique. Ils déclarèrent que leur sommeil était plus reposant qu'il n'avait été depuis des mois. Beaucoup déclarèrent qu'ils se contentaient de six heures de sommeil, alors qu'ils ne se sentaient pas reposés auparavant avec 12 heures ou plus. La fatigue du matin disparut complètement.

"Presque tous ces patients ont entrepris de nouvelles activités" écrit-elle. "Six qui ne travaillaient pas en dehors de la maison se sont trouvés des emplois à temps partiel. Deux des femmes enceintes ont continué à travailler pendant un certain temps. Plusieurs des maris téléphonèrent pour exprimer leur satisfaction devant l'amélioration physique et, par conséquent, psychologique de leurs épouses.

"Quatre hommes ont signalé qu'ils avaient entrepris des travaux de réparation dans leur maison, qu'ils n'avaient pas le courage de faire auparavant; un autre a obtenu un deuxième emploi; deux ont accepté des fonctions nouvelles bénévoles dans leur communauté. En l'espace de 10 jours, le président de la Compagnie locale des pompiers faisait ses allers-retours à son poste de responsabilité et exécutait ses tâches de pompier sans ressentir l'épuisement dont il souffrait auparavant".

Certains de ces patients souffraient de fatigue chronique depuis deux ans et plus. Cependant, il ne fallut que 5 à 6 semaines de thérapie à base de magnésium et potassium pour résoudre leurs problèmes (Current Therapeutic Research, mars 1962).

Le magnésium déclenche plus de réactions chimiques dans l'organisme qu'aucun autre minéral. En cas de carence grave, le corps tout entier en souffre. Vous trébuchez au lieu de marcher. Vous vous sentez déprimé et vous avez des spasmes cardiaques. Les docteurs ont appris à reconnaître ces symptômes ainsi qu'une trentaine d'autres, caractéristiques des cas graves. Mais ils ne savent pas reconnaître les carences *légéres* en magnésium. Il n'existe qu'un symptôme qu'on peut remarquer: la fatigue chronique.

"La carence en magnésium est une cause fréquente de fatigue" déclare Ray Wunderlich, un docteur de St Petersburg en Floride.

Mais on peut facilement remédier à cette fatigue. En plus du rapport du Dr Formica, il existe une étude portant sur 200 hommes et femmes fatigués pendant la journée et à qui on donna du magnésium. Dans tous les cas sauf deux, la fatigue disparut (Second International Symposium on Magnésium, juin 1976).

La carence en potassium est un danger bien connu des coureurs de fond et des athlètes professionnels. Ce minéral aide à "refroidir" les muscles et les efforts soutenus pendant des heures épuisent les réserves. S'il n'est pas remplacé, il en résulte de la fatigue chronique – même chez un athlète bien entraîné. "Quand vous manquez de potassium" dit le Dr Gabe Mirkin, coureur de marathons et co-auteur de "The sportsmedecine Book" (Little, Brown, 1978) "vous vous sentez fatigué, faible et irritable".

Mais la carence en potassium et la faiblesse qui l'accompagne ne sont pas propres aux athlètes. Pour une étude, des chercheurs ont choisi au hasard un groupe de personnes et mesuré leur consommation de potassium. Les personnes dont la consommation était insuffisante – 60% des hommes et 40% des femmes de l'étude – avaient moins de poigne que ceux dont l'apport était normal. Et au fur et à mesure que l'apport de potassium décroît, la force musculaire décroît également (Journal of the American Association, 6 octobre 1979).

Vous pouvez sans doute supporter quelques jours de fatigue. Mais après quelques *mois,* cela devient terrible. "En cas de carence chronique de potassium", écrit un chercheur qui a étudié ce minéral, "la faiblesse musculaire peut persister pendant des mois et être interprétée comme imputable à une impuissance émotionnelle" (Minnesota Medecine, juin 1965).

LE FER RENFORCE L'APTITUDE AU TRAVAIL.

Tous les cas de fatigue ne sont pas imputables à la carence en magnésium ou en potassium. En réalité, beaucoup sont dus à un manque de fer.

Le fer participe à la fabrication de l'hémoglobine, substance des globules rouges qui transporte l'oxygène à vos poumons et au reste de votre corps. Si cet apport d'oxygène diminue, il en résulte apathie, fatigue et irritabilité – symptômes de l'anémie due à une carence en fer.

Mais on peut manquer de fer sans pour autant être "anémique". "Un manque de fer peut exister alors que l'hémoglobine du sang tombe dans les limites normales" dit le Dr Wunderlich. "Ce syndrome de la carence en fer sans anémie est une cause très importante de fatigue" continue le Dr Wunderlich.

La carence en fer s'installe sournoisement. Les règles   éliminent le fer. La grossesse l'aspire. les régimes amaigrissants en réduisent l'apport. Avant que vous ne vous en doutiez, toutes vos cellules sont à plat.

Une étude a montré à quel point la carence en fer ralentit l'activité des personnes qui en souffrent, par rapport aux personnes qui n'en manquent pas. De chercheurs ont étudié la "capacité de travail physique" de 75 femmes, anémiques ou non. Les femmes anémiques pouvait persévérer dans un travail 8 minutes de moins en moyenne que les femmes non anémiques. Aucune des femmes anémiques ne pouvaient éxécuter les tâches dans les conditions "chargées au maximum". Toutes les femmes non anémiques le pouvaient. Au cours du test, les battements de cœur des femmes anémiques s'élevèrent jusqu'à 176 en moyenne par minute; pour les non anémiques, les battements s'élevèrent à 130. Les niveaux de lactate, un composé chimique dans les muscles, lié à la fatigue, étaient environ deux fois plus élevés dans le groupe des anémiques (American Journal of Clinical Nutrition, juin 1977).

Le remède à la fatigue engendrée par le manque de fer est simple: remplacez le fer.

Des ouvriers d'une plantation de caoutchouc indonésienne étaient payés au rendement, et les chercheurs constatèrent que les ouvriers anémiques gagnaient moins. Mais après deux mois de suppléments de fer, les anciens anémiques avaient des taux de fer normaux et gagnaient autant que les non anémiques (American Journal of Clinical Nutrition, avril 1979).

Qui plus est, un supplément de fer peut améliorer les performances au travail même en l'absence d'anémie, d'après le chercheur Per Ericsson, du service de médecine et physiologie clinique de l'Université d'Uppsala en Suède. Un groupe de personnes en bonne santé, âgées de 58 à 71 ans, prit 120 milligrammes de fer par jour pendant trois mois. Leur capacité de travail – mesurée avec une bicyclette mécanique – augmenta de 4% chez les hommes et de 12% chez les femmes. (Acta Medica Scandinavica, vol 188, 1970).

Un célibataire qui surmonta sa fatigue en améliorant sa consommation de minéraux nous écrit:

> Au cours des deux dernières années, j'ai été victime de fatigue chronique, en partie à cause de mon emploi. En ce moment, je travaille au Philadelphia Inquirer comme garçon de courses. Entre mes horaires de travail et la nature de celui-ci, j'ai découvert qu'il m'était parfois impossible de me reposer suffisam-

ment. En plus de mon emploi, j'ai beaucoup d'activités sportives. Il m'arrive souvent de faire de la course à pied 4 ou 5 fois par semaine, couvrant de 3 à 10 kilomètres à chaque fois (2 à 6 miles). De plus, je suis un célibataire de 28 ans vivant seul, et je m'occupe donc de mon appartement, de la cuisine et de la lessive.

Pour essayer de lutter contre les lacunes de mon alimentation, je prenais des vitamines et des minéraux. Mais le potassium et le fer n'en faisaient pas partie. Eh bien depuis que je les ai ajoutés à mon apport quotidien, je me sens complètement régénéré. Physiquement, je me sens plus fort et mentalement, plus alerte. Je dors mieux et je me sens bien en me réveillant. Avant, je pouvais être au lit pendant 9 ou 10 heures et me sentir quand même fatigué en me levant.

Evidemment, le mieux est d'augmenter votre consommation de potassium dans l'alimentation. Les abricots, les bananes, la mélasse, le poulet, les oranges, le flétan, les pommes de terre et les graines sont parmi les aliments les plus riches. Pour une liste plus complète d'aliments riches en potassium, reportez-vous au chapitre 6 "Le Potassium".

CHAPITRE 47

Les crampes musculaires

DU CALCIUM POUR LES MUSCLES NOUES, LES CRAMPES ET LES DOULEURS DE LA CROISSANCE.

En plus du cœur, nous avons plus d'une centaine de muscles dans le corps. N'importe lequel peut se "nouer". Comment y remédier?

En 1944 déjà, la recherche indiquait que le calcium faisait beaucoup pour soulager les crampes musculaires. Cette année-là, Elizabeth Martin, docteur en médecine, relatait une étude dans laquelle 79 enfants sur 112 étaient complètement soulagés des douleurs de la croissance – des douleurs qui réveillent les jeunes enfants en les faisant hurler – avec soit du phosphate de calcium, soit de la poudre d'os (Canadien Medical Association Journal, juin 1944).

Le Dr Martin donna à ses patientes enceintes des suppléments de calcium et aucune de ces femmes ne souffrit des crampes noctures douloureuses si fréquentes pendant la grossesse. Le Dr Martin remarqua que si toutes les femmes évitèrent les crampes dans les jambes et eurent des bébés en bonne santé, les bébés des femmes qui avaient pris de la poudre d'os avaient des cheveux exceptionnellement longs et soyeux, et de beaux ongles longs et remarquablement bien formés. Peut-être cette découverte la conduisit-elle à préférer la poudre d'os comme supplément de calcium.

Une personne nous a dit: "Ma mère et moi avons eu de terribles crampes dans les pieds pendant des années. J'ai commencé à prendre des suppléments de calcium il y a environ 4 mois et je n'ai pas eu de crampes depuis."

Personne ne sait vraiment pourquoi et comment le calcium remédie aux crampes dans les jambes. Dans le numéro de novembre 1975 de "Post Graduate Medecine" un médecin demandait au magazine:

"Pourquoi cette thérapie semble-t-elle "marcher" pour beaucoup de patients qui n'ont pas de carence évidente en calcium et chez qui les résultats sont trop durables pour être assimilés à ceux des placebos?" La réponse: "Il n'y a pas de raisons d'ordre métabolique qui expliquent que de faibles doses de calcium puissent empêcher les crampes".

Raison métabolique ou non, le calcium *empêche* véritablement les crampes des jambes aussi bien que certains autre types de crampes. Le Calcium Research Project (Etude sur le calcium) entrepris par le magazine "Prevention" en 1977, qui invitait les lecteurs à relater leur expérience avec le calcium pour remédier à l'arthrite provoqua 1653 lettres rapportant un soulagement des crampes et spasmes musculaires grâce au calcium.

Me N.C., de Houston au Texas, âgée de 66 ans, rapporte que le calcium la soulage des crampes dans les mollets, une déclaration confirmée par maintes et maintes autres. A 60 ans, dit-elle, elle prit sa retraite d'infirmière et devint vendeuse. Elle devait rester debout pendant des heures, ce qui lui occasionna beaucoup de douleurs et de crampes dans les jambes au cours de la nuit. Elle commença à prendre de la dolomite avant chaque repas et avant de se coucher, ce qui la "rajeunit de fond en comble".

Madame H.B. du sud de la Californie, dit qu'"après avoir subi une attaque en 1959, je commençai à avoir des spasmes musculaires dans le dos, à cause de nerfs endommagés à la partie inférieure du cerveau. Je prenais sans arrêt des médicaments et des analgésiques, ce qui me coûtait 100 à 150 dollars par mois. Six mois après avoir commencé à prendre de la dolomite, de la poudre d'os et du calcium, je fus en mesure de cesser de prendre des médicaments et de faire des séances de traction chez le masseur; et je n'ai plus de spasme ni de déformations de vertèbres.

Il y a deux ans, j'ai fait faire une radio de ma colonne vertébrale et, à ma surprise et celle de mon neurologue, plus de traces de calcification sur ma colonne vertébrale. Pas étonnant que je ne souffre plus".

Mme C.D.T. du Maryland, raconte qu'après six semaines de révisions pendant cinq heures par jour en vue de ses examens, elle était dans un état de contraction musculaire permanent. Elle avait eu le même type de problème auparavant, bien que moins grave, et son médecin lui avait dit que cela venait d'arthrite de la partie inférieure de la colonne vertébrale.

Au printemps 1975, je ne pouvais m'asseoir par terre, et si je le faisais, j'étais incapable de me relever sans qu'on m'aide ou sans souffrir terriblement. Je ne pouvais soulever ma jambe droite, à moins de la prendre à deux mains. Les spasmes musculaires dans les jambes et les fesses remplaçaient le plaisir dans les relations sexuelles. Je ne pouvais plus me tenir droite. Les contractions étaient persistantes et commencèrent à atteindre le haut de mon dos. Je n'exagère pas en disant que je souffrais le martyre.

Je fis une liste de mes symptômes et la remit à mon docteur en avril, lui disant à quel point je me sentais déprimée et comme il était pénible de souffrir en permanence. C'est tout juste s'il jeta un coup d'œil à ma liste et ne dit pas autre chose que "Hum, cas typique d'arthrite. Je mets votre liste dans votre dossier, pour qu'on puisse comparer quand vous reviendrez dans deux ans." Puis il me fit une ordonnance pour un anti-inflammatoire que je refusai de prendre, de peur que mon état n'ait empiré dans deux ans, et que je sois alors obligée d'en prendre davantage."

Mme C.D.T. se transforma alors en détective. Cela comprenait faire une analyse de sang pour mesurer son taux de calcium; observer soigneusement ses sensations en diverses circonstances; lire et réfléchir à la question. Deux indices entre tous les autres lui indiquèrent qu'elle avait besoin de calcium. Toute espèce d'effort modéré lui causait un tremblement des muscles; et une remarque dans un livre du Dr Roger Williams, disant que les personnes anxieuses pouvaient avoir besoin de 5 fois plus de calcium que les personnes normales, le leur se trouvant accaparé sous forme de lactate de calcium. Bien qu'elle ne se considère pas vraiment comme dans un état de "pression" et d'anxiété, elle se rendit compte qu'elle était d'une nature "angoissée".

Elle commença par prendre 640 à 800 milligrammes de calcium par jour sous forme de poudre d'os. Elle ne remarqua pas d'amélioration caractérisée pendant les deux premiers mois. Mais ensuite, au cours de vacances en Europe, écrivit-elle: "J'ai profité de la merveilleuse variété de produits laitiers disponibles dans les pays que j'ai visités. Mes déjeûners consistaient surtout en fromages et de plus, je consommais jusqu'à un litre de lait et de yaourt par jour. La nuit avant de rentrer à la maison, j'étais délivrée de tous les symptômes qui me tourmentaient depuis 8 ans et je me sens toujours aussi bien deux ans plus tard."

Alors qu'un diététicien dirait que tout ce lait, ces fromages et ce yaourt qu'elle consommait – en plus des comprimés de poudre d'os qu'elle continuait à prendre – ont probablement élevé sont taux de calcium au-delà de 2000 grammes par jour, un psychologue pourrait dire que ce sont les trois semaines en Europe qui ont réussi cet exploit, et un médecin un peu philosophe dirait sans doute que les *deux* éléments ont joué un rôle important dans la solution de son problème.

DU CALCIUM POUR SOULAGER
LES REGLES DOULOUREUSES.

Voilà une bonne nouvelle pour des millions de femmes – le calcium pourrait empêcher les crampes et les douleurs des règles, en plus de soulager les crampes dans les dos et les jambes. Une femme de Delaware déclare: "Le calcium soulage et prévient les crampes dans les jambes de ma fillette de neuf ans" et elle ajoute que des suppléments de calcium "ont complètement éliminé mes propres crampes très douloureuses avant mes règles".

Une autre femme nous écrit: "Bien que j'aie encore souffert de crampes après la naissance de deux bébés, le calcium m'a complètement libérée des médicaments. Je double ou triple ma consommation de calcium dès que je sens monter la tension le jour qui précède mes règles".

Dans l'ensemble, 293 femmes, c'est à dire 10% du nombre ayant répondu à l'enquête sur le calcium, ont mentionné que le calcium améliorait ou soulageait complètement la douleur due aux crampes menstruelles. Madame A.G. de Phoenix dans l'Arizona, remarque: "J'ai pris des pilules contraceptives pendant dix ans pour échapper aux terribles crampes qui m'obligeaient à prendre le lit tous les mois depuis que j'ai commencé à avoir mes règles. Mais la pilule me faisait peur et j'ai essayé le calcium. Je n'ai absolument plus aucune de ces crampes handicapantes". Elle dit qu'elle prend 1000 milligrammes par jour sous forme de carbonate de calcium, avec des quantités modérées de vitamines et 500 milligrammes par jour de magnésium.

Une lettre de Madame R.F. de l'Arizona également, âgée de 37 ans, mentionne un lien intéressant entre les crampes menstruelles et les spasmes musculaires dans les autres parties du corps. "J'avais des règles difficiles, durant 2 ou 3 jours; et avant, j'étais tendue et ballonnée. Le premier jour de mes règles, j'avais toujours l'impression que mon cerveau ne fonctionnait pas. J'étais dans un brouillard. J'avais aussi des crampes dans le bras, allant parfois du bout du petit doigt à l'épaule et tout le long de ma colonne vertébrale. Ces crampes me réveillaient pratiquement chaque nuit". Après avoir pris 1800 milligrammes de calcium par jour sous forme de poudre d'os, Madame R.F. nous informe que "tout cela a complètement disparu".

CHAPITRE 48

L'arthrite

DU CALCIUM POUR LES ARTICULATIONS ROUILLEES.

Il y a de bonnes raisons de croire que dans bien des cas, ce que le gens croient être de l'arthrite n'est souvent, dans une large mesure, qu'un manque de calcium. Evidemment, le manque de calcium ne provoque pas d'inflammation des articulations. Mais ce qui semble se produire est que l'inflammation entraîne une érosion locale du calcium, et dans certains, sinon dans tous les cas, une grande partie de la douleur et de l'absence de mobilité vient de cette déperdition du calcium.

Une des nombreuses personnes souffrant d'arthrite qui a essayé le calcium de son propre chef nous a dit:
J'ai toujours été en bonne santé, excepté pour cette arthrite de la hanche qui dura cinq ans et me donna des douleurs insupportables. Une bonne partie de ce temps, je dus marcher avec une canne, je ne pouvais rien porter de lourd, je montais à l'étage littéralement en rampant, en m'aggripant à la rampe des deux mains. Les docteurs en médecine m'avaient informée que je devais apprendre "à vivre avec". Après six mois de suppléments de calcium, mes douleurs ont complètement disparu et n'ont pas réapparu. Je suis en parfaite santé – je me tiens droite, mon dos est solide – et je peux *monter les escaliers en courant*".

Une coïncidence? Cette dame elle-même envisagea la possibilité que son rétablissement spectaculaire n'ait rien ou pas grand chose à voir avec le fait qu'elle avait commencé à prendre 1200 à 1500 milligrammes de calcium par jour (sous forme de poudre d'os et de dolomite) ainsi que de la vitamine D il y a huit ans. Voici comment elle présente la chose:

Je m'étais souvent demandée si j'avais bénéficié d'une "rémission spontanée" de mon arthrite, mais je crois très, très fermement que mon rétablissement est dû au fait que pendant ces huit dernières années, j'ai pris du calcium religieusement chaque jour.

La lettre de cette femme est l'une des 3500 réponses envoyées par les personnes qui ont participé à l'Etude sur le calcium, l'enquête entreprise par la magazine "Prévention" en 1977. Quelques-unes pourraient être intéressantes pour vous. Parmi les 3500 réponses reçues, quelques unes durent être abandonnées parce que les informations données étaient incomplètes. Dans les 2959 réponses conservées et étudiées, 1370 indiquaient que les douleurs osseuses avaient été soulagées ou éliminées avec le calcium. A peu près la moitié des correspondants rapportant cet effet, il y a de fortes chances pour que cette femme ait raison de penser que c'est en fait le calcium qui a fait cesser ses douleurs d'articulations.

L'enquête révèle que la plupart des docteurs ne sont pas favorables aux suppléments. Une lettre typique de cette attitude nous est arrivée d'une femme de Long Beach, New York, qui nous raconte qu'après avoir souffert d'arthrite pendant des années, ainsi que d'autres problèmes comme des nerfs fragiles et des spasmes musculaires, la poudre d'os et la dolomite améliorèrent considérablement son état, après qu'elle eût commencé à prendre environ 1200 milligrammes avec un assortiment de vitamines et minéraux.

"J'ai remarqué que je souffre beaucoup moins et que l'enflure que j'avais aux genoux a disparu" souligne-t-elle. Elle raconte ensuite qu'il y a environ un an, elle a dégringolé 10 marches pour atterrir sur un sol en ciment, ce qui lui provoqua des coupures et de graves hématomes – mais pas de fractures. Lorsqu'elle alla chez son médecin, raconte-t-elle, il fut sidéré qu'elle ne se soit rien cassé. Mais lorsqu'elle lui déclara qu'elle pensait que c'était grâce à la poudre d'os et la dolomite qu'elle prenait, son docteur éclata de rire en lui disant "Ah! vous et vos minéraux et vos vitamines!".

Puis elle ajoute: "Je ne comprends pas comment il ne put voir qu'il fallait bien que *quelque chose* eût empêché une femme qui avait alors 77 ans et de l'arthrite de se casser les os. Enfin! comme disait ma grand'mère "Il n'y a pas pire aveugle que celui qui ne veut pas voir".

Une des raisons de publier ces histoires est qu'elles sont très représentatives de nombreuses autres semblables, reçues grâce à l'enquête sur le calcium. Devriez-*vous* essayer le calcium pour votre arthrite? C'est à vous de décider. Il y a tellement d'autres raisons – parfaitement solides, prouvées – de prendre du calcium que l'idée semble raisonnable. De sorte que bien que nous ne puissions citer d'expériences scientifiques étayant le rôle du calcium dans l'arthrite, il est difficile de négliger la possibilité que le calcium améliore certains cas.

Vous vous demandez sans doute pourquoi et comment le calcium peut soulager certains cas d'arthrite. Nous n'avons pas la réponse. Nous pouvons seulement suggérer que dans bien des cas, la raideur et la douleur ne sont pas le résultat d'une mystérieuse dégénérescence, mais de prélèvements du calcium des os trop importants pendant trop longtemps, dans le but de maintenir le taux de ce minéral dans le sang. De plus, il y a des raisons de suspecter que les "calcifications" qui accompagnent parfois les problèmes d'articulations sont liés *non à un excès* de calcium, mais à une insuffisance. Il n'est pas impossible que le calcium prélevé sur les os ait tendance à s'accumuler aux mauvais endroits. C'est certainement une des ironies de la physiologie que beaucoup de gens avec des calcifications (accumulations de calcium) signalent une bien meilleure mobilité après avoir pris des suppléments de calcium.

Nous aimerions partager une dernière histoire de calcium et d'arthrite avec vous. MadameV.M., âgée de 56 ans de Carmel Valley en Californie nous a écrit:

> Il y a deux ans, j'étais littéralement une handicapée. Mes ennuis commencèrent à 53 ans, avec des douleurs dans le dos, le cou, les coudes et les épaules. Je suis allée chez un de nos meilleurs spécialistes et les radios révélèrent de l'arthrite et de l'ostéoporose. Mon bras et ma main gauches étaient complètement engourdis.
>
> Le docteur me fit plusieurs piqûres de cortisone lors de quelques visites. Finalement, on me suggéra un neurologue qui demanda d'autres radios, un encéphalogramme et une série complète de radios du crâne, étant donné qu'il constatait une sensibilité affaiblie du côté gauche. Mais tous les examens montrèrent que tout était "normal", en dehors de l'arthrite. On me fabriqua un corset orthopédique, et on plaça mon bras droit dans une écharpe. Puis j'eus droit à une minerve pour le cou. Je dus quitter mon emploi et recevoir les indemnités d'invalidité.
>
> Nous eûmes la chance qu'un jeune chirurgien orthopédiste s'installât dans notre quartier. Comme je me disais que les choses ne pouvaient pas être pire, je lui rendis visite. Encore des

radios. Trois jours plus tard, il m'appelle à son cabinet et – voilà ce que j'appelle un miracle – me prescrit 750 milligrammes de calcium trois fois par jour, plus 500 milligrammes de vitamine C et 500 milligrammes de niacïnamide (une vitamine B) plus un minimum de 1 litre de lait par jour ainsi qu'une alimentation riche en calcium.

Il m'expliqua comment me placer pour dormir (le plus difficile, j'avais l'habitude de dormir sur l'estomac). Le premier mois, je me suis débarrassée de mon corset, de l'écharpe et j'ai utilisé une minerve plus souple pendant encore un mois. La seule douleur qui me reste maintenant est, occasionnellement, dans mon coude droit. Je fais de l'exercice et peut exécuter n'importe quoi, y compris faire du trapèze. J'ai recommencé à travailler (à plein temps) le 1er octobre 1976.

LE CUIVRE, LUI AUSSI, PEUT AIDER A SOULAGER L'ARTHRITE

De temps à autre la vieille croyance suivant laquelle un bracelet de cuivre empêche les rhumatismes refait surface – avec ou sans théorie scientifique à l'appui. Helmar Dollwet, un biochimiste de l'Université d'Akron dans l'Ohio, pense que l'idée n'est pas tout à fait dénuée de fondement. Il a constaté que le cuivre de ces bracelets réagit avec les composants chimiques de la peau et produit des substances anesthésiques et anti-inflammatoires. Si elles étaient absorbées, dit le Dr Dollwet, ces substances pourraient circuler dans le sang jusqu'aux points affectés et soulager la douleur. De plus, le cuivre lui-même pourrait faire son chemin jusqu'aux articulations et avoir un effet similaire. Les autorités médicales, néanmoins, insistent pour nier ces affirmations et les écartent en tant qu'"histoires de bonnes femmes".

Bracelets de cuivre ou non, le cuivre d'origine alimentaire pourrait cependant soulager les crises d'arthrite. C'est-à-dire qu'il pourrait accroître la réaction naturelle de l'organisme à l'inflammation douloureuse de l'arthrite.

Lorsque les aliments sont digérés, le cuivre est associé (formant des chélates) à d'autres substances pour former des composés de cuivre, formes actives du minéral. En cas de maladie, comme l'arthrite, le corps libère les composés de cuivre en réserve, multipliant le taux de cuivre dans le sang par deux ou trois.

Et ce n'est pas sans raison. Apparemment, cette augmentation drastique des composés de cuivre répond à des demandes physiologiques accrues par la maladie.

John R.J. Stevenson, professeur assistant de chimie médicale à "l'University of Arkansas Medical Sciences Campus" de Little Rock, remarqua que chez 153 personnes atteintes de maladies comme l'arthrite, (y compris la polyarthrite rhumatoïde et le lupus érythémateux), les taux de cuivre montaient et descendaient en fonction des crises et des rémissions de la maladie.

Il a également remarqué que l'acétate de cuivre constitue un bon traitement de l'inflammation chez les animaux arthritiques. Le Dr Sorenson a additionné deux et deux, et en est arrivé à la conclusion que l'augmentation des composés de cuivre doit être la façon de l'organisme de faire face directement à l'inflammation, probablement par des enzymes contenant du cuivre.

Les médicaments contre l'arthrite, comme l'aspirine, fonctionnent de la même manière, déclenchant la formation de composés de cuivre dans le sang, qui lui, s'en prend à l'inflammation. Le problème est que ces médicaments peuvent causer des ulcères à l'estomac et des troubles gastro-intestinaux, particulièrement s'ils sont pris en grandes quantités et fréquemment, pour déclencher la réaction anti-inflammatoire.

"Alors pourquoi ne pas employer des composés du cuivre?" s'est demandé le Dr Sorenson. Non seulement ce ne sont pas des irritants, mais ils guérissent en réalité les ulcères de l'estomac, ou les préviennent, ce qui les rend doublement intéressants comme remèdes contre l'arthrite.

"Si les composés du cuivre sont des anti-inflammatoires plus actifs... et ne causent pas d'irritations gastro-intestinales ou d'autres effets toxiques associés aux médicaments actuels, ils offriraient alors une thérapie moins toxique et plus efficace pour l'arthrite" conclut le Dr Sorenson (Journal of Applied Nutrition, avril 1980).

POUR CERTAINS, LE ZINC VIENT A LA RESCOUSSE.

Le zinc pourrait aussi soulager l'arthrite. Une réduction de la douleur et des enflures, une nette amélioration de la mobilité des articulations ainsi que de la force des mains ont été constatées à la suite d'un traitement par suppléments de zinc lors d'une étude intéressante conduite par des chercheurs du Finsen Institute et de l'Université de Copenhague au Dannemark. Vingt-quatre personnes atteintes d'arthrite accompagnée de psoriasis furent traitées avec du sulfate de zinc (220 milligrammes, 3 fois par jour). Dans la première partie de l'étude, onze personnes reçurent du zinc pendant six semaines, puis un placebo pendant les six semaines suivantes. Les autres furent traitées avec le placebo d'abord, et le zinc ensuite.

Après quoi, les onze premiers patients continuèrent à recevoir du zinc pendant six mois. Pendant toute la durée de l'étude, les chercheurs mesurèrent les modifications dans les articulations des poignets et des doigts (les secteurs les plus touchés par l'arthrite). Chez la plupart des sujets, les articulations raidies redevinrent mobiles et utilisables. La poigne se renforça. Les gonflements diminuèrent. La douleur et la raideur matinales disparurent.

Mais les patients n'avaient pas besoin des tests cliniques pour le savoir. Ils se sentaient nettement mieux. Les besoins en aspirine et analgésiques diminuèrent. De plus, la plus nette amélioration fut observée chez ceux qui poursuivirent le traitement pendant six mois.

Les auteurs de cette expérience attribuent le succès de cette thérapie à l'aptitude connue du zinc à réduire l'inflammation par le biais du système immunitaire. D'après les chercheurs, le fait que les taux de zinc dans le sang aient été parfaitement normaux au début du traitement – et se soient élevés après l'administration de suppléments – semble prouver que le zinc peut être efficace même dans les cas où il n'y a pas de déficience réelle. Ils concluent leur rapport en disant: "Il semble normal de conclure que le traitement par sulfate de zinc administré oralement pourrait s'avérer précieux dans le traitement de l'arthrite psoriasique" (British Journal of Dermatology, octobre 1980).

CHAPITRE 49

La bruxomanie

DEBLOQUEZ VOS DENTS AVEC DU CALCIUM.

Grincer des dents (c'est la bruxomanie) est plus qu'une habitude désagréable. Un spécialiste dentaire de Berne, en Suisse, le Dr Peter Schaerer, dit que les personnes qui grincent des dents en dormant ou au cours d'une "confrontation" peuvent endommager leurs dents, leurs gencives, les articulations et les muscles de leurs mâchoires (Journal of American Dental Association, janvier 1971).

D'après Emmanuel Cheraskin, et W. Marshall Ringsdorf, Jr, tous deux stomatologues à l'Ecole Dentaire de l'Université de l'Alabama, la nutrition est à l'origine du problème de la bruxomanie, qui peut être soulagée avec des suppléments journaliers de calcium et d'une certaine vitamine B, l'acide pantothénique. (L'acide pantothénique ou pantothénate de calcium se trouve dans le foie de bœuf, les broccolis, le riz complet, les œufs, les champignons, les flocons d'avoine, les cacahuètes grillées, la truite et le germe de blé).

Les docteurs Ringsdorf et Cheraskin étudièrent le régime d'un groupe de personnes, dont certaines étaient "bruxomanes". Celles qui ne l'étaient pas révélèrent une consommation supérieure de calcium et d'acide pantothénique. Le groupe fut à nouveau examiné un an plus tard, après qu'il eût reçu des directives quant à sa nutrition. Les docteurs constatèrent alors que ceux des "bruxomanes" qui avaient nettement augmenté leur consommation de calcium et d'acide pantothénique ne grinçaient plus des dents (Dental Survey, décembre 1970).

CHAPITRE 50

La maladie périodontique

LE CALCIUM CONTRE LE DESTRUCTEUR
SILENCIEUX DE LA DENT.

Le calcium peut faire pour vos dents et vos mâchoires ce qu'il fait
pour les grands os de vos bras et jambes et les vertèbres de votre dos.
En fait, même pour ceux qui ont perdu leurs dents (aux Etats-Unis
on évalue à 20 millions au moins le nombre de personnes concernées), il y a des preuves abondantes que quelques changements relativement simples dans leur alimentation – y compris l'addition d'un
supplément quotidien de calcium – pourraient éviter les problèmes de
dentiers si couramment répandus parmi eux. Et plus important encore, ces mesures, appliquées assez tôt, pourraient très bien diminuer
vos risques de jamais perdre vos dents.

Sur une mâchoire saine, il vous faut des gencives saines. La maladie la plus sérieuse et la plus répandue affectant les gencives est la
maladie périodontique – une inflammation et une infection chroniques et progressives du tissu des gencives et de la mâchoire. La plupart des chercheurs pensent qu'elle est dûe aux dépôts résiduels d'aliments, de bactéries et de tartre qui s'accumulent dans les minuscules
crevasses entre les gencives et la racine de la dent. Au fur et à mesure que l'invasion bactérielle gagne en profondeur dans le tissu périodontique entourant la dent, la mâchoire elle-même est attaquée
jusqu'à ce que les dents se déchaussent et tombent. On estime qu'aux
Etats Unis, 75% de la population adulte souffre plus ou moins de
cette maladie, principal destructeur des dents de cette population.

Il est essentiel de maintenir les dents et les gencives propres, d'éliminer la "plaque", ce film qui abrite les bactéries dangereuses. Se
brosser soigneusement les dents, surtout à la base, et nettoyer chaque

jour la partie entre les dents grâce à un fil dentaire est l'essentiel de la prévention. Si l'on a constaté que la vitamine C et l'acide folique (vitamine B) jouent un rôle important dans la résistance aux bactéries et contre la détérioration des gencives, le calcium peut également être très important.

Tandis que les chercheurs spécialisés dans la périodontique se concentrent sur les moyens de s'attaquer à la plaque à la base des dents, d'autres voient le problème sous un angle totalement différent. Dans une étude importante publiée par "Cornell Veterinarian" (janvier 1972), le Dr Lennarat Krook et quelques associés suggèrent que le vrai responsable de la perte des dents est le "rétrécissement" de la mâchoire, imputable à une alimentation déficiente en calcium. En examinant dix personnes affectées par la maladie périodontique, ils constatèrent que neuf d'entre elles consommaient en moyenne 400 milligrammes de calcium par jour – très en dessous des 800 milligrammes quotidiens des Taux Recommandés.

Lorsqu'on donna aux patients 500 milligrammes de calcium supplémentaire deux fois par jour pendant six mois, un renversement remarquable du développement de la maladie eut lieu. "Tous les patients avaient une inflammation des mâchoires et des saignements au début du traitement" disent les chercheurs. Après le traitement, l'inflammation s'était améliorée dans tous les cas et avait disparu dans trois d'entre eux. Les dépôts minéraux avaient diminué dans la moitié des cas. Des "trous" près des racines avaient été constatés chez huit patients avant le commencement de l'étude. Leur profondeur avait diminué après le traitement. On avait également noté un certain déchaussement chez huit patients. A la fin du traitement, il était moins important chez sept d'entre eux et avait disparu chez l'un des patients". Autrement dit, les dents étaient plus solidement fixées dans leurs cavités.

Il est particulièrement intéressant de savoir qu'après les suppléments de calcium, les radios montrèrent l'apparition d'os neuf dans la mâchoire. Au lieu de continuer à rétrécir en s'éloignant des dents, la mâchoire avait au contraire entrepris une nouvelle croissance.

"L'amélioration de la quantité d'os alvéolaire (mâchoire) fut remarquable, étant donné la briéveté du traitement" soulignent les chercheurs.

COMMENT GARDER VOS DENTS
MEME APRES LES AVOIR PERDUES.

Aux Etats-Unis, on peut voir des publicités de ce genre à la télévision:

> Toute la famille s'est rassemblée pour un picnic – poulet froid, sandwiches, belles pommes à croquer... Tout le monde dévore d'un bel appétit. Sauf un certain porteur de dentier dont les prouesses gastronomiques ne sont évidemment plus ce qu'elles étaient. En fait, il est dans l'obligation de trouver un couteau pour détacher son poulet de l'os, sous peine d'être exposé au ridicule de perdre son dentier dans un combat inégal avec la cuisse de ce volatile.

Et la publicité continue pour expliquer que telle ou telle marque d'adhésif pourrait résoudre les problèmes de ce picniqueur, lui restituant par la même occasion le plaisir non seulement de mordre la cuisse, mais aussi de croquer la pomme.

Il est vrai que pour la plupart des gens, porter un dentier n'est pas une partie de plaisir. Même les meilleures fausses dents sont pitoyablement inefficaces et malaisées par rapport à ce que la nature a prévu. Ajoutez-y l'inconvénient de l'irritation et de la friction causées par une mauvaise adaptation, et essayer de s'habituer à un dentier peut devenir un véritable cauchemar.

Mais les pâtes adhésives ne sont pas nécessairement la solution. (En fait, aux Etats-Unis, la Féderation Trade Commission – bureau de vérification de la publicité américain – interdit maintenant ce type d'affirmation considérant qu'elles ne sont pas fondées).

LES DENTIERS QUI VONT MIEUX.

C'est là qu'intervient le calcium. La preuve que les suppléments de calcium et autres modifications de l'alimentation, peuvent réduire les problèmes des porteurs de dentiers devraient présenter un intérêt tout particulier pour ceux qui paient fort cher des appareils qui ne sont pas toujours ce qu'ils attendaient.

D'après Emmanuel Cheraskin et Marsall Ringsdorf, docteurs en dentisterie, "les informations récentes indiquent que les dentiers complets sont trop souvent des échecs. Dans ces études, il y avait 15 à 45 pour cent de patients mécontents de leurs appareils".

Aux Etats-Unis, presque 30% des 22,6 millions de personnes portant des dentiers recensées en 1971 par une enquête du Service de santé, pensaient que leurs "dentiers avaient besoin d'être réajustés ou qu'il leur en fallait un autre". (Journal of American Dental Association, janvier 1976).

Une partie du problème vient du support osseux sur lequel ils sont censés être ancrés. "Chez la plupart des porteurs de dentiers, les mâchoires ne cessent de rétrécir" dit K.E. Wical, président du Service des prothèses de l'école dentaire de l'université de Linda Loma en Californie. "Certains dentistes acceptent ce rétrécissement comme normal, mais il ne l'est sans doute pas du tout".

"Plus la mâchoire rétrécit, plus il devient difficile pour les gens de porter leurs dentiers" dit le Dr Wical. "Certains ont petit à petit perdu la moitié de leur mâchoire d'origine ou plus. Eventuellement, ils en arrivent au point où cela devient impossible de porter un dentier. Il ne reste plus de gencives sur lesquelles on puisse l'ajuster! Les fabricants de pâtes adhésives comptent là-dessus. Le rapport est direct".

Mais des suppléments de calcium peuvent apparemment ralentir ce processus. "Nous avons fait une étude sur un groupe de patients en 1974" nous a dit le Dr Wical. "Nous avons constaté que ceux qui avaient un bon support osseux consommaient quotidiennement une moyenne de 900 milligrammes de calcium. Ceux qui avaient des problèmes de mâchoires ne consommaient guère que 500 milligrammes de calcium".

Dans une nouvelle étude, le Dr Wical et un collègue ont divisé 46 patients portant des dentiers en deux groupes. Tous avaient eu quelques dents arrachées et un dentier placé immédiatement après. Pendant l'année qui suivit, la moitié des patients reçurent des suppléments qui leur fournirent un total de 750 milligrammes de calcium et 375 unités de vitamine D par jour. ("Une quantité adéquate de vitamine D est absolument indispensable à l'assimilation et au métabolisme du calcium", nous ont rappelé les deux chercheurs). Les autres patients reçurent un placebo.

Au cours de l'étude, on prit des radios des mâchoires des patients. La perte de matière osseuse – ce que les savants appellent la résorption alvéolaire – fut enregistrée et comparée. Les résultats furent caractéristiques. A la fin de l'année, les personnes qui avaient pris du calcium avaient perdu 34% de moins de leur mâchoire supérieure et 39% de moins de leur mâchoire inférieure que les personnes du groupe sans suppléments – une différence moyenne de 36% de moins de résorption pour les deux mâchoires" (Journal of Prosthetic dentistry, janvier 1979).

L'ALIMENTATION ADAPTEE
POUR LA LONGEVITE DES DENTS.

Le Dr Wical et ses chercheurs découvrirent une autre variable importante, outre la quantité totale de calcium absorbée: le rapport d'un autre minéral – le phosphore – avec le calcium. Au fur et à mesure que le taux de phosphore s'élève, augmentant le rapport phosphore/calcium, la résorption de la mâchoire semble s'accélérer. En revanche, 5 des personnes dans le groupe n'ayant pas reçu de suppléments et dont la résorption alvéolaire supportait favorablement la comparaison avec le groupe "supplémenté", s'avérèrent avoir un rapport phosphore/calcium très bas.

Les auteurs en concluent donc "Nous pensons que les suppléments de calcium et de vitamine D aident à augmenter la résistance de l'os à l'agression mécanique et biochimique, pour les patients victimes d'une détérioration grave et rapide de la mâchoire et qui semblent avoir une alimentation pauvre en calcium et/ou un rapport phosphore/calcium élevé".

Nous avons demandé au Dr Wical s'il y avait d'autres changements qu'on pourrait envisager dans l'alimentation. "Le problème avec certains aliments est qu'ils présentent un énorme déséquilibre phosphore/calcium" nous a-t-il dit. Le rapport idéal est de 1 à 1. Mais dans la viande par exemple, il est de 20 à 1. C'est un énorme déséquilibre. Dans les dérivés de céréales raffinées, il est de 6 à 1 et dans les pommes de terre, de 5 à 1.

"Nous constatons régulièrement que les mangeurs de viande, de pain et de pommes de terre sont parmi ceux qui ont le plus ce problème. Les sodas et boissons sucrées contiennent également de grandes quantités de phosphore sous forme d'acide phosphorique. C'est un autre des problèmes de l'alimentation américaine. Les jeunes adolescentes, par exemple, semblent parfois se nourrir exclusivement de boissons non alcoolisées et de sodas. En conséquence, nous constatons que les gens commencent très tôt à perdre la matière osseuse.

"Le rapport phosphore/calcium moyen dans l'alimentation américaine est à peu près de 2 1/2 à 1, au lieu du rapport idéal de un à un", dit le Dr Wical. "Nous en voyons chaque jour le résultat dans les cliniques dentaires".

Pour ces raisons, ajoute-t-il, "les porteurs de dentiers qui prennent des suppléments ont un net avantage à longue échéance, particulièrement si par ailleurs, leur alimentation ne leur fournit pas assez de calcium. Quelles sont les bonnes sources de suppléments? La poudre d'os a un rapport favorable phosphore/calcium (environ 1 à 2), mais elle ajoute néanmoins à la consommation du phosphore, dit le Dr Wical. C'est très bien pour les gens dont l'alimentation en comporte peu.

Mais pour nos patients, particulièrement ceux dont l'alimentation en comporte déjà trop, nous recommandons un supplément de calcium et magnésium SANS phosphore, comme la dolomite. Nous avons constaté que les personnes qui manquent de l'un, manquent généralement aussi de l'autre; c'est donc une bonne combinaison".

"Je suis absolument convaincu que ceux qui souffrent de la maladie périodontique ainsi que les porteurs de dentiers, devraient prendre des suppléments de calcium" nous a dit le Dr Wical. "C'est la même maladie, le même problème. Il n'y a aucun doute dans mon esprit que la perte de matière osseuse est la même, que vous ayez des dents ou non".

493

CHAPITRE 51

La sclérose en plaques

Le calcium est nécessaire pour la transmission des messages à travers le système nerveux et aux points cruciaux où les nerfs se rattachent aux muscles. Il joue un rôle important dans la contraction musculaire, d'une part en transmettant le message des nerfs aux muscles, d'autre part dans la contraction du muscle elle-même.

LA CARENCE EN CALCIUM PREPARE-T-ELLE LE TERRAIN AUX PROBLEMES NERVEUX ET MUSCULAIRES ?

Le calcium n'est pas seulement important dans le fonctionnement même des nerfs, mais aussi dans leur constitution. Et certains savants pensent que les dégats résultant de la formation de cellules nerveuses sans apport suffisant de calcium expliquent peut-être le développement de cette maladie incurable des nerfs qu'est la sclérose en plaques.

Paul Goldberg, un chercheur scientifique de la Polaroïd Corporation, a établi une corrélation surprenante entre l'incidence de la sclérose en plaques dans diverses parties du monde et la quantité de soleil de ces régions (International Journal of Environmental Studies, vol. 6, 1974). Comme vous savez, la vitamine D est nécessaire à une bonne assimilation du calcium et une des meilleures sources de vitamine D est la lumière solaire. Le Dr Goldberg a appliqué les principes de l'analyse statistique à un certain nombre d'études préalables et constaté que plus il y a de lumière solaire dans un secteur donné, moins la sclérose en plaques y est fréquente. Les risques d'avoir cette maladie sont plus élevés dans les pays nordiques et décroissent jusqu'à un faible taux lorsqu'on approche de l'équateur. Il est interessant de remarquer que les observations du Dr Goldberg coïncident avec le fait que les animaux de zoo originaires de régions équatoriales ensoleillées ont besoin de vitamine D pour rester en bonne santé dans la brumeuse Angleterre, un point que nous discutons dans le chapitre suivant sur l'ostéomalacie.

En Suisse, souligne le Dr Goldberg, le tau~ de la sclérose en plaques varie plus avec l'altitude qu'avec la latitude. Mais la quantité de radiations à ondes courtes arrivant au sol à travers l'atmosphère varie comme la sclérose varie avec l'altitude. Ce sont les radiations à ondes courtes qui entraînent la formation de la vitamine D dans la peau. Le Dr Goldberg pense donc que si vous vivez en altitude à la montagne, plus vous recevez de radiations à ondes courtes, plus il se forme de vitamine D dans votre peau, plus vos intestins absorbent le calcium et moins vous risquez d'avoir la sclérose en plaques.

UN LIEN AVEC LA CARIE DENTAIRE.

Le Dr William Craelius, biologiste au Lafayette College de Pennsylvannie, a découvert d'autres preuves du rapport entre la carence en calcium et la sclérose en plaques, en comparant la proportion de la sclérose et de la carie dentaire dans diverses populations (Journal of Epidemiology and Community Health, vol 32, n° 3, 1978). Lorsque le Dr Craelius compara les statistiques australiennes et américaines, la tendance était claire: plus le taux de carie était élevé dans un secteur donné, plus le nombre de décès imputables à la sclérose en plaques était élevé.

La carie dentaire est moins fréquente chez les Américains pauvres que chez les riches, chez les immigrants chinois en Angleterre que chez les natifs du pays, chez les Noirs que chez les Blancs, chez les hommes que chez les femmes. Le taux de carie dentaire est plus élevé pendant la grossesse. Dans tous ces groupes, la fréquence de la sclérose en plaques semble correspondre à celle de la carie dentaire. Là où l'une est élevée, l'autre l'est également. Il semble que ce qui permet d'avoir des dents solides protège contre la sclérose en plaques.

Les docteurs Craelius et Goldberg pensent que ce facteur "X" est le calcium. La sclérose en plaques est caractérisée par la destruction de la myéline, une substance grasse constitutive de la gaine des fibres

495

nerveuses. On sait que le calcium accélère la production de l'un des constituants clefs de la myéline. Ce fait, joint à l'importance générale du calcium dans la conservation des cellules, a conduit le Dr Goldberg à conclure que le manque de calcium au cours des années critiques de la croissance d'un enfant pourrait affaiblir irréversiblement la structure de la myéline et augmenter le risque de sclérose en plaques dans le cours ultérieur de la vie.

Le Dr Craelius a effectué des travaux qui étayent cette hypothèse (Neuroscience Abstracts, 1978). "Nous avons retiré la moëlle épinière d'un embryon de poulet – nous a-t-il dit, – et l'avons placée dans un milieu où elle puisse continuer sa croissance et être observée. Nous avons "cultivé" la myéline pendant plusieurs semaines dans un milieu très légèrement déficient en calcium. Lorsque nous l'avons examinée au microscope électronique, nous l'avons trouvée moins complète et moins mature qu'elle aurait dû l'être normalement".

CHAPITRE 52

L'ostéomalacie

LA FAIBLESSE DES OS VIENT DU MANQUE DE SOLEIL.

Bien que le calcium soit le premier facteur dans la fabrication et le maintien d'une ossature robuste, nos corps ne peuvent utiliser le calcium sans vitamine D. La quantité de vitamine D que nous absorbons détermine la quantité de calcium que nous assimilons et employons. Lorsque les gens n'ont pas assez de vitamine D, ils peuvent être sujets à une diminution de la densité osseuse qui entraîne la douleur, la fragilité et la faiblesse musculaire de l'ostéomalacie, ou rachitisme des adultes.

La vitamine D est rare dans les aliments. La source essentielle en est la lumière du soleil. Jusqu'à 84% de la vitamine D du sang est produite par la réaction de la peau au soleil, rapportent J.G. Haddad et T.J. Hahn dans Aviation, Space and Environmental Medecine. (juin 1976). Le soleil de l'été est une excellente source en vitamine D, mais elle est très réduite au cours de l'hiver. Et un manque de vitamine D conduit vers la carence en calcium.

Des études montrent que les os sont plus faibles et ont plus de chances de se casser en hiver et au printemps. Les journées sont courtes, le soleil (et donc la vitamine D) est rare et le taux de calcium dans le corps est faible.

En examinant les fractures des cuisses de 134 patients, des chercheurs de Leeds en Grande Bretagne, ont constaté que les taux de calcium sont au plus faible de février à avril, et au plus haut d'août à octobre. La densité osseuse est la plus faible d'avril à juin et à son maximum d'octobre à décembre (Lancet, juillet 1974). Les os sont donc plus solides à la fin de l'été et plus faibles à la fin de l'hiver.

Ce problème a été particulièrement bien étudié en Grande Bretagne où le soleil est plutôt rare. Même les singes du zoo de Londres finissent par être atteints d'ostéomalacie après avoir quitté leur Afrique ensoleillée pour l'atmosphère brumeuse de Londres. Les reptiles, les oiseaux et les mammifères des régions équatoriales sont tous sujets aux carences en vitamine D au zoo et doivent recevoir des suppléments quotidiens pour rester en bonne santé.

Avez-vous besoin de suppléments de vitamine D? Peut-être que oui, peut-être que non. Une étude portant sur 110 enfants et 11 adultes en Angleterre a montré que le taux de vitamine D pendant l'hiver est déterminé plus par l'exposition préalable au soleil de l'été que par la consommation de vitamine D provenant de l'alimentation. Le niveau de vitamine D était plus élevé chez les enfants qui avaient passé l'été précédent à la mer que chez ceux qui étaient restés à la maison cette année-là (British Medical Journal, janvier 1979).

Si se prélasser sur la plage peut être une excellente façon d'accumuler de la vitamine D pour les enfants et les jeunes adultes, les personnes plus âgées devraient peut-être compter sur les suppléments toute l'année. Dans une étude sur 62 personnes âgées de 65 à 95 ans, la lumière du soleil semble n'avoir eu aucun effet sur le niveau de vitamine D dans leur sang. Ces niveaux augmentèrent néanmoins après que les patients aient pris de la vitamine D en suppléments. L'étude conclut que les personnes âgées pourraient tirer un meilleur profit des suppléments que de la lumière du soleil (Gerontology, vol 24, 1978). Naturellement, *trop* de vitamine D peut être une source de problèmes; de sorte que toute personne utilisant ces suppléments doit être prudente. Le taux recommandé est de 400 U.I. (unités internationales).

CHAPITRE 53

La maladie de Paget

UN NOUVEL ESPOIR POUR UNE GRAVE MALADIE OSSEUSE.

La maladie de Paget est une dégénérescence des os rare et douloureuse. Les médecins ne savent pas quelle est son origine, bien que des sujets y semblent prédisposés de naissance. Elle peut affecter n'importe quel os du corps, mais les plus fréquemment atteints sont ceux des jambes, la partie inférieure de la colonne vertébrale, le pelvis et le crâne. Au cours des premiers stades de la maladie, le calcium est enlevé des os, les rendant moins rigides. Plus tard, la matière osseuse reprend sa croissance, mais pour une raison inconnue, la nouvelle matière osseuse donne lieu à des distorsions. Les os restent sans rigidité et prennent une épaisseur anormale.

Une douleur osseuse profonde et lancinante est le symptôme le plus commun de cette maladie. Si la déformation se produit dans le crâne, des maux de tête peuvent survenir. Si cette déformation fait pression sur un nerf, le patient peut devenir aveugle ou sourd. Lorsque les jambes sont touchées, elles fléchissent sous le poids du corps.

Jusqu'à une époque récente, il n'existait aucun traitement véritable de cette maladie, bien que les médecins aient essayé plusieurs médicaments et thérapies, y compris les rayons X. On découvrit alors que la calcitonine, une hormone secrétée par la thyroïde, soulageait la douleur lorsqu'on l'employait sous forme d'injections. Malheureusement, le traitement est très coûteux, donne des nausées à beaucoup de gens et peut également entraîner des réactions d'allergie.

Un traitement sans danger, efficace et peu coûteux a maintenant été mis au point par un docteur australien. Le Dr R.A. Evans, de Repatriation General Hospital de Concord, au New South Wales

(Australie), a employé avec succès une combinaison de suppléments de calcium et de médicaments destinés à maintenir un taux élevé de calcium dans le sang, chez neuf victimes de la maladie de Paget.

Cherchant une autre solution que le traitement coûteux et dangereux de cette maladie, le Dr Evans décida d'essayer d'augmenter le taux de calcium dans le sang de ses patients. Dans ce but, il leur prescrivit 500 à 100 milligrammes de calcium trois fois par jour entre les repas, un comprimé anti-acide avec les repas pour empêcher le phosphore d'interférer avec l'assimilation du calcium, et un médicament pour empêcher le calcium d'être excrété dans l'urine. Le traitement fut poursuivi pendant 200 jours.

Pour citer le Dr Evans, "les douleurs osseuses disparurent ou furent considérablement atténuées pour 8 des 9 patients en l'espace de 20 à 70 jours. Deux patientes qui était invalides avant le commencement du traitement purent reprendre de légères activités dans leur foyer. Il n'y a eu aucun effet secondaire grave."

Le Dr Evans pense que le traitement réussit parce qu'il stimule la sécrétion naturelle de calcitonine, que la glande thyroïde produit lorsque le niveau de calcium dans le sang s'élève. Des tests biochimiques effectués par le Dr Evans confirment que ses patients ne réagissaient pas au traitement comme à un placebo.

Le Dr Evans ajoute que "le traitement décrit ci-dessus coûte approximativement 2% du traitement habituel par chimiothérapie – et peut être encore moins cher si l'on emploie des formes plus simples des médicaments... Considérant le coût très faible de cette combinaison de substances et l'absence d'effets secondaires, nous suggérons que ce traitement de la maladie osseuse de Paget soit envisagé" (Australian & New Zealand Journal of Medecine, juin 1977).

CHAPITRE 54

L'hypogueusie

"En fait" dit le Dr Robert Henkin, "nous sommes les médecins du goût et de l'odorat".

Le Dr Henkin dirige le "Center for Molecular Nutrition and Sensory Disorders" du centre médical de l'Université de Georgetown à Waghington, D.C. Il reçoit des patients ayant des problèmes de goût et d'odorat à la Clinique Georgetown depuis 1975 et avant cela, au National Institute of Health de Bethesd au Maryland. Chaque semaine, 30 à 40 patients ayant perdu plus ou moins le sens du goût ou de l'odorat viennent à sa clinique.

Ces patients ne sont pas les seuls à se plaindre de ces troubles, nous a déclaré le Dr Henkin. "Il y a probablement 10 millions de personnes aux Etats Unis qui ont des problèmes de ce type. A peu près autant qu'il y a de diabétiques". Le Dr Henkin pense qu'un tiers de ces personnes pourraient souffrir d'une déficience en zinc.

"Le nom scientifique pour la perte du sens du goût est "l'hypogueusie". En réalité, nous dit le Dr Henkin, l'hypogueusie n'est pas une maladie en elle-même, mais "un symptôme accompagnant tout un assortiment de maladies. Beaucoup de gens ayant des maladies différentes souffrent d'hypogueusie et la carence en zinc en est une cause, mais il y en a beaucoup d'autres". Nous connaissons tous, par exemple, la perte de sens du goût qui accompagne un rhume.

Des facteurs nutritionnels peuvent entrer en jeu dans l'hypogueusie. "La carence en cuivre peut influencer la perception du goût, de même que la carence en vitamine A, en vitamine B12, ou en vitamine B6", dit le Dr Henkin. "Il s'agit d'un système très actif et de nombreuses vitamines et minéraux y jouent un rôle d'une façon ou d'une autre".

"Il y a eu beaucoup de confusions dans le passé au sujet du zinc et

501

du goût. Par analogie, ces confusions viennent du fait que, bien qu'un cheval ait quatre membres, tout ce qui a quatre membres n'est pas un cheval. Les personnes qui manquent de zinc ont presque uniformément des problèmes de goût; mais toutes les personnes qui ont perdu le sens du goût n'ont pas nécessairement une carence en zinc. Nos informations suggèrent qu'environ 1/3 des personnes ayant perdu le sens du goût sont victimes de cette carence. Evidemment, si 10 millions de personnes aux Etats Unis ont perdu le sens du goût, cela fait tout de même beaucoup de gens".

COMMENT LE ZINC FONCTIONNE.

Dans une récente étude, Allan Shatzman, un biochimiste associé au centre de Georgetown, et le Dr Henkin, entreprirent de démontrer catégoriquement les effets de la thérapie du zinc sur l'hypogueusie et la façon dont le zinc fonctionne. "Cela représente beaucoup de travail" dit le Dr Henkin. "Suivre un seul patient exige beaucoup d'effort; c'est pourquoi nous n'avons relaté qu'un seul cas, mais il est très représentatif d'un nombre d'autres cas que nous avons rencontrés".

Chaque jour de l'étude, des échantillons de salive du patient furent prélevés de la glande parotide (qui secrète la majorité de la protéine qu'on trouve dans la salive) et analysés pour leur contenu en zinc et en gustine. "La gustine est une protéine de la salive" explique le Dr Henkin, "celle qui contient le plus de zinc – 75 à 80% de tout celui contenu dans la salive".

La salive du patient fut comparée avec celle de sujets normaux et en bonne santé. Les deux furent d'abord dissociées en composants distincts ou "fractions" de la salive complète de la parotide. "Chez les sujets normaux et ceux atteints d'hypogueusie, toutes ces fractions sont à peu près identiques, excepté la fraction II", nous dit le Dr Shatzman. "La fraction II est celle de la salive qui contient la gustine, la protéine contenant elle-même le zinc. Nous avons pu voir clairement qu'il se passe quelque chose du côté de la fraction II de la salive".

Si la teneur en zinc de la salive entière des patients atteints d'hypogueusie est à peu près la moitié de la normale, cette déficience en zinc est particulièrement prononcée dans la fraction II de la salive. Là, les taux de zinc et de gustine tombent à "UN CINQUIEME DE LA NORMALE. Tout désigne la gustine, et le zinc qu'elle contient, comme facteur crucial d'un sens du goût normal.

Ce soupçon fut confirmé lorsqu'on donna des suppléments de zinc au patient. Au fur et à mesure que le traitement continuait, les taux de zinc et de gustine s'élevaient dans la salive du patient et son sens du goût s'améliora d'une façon caractérisée. Au bout du neuvième jour, les taux de zinc et de gustine s'élevaient dans la salive du patient et son sens du goût s'améliora d'une façon caractéristique. Au bout du neuvième jour, les taux de zinc et de gustine atteignirent un maximum et le sens du goût redevint normal quelques jours après.

"Le patient atteignit une faculté maximum de goûter le 12ème jour", nous a déclaré le Dr Shatzman. " Le retour au goût normal suivit dans les trois jours le retour à un équilibre biochimique normal de la salive. C'est logique si vous pensez que la gustine a quelque chose à voir dans le maintien de papilles gustatives normales; car il est normal que vos papilles gustatives soient redevenues normales physiologiquement et biologiquement pour que vous puissiez retrouver un goût normal. Il est logique qu'il y ait un délai de réaction".

Le Dr Henkin pense que, si les faits indiquent que le zinc entretient le sens du goût directement dans la bouche, il peut également affecter les centres gustatifs du cerveau qui reçoivent et traitent les informations provenant des papilles gustatives. Cependant, dit-il, "la majorité des patients que nous voyons et qui ont des problèmes gustatifs, ont des problèmes biochimiques venant directement des changements dans la salive et les papilles gustatives et non du cerveau".

Bien qu'une modification de l'alimentation aide à corriger les problèmes de nombreux patients du Dr Henkin, il pense que la cause réelle de leurs problèmes se trouve en fait, non pas dans une alimentation inadéquate, mais dans leur manière d'assimiler la nourriture. "Ces personnes-là consomment probablement la même quantité de zinc que vous et moi, mais ne l'assimilent pas correctement. D'imprévisibles anomalies dans le fonctionnement de leur organisme nécessitent un apport de zinc supérieur à ce qui suffit à beaucoup d'autres".

LES FEMMES ENCEINTES ONT BESOIN DE DAVANTAGE DE ZINC.

Lorsque certains aliments ou certaines boissons se mettent à avoir un goût ou une odeur déplaisante pour une femme enceinte, cela pourrait indiquer une déperdition de zinc. Des quantités importantes en sont transférées au foetus. Il en va de même pour le cuivre, mais à un moindre degré. La carence de ces minéraux entraîne des symptômes qui vont des "envies" à la perte d'appétit, aux changements d'habitudes alimentaires, à des sensations désagréables du goût et de l'odorat avec des aliments et des boissons familiers et habituellement appréciés. Tout cela explique que le taux recommandé de zinc pour les femmes enceintes soit maintenant fixé à 25 milligrammes par jour, soit 50% de plus que pour les femmes non enceintes. Il est parfois surprenant de voir avec quelle rapidité ces sensations anormales sont rectifiées par les suppléments appropriés de ce minéral.

ABSENCE DE GOUT = MAUVAISE ALIMENTATION?

Même en se basant sur le Taux Recommandé qui fixe le minimum pour les adultes à 15 milligrammes par jour, de larges portions de la population américaine ne consomment pas assez de zinc pour faire face à leurs besoins journaliers. On pense que l'Américain type consomme en moyenne 10 à 15 milligrammes de zinc par jour. Ce qui signifie que l'alimentation type est légèrement déficiente en ce minéral, même en s'en tenant aux normes du gouvernement américain, qui sont plutôt basses. Parmi les personnes âgées, la consommation de zinc atteint rarement les 2/3 du taux recommandé. Les personnes âgées, comme par hasard, souffrent fréquemment d'une perte du goût.

Comment cette perte du sens gustatif généralisée affecte la cuisine aux Etats-Unis est une bonne question. Les gens auraient-ils plus de mal à avaler leurs "fast foods" s'ils sentaient véritablement le goût de ce qu'ils avalent? Le palais de certaines personnes est-il si peu fin qu'elles ne *peuvent vraiment* rien faire de plus subtil que de distinguer un hamburger d'une barbe à papa? Est-ce la raison pour laquelle le sel et le sucre sont les deux condiments qui dominent notre alimentation?

C'est possible. On a testé récemment le zinc sur des personnes "en bonne santé", qui ne présentaient aucun signe particulier de carence en zinc. Les résultats sont intéressants. Une étude portant sur des jeunes femmes établit leurs taux de zinc, par analyse de leur sang, leur salive, leurs cheveux et leur alimentation. Leurs taux de zinc furent jugés normaux et on leur donna des suppléments de zinc de concentrations différentes. Cela ne produisit aucun changement dans leur aptitude à détecter trois des 4 goûts élémentaires: le salé, l'aigre et l'amer. Mais chez les femmes qui reçurent des suppléments de 50 milligrammes par jour, l'aptitude à identifier la "douceur" augmenta nettement (Federation proceedings, abstract n° 2038, 1er mars 1980). 1er mars 1980).

Dans une autre étude faite sur des personnes âgées, on a constaté une amélioration de leur aptitude à déceler la douceur avec des suppléments de zinc, ainsi qu'une amélioration dans la détection du goût de sel. Mais les améliorations ne sont pas significatives sur le plan statistique – peut-être, ont pensé les auteurs, parce que les personnes étudiées ne recevaient que des suppléments de 15 milligrammes par jour (American Journal of Clinical Nutrition, avril 1978).

En tout cas, le point intéressant dans ces deux études est l'amélioration de l'aptitude à déceler la douceur, constatée dans les deux cas. Plus vous êtes sensible au goût de sucre, moins il vous en faut pour obtenir le même effet. Un apport suffisant de zinc pourrait donc nous permettre de diminuer notre consommation de sucre.

Cela signifie augmenter notre consommation d'aliments comme les œufs, le poisson, les haricots verts, les haricots de lima, les noix et les produits dérivés de grains complets, tous de bonnes sources de zinc. Cela signifie prendre des suppléments de zinc si c'est nécessaire. Après tout, manger est censé être un plaisir de l'existence, et non pas seulement quelque chose qu'on fait machinalement en regardant les informations. Sans un sens développé du goût, savourer une bonne et saine alimentation est un plaisir inaccessible.

CHAPITRE 55

Les maladies de la prostate

Parmi les hommes de plus de quarante ans, les troubles de la prostate sont presque de l'ordre de l'épidémie – environ 12 millions d'Américains peuvent en témoigner personnellement. Parmi les hommes âgés de plus de 60 ans aux Etats-Unis, les risques de souffrir d'une prostate hypertrophiée sont encore plus grands, et vont jusqu'à 95% pour les hommes de 85 ans. Le plus inquiétant est peut-être l'augmentation des décès par cancer de la prostate, – plus de 18000 Américains chaque année.

Qu'est-ce que cette glande problématique et pourquoi est-elle une source d'ennuis?

La prostate est une glande accessoire du système reproductif masculin, dont la seule fonction est de produire le lubrifiant qui transporte les spermatozoïdes hors de l'organisme. (C'est la raison pour laquelle la prostate est traditionnellement associée aux organes sexuels). La glande est située juste en-dessous de la vessie et entoure complètement le col étroit de celle-ci – appelé l'urètre – par lequel l'urine est évacuée. Quand elle est saine, la prostate a à peu près la taille d'une noix. En cas de maladie, elle peut atteindre le volume d'une orange.

C'est le problème principal dans la plupart des ennuis de prostate – une hypertrophie bénigne, c'est-à-dire non cancéreuse de la glande. Représentez-vous l'urètre comme un tuyau d'arrosage. Une prostate hypertrophiée peut faire pression sur l'urètre, interférant avec l'expulsion de l'urine. Les symptômes en sont un besoin accru d'uriner, une sensation de brûlure, des "faux départs", une impossibilité de vider la vessie et un écoulement goutte à goutte.

Les deux autres troubles principaux: la prostatite – inflammation de la prostate – et le cancer de la prostate provoquent en général les mêmes symptômes.

506

Tous ces types de problèmes peuvent être soignées. Les antibiotiques, pour la prostatite d'origine bactérielle, et la chirurgie totale ou partielle pour l'hypertrophie et le cancer sont les traitements les plus fréquents, et aussi les plus sûrs et ayant fait leurs preuves. Cependant, chacun présente ses difficultés, ses risques et ses échecs. Cela vaut donc la peine de penser à *prévenir* les ennuis avant qu'ils commencent. Dieu merci, plusieurs possibilités se présentent.

LA PROSTATE, LE ZINC ET LES CORPS GRAS.

La prostate n'a pas toujours été une telle source de problème. D'après un chercheur spécialisé, le Dr Erik Ask-Upmark, du département Medecine à l'Université d'Uppsala en Suède, les maladies de la prostate "constituent une entité pathologique relativement récente. Quand je faisais mes études de médecine, on en entendait parler, mais surtout comme d'une curiosité" (Grana Palynologica, vol 2 n° 2, 1960). Apparemment, un changement fondamental a pris place à notre époque, qui a rendu courante au point d'être alarmante ce qui était naguère une maladie exceptionnelle. Les faits semblent indiquer que ce changement capital a un rapport avec la façon de se nourrir des Occidentaux.

Tout d'abord, les aliments riches en corps gras pourraient être responsables de l'hypertrophie de la prostate. C'est ce que les travaux de Carl P. Schaffner, professeur de chimie microbienne à l'Université de Rutgers semblent indiquer.

Le meilleur ami de l'homme partage ses ennuis de prostate et le Dr Schaffner a constaté qu'en réduisant le taux de cholestérol des chiens âgés, il réduisait du même coup la taille de la prostate hypertrophiée. (Proceedings of the National Academy of Sciences, août 1968).

Une autre étude, rapportée à l'American Urological Association en 1976, et basée sur l'autopsie de prostates *humaines,* corrobore la théorie suivant laquelle les taux élevés de cholestérol peuvent avoir des effets nocifs sur la prostate. Le Dr Camille Mallouh, chef du service d'urologie du Metropolitan Hospital de New York a examiné la prostate de 100 hommes de tous âges et a constaté que les prostates hypertrophiées contenaient 80% de plus de cholestérol.

Il y a peut-être un rapport entre l'hypertrophie et le cancer de la prostate; Dans des travaux portant sur presque 1200 cas, des chercheurs du service d'épidémiologie de John Hopkins University et du Service de biostatistiques de Roswell Park Memorial Institute, ont constaté que le risque de cancer est quatre fois supérieur pour les personnes atteintes d'hypertrophie de la prostate. Ils estiment que dans les pays où les hommes ont une longue espérance de vie, 43% des cas de cancer de la prostate peuvent être attribués à son hypertrophie (Lancet, 20 juillet 1974).

Les dangers des aliments gras.

Le lien entre l'hypertrophie et le cancer de la prostate met en jeu le taux élevé de corps gras de notre alimentation. Constatant que les ruraux noirs sud-africains, qui ont une alimentation pauvre en corps gras et riche en aliments complets naturels, ont un faible taux de cancer de la prostate, le docteur Peter Hill, de l'American Health Foundation de New York City, entreprit une étude pour tester si leur alimentation était responsable de leur relative immunité.

Le Dr Hill et ses associés ont soumis un groupe de volontaires noirs sud-africains à un régime typiquement occidental comprenant beaucoup de matières grasses et de viande. En même temps, un groupe de volontaires nord-américains, composé de noirs et de blancs a reçu une alimentation pauvre en graisses. Pour établir l'effet potentiel de cette alimentation sur le développement du cancer de la prostate, le Dr Hill fit des tests visant à repérer les changements hormonaux provoqués par l'alimentation et qui sont associés avec le développement du cancer de la prostate.

"En changeant d'alimentation, on change le métabolisme hormonal" explique le Dr Hill" et le cancer de la prostate semble être une maladie associée aux hormones".

Au bout de trois semaines, le Dr Hill constata que les Sud-Africains mis à l'alimentation occidentale excrétaient notablement plus d'hormones, alors que l'inverse se produisait pour les Nord-Américains au régime sans graisses. Le profil métabolique des Nord-Américains se rapprochait maintenant de celui des groupes à faible risque (Cancer research, décembre 1979).

"Cette étude est une indication préliminaire du fait qu'une alimentation pauvre en graisses peut diminuer les risques de cancer de la prostate" nous a déclaré le Dr Hill. "En réduisant la consommation totale de calories et en substituant les fruits et les légumes aux calories d'origine animale, on peut faire passer un groupe de la catégorie à haut risque à la catégorie à faible risque".

DU ZINC POUR LES PROBLEMES DE PROSTATE.

Si les patients atteints de maladies prostatiques ont trop de corps gras dans leur alimentation, la chose dont il n'ont apparemment pas assez est le zinc.

On sait depuis environ 50 ans que le zinc est, d'une façon ou d'une autre, essentiel pour la santé de la prostate. Normalement, il y a une concentration extraordinaire de zinc dans un liquide prostatique sain (qui transporte les spermatozoïdes) – 7 milligrammes par grammes de ce fluide. Mais le zinc est aussi l'un des éléments les plus touchés par la transformation industrielle des aliments.

Dans une étude faite en coopération, l'Ecole de Médecine de Chicago, le Cook County Hospital, le Herktoen Institute for Medical Research et le Mt Sainaï Medical Center de Chicago, ont enregistré les taux de zinc dans la prostate de 265 hommes en bonne santé et d'âges variés. Les chercheurs ont constaté que la prostate et le sperme de 7% des hommes avaient un faible taux de zinc et que chez 30% des sujets le taux était à la limite de la normale. Autrement dit, plus d'un homme sur trois avaient un taux de zinc inadéquat dans la prostate.

Une étude approfondie conduite par Irving M. Bush, du Cook County Hospital de Chicago, a abondamment montré que la prostate a un besoin impératif de zinc pour être saine. Le Dr Bush et ses associés ont constaté que le taux de zinc tombe dès qu'une maladie attaque la glande. Ils ont aussi constaté que les patients souffrant d'une prostatite chronique ont généralement un faible taux de zinc dans la prostate et le sperme. Et ils ont constaté que les patients atteints de cancer de la prostate ont également de faibles taux de zinc.

Encouragé par ces constatations, le Dr Bush a commencé à traiter 755 patients atteints de diverses maladies de la prostate avec des suppléments de zinc. En 1974, il relata ses résultats lors d'une convention nationale de l'American Medical Association.

LES SYMPTOMES SOULAGES.

Dix-neuf patients atteints d'hypertrophie de la prostate ont reçu 34 milligrammes de zinc par jour pendant deux mois et furent alors mis à un "régime" de 11 à 23 milligrammes par jour dans le cadre d'un programme à long terme. Les analyses de laboratoire révélèrent une augmentation du taux de zinc dans le sperme. Plus important cependant, les 19 malades rapportèrent une amélioration des symptômes douloureux et, à l'examen, dans 14 cas sur 19, la taille de la prostate avait diminué.

L'effet de cette thérapie sur les patients atteints de prostatite infectieuse est encore plus impressionnant. Pendant 16 semaines, on a donné entre 11 et 34 milligrammes de zinc par jour à 200 patients. Dans tous les cas, le taux de zinc dans le sperme s'est amélioré et dans 70% des cas, on signala le soulagement des symptômes.

Bien que cette thérapie au zinc ne soit pas encore en mesure, d'après le Dr Bush, de remplacer les traitements conventionnels de la plupart des maladies de la prostate, ces faits aident cependant à expliquer que tant de patients ayant pris du zinc ont été soulagés.

"J'ai été affligé de prostatite chronique pendant 23 ans, ce qui m'a obligé à une visite chez un urologue toutes les 5 semaines pour un massage de la prostate", nous a raconté un homme de Floride.

Il essaya alors des suppléments de zinc. "J'ai commencé avec 50 milligrammes par jour pendant un mois, puis je suis descendu à 0,20 milligrammes par jour, que je prends toujours depuis. En 3 mois, l'inflammation avait disparu et il était évident qu'un commencement d'hypertrophie se renversait. Il continua à s'estomper pendant à peu près un an.

Je n'ai pas eu besoin de voir un urologue depuis plus de deux ans et alors seulement pour vérifier que tout allait bien. Le docteur admit qu'il avait entendu parler de la recherche sur le zinc et de son efficacité – mais il ne lui était jamais venu à l'esprit de m'en parler!".

La combinaison de quantités suffisantes de zinc et d'une alimentation pauvre en acides gras et riche en fibres alimentaires ne peut assurément faire aucun mal et pourrait très bien aider les hommes qui entrent dans la catégorie d'âge à haut risque de maladies prostatiques. Dans les maladies de la prostate, comme dans toutes les maladies, la prévention est la meilleure politique.

CHAPITRE 56

L'impuissance

A première vue, les huîtres n'ont rien de commun avec les cornes de rhinocéros ou la soupe de nids d'hirondelles. Cependant, les traditions orales les considèrent toutes les trois comme des aphrodisiaques permettant à un homme d'accomplir des prouesses.

Nous ne pouvons témoigner pour les deux derniers remèdes. Mais il semble y avoir une solide base scientifique à la réputation du coquillage. Bien que toutes les huîtres ne comportent pas de perles, naturellement, elles sont pleines d'une autre substance qui peut aussi ajouter du brillant à votre vie amoureuse.

Cette substance est le zinc, dont le rôle dans le développement sexuel a été récemment reconnu. La carence en zinc risque d'altérer la croissance sexuelle et la maturation, ce minéral étant apparemment essentiel au métabolisme d'une hormone mâle de première importance, la testostérone.

LES GLANDES SEXUELLES ONT BESOIN DE ZINC.

Il y a environ 15 ans, un groupe d'adolescents égyptiens retardés physiquement et sexuellement fut examiné et on constata qu'ils avaient une alimentation déficiente en général, mais particulièrement en zinc et en fer. Avec une bonne alimentation, ils grandirent en moyenne de 5 à 6 centimètres par an. Ceux qui reçurent une bonne alimentation et des suppléments de fer grandirent d'environ 7 à 8 centimètres. Ceux qui reçurent aussi des suppléments de zinc grandirent de *12 à 13 centimètres* . Mais, pour en revenir à ce qui nous occupe, leur maturité sexuelle intervint beaucoup plus rapidement avec les supplé-

511

ments de zinc. Quelques années plus tard, en Iran, un groupe similaire d'adolescents s'avéra également répondre beaucoup plus favorablement à un bon régime plus des suppléments de zinc – qu'à une bonne alimentation seule – et leur maturité sexuelle intervint 3 fois plus vite.

Pendant quelques années, on n'attacha pas plus d'importance à ces résultats qu'à des "curiosités" médicales. Après tout, combien connaissez-vous de nains retardés sexuellement?

On *savait* déjà qu'il y avait une haute concentration de zinc dans les organes sexuels masculins, y compris dans la prostate. Mais on assumait en quelque sorte que si les organes sexuels s'étaient déjà développés d'une façon normale, il n'y avait pas grand'chose à faire, en ce qui concerne la qualité de leurs performances.

Cette opinion a changé aussi récemment qu'en 1977. Cette année-là, à la suite d'une législation fédérale préalable prévoyant des subventions pour payer la dialyse des malades des reins, les docteurs avaient déjà appris qu'au cours du processus de purification artificielle de leur sang, ces patients subissaient divers effets secondaires. L'un de ces effets était l'impuissance. On n'en connaissait pas la cause, mais on assumait qu'elle était d'origine psychologique. Cependant en même temps, on savait que beaucoup de patients sous dyalise manquaient de zinc. Ce rapport entre la carence en zinc et l'impuissance passa inaperçu jusqu'à ce qu'une équipe de docteurs du Veterans Administration Hospital de Washington, DC entreprît d'ajouter du zinc au "bain" de dyalise qui traite le sang des patients. Ils constatèrent que le fonctionnement sexuel des patients qui avaient été impuissants s'améliora spectaculairement en l'espace de quelques semaines.

Lorsqu'ils *cessèrent* d'introduire ce zinc supplémentaire dans le sang des patients, le fonctionnement sexuel disparut, pour redevenir normal lorsque le zinc fut réintroduit dans le "bain".

Dans des travaux complémentaires, rapportés dans Lancet (octobre 1977), Lucy Antoniou et ses collègues du Veterans Administration Hospital constatèrent qu'un peu plus de la moitié de tous les patients sous dialyse qu'ils avaient traités pour leur impuissance réagirent favorablement au traitement par les suppléments de zinc.

Et voici ce qui donne vraiment à réfléchir. D'abord, le Dr Antoniou a maintenant constaté que même les patients qui ont des taux de zinc dans le sang relativement normaux réagissent favorablement à la thérapie par le zinc. Ensuite, bien que la plupart des gens pensent que la testostérone est la principale hormone responsable de l'activité sexuelle masculine, il semblerait maintenant que le métabolite biologiquement actif de la testostérone, appelé la déshydrotestostérone (DHT), soit le facteur critique en ce qui concerne le zinc. Le Dr Antoniou a constaté que seuls les patients ayant de faibles taux de DHT réagissaient favorablement au traitement par le zinc. De plus, dans tous les cas où le taux de cette forme "active" de la testostérone était faible, le zinc a été efficace.

Mais pour en finir, dit le Dr Antoniou, "le véritable signe de la carence en zinc est une réaction favorable aux suppléments" (Sexual Medecine Today, novembre 1978). Autrement dit, en termes pratiques, la seule façon de voir si quelqu'un a besoin de suppléments de zinc est de lui en donner pour voir s'ils donnent un résultat.

Une étude du même type a été réalisée récemment au Veterans Administration Hospital d'Allen Park dans le Michigan.

"C'est une chose bien connue que 70% des patients sous dialyse ont un certain degré d'impuissance, dit le Dr Sudesh Mahajan, chef du service de néphrologie de l'hôpital et spécialiste à l'Ecole de Médecine de Wayne University.

La bonne nouvelle est que les suppléments de zinc ont considérablement remédié aux problèmes sexuels dans un groupe de patients sous dialyse. Les 20 sujets, âgés de 28 à 65 ans, ont besoin de ces machines qui remplacent artificiellement leurs reins inaptes, pour filtrer les impuretés de leur sang. Au début de l'expérience, ils avaient tous de faibles niveaux de sperme et de testostérone. Au cours de l'étude en "double-aveugle", personne ne savait quels étaient les 10 patients qui reçurent les placebos et ceux qui reçurent les suppléments de zinc (50 milligrammes par jour).

Au bout d'un an, tous les hommes traités au zinc témoignèrent d'améliorations biochimiques et rapportèrent que leur capacité sexuelle était revenue. "Dans certains cas", dit le Dr Mahajan, "les changements prirent place en seulement six semaines. Inutile de vous dire que les femmes et petites amies étaient satisfaites".

Par contraste, le groupe ayant reçu les placebos ne pouvait prétendre à aucune amélioration. Leur puissance sexuelle ne s'etait jamais trouvée améliorée et l'impuissance restait toujours un problème. De plus, les taux de sperme et de testostérone ne furent jamais relevés.

LE ZINC PEUT-IL REMEDIER
A L'IMPUISSANCE "ORDINAIRE" ?

Si tout cela est merveilleux pour les malades des reins ayant un problème sexuel, la question est de savoir si cette thérapie peut également aider les hommes totalement ou partiellement impuissants qui sont par ailleurs en raisonnablement bonne santé. Ou pour m'exprimer autrement, une fois que la possibilité de maladie somatique a été éliminée, faut-il assumer que les hommes impuissants ont un problème psychologique – ou que c'est simplement "l'âge"? La nutrition pourrait-elle avoir quelque chose à y voir?

Bizarre, mais la réponse est qu'apparemment, personne n'en sait rien. En tout cas, pas encore. Mais Ananda S. Prasad, docteur et professeur de médecine à Détroit, est prêt à réfléchir à la question. Le Dr Prasad, un pionnier à la réputation établie de longue date dans la recherche sur le zinc, suggère que cela vaudrait sans doute la peine que les médecins tentent la thérapie par le zinc là où les autres causes d'impuissance ont été éliminées, et où on a constaté un faible taux de zinc chez le patient. Il suggère 20 à 30 milligrammes de zinc par jour comme une dose parfaitement raisonnable et sans danger.

AJOUTEZ DU BRIO A VOTRE VIE AMOUREUSE
GRACE AU ZINC.

Il n'y a pas besoin d'une carence en zinc *grave* pour affaiblir la puissance sexuelle. Même les hommes qui manquent *légèrement* de zinc sont à la merci d'ennuis.

"Dans les cas de carence marginale (léger manque), il pourrait y avoir dysfonctionnement sexuel tant les testicules semblent sensibles au zinc" note le Dr Prasad.

Pour mettre cette hypothèse à l'épreuve, le Dr Prasad et ses collègues induisirent de légères carences en zinc par une sélection diététique chez 5 hommes en bonne santé âgés de 51 à 65 ans. En ne mangeant que des repas sélectionnés, les sujets perdirent en fait environ un milligramme de zinc par jour. Au cours d'une période de 6 mois, les taux dans le sperme décrurent pour 4 des 5 hommes. Les taux de testostérone décrurent pour les 5 personnes.

Pour trois des cinq sujets, les taux du sperme approchaient le point de ce qui est techniquement considéré comme la stérilité, déclare le Dr Ali A. Abbasi, un endocrinologue du Veterans Administration Medical Center de Allen Park (Michigan). Et tout en admettant que ce soit une considération "très subjective", les sujets se plaignirent tous d'une diminution du désir sexuel avec cette alimentation pauvre en zinc, d'après Parviz Rabbani, un biochimiste spécialisé dans la nutrition travaillant avec le Dr Prasad.

Après que les volontaires eurent repris leurs repas habituels et qu'ils furent fortifiés par des suppléments de 30 milligrammes de zinc par jour, ils revinrent à la normale en 16 à 20 semaines.

Voici cependant la question que tout homme pourrait se poser: Se pourrait-il que je manque de zinc, même un tant soit peu? Le tabac, l'alcool, les infections et les médicaments épuisants les réserves de zinc, le Dr Rabbani soupçonne les carences marginales en zinc d'être probablement très courantes.

LES FACTEURS QUI BLOQUENT L'ASSIMILATION DU ZINC.

"Les fumeurs acharnés ont particulièrement besoin de zinc" nous a-t-il déclaré. "Le cadmium (un métal très toxique) de la fumée interfère avec le métabolisme du zinc et peut s'accumuler dans les testicules. Par conséquent, on peut supposer qu'il y a un plus grand besoin de zinc".

Il dénonce également l'alcool comme l'un des "ingrédients les plus dangereux" que nous consommions. Non seulement l'abus peut faire expulser trop de zinc, mais il peut entraîner à boire un verre supplémentaire aux dépens de bonnes habitudes alimentaires.

L'angoisse, affirme le Dr Rabbani, peut également aller à l'encontre d'un bon régime alimentaire. Et si trop de zinc est soustrait de votre alimentation, cela pourrait constituer un gros "moins" dans votre vie sexuelle. "Une mauvaise nutrition" prévient le Dr Rabbani, pourrait très bien être bien être à l'origine de l'impuissance sexuelle".

LES AUTRES GLANDES QUI ONT BESOIN DE ZINC.

D'après le Dr Carl C. Pfeiffer, chef du Brain Bio Center de Pinceton (New Jersey) une carence en zinc peut entraîner une réduction du sperme, un développement inadéquat du pénis et des testicules chez les jeunes garçons, et des problèmes prostatiques (La prostate fournit le liquide permettant d'expulser les spermatozoïdes durant l'orgasme).

Dans le même ordre d'idée, le Dr Pfeiffer pense que le zinc peut contribuer à "cette lueur dans l'oeil des hommes plus entreprenants", la rétine et la prostate ayant une concentration exceptionnelle de zinc. Il a également constaté que l'hypophyse et la glande pinéale du cerveau contiennent des quantités importantes de zinc. La glande pinéale est directement liée à l'activité sexuelle alors que l'hypophyse contrôle les émotions.

"Sachant cela" affirme-t-il, "nous ne pouvons encore affirmer qu'un surplus de zinc puisse améliorer le vie sexuelle de tout un chacun". Mais il suggère qu'un niveau de zinc *adéquat* est nécessaire à une activité sexuelle et une fonction de reproduction normales.

Le Dr Prasad recommande qu'une fois que le médecin a éliminé la plupart des autres causes organiques et psychologiques d'impuissance, les niveaux de zinc dans le sang soient vérifiés. S'il y a *vraiment* carence en zinc, le docteur peut commencer un traitement avec 20 ou 30 milligrammes de zinc par jour pendant 6 mois à un an.

"Une bonne chose à propos de cette carence est qu'elle peut être corrigée" dit-il. Mais ne vous croyez pas obligé de vous précipiter sur les huîtres. Comme les autres crustacés, les huîtres peuvent comporter des concentrations élevées de micro-organismes toxiques et autres polluants, si elles sont ramassées dans des eaux malsaines. Mais de bonne sources de zinc – sans danger – se trouvent dans le foie, les viandes, les œufs, les noix et noisettes, les haricots et les suppléments de zinc.

CHAPITRE 57

Les calculs des reins

Les concrétions pierreuses d'oxalate de calcium sont les "calculs" des reins les plus fréquents du monde occidental. Elles représentent environ 70% de tous les calculs et peuvent causer des douleurs, de la fièvre, l'obstruction des canaux d'évacuation de l'urine, l'infection et une urine contenant du sang.

Chez les personnes qui ont tendance à avoir ce type de calculs, le calcium et l'acide oxalique (deux substances normales de l'urine) se combinent pour former des cristaux partiquement insolubles appelés oxalates. Bien que la plupart des calculs soient ronds et durs comme des rocs, il en existe parfois de tendres, blancs, crayeux et adoptant des formes géométriques anguleuses. Ils peuvent avoir la taille d'un grain de sable – assez petit pour être évacué dans l'urine – ou celle d'une noix – assez grosse pour obstruer les passages urinaires. La douleur qu'ils causent défie la description – elle est assez violente pour vous faire plier en deux et vous sentir à l'agonie.

MOINS DE SUCRE, PLUS DE MAGNESIUM.

Aujourd'hui, des faits nouveaux corroborent des découvertes plus anciennes prouvant que le magnésium contribue à la prévention de certains calculs des reins. Lorsqu'on donna 500 milligrammes par jour d'hydroxyde de magnésium à 67 ex "fabricants" de calculs, le taux de récidive diminua, ont découvert Sverker Ljunghal et ses collègues de l'hôpital de l'Université d'Uppsala en Suède. (500 milligrammes d'hydroxyde de magnésium correspondent à peu près à 200 milligrammes de magnésium). Ces résultats indiquent que le magnésium diminue les risques de formation de calculs, ont rapporté les chercheurs lors d'une conférence de l'Américan College of Nutrition à St Louis, en juin 1979.

En fait, ces nouveaux résultats confirment simplement les travaux cliniques sur le magnésium du Dr Stanley N. Gershoff, directeur du Nutrition Institute de Tufts University de Medford (Massachssetts) et d'Edwin L. Prien Sr, urologue et membre émerite du Newton-Wellesley Hospital de Newton (Massachussetts). Ces chercheurs, en coopération avec 64 autres docteurs des différentes régions des Etats Unis, ont étudié plusieurs groupes de patients sur une période de plus de 15 ans.

L'un de ces groupes était constitué de 149 patients qui avaient eu au moins un calcul par an pendant les 5 années précédant le traitement. Ensemble, ils totalisaient plus de 871 calculs au cours des 5 dernières années; seulement 17 des 149 patients eurent de nouveaux calculs pendant qu'ils prenaient du magnésium et de la vitamine B6 au cours des 4 à 6 années suivantes. Parmi ces 17 patients, 71 calculs se formèrent. Suivant les Drs Gershoff et Prien, cela signifie que 89% des "fabricants" de calculs n'eurent plus de symptômes pendant qu'ils prirent du magnésium, qui semble maintenir l'acide oxalique en dissolution dans l'urine, (Journal of Urology, octobre 1974).

Il est également intéressant de remarquer que récemment, des chercheurs anglais ont constaté que l'alimentation riche en hydrates de carbone raffinés *encourageait* probablement la formation des calculs rénaux. Pendant une période d'un mois, les chercheurs donnèrent une alimentation riche, normale ou pauvre en hydrates de carbone à 19 jeunes hommes en bonne santé. Rapportant leurs constatations dans le British Journal of Urology (vol 50, 1978), les chercheurs concluent: "Il y a des chances pour qu'une alimentation comprenant des quantités importantes de sucre ou de dérivés du sucre augmente les risques de formation de calculs rénaux".

CHAPITRE 58

La migraine

La migraine. Il ne s'agit pas du mal de tête diplomatique, mais de celui qui vous donne l'impression que quelqu'un vous assène de grands coups de poêle à frire de chaque côté de la tête. A moins qu'il ne s'agisse d'un tisonnier chauffé à blanc. Vous en pleurez; vous vous sentez malade, impuissant – et vous rêvez secrètement qu'un chirurgien entre dans la pièce et exécute une lobotomie dans la seconde suivante.

La vasodilatation – un élargissement soudain des vaisseaux sanguins dans votre tête – est à la base de tout cela. Divers facteurs, allant de la tension émotionnelle aux produits chimiques et aux changements de temps semblent faire resserrer les artères cérébrales qui se dilatent ensuite immédiatement. Des vaisseaux distendus et douloureux faisant pression contre les nerfs du cerveau font des maux de tête de la migraine le calvaire qu'elle est véritablement. Il arrive qu'on sente même littéralement le sang se précipitant dans les artères cérébrales, annonçant l'arrivée de la migraine.

Il y a beaucoup de facteurs "précipitants". Certains aliments sont connus pour déclencher la migraine chez de nombreux sujets – le fromage et le chocolat étant parmi les pires.

L'alcool (particulièrement le vin rouge) peut avoir le même effet. De même que trop de caféine (ou trop peu, comme c'est le cas avec les maux de tête de la désintoxication du café). Ou les additifs alimentaires tels que les nitrates et nitrites (dans le jambon, les saucisses, le bacon) ou le monoglutamate de sodium (réputé être employé généreusement dans les restaurants chinois). Et il y a les tensions et ennuis quotidiens. Un repas sauté. Une contravention. La fumée de cigarettes. Même les changements hormonaux des règles mensuelles chez certaines femmes.

Pour le malheur de beaucoup, les attaques de la migraine sont une sorte de routine, qui les rend parfois malades au point de ne pouvoir manger, dormir ou travailler. Les facteurs de déclenchement varient d'une personne à l'autre. L'aspirine est le remède qui soulage traditionnellement. De même que les médicaments empêchant la dilatation des vaisseaux sanguins. La détente, l'exercice, les massages et l'acupuncture peuvent aussi apporter un soulagement, sans poser le problème des effets secondaires. Et inutile de le dire – supprimer le facteur "précipitant" est la première chose à faire lorsque c'est possibile. Pour certaines personnes, un régime sans sel peut être la solution.

SUPPRIMEZ LES ALIMENTS SALES ET LA MIGRAINE DISPARAIT.

Peu de gens le savent, mais du sel tout bête particulièrement à jeun – peut déclencher une migraine, si l'on en croît un rapport de John B. Brainard, un chirurgien de St Paul (Minnesota). Eviter le déferlement de sel dans l'organisme semble de nature à supprimer une sérieuse cause de migraine chez certains sujets. Douze des patients du Dr Brainard, qui avaient tous souffert de migraines pendant des années, furent priés d'éviter tous les autres facteurs "précipitants" connus et de noter l'incidence des migraines avant et après les restrictions de sel. Ceci dura pendant six mois.

Pour être précis, la restriction de sel constistait dans ce cas, à éviter tous les "snacks" salés tels que les chips, les bretzels et les cacahuètes ou noix et noisettes salées. On considéra le résultat comme excellent si le patient était alors débarrassé de ses migraines; bon s'il souffrait de moins d'attaques qu'auparavant et mauvais s'il n'y avait aucun changement.

La plupart – 10 sur 12 – réagirent favorablement. Quelques uns furent merveilleusement et spectaculairement soulagés, déclarant que la migraine était sortie de leur vie – vraisemblablement pour toujours. Le Dr Brainard pense que pour les deux patients qui n'avaient pas réagi favorablement, l'avalanche de sel n'est probablement pas le facteur "précipitant"; ou bien sans le savoir, ils étaient tombés sur une autre substance déclenchant leur migraine.

"L'omniprésence des "snacks" salés dans notre société pourrait contribuer à la présence de la migraine" dit le Dr Brainard. Il explique: "Les patients de cette étude avaient des migraines typiques, qui les éveillaient souvent la nuit. Le soulagement obtenu suggère que la charge de sodium prend quelques heures pour déclencher la migraine. On n'a pas déterminé comment le soudain apport de sel d'une poignée de cacahuètes salées ou de chips, particulièrement si elles sont consommées l'estomac vide, peut causer une grave migraine 6 ou 12 heures plus tard. On ne connaît pas la raison de ce délai de réaction" (Minnesota Medecine, avril 1976).

On peut prendre des "snacks" non salés. Les mélanges de noisettes et noix non salés, – et même les biscuits sans sel ne sont pas aussi difficiles à trouver que naguère. Mieux encore, essayez les graines de tournesol non salées. Ou faites griller vos propres graines de potiron.

DES HERBES A LA PLACE DU SEL.

Pouvez-vous vous débarrasser de votre migraine et prendre néanmoins plaisir à manger? Comment rendre les aliments agréables sans employer de sel? En substituant. Utilisez les herbes aromatiques et aventurez-vous vers des saveurs nouvelles. Avez-vous l'habitude de saler vos œufs? Essayez une touche d'aneth ou de ciboulette. vous en apprécierez la vigueur
Mettez-vous du sel sur votre tomate en tranches? Essayez le basilic. Le celeri, les épinards, les betteraves, les cardes ont leur propre ration de sodium: ils n'ont pas besoin qu'on en ajoute.

Expérimentez avec les plantes aromatiques et au bout de quelque temps, vous aurez oublié que vous aviez toujours besoin de sel. Essayez le poivre de la Jamaïque, les graines de carvi, le piment en poudre, le curry, le gingembre, les graines de moutarde, la menthe poivrée, le coriandre, l'estragon. Pour donner un goût nouveau à vos asperges, parmesez-les de muscade avant de servir; les concombres prennent une saveur nouvelle lorsqu'on les fait macérer en fines lamelles dans du vinaigre à l'estragon. Préparez-vous un plat exotique avec de l'aubergine et des tomates cuites au four assaisonnées d'une feuille de laurier et d'origan. Cela fait peu de calories et c'est délicieux. Essayez vos haricots verts avec de la muscade et de la sarriette; des oignons bouillis avec des clous de girofle et du thym, ou du veau sans sel avec de la menthe poivrée hachée ou moulue.

CHAPITRE 59

Tics, tremblements et convulsions

Les petits muscles sous vos yeux tressautent et tremblottent – un tic. La main d'un vieil homme tremble lorsqu'il prend son verre d'eau – un tremblement. Vous êtes en train de vous endormir, mais un violent sursaut de votre cuisse vous réveille – une (petite) convulsion.

Tic, tremblement ou convulsion, dans chaque cas, les muscles ont reçu un ordre confus de fonctionnement. Beaucoup de maladies ou d'états peuvent déclencher ce type de message. Mais une cause très commune de ces erreurs musculaires est d'ordre nutritionnel – c'est une carence en potassium ou en magnésium. Pourquoi ces minéraux?

La réponse se situe à la jonction neuro-musculaire, là où le nerf rencontre le muscle. En ce point, les impulsions électriques passent des nerfs à un muscle et contrôlent son mouvement. Les impulsions sont transmises par des minéraux; mais s'il y a un déséquilibre dans ces derniers – pas assez de potassium par exemple – trop d'électricité passe. Le message est brouillé.

"Le manque de potassium est une carence très répandue" dit Richard Kunin, médecin psychiatre de San Francisco et auteur de Mega Nutrition (McGraw-Hill 1980).

"Et", dit le Dr George Mitchell, de Washington D.C., "la prescription de potassium est un élément de l'approche nutritionnelle pour résoudre les désordres musculaires tels que les tics ou les mouvements convulsifs. La carence en potassium est un problème particulièrement important parmi les gens qui boivent régulièrement de la cola, du thé et du café" a ajouté le Dr Mitchell. "Ces liquides fonctionnent comme des diurétiques et éliminent le potassium de l'organisme",

Et le Dr Kunin nous a également dit que la carence de potassium peut aussi être causée par une alimentation riche en sucres. "Quand vous consommez trop de sucre, l'organisme est obligé de le convertir en un produit chimique appelé glycogène et de le stocker, processus qui utilise beaucoup de potassium" dit-il. "Le résultat peut être un tic ou des mouvements convulsifs".

LE MAGNESIUM ET LE POTASSIUM CALMENT LES MUSCLES QUI TRESSAILLENT.

Si vous manquez de potassium, vous manquez probablement aussi de magnésium. "Les gens manquent fréquemment de ces deux minéraux" dit le Dr Kunin. "Un tressaillement dans la langue. les bras ou les jambes disparaît souvent lorsque je prescris du magnésium au sujet".

"La carence en magnésium est cause de beaucoup de problèmes musculaires parce qu'une de ses fonctions est de détendre les muscles", dit le Dr Mitchell.

"On remédie souvent aux tressaillements convulsifs par quelque chose d'aussi simple que la dolomite" dit le Dr Donald thompson, de Morristown (Tennessee). "Notre société pousse à la carence en magnésium – et c'est le magnésium contenu dans la dolomite qui en fait une substance si précieuse".

"J'ai prescrit de la dolomite à plusieurs patients qui avaient des tics ou des tressaillements et leurs symptômes ont disparu" dit le Dr Arnold Brenner un médecin de Randallstown (Maryland). "Dans chaque cas, j'ai conseillé une ou deux cuillères à café par jour. L'analyse des cheveux avait décelé de faibles taux de magnésium, et c'est apparemment le magnésium de la dolomite qui a été efficace chez ces sujets" dit-il.

"Les tremblements réagissent parfois favorablement au magnésium et à des doses élevées de composés de vitamines B" déclare Warren M. Levin, docteur à New York City.

LES VITAMINES B TRAVAILLENT DE CONCERT AVEC LES MINERAUX.

Le Dr Levin, comme beaucoup d'autres médecins à qui nous avons parlé, utilise les vitamines B parce que certains tremblements ont pour origine un trouble du système nerveux central. Et les vitamines B sont essentielles à la santé du système nerveux central.

"Les composés de vitamines B agissent sur le système nerveux central" dit le Dr Kunin. "B6, par exemple, est un tranquillisant naturel. La niacine inhibe les réactions chimiques dans le cerveau qui peuvent causer les tremblements".

"J'obtiens certains résultats pour éliminer les tremblements en employant la vitamine B 12" dit le Dr John Siegel, de Virginia (Minnesota).

Le Dr Mitchell traite aussi les tremblements avec des composés de vitamine B. "B6 est particulièrement importante parce qu'elle joue un rôle dans l'utilisation du magnésium faite par l'organisme" dit-il. Mais il souligne "une personne qui a des tremblements manque généralement de plusieurs vitamines B".

UN EXCES DE PLOMB

Un tremblement ne vient pas toujours d'un manque, mais parfois d'un excès – de plomb.

"Un certain nombre de patients se plaignant de tremblements ont un taux de plomb supérieur à la moyenne – des taux s'approchant des niveaux toxiques" dit Howard Lutz, docteur de l'Institut de médecine préventive à Wathington DC. "Mais si nous donnons du calcium et du zinc à ces patients, ces minéraux expulsent la majeure partie du plomb hors de l'organisme et les tremblements disparaissent".

Le Dr Lutz pense que beaucoup de tremblements peuvent également être causés par les aliments et les produits chimiques auxquels une personne peut être allergique. "Si nous soignons l'allergie, les tremblements disparaissent dans 50% des cas" dit-il. "Les autres 50% auront un tremblement moins grave ou moins fréquent".

LES MEDICAMENTS PEUVENT CAUSER DES TREMBLEMENTS.

Pour éviter les tics, tremblements ou mouvements convulsifs causés par les produits chimiques, évitez tout médicament qui n'est pas absolument indispensable.

524

"Lorsque je vois une personne âgée avec un tremblement, la première chose que je fais est de vérifier les médicaments qu'elle prend" dit Frederick klenner, un docteur de Reidsville, (Caroline du Nord). "De nombreux tranquillisants causent des tremblements. Si le médicament est abandonné, les tremblements s'arrêtent. Et très peu de ces personnes ont vraiment besoin de tranquillisants, de toute façon".

Un ingrédient de type tranquillisant dans les anti-histamines peut aussi causer un tic, un tremblement ou un mouvement convulsif. Un article publié dans un journal médical décrit une femme qui employait des antihistamines régulièrement et s'était mise à avoir des tremblements et de mouvements consulsifs du visage. Lorsqu'elle abandonna cette médication, sa condition s'améliora (New England Journal of Medecine, 4 semptembre 1975).

Et un autre journal médical rapporte le cas de 20 enfants hyperactifs, auxquels les médicaments qu'ils prenaient avaient donné des tics (Journal of the American Medical Association, 29 mars 1976).

Mais comme nous l'avons dit plus tôt, les tics, les tremblements et les mouvements convulsifs peuvent avoir des causes très variées – et toutes ne sont pas corrigibles par des suppléments nutritionnels et un mode de vie plus sain.

"Si le problème ne disparaît pas avec vos propres remèdes, alors consultez un médecin pour qu'il vous examine afin de découvrir s'il y a d'autres problèmes" dit le Dr Kunin.

Mieux encore, devancez le problème.

"Les suppléments nutritionnels et une alimentation saine agissent ensemble pour le bon équilibre de l'organisme" dit le Dr Mitchell. "Un organisme bien équilibré est un organisme en bonne santé".

Et cela signifie sans tics, sans tremblements ni mouvements convulsifs.

PARTIE
VI

FAIRE FACE A VOS BESOINS PERSONNELS EN MINERAUX

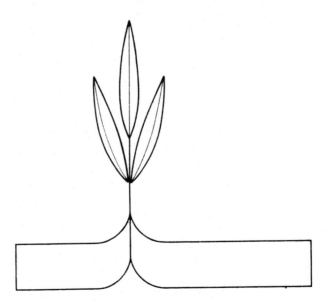

CHAPITRE 60

Les taux recommandés. Ce que ces quantités signifient pour vous

Nos corps ont une extraordinaire faculté d'adaptation. A l'inverse d'un appareil électrique qui ne marche plus une fois débranché, le corps humain peut continuer à fonctionner sur ses réserves en période de "privation". Dans un chapitre précédent, nous avons expliqué comment notre corps décompose la nourriture et fait des réserves d'énergie de manière à ce que nous n'ayons pas besoin de manger sans arrêt. En ce qui concerne les minéraux, l'organisme s'adapte sensiblement de la même façon – jusqu'à un certain point. Suivant nos besoins et notre apport journalier, nous excrétons automatiquement moins et en même temps, nous pouvons employer ce qui a été mis en réserve.

Mais notre corps préfère que nous fournissions les minéraux tous les jours. En l'espace d'environ une semaine, nous devrions lui fournir une moyenne journalière optimum pour rester en bonne santé. Sinon, nous lui rendons plus difficile la lutte contre l'infection, les blessures ou les traumatismes de la chirurgie. Et en dehors des maladies déclenchées par les carences caractérisées, comme l'anémie due à une carence en fer ou le goitre, les autre troubles – comme une mauvaise vue ou des problèmes osseux – ont moins de chances de survenir dans un organisme bien approvisionné en minéraux et autres nutriments.

Les taux recommandés (Recommanded Dietary allowances ou RDA) donnés au tableau 41 sont des valeurs considérées comme suffisantes pour faire face aux besoins élémentaires d'un organisme en bonne santé. Etablis pour la première fois en 1943 par la Food and Nutrition Board (Commission de la nutrition et des aliments) du National Research Council (Conseil National de la Recherche), les taux recommandés ont d'abord été calculés pour aider le gouvernement à

TABLEAU 41

TAUX RECOMMANDES DE MINERAUX

DOSES QUOTIDIENNES RECOMMANDEES.

	AGE Années	POIDS Kilogrammes	HAUTEUR Centimétres	Calcium
NOURRISSONS	0 - 6 mois	6	61	360
	6 mois à 1 an	9	71	540
ENFANTS	1 - 3	13	89	800
	4 - 6	20	112	800
	7 - 10	28	132	800
HOMMES	11 - 14	45	157	1.200
	15 - 18	66	175	1.200
	19 - 22	70	178	800
	23 - 50	70	178	800
	51 et +	70	178	800
FEMMES	11 - 14	46	157	1.200
	15 - 18	54	163	1.200
	19 - 22	54	163	800
	23 - 50	54	163	800
	51 et +	54	163	800
ENCEINTES				+ 400
ALLAITANT				+ 400

DOSES QUOTIDIENNES CONSIDEREES

	AGE Années	Sodium	Potassium	Chlore	
NOURRISSONS	0 - 6 mois	115- 350	350- 925	275- 700	
	6 mois à 1 an	250- 750	425-1275	400-1200	
ENFANTS ET ADOLESCENTS	1 - 3	325- 975	550-1650	500-1500	
	4 - 6	450-1350	775-2325	700-2100	
	7 - 10	600-1800	1000-3000	925-2775	
	11 et +	900-2700	1525-4575	1400-1200	
ADULTES		1100-3300	1875-5625	1700-5100	

SOURCE: Réimpression de "Recommanded dietary allowances", 9th ed. 1980, avec la permission de la National Academy of Sciences, Washington, DC.

EN MILLIGRAMMES

Phosphore	Magnesium	Fer	Zinc	Iode
240	50	10	3	40
360	70	15	5	50
800	150	15	10	70
800	200	10	10	90
800	250	10	10	120
1.200	350	18	15	150
1.200	400	18	15	150
800	350	10	15	150
800	350	10	15	150
800	350	10	15	150
1.200	300	18	15	150
1.200	300	18	15	150
800	300	18	15	150
800	300	18	15	150
800	300	18	15	150
+400	+150	30 - 60	+ 5	+25
+400	+150	30 - 60	+10	+50

COMME ADEQUATES ET SANS DANGER.

EN MILLIGRAMMES

Cuivre	Manganese	Fluor	Chrome	Selenium	Molybdene
0,5-0,7	0,5-0,7	0,01-0,05	0,01-0,04	0,01-0,04	0,03-0,06
0,7-1,00	0,7-1,00	0,2 -1,00	0,02-0,06	0,02-0,06	0,04-0,08
1,0-1,5	1,0-1,5	0,5 -1,5	0,02-0,08	0,02-0,08	0,05-0,10
1,5-2,0	1,5-2,0	1,0 -2,5	0,03-0,12	0,03-0,12	0,06-0,15
2,0-2,5	2,0-3,0	1,5 -2,5	0,05-0,2	0,05-0,2	0,15-0,30
2,0-3,0	2,5-5,0	1,5 -2,5	0,05 -0,2	0,05-0,2	0,15-0,50
2,0-3,0	2,5-5,0	1,5 -4,0	0,05-0,2	0,05-0,2	0,15-0,50

décider comment alimenter les troupes de la Seconde Guerre Mondiale d'une façon adéquate et comment tirer le meilleur parti des ressources domestiques. Depuis, les taux sont révisés tous le cinq ans en tenant compte de la recherche en matière de nutrition et c'est sur eux qu'on se base pour les programmes éducatifs sur la nutrition, les déjeûners des écoles, des maisons de retraite, les programmes d'assistance publique et, plus récemment, pour l'étiquetage des produits alimentaires.

Tous les vitamines et minéraux ne sont pas inclus dans les TR – seulement ceux sur lesquels nous avons le plus d'informations. Le comité du NRC établissant les taux pense avoir assez d'informations concernant le calcium, le phosphore, le magnésium, le fer, le zinc et l'iode. Pour la première fois en 1980, le comité a mentionné des minéraux sur lesquels nous n'avons pas tout à fait assez d'informations pour établir un taux recommandé précis mais trop cependant pour les ignorer complètement. Une nouvelle catégorie – "taux adéquats et sans danger" – donne des fourchettes de valeurs pour le sodium, le potassium, le chlore, le cuivre, le manganèse, le fluor, le chrome, le sélénium et le molybdène. Ces taux sont plutôt indicatifs; mais pour simplifier, cependant, nous employons toujours l'expression "taux recommandés" ou TR.

Ces "TR" sont plus des taux *diététiques* que *quotidiens* à proprement parler. Ce qui signifie que si, par exemple, nous prenons un peu moins de magnésium un jour, nous pouvons nous rattraper le lendemain, grâce à la faculté d'adaptation de notre corps.

Eventuellement, la liste s'allongera sans doute pour comprendre beaucoup plus de minéraux en traces – comme le nickel et le vanadium – dont nous savons qu'ils sont essentiels mais pour lesquels nous avons peu d'informations quant à leur fonction dans l'organisme et leur présence dans les aliments.

UN GUIDE, PAS UN EVANGILE.

Beaucoup de gens sont surpris d'apprendre que peu de TR sont basés sur des études faites sur les humains. Pour la plupart, ils ont été établis au contraire par extrapolation de données sur la population et l'alimentation. C'est à dire qu'ils correspondent à des quantités de nutriments consommés par des individus qui semblent ne pas souffrir de déficience, avec une petite marge de sécurité complémentaire. Les valeurs suggérées sont examinées par tous les membres du comité – tous des chercheurs spécialisés en nutrition et parfois consultants de firmes agro-alimentaires – et soumises à la commission de la nutrition et des aliments (F &N B), qui prend les décisions finales.

Pour avoir une idée plus claire de la façon dont les taux sont calculés, prenons comme exemple le calcium, le minéral le plus important de notre corps. La teneur en calcium d'un nouveau-né est d'environ 27 grammes. A l'exception de quelques milligrammes flottant dans les liquides physiologiques, la plupart du calcium que nous accumulons au cours de notre vie finit dans nos os et nos dents. Nous cessons de grandir entre 20 et 30 ans.

Un homme de grande taille peut avoir accumulé 1290 grammes en arrivant à l'âge adulte. Cela représente 141 milligrammes de calcium par jour pour construire les os et les dents. A 25 ans, le corps d'une femme peut contenir 770 grammes de calcium. Théoriquement, elle a donc besoin d'environ 84 milligrammes de calcium par jour.

Mais le TR est de 800 milligrammes pour les adultes – et de 1200 milligrammes pour les adolescents. Pourquoi une telle différence?

Nous n'assimilons guère que 20 à 30% du calcium que nous consommons – moins encore si nous mangeons beaucoup de viande et trop de phosphore, ou si nous n'avons pas assez de vitamine D. Le reste est excrété, principalement par l'urine et les selles, et un peu par la sueur. Pour tirer 84 ou 141 milligrammes de notre nourriture, il faut que nous en consommions trois à cinq fois plus – jusqu'à 420 pour notre femme et plus de 700 pour notre homme hypothétiques. Ajoutez à cela quelques milligrammes supplémentaires pour les liquides et pour compenser les différences individuelles et, c'est l'opinion du comité, 800 milligrammes devraient suffire pour les personnes en bonne santé. Pendant la grossesse et l'allaitement, les femmes ont besoin de 1200 milligrammes pour s'assurer que le foetus et le nouveau-né ont amplement leur part de calcium. Ce taux élevé s'applique aussi aux premières années de l'adolescence, quand la croissance est la plus rapide.

Comment les autres TR sont définis varie d'un minéral à l'autre. Pour le fer, par exemple, le taux est basé sur des estimations assez bien établies des pertes de fer quotidiennes. Pour les adultes, cela représente à peu près un milligramme par jour provenant de diverses cellules qui meurent et sont éliminées. Pour les femmes en âge d'avoir des enfants, 1/2 milligrammes supplémentaire est perdu avec le flot menstruel. Mais comme nous n'assimilons que 10% environ du fer que nous absorbons, le TR pour les adultes est de 10 milligrammes, augmenté à 18 pour les femmes en âge d'avoir des enfants. Le comité pense qu'avec ces valeurs, les pertes de fer sont couvertes chez la plupart de gens.

Pour le zinc, il y a eu des études de faites indiquant que 8 à 10 milligrammes sont nécessaires pour entretenir un bon équilibre chez un homme adulte. La plupart des gens assimilent à peu près 40%, dit le comité. Le TR est donc établi à 15 milligrammes, avec 5 milligrammes supplémentaires pour les femmes enceintes et 10 milligrammes supplémentaires pour les mères allaitant leur bébé.

Pour l'iode, le goître typique de la carence en iode peut être évité avec un apport quotidien d'environ 1 microgrammes par livre (de poids). On a établi une moyenne de 150 microgrammes d'iode par jour.

Des études indiquent que les jeunes adultes ont besoin de deux à trois milligrammes de cuivre par jour. A partir de ces études, on a ajusté les valeurs à l'usage des enfants.

LES TAUX RECOMMANDES SONT-ILS TROP BAS?

Pour la plupart des autres minéraux, on a souvent moins d'informations sur lesquelles se baser. Certains prétendent que ces valeurs ne sont pas appropriées pour certains minéraux, faute d'études directes sur les sujets humains. Par exemple, les femmes après la ménopause ont peut-être besoin d'un surplus de calcium pour empêcher l'apparition de la faiblesse et la fragilité des os de l'ostéoporose. En premier lieu, l'assimilation du calcium semble décliner avec l'âge. Et certains faits semblent indiquer que le niveau de calcium chez les femmes peut être maintenu d'une façon plus satisfaisante par une consommation supérieure à 800 milligrammes. Certaines études indiquent que des quantités allant jusqu'à 1500 ou 1600 milligrammes offrent une protection efficace. Le comité accepte ces faits, en particulier en raison de l'effet négatif d'une consommation trop importante de phosphore ou de protéines: mais il pense que 1000 milligrammes par jour est probablement l'apport maxiumum nécessaire. Par ailleurs, il accorde qu'une consommation supérieure semble n'entraîner aucun danger.

Avant la ménopause, le fer est le minéral clef pour la femme.

Une femme sur vingt a des règles trop abandantes et perd jusqu'à trois fois plus de fer qu'une femme ayant des règles plus légères. Pour les femmes qui ont des règles longues ou abondantes, le TR de fer ne remplace peut-être pas tout le fer perdu.

Les faits ne s'arrêtent pas au fer et au calcium. Et les besoins des femmes ne sont pas les seuls qu'il faille remettre en question. Lorsqu'on augmenta la consommation de protéines dans une étude portant sur des adultes, hommes et femmes d'un certain âge, les pertes en phosphore, calcium et magnésium augmentèrent considérablement *bien que les TR des trois minéraux aient été satisfaits.* La consommation de protéines était à peu près celle de beaucoup de gens aux Etats Unis, soit 112 grammes par jour. Une des implications de cette étude, entreprise par des spécialistes de la nutrition de l'Université du Wisconsin, est que l'alimentation type de l'Américain moyen exige peut-être plus que le TR actuel au moins pour ces trois minéraux, sinon pour les autres. Pour citer les chercheurs ayant fait cette étude, "Il est possible, par conséquent, que le TR de calcium, de magnésium et de phosphore soit trop bas pour les adultes vieillissants" (Journal of Nutrition, février 1980).

Il y a aussi de bonnes chances pour que le TR de zinc soit trop bas. Tout d'abord, la quantité nécessaire au maintien d'un bon équilibre pourrait être supérieure à ce qu'on a cru d'abord. Et l'assimilation pourrait n'être que de 15% dans certains cas, et non 30 à 40 pour cent comme on l'assumait précédemment.

Les fibres alimentaires en sont la raison. La fibre est la partie non digestible des aliments, présente dans les grains complets et autres végétaux, et indispensable à une alimentation saine. Mais, les fibres alimentaires et des substances appelées phytates (dans les hydrates de carbone complexes comme les grains, les haricots et certains légumes), ayant la faculté de se lier à d'autres éléments, une alimentation riche en fibres exige peut-être une plus grande consommation de minéraux en traces que celle que nous croyons aujourd'hui adéquate. Plus il y a de fibres alimentaires dans l'alimentation, plus l'assimilation des minéraux en traces diminue. En dehors du zinc, le calcium, le magnésium et le fer sont également affectés.

Cela ne signifie pas que si vous ajoutez du bran à vos céréales, vous allez avoir une carence minérale. Mais cela *peut* vouloir dire que, puisque nous avons modifié notre consommation de fibres, les TR calculés à partir d'une nourriture comprenant surtout des aliments laissant peu de déchets (comme la farine blanche, la viande, les produits laitiers), ne sont plus nécessairement appropriés pour une alimentation riche en grains complets, en fruits et en légumes. C'est pourtant ce régime qui nous convient le mieux.

Des faits de ce type suggèrent qu'une recherche plus approfondie serait nécessaire pour déterminer des TR plus précis – et dans certains cas, plus élevés. Malheureusement, nous dit-on, ce type de recherche n'est pas probable dans un proche avenir. Les membres du comité de recherche nous expliquent que, même si les fonds étaient disponibles pour cette recherche, la nutrition est une affaire compliquée. On ne peut pas toujours mesurer ce qui entre, déduire ce qui sort et se retrouver avec la valeur appropriée nécessaire pour maintenir tous les systèmes en bon état de fonctionnement. Ce n'est tout simplement pas aussi facile que cela. De plus, même si ça l'était, ce qui convient à l'un n'est pas nécessairement ce qui convient à l'autre. Les besoins biochimiques varient considérablement d'une personne à l'autre, parfois de 10 à 100 fois affirme un chercheur. Et la totalité du régime personnel de l'individu a une importance capitale. Par exemple, la vitamine C augmente l'assimilation du fer. Trop de protéines entraînent des pertes de calcium. Tout cela entre en ligne de compte.

Le comité du "National Research Council" est le premier à admettre que les TR sont incomplets et loin d'êtres idéaux. En fait ce sont les "meilleures approximations". (En leurs propres termes, "basées sur les connaissances scientifiques disponibles!") Mais, nous dit-on, c'est ce que nous avons de mieux à offrir.

COMMENT NOS BESOINS VARIENT.

Le but des TR n'est pas de convenir à chacun individuellement. Les TR sont répartis suivant l'âge, le sexe et parfois le poids, mais en dehors de cela, nous sommes tout simplement trop nombreux avec trop de variantes possibles. De plus, nos besoins individuels varient de temps à autre.

C'est un peu comme chercher une robe et ne trouver qu'une "taille unique" qui est censée aller à tout le monde. Evidemment, cela n'existe pas. La robe sera trop petite pour certaines, et trop grande pour d'autres. Avec un peu de chance, elle peut vous aller à un moment donné. Et puis vous faites un régime – et elle ne vous va plus du tout.

Les TR conviennent à certaines personnes et pas à d'autres, et à certains moments seulement. Les facteurs individuels qui déterminent si vous avez ou non besoin de plus que le TR ne sont pas difficiles à identifier. Une fois que vous les connaissez, vous pouvez décider si le TR vous convient personnellement).

Le "stress".

Les TR tiennent compte des tensions de la vie quotidienne – tous les petits problèmes auxquels nous sommes confrontés journellement. Mais les tensions graves, physiques et émotionnelles, – la mort d'un parent, des soucis d'argent, une infection, une maladie chronique, une opération chirurgicale, une vague de chaleur ou de froid – peuvent augmenter nos besoins non seulement en minéraux mais aussi en protéines et en vitamines. Le calcium, le zinc et le fer sont les minéraux les plus fréquemment touchés en cas de "stress" grave, mais ils aident tous à surmonter les moments difficiles.

Les dangers de l'environnement.

Une grave pollution par un métal donné fait courir de sérieux dangers à l'organisme. Le plomb et le strontium 90 se disputent les sites d'absorption avec le calcium. Le cadmium s'accumule rapidement mais est très long à être éliminé. Et les personnes ayant un faible taux de fer absorbent davantage de minéraux dangereux que celles qui en ont un taux adéquat. Le sélénium et le zinc, ainsi que les vitamines C et E aident à combattre les substances dangereuses. Si vous êtes exposé aux fumées industrielles, aux gaz d'échappement, à la fumée de cigarettes, à la pollution urbaine ou à des fuites radio-actives, vos besoins sont sans doute supérieurs aux TR.

L'alcool et les médicaments.

L'alcool fait éliminer tellement de minéraux que si vous buvez même modérément, mais régulièrement, vous devez sans doute compenser ces pertes importantes par les voies urinaires. La même chose s'applique aux diurétiques et aux stéroïdes. Le calcium, le zinc, le magnésium et le potassium sont les premiers minéraux à disparaître. (Pour plus d'informations, reportez-vous au chapitre 27 sur l'alcool, les médicaments et autres ingrédients.

Les fibres alimentaires

S'il est vrai qu'une alimentation riche en hydrates de carbone complexes (fruits, légumes et grains complets) est sans aucun doute bénéfique, elle n'en exige pas moins une consommation de minéraux se situant au maximum des TR.

LES PERSONNES LES PLUS EXPOSEES A UNE CONSOMMATION INSUFFISANTE.

Le rôle des minéraux dans la nutrition est lettre morte pour beaucoup de gens, parfois pour les mieux éduqués. A moins que vous soyez diététicien, votre culture générale dans ce domaine se limite sans doute à de très vagues et très lointaines notions scolaires. On peut collectionner les diplômes de diverses écoles prestigieuses et ne penser au potassium que sous forme d'une poudre blanche avec laquelle on a fait quelques travaux pratiques au labo du lycée.

Ajoutez à cela de très vagues notions concernant la teneur en minéraux des aliments, et certaines personnes – particulièrement les personnes âgées, les jeunes adultes et les personnes suivant des régimes – prennent facilement de mauvaises habitudes alimentaire au regard des minéraux.

Les personnes âgées mangent moins

Nos besoins caloriques décroissent avec les années, parce que notre rythme métabolique, c'est à dire le rythme auquel nous utilisons les calories, décroît d'environ 2% par décade d'âge adulte. Les personnes plus âgées (de 51 à 75 ans) ont besoin d'à peu près 10% de moins de nourriture que ce dont elles avaient besoin lorsqu'elles étaient plus jeunes, pour maintenir le même poids.
Après 75 ans, il nous faut 25% de calories en moins. Mais les besoins en minéraux ne tombent pas comme les besoins en calories. Au contraire, ils augmentent, parce que l'assimilation se fait moins efficace avec l'âge. Par exemple, l'assimilation du fer et du calcium décline et la teneur en chrome du corps diminue. La solution, pour les personnes âgées, est donc que ce qu'elles mangent leur fournisse une quantité optimum de minéraux.

Les habitudes alimentaires sont plus souvent déterminées par l'aspect pratique que par la richesse nutritive. Thé et biscottes. Soupe réchauffée. Conserves. Ou bien on "grignote". Vivant souvent seules, les personnes âgées n'ont plus envie de faire de la cuisine. Et les produits frais, le poisson et la viande, sources principales de minéraux clefs, sont parfois chers. Les personnes ayant des revenus limités essaient d'économiser sur leur nourriture, ce qui est probablement un mauvais calcul à long terme.

Les jeunes célibataires se nourrissent mal.

Les jeunes adultes courent les mêmes risques. Bien que l'efficacité du système digestif soit à son maximum en fin d'adolescence et jusqu'à 20-25 ans, leur savoir-faire en matière d'alimentation est rudimentaire et leurs habitudes souvent abérrantes. Il y a quelques années encore, les célibataires vivaient "à la maison" jusqu'à leur mariage, se nourrissant de la cuisine de maman jusqu'à ce qu'elle soit remplacée par celle de l'épouse. L'alimentation conservait ses qualités dues au bon sens, sans rupture. Aujourd'hui, les jeunes sont pressés d'emménager dans leur propre appartement, dès qu'ils obtiennent leur premier emploi. La plupart du temps, leur alimentation est le cadet de leurs soucis. Le premier "fast-food" à leur portée remplace leur mère pour les repas, midi et soir. Ce qui ne tient guère compte de la valeur nutritive et minérale des aliments choisis.

Les régimes amaigrissants réduisent l'apport minéral.

Les régimes amaigrissants font partie des hobbies nationaux aux Etats Unis. Cependant, dans l'ensemble, les Américains sont loin d'être minces. Et le plus surprenant est que ce n'est pas nécessairement parce que nous mangeons plus que nos grandsparents. Nous pesons plus parce que nous sommes plus sédentaires. Nous sommes assis la plupart du temps, et couchés le reste du temps. En nous levant le matin, nous nous asseyons pour le petit déjeûner. Puis nous nous asseyons dans notre voiture – ou dans un bus ou un train. Pour aller nous asseoir au travail. Nous sommes assis pour notre pause-café. Nous sommes assis pour rentrer à la maison; pour manger notre dîner. Puis nous nous asseyons pour regarder la télévision, pour papoter au téléphone. Pour lire, tricoter, jouer aux cartes, suivre les cours du soir. Pendant ce temps-là, nous nous acharnons à suivre un régime pour lutter contre les kilos qui s'accumulent autour de notre taille et de nos cuisses. En réduisant notre consommation de nourriture , nous réduisons notre apport de minéraux.

Ce dont nous avons besoin, c'est de manger plus, et non moins. Si nous faisions plus d'exercice, nous pourrions nous permettre de consommer assez de nourriture pour atteindre les taux minimum recommandés de minéraux sans problème. Mais nous sommes peu nombreux à faire suffisamment d'exercice. Nous mangeons donc moins, nous privant des minéraux nécessaires par la même occasion.

CHAPITRE 61

Les suppléments:
combien devez-vous en prendre

Les taux recommandés (TR) prévoient que tous les minéraux devraient provenir de notre alimentation. Et c'est certainement le *meilleur* endroit où les trouver. Ils prévoient également que les suppléments ne sont pas nécessaires pour les personnes en bonne santé. Mais voilà une chose que *vous* êtes seul à pouvoir décider. Les facteurs individuels que nous avons mentionnés dans le chapitre précédent peuvent nécessiter plus de minéraux que votre seule alimentation n'est en mesure de vous en fournir. En tenant compte de certains facteurs, nous avons revalorisé les TR de quelques uns des principaux minéraux pour établir des lignes générales vous permettant d'adapter votre consommation à votre cas personnel. Ce sont les minéraux pour lesquels le plus de recherche ont été effectuées. Et de même que pour les TR, les lignes directrices que nous proposons comportent inévitablement une certaine part d'opinion, tout comme ils reflètent aussi la recherche actuelle.

Pour chaque nutriment, lisez le paragraphe descriptif accompagnant les diverses valeurs indiquées. Trouvez le paragraphe qui se rapproche le plus de votre cas. Il n'est pas indispensable, et dans certains cas ce n'est même pas possible, que chaque phrase du paragraphe vous décrive spécifiquement. Alignez-vous sur celui qui, *dans l'ensemble,* semble se rapprocher le plus de votre cas personnel. Que vous ayez ou non besoin de suppléments dépend de votre cas particulier. (Reportez-vous au chapitre 29 pour des informations complémentaires sur les moyens de renforcer votre consommation de minéraux "alimentaires".)

N'essayez pas d'employer les informations ci-dessous pour déterminer les causes nutritionnelles de certains symptômes. Analyser les symptômes graves est le travail de votre médecin.

LE CALCIUM.

600 MILLIGRAMMES. Votre alimentation comprend régulièrement des quantités importantes d'aliments riches en calcium tels que les produits laitiers, le tofu, le saumon (en conserves, avec les arêts) et des broccolis. Vous faites régulièrement de l'exercice en plein air et votre état général est excellent pratiquement dans tous les domaines.

1200 MILLIGRAMMES. Votre régime n'est pas particulièrement riche en produits mentionnés ci-dessus. Vous mangez des quantités importantes de viande, qui favorisent l'excrétion du calcium hors de l'organisme. Il vous arrive d'avoir des crampes musculaires alors que vous n'êtes pas en train de faire un exercice qui serait de nature à les provoquer.

Si vous êtes une femme, vous avez commencé à souffrir du dos. Ou vous avez allaité plusieurs bébés. Votre mère et votre grand'mère, en vieillissant, ont souffert de fractures ou d'ostéoporose.

1600 MILLIGRAMMES. Vos os vous font mal, en particulier dans le bas du dos. Vous commencez à avoir de la cyphose (la "bosse de la douairière") et il est clair que vous avez perdu quelques centimètres de hauteur. Vous avez souffert récemment d'une fracture. Votre médecin vous a peut-être dit que vous avez de l'ostéoporose et que vos os perdent de la matière osseuse. Il vous arrive peut-être souvent d'avoir des crampes dans les mollets au cours de la nuit. Vous avez l'impression d'avoir les nerfs irritables et vous ressentez des douleurs auxquelles votre médecin n'a trouvé aucune explication possible. Vous prenez peut-être des stéroïdes, médicaments qui font perdre du calcium.

LE MAGNESIUM.

250 MILLIGRAMMES. Votre régime comprend régulièrement de bonnes quantités de grains de soja, de riz complet, de petits pois, de légumes verts feuillus, de noix et produits dérivés des grains complets. Vous avez les nerfs solides et n'avez aucune raison particulière d'avoir des craintes pour la bonne santé de votre cœur. Vous ne pratiquez aucun sport d'endurance tel que le marathon ou le ski de fond.

400 MILLIGRAMMES. Vous êtes souvent sur les nerfs. Vous avez peut-être même remarqué quelques tremblements musculaires. Vous voulez vous prémunir contre les risques de crise cardiaque. Vous buvez peut-être beaucoup, ce qui crée un besoin accru de magnésium.

LE FER

10 MILLIGRAMMES. Vous êtes plein d'énergie et vous avez bon appétit. Si vous êtes une femme, vous n'avez plus de règles; ou si vous les avez, vous perdez très peu de sang. Votre régime comprend régulièrement de la viande, du foie, des haricots, des légumes verts feuillus, des fruits secs et des produits dérivés des grains complets.
20 MILLIGRAMMES. Vous êtes une femme en âge d'avoir des enfants. Vous n'avez pas vraiment un très gros appétit et il vous arrive souvent de ne pas manger de viande. Vous buvez peut-être du thé, qui, dans une certaine mesure, empêche l'absorption du fer.
30 MILLIGRAMMES. Vous avez des règles abondantes. Ou bien vous avez été opéré récemment, ou vous avez perdu du sang pour toute autre raison. Vous avez un ou plusieurs des symptômes de l'anémie due à la carence en fer, dont votre docteur vous a dit qu'ils ne correspondaient chez vous à aucune maladie: Vous vous sentez faible, facilement fatigué, sans résistance, vous avez des maux de tête et un teint pâle, par exemple. Dans ce cas, le docteur peut vous recommander une quantité supérieure de fer pendant six semaines ou plus.

LE ZINC.

10 MILLIGRAMMES. Vous êtes en très bonne santé et votre alimentation comporte de bonnes sources de zinc comme la viande, le foie, les huîtres, le poisson, le germe de blé et les noix et noisettes de toutes sortes. Lorsque vous vous blessez, vous guérissez rapidement. Vous voyez bien dans la pénombre.
25 MILLIGRAMMES. Vous craignez l'hypertrophie de la prostate et voulez faire ce qu'il faut pour la prévenir (bien qu'il n'y ait pas de preuve absolue que le zinc aura cet effet). Vous voyez mal la nuit.

Vous avez peut-être des problèmes cutanés; ou vous avez constaté qu'une coupure ou une cicatrice d'opération chirurgicale met très longtemps à guérir. Vous avez peut-être besoin d'améliorer votre résistance.

50 MILLIGRAMMES. Vous avez un ou plusieurs des problèmes que le zinc pourrait peut-être aider à résoudre: hypertrophie de la prostate, diverses maladies de peau ou sens du goût très déficient. Si vous avez été opéré récemment, la cicatrisation s'est faite très lentement. Vous avez peut-être de l'acné, bien que vous ne soyez plus un adolescent. Vous avez peut-être des taches blanches sur vos ongles, qui peuvent trahir une carence en zinc.

LA COBALAMINE (VITAMINE B 12 AVEC COBALT).

5 MICROGRAMMES. Vous êtes en bonne santé, plein d'énergie, vous n'avez pas atteint l'âge de la retraite et vous mangez régulièrement de la viande, du poisson ou du poulet.

10 MICROGRAMMES. Vous avez dépassé votre soixantième anniversaire, et votre aptitude à assimiler cette vitamine et à la transformer en une forme utilisable est sans doute en diminution.

25 MICROGRAMMES. Dernièrement, vous avez manqué d'énergie et vos nerfs ne sont pas si solides. Vous avez peut-être été malade ou avez subi une opération. Vous êtes peut-être un végétarien absolu et évitez toute source animale de nourriture. Ces symptômes sont peut-être assez sérieux pour justifier un examen médical approfondi.

LE SELENIUM.

25 MICROGRAMMES. Vous mangez beaucoup de poisson, de foie, de grains complets et produits dérivés. Vous ne fumez pas et vous n'avez jamais eu de "boule" aux seins. Votre tension artérielle est normale et il n'y a pas d'antécédents de maladies cardiaques dans votre famille.

50 à 100 MICROGRAMMES. Vous ne mangez du foie et du poisson qu'une fois de temps en temps. Vous fumez parfois une cigarette dans les réunions, ou quand vous êtes sous pression. Vous vivez dans un secteur où le taux de sélénium est bas. Il y a des cas d'hypertension et de maladie de cœur dans votre famille, mais vous n'avez eu aucun symptôme jusqu'ici.

250 à 400 MICROGRAMMES. Vous mangez très peu de poisson, de foie ou de grains complets, beaucoup de corps gras et d'aliments raffinés. Vous fumez régulièrement. Vous avez des boules aux seins de temps à autre. Vous faites de l'hypertension ou vous avez une maladie cardiaque ou (si vous êtes une femme) votre mère ou votre sœur a eu un cancer du sein. Vous vivez dans une région pauvre en sélénium.

LE CHROME.

25 MICROGRAMMES. Vous mangez très peu de sucre, de farine blanche et autres hydrates de carbone raffinés. Il n'y a pas de cas de diabète ou autre problème de glycémie dans votre famille. Vous faites de l'exercice vigoureusement au moins trois fois par semaine et vous mangez des fibres alimentaires, du foie et de la levure de bière.

50 à 100 MICROGRAMMES. Vous avez quarante ans ou plus et quelques kilos en trop. Il y a des cas de diabète, de maladie cardiaque ou d'hypoglycémie dans votre famille. Vous ne résistez pas à de fréquentes envies de sucreries. Vous avez un travail sédentaire, mais vous faites de l'exercice pendant les week-ends.

250 MICROGRAMMES. Vous avez du diabète ou de l'hypoglycémie. Votre docteur dit que votre niveau de cholestérol et de triglycérides est trop élevé. Vous faites peu d'exercice. Vous avez 65 ans ou plus.

Cette liste n'est pas complète. Il y a d'autres minéraux, de même que des vitamines et aliments, qu'il est recommandé de manger régulièrement. Pour les minéraux qui ne sont pas indiqués dans cette liste, les quantités sont très petites, ou bien la recherche est tellement vague qu'il est difficile de donner plus de précisions.

En principe, si vous constatez que vous avez besoin d'un supplément des minéraux indiqués ci-dessus, il est probable que vous ayez également un besoin accru des minéraux ne figurant pas dans la liste ci-dessus. Dans ce cas, il vaudrait mieux essayer une meilleure alimentation et des suppléments qui vous procurent les quantités maximum de tous les minéraux.

CHAPITRE 62

Votre avenir comporte-t-il une analyse de cheveux ?

Nous sommes ce que nous mangeons, ce que nous respirons, ce que nous buvons. Les minéraux dans notre alimentation, notre eau et notre air finissent dans notre sang, notre peau, nos os, notre liquide rachidien, notre urine, nos cheveux, et même dans nos ongles. Des échantillons de l'un ou plusieurs de ces tissus fournissent par conséquent quelques indices sur notre exposition à des minéraux dangereux, tels que le plomb, le cadmium ou le mercure. Ou bien ils indiquent si nous manquons de minéraux indispensables à notre santé comme le zinc et le chrome. Dans certains cas, des tendances caractéristiques suggèrent des maladies bien déterminées.

Les échantillons des tissus, cependant, ne donnent pas toujours une image globale fidèle de l'ensemble des minéraux dans notre organisme. Le sang et l'urine, les éléments les plus souvent analysés, peuvent·être relativement dépourvus de métaux toxiques, qui peuvent pendant ce temps se cacher dans les os, d'où ils peuvent être "réquisitionnés" à tout moment, faisant courir de grands périls au cerveau et au système nerveux. Ou bien ils peuvent indiquer un niveau adéquat – ou même élevé – de nutriments comme le calcium, alors que le taux véritable est trop bas. Les analyses de sang et d'urine ne nous garantissent donc pas toujours que tout se passe bien à l'intérieur de notre corps. De plus, le sang et l'urine sont des substances vivantes. Elles se détériorent facilement et nécessitent beaucoup de précautions.

LES CHEVEUX, REGISTRE VIVANT
DE LA CONSOMMATION DE MINERAUX.

Une mèche de cheveux est un échantillon non périssable des minéraux que vous avez accumulés au cours de plusieurs mois. L'analyse des cheveux pourrait donc être valable comme bilan rétrospectif du statu quo des minéraux. Pour déceler l'exposition chronique à des minéraux toxiques comme le plomb, des taux élevés dans les cheveux signifient généralement des taux élevés dans l'organisme, taux qui doivent être rabaissés pour éviter de graves maladies. En fait, l'analyse des cheveux a commencé dans les enquêtes criminelles à la suite d'empoisonnements par l'arsenic ou autres méfaits, comme une sorte d'espionnage médical appelé médecine légiste. Aujourd'hui, on emploi de plus en plus l'analyse des cheveux dans l'industrie pour surveiller l'exposition d'ouvriers au cuivre, au cadmium, mercure, nickel et autres polluants industriels.

La détection des minéraux nocifs ne s'arrête pas au laboratoire de la police ou sur les lieux de travail, cependant. En raison de l'exposition quotidienne aux gaz d'échappement, fumées de cigarettes et industrielles, l'analyse de cheveux commence à se répandre comme un excellent moyen de contrôle de santé pour tout un chacun. Amares Chattopadhyay, un chercheur éminent dans le domaine de l'analyse de cheveux, et ses collègues de l'Institute of Environmental Studies de l'University of Toronto, au Canada, ont constaté, par exemple, que la concentration de plomb dans les cheveux est parallèle à l'exposition à la pollution de l'environnement: le taux de plomb dans les cheveux est moins élevé dans les groupes de population rurale et plus élevé chez les individus vivant à proximité de fonderies de plomb. Les chercheurs ont également trouvé les concentrations les plus élevées de mercure et de cadmium dans les cheveux d'individus dont on savait qu'ils étaient exposés à ces minéraux (Archives of Environmental Health, septembre/octobre 1977 (sept-oct 1977). D'autres études ont obtenu les mêmes résultats.

QUELLES SONT LES LIMITATIONS
DES ANALYSES DE CHEVEUX?

Comme les analyses de sang et d'urine, elles ont leurs limitations. Si elles sont idéales pour déceler une sur-exposition caractérisée à des métaux tels que le plomb, elles présentent des inconvénients comme outil de diagnostic ou indicateur du statu quo nutritif. Les inconvénients viennent principalement des façons de procéder qui varient d'un endroit à l'autre.

Des différences d'un laboratoire à l'autre
– et d'une personne à l'autre.

En fait, il existe maintenant un certain nombre de méthodes affinées d'analyse des cheveux, mais le problème est que les méthodes pour prélever, préparer et analyser varient d'un laboratoire à l'autre. Chaque laboratoire utilise sa façon de procéder: eau distillée, détergents, combinaison de détergents et solvants, ou chélateurs qui piègent les minéraux. Les différents procédés produisent des résultats différents. Par exemple, certains produits enlèvent le fer et le magnésium des structures internes des cheveux, tandis que certains autres ne les extraient même pas de la surface, comme ils le devraient. Ces différences constituent les plus grandes sources de variations d'un laboratoire à l'autre.

Un échantillonage pris au hasard peut également faire une grande différence. Idéalement, seulement les cheveux ou poils situés au ras de la peau – comme les déchets de rasage – reflètent exactement les niveaux de minéraux dans le corps. Mais ce n'est pas pratique; les échantillons sont donc prélevés dans les tout premiers centimères près de la racine, généralement à la base du cou. Les échantillons provenant du reste des cheveux peuvent rendre la provenance des métaux difficile à identifier: par exemple, quelle est la part de métal lourd provenant de l'organisme lui-même et celle qui doit être attribuée à la pollution extérieure, la sueur, etc.

Et puis il y a nos habitudes "esthétiques". Alors que les teintures, les décolarations et les shampoings colorants semblent avoir peu d'influence sur les taux de minéraux dans les cheveux, les lotions pour permanentes ajoutent du zinc et enlèvent du magnésium et du calcium. Les laques ajoutent du manganèse, et les shampoings anti-pelliculaires ont de fortes chances de modifier le taux de zinc et de sélénium.

Par ailleurs, des facteurs diététiques *autres* que l'apport de minéraux – tels qu'une grande consommation de protéines, un abus d'alcool ou de médicaments – peuvent influencer la teneur en minéraux des cheveux. Et croyez-le ou non, même votre âge et l'époque de l'année à laquelle vous faites faire l'analyse peuvent en modifier les résultats.

Par conséquent, le problème est d'établir des paramètres standard pour l'analyse minérale des cheveux. Il n'y en a pas. Les laboratoires utilisent peut-être l'information publiée à ce sujet, mais ils sont encouragés par les gouvernements fédéral et local à établir leurs propres normes, sur la base des tests qu'ils ont l'occasion de faire. (Aux Etats-Unis, pour se qualifier comme laboratoires d'analyse des cheveux, un laboratoire doit faire au moins 100 tests par an. Certains en font des milliers). Mais quel que soit le nombre de tests qu'ils effectuent, les normes continuent à varier d'un laboratoire à l'autre, suivant les produits employés, la préparation des échantillons, l'équipement employé – et le personnel.

Les résultats sont aussi exprimés en valeurs absolues pour chaque minéral (généralement en parts par million ou microgrammes par gramme). Mais cela aussi varie avec les laboratoires.

Cela explique pourquoi une personne ou son médecin peuvent envoyer des échantillons parfaitement identiques à trois laboratoires différents et obtenir trois valeurs totalement différentes – à comparer à trois normes différentes. Chaque jeu de résultats pourrait être correct *pour cette technique particulière*.

L'INTERPRÉTATION EST DIFFICILE – MÊME POUR LES DOCTEURS.

Il y a ensuite le problème de l'interpétation. Même les résultats les plus exacts sont dépourvus d'intérêt s'ils ne sont pas correctement interprétés – de préférence par un médecin ayant une grande pratique de ce type d'analyses avec sa clientèle.

"Je trouve les analyses de cheveux intéressantes – mais il faut savoir les lire" dit le Dr Jonathan V. Wright, un médecin orienté vers la nutrition et écrivant des articles pour le magazine "Prevention". "Par exemple, si une analyse révèle de faibles taux de divers minéraux essentiels quand vous savez que le sujet a une alimentation très riche en minéraux, cela peut signifier qu'il a des problèmes d'assimilation; ce qui, à son tour, peut correspondre à une certaine insuffisance d'acidité gastrique ou d'enzymes pancréatiques, qui facilitent la digestion".

Après avoir effectué des centaines d'analyses, le Dr Wright a aussi rencontré l'un des plus fréquents problèmes d'interprétation: les fausses élévations. C'est-à-dire des taux de minéraux – souvent de calcium, de magnésium et de zinc – qui semblent élevés alors qu'en fait, ils sont plus bas dans l'organisme. Cela a été confirmé par des anlyses de contrôle du sang et de l'urine. Il est rare que des taux élevés de ces minéraux, découverts lors de l'analyse des cheveux, correspondent véritablement à des taux anormalement élevés dans l'organisme, les excès étant éliminés dans l'urine. Dans ces cas, ce qui peut se produire est que le patient n'assimile pas les minéraux qu'il consomme. Plus exactement, les minéraux sont convoyés vers les cheveux, où ils deviennent inutilisables par le reste de l'organisme. Les "fausses élévations" disparaissent généralement pour laisser place à un taux normal après que le patient ait pris des suppléments de minéraux ou des enzymes facilitant la digestion.

Il y a aussi la question des rapports. De fausses élévations de calcium peuvent dissimuler un rapport calcium/phosphore trop bas, augmentant les risques de développement de l'ostéoporose.

"Ce sont là seulement quelques exemples, mais qui montrent bien que même pour un médecin, l'analyse des cheveux n'est pas simple" dit le Dr Wright. "L'analyse des minéraux est un outil précieux, mais nous n'en sommes qu'au b-a ba en ce qui concerne son utilisation. Les médecins commencent seulement à comprendre ce que les résultats indiquent réellement. Une personne qui fait faire elle-même une analyse de cheveux et se base uniquement sur les chiffres pour en déduire son statu quo et les suppléments de minéraux qu'elle doit prendre n'a pas là quelque chose de bien utile".

Comme autre exemple des difficultés de l'interprétation de ces analyses, voyez plutôt:

Les diététiciens de Berkeley, une université californienne, de Virginia Polytechnic Institute, et John Hopkins University School of Medecine, ont prélevé des échantillons de cheveux sur deux enfants présentant une carence en cuivre caractérisée due à la malnutrition. Les échantillons furent prélevés et préparés avec précaution – coupés près du crâne, soigneusement lavés avec un détergent approprié, rinsés à l'alcool, séchés et stabilisés – puis analysés par spectroscopie par absorption atomique. Bien que les enfants aient souffert de grave carence en cuivre, les tests conclurent que les taux de cuivre des cheveux pouvaient être considérés comme "normaux" par rapport aux valeurs de contrôle. Pour expliquer ce fait, les chercheurs envisagèrent, entre autres choses, la possibilité que la malnutrition même entraîne des changements dans la production des cheveux qui modifient les taux de cuivre. Cependant, leur rapport illustre clairement que même pour des diététiciens expérimentés, le rapport entre les réserves de l'organisme et les taux présents dans les cheveux n'est pas toujours direct (Lancet, 16 août 1980).

TIRER LE MEILLEUR PARTI DES ANALYSES DE CHEVEUX.

Tenant compte de tous ces inconvénients, certaines personnes et leur docteur désirent néanmoins faire faire une analyse de cheveux, soit pour éliminer la possibilité d'un empoisonnement par métal toxique, soit pour évaluer leur statu quo sur le plan nutrionnel.

Assurez-vous alors que votre médecin et le laboratoire effectuant l'analyse sont expérimentés dans ce domaine. Si le laboratoire fournit des explications avec l'analyse, n'y attachez pas d'importance à moins qu'un médecin connaissant bien votre histoire médicale personnelle les confirme par son interprétation, en tenant compte de toutes les informations dont il dispose.

MES DEUX ANALYSES.

Par curiosité, j'ai fait analyser un échantillon de cheveux par deux laboratoires différents. Les résultats prouvent que deux laboratoires peuvent fournir des résultats contradictoires.

L'analyse n° 1 semble indiquer une carence en calcium, en magnésium et en potassium. Cela m'intrigua, car je prends de la dolomite pratiquement tous les jours et je mange beaucoup de fromage, de noix et de fruits – bonnes sources de l'un ou plusieurs de ces minéraux. Je ne bois pas beaucoup d'alcool, connu pour éliminer le calcium et le magnésium.

Cependant, certains autres résultats semblaient normaux. Le sodium, par exemple, puisque je ne me sers pas de sel de table ni de gros-sel et que je mange rarement des amuse-gueules salés. Apparemment, pas de problème avec le cadmium ou le plomb, comme je m'y attendais, puisque je n'habite pas dans une région très industrielle et que je ne fume pas. Tout allait bien avec le chrome et le zinc, puisque je prends des suppléments de zinc et, de temps à autre, de la levure de bière.

Mon taux de fer était faible dans l'analyse n° 1. Cela me parut d'abord bizarre, car je prends des suppléments de fer de temps en temps. Mais il est vrai que j'avais été fatiguée par moment et que je voulais demander à mon médecin de voir si je n'avais pas un peu d'anémie due au manque de fer. Si les doses de fer qu'on peut se procurer sans ordonnance sont suffisantes pour *prévenir* l'anémie, il en faut de beaucoup plus fortes – environ 150 à 200 milligrammes par jour – pour y *remédier*. De ce point de vue, les résultats de ces analyses peuvent donc pousser à consulter un médecin pour un état qu'on soupçonnait déjà.

Comparons maintenant les deux analyses. Les résultats pour le calcium et le magnésium étaient à peu près identiques, en ce qui concerne les chiffres absolus; mais comme les laboratoires avaient des références de contrôle différentes, le premier les considérait "bas" et le second "normaux". Donc, peut-être que mon alimentation me fournit tout de même assez de ces minéraux. Le potassium, selon l'analyse n° 2, semblait plus logique aussi. Le taux de silicium (non testé dans l'analyse n° 1) semblait exact aussi, puisque je mange beaucoup de fibres alimentaires, riches en silicium. Mon taux de sélénium est élevé aussi. Il n'y en a pas de mentionné sur l'étiquette de mon schampoing, mais je mange beaucoup de poisson et j'avais pris des suppléments de sélénium quelques semaines avant les analyses. Le chrome, le cadmium, le plomb et le mercure reflétaient les mêmes taux que dans l'analyse n° 1.

La contradiction la plus flagrante est que suivant l'analyse n° 1, mon taux de fer est bas, et suivant l'analyse n° 2, il est élevé. Lequel est correct? C'est là qu'une analyse de sang peut s'avérer utile.

Un des éléments qui m'avait alarmée dans l'analyse n° 2 est le taux élevé de nickel et d'aluminium. D'après le laboratoire, ils étaient assez élevés pour justifier une intervention pour les éliminer immédiatement. J'ai réfléchi aux causes possibles. Bien que j'aie récemment acheté des ustensiles en acier inoxydable, il est vrai que j'en ai utilisés en aluminium pendant des années. Il y avait donc une petite chance que j'aie accumulé de grandes quantités d'aluminium par l'intermédiaire de ma nourriture. Mais je n'ai aucun des symptômes (nausées, maux de tête, bouffées de chaleur ou problèmes de nerfs) associés à l'intoxication par l'aluminium. Puis en examinant de plus près les ciseaux avec lesquels j'ai coupé mes cheveux, j'ai constaté qu'ils ne sont pas en acier inoxydable, comme je le croyais et comme recommandé, mais en aluminium et nickel. Il est donc probable que mes ciseaux ont contaminé mes échantillons, produisant les fausses évaluations.

Une autre remarque intéressante est le rapport apparemment bas entre le zinc et le cuivre, et le rapport élevé entre le zinc et le manganèse. Le laboratoire indiquait que cela pourrait être signe d'hypoglycémie. Il se trouve justement que mon médecin m'a récemment fait faire une analyse de tolérance du glucose qui a indiqué que j'étais probablement hypoglycémique. Il peut donc y avoir quelque vérité dans ces indications.

Vous voyez donc que les analyses de cheveux ont vraiment leurs limites. Au point où nous en sommes, les résultats sont difficiles à interpréter – en particulier pour quelqu'un qui n'y est pas habitué.

Les médecins homéopathes seraient peut-être plus enclins à envisager ce type d'analyse. Quant à la faire faire vous-même, si vous le désirez, assurez-vous que le laboratoire auquel vous vous adressez a l'habitude de pratiquer ce type d'analyses.

CHAPITRE 63

Questions et réponses

REPONSES AUX QUESTIONS SUR LES MINERAUX
ET LA SANTE LES PLUS FREQUEMMENT POSEES
Q: Y a-t-il des avantages, et lesquels, à prendre des suppléments sépa-rés plutôt que des comprimés de composés?
R: Nous avons chacun nos besoins nutritionnels. Le principal avanta-ge des suppléments séparés est qu'ils permettent d'en adapter exacte-ment la consommation à nos besoins personnels. Par ailleurs, un comprimé de minéraux multiples peut-être plus pratique, mais il ne tient pas compte des différences individuelles.

De plus, une quantité limitée d'un nombre limité de minéraux peut être combinée dans un même comprimé. Donc, les comprimés multiples fournissent rarement la variété dont vous pouvez avoir be-soin. Les minéraux en traces comme le chrome et le sélénium en sont souvent purement et simplement absents.

Si vous vous en remettez aux comprimés multiples, vous voudrez peut-être les renforcer par des suppléments séparés afin de faire face aux besoins engendrés par la fatigue, la maladie, le mauvais appétit ou d'autres conditions qui peuvent prendre place. Les besoins en cal-cium d'une femme, par exemple, augmentent au cours de la grossesse et de l'allaitement. Mais, comme un texte sur la nutrition le fait re-marquer, "les comprimés de multi-vitamines contiennent rarement des quantités importantes de calcium. Il faut généralement prendre du calcium séparément pour en obtenir une quantité valable" (Intro-ductory Nutrition, C.V. Mosby, 1979).

De la même manière, les besoins en zinc augmentent en fonction des exigences de guérison des plaies résultant de blessures ou d'opé-rations. Les femmes ont besoin de fer supplémentaire pendant les an-nées où elles ont leurs règles, souvent plus qu'un comprimé multiple n'en fournit. Les personnes qui ont des problèmes de glycémie ont besoin de suppléments de chrome. Les suppléments séparés sont souvent la seule façon de faire face aux besoins résultant de ces situations ou de toute autre particulière.

Q : Les minéraux perdent-ils leur activité lorsqu'ils sont stockés pendant trop longtemps?
R : Non. Ils sont aussi résistants que les rochers. Même les comprimés qui s'effritent conservent leur potentiel nutritif. Cependant, lorsque les vitamines et les minéraux sont combinés dans les suppléments, les règles s'appliquant au stockage sont plus strictes. Parce que les minéraux pourraient en entraîner une décomposition plus rapide, les comprimés multiples suivent les règles s'appliquant aux vitamines: conserver dans un endroit sec et frais, dans un récipient bien fermé. Si vous devez stocker des minéraux pour une longue période, choisissez des minéraux séparés, ou des composés ne comprenant QUE des minéraux. Ce sont les plus robustes.

Q: Chaque fois que je me mets à prendre des vitamines et minéraux, mon appétit semble augmenter. Est-ce une idée? Et si non, qu'est-ce que je peux faire?
R : Nous en avons parlé à plusieurs diététiciens, y compris à Rebecca Riales, spécialiste à Parkersburg (Virginie Occidentale). Elle nous a dit qu'il n'y a pas de preuve scientifique que l'appétit augmente lorsqu'une personne prend des suppléments, à moins qu'elle soit en train de corriger une grave carence. Par exemple, il est connu que le zinc ramène le sens du goût ou l'aiguise. En dehors de cela, l'appétit est une notion assez subjective. Il se peut que votre intérêt pour votre alimentation aiguise simplement votre appréciation de la nourriture. Alors mangez moins, et prenez-y plus de plaisir.

Q : Qu'est-ce que la chélation ? Est-ce important d'acheter des minéraux chélatés? Par exemple, le zinc chélaté est-il mieux assimilé que celui qui ne l'est pas?
R : Les minéraux, comme le zinc et le cuivre, par exemple, sont généralement associés à une ou plusieurs autres substances, même dans la nature. Les suppléments minéraux consistent donc en un minéral et une substance à laquelle il est associé – ou chélate. Autrement dit, la chélation est simplement l'association d'un minéral avec une autre substance, naturelle ou synthétique. Le gluconate est un chélate très répandu.

Cependant, cette association est instable, et dès que le supplément atteint l'estomac, le minéral est rapidement libéré de son associé. Cette dernière (ou chélation) fait donc peu de différence en ce qui concerne l'assimilation finale du minéral.

Les conditions dans lesquelles nous prenons les suppléments sont plus importantes. Les prendre avec les repas en facilite l'assimilation, les composants des aliments – protéines et hydrates de carbone – transportant le minéral dans notre organisme.

Q : Mon voisin m'a dit de ne pas manger trop de fibres parce que cela empêche l'organisme d'utiliser les minéraux. Est-ce vrai?
R: Votre voisin fait probablement allusion à quelque chose qu'il a entendu sur l'acide phytique, une substance présente dans l'enveloppe des grains, légumes et noix. L'acide phytique s'associe au calcium, au zinc, au magnésium et au fer pour former des "phytates", composés insolubles, rendant certaines quantités de ces minéraux indisponibles.

Si les grains et les légumes (pois et haricots) constituent la plus grande source de minéraux de l'alimentation, il pourrait y avoir un problème. Mais une alimentation riche en fibres qui compense les grains et haricots par d'autres fibres d'un groupe différent (pommes, abricots, pêches, poires, broccolis, carottes, pommes de terre, etc.), ainsi que par d'autres types d'aliments ne conduira pas aux carences en minéraux.

Nous avons posé la question concernant les carences dûes à l'acide phytique à Pericles Markakis, une spécialiste de l'alimentation de l'université du Michigan.

"Il y a des centaines d'années que les gens mangent des haricots et des grains" dit-il. "Il est évident que ces aliments ne causent pas de déficiences. Les seuls cas repertoriés de carences minérales (en particulier en zinc) causées par l'acide phytique des aliments viennent de petites populations du Moyen Orient. 80% de leur alimentation était constitué par du pain sans levain. Dès que l'on ajoute au pain des agents levants comme la levure, ils libèrent des enzymes qui décomposent l'acide phytique au fur et à mesure que le pain lève, de sorte qu'il ne s'associe plus aux minéraux. Sans levure, aucune décomposition ne se produit".

L'acide phytique ne cause pas de carence minérale par lui-même. Une faible Consommation de minéraux est le facteur principal. Le Dr Markakis continue: "Parce que cette alimentation à base de pain sans levain ne contient que peu de produits laitiers, de légumes et autres bonnes sources de calcium et autres minéraux, ces sujets devinrent déficients. La carence en zinc était particulièrement fréquente, parce qu'il est moins répandu que le calcium, le magnésium et le fer dans les aliments. Cependant, il semble que l'ensemble de la structure de l'aliment – le pain en ce qui concerne l'alimentation du Moyen Orient – soit impliqué dans les cas de carence en zinc étudiés.

"Mais ce sont des cas extrêmes. Nous devrions tous manger davantage de grains complets et moins de farines raffinées. Bien que nous ne sachions pas exactement combien il faut manger de grains complets et de haricots avant que les niveaux d'acide phytique interfèrent vraiment avec l'assimilation des minéraux, nous savons qu'une variété d'aliments – légumes, fruits, produits laitiers, poissons, viande, etc. – ajoutée aux grains et haricots aide à compenser les effets de l'acide phytique".

Q: Il y a tellement d'espèces de levures dans le commerce – levure de bière, alimentaire, etc. – que ce n'est pas très clair pour moi. Quelle est la différence? Et quelle espèce est la meilleure source de chrome?
R: La levure de bière et la levure alimentaire sont un même type d'organisme (la levure est une plante microscopique); mais la levure de bière est un produit accessoire de la fabrication de la bière, alors que la levure alimentaire est un produit cultivé sur la mélasse ou les grains dans le but unique de cultiver davantage de levure.

La composition nutritive de la levure – y compris sa teneur en chrome – dépend en partie du milieu sur lequel elle à été cultivée. La teneur en chrome n'est pas obligatoirement indiquée sur l'étiquette. Mais le fabricant doit pouvoir vous fournir les informations sur la teneur en minéraux.

Q: Les huîtres contiennent plus de zinc que tout autre aliment. Pourquoi hésitez-vous à les recommander, ainsi que les autres crustacés et mollusques? A cause du cholestérol?

R : Les huîtres sont très riches en zinc. Mais comme tous les mollusques, elles ont tendance à absorber les pollutions industrielles et autres, écoulées près des rivages. Si elles venaient à être contaminées, les personnes qui en consommeraient pourraient souffrir de paralysie et de graves infections. C'est en effet une riche source de zinc. Mais assurez-vous de leur provenance.

Les spécialistes prétendent aussi que la quantité de cholestérol se trouvant dans les mollusques est loin d'en faire un aliment idéal. L'inverse peut être vrai. Récemment, des chercheurs ont fait baisser le niveau de cholestérol chez des animaux de laboratoire en les nourrissant avec des huîtres et des praires.

Q : Quelle est la différence entre le gluconate de zinc et le sulfate de zinc?

R : Sur le plan nutritionnel, il n'y a pas de différence. Les deux sont également bien assimilés, mais le sulfate est plus acide et peut irriter l'estomac. Vous pouvez éviter cela en prenant le sulfate de zinc avec des aliments ou en choisissant le gluconate.

Q : Quel est le meilleur supplément de calcium, la poudre d'os ou la dolomite?

R : Il n'a pas de réponse nette à cette question. Les deux en sont une bonne source.

Il se trouve que le calcium et le magnésium sont bien équilibrés dans la dolomite – dans le rapport que notre corps peut utiliser au mieux. Mais aucun des diététiciens que nous avons contactés n'a pu nous dire ce qu'il advient de cet équilibre "parfait" lorsque la dolomite est consommée avec le reste des apports nutritifs de la journée. De sorte qu'un supplément parfaitement équilibré ne garantit peut-être pas une consommation globale équilibrée. D'autre part, un équilibre parfait n'est sans doute pas indispensable. Les mécanismes de régulation de notre corps s'occupent de ces fluctuations.

C'est là que la poudre d'os entre en jeu. La poudre d'os contient beaucoup de calcium, mais de petites quantités de magnésium ou autres minéraux. Pour les personnes ayant besoin de beaucoup de calcium – comme les femmes atteintes d'ostéoporose – la poudre d'os peut être très positive, plus que le calcium des aliments et de la dolomite. D'autres personnes, qui satisfont leurs besoins en calcium avec leur alimentation ou avec la dolomite – ou les deux – n'auront pas besoin de la poudre d'os.

Q : Est-ce que les suppléments de calcium favorisent la formation de calculs des reins?

R : Pour certaines personnes, un excès de calcium peut être à l'origine des calculs. Mais dans la plupart des cas, c'est faux.

La forme la plus courante des calculs n'est pas seulement faite de calcium, mais d'acide oxalique (une substance normale dans l'urine). Pour diverses raisons, qui ne sont pas toutes bien élucidées, le calcium et l'acide oxalique se combinent parfois pour former des cristaux pratiquement indissolubles appelés oxalate de calcium – ou calculs des reins. Ce n'est donc pas le calcium à proprement parler qu'il faut blâmer, mais la façon dont le corps traite le calcium ainsi que l'acide oxalique.

Certaines personnes réduisent leur tendance à avoir des calculs en limitant leur consommation de calcium. Mais si vous n'avez pas de problème de formation de calculs, le calcium ne vous en causera probablement pas.

Q : Peut-on traiter la calcification par la nutrition? Un excès de calcium peut-il causer la calcification?

R : Le calcium qui se dépose dans les articulations est dû à un problème de la glande thyroïde plutôt qu'à un excès de calcium dans l'alimentation.

Q : Le sel de mer est-il meilleur que le sel ordinaire?

Le sel de mer n'est pas meilleur pour vous que le sel ordinaire. La seule vraie différence est dans le prix. Le sel de mer peut coûter jusqu'à 4 fois plus cher. Pourquoi les gens l'emploient-ils?

Beaucoup de gens pensent que la mer est riche en minéraux. Ce serait vrai si l'eau de mer s'était simplement évaporée pour laisser le sel, car elle contient des quantités intéressantes de magnésium, de calcium et de potassium. Mais ce n'est pas toujours le cas.

Le sel de mer est généralement purifié pour répondre à des standards imposés par les gouvernements. Aux Etats Unis par exemple, les standards spécifient que le sel alimentaire, qu'il provienne de la mer ou de mines de sel, doit être à 97,5% du chlorure de sodium. Cela ne laisse pas beaucoup de place pour les autres minéraux. Le sel de mer et les autres sels sont donc fondamentalement identiques.

En fait, c'est exactement ce que le gouvernement de l'Oregon vient de décider en adoptant un réglement interdisant l'emploi du terme "sel de mer", à la suite de plaintes de consommateurs estimant que le terme n'était employé que pour justifier un prix plus élevé.

En dehors de cela, le sel est toujours du sel. Les dépots constituant les mines de sel ont été laissés par de l'eau de mer qui s'est évaporée il y a des millions d'années. La prochaine fois que vous entendrez dire que le sel de mer est meilleur que le sel ordinaire, vous saurez donc quoi répondre.

Q : Je suis un régime hyposodé. Devrais-je éviter la vitamine C sous forme d'ascorbate de sodium?

R : La vitamine C – ou, comme les chimistes l'appellent, l'acide ascorbique – se trouve sous des formes diverses. L'ascorbate de sodium est l'une d'elles. Lorsque vous en prenez, la vitamine C et le sodium se dissocient dans votre organisme. La vitamine C est bonne pour vous. Le sodium ne l'est pas forcément. Si vous suivez un régime hyposodé, vous savez sans doute qu'un excès de sel peut faire monter la tension artérielle. Un gramme d'ascorbate de sodium vous donne presque autant de sodium qu'un verre de tomates en conserves. Ce n'est peut-être pas beaucoup. Mais si vous prenez beaucoup de vitamine C – 10 grammes d'ascorbate de calcium par exemple – vous prendrez en même temps 1 gramme de sel par jour, ce qui est beaucoup pour une personne suivant un régime hyposodé. Si vous voulez prendre beaucoup de vitamine C, nous suggérons que vous vous en teniez à d'autres formes que l'ascorbate de sodium. Certaines personnes trouvent que de hautes doses de vitamine C sous forme d'acide ascorbique leur perturbent l'estomac et c'est la raison pour laquelle elles emploient l'ascorbate de sodium. Si vous avez ce problème, essayez de prendre de l'ascorbate de calcium, ou une préparation de type ascorbate qui contienne aussi du calcium, du magnésium et du potassium. Ces préparations ne perturbent pas l'estomac.

Q : Depuis que je n'emploie plus de sel dans la cuisine, j'ai peur que ma famille manque d'iode, car j'avais l'habitude de me servir de sel iodé. Que me suggérez-vous?

R : Inutile de vous inquiéter. Le manque d'iode dans les aliments, avec le goitre comme conséquence, était un problème à l'époque où les gens mangeaient des fruits et légumes poussant sur des sols pauvres en iode et ne se procuraient pas grand'chose qui vienne d'ailleurs. Le sel iodé a été introduit dans l'alimentation dans les années 20 comme moyen de faire face à ce problème. Mais aujourd'hui, les produits des régions riches en iode circulent vers les régions qui en ont moins, de même que le poisson qui en est une bonne source; et les goitres sont très rares.

Si vous voulez être absolument sûre d'avoir assez d'iode, employez la poudre de varech. Une cuillère à café contient l'équivalent de 20 fois le TR en iode.

Q : Une amie m'a dit que le chlorure de potassium est un bon substitut du sel. Présente-t-il un danger quelconque?

R : Pour la plupart des gens, non.

Un excès de sodium favorisant l'hypertension, tous les moyens de réduire la consommation de chlorure de sodium sont bons. Pour les personnes qui trouvent la nourriture fade sans sel, le chlorure de potassium en a le goût et l'aspect – mais ne contient pas de sodium. Mais vérifiez bien l'étiquette. Certaines marques sont moitié chlorure de potassium et moitié chlorure de sodium. D'autres contiennent du chlorure d'ammonium, qui peut irriter l'estomac et affecter les bronches.

Pour la plupart des gens, jusqu'à une cuillerée à café de chlorure de potassium par jour ne pose aucun problème. Mais n'en abusez pas, cela pourrait conduire à l'"hyperkalémie" ou excès de potassium dans le sang, qui peut aussi vous acheminer vers la crise cardiaque. Les personnes ayant des problèmes rénaux et les diabétiques courent également un risque particulier. Si vous tombez dans l'une de ces catégories ou que vous preniez des médicaments destinés à "éponger" le potassium de votre sang, vérifiez avec votre médecin avant d'employer un substitut.

Q : Lorsque je mets du sel dans mon adoucisseur d'eau, s'agit-il du même sel que celui qu'on met dans les aliments? Et si oui, est-ce assez pour me donner de l'hypertension?

R : Votre eau est "dure" parce qu'elle contient du calcium et du magnésium. Y ajouter du chlorure de sodium (votre sel de table) élimine chimiquement ces minéraux de votre eau, qui devient "douce". Plus l'eau était dure pour commencer, plus il faut ajouter de sel, c'est-à-dire plus votre eau "douce" sera salée. Mais est-elle assez salée pour vous *donner* de l'hypertension? Très peu probable. Même dans une ville où l'eau est très dure, il faudrait que vous buviez deux litres d'eau adoucie par jour pour arriver à une consommation de 250 milligrammes de sodium, une quantité assez petite, puisque le niveau de 100 à 3000 milligrammes par jour est considéré comme sans danger. Mais la plupart des médecins recommandent à leurs patients qui *ont déjà* de l'hypertension d'éviter l'eau adoucie, et cela nous paraît un excellent conseil.

Q : Je travaille dans la cuisine surchauffée d'un restaurant. Suis-je en danger de perdre trop de sel par la transpiration? Est-ce que je devrais prendre des comprimés de sel?

R : Non, aux deux questions.

Tout d'abord, nos corps s'accoutument à la chaleur – c'est-à-dire qu'ils se "règlent" graduellement en fonction de la chaleur et limitent la quantité de sel évacuée par la sueur.

En plus, il peut être dangereux de prendre des comprimés de sel sans contrôle. Des doses concentrées irritent la paroi interne de l'estomac et peuvent même être fatales.

Bien sûr, certaines personnes ont besoin de comprimés de sel pour des raisons médicales, parce qu'elles en perdent en excès; dans ce cas, votre médecin vous le prescrira. Mais il est rare qu'une personne en bonne santé ait besoin de comprimés de sel – comme un athlète en compétition sous un climat auquel il n'est pas habitué – et dans ce cas, elle ne devrait les prendre que sous contrôle médical.

Le remplacement des liquides est plus important que celui du sel. Cependant, si vous croyez devoir compenser ces pertes modérées, il vaudrait mieux boire un jus de tomate ou manger un aliment naturellement riche en sodium.

Q : Qu'est-ce qu'une huile minérale? Ont-elles une valeur nutritive? Sont-elles sans danger?

A : Les huiles minérales sont des sous-produits de la fabrication du pétrole. Pas appétissant? Tant mieux. Vous ne devriez *jamais* avaler d'huile minérale, que ce soit comme laxatif ou pour la cuisine. D'accord, elle est parfois présente dans certains laxatifs. Mais beaucoup de médecins et de diététiciens en condamnent l'utilisation. Et à juste titre. Elle agit en enrobant les particules alimentaires et les parois intestinales de sorte que les aliments glissent littéralement hors de l'organisme, sans que grand'chose de valable soit absorbé. De plus, elles dissolvent les vitamines A, D, E et K, de même que certains acides gras essentiels. Et en dépit de leurs noms, elles ne fournissent aucuns minéraux – ni aucun autre nutriment.
Pourtant, les huiles minérales ne sont pas *totalement* dénuées d'intérêt. En tant qu'ingrédients de beaucoup de cosmétiques, elles préservent l'humidité et la fraîcheur de votre peau.

Q: Le fer est-il un obstacle à l'assimilation de la vitamine E? Ou bien est-ce l'inverse?

R: La vitamine E n'affecte pas sérieusement l'assimilation du fer, de quelque façon que ce soit. Quant à l'effet du fer sur la vitamine E, cela dépend de la forme sous laquelle il est absorbé.
La forme "ferreuse" (présente dans les aliments) interfère peu avec la vitamine E. C'est la forme "ferrique", généralement absente des suppléments et aliments, qui bloque la vitamine. Et tant que le fer des suppléments que vous prenez est combiné à un composé organique tel que le gluconate ou le fumarate, vous ne devriez avoir aucun problème. Evitez les formes non organiques tels que le sulfate ou le phosphate, qui pourraient interférer avec l'assimilation de la vitamine E.
Cherchez donc des suppléments de fer sous forme "ferreuse" et profitez au maximum de vos capsules de vitamine E aussi.

Q: Récemment, j'ai lu un article dans un magazine où on disait que les œufs bloquent l'assimilation du fer. Est-ce vrai?

R: Oui. Les œufs contiennent un composé qui interfère avec l'assimilation du fer. Non seulement cela rend le fer contenu dans les œufs inutilisable par l'organisme, mais cela affecte pareillement le fer des autres aliments absorbés en même temps que les œufs. Un œuf réduit donc l'assimilation du fer considérablement losqu'il est absorbé avec d'autres aliments.

Inutile de renoncer aux œufs pour autant. Si vous vous inquiétez de votre taux de fer, mieux vaut prendre des suppléments que de renoncer aux œufs.

Q: Quelles autres substances risquent d'interférer avec l'assimilation du fer? Le lait ou les produits laitiers? Si oui, combien de temps après les avoir absorbés devrait-on attendre avant de prendre du fer?

R: L'acide tannique du thé et, dans une proportion moindre, le café, les œufs, les anti acides et la tétracycline sont connus pour gêner l'assimilation du fer.

Les aliments contenant de grandes quantités de phosphates, les additifs phosphatés et les conservateurs phosphatés semblent également inhiber l'assimilation du fer.

Il y a controverse quant à l'interférence du lait et des produits laitiers.

Dans une étude effectuée sous la direction de James D. Cook, professeur en médecine et directeur du Service Hématologie du Centre Médical de l'Université du Kansas, le lait et le fromage, apparemment, réduisaient l'assimilation du fer. (American Journal of Clinical Nutrition, août 1976). Mais la nature de l'interférence n'est pas encore claire. "L'assimilation du fer est très complexe et nous avons besoin de plus d'informations avant de pouvoir préconiser un changement dans les habitudes alimentaires" nous a dit le Dr Cook. "Si vous voulez vous garantir une bonne ration de fer, c'est une bonne idée de prendre des suppléments".

Les suppléments de fer sont absorbés au mieux lorsque l'estomac est vide. Vous devriez les prendre avant les repas – ou au moins 3 heures après la fin des repas. Si vous avez des problèmes de digestion, prenez-les tout de même avec les repas

Q: J'aimerais donner mon sang. Faudra-t-il que je prenne des suppléments de fer pour compenser la perte

R: Une personne qui donne environ 1/2 litre de sang par an n'a sans doute pas besoin de prendre des suppléments. Mais "pour quelqu'un qui donne son sang 3 ou 4 fois par an, c'est une bonne idée" dit Robert H. Kough, Médecin et directeur du service d'hématologie et oncologie de Geisinger Medical Center de Danville, en Pennsylvanie.

Chaque fois qu'on donne du sang, l'organisme doit récupérer le fer qui a été perdu. Si l'alimentation n'en fournit pas assez, il faudra qu'il en prélève sur les réserves de la moelle osseuse et du spleen. En plus du fait que cela prive ces tissus d'un minéral vital, l'hémoglobine du sang en souffre également, puisque le fer est un de ses ingrédients clefs. De plus, les femmes perdent du fer régulièrement tous les mois et celles qui ont des règles abondantes en perdent encore plus.

A moins que l'alimentation comporte beaucoup d'aliments très riches en fer, elle peut ne pas suffire à compenser le fer perdu par des dons fréquents.

Les suppléments sont une garantie contre les pertes graves de fer. Ils constituent la meilleure prévention contre une carence de ce minéral vital.

Q: Une amie m'a dit que la levure chimique n'est pas bonne pour la santé. Si c'est vrai, que devrait-on employer?

R: Vous devriez éviter les levures chimiques contenant des sels d'aluminium. Des études ont montré que l'aluminium, avec le temps, peut s'accumuler dans le cerveau, entraînant perte de mémoire et détérioration du cerveau. Il existe des levures sans sels d'aluminium en vente dans les magasins de régime.

Q: J'ai lu quelque part que faire tremper les coquilles d'œufs dans l'eau ou les ajouter à la soupe est une bonne façon de se procurer du calcium supplémentaire. Est-ce vrai?

R: Non, pas vraiment. Une coquille d'œuf contient environ 2 grammes de calcium. Et il y a peu de chances pour que de l'eau naturelle puisse les extraire. Seule une soupe acide – comme la soupe de tomates ou du jus de citron ou du vinaigre pourra en extraire un peu. Combien vous en obtiendrez dépend de l'acidité de la soupe et du temps de cuisson.

Il est donc assez difficile de prévoir la quantité exact de calcium que vous pourrez en extraire. De plus, c'est pratiquement impossible de récupérer les morceaux de coquilles qui se casseront inévitablement dans votre soupe.

Q: J'ai lu récemment que les aliments préparés dans des casseroles en fer en contiennent beaucoup. Est-ce vrai? COMBIEN de fer en plus contiennent-ils?

R: Oui, c'est vrai. Les aliments cuits dans les casseroles en fer peuvent avoir une teneur plus élevée en fer. Mais COMBIEN ils peuvent en gagner par la cuisson dépend du type d'aliment, de la durée de cuisson et même de l'état de votre casserole.

La quantité varie considérablement. Dans des cas rares, elle atteint un niveau toxique, comme c'est le cas pour les Bantous de l'Afrique du Sud, qui préparent leur bière dans des pots en fer. Il en résulte une consommation journalière qui a pu approcher les 200 milligrammes, comparée aux 15 milligrammes constituant la dose moyenne des Américains.

Pour l'Américain moyen, cependant, l'emploi de casseroles en fer peut améliorer sa consommation qui est faible. Les aliments en contiennent alors 3 à 4 fois ce qu'ils contiendraient s'ils étaient cuits dans une casserole en pyrex, par exemple. Une part de bœuf aux macaronis cuite pendant 2 1/2 heures dans une casserole en aluminium contenait à l'analyse 1,03 milligrammes de fer. La teneur en fer passait à 4,7 – 4 fois plus – pour le même plat cuit dans une casserole de fer.

L'explication réside dans l'association de l'acidité des aliments et de la durée de cuisson. Diverses études ont prouvé que plus les aliments sont acides, et plus le temps de cuisson est prolongé, plus de fer sera dissous dans la préparation. L'analyse d'une sauce bolognaise, qui a cuit à feu doux pendant trois heures dans une casserole en fer, révèle 87,5 milligrammes de fer pour 100 grammes de sauce. La même quantité de la même sauce cuite dans une casserole en pyrex en contenait seulement 3 milligrammes. Le culottage, qui permet de clore les "pores" de la casserole, est généralement recommandé non seulement pour empêcher les aliments d'attacher, mais pour empêcher aussi la formation de rouille (sels de fer). Donc, plus votre casserole sera "culottée", moins vous bénéficierez de ce bonus de fer.

Q: Les ustensiles en cuivre ajoutent-ils du cuivre à la nourriture? Ést-bon ou nocif?

R: Oui, le cuivre peut passer dans les aliments qui sont directement en contact avec lui. Cependant, aujourd'hui, la plupart des casseroles en cuivre sont plaquées soit d'aluminium, soit d'inox. Aucun problème donc, à moins que cette "doublure" soit usée, laissant le cuivre en contact avec les aliments. Si cela se produit, faites plaquer votre casserole; car bien que le cuivre soit nécessaire en petites quantités à notre organisme, il peut être toxique lorsqu'il s'y trouve en excès. La quantité de cuivre que vous risquez d'avoir dans vos aliments dépend, évidemment, de la fréquence avec laquelle vous employez des récipients de cuivre; et combien de cuivre passera dans les aliments dépend aussi de leur acidité et du temps de cuisson.

Comme on pourrait s'en douter, les aliments cuits dans des casseroles dont le plaquage est usé présentent des taux de cuivre supérieurs à ceux cuits dans des casseroles en bon état, ou faites d'un autre métal. Au cours d'une étude, une part de poisson de 113g préparée dans un vieux plat en cuivre contenait environ 0,65 milligrammes de cuivre, valeur qui tombait à 0,26 pour la cuisson dans un plat neuf dont le plaquage était intact. Mais le niveau de cuivre ne dépassait le taux recommandé ni dans un cas ni dans l'autre.

Une autre raison de ne pas faire la cuisine dans des ustensiles où le cuivre est en contact direct avec les aliments, est qu'il détruit la vitamine C et peut-être également les vitamines A et E. Par conséquent, la meilleure façon de profiter des qualités conductrices de chaleur du cuivre est d'employer des ustensiles dont le plaquage est en parfait état et non toxique.

Ayez soin aussi d'avoir des casseroles propres. Le film verdâtre qui se forme lorsque le cuivre est exposé à l'air et qu'on appelle patine est en réalité une accumulation de sels de cuivre. Ce vert-de-gris, comme on l'appelle aussi parfois, peut-être toxique et ne devrait jamais entrer en contact avec vos aliments.

En dehors de ces risques potentiels de cuivre dissous, les aliments qui sont en contact avec le cuivre au cours de leur cuisson peuvent changer de couleur et de goût.

Q: J'aime faire collection de poteries artisanales, mais j'hésite à utiliser certaines de ces potèries pour les boissons et les aliments par crainte d'empoisonnement par le plomb. Comment savoir si une poterie artisanale est sans danger?

R: Ce n'est pas toujours facile à savoir en ce qui concerne les objets anciens ou achetés à l'étranger. Toutes les pièces ne sont pas cuites avec des vernis. Et dans ce cas, les vernis qui ne contiennent pas de plomb doivent être appliqués correctement et cuits de façon à ce que les aliments acides ne pénètrent pas. Les pièces fabriquées aujourd'hui, que vous achetez dans les magasins, portent un étiquetage clair concernant leur utilisation possible ou non comme récipient alimentaire. Informez-vous auprès des fabricants si vous avez le moindre doute. Si vous achetez à des artisans-fabricants, ils sauront vous renseigner eux-mêmes, connaissant et les composants de leurs fabrications, et la réglementation en vigueur.

Si vous avez des pièces dont vous ne connaissiez pas la provenance et dont vous ne soyez pas sûr, évitez de les employer comme récipient alimentaire.

Q: J'ai entendu dire que le thon en boîte est bourré de plomb et dangereux à consommer. Est-ce vrai?

R: Nous nous sommes récemment posés la même question et avons demandé à un laboratoire indépendant d'analyser le contenu de 7 échantillons de marques bein connues achetées au super-marché local. Naturellement, le laboratoire ne savait pas quel échantillon correspondait à quelle marque.

La quantité moyenne trouvée dans les conserves de poisson était 21 microgrammes par 100 grammes. Ces taux sont extrêmement bas et ne présentent aucun danger, d'après la Food & Drug Administration. Le taux considéré comme acceptable par l'OMS (Organisation Mondiale de la Santé) est de 430 microgrammes par jour pour les adultes.

Kathryn Mahaffey, chercheur réputé dans le domaine de la nutrition et du métabolisme du plomb, nous a déclaré qu'une étude sous la direction de E.J. Stuik en Hollande, a montré que des changements notables se produisent dans les composants du sang de femmes adultes, qui sont plus facilement affectées par la consommation de plomb que les hommes, lorsque celle-ci atteint 1000 microgrammes (1 gramme) de plomb par jour pendant environ 21 jours. On a vu des cas d'intoxication rapide chez des adultes ayant absorbé 5000 microgrammes par jour pendant moins d'un mois. Donc, pour voir apparaître même de faibles symptômes d'intoxication par le plomb, il faudrait consommer un minimum de 24 boîtes par jour pendant 4 semaines.

Si vous voulez éviter le plomb contenus dans les conserves, Clair C. Patterson de l'Institut de technologie de Californie suggère que vous n'achetiez aucune conserve dans des boîtes soudées au plomb.

Pour souder les boîtes, on verse du plomb chaud à l'extérieur de la "couture" de la boîte, qui est ensuite pressé entre les deux bords tandis qu'il refroidit et se solidifie. Ce procédé ferme hermétiquement les boîtes, mais il transfert des quantités minuscules de plomb dans la nourriture.

Comment reconnaître une boîte soudée au plomb? D'après le Dr Patterson, si vous ne sentez aucune protubérance en passant le doigt tout autour de la boîte, sur le bord du dessus ou du fond, c'est probablement qu'il n'y a pas de soudure et qu'elle ne contient pas de plomb. Le type de boîte à éviter est celui qui présente une nette "couture" sur le côté de haut en bas, là où la soudure a été effectuée. Vous ne sentirez aucune différence de texture ou d'épaisseur en passant le doigt sur l'étiquette d'une boîte non soudée. Si vous n'êtes pas sûr, déchirez un ou deux centimètres pour examiner les côtés:

Si la boîte est soudée, vous verrez une ligne plus mate, plus grise et d'une texture différente de celle du reste de la boîte, dont le métal est plus lisse et plus brillant.

Q: Les stérilets en cuivre peuvent-ils ajouter du cuivre à l'organisme? Est-ce bon ou mauvais?

R: Les stérilets en cuivre se dissolvent lentement dans l'utérus. Jusqu'à 20 à 50 milligrammes de cuivre peuvent ainsi être dissous en un an. Une partie sera éliminée par le flot menstruel. Le reste, cependant, séjournera dans l'utérus et sera transporté dans l'organisme par le système circulatoire. La présence du cuivre dans l'utérus entraîne certains dommages aux tissus et d'autres modifications qui persistent après que le stérilet ait été enlevé. Jusqu'à maintenant, il n'y a pas d'expériences probantes qui aient déterminé si le cuivre s'accumule aussi dans le foie et les autres organes et cause aussi des dommages à ces tissus. On craint que les femmes employant les stérilets pendant plusieurs années puissent être sujettes à la toxicité de ce métal. Il vaut sans doute mieux vous en remettre à un procédé contraceptif moins douteux et pour lequel des études péremptoires aient été réalisées.

APPENDICE

TENEUR EN MINERAUX DES ALIMENTS

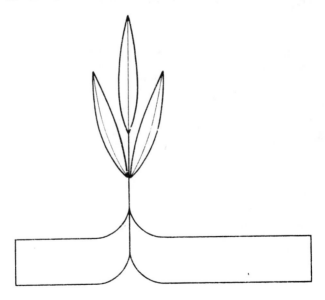

LA TENEUR EN MINERAUX DES ALIMENTS.

Nous énumérons ci-après environ 200 aliments classés en fonction de la quantité de minéraux qu'ils fournissent. Les valeurs sont exprimées par: Excellent (E), Bon (B), Moyen (M), Pauvre (P), plutôt que par des chiffres précis, afin de vous permettre un choix facile et rapide, plutôt que de vous empêtrer dans des colonnes de chiffres

Les valeurs correspondent à des portions moyennes telles qu'on les sert habituellement: l'équivalent d'un verre pour les légumes (1/2 tasse); environ 110 grammes pour la viande, le poisson et la volaille et deux décilitres pour les jus et boissons. Et naturellement, on a tenu compte de la cuisson pour les aliments qui sont mangés cuits.

Rappelez-vous enfin que la cuisson à la vapeur, par exemple, plutôt que l'ébullition est le mode de cuisson qui préserve le mieux les minéraux de vos aliments.

LEGENDE:

E: *excellent*
B: *bon*
NC: *non communiqué*
M: *moyen*
P: *pauvre*

ALIMENTS (portion moyenne)	Calcium	Magnésium	Potassium	Zinc	Cuivre	Fer	Sélénium	Chrome	Manganèse	Iode	Cobalamine vitamine B 12	Fluor
PRODUITS LAITIERS												
Buttermilk (petit lait)	E	P	B	M	P	P	P	P	P	P	B	M
Fromages: bleu	B	P	P	P	P	P	P	B	P	P	M	P
cheddar	B	P	P	M	P	P	P	B	P	P	M	P
colby	B	P	P	M	P	P	P	B	P	P	M	P
cottage	M	P	P	P	P	P	P	M	P	P	M	P
Edam	B	P	P	M	P	P	P	B	P	P	M	P
Gouda	B	P	P	M	P	P	P	B	P	P	NC	P
Monterey Jack	B	P	P	M	P	P	P	B	P	P	NC	P
Mozarella	B	P	P	P	P	P	P	B	P	P	M	P
Munster	B	P	P	M	P	P	P	B	P	P	M	P
Parmesan	M	P	P	P	P	P	P	M	P	P	NC	P
Provolone	B	P	P	M	P	P	P	B	P	P	M	P
Ricotta	B	P	M	M	P	P	P	B	P	P	M	P
Swiss (gruyère)	B	P	P	M	P	P	P	B	P	P	B	P
Cream	P	P	P	P	P	P	P	P	P	P	P	P
Glaces	B	P	M	M	P	P	P	P	P	P	B	M
Lait: frais	E	M	B	M	P	P	P	P	P	P	B	M
en poudre	E	P	B	M	P	P	P	P	P	P	B	M
Yaourt	E	P	B	M	P	P	P	P	P	P	B	M

Légende: E = excellent — B = bon — M = moyen — P = pauvre — NC = informations non communiquées.

ALIMENTS (portion moyenne)	Calcium	Magnésium	Potassium	Zinc	Cuivre	Fer	Sélénium	Chrome	Manganèse	Iode	Cobalamine vitamine B 12	Fluor
Abricots: frais	P	P	B	P	M	P	P	M	M	P	P	P
secs	P	P	B	P	M	M	P	M	M	P	P	P
Airelles	P	P	P	P	P	P	P	M	M	P	P	NC
Ananas	P	P	M	P	P	P	P	M	M	P	P	P
Avocats	P	B	E	P	B	P	P	M	E	P	P	NC
Banane	P	B	B	P	B	P	P	M	M	P	P	P
Cerises	P	P	M	P	M	P	P	M	M	P	P	P
Citron	P	P	P	P	P	P	P	M	M	P	P	P
jus de citron	P	P	P	P	P	P	P	M	M	P	P	P
Dattes	P	P	M	P	M	M	P	M	M	P	P	NC
Figues (fraîches)	M	P	M	P	M	P	P	M	M	P	P	P
Fraises	P	P	M	P	P	P	P	M	M	P	P	NC
Framboises	P	P	P	P	M	P	P	M	M	P	P	NC
Mandarines	P	P	M	P	M	P	P	M	M	P	P	P
Melon cantaloup	P	P	B	P	M	P	P	M	M	P	P	P
Melon vert	P	P	P	P	P	P	P	M	M	P	P	NC
Mûres	P	P	M	P	M	P	P	M	M	P	P	NC
Myrtilles	P	P	P	P	M	P	P	M	M	P	P	NC
Orange	M	P	M	P	M	P	P	M	M	P	P	NC
jus d'orange	P	P	B	P	M	P	P	M	M	P	P	P

Légende: E = excellent — B = bon — M = moyen — P = pauvre — NC = informations non communiquées.

574

ALIMENTS (portion moyenne)	Calcium	Magnésium	Potassium	Zinc	Cuivre	Fer	Sélénium	Chrome	Manganèse	Iode	Cobalamine vitamine B 12	Fluor
Pamplemousse	P	P	M	P	P	P	P	M	M	P	P	P
jus de pamplemousse	P	P	B	P	P	P	P	M	M	P	P	P
Papaye	P	NC	B	P	M	P	P	M	M	P	P	NC
Pastèque	P	P	P	P	P	P	P	M	M	P	P	NC
Pêche	P	P	B	P	M	P	P	M	M	P	P	NC
Poire	P	P	M	P	M	P	P	M	M	P	P	P
Pomme	P	P	M	P	M	M	P	M	M	P	P	M
jus de pomme	P	P	M	P	M	P	P	M	M	P	P	M
Prunes	P	P	P	P	P	P	P	M	M	P	P	P
Pruneaux	P	P	B	P	M	M	P	M	M	P	P	P
Raisin	P	P	P	P	P	P	P	M	M	P	P	P
Raisins secs	P	P	E	P	M	M	P	M	M	P	P	P
Rhubarbe	M	P	M	P	NC	P	P	M	M	P	P	P
Mangues	P	P	M	P	M	P	P	M	M	P	P	NC
LÉGUMES												
Amaranthe	P	NC	NC	NC	NC	P	P	B	M	P	P	NC
Artichaut	M	NC	B	M	NC	M	P	B	M	P	P	NC
Asperges	P	P	M	P	P	P	P	B	M	P	P	NC
Aubergines	P	P	M	P	M	P	P	B	M	P	P	P
Bettes	M	M	M	P	M	M	P	B	M	P	P	NC

Légende: E = excellent — B = bon — M = moyen — P = pauvre — NC = informations non communiquées.

575

ALIMENTS (portion moyenne)	Calcium	Magnésium	Potassium	Zinc	Cuivre	Fer	Sélénium	Chrome	Manganèse	Iode	Cobalamine vitamine B 12	Fluor
Betterave	P	P	M	P	M	P	P	B	M	P	P	P
Broccoli	M	P	M	P	P	P	P	B	M	P	P	NC
Carde	M	M	M	P	M	M	P	B	M	P	P	NC
Carotte	P	P	M	P	P	P	P	B	M	P	P	P
Céleri	P	P	M	P	P	P	P	B	M	P	P	P
Champignons	P	P	M	P	B	P	P	B	M	P	P	NC
Céleri	P	P	M	P	P	P	P	B	M	P	P	P
Chou blanc	P	P	M	P	P	P	P	B	M	P	P	P
Chou Bruxelles	P	P	M	P	P	P	P	B	M	P	P	NC
Chou fleur	P	P	M	P	P	P	P	B	M	P	P	NC
Chou vert	P	P	M	P	P	P	P	B	M	P	P	P
Collard	M	M	M	P	M	P	P	B	M	P	P	NC
Concombre	P	P	P	P	P	P	P	B	M	P	P	P
Courge												
citrouille	P	P	M	P	M	P	P	B	M	P	P	NC
courgette	P	P	M	P	M	P	P	B	M	P	P	NC
Cresson	M	P	M	P	P	M	P	B	M	P	P	P
Endives	P	P	M	P	M	M	P	B	M	P	P	NC
Epinards	M	B	M	P	M	M	P	B	B	P	P	M
Haricots blancs	P	E	B	M	B	M	P	B	B	P	P	NC

Légende: E = excellent — B = bon — M = moyen — P = pauvre — NC = informations non communiquées.

576

ALIMENTS (portion moyenne)	Calcium	Magnésium	Potassium	Zinc	Cuivre	Fer	Sélénium	Chrome	Manganèse	Iode	Cobalamine vitamine B 12	Fluor
Haricots Lima	P	B	B	M	M	M	P	B	B	P	P	NC
Haricots œil noir	P	B	B	M	B	M	P	B	B	P	P	NC
Haricots rouges	P	E	B	M	B	M	P	B	B	P	P	NC
Laitue romaine	P	P	M	P	P	P	P	B	B	P	P	NC
Lentilles	P	M	M	M	M	M	P	B	B	P	P	NC
Maïs	P	M	M	P	P	P	M	B	B	P	P	P
maïs décortiqué & concassé	P	P	P	P	P	P	M	B	B	P	P	P
Moutarde (feuilles)	M	P	M	P	M	M	P	B	M	P	P	NC
Navets	P	P	M	P	P	P	P	B	M	P	P	P
Oignons	P	P	P	P	P	P	P	B	M	P	P	P
Panais	P	P	M	P	P	P	P	B	M	P	P	NC
Patate douce blanche	P	M	B	P	M	M	P	B	B	P	P	NC
jaune (yam)	P	NC	E	P	M	P	P	B	M	P	P	NC
Persil	P	P	P	P	P	P	P	B	M	P	P	P
Petits pois	P	P	M	M	M	M	P	B	M	P	P	P
Pissenlit	B	P	M	P	M	M	P	B	M	P	P	NC
Pois chiches	M	NC	B	M	M	B	P	B	B	P	P	NC
Poivron	P	P	M	P	M	P	P	B	M	P	P	NC
Pomme de terre	P	B	E	P	B	M	P	B	M	P	P	M
Potiron	P	M	M	P	M	P	P	B	M	P	P	NC

Légende: E = excellent — B = bon — M = moyen — P = pauvre — NC = informations non communiquées.

ALIMENTS (portion moyenne)	Calcium	Magnésium	Potassium	Zinc	Cuivre	Fer	Sélénium	Chrome	Manganèse	Iode	Cobalamine vitamine B 12	Fluor
Soja: grains	M	E	B	E	B	M	P	B	B	P	P	M
grains germés	P	NC	M	P	P	P	P	B	M	P	P	NC
fermenté (tofu)	B	E	M	E	B	M	P	B	B	P	P	M
Tomate	P	P	M	P	M	P	P	B	M	P	P	P
jus de tomates	P	P	E	P	B	M	P	B	M	P	P	P
Water chestnut (noir)	P	P	M	P	P	M	P	B	M	P	P	P
GRAINS ET DERIVES												
Avoine (flocons)	P	B	M	M	M	M	M	B	E	P	P	P
Boulghour (blé concasse)	P	NC	P	M	B	M	B	B	E	P	P	P
Céréales de déjeûner												
corn flakes	P	P	P	P	P	P	P	P	NC	P	P	P
riz soufflé	P	P	P	P	P	P	P	P	NC	P	P	P
shedded wheat	P	B	M	M	M	M	B	B	M	P	P	P
Farines de blé blanche	P	P	P	P	M	M	M	M	M	P	P	P
Farine complète	P	B	M	M	B	M	B	B	E	P	P	P
Farine de sarrasin	P	E	NC	NC	B	M	M	B	B	P	P	P
Farine de seigle	P	M	P	P	M	M	M	B	E	P	P	P
Germe de blé	P	M	P	M	M	P	B	B	B	P	P	P
Maïs concassé	P	B	M	M	P	M	M	B	B	P	P	P
Orge	P	P	M	NC	B	M	M	B	B	P	P	NC

Légende: E = excellent — B = bon — M = moyen — P = pauvre — NC = informations non communiquées.

ALIMENTS (portion moyenne)	Calcium	Magnésium	Potassium	Zinc	Cuivre	Fer	Sélénium	Chrome	Manganèse	Iode	Cobalamine vitamine B 12	Fluor
Pain de blé blanc	P	P	P	P	P	P	P	P	P	P	P	P
complet	P	P	M	P	M	P	B	B	M	P	P	P
« pumpernickel »	P	P	M	P	P	P	M	M	P	P	P	P
seigle	P	P	P	P	P	P.	M	M	P	P	P	P
Pain d'épices	P	NC	M	P	P	M	P	P	P	P	NC	P
Panquequets farine complète	B	NC	M	M	B	M	B	B	E	P	P	P
Pâtes; macaronis	P	P	P	P	P	P	P	P	P	P	P	P
nouilles (avec oeuf)	P	P	P	P	P	P	P	P	P	P	P	P
spaghettis blancs	P	P	P	P	B	P	P	P	P	P	P	P
spaghettis complets	P	B	M	P	P	M	B	B	E	P	NC	P
Riz blanc	P	M	P	M	M	P	M	M	M	P	P	P
Riz complet	P	M	P	M	P	P	P	B	E	P	P	P
Tapioca (manioc)	P	P	P	NC	P	P	P	NC	NC	P	P	NC
Millet	P	M	B	NC	B	M	M	B	B	P	P	NC
Amandes	M	B	M	P	B	M	NC	NC	B	P	P	P
Chataignes	P	M	M	NC	M	P	NC	NC	B	P	P	NC
Cacahuètes	P	B	M	M	M	P	NC	NC	B	P	P	NC
(beurre de)	P	B	M	M	M	P	NC	NC	B	P	P	NC
Graines pignons de pin	P	NC	NC	NC	B	M	NC	NC	B	P	P	NC
Graines de potiron	P	NC	P	B	B	M	NC	NC	B	P	P	NC

Légende: E = excellent — B = bon — M = moyen — P = pauvre — NC = informations non communiquées.

ALIMENTS (portion moyenne)	Calcium	Magnésium	Potassium	Zinc	Cuivre	Fer	Sélénium	Chrome	Manganèse	Iode	Cobalamine vitamine B 12	Fluor
Graines de sésame	M	P	P	NC	M	P	NC	NC	B	P	P	NC
Graines de tournesol	P	P	B	B	B	M	NC	NC	B	P	P	NC
Noisettes	M	B	M	M	B	B	NC	NC	B	P	P	P
Noix	P	B	M	M	B	M	NC	NC	B	P	P	NC
du Brésil	M	B	M	B	B	M	NC	NC	B	P	P	P
de Cajou	P	B	M	B	B	M	NC	NC	B	P	P	NC
de coco	P	P	P	P	M	P	NC	NC	B	P	P	NC
de pécan	P	B	M	NC	B	P	NC	NC	B	P	P	NC
Tahini (beurre de sésame)	B	M	P	NC	M	M	NC	NC	B	P	P	NC
POISSONS et CRUSTACES												
Bar	NC	NC	NC	NC	M	NC	E	M	P	M	NC	B
Bluefish	P	NC	NC	NC	M	P	E	M	P	M	NC	B
Cabillaud	P	M	B	M	M	B	E	M	P	E	B	E
Coquilles St Jacques	M	NC	E	NC	M	B	E	M	P	B	B	B
Crabe	P	M	NC	E	B	P	E	M	P	M	E	E
Crevettes	M	B	M	B	B	B	E	M	P	E	B	E
Eglefin (haddock)	P	P	B	M	M	B	E	M	P	E	B	B
Espadon	P	NC	NC	M	M	B	E	M	P	NC	B	B
Esturgeon	P	NC	M	NC	M	B	E	M	P	NC	NC	B
Flet	P	M	E	M	M	B	E	M	P	NC	B	B

Légende: E = excellent — B = bon — M = moyen — P = pauvre -- NC = informations non communiquées.

ALIMENTS (portion moyenne)	Calcium	Magnésium	Potassium	Zinc	Cuivre	Fer	Sélénium	Chrome	Manganèse	Iode	Cobalamine vitamine B 12	Fluor
Grand flétan (halibut)	P	NC	E	M	M	P	E	M	P	B	B	B
Hareng	NC	NC	NC	NC	M	NC	E	M	P	B	E	B
Homard	M	P	M	B	B	P	E	M	P	E	B	B
Huîtres	M	M	M	E	E	E	E	M	P	B	E	B
Maquereau	P	M	NC	M	M	B	E	M	P	B	E	E
Merlan	NC	NC	B	M	M	P	E	M	P	P	NC	B
Perche de mer	P	NC	M	NC	M	B	E	M	P	E	B	B
Praires	P	NC	M	M	P	B	E	M	P	B	E	B
Sardines	E	P	E	NC	P	B	E	M	P	M	E	E
Saumon	E	M	E	NC	M	B	E	M	P	M	M	E
Sole	P	M	B	M	P	P	E	M	P	P	B	B
Thon	P	NC	B	M	M	B	E	M	P	NC	E	B
Truite	NC	NC	NC	M	M	P	E	M	P	P	E	B
VIANDES												
Bacon	P	P	P	NC	P	P	P	P	P	P	P	P
Boeuf: foie	P	P	B	E	E	E	E	E	M	P	E	M
haché	P	M	B	E	P	E	P	B	P	P	E	M
Rôti	P	M	B	E	M	E	P	B	P	P	E	M
steak	P	M	M	E	P	E	P	B	P	P	E	M
Gibier	P	M	NC	E	M	NC	P	NC	P	P	NC	NC

Légende: E = excellent — B = bon — M = moyen — P = pauvre — NC = informations non communiquées.

ALIMENTS (portion moyenne)	Calcium	Magnésium	Potassium	Zinc	Cuivre	Fer	Sélénium	Chrome	Manganèse	Iode	Cobalamine vitamine B 12	Fluor
Lapin	P	NC	B	E	M	M	P	NC	P	P	NC	NC
Porc	P	P	B	E	B	E	P	NC	P	P	B	NC
Veau: foie	P	M	E	E	E	E	E	E	M	P	E	M
viande	P	P	M	E	M	B	P	B	P	P	B	M
VOLAILLES ET OEUFS												
Canard	P	P	M	M	M	B	P	B	NC	P	NC	M
Dinde viande blanche	P	M	M	B	M	B	P	M	P	P	M	M
viande brune	P	P	M	E	M	B	P	B	P	P	M	M
Oie	P	P	B	NC	M	B	P	B	NC	P	NC	M
Poulet: blanc	P	M	M	M	P	B	P	M	P	P	M	M
viande brune	P	P	M	B	M	B	P	B	P	P	M	M
foies	P	P	M	E	B	E	E	E	M	P	E	M
Oeufs	M	P	P	P	P	M	P	NC	P	P	B	P
SOUPES INDUSTRIELLES												
Crème de champignons	B	NC	M	M	P	P	P	NC	P	P	NC	NC
Légumes	P	P	B	B	B	M	P	M	M	P	P	NC
Pois cassés	M	NC	E	P	M	B	P	M	B	P	NC	NC
Poulet	P	NC	M	P	P	M	P	M	P	P	P	NC
Tomate	B	P	B	M	M	P	P	M	M	P	P	NC

Légende: E = excellent — B = bon — M = moyen — P = pauvre — NC = informations non communiquées.

582

ALIMENTS (portion moyenne)	Calcium	Magnésium	Potassium	Zinc	Cuivre	Fer	Sélénium	Chrome	Manganèse	Iode	Cobalamine vitamine B 12	Fluor
SNACKS												
Crackers saltines	P	P	P	P	P	P	P	P	P	P	P	P
Popcorn	P	NC	NC	P	P	P	M	M	P	P	P	NC
Graines de soja	M	B	NC	B	M	M	NC	NC	B	P	P	NC
DIVERS												
Levure de bière	P	P	M	NC	M	M	P	E	NC	P	P	NC
Mélasse de canne à sucre	M	B	E	NC	B	B	P.	NC	NC	P	P	NC
Poudre de varech	M	NC	NC	NC	NC	P	NC	NC	NC	E	NC	NC

Légende: E = excellent — B = bon — M = moyen — P = pauvre — NC = informations non communiquées.

SOURCES POUR LES TENEURS EN MINERAUX DES ALIMENTS.

Adaptées pour la plupart de:

"*Nutritive value of American foods in common values*" Agriculture Handbook n° 456, de Catherine F. Adams (Washington, DC: Agricultural Research Service, U.S. Department of Agriculture, 1975).

"*Compositions of foods*" Agriculture Handbook n° 8, revised edition de Bernice K. Watt et Annabel L. Merril (Washington, DC: Agricultural Research Service, US Department of Agriculture, 1975).

"*Compositions of foods: Dairy and egg products*", Agriculture Handbook n° 8–1 édition révisée par Consumer and Food Economics Institute (Washington DC: Agriculture Research Service, US Department of Agriculture 1976).

"*Composition of Foods: Poultry Products*" Agriculture Handbook n° 8-5, édition révisée par Consumer and Food Economics Institute (Washington DC: Agricultural Research Service, US Department of Agriculture, 1979).

"*Provisional Tables on the Zinc Content of Foods*" d'Elisabeth W. Murphy, Barbara Wells Willis et Bernice K. Watt, *Journal of the American Dietetic Association,* avril 1975.

"*Introductory Nutrition*", 4th edition, de Helen Andrews Guthrie (St Louis: C.V. Mosby, 1979).

NOTA BENE: la table précédente a été etablie par Takla Gardey et Carol Matthews.

NOMENCLATURE

Noix et noisettes (sources de manganèse).

Z   Zinc et
          acide folique
          acné
          alcool
          arthrite.
          cicatrisation
          croissance
          cuivre
          diabète
          diurétiques,
          immunité
          intoxication au cadmium
          intoxication au plomb
          fonctions
          furoncles
          eczéma
          enzymes
          odeurs corporelles
          prostate
          sens.
          sexuels (problèmes)
          sources alimentaires
          stéroïdes
          suppléments
          vitamine A
      Zucker-Franklin, Dorothea.